承德市志·教育志

（1989—2015）

承德市志教育志编纂委员会　编

方志出版社
Publishing House of Local Records

图书在版编目（CIP）数据

承德市志．教育志：1989—2015 / 承德市志教育志编纂委员会编．-- 北京：方志出版社，2020.9
ISBN 978-7-5144-4331-8

Ⅰ．①承… Ⅱ．①承… Ⅲ．①承德—地方志②地方教育—教育史—承德—1989-2015 Ⅳ．① K292.23 ② G527.223

中国版本图书馆 CIP 数据核字 (2020) 第 182705 号

承德市志·教育志（1989—2015）

编　　者：承德市志教育志编纂委员会
责任编辑：高孟君

出 版 者：方志出版社
地址　北京市朝阳区潘家园东里 9 号（国家方志馆 4 层）
邮编　100021
网址　http://www.zgfzcb.org
发　　行：方志出版社发行中心
电话（010）67110500
经　　销：各地新华书店
印　　刷：承德金鼎源彩色印刷有限公司

开　　本：889×1194　　1/16
印　　张：39
字　　数：999 千字
版　　次：2020 年 9 月第 1 版　　2020 年 9 月第 1 次印刷
印　　数：0001～1000 册

ISBN 978-7-5144-4331-8　　定价：210.00 元

【局机关办公地址变迁】

小红楼（丽正门大街）（余海滨摄于2001年）

承德园林（武烈路79-3）

乐达园（环城东路1号）

小南门（山庄东路 63 号）

原师专南院 -1（桃李街 26 号）

原师专南院 —2(桃李街 26 号)

原师专南院 —3(桃李街 26 号)

承德医学院

承德医学院

河北民族师范学院

河北民族师范学院

河北旅游职业学院

承德护理职业学院

承德工业学校（承德技师学院）

河北承德第一中学

河北承德第一中学原校址（桃李街）

承德二中

承德二中原校址（迎水坝）

存瑞中学

承德市第十六中学

承德市第二幼儿园

宽城教育园区

滦平一中

围场卉原中学

2007 年 9 月 10 日，时任市委书记赵文鹤（前排中）参加教师节庆祝活动

2012 年，时任省教育厅巡视员李胜利（前排左二）到丰宁职教中心参加市运会开幕式

2013 年 9 月 9 日，围场县时任县长甄毓敏（右二）到围场一中慰问教师

2014 年，时任省长张庆伟（前右二）在宽城教育园区调研

2001 年，时任副市长于树茂（右一）到围场卉原中学调研

2011 年，时任市委书记杨汭(前右二）视察护理职业学院

2014 年，时任省教育厅厅长刘教民（右二）在宽城教育园区调研

2009 年，时任市长张古江（前中）教师节看望河北民族师院师生

2012 年，时任市长赵凤楼（左二）慰问市实验小学师生

2015年教师节，市委书记周仲明（左二）等市领导慰问老教师

2018年5月9日，市长常丽虹（左站立者）在市实验小学调研

2017年9月8日，市领导与部分优秀教师合影

2013 年，承德石油高专学生“自动垂悬系统”获得全国大学生电子设计大赛一等奖

2015 年，承德护理职业学院庆祝护士节

2015 年，承德体校射击队训练

2015 年 7 月 4 日，北京师范大学承德附属学校召开第一届模拟联合国大会

2014 年，市特教学校学生参加文艺演出

2014 年，市三幼“八礼四仪”之“问早道好”

2013 年，市五幼区角活动——插花艺术

2014 年 10 月 28 日，卉原中学万人传统文化论坛现场

2005 年 4 月 5 日，老战士佟知元与隆化县回民小学学生祭扫董存瑞烈士墓

2012 年 6 月 15 日，在丰宁职教中心举办的全市中职运动会团体操表演

2015 年 10 月 15 日，滦平县职教中心体育大课间展演

2015 年，兴隆六道河中学一年一度的课本剧大赛

2011 年，市民族中学获数学世锦赛优异成绩

2013 年 5 月，双桥区第二十六届中小学生艺术节

2004年9月1日，河北民族师院附中建校四十周年校庆

2015年，市一幼亲子童话剧展演活动

2014 年 10 月 30 日，北京师范大学承德附属学校开学典礼

2017 年，全市戏曲文化进校园活动启动式在承德大剧院举行

2015 年 5 月 12 日，全市首届初中校园英语开放日活动在隆化章吉营中学举行

2015 年 9 月 9 日，山城最美教师公益活动颁奖典礼

2016年，市教育局机关合唱团参加“庆七一”歌咏比赛

2006 年 9 月 8 日，优秀教师表彰大会

庆祝第 23 个教师节

2002 年，局机关党员大会

2016 年，机关作风整顿动员大会

2004 年 11 月 3 日，全市学区建设工作会议

2009 年 3 月 9 日，学习实践科学发展观动员大会

市教育局领导在师院附中思政课大讲堂授课

2004年11月2日，全市教育工作会议

2007 年 5 月 10 日，全市中小学生德育工作会议

全市 2007 年度教育工作会议

2017年，市教育局领导在营子区调研

2019年11月14日，参加《承德市志·教育志（1989—2015）》评审会人员合影

2015 年 6 月 7 日，承德医学院“一带一路”沿线国家的留学生与中国学生结下深厚情谊

2007 年，全国百所高中名校“高中发展论坛”在承德一中举办

2015 年 9 月 27 日，港澳教育界国庆访问团在山庄宾馆合影

2015 年 9 月 27 日，港澳教育界国庆访问团到承德访问

2017 年，全市部分高中校长在北京人大附中参观学习

2017年，全市部分高中校长在北京十二中参观学习

承德市各级各类学校分布图

（仅供内部参考）

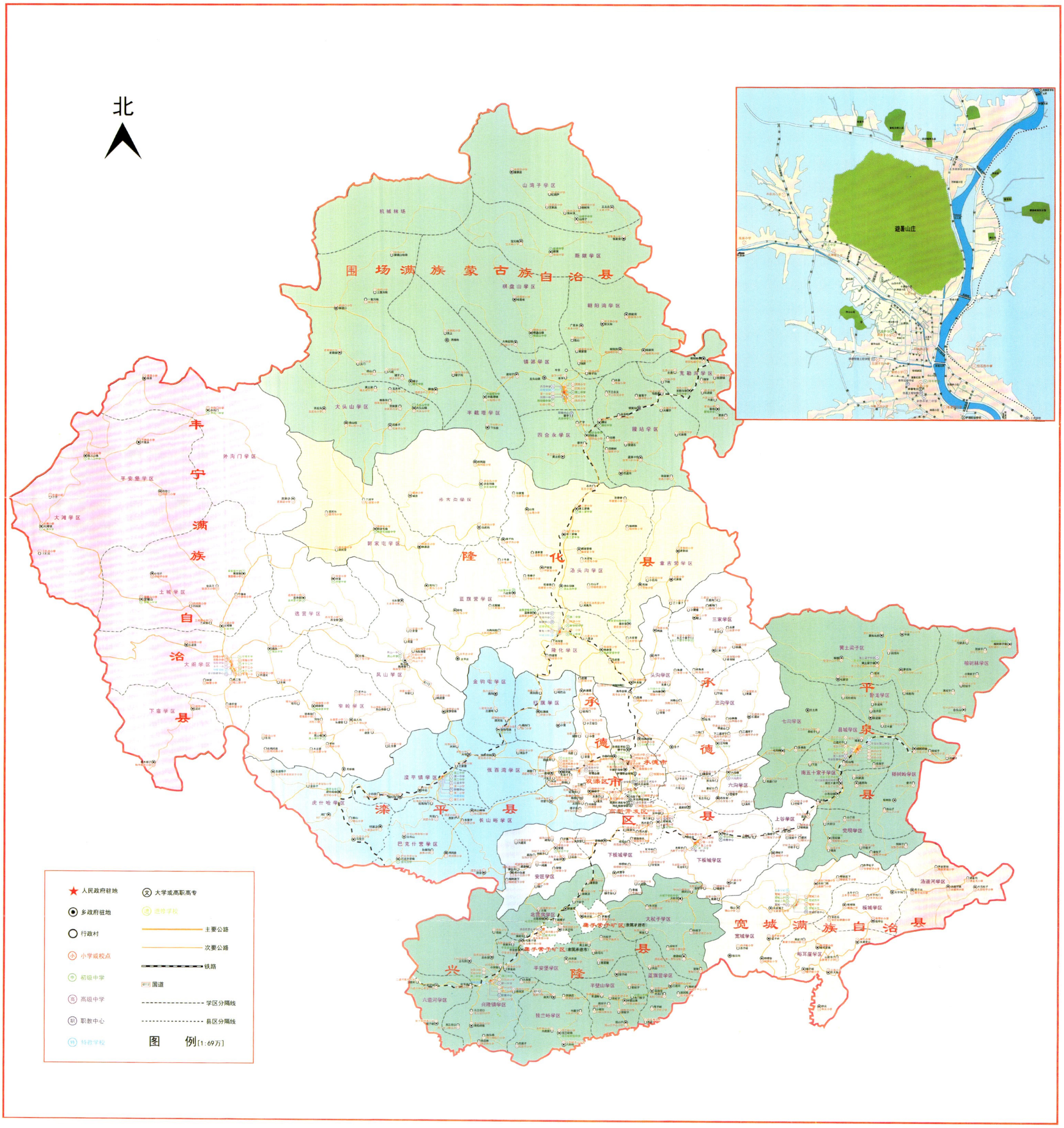

制图时间：2010年9月

承德市地方志编纂委员会

刘树华　市民政局局长
池大勇　市住房和城乡建设局局长
刘宝龙　市农业农村局党组书记
李　浩　市林业和草原局局长
冯国杰　市工业和信息化局党组书记、局长
佟伊民　市总工会党组书记、常务副主席
王立功　承德日报社党组书记、社长
杨　磊　双桥区委副书记、政府区长
刘　洋　双滦区区委副书记、政府区长
杨志勇　鹰手营子矿区区委副书记、政府区长
甄毓敏　围场满族蒙古族自治县县委副书记、政府县长
杨宪军　丰宁满族自治县县委副书记、政府县长
李　东　隆化县县委副书记、政府县长
刘志琦　承德县县委副书记、政府县长
曹佐金　平泉市市委副书记、政府市长
于　山　滦平县县委副书记、政府县长
张　成　宽城满族自治县县委副书记、政府县长
焦　军　兴隆县县委副书记、政府县长
孙　潇　承德高新区工委副书记、管委会主任
刘　杰　承德市御道口牧场管理区党工委副书记、管委会主任
奚晓红　市地方志办公室主任

承德市志部门志专业志编辑部

总　　编：奚晓红

副 总 编：马铁松　迟卫国

编　　审：马铁松　兰　岚

责任编辑：蔡国栋　路海红　曹　静　焦廷勤　李连山　郝洪喜
宋利大　王文佳　袁　芳

《承德市志·教育志》编写机构和编写人员名录

主　　任：王成军　王国维　丁　然

副 主 任：刘科军　赵相敏　史荣军　凌　龙　杨玉艳　樊文广
雒文悦　郑　冰　刘　伟　贾云峰　肖俊泉　魏宝林
纪正军　李国凡

委　　员：咸　枫　白明珍　王立峰　胡国华　乔志远　刘　杰
谢占洪　解　叶　胡冬梅　李忠诚　闫景龙　陈丽华
刘焕生　王玉强　张承印　李铁军　刘国臣　闫炳辉
李树民　饶　铮　马方超　闫晓声　王德华　焦廷勤

主　　编：焦廷勤

编　　辑：焦廷勤　孙国昌

统　　稿：焦廷勤

图　　片：余海斌　常瑞兴　张志敏

校　　对：咸　枫　张　良　代　兵　钱志勇　田丽丽

序

承德，积淀着300多年山庄文化、5000多年红山文化。世界文化遗产——避暑山庄和外八庙、万里长城——金山独秀、燕山主峰——雾灵山闪耀华夏，名扬世界。

承德大地历来尊师重教，自古文风醇厚，无数先哲呕心沥血，传承并创造了承德文明。

中华人民共和国成立后，承德教育人秉承承德文脉，以造就社会英才为己任，筚路蓝缕、励精图治，教育事业从小到大、从弱到强，助力发展、光大文明。

1993年，地、市合并，管理一统、事业壮大，承德教育掀开全面发展之新篇。围绕“提高教育质量、促进学生全面成长”的主题，以“走承德教育特色发展之路”为主线，优化资源配置、深化改革创新、促进教育公平，区域教育整体实力日益增强。学前三年教育、特殊教育和高中阶段教育基本普及，义务教育均衡发展，职业教育全省领先，成人教育网络形成，高等教育有长足发展，现代教育体系不断完善。办学条件显著改善，教育改革逐步深化，素质教育向纵深推进，教师队伍建设得到加强，教育质量明显提高，教育公平迈出重要步伐，先后荣膺“全国‘两基’工作先进地区”“全国推进义务教育均衡发展工作先进地区”称号。

廿七载风雨兼程，感沐雨栉风，犹奋斗不止；廿七载沧海桑田，虽历经磋磨，仍高歌前行。

盛世修志，不忘初心。修志为资政，为教育，为存史，为交流，为明志。一部承德市教育志，就是一幅波澜壮阔之承德教育画卷，让我们徜徉过去，瞻见未来；一部承德市教育志，就是一条连接不同行业的心桥，让我们沟通教育内外，形成一股推动教育发展之强大合力；一部承德市教育志，就是一本备忘录，铭记历代先贤励教弘文至善之德，铭记历届领导重教贵傅奠基之功，铭记承德人民爱教助学关切之情；一部承德市教育志，就是一篇承德教育人的励志宣言，不仅能激励有为之士投身教育事业之浩荡激情，更可催生承德教育人献身教育事业之豪情壮志。

编修《承德市志·教育志（1989—2015）》乃浩大之工程，难事诸多。1989—2015年，时间跨度27载。其间，管理体制多变，领导班子更迭，干部人事变化，档案资料残缺。然编纂者昃食宵衣，寒暑相忘，兢兢业业，终告志成。志书纲目清晰，史料丰富，全景式展现了承德教育发展之面貌，处处皆具匠心，足显修志者之笃定与艰辛。感激之情，无以释怀；感动之情，难以言表。

此志，必当传诸千秋，以励来兹。

是为序。

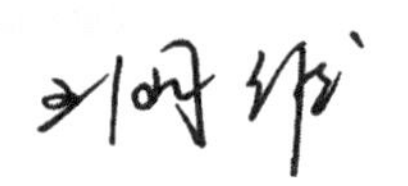

2019年9月1日

凡　例

1. 本志以马克思列宁主义、毛泽东思想、邓小平理论、“三个代表”重要思想、科学发展观、习近平新时代中国特色社会主义思想为指导，坚持辩证唯物主义和历史唯物主义的立场、观点和方法，客观真实地记述承德教育1989—2015年27年的发展变化。

2. 上限原则断在1989年，下限断在2015年。空间范围，以2015年12月31日承德市行政区划为准，不越境而书。

3. 志书编纂遵循《地方志工作条例》《地方志书质量规定》等条例法规，坚持横排竖写、述而不论等编纂原则，强调真实性、可靠性、纪实性和思想性、时代性、科学性，突出改革开放，突出教育事业发展，突出承德教育特色。

4. 本志采用述、记、志、传、图、表、录等体裁，以志体为主。概述统领全书，综合运用概括叙述、陈述纪实来写。大事记纵记27年承德教育每年发生的大事、要事，采用编年体，少数大事采用记事本末体。志体则采用章节目体式，分章、节、目3个层次。

按事以类从，分门别类、横排竖写，以类系时，以时系事，以事系人的编纂方法，采取记述体，记而不议，寓褒贬于资料中。彩色照片置于卷首，表格随文插附。

5. 志书语言表述采用规范的现代语体文，运用客观的记叙文体。各种事物名称，第一次出现时用简称，后面加括号注明全称，以后则用简称。

6. 志书中数字书写以中华人民共和国标准（GB/T15835-2011）和《关于出版物上数字用法的规定》为准。各种计量单位和符号遵循中华人民共和国1994年7月1日颁布实施的《量和单位》。标点符号执行中华人民共和国标准（GB/T15834-2011）和《标点符号用法》。一律采用公元纪年。

7. 因承德地区教育的发展还没有过完整的记述史料，所以，本志书撰写“承德地区教育综述”作为附录，以全面完整记述承德地区建制存在期间(1956—1993)教育发展史。

8. 坚持生不立传原则，凡载入人物“传略”者，一律为辞世之人，健在的只写“简介”，另有“名录”记述有关人员，以彰显其名。对教育事业做出重要贡献或有感人事迹者，运用以事系人的方法，人随事出，记入志书。

9. 称谓一律采用第三人称。人物直书其名，必要时，姓名前加职务，姓名后不加“先生”“老师”“同学”等称谓，不用“书记”“×长”等职务名称。

10.1989 年 1 月 1 日至 1993 年 6 月 30 日期间表述的“承德市”为地市合并前的承德市，下辖三区一县（双桥区、双滦区、鹰手营子矿区、承德县）。同样，这期间出现的“市教育局”“市教委”，其业务管辖范围也是三区一县。1993 年 7 月至 2015 年 12 月期间表述的“承德市”为地、市合并后的承德市。

11. 围场满族蒙古族自治县简称“围场县”，丰宁满族自治县简称“丰宁县”，宽城满族自治县简称“宽城县”，鹰手营子矿区简称“营子区”。

12. 入志资料遴选于市教育局档案室、市档案馆、组织部、市委党史研究室、市统计局、市编办、各县市区教育局、市直学校、驻市大中专院校、教育系统离退休老领导和老同志等所提供资料。

13. 图片中，甄选了“小红楼”办公楼、迎水坝原市二中校园等遗迹图片入志，是想反映承德市教育发展的时间和空间概念，留存师生及教育工作者的美好记忆。

14. 第十三章——“人物”中的传略、简介和名录所涉及的教师有可能不是全部，资料由各县（市、区）教育局、市直各学校提供，部分资料从网上搜集得到。

15. 本志言必据史，言必求实，但为节省篇幅，均未注明资料出处。

目　　录

概述

承德古称滦阳，曾名热河，民国和解放初期为原热河省省会，现为河北省省辖市。承德位于河北省东北部，地处燕山腹地，距首都北京 256 千米，处于华北和东北两个地区的过渡地带，西南与南分别与北京和天津相连，背靠蒙辽，省内与秦皇岛、唐山两个沿海城市以及张家口市相邻，是国家甲类开放城市。

承德是首批国家历史文化名城。位于承德市的避暑山庄及其周围寺庙是中国十大风景名胜、旅游胜地四十佳、国家重点风景名胜区。1994 年，避暑山庄及其周围寺庙被联合国教科文组织批准为世界文化遗产，是国家首批世界文化遗产之一。承德还是中国普通话基准音采集地，中国摄影之乡、中国剪纸之乡。2012 年，被评为中国“十大特色休闲城市”。承德曾作为清王朝的第二个政治中心，在建立统一的多民族国家的历史进程中，发挥过特殊作用。悠久的历史，浓厚的文化氛围，为承德教育的发展提供了丰富的人文底蕴。

1989—2015 年，承德的教育工作概括起来，大致可分为 3 个阶段。

一

第一阶段：1989 年至 1993 年，为原承德地、市教育工作的分别管理时期。承德地区（“承德地区行政公署”的简称，下同）主要负责辖管丰宁、围场、滦平、隆化、平泉、宽城、兴隆 7 个县和承德师范专科学校、承德师范、平泉师范、河北承德第一中学（简称“承德一中”）、隆化存瑞中学、承德地区教师进修学校（承德地区电视大学分校）、地区幼儿园等地区直属学校的教育管理工作。

承德地区教育工作的主要亮点是职业技术教育和经济建设急需人才培养工作。承德地委（“中共承德地区行政公署委员会”的简称，下同）、行署（“承德地区行政公署”的简称，下同）和各县委、县政府主要领导及地、县各部门对职教高度重视和大力支持，真正将职业教育摆在了优先发展的地位，并且形成了各级领导齐抓共管，各部门协调联动，全社会以重教为先、以兴教为荣的可喜局面。承德地委、行署建立了 14 名领导和 142 个地直（含省驻地）部门联系职业学校制度，每年到职业学校进行现场办公 1 ～ 2 次，帮助职业学校解决实际问题。认真开展了“26 推”（26 项农村常规技术）实用技术推广，职普高中阶段招生比例超过 1 ∶ 1，培养推广了丰宁职教典型经验，积极探索出了一条经济欠发达地区适度超前发展教育的路子。

承德地、县教委（“教育委员会”的简称，下同）端正了教育为当地经济建设服务的办学方向，形成领导班子分工不分家的合力，并设立专门职教机构，选配得力的科、股长，既当参谋又宣传发动，充分发挥教育部门的职能作用，认真培育出了丰宁职教中心、隆化职教中心和围场县黄土坎初级职业中学等职业学校办学典型，引起国家、省教育和农业等主管部门的高度重视。各县为职业学校选配能力强的合格校长，逐步将办学立足点转移到为承德经济建设服务上来，不断改善教学设施和实验场地，加强与部门联合办学，注重办学活力和学生能力的培养。如丰宁职业中专的“四个突破”、隆化职中的“六活”、滦平职中的果树剪枝服务队等等，实行校内办学与校外服务相结合，都很受社会欢迎。1991 年，承德行政公署作为河北省唯一的一个地市级，被国家教委、国家计委、劳动部、人事部、财政部五部委联合表彰为“全国职业教育先进单位”。

承德市主要负责双桥区、双滦区、营子区、承德县和原承德大学（教师进修学校）、承德市二中（承德市第二中学）、承德市民中（承德市民族中学）、承德市九中（承德市第九中学）、承德市五中（承德市第五中学）、承德市六中（承德市第六中学）、承德市八中（承德市第八中学）、承德市十一中（承德市第十一中学）、承德市十二中（承德市第十二中学）、承德市实验小学、承德市第一、第二幼儿园等市直属学校教育的管理工作。承德市教育工作的主要亮点是中小学的体育工作。市中小学体育代表队，曾多次在河北省运动会中获奖，成绩突出，并代表河北省参加了全国体育比赛，获得了优异成绩。

二

第二阶段：1993 年至 2002 年，为承德地、市教育合并后的理顺整合时期。该时期内，承德市教育的管理机构为市教委（承德市教育委员会，下同）。承德的教育工作开始了新的整合，打造出了更多的亮点，书写出了更多更新的教育篇章。到 1993 年年底，全市共有各级各类学校和幼儿园 3668 所，在校生和在园幼儿 587565 人，各级各类学校教职工 36501 人。 初步形成了以学前教育、基础教育、普通高中教育、职业技术教育、特殊教育、成人教育和高等教育为主，各类非学历教育在内的多层次、多渠道、多形式的具有承德特色的地方教育体系框架。在本时期内，承德市进行了大中专学校整合，全力以赴地进行了普及九年义务教育（简称“普九”，下同）攻坚，进一步理顺了中小学校长和教育经费两大管理体制和机制，圆满完成了“普九”和扫盲两大历史任务，较好地解决了教师工资足额发放和经济欠发达地区教育经费不足的问题。

三

第三阶段，2002 年至 2015 年年底，为承德地、市合并后教育工作的发展提高时期。该时期内，承德市进一步开辟了义务教育阶段的学区建设、省级示范性初高中建设、高教园区建设工作，出色地进行了教育费附加专项督导工作。开辟了挂职委培教育队伍培训工作新路子，重新整合了农村教育资源，明显改善了办学条件。进一步发展和普及了学前教育和义务教育，提高了普通高中教育教学质量，逐步实现了县域教育均衡发展。这一时期全市教育工作的最大亮点主要体现在 6 个方面。

职业技术教育继续在全省全国处于领先地位。承德工业学校进行了“3+4”（学生入学后，前 3 年注册中等职业学校学生学籍，3 年期满符合本科录取条件者，升入本科层次学习 4 年，注册高等学校学生学籍。修业期满、成绩合格者由大学颁发普通高等教育本科毕业证书，符合学位授予条件者由大学授予学士学位）直通本科全省试点，围场县〔围场满族蒙古族自治县（1989 年后）〕职教中心等中职学校创设了“3+2”（重点中职学校与高等职业技术学院合作，招收应届初中毕业生，学制五年，毕业后发给大专文凭）直通高职专科培养模式。各县区职教中心都达到了国家或省级重点职业学校标准。其中，围场、丰宁县〔丰宁满族自治县（1986 年 12 月 2 日后）〕职教中心和承德市工业学校被评定为国家级中等职业教育改革发展示范校，由国家各投入建设资金1000万元予以支持。承德市先后在全国职业技术教育工作会议和河北省教育工作会议上介绍经验。市政府荣获“全国职业技术教育先进单位”荣誉称号。

高质量普及九年义务教育。采取各级政府多渠道筹集资金、各相关部门齐抓共管、各级教育部门分工不分家、教育督导部门拉网式督导检查等举措，促使全市中小学办学条件发生了翻天覆地变化，九年义务教育普及率不断提升。市委（“中共承德市委员会”的简称，下同）、市政府（“承德市人民政府”的简称，下同）在全省大会上介绍了“举全民之力，攻‘普九’之坚”的经验。省教委（“河北省教育委员会”的简称，下同）领导称“承德老、少、边、穷都占，但‘普九’质量是全省最高的”。市教委（“承德市教育委员会”简称，下同）被河北省政府表彰为“普九”工作先进单位，承德市被教育部表彰为全国义务教育均衡发展先进市，被国务院表彰为全国“两基”（基本普及九年义务教育、基本扫除青壮年文盲，下同）工作先进地区。

开创了农村教育学区建设工作新局面。打破乡镇分割办学的局面，将小学高年级和初中学校进行新的整合，建设新的学校管理区划。至2015年，全市累计调整到位农村学区建设工程65个，建成300所标准化小学、100所标准化初中，进一步优化了农村小学和初中办学条件，扩大了学前教育发展规模，提高了农村幼儿园和义务教育整体办学质量，逐步实现了县域教育均衡发展。省教育厅在围场县召开学区建设现场会，省政府在承德市召开全省义务教育均衡发展交流会，中国教育报整版大篇幅专题报道了承德市学区建设工作经验。

建设承德高教园区。承德市累计投资20亿元建成占地面积4165亩、可容纳学生4.5万名的高教园区，拓宽了高校发展空间。将承德师专（承德民族师范高等专科学校）、承德石油高等专科学校、承德旅游职业学院、河北承德第一中学等高校和高中搬迁到高教园区，明显改善了办学条件，形成了一条靓丽的教育风景线。承德师专升格为本科院校，承德卫校（承德市卫生学校）升格为专科院校。

打造出了宽城县“教产城一体化”教育发展模式。宽城满族自治县〔简称“宽城县”（1989年后）〕根据县情，实现“三集中一覆盖”，即将全县初中、高中学校向县城教育园区集中，将小学高年级向乡镇所在地集中，将小学低年级和幼儿园向自然村集中，激发出教育、产业、城市一体化的发展优势，将让农村孩子都上学的要求变成了农村孩子都能上好学校的现实。河北省委（中共河北省委员会）、省政府（河北省人民政府）和省教育厅（河北省教育厅）主要领导亲自视察，予以充分肯定，并在全省推广。

创造性地做好教育费附加征收专项督导工作。将全市教育费附加征收到位率由2001年的62.93%提升到2007年的100%，提高37.07个百分点；到位资金从2001年的1734万元提高到2007年的17560万元，增加了9.13倍，确保了国家教育投入政策的落实到位，进一步解决了经济欠发达地区教育发展经费不足的问题，为改善全市义务教育和职业教育办学条件注入了新的活力，得到了市政府、省教育厅、省政府和教育部（中华人民共和国教育部）、国家教育督导团的充分肯定。市政府教育督导室两次被市政府表彰为教育费附加征收工作先进单位，两次荣获市政府教育费附加征收工作突出贡献奖。省政府教育督导室和国家教育督导团先后安排承德市政府教育督导室在全省、全国大会介绍了承德市加大教育投入专项督导力度的经验，并在教育部网站刊发了承德市加大教育费附加征收督导力度用足用好教育投入政策的经验作法。

此外，承德市的教师培训等其他教育工作也成绩斐然，分别体现出了不同的特色。

大事记

1989年

3月10日 承德行署印发出《关于进一步加强扫盲工作的意见》，要求各县政府、地直各部门制定扫盲规划，到1989年年底，全区要扫除15～40周岁文盲、半文盲近20万人，文盲率由1980年的23%下降到2.2%，超过国务院规定的高限要求。

4月10日 承德市政府转发市教委关于改革和发展成人教育的意见。

4月22日 承德市政府印发承德市社会力量办学管理暂行办法。

6月2日 市政府批转市教委关于加强成人高等教育（专业证书）管理工作的意见。

9月7日 承德地区丰宁满族自治县教委主任王兴国、滦平县第三小学王凤珍、平泉县榆树林子中学胡东池和承德县双峰寺镇中学李寅荣获国家教育委员会、人事部、全国教育工会授予的全国教育系统劳动模范称号。

9月 承德地委、行署制定实施九年义务教育必备办学条件标准细则，为解决办学条件的师资、校舍、经费、设备等问题提供政策依据。

10月12日—14日 承德地委、行署在丰宁满族自治县召开全区职业技术教育经验交流现场会，组织各县领导参观学习丰宁职业学校。河北省政府副省长王祖武、省教委副主任（兼国家教委职教司副司长）陈迪先，承德地委书记胡振国、副书记张志新，行署副专员孙先明到会并讲话。《光明日报》记者到会采访。会议决定，从1989年起，承德地委、行署每年召开一次全区职教（职业技术教育简称，下同）经验交流及表彰大会。

10月 承德地区成立经济建设急需人才培养领导小组，与各县和地直部门签订目标责任书，地区教委负责日常工作。

11月8日 河北电视台晚间新闻以“承德地区把职业技术教育当作脱贫的战略措施来抓”为题，进行专题报道。

11月20日 《光明日报》以《承德地区发展农村职业教育有新招》为题，报道承德地区发展职教经验做法。

12月13日 《人民日报》以《承德市中小学德育有的放矢》为题，报道承德市中小学德育教育经验做法。

年内 隆化县被评为全国扫盲先进县，其经验被《光明日报》刊登。平泉、兴隆县于年初被评为全省改善办学条件先进县。

年内 承德行署决定，从1989年开始，每年拨出10万元职教专款，由地区财政列入教育经费基数。

年内 1989年起，承德地委、行署将职业高中与普通高中招生比例纳入地委、行署领导与各县委县政府领导签订的目标责任书，并规定奖惩办法。

年内 承德地区职业高中招生人数由1988年的991人上升到1989年的2092人，高中阶段的职业高中招生人数与普通高中招生人数之比已达到1∶1.08，省教委印发简报表扬。

年内 承德地区职业中学农学和林果专业基地由1988年的4609亩发展到1989年的7425亩，其中，围场县黄土坎职业初中10年来育人又育树，治山千亩、育树百万株的事迹，得到省教委的肯定和赞扬，并被承德行署领导称之为“绿色银行”。

年内 承德地区职业中学为农服务意识不断增强，各职业中学的猪鸡兔良种繁育场由1988年的6处发展到1989年的11处，规模不断扩大。其中，隆化县职中的种猪场在地县畜牧部门的直接支持下，发展到几十头优质种猪，计划3年内优化全县猪种。滦平县职中成立直接为社会服务的果树剪枝有偿服务队，既提高了学生动手能力，又提高了全县的果品产量。

年内 平泉县职中毕业生梁希臣撰写的《玉米地套种姬菇技术》于1989年3月刊发在《河北科技报》上，该项科技成果被列为县级“星火计划”，每亩地纯收入8000～10000元，已在全县推广百余亩。丰宁职业中专学生邢海龙为群众治愈患有严重“转磨风”疾病种公羊的事迹，深受当地群众赞扬，并被中央广播电台在午间新闻半小时节目中予以报道。

年内 市教委小学教研室被省委、省政府评为河北省知识分子先进集体。承德市中小学运动员参加河北省青少年比赛66项次，获得金牌39块、银牌29块、铜牌33块，四至六名77人次，其中柔道男队、举重女队、羽毛球男队、航模队获得团体冠军。

年内 市政府印发关于多渠道筹集资金，加强普通教育的通知，号召全市有钱的出钱，有物的出物，共同改善办学条件。

1990年

1月8日 中央电视台午间新闻以《承德地区把职业技术教育当作脱贫的战略措施来抓》为题对承德地区职业教育发展进行了专题报道。同日，《光明日报》第二版刊发《人才济济看丰宁——河北丰宁县发展职业教育纪实》的署名文章。

3月26日 承德地委、行署召开全区急需人才培养工作会议，与各县签订经济建设急需人才培养工作目标责任书，确定全区各级各类经济建设急需人才培养工作总任务。

8月26日 承德市机构编制委员会研究决定，承德市第九中学由正科级单位升为副处级单位。

8月 河北省副省长刘荣惠、省政协副主席王祖武到承德大专院校调查研究，在听取承德医学院、承德师范专科学校领导的汇报后指出，社会主义的大学要全面贯彻党的教育方针，很好地解决社会主义大学的性质、方向、培养目标和师资建设问题。

9月15日 河北省水稻旱育稀植栽培技术现场经验交流会在隆化召开，决定将隆化、滦平两县列为推广水稻旱育稀植栽培技术重点县，其他县逐步推广这一技术。

9月 承德地区建立地、县领导和各部门联系职业学校制度。地委书记胡振国、行署专员栗战书等14名地区领导和地直142个有关部门分别联系全地区14所职业学校（含部分职业初中），每位地区领导带领10个地直部门负责定点联系一所县职业中学。每年到学校进行1～2次现场办公，帮助学校排忧解难，9月为“联系学校月”。

同月 全地区实现农村中小学校园“八配套”（院墙、厕所、花坛、旗杆、水井、图书室、活动室、仪器实验室），隆化、丰宁两县被省评为全省“校园八配套建设先进县”。

10月18日 承德行署领导陪同农业部副部长洪绂曾及河北省农业厅一行6人到兴隆县北营房、平安堡、六道河3个镇实地考察“绿色证书”培训工作，听取县乡情况汇报，与农民座谈，对兴隆县“绿色证书”培训工作表示满意。

11月1日 市教委党委印发关于民族中学教师辛志福舍己救人事迹的表彰通报，决定为辛志福记大功一次。辛志福在9月30日下午5时许，奋不顾身跳入没顶深的橡胶坝水中，救出不慎落水的6岁小女孩。

12月4日 承德地委、行署召开电话会议，安排冬春农民科技大培训工作，提出开展万名农民技术骨干岗位证书培训工作，紧紧围绕利用“26推”，继续开展一事一训。

12月23日 承德地区学习推广丰宁职教经验交流会在丰宁召开，地委、行署领导出席会议，国家教委发来贺电，省教委派代表到会祝贺。会后，承德地委、行署在《承德日报》加按语，推广丰宁县职教经验，要求各县在两三年内必须把丰宁职教经验全面推开。

年内 承德地委印发关于加强和改进学校思想政治工作的意见，地委、行署建立联系学校制度、联席会议制度和定期形势报告制度。

年内 承德地区教委在鸦片战争150周年、火烧圆明园90周年、抗日战争胜利45周年纪念日，引进复制《林则徐》《甲午风云》等十几部电影电视片，在校园广泛播放，开展爱国主义教育活动。

年内 承德地区丰宁县职业中专经省教委验收，被认定为省级重点职业学校示范校。国家级《职业技术教育》月刊以“办学办场齐抓，育人育树并举”为题，向全国介绍围场黄土坎初级职中办学经验。

年内 承德市承德县的普及初等教育通过省检查验收，并颁发合格证。双滦区滦河镇、双桥区水泉沟乡、营子区营子镇和汪庄镇分别达到九年义务教育小学阶段必备办学条件标准。

年内 承德市在省中小学生体育运动会中获奖牌88块，其中金牌41块、银牌21块、铜牌26块。

年内 市教委等10个部门联合下发关于建立扫盲领导机构和联合开展扫盲工作的意见，市成立扫盲工作协调小组，县、区建立相应机构。市、县成教办（成人教育办公室简称）配备专职扫盲干部，年内全市共扫除文盲1090人，使文盲率下降到0.17%。

年内 承德市刘志学、张文娴、张继先、李蔚文、董秀静、鄢朝让被省政府授予“河北省特级教师”称号，颁发荣誉证书。

1991年

1月25日 承德地区行政公署被国家教委、国家计委、劳动部、人事部、财政部五部委联合表彰为“全国职业教育先进单位”。市教委窦仲林被国家教委、国家计委、劳动部、人事部、财政部五部委联合表彰为“全国职业教育先进工作者”。

3月4日—5日 承德行署召开农广校建校10周年与农民技术教育座谈会。10年内，全区农民中等学历教育毕业3400人，相当于现有农技人员的两倍。提出今后目标：农业中等专业毕业生5000人，培训农民技术资格证书毕业生3万名，每年有50万人次农民接受实用技术培训。

4月13日 承德地区教育委员会、丰宁满族自治县、承德地区财政局、围场县黄土坎乡初级职业中学被省政府表彰为“全省职业技术教育先进单位”。

5月5日—8日 全国农民技术资格证书（绿色证书）制度工作研讨会在承德市兴隆县召开。农业部副部长洪绂曾、河北省农业厅厅长唐全杰、承德行署领导、来自全国24个省市自治区和计划单列市领导、农牧水产行政部门领导、试点县的代表及专家学者120多人参加会议。承德行署、兴隆县和北京市大兴县分别介绍开展农民技术资格证书制度试点工作经验，会议讨论了农民技术资格证书制度试点工作暂行管理办法，现场参观兴隆县北营房镇、六道河镇、茅山镇的“绿色证书”培训工作。农业部向兴隆县委、县政府授予“绿证培训育人才，科技兴农创新路”锦旗。

8月24日—25日 承德地委、行署在兴隆县召开全区经济建设急需人才培养工作会议，讨论全区“857”（在“八五”计划期间为全区培养经济建设急需人才7万人）人才培养规划、人才培养评估标准验收奖励办法、职业中学毕业生使用意见等有关文件规定。

8月31日 市教育局印发关于严格执行小学教学计划和整顿教学秩序的通知。要求小学每节课时间一般为40分钟，小学一、二年级一般不留书面家庭作业，切实保证小学生每天睡眠10小时，体育活动时间1小时。

9月10日 承德地区平泉县第一中学吴永泮被国家教委、人事部授予“全国教育系统劳动模范”称号，并颁发奖章和证书。

9月13日 承德行署批转地区教委、人事局、财政局关于解决部分中小学教师退休待遇的报告。

9月20日 承德地委、行署印发关于职业高中毕业生使用等问题若干规定。规定从1992年1月1日起，全区各行各业招工用人时，都必须通过职业技术培训，取得合格证书方可录用，否则，不准招工，不准上岗。

11月4日 省教委向承德市下达《进一步办好承德大学意见的批复》，同意将承德市教师进修学校并入承德大学，在承德大学内设培训部。

11月5日 承德地委、行署印发关于全区经济建设急需人才培养工作检查评估标准和验收奖惩办法。

11月18日 市教委转发河北省普通高中毕业会考实施方案，要求教育行政部门要有一名局长、学校有一名副校长分管这项工作，并根据各自的职责，配备负责会考工作的专职干部。

11月26日 承德地委、行署印发《1991—1995年全区工商企业急需人才培养规划》，计划5年共培训专门人才79380人，使工商企业职工具有大专以上文化程度达到职工总数的15%，中专以上文化程度占职工总数的30%，技工以上文化程度占职工总数的90%。

年内 承德行署印发学习丰宁职教经验十条标准、关于承德地区职业技术教育达标县标准及验收办法，提出建设省、地重点职教中心的“百亩校园、百亩山场、千人规模、万米建筑面积、十万元收入”的具体标准要求。

年内 承德地区教委按照地委、行署提出的“重工强农”思想，配合全区商品经济大合唱，围绕实施“857”工程，重点抓工商企业人才培养工程。11所乡镇成人学校被评为省示范校，193个乡镇建起234所成人综合学校。

1992年

1月 承德地委、行署召开由各县委书记、人大常委会主任、县长和地直有关部门一把手参加的高规格的教育工作会议，把改善办学条件、多渠道筹措教育资金和教育费附加征收工作作为重点，制定强有力的措施，出台关于动员社会力量，多渠道筹集资金暂行办法。

1月2日 《中国教育报》第二版刊发《承德地区发展职教措施配套》经验做法，介绍承德地区建立14位领导和142个部门联系职业学校制度、制定多渠道增加职教投入政策、鼓励职业中学科技兴农积极性和出台“职教达标县标准”等经验做法。

1月19日 省教委向市教委下达关于承德市职业高中开设艺术职业中专班的批复，同意在承德市职业高中开设艺术职业中专班，招收小学毕业生，学制六年，招生规模暂定为40人，自1992年暑假开始招生。

2月19日—20日 承德行署专员粟战书带领地直、省驻承单位和驻承266部队医院等11个部门负责人到围场满族蒙古族自治县第一职业中学进行现场办公，在听取学校负责人汇报后，对学校提出需要帮助解决的问题进行研究解决，对发展职教工作提出新的要求和希望。各单位共议定为学校办30件实事，解决钱物总折款8.4

万元，帮助落实 50 万元学校建设贴息贷款，有偿解决项目贷款 20 万～ 30 万元。

3 月 27 日　市教委、人事局、计委联合转发河北省关于从优秀民办教师中选招公办教师的通知，要求各县区要加强领导，坚持原则，掌握标准，秉公办事，并要对违反原则和弄虚作假的行为追究责任，严肃处理。

4 月 24 日　承德地区机构编制委员会向地区教委下发关于地区普通高中会考机构设置的批复。经编委会议研究决定，地区普通高中会考机构设在地区招生自考办公室，与招生自考办公室一套机构，编制在原有 13 名基础上增加 3 名，共 16 名事业编。

5 月 20 日　承德行署作出关于深化教育改革，加强基础教育的决定，提出要充分认识教育在经济工作中的战略地位，增强优先发展基础教育的紧迫感，动员社会力量多渠道增加投入，不断改善办学条件，千方百计提高教育质量，提高劳动者素质，促进教育事业的迅速开展。

同日　承德行署决定在地区设立处级督学，在县设立科级督学。

6 月 30 日　承德地委、行署召开全区科技大会，总结交流科教兴承经验，研究审定《承德地区科技发展“八五”规划纲要（草案）》，讨论修订关于依靠科学技术振兴承德经济的决定和承德地区“八五”企业科技进步实施细则等有关科教兴承文件，并对“七五”计划期间在科技工作中做出突出贡献的先进集体和先进个人进行表彰奖励。

9 月 7 日　市教委决定在全市幼儿园大班及学前班中推广普及全国新编的幼儿广播体操。

9 月 20 日　国家教委全国农村中等师范教育检查团一行 42 人，对承德师范学校进行检查考核，给予高度评价，认为该校办学达到全国同类学校先进水平。

9 月 30 日　承德市职业高级中学改称承德市职业技术教育中心。

12 月 20 日　经国家教委批准，原承德师范专科学校改为承德民族师范高等专科学校。国家教委副主任邹时炎、省政协副主席王树森、省科教工委副书记焦福岩、省人大常委会民族华侨外事委员会副主任张德庭、省民委副主任马云洲等领导到该校参加揭牌庆典仪式。

年内　承德地委书记胡振国在《职业与教育》杂志（1992 年第 3 期）发表了题为《突出重点抓职教，围绕急需育人才》的署名文章，就全区的职教深入发展谈指导性意见，全区上下形成了党政领导齐抓共管职教的崭新局面。

年内　承德地区制定和完善提高教师工资标准的 10% 政策、教龄津贴政策、中小学教师退休享受 100% 工资待遇政策、边远贫困山区乡（镇）教师浮动 1 ～ 2 级工资等 7 条稳定教师队伍的制约机制和激励机制。

年内　市教委进行“五四”学制试点改革，将市区内 6 所五年制小学的毕业生升入初中，将二中、五中、九中和民中改为四年制，使“五三”“六三”“五四”等多种学制并存，逐步向“五四”学制过渡。

年内　市教委被省委、省政府评为“河北省双拥工作先进单位”。

年内　承德市教师进修学校并入承德大学，作为承德大学的培训部开展工作。

年内　市教委在承德市滦河钢铁厂、兴隆煤矿等大厂矿进行“双证书”（学历文凭证书和职业资格证书）和“双元制”（职工培训过程是在企业和国家的职业学校进行，以企业培训为主，企业中的实践和在职业学校中的理论教学密切结合）试点，开展城市职工岗位培训和农村实用技术培训。

年底　省教委向平泉师范、承德师范和承德地区教委颁发奖状，表彰在师范教育工作中取得的成绩。

1993年

4月28日 承德地区教委以《积极探索贫困地区建职教中心路子，努力开创承德地区职教工作新局面》为题，在河北省职教中心建设第三次工作会议上介绍经验。

5月3日 省教委（河北省教育委员会）印发《关于县师范调整结果的通知》，保留隆化县师范学校和承德县师范学校，撤销平泉县师范学校。

5月29日 承德地委、行署授予丰宁满族自治县、隆化县全区“职业技术教育优胜县”称号，颁发奖金各1万元；授予兴隆县、围场满族蒙古族自治县全区“职业技术教育先进县”称号，颁发奖金各8000元；授予兴隆县教育委员会等34个单位全区“职业技术教育先进集体”称号。

6月13日—15日 承德地委、行署召开各县县委书记、县长及地直副局长以上干部会议，研究部署人才培养等工作，国家教委领导和副省长刘作田、省教委领导到会指导。

7月1日 承德地、市合并为新的承德市，与此同时，承德地、市教委合并为新的承德市教育委员会（简称市教委，下同）。

7月 中央教育科学研究所、省教委在滦平县创建农村幼教研究中心。

9月6日 平泉县党坝中心校张广森（满族）被国家教委、人事部授予“全国教育系统劳动模范”称号。

9月 承德市政府召开地市合并后的承德市首次教育工作会议。各县区主管教育工作的县区长、教委主任、省属以上企事业单位、市内及直属各院校、中专、中小学校长参加会议。会议进一步统一思想，理顺工作思路，明确工作任务，推动全市教育工作的开展。

11月17日 市长签发承德市社会力量办学管理暂行办法市政府令。

11月 市教委在丰宁县召开全市中小学示范校建设暨教学改革现场会，命名了4所市级示范校，总结推广了丰宁县在示范校建设暨教学改革方面的经验。

12月13日 市教委印发关于取消向学生收取不合理费用的决定，决定取消17项中小学不合理收费项目，严格控制各种代收费项目，收足管好经省批准允许的收费项目和资金。

12月31日 市委常委会听取并研究市教委关于当前全市教育工作情况及工作意见的汇报，会议原则同意市教委对当前全市教育形势的分析和工作安排，要求当前要着力抓好加强教育宣传和德育等7项工作，落实乡筹县统的政策措施，从根本上解决拖欠教师工资的问题。

年内 市实验小学、南营子小学、承德县一中被评为河北省艺术教育示范校。市中学生女子排球队获省中学生排球赛第二名。存瑞中学、双桥区翠桥小学、平泉县城西小学被评为全国传统体育项目学校先进单位。

年内 市教委表彰19名全国教育系统劳动模范、全国优秀教师和全国优秀教育工作者，表彰50名省级优秀教师、优秀班主任、优秀教育工作者和捐资助教先进个人。

年内 承德民族师范、平泉民族师范分别通过国家教委的达标评估检查，检查部门对两校办学条件和教学管理给予了肯定和表扬。平泉师范被国家教委确定为联合国儿童基金会合作项目学校。承德市教育学院通过省教委的评估检查。

年内 承德地区宽城县成立以县长为组长，以财政、计划等部门为成员的县职业技术教育中心建设领导小组，多次现场办公，协调征地，实行多方投标，4个建筑队同时上，共投资700多万元，采用贷款、建筑队垫支和招收技工委培生等融资途径，建起职教中心教学楼、宿舍楼、餐厅、礼堂等，达到省提出的“五个一”标准，实现当年建校、当年招生。

1994年

3月16日 市政府成立承德市成人教育委员会，委员会下设办公室，办公室地点设在市教委成教科。

3月28日 市教委成立承德市学校艺术教育委员会。学校艺术教育委员会作为市教委领导下的艺术教育指导和咨询机构，受市教委的委托对全市的艺术教育工作进行指导、督促和检查。

4月28日 市长签发承德市职工教育管理暂行规定的市政府令。

5月18日 市政府调整承德市农科教统筹领导小组，市长任组长，分管副市长任副组长，相关委办局负责人任委员。领导小组下设办公室，挂靠在市政府办公室文教科，由市政府副秘书长兼任办公室主任。

5月19日 承德地区幼儿园更名为承德市实验幼儿园。

5月28日 市长签发承德市关于进一步发展校办产业的规定市政府令。

7月11日—13日 承德市普降30年未遇大暴雨，最严重的县区20小时降水达450毫升，道路被毁，校舍被冲，仪器被淹。其中，兴隆县、营子区、承德县、宽城县学校校舍和仪器毁损最为严重。

8月24日 承德市第十三中学成立，学校为四轨四年制普通初级中学。

8月26日 市第九中学划归承德民族师范高等专科学校，更名为承德民族师范高等专科学校附属中学；承德大学和市委党校二校合并，暂时保留市委党校二校的牌子；承德市广播电视大学分校、市电视中专、原地区教育学院、地区广播电视大学分校合并，实行一套人马、三块牌子；原地区卫生学校和原市卫生职工学校合并，各自职能由新的承德市卫生学校承担；保留承德市经济管理干部学校，承德市商业学校更名为承德市商贸学校，实行一套人马、两块牌子；市教师进修学校的职能划归承德民族师专，实行一套人马、两块牌子。

同日 承德市第二中学、承德市职业技术教育中心两所学校由正科级学校升为正处级学校。

10月5日 市教委印发关于严禁中小学生参加扑救山林火灾的紧急通知，要求各县区采取必要的防范措施，严格遵守规定，确保广大师生的生命安全。

12月9日 市政府印发《关于进一步发展职业技术教育的决定》，从发展职业技术教育的战略地位和方向、积极贯彻“大力发展”的方针、改革办学体制、改革职教管理体制、改革招生和毕业生就业制度、努力增加职教投入、加强职教师资队伍建设、大力发展校办企业和建好生产实习基地及实验室、深化职教内部改革和提高办学效益、加强和改善对职教工作的领导等10个方面做出规定。

12月10日 市政府印发关于承德市普及九年义务教育发展规划的通知。

12月23日 市委印发《关于贯彻落实中共中央〈关于进一步加强和改进学校德育工作的若干意见〉的实施意见》。

年内 市教委分别承办全国传统美德教育第四届研讨会、河北省德育教育工作研讨会和亚太地区改善农村幼儿教育研讨会。

年内 承德市被中央教科所和全国传统美德教育协作网评为先进试验区。

年内 承德市承办河北省第七届中学生田径运动会，承德市中学生代表队获得男子总分第一名、女子总分第三名和团体总分第一名的好成绩，并有12人次打破7项省纪录。

年内 承德市在烟台召开的全国“绿色证书”培训工作会上作典型发言。

年内 隆化县、营子区分别通过河北省初等义务教育办学达标验收。平泉县民办教师张广森被评为全国“十佳”民办教师。

年内 承德市8个县全部建成职教中心，先后在全国职业技术教育工作会议和河北省教育工作会议上作经验介绍。

1995年

2月13日 市委、市政府印发关于实施《中国教育改革和发展纲要》的意见，制定承德新的教育发展目标。加强民族师专、民族师范和民族中小学校建设，市、县、乡各级政府要对少数民族教育采取倾斜政策。各少数民族县、乡也要充分发挥自身优势，采取相应措施，积极发展少数民族教育。从1995年起，中小学教师工资纳入财政全额预算，不留缺口，公办教师工资实行全县统筹，民办教师工资中属于政府支付部分由县财政拨付，不得在农村教育费附加中支付，属集体支付部分从农村教育费附加中支付，实行乡征县管，统一发放。

同日 市委、市政府印发关于多渠道增加教育投入的决定。建立以国家财政拨款为主，多渠道筹措教育资金的稳定教育投入体系，教育经费实行预算单列，做到人头费、公用经费分开列支。

3月8日 市教委决定成立承德市中小学教师培训办公室。

4月24日 市教委、监察局、财政局、物价局联合成立承德市清理中小学乱收费工作领导小组。承德市清理中小学乱收费工作领导小组下设办公室，处理日常工作，办公室设在市教委党委办公室。

6月30日 市政府成立承德工业学校筹建领导小组，筹建处设在市第二技工学校，筹建处主任由市第二技工学校校长兼任。

11月19日—25日 丰宁县第一中学的“玻璃仪器托架系列”在第四届全国自制教具评比活动中，荣获全国二等奖。

12月26日 市政府决定，将市区五中、六中、八中、民中、二职中、十二中、十三中等七所中学下放给双桥区管理。

年内 双桥区通过河北省“两基”验收；双滦区、围场、滦平、丰宁县分别通过河北省“普六”验收。截至1995年，全市各县区全部通过河北省普及六年义务教育验收。存瑞中学通过河北省重点中学验收。

1996年

1月28日 双桥区人民政府、鹰手营子矿区人民政府、宽城县人民政府、丰宁县大阁镇人民政府、滦平县张百湾镇人民政府、隆化县张三营镇人民政府、承德市计划委员会、华北电业管理局滦河发电厂被省政府授予“普及九年义务教育先进集体”荣誉称号。

6月中旬 省教委在承德市丰宁县召开全省职业教育研讨会，省教委领导出席会议，并分别讲话。

9月26日 市教委印发义务教育阶段实施补偿教育管理办法的通知，主要是对17周岁以下应受完而未受完初中教育的少年实行补偿教育，进一步扎实地提高九年义务教育普及程度。

10月23日 双桥区教育局被河北省委、省政府评选为普法先进单位。

1997年

2月14日 承德市第二职业中学更名为双桥区职业技术教育中心。

2月下旬 河北省普及实验教学验收组对双桥区域内6所中学、8所小学进行评估，认为双桥区基本上达到了河北省实验教学普及区标准。

6月25日 市教委向市邮电局下发关于同意建立承德邮电培训中心的批复。

同日 承德市聋哑学校增设职业初中班，在原有八年制基础上改为九年制，九年级主要进行初级中等职业教育及就业指导。

7月10日 市教委印发关于加强和改善九

年制义务教育管理工作的若干规定，小学毕业生必须全部进入初中学习，并规定在“普九”检查验收中，凡当年小学毕业生升学率和初中毛入学率达不到规定要求的，一律不得通过验收。要求在“九五”计划期间逐步实行以“六三”学制为主体的现行学制。

年内 兴隆县顺利通过省“普九”验收，营子区通过了省“普九”第一轮三年复检，双滦区通过省“普九”回访复查，平泉县代表河北省顺利通过国家扫盲验收。

年内 市二中英语教师刘琦代表河北省参加全国首届英语课堂教学大赛获得一等奖；平泉县双桥小学教师刘再平在全国小学数学教学改革研讨会上的观摩课荣获一等奖第一名。

1998年

年初 市政府确定1998年为“‘普九’攻坚年”。

4月27日 市教委印发关于全面推行中小学素质教育的实施意见的通知，力争到2000年，全市基本形成全面实施素质教育的局面。

9月8日 围场县围场镇中学杨春平（女，满）、承德市滦平西地乡中心校杜玉瑞（女，满）被教育部、人事部授予“全国模范教师”称号。

10月8日 市政府在丰宁县召开全市教育管理现场经验交流会，总结推广丰宁县“突出一个思想（牢固树立“科教兴县”的战略思想，确实把教育放在优先发展的战略地位）、强化两支队伍（狠抓教育干部队伍和教师队伍建设）、完善三个机制（完善管理运行机制、投入保障机制和评估激励机制）、推进四项改革（综合性整体改革、办学模式改革、分级负责的管理体制改革、分配制度改革）”，走出一条“两高两有（高质量、高效益；升学有希望、就业有门路）”适度超前的贫困县发展教育路子经验。

年内 承德师范与承德师专实行联合办学，在承德师范学校试招两个大专班，进一步深化师范教育改革。

年内 丰宁、宽城、平泉、隆化、承德县和双桥区全部按时通过省“普九”达标验收和三年复查。滦平县自加压力、奋力拼搏，提前一年通过省政府“普九”达标验收。丰宁、宽城县分别被教育部和省政府表彰为全国、全省“普九”先进县。

年内 市教委成立承德市中小学教师继续教育工作领导小组。

年内 平泉县城西小学被国家教委命名为“全国千所现代教育技术实验学校”。

年内 河北省副省长刘建生视察承德师专、民族职技学院、河北承德第一中学、存瑞中学、职教中心等学校。省教委主任刘永瑞视察双滦区教育工作。双滦区、兴隆县顺利通过了省普及实验教学示范县、区验收。

1999年

3月 省政府在全省教育工作会上向市教委和滦平县颁发“普及九年义务教育先进单位”奖牌，向宽城县颁发“全省两基先进县”（基本普及九年义务教育、基本扫除青壮年文盲）奖牌，并代国家教委向丰宁县颁发了“全国两基先进县”奖牌。

3月2日 市教委命名丰宁县胡麻营乡中学、丰宁县黑山嘴中学、丰宁县塔黄旗小学、丰宁县黑山嘴小学、营子区第七中学、兴隆县孤山子乡中学、兴隆县平安堡中学、兴隆县东区小学、平泉县台头山乡中、平泉县小寺沟中学10所学校为“承德市普及实验教学示范校”。

3月30日 市政府决定对平泉县、承德县、隆化县、双桥区4个“普九”工作先进县（区）、丰宁满族自治县教育局等50个“普九”工作先进单位和宽城满族自治县张树林等98名“普九”先进工作者进行表彰。

5月上旬 在河北省职业高中（职教中心）优秀教学成果评选中，丰宁县职教中心安四路、张来勇、李新阁、郭艳玲、孙孝军的“弹性学制阶梯式教学模式”项目荣获一等奖。

6月19日 市委、市政府召开市属大中专院校布局结构调整工作会议，全市大中专院校由12所减至7所，基本形成资源共享，协调发展，发挥规模效益的良好态势。

7月13日—16日 河北省县域教育改革与发展座谈会在丰宁县召开，与会领导参观了丰宁县窄岭农村教育综合改革示范小区等14所中小学，听取了丰宁县政府、县教育局的工作汇报。一致认为丰宁满族自治县探索出了一条具有丰宁特色的贫困县兴办“两高两有”（高质量、高效益，升学有望、就业有路）教育改革之路，其成功经验在全省乃至全国都有推广价值。

9月底 围场县顺利通过省“普九”验收，使承德市继唐山、廊坊市之后，全部实现省政府下达的“普九”目标，受到刘建生副省长和刘永瑞厅长的充分肯定和表扬。

10月8日 市教委转发省教委关于撤销县办两年制师范学校的通知，其中承德市的承德县师范、隆化县师范两所师范学校被撤销。

10月下旬 丰宁县顺利通过省“普及实验教学示范县达标”工作验收。省验收组认为丰宁县委、县政府重视普及实验教学示范县建设，真正做到“普九”后思想不松劲，舆论不降温，投入不间断，工作上台阶，政府行为到位；承德县提前一年通过河北省“普及实验教学示范县达标”工作的验收。

12月8日 市委、市政府印发关于在全市学习推广丰宁满族自治县县域教育综合改革经验的决定。要求各有关部门要加强指导，市委、市政府拟每年召开一次情况汇报会，进行考核评比，3年后召开经验交流暨总结表彰大会。其他各县区要从当地实际出发，因地制宜，统筹规划，抓好典型，以点带面，创造性地学习丰宁经验，借鉴丰宁模式，进一步推进“科教兴市”工作的实施。

12月10日 从2000年暑期起，市聋哑学校由六年制教育改为九年一贯制教育，即小学六年，初中（职业化）三年。

12月13日—14日 市委、市政府召开全市教育工作会议，市委书记、市长、主管教育工作的副市长出席会议并作重要讲话。会议出台全面推进素质教育的实施意见、迈向21世纪承德教育振兴行动计划和关于进一步推进中小学布局调整工作的意见。

年内 市教委被省教委评为全省德育工作先进单位，小学数学青年教师张琳的作课获全国电教优秀课一等奖。

年内 平泉县城西小学被命名为全国现代技术教育试点校，承担国家级重点项目专题试验。

年内 全市有7个县按标准建起特殊教育学校，各类残疾儿童入学率已经达到68%。

2000年

2月25日 市委、市政府印发《关于贯彻中共中央国务院〈关于深化教育改革全面推进素质教育的决定〉的实施意见》。

3月 市政府在河北省基础教育工作会议上作典型发言，向全省介绍“举全民之力，攻‘普九’之坚”的经验。

3月24日 承德民族职业技术学院与北京军区后勤部331军械仓库共同举办法律专业职业中专班，列入2000年春季招生计划，报省教委备案。

3月30日 承德市委机关幼儿园更名为承德市第四幼儿园。

4月13日 市政府印发批转《市教委关于进一步推进农村中小学布局调整的实施意见的通知》，确定隆化、平泉、滦平为农村中小学布局调整示范县。

5月9日 市教委印发承德市中小学现代教

育技术实验学校标准。

9月25日 教师进修学校办学条件达标建设和中小学骨干教师培训经费纳入“普九”复查内容。

10月10日 市教委印发《承德市县区教育行政部门教育工作评估方案及奖惩办法（试行）》和《承德市普通初级中学评估方案及奖惩办法（试行）》，从下发之日起开始实行。

10月25日 承德市职教中心建立承德旅游中等专业学校，实行一所学校、两块牌子，普通中专与职业中专并存的办学体制。

10月30日 兴隆县教师进修学校被省教育厅评定为“河北省办学条件达标教师进修学校”。

11月底 围场县和双滦区顺利通过省“普实”（普及实验教学）验收，使全市8县3区全部通过省“普实”验收。

12月4日—7日 省政府派出检查组对兴隆县、营子区“普九”达标后巩固提高工作进行第一轮三年复检，分三路对兴隆县10个乡镇27所学校、营子区4个乡镇15所学校进行全面细致的检查，认定营子区通过省检，兴隆县基本通过省检。

下半年 市教委督导室开始试行对全市普通初级中学进行等级评估。

年内 市教委按照市委的统一部署，集中开展“讲学习、讲政治、讲正气”的党性党风“三讲”教育，全面落实整改方案，不断提高班子的凝聚力和战斗力。

年内 河北平泉民族师范学校以承德民族师专分校名义，招收“3+2”五年制大专生305人。

年内 全市选拔出国家级中小学骨干教师27名，省级骨干教师74名，市级骨干教师275名，县区级骨干教师2900名，并在小学语文、数学、自然3个学科教师中评出15名教学标兵，31名教学能手。

年内 全市认真研究中等职业教育与高等职教的衔接与沟通，以及职业综合高中发展等深化职教改革的措施，狠抓职教招生工作，并把职教对口升学作为遏制职教滑坡的重要举措来抓。

年内 市综合治理办公室、市教委决定从全市政法系统选派优秀人员到学校任兼职法制教育副校长和辅导员，完善中小学法制教育机制。

年内 河北承德第一中学校长耿俊鹏、承德石油高等专科学校组织部部长冀兴隆、围场满族蒙古族自治县第二中学教师吕胜新、宽城满族自治县第一中学教师杨润先、承德市南营子小学教师齐学勤、承德市第二中学教师杨平等6人被河北省人事厅、教育厅、教育工会授予“河北省‘三育人’先进工作者”称号。

年内 全市积极实施现代远程教育工程和“校校通”工程，有30所学校建起了校园网。

年底 市教委教育督导室对2000年度各县区教育行政部门的教育工作进行督导评估。丰宁、平泉、宽城、双滦和营子区被评为优秀等级，市教委予以表彰，并将评估结果作为对教育行政部门年终考核及奖惩的重要依据。

2001年

1月2日—12日 市教委育督导室会同市税务、审计、财政等部门，对全市各县区上年度的教育费附加征收到位等情况进行检查摸底，发现全市2000年欠征率高达40.29%。在12个教育费附加征收部门中，有9个县区征收到位率不足50%，只有丰宁县的征收到位率达到97.51%。市教委及时向市政府作汇报，并提出建议。从该年开始，每年对教育费附加和地方教育费征收开展专项督导工作。

1月21日 平泉民族师范学校改建为承德民族师范专科学校分校，取消原中师学校建制，主要培养专科层次的小学教师。

2月 在全省教育工作会议上，省政府向市教委颁发“基本普及九年义务教育和基本扫除文盲”奖牌。

2月5日 市政府印发《关于进一步发展职业教育的意见》。

3月22日 市政府授予丰宁满族自治县人民政府、承德县人民政府2000年度教育工作先进县称号。

3月31日—4月1日 市教委首次组织2001年春季普通高校对口招收中等职业学校毕业生考试，变一年一次高考为一年两次高考，建立电子档案，实行网上录取。全市共有421名考生报名参考。

4月3日 市政府印发《关于进一步办好农业广播电视学校的意见》。

4月9日 市委常委会研究决定，原则同意市教委提出的关于创建承德旅游职业学院的方案。承德旅游职业学院于暑期正式成立，开设7个专业，招收第一届新生292人。

4月20日 市教委决定在承德民族师范高等专科学校平泉分校成立承德市小学外国语教师培训中心，负责全市在职小学外国语教师培训工作。

4月26日 承德民族师范高等专科学校平泉分校实行初中起点五年制、高中起点二年制、中师起点“3+2”年制等3种学制。

4月27日 承德民族师范高等专科学校平泉分校举行揭牌仪式。年内，顺利完成“3+2”五年制和高中起点大专生562人的招生任务，成为全市培养专科层次小学教师的重要基地，在分校成立承德市外国语师资培训中心。

4月28日 承德师专和唐山师院正式签署联合办学协议，联合培养本科毕业生，结束了承德师专不能培养本科生的历史。

4月29日 市政府教育督导室正式挂牌成立。

5月下旬 平泉县、承德县顺利通过河北省“普九”三年复检。

6月5日 丰宁满族自治县荣获教育部、财政部、国家计委“全国‘两基’工作先进地区（单位）”荣誉称号。

6月17日—21日 韩国京畿道高阳市教育代表团一行10人，对河北承德第一中学、承德市实验小学和承德民族师专附中3所学校进行访问，并签署市教委与高阳市教育厅友好委托协议。

8月13日 市教委成立承德市中小学教师教育中心，中心的主要职责是在市教委领导下，统筹负责全市中小学教师教育的组织、管理、协调等项工作。

8月16日 省政府批复同意建立承德旅游职业学院。

9月5日 市政府召开常务会议，听取并研究市教委关于承德旅游学校、承德财经学校合并组建承德旅游职业学院的实施方案。

9月6日 市教委成立控制农村初中生辍学工作领导小组，下设办公室主持日常工作，办公室主任由教育科科长兼任。

9月7日 市委、市政府召开联席会议，研究讨论并原则同意市政府关于承德旅游职业学校与财经学校合并组建承德旅游职业学院的实施方案。

9月15日 市教委决定，从2003年暑期起，承德市第二中学停止招收初中新生。

10月20日 市政府印发《承德旅游学校、承德财经学校合并组建承德旅游职业学院实施方案》。

12月15日 市政府印发《承德市关于贯彻〈国务院关于基础教育改革与发展的决定〉的实施意见》。要求各县区要于2002年前，将“五四”学制改为“六三”学制。到2002年年底，全市中小学要全部实现由教育行政部门归口管理。

年内 《国家教育督导》第一、二期分别刊发承德市《举全民之力，攻“普九”之坚》和《积极探索教育督导工作路子》的经验做法。

年内 市教委、市民族宗教局联合下发《关于在承德市第一幼儿园内设立承德市民族幼儿园的批复》，一个园所、两块牌子。

年内 市教委举办“全国目标教学研讨会（北片会议）”，全国各地2000余人参加会议，宣传和推进了承德市目标教学改革经验。

年内　市教委成立承德市普通中小学信息技术教育领导小组，成立承德市教育信息中心，印发关于承德市中小学普及信息技术教育和实施“校校通”工程的意见。

年内　丰宁满族自治县石灰窑小学被评为首批全国十所复式教学实验学校之一；隆化、承德县、丰宁、宽城、双桥区5个县区通过河北省“普九”第一轮三年复检，滦平县基本通过省“普九”复检，待2002年回访。兴隆县通过省“普九”回访。滦平县、围场县被省教育厅确认为“河北省实验教学普及县”。

年内　市教委等8个单位被省教育厅、省财政厅、省发展计划委员会命名为“河北省‘两基’工作先进单位”；隆化县被省政府表彰为“全省‘普九’巩固提高工作先进县”。

年内　承德市高中会考考试方法实行重大改革，报名打破考生所在年级限制，9科会考科目全部放开，高中在校生可自行报考，同时面向社会开放。

年内　市直及各县区中心小学以上学校都配备了法制副校长和辅导员。

年内　市政府教育督导室会同市教育局教育科、教研室、人事科、计财科、仪器站等科室，对全市各县区申报市级示范校的54所小学进行全面评估。确定其中19所为市级示范校，由市教育局印发通报并颁发牌匾。

2002年

年初　承德市教育委员会更名为承德市教育局。

1月　市编委下发文件规定，市人民政府教育督导室设在市教育局，与市教育局（承德市教育局）合署办公，下设办公室，主要负责全市的督政、督教、督学工作，明确市教育局督学领导职数为2名。

1月　承德市11个县、区编制内农村中小学教师工资全部由县级财政统一管理和发放，中小学教职工和校长全部由教育行政部门管理。

2月28日　市教育局研究确定丰宁县为义务教育阶段课程改革实验县。

3月2日　市教育局召开市直学校“以德治教”工作动员会，印发《市教育局关于贯彻公民道德建设实施纲要》，积极推进以德治教工作。

3月18日　承德燕北计算机专修学院被省教育厅授予“学历文凭”试点校。

3月　市政府主管教育副市长带领市教育、计划、规划、建设、土地等局委及各高校领导赴上海、江苏等地的高教园区进行实地考察。

3月—9月　市教育局分期分批进行首次教师资格认定工作，涉及教师14122人。其中，中专教师资格认定157人，高中教师资格认定939人，初中及以下教师资格认定13026人。

4月2日、10日　承德市第八中学和承德市第三中学分别改建为承德市艺术高中和承德市艺术体育高中。

4月3日　市教育局和市政府教育督导室建立控辍保学报告跟踪制度和控辍保学等级通报制度，对义务教育阶段学校的控辍保学工作作出明确规定，进一步巩固“普九”成果。

4月6日　韩国高阳市中小学生到承德进行短期培训，其中，3名韩国中小学生分别到河北承德第一中学、九中、实验小学学习汉语。

4月10日　双桥区从2002年开始，将现行义务教育阶段的“五四”学制全部改为“六三”学制。

4月19日　市教育局印发《承德市关于在农村初中进行“绿色证书”教育的实施意见》。

4月20日　市委书记赵文鹤召开市领导办公会议，听取承德市高等教育学习考察团到上海、浙江学习考察高教园区建设情况的汇报。会议原则同意市政府关于承德市高教园区建设的意见，确定在冯营子镇规划建设承德市高教园区，将驻市五所全日制普通高校集中迁建高教园区。议定成立由市长任组长的承德市高教园区建设工作领导小组，负责研究和协调解决高教园区建设中的重大问题，做好组织协调和推动工作。

4月24日—28日 教育部在承德市召开全国勤工俭学、校办产业统计工作会议。

4月27日 市教育局召开市直属学校及双桥区参加的“以德治市”青少年道德监督小卫士活动会议，部署在市区主要街道开展青少年道德监督活动。

4月27日—30日 在承德市（第九届）“中国人寿保险杯”中学生田径运动会上，双桥区获初中组第一名，双滦区获高中组第一名。

4月28日 国家教育督导团工作通讯第四期（总第86期）以《承德市多措并举控辍保学》为题，向全国介绍承德市控辍保学的经验做法。

4月底 市委、市政府成立承德市高教园区规划建设领导小组，市长任组长。

5月9日 市政府成立承德市高教园区规划建设工作办公室，由分管教育工作副市长任主任，由市教育局局长和市政府办公室副主任任副主任，由市发展计划委员会、规划局、国土资源局、财政局、教育局、双桥区政府、市城市资产运营公司等任成员，工作人员从市政府有关部门和双桥区政府抽调。主要职责是落实市委、市政府和市高教园区规划建设工作领导小组的有关决策，具体规划、运作与管理高教园区的规划和建设工作。

5月10日—12日 市教育局邀请北京、湖北部分专家对全市高中教师进行高考培训，参加人员达900余人。

5月10日—30日 市教育局分别对河北承德第一中学、承德二中、宽城一中、承德县一中、滦平一中、丰宁一中、围场一中省级示范高中建设工作进行检查督导。

5月20日—23日 市教育局组队参加河北省第十一届中学生运动会，承德初中组获团体总分第二名，高中组获团体总分第三名，并获得金牌4块、银牌8块、铜牌10块。

5月25日 围场卉原中学、隆化德慧中学被市教育局授予社会力量办学示范校。

5月29日—6月1日 河北省教科所对承德市信息技术教育试验情况进行检查指导，重点检查了隆化、丰宁两县。

5月31日 承德燕北计算机中等专业学校、承德燕山计算机专修学院、承德北方财会中等专业学校成立。

5月 承德市第一座学校远程教育卫星接收站在河北承德第一中学建成。

6月19日 市政府召开市语委（承德市语言文字工作委员会）扩大会议，部署市区用语用字规范化工作，调整了承德市语言文字工作委员会成员。

6月20日 常务副市长在省政府召开的全省完善农村义务教育管理体制电视电话会上，介绍承德市“以县为主”教育管理体制改革经验。

6月22日—24日 承德市市区在接受全省城市精神文明建设总评用语用字检查中，获全省第二名的好成绩。

6月23日 市教育局、司法局、综治办、共青团承德市委联合印发《关于贯彻落实国家、省关于加强青少年学生法制教育工作的若干意见》，要求各县区进一步完善专（兼）职法制副校长和法制辅导员制度，没有配备的学校，要于7月底之前完成该项工作。

7月2日 市计委、市教育局分别将承德市高教园区建设报告呈送省计委、省教育厅。

同日 承德市体育运动学校与河北省体育局篮排球运动管理中心联办承德市篮球学校。

7月12日 市教育局印发《承德市成人高中管理暂行规定》，全市成人高中的管理、教学、考试、发证等工作由市教育局统一管理，由成人教育教研室具体负责。

7月16日—19日 河北省基础教育课程改革与实验教学研究工作会议在承德举行，省教育厅领导参加会议。

7月22日 市政府下发《关于完善农村义务教育管理体制的实施意见》。

7月24日 市政府批准高教园区总体布局规划方案。

7月25日 市政府被教育部、劳动和社会保障部、国家经济贸易委员会3部委联合表彰为“全国职业教育先进单位”。

8月1日—3日 省教育督导工作研讨会在围场召开，承德市在大会上介绍了落实“以县为主”教育管理体制开展教育专项督导的经验作法。

8月6日 市教育局与市政协科教文卫委员会共同到北京中澳文化交流协会，协商中澳文化交流项目在承德开展活动事项，达成在承德成立“蒲公英”英语合唱团和为承德市属职业学校选派外教两项协议。

8月13日 市教育局、物价局、财政局联合下发《关于切实做好2002年农村贫困地区义务教育阶段“一费制”试行工作的通知》。要求从2002年秋季新学年开始，凡列入承德市“一费制”试点县的（丰宁、平泉、围场、承德县）县城以下农村义务教育阶段中小学收费全部试行“一费制”。

8月15日—16日 副省长刘建生、省教育厅厅长刘永瑞到承德对高校园区建设和职业教育进行专项调研，听取市政府教育工作汇报、高教园区规划建设汇报，并在承德民族师专召开有部分县区教育局局长、职业院校校长参加的专题座谈会。

8月16日 市教育局与市新华书店、市委宣传部、市文化局组队参加全国读书征文评奖活动，承德市有4人参赛，1人获一等奖。

8月20日 市政府印发《关于完善农村义务教育管理体制的实施意见》，明确农村义务教育实行“在国务院领导下，由地方政府负责，分级管理，以县为主”体制，确保农村中小学正常运转所需的公用经费。

8月 市教育局在全国青少年以“崇尚科学，传播文明”为主题的读书活动中，荣获全国组委会颁发的组织特别奖。东园林小学王天骥荣获全国讲故事比赛二等奖及河北省一等奖。

9月3日 承德市各县区教育局局长到国家教育行政学院进行培训。

9月11日—14日 河北省第五次素质教育现场会在丰宁满族自治县召开，会议要求在全省推广丰宁经验。

9月12日 政府副省长刘建生、省计委主任韩生雨做出批示，要求承德市政府加快高教园区建设步伐，决定由省计委、省教育厅、省国土资源、省建设厅副厅级领导参加承德市高教园区规划建设领导小组，担任副组长。

9月24日 市教育局印发《关于创建县级广播电视大学分校（简称“电大分校”）的通知》。

9月27日 市教育局召开全市九所省级示范高中建设调度会。

9月27日—28日 市教育局召开全市“以德治教”工作座谈会和县区教育局长基础教育座谈会，县区和直属学校进行典型发言，以推动全市的“以德治教”工作。

9月29日 丰宁满族自治县人民政府、隆化县教育体育局、承德民族职业技术学院被评为河北省职业教育先进单位。

9月30日 市政府正式确定各高校在高教园区内的位置。

9月 承德市隆化县申报省级电化教育先进县，通过省级专家组验收；丰宁一中、滦平一中等10所学校申报省级现代教育技术实验学校，通过省级专家组验收。

同月 河北省计委、省教育厅正式向省人民政府报告承德市高教园区立项工作。

10月13日 市教委批准承德腾飞中等专业学校为“承德市社会力量办学示范校”，授予“示范校”校牌，并给予必要的支持。

10月8日 省教育厅奖励承德市危房改造资金（以奖代补）350万元。其中：丰宁、平泉各100万元，承德县70万元，隆化、围场各40万元。

10月10日 市教育局召开机关全体职工大会，公布机关机构改革实施方案与各科室职位设置。

10月15日 根据河北省省长批示，省计委、教育厅、国土资源厅、建设厅、物价局5部门领导专程到承德，召开承德市高教园区建设前期工作协调会议。

10月17日 市政府在河北省职业教育工作会议上，作“强化政府责任、加大改革力度、推动职业教育持续稳定健康发展”的典型发言。

10月21日—25日 市教育局组织各县区主管高中教育工作的副局长，重点中学校长、副校长，部分普通高中校长，赴衡水中学、武邑一中、冀州中学、沧州一中等校参观学习。

10月26日 市政府教育督导室和承德县人民政府教育督导室分别被省教育厅评为“全省教育督导先进单位”。

10月28日—30日 市教育局在丰宁县召开全市勤工俭学、校办产业经验交流会，对今后如何发展校办产业进行研究和探讨。

10月30日—11月2日 承德市教学仪器站、滦平县教学仪器站、隆化县教学仪器站分别通过河北省教育技术装备管理处职能达标工作考核验收。

11月6日 市教育局局域网与市教育局信息中心通过光缆连通接入因特网。

11月8日 市教育局成立承德市中小学教师教育工作领导小组，同时撤销1998年成立的承德市中小学教师继续教育工作领导小组。

11月8日—13日 河北省职教教学质量评估团对丰宁、隆化县职教中心教学质量进行评估，两校的教学工作得到了省评估组的充分肯定。

11月18日 河北省环保局正式批准承德市高教园区建设项目立项前环境保护意见。

11月19日 市教育局对全市初中、小学全面开展办学水平等级评估。

11月20日 市教育局印发《承德市重点普通高级中学评估方案和奖惩（试行）办法》。评估内容主要包括办学条件、学校管理、教学质量3部分，评估结果分为最佳、优秀、良好、合格、不合格5个等级。

11月21日—23日 市教育局召开承德市高中教学工作会议，聘任25名高中兼职教研员。

11月28日 丰宁满族自治县职教中心工业与民用建筑专业，被教育部确定为全国中等职业教育首批示范专业。

12月7日 省教育厅为承德市安排寄宿制学校资金210万元，其中围场小拨村小学80万元、平泉杨树岭中学80万元、承德县石灰窑中心小学50万元。

12月17日 市教育局、承德市民宗局联合确定围场镇民族小学等7所民族学校为开展民族特色教育试点校。同日，承德市高教园区建设控制性详细规划通过专家论证。

12月18日 省计委批准承德市高教园区项目建议书，同意承德市5所高校集中建设高教园区。

12月19日 承钢钢城总校中学部更名为承德市第十五中学。

年内 全市所有县区小学初中学制全部由“五四”制改为“六三”制。

年内 承德市勤工俭学、校办产业税利2183万元，弥补教育经费1677万元。有6所学校、校办企业创收超过百万元。

年内 围场县、双滦区一次性顺利通过省“普九”三年复检，滦平县通过省“普九”回访复查。围场满族蒙古族自治县被省教育厅授予“2002年度‘普九’巩固提高工作先进县”称号。至此，全市11个县（区）全部通过省“普九”第一轮三年复检。

年内 市教育局专门召开教育系统行风建设工作会议，在全市聘请329名行风监督员，充分发挥社会监督的作用，全面推进教育系统的作风建设，以良好的教育形象赢得社会、家长、学生的满意。

年内 市教育局在全市推广隆化县蓝旗镇依法治辍的经验，全市开展“无辍学校、无辍乡镇”创建活动。

2003年

1月10日 教育部撤销教育部承德教工活动中心，将活动中心投资所形成的固定资产无偿划拨给市教育局，并按照管理权限办理机构变更的有关手续。

2月26日 市教育局向双滦区教育局下发同意建设双滦实验中学的批复，要求按照国家级示范中学的标准，把学校建设成为全市一流的、高标准的学校。

3月12日 市委教育工委、市教育局在全市教育系统深入开展以“树正气、讲团结、求发展”为主题的学习教育活动。

3月31日 市政府办公室成立大学园区建设征地工作领导小组，下设办公室，负责征地方面的具体工作，办公室由开发区管委会主任任主任，相关人员为成员。

4月8日 市委教育工委、市教育局印发《关于全面推进依法治校的决定》。

4月23日 市委教育工委、市教育局印发《关于预防和控制非典型肺炎（简称“非典”）的预案》。

5月6日 市政府教育督导室向各县（区）下发《关于全市教育督导机构建设及人员配备情况的通报》，要求全市各县区成立政府教育督导室，配齐相应级别的正科或副科级督学，充实教育督导室工作人员。

5月16日 市教育局印发《关于调整、取消中小学有关考试等工作的通知》，当年中考文化课考试科目由语文、数学、外语、理科综合、文科综合5门减少为语文、数学、外语3门，为全市初中毕业生开办“电视课堂”，尽量减小因预防“非典”停课给学生学习造成的影响。

5月22日 市委组织部印发《关于高等院校不再设置校（院）级非领导职务的通知》。

5月29日 省《教育督导》第四期刊发《承德市防‘非典’期间实行‘普九’迎复检月报告制度》和《承德市加大教育专项督导力度，城市教育费附加征收效果明显》的经验做法。

6月6日 市教育局印发关于在高中开展学生军事训练若干问题的意见。

6月12日 市政府召开专题会议，研究解决高教园区土地征用等问题，要求各级各有关部门一定要统一思想，坚定信心，进一步加大工作力度，千方百计做好群众工作，全力推进，确保6月底完成任务。

6月27日 承德技工学校更名为承德高级技工学校。

7月8日 选拔普通中专优秀毕业生接受普通高职教育工作停止，2003年以前所招收的中专层次在校生（含师范类），凡愿意接受高职教育的学生毕业时均参加对口升学考试，已升格为高职院校及已进入高校的普通中专毕业在校生（含师范类）亦可通过参加对口招生考试录取后接受普通高职教育。

7月9日 承德石油高等专科学校、河北承德第一中学、承德市南营子小学百年纪念活动协调小组成立。

7月14日 市教育局印发《关于推进城镇中小学、幼儿园班额管理标准化工作的意见》，明确城镇基础教育各学段班额标准：普通高中每班50～55人；初中每班45～50人；小学每班40～45人；幼儿园小班（3～4周岁）每班20～25人，中班（4～5周岁）每班25～30人，大班（5～6或7周岁）每班30～35人，混合班每班30人，寄宿制幼儿园酌减。

7月21日 市教育局印发《关于公办普通高中招收择校生有关问题的规定》，从2003年秋季学期开始，全市公办普通高中择校生占当年招生总人数的比例（以学校为单位计算）最高限额：

一般高中和县属省级示范性高中（或省级重点高中）比例不超过30%，河北承德第一中学、承德二中、存瑞中学比例不超过40%。

8月6日　市政府办公室印发《关于公办高中招收择校生规定》，公办普通高中择校生收费最高限额：市一中、市二中、存瑞中学15000元，各县一中12000元，一般高中6000元。

9月中旬　平泉县通过省普及特殊教育县评估验收，成为河北省首批普及特殊教育县。11月，在全省特教会议上作典型发言。

9月22日　承德市科学技术协会、市教育局联合印发《关于承德市第十八届青少年科技创新大赛活动评选结果的通报》，全市共有300余所学校、2万余名中小学生参加了该届活动，共评出市级奖励684项、省级奖励76项、国家级奖励2项。

9月24日　承德市鹰手营子矿区被省教育厅、省语言文字工作委员会授予“中小学普及普通话达标县工作先进县”称号。

9月底　兴隆县、营子区在全省率先通过新一轮“普九”复检。

10月16日　承德市环境保护局、市教育局联合命名表彰承德市第二批“绿色学校”、第一批“绿色幼儿园”“绿色小卫士”，授予承德市第一幼儿园等11所幼儿园为承德市“绿色幼儿园”称号。

10月24日　市政府办公室印发《承德市教育督导规定》，确定了教育督导的对象，确定“市、县（区）人民政府教育督导机构实行督学负责制，主任督学、副主任督学由同级人民政府任免，其他教育督导人员由教育部门任免”。

10月26日　市政府办公室印发《关于承德市县、区政府教育工作评估方案及奖惩办法和承德市乡（镇）政府教育工作评估方案及奖惩办法》。

11月　兴隆、滦平两县通过省普及学前三年教育县的评估验收。

12月26日　市委召开议事会议，决定将市教育局所属的教工活动中心的资产进行划分，其中，客房主楼、餐厅（计4024.43平方米）及客房主楼北侧约800平方米的平房划归市老干部局，用于筹建老干部活动中心用房。

年内　围场卉源中学通过省专家评估，被确定为省民办教育明星学校；承德卫生学校、承德工业学校通过省政府的国家级重点职业学校验收。

2004年

2月19日　承德广播电视中等专业学校更名为承德信息工程技术学校。

3月8日　宽城县、兴隆县、滦平县、隆化县、围场县列入河北省基础教育课程改革实验县，从年内秋季学期开始，义务教育阶段各起始年级全部启用新课程。至此，全市8县3区全部列入省课程改革实验县（区）。

4月3日　市政府教育督导室向各县区下发《关于对2003年县、区政府教育工作督导评估情况的通报》，丰宁县、围场县、宽诚县、双滦区4个县（区）被评为优秀等级。由市政府向优秀等级的县（区）颁发“2003年教育优先发展先进县（区）”牌匾，予以鼓励。

4月14日　市委办、政府办转发《市委教育工委、市教育局〈关于加强教师队伍考核管理的意见（试行）〉》，决定对中、小学教职工进行考核，对其他学校教职工的考核工作先行试点，从下年起全面实施。承德市从该年开始实施的“两评四考”管理机制，得到了省教育厅的充分肯定。

4月27日　市政府召开专题会议，研究冯营子高校新校区征地问题，并形成专题会议纪要。

5月10日　市委教育工委、市教育局在全市教育系统开展“强一流素质、树一流形象、创一流业绩、办一流教育”创建活动。

6月4日　市委、市人民政府印发《关于进一步推进教育改革与发展的决定》，明确教育发展目标和任务，推广丰宁满族自治县教育管理经验，扩大优质教育资源，强化市中心区和城镇中小学建设，扎实推进素质教育和全面贯彻党的教育方针，加强管理，全面提高教育教学质量。

6月21日 市委教育工委、市教育局成立承德市教师队伍考核管理工作领导小组。

7月12日 承德民族职业技术学院更名为承德职业学院。

9月20日 市政府召开常务会议，听取市国资委《关于北京铁路局自办中小学、医院移交承德市有关情况的汇报》，决定按要求完成接收任务。

9月25日 双桥区政府、市教育局向承德市建委报送《关于世纪城中小学建设意见的函》。世纪城中小学建设规模：中学占地面积50亩、建筑面积15315平方米、12轨36个教学班、能容纳1800名学生；小学占地面积16.5亩、建筑面积8455平方米、24个教学班、能容纳1200名学生；建设中小学公用建筑面积26000平方米的会议室和一个400米的环形塑胶跑道。

9月28日 市教育局印发《义务教育阶段学生学籍管理办法实施细则（试行）》和《普通高中学生学籍管理办法实施细则（试行）》，学籍管理严格按照"一生一籍、籍随人走"的原则，严禁"人籍分离"现象，坚决杜绝纠正有生无籍或有籍无生现象。

9月底 丰宁、隆化、滦平、宽城、平泉、承德县和双桥区7个县区分别通过省"普九"三年复检，其中，丰宁县、宽城县、平泉县被省政府表彰为"'普九'巩固提高工作先进县"。

10月13日 人事局、教育局、财政局联合印发《关于落实调整退休和离岗退养民办教师工资福利待遇的通知》，符合规定的退休和离岗退养民办教师的生活费开支渠道与退休公办教师相同，全部由县统一支付，实行银行发放。

11月 市委、市政府在围场县召开全市学区建设工作会议，推广围场学区建设经验。

年内 承德市聋哑学校更名为承德市特殊教育学校。

年内 兴隆县第一小学、平泉县城西小学、围场小拨实验小学分别通过省级示范小学验收。

年内 市教育局被评为全省民族团结进步模范集体。

2005年

1月18日 承德医学院附属医院教授高慧、承德民族师专副教授申玉旺、平泉一中物理教师杨福、承德师专附中教务处副主任刘魁红、兴隆教师进修学校校长陈平、承德石油高专教授苏海清等荣获市委、市政府颁发的第二届"金龙杯"振兴承德贡献奖。

1月28日 从该年起，市政府每年对上年度教育费附加征收工作中的先进单位和先进个人进行一次表彰，分别授予"教育费附加征收工作突出贡献奖"称号、"教育费附加征收工作先进单位（先进工作者）"称号、"教育费附加征收工作进步奖"称号，由市政府发通报，颁奖牌，授荣誉证书。

3月7日 承德旅游职业学院教师潘桂云被市委、市政府命名表彰为首届"承德市十大女杰"。

4月19日 围场满族蒙古族自治县第一中学、丰宁满族自治县第一中学、河北承德第一中学、宽城满族自治县第一中学、双滦实验中学被评定为省级示范性高中。

5月—8月 市教育局先后印发文件和召开调度会，促进《河北教育五十年通鉴》《河北学校志》（承德部分）编纂工作全面展开。

6月13日 市委、市政府印发《关于加强教育工作决定》，决定在全市实施学区建设工程和教育教学质量提高工程，逐步以学区替代现行中心校的管理模式。

6月14日 市教育局被市委、市政府表彰为承德市扶贫开发工作先进单位。

6月23日 市委、市政府印发《关于贯彻落实中共河北省委省政府〈关于加强教育工作决定的实施意见〉》。

6月25日 市劳动和社会保障局、农业局、财政局、教育局、科技局、建设局联合组织实施农村劳动力转移培训阳光工程。

8月4日 河北省设区市教育局、直属高校办公室主任会议在承德召开，市教育局办公室在大会上作典型发言，并被评为全省教育系统先进办公室。

9月13日 河北省布局调整和标准化学校建设现场会在围场召开。会上，肯定并推广承德市的学区建设经验。各级报刊相继刊发和转发《让阳光照耀每一个学生——承德围场中小学布局结构调整与标准化学校建设纪实》的长篇报道。

9月下旬 围场县、双滦区通过省“普九”三年复检，省政府复检组对两个县区及承德市的“普九”巩固提高工作给予了极高的评价。

11月1日 市教育局被教育部、国家发改委、财政部、人事部、劳动保障部、农业部、国务院扶贫办7部委联合表彰为“全国职业教育先进单位”。

11月9日 市高教园区征地工作圆满结束，征地规模达2836亩，各高校分批平稳进地施工。至年底，承德医学院、承德石油高专、承德师专开工面积11万平方米，修建院墙8000余平方米，承德职业学院完成1.8万平方米综合楼的建设，累计投资3亿多元。

11月17日—24日 市委督查室、市政府督查室、市政府教育督导室、市财政局和教育局，抽调相关人员，分3个检查组，联合对各县区落实市委、市政府关于加强教育工作的实施意见情况进行检查。

12月1日 市教育局在承德县召开全市“两评（对中小学校长一评自身素质，二评工作实绩）四考”（对中小学教职工的师德考核、专业素质考核、教学过程考核、教学实绩考核）及人事制度改革工作现场经验交流会，总结全市“两评四考”工作，选树典型，推进此项工作扎实开展。

12月9日 承德市教育史志鉴编纂工作进入全省先进行列，得到省教育厅的充分肯定，多次受到表扬，并在12月的河北省教育年鉴工作会议上作了典型发言。

12月底 全市教育系统逐级签订维护学校安全稳定责任书，明确责任，落实到人。市教育局被中央综合治理委员会评为“全国学校幼儿园及周边治安秩序专项整治工作先进集体”，被省教育工委、省教育厅评为“2005年度学校安全工作先进单位”。

年内 市政府教育督导室、地税局、财政局联合对城市教育费附加进行专项督导，每季度进行一次重点调度。全年共征收入库城市教育费附加1.05亿元，比2004年增收3320万元，增长46.05%，征收入库比例在全省处于领先地位，多次受到省教育厅领导的表扬。《中国教育报》《教育督导杂志》、教育部网站等先后报道了承德的做法，市政府教育督导室、市地税局、市财政局和市教育局及部分县区地税征收部门受到了市政府的通报表彰。

年内 全市11个县区全部由财政列支每名教师每年30元的培训费。双滦区、围场县被省政府表彰为‘普九’巩固提高先进县区”。平泉、围场两县通过省普及学前三年教育县验收。隆化县通过省普及特殊教育县验收。围场职教中心被评为国家级重点职业学校。滦平县从下半年开始全部免除义务教育阶段学生的学杂费。市教育局被教育部评为全国贯彻学校体育工作条例先进集体，被省教育厅等部门评为绿色学校创建先进单位、爱国主义教育读书活动先进单位、家庭教育工作先进单位。

2006年

2月24日 兴隆县第一中学被评定为省级示范性高中。

4月7日 《河北教育财务工作简报》以《开

展专项督导，促进教育费附加征收》为主标题，以《承德市教育费附加征收到位率位居全省前列》为副标题，刊发承德市教育费附加专项督导的做法，编者按指出："承德市在财力紧张的情况下，千方百计筹措资金，支持教育优先发展，特别是在征收教育费附加和地方教育附加方面，走出了一条'专项督查＋政府通报'的路子。"

4月 在河北省第八届优秀自制教具评选活动中，滦平一中被评为河北省自制教具模范学校，滦平一中教师孙娜被评为河北省自制教具能手。

8月 省教育厅在隆化县召开全省青少年校外活动场所现场会，承德市在会上介绍经验。

9月中旬 省教育厅在承德市丰宁召开全省远程教育应用现场会，推广承德市远程教育应用工作经验。

9月底 省政府在承德市召开全省推进义务教育均衡发展经验交流现场会，向全省推广承德市学区建设工作的经验。

11月 承德广播电视大学（承德信息工程技术学校）副校长孔庆龙被选为民进承德市委主委。

12月21日 市政府教育督导室向各相关县、区人民政府下发《关于双滦区人民政府加快建立教育集中支付分中心的通报》，对双滦区人民政府率先按省政府教育督导组要求成立区教育集中支付分中心的做法提出表扬，要求尚未建成教育集中支付分中心的县区，下年1月要全部开始正常运转。

12月29日 平泉县回民中学和兴隆县的三道河初级中学、三道河中心小学、县直属机关幼儿园被市教育局批准为承德市现代教育技术实验学校。

年内 围场县、双滦区被河北省政府评为"普九"巩固提高先进县。兴隆县、营子区通过省政府第一轮教育工作综合评估。隆化、承德两个县通过省教育厅普及学前三年教育验收。滦平县通过省普及特殊教育县验收。

年内 市教育局获得全国中小学生"红色之旅"读书教育"组织特别奖"和河北省的"组织优秀奖"，被评为省政府"贯彻实施妇女儿童发展纲要"先进单位，荣获全省德育工作先进集体、学校安全工作先进集体、"十五"干训工作先进集体、"四五"普法工作先进集体等称号，被评为全省史志鉴编纂工作先进单位，获市政府"教育费附加征收工作突出贡献奖"。

2007年

1月5日 《中国教育报》第一版以《河北省承德市以学区建设推进农村义务教育优质均衡发展纪实》为题，对承德市以学区建设推进农村义务教育优质均衡发展工作进行长篇报道。

3月12日 市教育局印发《关于做好治理义务教育阶段学生辍学工作的通知》，要求做好治理义务教育阶段学生辍学工作，真正使学生进得来、留得住、学得好、能毕业。

6月15日 承德艺术高中（承德八中）被评定为"河北省示范性普通高中"。

8月28日 市教育局印发《关于加强和改进中小学艺术教育活动的意见》。

9月4日 承德市卫生学校被人事部和教育部授予"全国教育系统先进集体"荣誉称号。

12月 中央电视台新闻联播节目播出丰宁县落实农村义务教育保障机制的经验作法。

年内 承德市教育费附加和地方教育附加征收工作实现了"双突破"。⑴全市12个县区（含开发区）地税征收分局的教育费附加和地方教育附加征收到位率由2001年的9个县区达不到60%，上升到2007年的9个县区超过98%；全市的征收到位率由2001年的62.93%提高到100.14%（含清陈欠），6年提高37.21个百分点，首次达到100%，居全省首位；⑵全市教育费附加和地方教育附加的年征收到位总金额由2001年的1734万元提高到2007年的17560万元，增加9.1倍，首次突破了亿元征收大关。

年内 省教育厅在丰宁召开中小学教师住房建设工作现场会，对丰宁的经验做法给予充分肯定，并在全省推广。

年内 丰宁、宽城、承德县和双桥区通过省政府第一轮教育综合评估，其中，丰宁、承德县被省政府表彰为先进县；丰宁、宽城、营子3个县区通过省普及学前三年教育验收。丰宁县通过普及特殊教育县验收；承德二中、承德八中通过省级示范性高中验收。

年内 承德医学院通过国家教学评估；承德石油高专通过国家评估验收，进入国家级示范校行列；河北旅游职业学院顺利通过教育部人才培养水平综合评估；宽城职教中心、平泉职教中心通过省级重点职教中心评估验收，进入省级重点校行列。

2008年

3月 承德广播电视大学（承德信息工程技术学校）副校长孔庆龙被选为承德市政协副主席（不驻会）。

4月5日 教育部网站刊发《河北承德市教育费附加平均征收到位率达100%》的新闻报道。

4月24日 省教育厅主办的《教育信息快报》刊发“承德教育专项督导大见成效——教育费附加平均征收到位率达100%，6年征收到位率提高37%”的文章。

7月10日 市政府教育督导室在山东潍坊全国教育督导大会上，介绍“强化教育费附加征收专项督导，用足用好国家教育投入政策”的经验做法，多家省、市教育网站予以刊发转载。

7月17日 市教育局等6个部门联合实施“农村劳动力转移培训阳光工程”。

12月26日 承德市第七中学、鹰手营子矿区逸夫实验小学被共青团河北省委等5个部门命名为河北省“青少年法制安全教育”试点校园。

年内 承德市投资超2.1亿元的河北承德第一中学新校区建设和投资500万元的存瑞中学改扩建一期工程竣工投入使用，同时，投资1500万元的存中改扩建二期工程启动。

年内 承德市为职业教育投资4000多万元新建和改扩建3.7万平方米的教学、实训设施；投资2000多万元为5个实训基地装备实训设备；投资2.1亿元的承德工业学校新校区建设和投资8000万元的承德卫校改扩建工程全面开工。省教育厅在承德市召开职业学校教学改革现场经验交流会。

年内 承德县、宽城县通过省普及特殊教育县评估验收，全市6个县实现普及特殊教育。

年内 承德市共投入2.7亿元完成8万平方米高教园区续建工程和6.5万平方米新建工程，承德医学院、旅游职业学院和民族师专全部，石油高专6个系，共3万名学生迁入高教园区。

年内 滦平县职教中心通过国家重点校验收，全市具有省重点以上办学水平的职业院校达到13所。

年内 平泉、滦平、隆化3县通过省政府县域教育发展综合评估和依法治校达标县验收；承德市如期实现普及学前三年教育目标。

年内 承德民族师范高等专科学校党委被省委和省政府表彰为“河北省思想政治工作先进集体”。

2009年

7月22日 市委组织部、市农村工作委员会、市教育局联合印发关于推进“送教下乡”加快培育农村实用人才的意见。

9月4日 承德工业学校被人力资源社会保障部、教育部授予“全国教育系统先进集体”称号。

9月10日 滦平县第一中学、隆化县第二中学、承德民族师专法政系、承德市第八中学被省教育厅、省人力资源和社会保障厅、省教育工会表彰为河北省教育系统先进集体。

11月3日 承德市被教育部表彰为“全国

推进义务教育均衡发展工作先进地区”。

11月13日 市教育局决定在全市开展学校文化建设先进单位评选活动，提高基础教育阶段学校办学水平，提升学校内涵发展能力。

年内 宽城县委、县政府投资5亿多元对全县教育布局进行调整，规划建设教育园区。

年内 承德市实施首批“特岗教师计划”，对农村义务教育阶段学校教师特设岗位。按照计划，分别由市、县教育和人事部门对报名教师进行文化基础和业务实践考试，择优录用，教师特岗期间由国家和省拨付工资补贴，聘用列入编制后由县区财政发放工资。

年内 围场县、双滦区通过省政府县域教育综合督导评估。承德县、兴隆县通过普及特殊教育县评估验收。

年内 承德市规划的72个学区全部整合建设到位，规划的100所标准化初中、300所标准化小学已分别完成94所和277所。市区学校布局调整有了新进展，师专附中整体搬迁到桃李街原河北承德第一中学老校区，河北承德第一中学校搬迁到开发区新校址，承德市二中部分师生搬迁到桃李街南口原承德石油高专老校区。

年内 承德市加强教育系统3支队伍的培训。⑴抓校长队伍培训，选派一批有发展潜力的干部到外地挂职培训或进修学习。⑵抓教师队伍培训，将教师培训经费由原来每人每年30元增加到100元，组织多层次、多形式、多内容的教师培训，促进教师专业素质成长。⑶抓教研队伍培训，按照“三级指导，三抓到校”（市、县、学区三级教研网络）的教研工作思路，组织开展多种形式的培训、学习和交流活动，提升教研队伍的理论素养和专业水平。

年内 市教育局为做好实施普通高中新课程前期准备工作，确定8所学校为承德市普通高中课程改革样本学校，制订承德市普通高中课程改革实施意见，组织相关人员开展分层、分科培训，按课改要求配备必要的仪器装备和专业实验室。围场一中率先建立起全省第一个高标准通用技术实验室。

年内 承德市职业教育共完成建设投资2.31亿元新建校舍12.6万平方米，14个中职基础能力建设项目全部通过省验收并列入省项目库；投入1480万元装备40个实验实训室，提高了六大实训基地装备水平；启动特色骨干专业建设工程，打造具有承德特色的专业集群。

年内 承德师范专科学校专升本工作通过国家专家组评估验收，为教育部批准承德师专升格为承德市属首所本科院校奠定了基础。

2010年

年内 平泉县、围场县、丰宁县、滦平县、双滦区被市政府表彰为承德市2009年“教育发展先进县”，隆化县、兴隆县被评为承德市2009年“教育投入先进县”。

2月8日 兴隆县、承德县被省教育厅认定为河北省第七批普及特殊教育县。至此，全市8个县全部通过了省普及特殊教育县的验收。

3月18日 教育部向省政府下发《关于同意在承德民族师范高等专科学校基础上建立河北民族师范学院的通知》，结束了承德市属高校无本科院校的历史。

3月31日 经河北省政府批准、教育部审核备案，承德卫生学校正式升格为承德护理职业学院，确定承德护理职业学院系专科层次普通高校，实施专科层次高等职业技术教育，保留中等卫生职业教育。

4月8日 市教育局印发《关于承德市义务教育学校教职工绩效考核实施方案（试行）》。

5月5日 承德民族师专附属中学更名为河北民族师范学院附属中学。

6月21日 承德市社会力量办学管理办公室更名为承德市民办教育管理办公室。

7月3日 河北民族师范学院和承德护理职

业学院分别举行专升本和中升专揭牌仪式，至此，承德市高校达到6所。

9月10日 中共中央政治局常委、国务院总理温家宝到兴隆县六道河中学看望慰问农村教师，作出“要重视和改善农村办学条件，提高农村教师待遇，让广大农村教师留得住、干得好、受尊重”的指示。

11月26日 承德县上板城高中人事、业务划归市教育局管理，资产、经费划归高新区管理，承德县上板城高中更名为承德市高新区第一中学。

年底 《河北教育》2010年第9期以《让农村孩子享受高质量的教育——承德市推进义务教育均衡发展纪实》为题，对承德市推进学区建设做了宣传报道。河北民族师院和河北承德第一中学被省教育厅命名为国际汉语推广省级示范基地。

年内 河北民族师院着眼于满族文化研究，在清史研究、避暑山庄文化、纳兰性德研究等领域全国领先。其中，承德清音会被确定为国家非物质文化遗产。河北旅游职业学院顺利通过省级示范校验收。

年内 市教育局与市纠风办联合对各学校进行行风排名，滦平一中、市护理学院、承德市二中、承德市第二幼儿园分获全市县区高中、大中专院校、市直中小学、幼儿园类别的行风评比第一名。

年内 承德市二中与英国邦帝兰德高中缔结为友好校，在该校开办孔子课堂，每年由市二中选派1名英语教师赴英国邦帝兰德高中担任汉语助教，依托孔子课堂，进一步扩大教育对外交流与合作，推动外国语特色高中建设和发展。

年内 围场、平泉县通过省政府普及高中阶段教育验收，兴隆县、营子区通过省政府县域教育综合督导评估。

年内 承德广播电视大学（简称“承德电大”）实现整体搬迁，主校区由高庙搬到桃李街原承德师专南院。

2011年

1月18日 市财政局、教育局联合印发《承德市化解高校债务工作实施意见》，提出了化解债务具体办法举措。

3月15日 国家教育行政学院第29期全国地市教育局长研修班、第34期全国省地督学培训班考察团一行考察丰宁教育工作，实地参观大阁第一小学、土城小学、丰宁第三中学、丰宁实验小学及教师康居花园小区，考察团提出了把丰宁作为国家教育行政学院培训基地的意向。

3月中旬 承德市实验小学的“班班多媒体”规划方案获市财政局批准立项，该项目包括装备电子白板设备100套，新建、改扩建4个学生机房，教学计算机160台。全部装配到位后，该校硬件水平将得到极大提升。

3月27日 台湾儿童文学作家、海峡两岸阅读推广人方素珍，康轩文教集团讲师武红到承德市举办幼儿教育专题讲座，该活动由电子工业出版社主办，得到承德汇文书店大力支持。

3月31日 市教育局印发《承德市中小学教师学历提升实施方案》，要求到2015年，力争使全市新补充的中小学教师本科学历达到100%，新补充的高中教师研究生或同等学力的不少于50%。实现中小学教师专科以上学历达到100%，小学教师本科学历达到50%，初中教师本科以上学历达到85%，高中教师研究生或同等学力达到5%的目标。

4月10日 双桥区避暑山庄小学、头道牌楼小学、竹林寺小学、冯营子中心校、大石庙中心校正式挂牌成为河北民族师范学院学生实习基地，首批接待了101名学生实习。

4月25日—7月8日 承德市10个单位选拔197人组成35支代表队，参加河北省中职学校学生技能大赛，共获得各类奖项234个。其中，承德工业学校的车工项目和幼教项目两支代表队获团体一等奖，13支代表队获团体二等奖，11

支代表队获团体三等奖，2 支代表队获团体优胜奖；19 名学生获个人一等奖，48 名学生获个人二等奖，69 名学生获个人三等奖，38 名学生获个人优胜奖；29 名教师获优秀指导教师奖；围场县职教（职业技术教育）中心、滦平县职教中心被评为精神文明代表队；市教育局获得优秀组织奖。

4 月 29 日 市教育局在承德工业学校召开全市中等职业学校“加强教学管理，深化教学改革”现场会。现场会上，承德工业学校作了一体化教学改革、专业建设、教学管理 3 个专题报告。

5 月 1 日 宽城满族自治县教育体育局局长王子文荣获全国“五一劳动奖章”。

5 月 5 日 市委、市政府印发《承德市中长期教育改革和发展规划（2010—2020）》。

5 月上旬 河北旅游职业学院酒店管理系学生赵彦茹获第三届全国旅游院校服务技能(饭店)大赛高校组中式铺床 / 开夜床项目一等奖。旅游外语系学生苑文超夺得“中央电视台希望之星英语风采大赛”2011 赛季河北省赛区高校组总决赛一等奖。

5 月 25 日 承德市召开全市人才和教育工作会议。

5 月 26 日 市政府召开 2011 年度教育工作电视电话会议，贯彻落实《全市人才和教育工作会议精神以及承德市中长期教育改革和发展规划（2010—2020）》。

5 月下旬 承德市特教学校被教育部和中国残联确定为“全国特殊艺术人才培养基地”。

6 月 15 日 承德工业学校召开第三届校企合作论坛。与北京汽车动力总成有限公司、北京恒日工程机械有限公司、北京东方金字塔潜能培训学校等 9 家企业签订订单培养协议，共同制定人才培养方案，把企业的专业需求、人才需求转变为学校的专业、课程和教材体系，与企业共建专业、共同开发课程、共同组织教学、共同开展合作，实现学生“入学即上岗”“毕业即就业”的零过渡。

6 月 19 日—22 日 市教育局主要领导率领考察团赴山东潍坊、威海，对两市教育工作，特别是校长、教师“两支队伍”建设情况进行专题考察，认真听取两市教育局相关负责人的全面介绍，实地参观潍坊一中、威海市经济技术开发区西苑学校等两所学校，两市的改革探索和成功实践使考察团开阔了思路、获得了启发。

6 月 26 日 承德市第二中学开设初中部，由纯高中恢复成了完全中学。

6 月 27 日 承德市建立教育联席会议制度，由市委常委、市政府常务副市长为总召集人，分管教育工作副市长为召集人，相关部门负责人为成员。

6 月 29 日—30 日 双桥区通过省政府教育综合督导和教学评估。

7 月 1 日 市政府决定，承德市普通中小学校（含中学、小学、特殊教育学校和教育部门主管的幼儿园）补充新任教师均实行公开招聘，不再以其他方式补充师资。凡新进入教师队伍的教师全部进行统一考试，实行面向社会公开招聘教师机制，实现教师“凡进必考”，正式结束了多年的教师分配制度。

7 月 5 日—8 日 河北省青少年校外教育现场推进会在承德市召开，与会人员参观了丰宁五道营流动少年宫和丰宁、隆化、兴隆县青少年活动中心，市教育局、丰宁满族自治县教育局做了经验发言，丰宁、兴隆两县青少年活动中心被省教育厅授予河北省青少年校外教育示范活动中心。

7 月 8 日 承德市首次组队参加在石家庄鹿泉市第一中学举行的第二届河北省 NOC 大赛，并取得优异成绩。全市共派出教师和学生 71 人，参加 2 个大项、7 个小项比赛。经过两天激烈角逐，承德市获省一等奖 30 个、二等奖 18 个、三等奖 9 个，16 名教师荣获指导教师奖。尤其是参赛的 3 个网络教研团队（市桥东小学数学队、承德县二小语文队、市十六中语文队）全部荣获一等奖；学生项目竞技类高中组网络中文、网络英文、应用数学3个赛项的第一名分别被河北承德第一中学杜晓雪、徐丽媛、姚远摘取，并代表河北省参加全国NOC大赛创新奖比赛，同时取得全国比赛一等奖。在全国NOC大赛上，承德市共获得全国一等奖3个、二等奖4个和三等奖10个。

7月中旬 《人民日报》社主办的《新安全》杂志2011年第五期全文刊登隆化县教育体育局制定的《隆化县中小学、幼儿园安全管理工作规程》。

7月22日 《中国教师报》“课改中国行”承德站启动仪式在承德县承希学校举行，中国教师报总编雷振海、主编室主任李炳亭、记者站站长叶飞，市教育局、县政府领导及山东杜郎口中学、沈阳立人学校教师出席启动仪式。

7月24日—25日 承德县举行吴正宪小学数学教师工作站承德分站建站一周年总结会。孙晓天、吴正宪、张秋爽、张永、孙贵合等教育专家、名师，四川、黑龙江、辽宁等10多个省市教育工作者参加活动。

7月25日—29日 韩国西景中学金兴植校长一行到河北承德第一中学参观访问。双方签订协议，结为友好学校，开展交流与合作。

7月 承德工业学校被教育部正式批准进入首批276所国家中等职业教育改革发展示范校建设计划项目学校，获得国家项目支持资金1200万元，将重点建设电气技术、机械制造技术、汽车运用与维修、建筑工程技术、酒店服务5个重点专业群和社会培训服务、校内生产性实训基地两个特色项目。

8月3日 省教育厅在承德市召开贯彻落实全国全省教育工作会议情况座谈会。会上，市教育局等6个设区市教育局，河北工业大学等5所高校办公室主任汇报交流贯彻全国全省教育工作会议精神和教育规划纲要的进展情况、特色亮点工作。

8月7日 市政府印发承德市学前教育三年（2011—2013年）行动计划，要求到2013年年底，学前一、二、三年毛入园率分别达到88%、78%、74%以上。

8月中旬 河北省跆拳道2011年度大赛在承德市举行，来自承德体校的选手于扬、于鑫分别摘得女子甲组72公斤级和男子乙组65公斤级冠军。

8月20日—22日 中国教育学会复式教学专业委员会第九届年会在承德市召开，会议邀请教育部教育战略发展研究中心主任张力、基础教育司课程处处长沈白榆、南京师范大学教授杨启亮、天津教科院院长张武升和天津教科院基础教育研究所所长王敏勤等专家作专题报告。

8月30日 民营企业家颜耿结为存瑞中学20名困难家庭应届高考优秀学子捐助10万元助学金，这是近年来承德市工商联组织的由一名企业家会员出资救助贫困学子金额最大的一次“光彩事业”行动。

8月—10月 双滦区作为河北省被抽取的18个县区之一，承担了国家基础教育质量监测工作。

9月 承德广播电视大学与双桥区民政局签署关于开展社区教育联合办学的协议书，承担社区干部计算机、外语、社区管理以及对社区居民素质提高等专业和技能培训工作，为在全市建立社区教育网络打下良好基础。

9月上旬 市教育局领导在第27个教师节前夕分4组赴各县区及市直学校，慰问了李广、于贵勤、李金满、唐福德、霍文鹏等27名为教育事业做出突出贡献的优秀教师、农村一线教师、特岗教师、离退休老教师以及生活困难教师，向教师们表示节日慰问，并为向他们赠送面值500元的手机充值卡。

9月中旬 承德市平泉县黄土梁子中学木球队和河北蒙中“旋转秋千”表演队，代表河北省参加第九届全国少数民族运动会，分别获得木球比赛银牌和“旋转秋千”表演项目二等奖。

9月下旬 河北远通矿业有限公司无偿捐

献6000万元人民币用于在承德市区喇嘛寺兴盛丽水东侧新建一所占地面积30亩、建筑面积13450平方米、可容纳1000名幼儿的现代化、高标准的城市幼儿园，满足社会对幼儿教育的需求，回馈社会公益事业。

9月19日—23日　承德县、丰宁县通过省政府第二轮教育综合督导评估。丰宁县同时顺利通过省政府普及高中阶段教育验收。

9月28日　英国格拉蒙根大学健康学院菲利普斯副院长等一行到承德护理职业学院考察，并与国际护士培训中心学员进行座谈交流。

10月11日　承德护理职业学院通过河北省成人教育办学水平检查评估。

10月18日—20日　宽城县接受省政府第二轮教育综合督导评估，认定督导评估结果为“合格”。

10月24日　存瑞中学在山东曲阜召开的首届全国校园文学研究高峰论坛暨全国校园文学成果展览会中，获得“全国示范文学校园”和“优秀团体会员”两项荣誉称号。

10月29日　中国人民解放军军事科学院百科部原部长贺捷生将军向围场县先任学校捐赠电脑、图书等文体用品，总价值551000元。中央纪委委员、财政部原纪检组组长、中国资产评估协会会长贺邦靖代表财政部中国资产评估协会和8家资产评估有限公司向先任学校捐款115万元。

10月底　河北省香河企业家李海燕捐资300万元为家乡重建总建筑面积720平方米的围场县燕格柏乡燕中村幼儿园。

10月　来自全国21个省、自治区、直辖市的国家教育行政学院第22期全国县市教育局长培训班学员，到承德市丰宁县、河北承德第一中学、河北民族师范学院附属中学等县区和学校参观考察。

同月　平泉县郭杖子乡金杖子村党支部书记金旭东向金杖子中心小学捐资100万元用于基础设施建设和购置教学设备。

11月　围场县职教中心被确定为“国家中等职业教育改革发展示范校”，成为承德市继工业学校后第二所获此项目的学校，将获得国家项目支持资金1000万元。

11月14日　市财政局、教育局联合印发《关于土地出让收益计提教育资金管理办法》，从2011年1月1日起，各县（区）财政部门统一按季度从土地出让收益中按10%比例计提教育资金，并在地方国库中实行分类核算。

11月15日　承德市基础教育工作会议在市行政中心会议中心召开。会上，市政府对推进素质教育先进县区和学校进行表彰奖励，与各县区政府签订推进县域义务教育均衡发展责任书，县区政府、教育部门和学校代表分别作典型发言，分管市长讲话，市教育局主要领导对今后一个时期基础教育工作进行具体安排部署。

11月27日　市教育局在全省国学教育工作会议上，被授予全省11个设区市唯一的市局级“2010年度河北省国学教育先进单位”奖牌。

11月下旬　河北承德第一中学被河北省住房和城乡建设厅授予“河北省园林式单位”称号。

11月底　承德石油高等专科学校在中国青年报社主办的，以展示学校文化建设成果为主要内容的评选活动中，被评为“2011全国职业院校魅力校园”。

12月2日　市政府办公室印发《关于承德市公安局、交通运输局、教育局开展校车和接送学生车辆集中整治行动实施方案》。

12月9日　市教育局主要领导带领部分局分管领导及相关科室，就县域教育发展到滦平县开展调研，指出要加大职普比例调整，提高质量、抓好均衡，坚持“多元、错位、品牌、龙头、特色”思路。

12月中旬　承德石油高等专科学校选送的“数控机床编程与加工”课程设计方案，在全国机械职业教育教学成果奖评选中，被授予“2011年度全国机械高等职业教育教学成果一等奖”。

12月19日 市第五幼儿园选送的自制玩教具“蚂蚁的秘密”在河北省第10届自制玩教具评比中荣获一等奖，并获得参加全国比赛机会。该园被省教育厅授予“自制玩教具优秀幼儿园”称号。

12月20日 经市政府常务会议研究，同意依托承德市工业学校建立承德幼儿师范学校。

12月下旬 丰宁、兴隆两县青少年活动中心被全国青少年校外教育工作联席会评为“全国县级示范性青少年校外活动场所”。滦平县第一幼儿园、双滦区实验幼儿园顺利通过省级城市示范性幼儿园验收。

12月28日 承德市工业学校在上板城校区隆重举行承德幼儿师范学校挂牌仪式。

年内 市政府印发《推进县域义务教育均衡发展的实施意见》。全市农村中小学学区建设基本完成，共建成65个学区、100所标准化初中、300所标准化小学。

年内 丰宁县职教中心通过国家级重点中等职业学校复检。丰宁县、承德县、宽城县被评选为“2011年度教育工作先进县”。平泉县被评为“2011年基本普及高中阶段教育工作先进县”。围场和宽城两县教师进修学校被评为省级示范性教师培进修学校。

年内 市教育局关工委被省教育厅评为2011年度“全省关心下一代工作先进单位”。

2012年

1月15日 宽城民族教育园区研训中心正式投入使用，局机关、教研室、教师进修学校迁入办公。该中心总投资2370万元，建筑面积11700平方米，于2010年6月开工建设，是宽城民族教育园区的一部分。

1月 承德市实验小学、市第一幼儿园成为中国教育学会“现代学校联盟行动计划”第一批加盟学校。承德石油高等专科学校受到全国精神文明建设工作表彰大会的表彰，继续保持“全国文明单位”荣誉称号。承德工业学校经过省教育厅的综合评审，被确定为“河北省中职学校技能比赛现代制造技术等专业（类）比赛基地”。

2月8日 承德市实验小学被中央精神文明建设指导委员会授予“全国未成年人思想道德建设工作先进单位”称号，获该称号的单位全国仅200个，该校也是河北省7个获奖单位中唯一一所小学。

2月27日—28日 国家教育行政学院第31期全国地市教育局长研修班、第35期全国省地督学培训班考察团到承德市考察交流。考察团一行实地参观了丰宁县、双滦区以及河北承德第一中学等多所学校，了解县区教育工作及学校办学情况。对丰宁县促进县域义务教育均衡发展、强化学校文化建设、提升教师和学生两个幸福指数，以及承德三中和河北承德第一中学深化课堂教学改革、推进高效课堂建设给予好评。

3月上旬 承德市实验小学档案管理工作通过河北省档案管理AAA级标准评估验收，成为承德市中小学首所通过该项评估的学校。

3月上旬 美国费尔蒙特中学代表团一行访问承德二中，双方达成初步合作意向。美国费尔蒙特中学是承德市二中继英国邦帝兰德高中之后建立的第二所国外友好学校。

3月中旬 承德三中特色学校建设工作顺利通过市专家评估组实地考核验收，成为承德市第一所“特色学校”。

3月28日 河北省副省长龙庄伟到平泉县小寺沟中学、河北蒙古族高级中学（简称“平泉蒙中”“蒙中”）调研，并出席平泉县农村义务教育学生营养改善计划启动仪式。龙庄伟对承德市农村义务教育学生营养改善计划的实施工作给予充分肯定。

3月29日 承德市农村义务教育学生营养改善计划试点工作全部展开。省财政厅、教育厅联合下拨的2011年秋季学期（50天）中央专项资金2315万元下达至各试点县。平泉、隆化、丰宁、围场、承德县5个实施农村义务教育学生营养改善计划的试点县全部采用供餐企业（单位）送餐的方式，采取“蛋+奶+水果”模式，所有享受该项计划学生全部吃到营养加餐，使试点县农村学生营养得到改善。

3月30日 承德护理职业学院与英国新白金汉大学举行合作办学签字仪式，双方正式就护理专业本科教育开展合作办学。

3月下旬 承德市围场县、宽城县教师进修学校被省教育厅命名为“河北省示范性教师进修学校”。兴隆县六道河中学被中国少先队事业发展中心确定为首批“全国红领巾小记者辅导计划示范基地”。

3月底 市第一幼儿园被河北省妇联系统创先争优活动领导小组授予“河北省妇女创先争优先进集体”称号，也是此次承德市教育系统唯一获此荣誉的单位。

3月 承德护理职业学院被河北省国防教育办公室授予“全民国防教育先进单位”荣誉称号，也是承德市大中专院校中唯一获该荣誉的学校。

4月9日 承德工业学校代表队在2012年全省中职学校车工技能大赛中，荣获团体一等奖，其中2名学生获得个人一等奖。

4月16日 承德市农广校邀请东北农业大学网络教育学院院长、教授王立到校举行团队先进组织文化报告会。

4月17日 市教育局印发《县域教育均衡发展督导评估暂行办法》，要求各县区按照与省政府签订责任书的时间，做好达标规划和年度自查自评工作，市政府教育督导室复核合格后，报省政府教育督导室评估达标，再报国家教育督导团审核认定。

4月17日—21日 河北承德第一中学派代表赴韩国参加第三届中韩国际教育交流暨留学生培养研讨会议。该校作为韩国国立江陵原州大学、济州大学“中国优秀留学生选拔基地学校”。2008年以来，成功输送30余名学生到韩国留学深造。

4月18日—19日 省教育厅检查组赴承德市承德县、平泉县就“国家义务教育阶段学生营养改善计划”落实情况进行检查指导，对承德市各项落实工作给予充分肯定，并对今后工作提出要求和建议。

4月20日 河北旅游职业学院举行“中央国家机关服务人员定点培训单位”揭牌仪式，该校成为全国唯一一家专门为中央国家机关培养、培训服务人员的单位。

4月下旬 承德市农广校农民科技教育培训中心主任张学东被中华全国总工会授予2012年“全国五一劳动奖章”。承德技师学院被中华全国总工会授予2012年“全国五一劳动奖状”。

5月14日 从2012年起，全面启动省级素质教育示范校评估工作。兴隆县职教中心幼师专业6名选手在“河北省中等职业学校学生学前教育专业技能大赛”中夺得团体一等奖。其中，2名学生获得个人一等奖。

5月下旬 兴隆县六道河中学被评为“全国百所优秀学校文化建设基地”，全国仅有100所中小学校（幼儿园）获该称号。

5月30日 承德市首届“十佳美德少年”和“美德少年”表彰大会在市实验小学召开，授予刘帅等10人为承德市首届“十佳美德少年”荣誉称号，授予赵悦杨等100人为承德市首届“美德少年”荣誉称号。

6月 承德市11所中职学校参加全省中职学校技能大赛，共获得团体一等奖4个、个人一等奖18个。

6月上旬 承德市桥东小学被教育部评为“全国首批中华优秀文化艺术传承学校”，也是当前承德市唯一获该称号的学校。

6月11日 市教育局、财政局联合印发《承德市中小学教学名师评选、使用和管理办法》。

6月13日 从2012年新学年开始，市教育局与浙江万朋公司联合建设承德市义务教育阶段学籍管理网络平台，9月30日正式开始运行。

6月14日 承德市桥东小学举行少年儿童摄影教育学校揭牌仪式，市委原书记傅贵武，雷锋生前战友、雷锋照片拍摄者季增及承德市摄影界领导和部分著名摄影家出席仪式。该学期第一期学员已经开始组织摄影学习活动。

6月16日 河北、山东两省三地“高效课堂途径与方法”现场观摩交流研讨会在承德三中举行。该次研讨会由中国教育学会基础教育评价专业委员会、全国高效课堂交流协作网组织主办，山东即墨二十八中、围场卉原中学和承德三中的优秀教师通过公开课，演绎各校高效教学模式，展示高效课堂的独特魅力。

6月17日 市教育局紫竹京剧社成立10周年演唱会在承德宾馆举办，市领导以及部分学校校长等有关人士到会祝贺。

6月26日 丰宁县、兴隆县、滦平县被中共河北省委教育工委、省委农工部、省教育厅、省扶贫开发办、团省委命名为“河北省高校社会实践活动示范基地”。

6月25日—7月6日 美国格罗顿中学师生一行到双滦区承德三中、中营子小学进行参观交流。

6月26日—7月3日 隆化、滦平和平泉县通过省政府教育工作综合督导评估和义务教育阶段教学评估。

6月下旬 河北民族师范学院与木兰围场旅游开发有限公司举行实习基地签约暨挂牌仪式，双方代表签订合作意向书。

6月底 省教育厅选派兴隆县职教中心果树专业教师高云凤代表河北省赴德国参加现代农业管理生产技术学习交流活动。该次活动由教育部组织，财政部出资，全国共18名职业教育工作者参加，河北省仅选派高云凤1人。

7月10日 市政府办公室转发《市教育局、财政局、人力资源和社会保障局关于为农村原民办代课教师发放教龄补助实施方案》。

7月中旬 双桥区避暑山庄小学、丰宁县实验小学、承德三中被教育部中国教师发展基金会评为“全国特色学校”。平泉县回民中学被教育部语言文字应用与管理司评为“国家级规范汉字书写教育特色学校”。

7月29日—8月1日 河北省教育督导工作会议在丰宁县召开，3个先进地市和丰宁县围绕发挥督导室作用、建立“督考合一”工作体制和运行机制等方面作经验介绍，与会人员深入职教中心、丰宁二中、青少年活动中心、丰宁二小进行实地考察。

8月5日 教育部中国人生科学学会、全国生命教育工作委员会在双滦区举办“生命教育万里行”大型公益活动，为参与的家长、学生和教师上了一堂生动的“生命教育”课。

8月14日—15日 8省区蒙古族中学校长协作会第24届年会在平泉县召开，来自内蒙古、新疆、辽宁等省、自治区的30多所蒙古族中学校长参加年会，与会校长就加强和改善蒙汉双语教学等问题进行深入探讨交流，提出建设性意见建议，为今后更好开展蒙古语文教学工作奠定了良好基础。

8月中旬 北京教育科学研究院赴丰宁开展支援贫困地区培训活动，举办了教育干部、骨干班主任、学科教师3个培训班，13名专家就校本课程研发、学生综合素质评价、学校发展规划等专题举办高端讲座。

8月28日 承德广播电视大学建立承德社区教育学院，每年由市财政安排50万元专项资金用于支持承德社区教育学院开展社区教育。

8月29日 河北省农村义务教育营养改善计划秋季调度会议在承德县召开，会议听取承德县、涞源县、唐县等6个县营养改善计划的实施情况，省教育厅对全省农村义务教育营养改善计划工作进行总结，并就今后一段时间工作做出安排部署，提出明确要求。

9月3日 市教育局启动外派校长教师挂职

研修活动，首批46名校长、50名教师分别到北京、天津、山东、江苏、浙江5个外省市挂职研修。

9月5日 承德市被国务院发通报表彰为全国“两基”工作先进地区。

9月8日 《河北日报》内部参考第38期刊发《探索教育资源优化配置，宽城19所乡镇中学全部撤并进县城》报道。

9月上旬 河北蒙中学生冯全胜在全国青年跆拳道锦标赛中，获得男子73公斤级冠军，并荣获国家一级运动员称号。

9月13日 承德县、滦平县青少年活动中心被评为“省级校外教育示范活动中心”，此次评选全省仅有10所青少年活动中心获该称号。

9月中旬 承德市体校选派运动员代表参加2012年河北省第七届青少年运动会比赛中的8个大项进行角逐，取得金牌6枚、银牌12枚、铜牌18枚。

9月21日 承德市教师队伍建设“3452”工程（聘请3名以上外埠知名专家、优秀校长或教师来承讲学，选派40名以上校长到先进地区知名学校挂职锻炼，选派50名以上教师到市外名校跟岗学习，选择20所以上中小学与市外知名学校开展合作）正式启动。

9月下旬 承德体育运动学校射击运动员杨浩然代表河北省参加全国射击锦标赛，勇夺“男子团体10米气步枪60发”和“男子50米步枪三种姿势”两项冠军。

9月底 承德护理职业学院申报的国家职业技能鉴定所顺利通过河北省人力资源和社会保障厅专家组的评估验收。

9月 承德市承德县孤山小学校长于贵勤在中央电视台和光明日报社联合举办的大型公益活动“寻找最美乡村教师”活动中，被评为全国“最美乡村教师”，全国共有10名教师获此殊荣。于贵勤的典型事迹于9月5日在CCTV-10科教频道《讲述》栏目播出，其本人参加了“寻找最美乡村教师”颁奖典礼。

10月上旬 丰宁县职教中心正式被确定为第三批国家级中等职业教育改革发展示范校，国家投入建设资金1000万元，县财政、企业和学校配套1000万元，于2014年完成示范校建设任务。承德市22所中职学校中的国家示范校已达到3所。

10月17日 承德市召开进一步提高基础教育质量工作电视电话会议，会上对提高教育质量工作先进单位进行表彰，并给予物质鼓励。

10月18日—20日 教育部高职高专评估专家组对河北旅游职业学院人才培养工作进行实地考察评审，专家组认为该学院办学定位准，师资队伍建设成效突出，实践教学成效显著，学生综合素质显著提高，社会服务能力不断增强，人才培养模式不断创新，顺利通过评估。

10月27日 承德工业学校田畑、姜海鹏两位青年教师在2012年全国中等职业学校电类专业课程“创新杯”教师教学设计及说课比赛上，获得说课比赛一等奖。

10月下旬 承德市双桥区竹林寺小学、南营子小学被中国教育学会数学教育研究发展中心、小学数学教改研究会、全国反馈教学研究会、华夏教学艺术研究会评为“全国现代教学艺术实验学校”。

11月7日 市教育局印发《承德市中小学教师师德考核办法（试行）》，对考核中发现有严重“失德”行为，影响恶劣的，按有关规定给予严肃处理，直至撤销教师资格、解聘。

11月8日 宽城县通过省政府普及高中阶段教育评估验收。

11月12日 承德市隆化县第二中学教师董彩霞被省教育厅授予“河北省教书育人楷模”荣誉称号。

11月22日—24日 双桥区民族中学代表队在北京举行的世界数学团体锦标赛上，通过团体赛、接力赛、个人赛3种形式九轮激烈比拼，最终荣获金牌。

12 月 5 日 市财政局、教育局印发《关于开展扶持城市学前教育发展工作的通知》和《关于开展扶持民办幼儿园发展工作的通知》。

12 月 11 日 市教育局实施中小学教师资格定期注册制度，市、县区教育行政部门分别成立中小学和幼儿园教师资格考试改革和定期注册试点工作领导小组，市领导小组办公室设在师教科。

12 月 18 日 新修订的《河北省地方教育附加征收使用管理规定》强调，“地方教育附加属于专项资金，应当专项用于教育事业发展，包括义务教育、学前教育、高中和职业教育发展等支出，不得用于发放教职工工资福利和奖金。任何单位和个人不得挤占、截留和挪用”。

12 月 22 日 双桥区竹林寺小学被人民教育出版社和河北省创新教育学会联合授予“践承国学精华，创新育人模式”实验学校。

12 月 24 日—25 日 市教育局在丰宁县召开“促进义务教育优质均衡发展——承德市推广跨越式试验项目暨丰宁试验成果展示现场会”。“跨越式”试验项目创始人、著名教育家何克抗，北京师范大学信息技术学院院长余胜泉参加会议并作主题报告。北京电视台“美丽中国”项目组、北师大新闻宣传中心等媒体全程对会议进行报道。

12 月底 承德市严格组织实施农村原民办代课教师教龄补助发放工作，全市审批合格 60 周岁以上 9317 人（不含跨地市），省市配套资金下发到县区，第一批资金春节前发放到位。

年内 全市共建成 54 个督学责任区，聘任兼职督学 100 人，实现纵向到底、横向到边的全覆盖。

年内 平泉县河北蒙古族高级中学通过省级示范性高中验收，全市省级示范性高中达到 14 所。

年内 双滦区职教中心通过省级重点校评估验收，全市县区职教中心全部达到省重点校以上标准。

年内 滦平县被省教育厅确定为“河北省基础教育教学改革综合实验县”。全市 8 个县全部通过省级教育综合检查评估。

年内 承德体育运动学校射击运动员杨浩然在第五届亚洲气枪射击锦标赛中，勇夺青年组男子 10 米气步枪金牌。

2013年

1 月 2 日 《中央电视台新闻联播》头条“喜庆欢乐新年，共享开心生活”中，播出承德市第五幼儿园组织幼儿开展新年联欢活动的新闻。

1 月 7 日 承德市首批“毒品预防教育示范学校”荣誉称号授牌仪式在宽城县峪耳崖小学举行，该次全市共有 15 所学校被命名为“毒品预防教育示范学校”。

1 月 9 日 市政府办公室转发市教育局等四部门《关于做好进城务工人员随迁子女接受义务教育后在当地参加升学考试工作的实施方案》。

1 月中旬 承德市平泉县教体局在全省第二届中小学图书馆工作会议上，荣获“河北省中小学图书馆（室）工作先进集体”称号。

2 月下旬 丰宁县教师进修学校经省教育厅评估组验收考核，被评为“河北省示范性县级教师培训机构”。

3 月上旬 平泉县河北蒙古族高级中学、丰宁职业技术教育中心被评为“省级园林式单位”。

4 月上旬 河北民族师范学院植物学、凝聚态物理学科，被确定为河北省高校省级重点发展学科，实现了该校省级重点学科“零的突破”。

4 月下旬 承德市实验小学被河北省总工会授予“河北省五一劳动奖状”；双滦区三中校长王德书被河北省总工会授予“河北省五一劳动奖章”。

5 月上旬 丰宁县教育体育局、平泉县教育体育局被国家体育总局评为“全民健身活动先进单位”。

5 月 12 日—14 日 承德市选送的张伟、顾雪静两名教师（河北省共推荐 3 名选手）在深圳参加的中国教育学会教育学分会综合实践活动学术委员会举行的第二届年会暨第十一届研讨会小学组现场说课比赛中，从50名选手中脱颖而出，双双获得一等奖，也是承德市多年来首次参加国家级综合实践活动说课比赛并获此殊荣。

5月中旬 承德体育运动学校射击运动员杨浩然在2013年射击世界杯美国站比赛中，以208.7环的优异成绩，摘取男子10米气步枪冠军，夺得本次世界杯首枚金牌。

5月22日—24日 双滦区实验中学、隆化县蓝旗中学、围场县第二中学和第一小学4所学校顺利通过首批“省级依法治校示范校”复查验收。

5月26日 河北旅游职业学院举行河北省旅游人才培训基地揭牌仪式，“河北省旅游人才培训基地”正式落户该学院。

5月下旬 宽城满族自治县教师进修学校被教育部认定为“国家示范性县级教师培训机构”。

5月底 承德市实验小学、平泉县黄土梁子初级中学、承德县城西学校、丰宁一小、丰宁二小、丰宁二中、丰宁三中、河北民族师范学院附属中学等8所学校顺利通过省专家组的评估认定，被评为河北省首批“素质教育示范校”。

5月 丰宁职教中心被教育部、文化部、国家民委确定为首批全国职业院校民族文化传承与创新示范专业点。

6月18日 中国摄影家协会在丰宁县土城小学举行摄影曙光学校授牌仪式，这是该协会创建的全国第19所、河北省内第一所“摄影曙光学校”。

6月中旬 存瑞中学教师王春芳在中国教师发展基金会和国家基础教育实验中心外语教育研究中心联合举办的第二届全国中小学外语教师名师大会上，荣获“第二届全国中小学外语教师名师”称号。

6月中旬 河北民族师范学院被河北省文化厅评选为首批“河北省非物质文化遗产研究基地”之一，成为承德市首个省级非物质文化遗产研究基地。

6月26日 承德二中与河北外国语学院签订“1+100”协作计划暨外语人才基地共建协议书，承德二中加挂河北外国语学院外语教育教学实习实践基地牌子。

6月 承德四中在中国教育协会、中国教育发展促进会联合主办的第十一届中国教育改革论坛上，荣获“全国教育改革创新先进示范学校”称号。

7月中旬 滦平县作为县域基础教育教学改革实验县的两个实验项目被省教科所评为“全省县域基础教育教学改革综合实验项目优秀研究成果”，该县教体局荣获“实验工作先进集体”荣誉称号。

7月22日—23日 省教育厅厅长刘教民到平泉县、围场县开展调研，先后深入到省厅基层建设年活动联系点平泉县道虎沟乡骑马沟村、七沟镇柳树底村和围场县御道口小学、御道口幼儿园、棋盘山学区八十三号村幼儿园，听取汇报和指导工作。

7月下旬 围场县、双滦区顺利通过河北省县域义务教育均衡发展评估验收、第二轮省政府教育综合督导评估、义务教育阶段教学评估。

8月26 日 平泉县人民政府与北大青鸟教育集团举行“北京大学平泉附属实验学校”项目签约仪式，平泉一中成为北大附属实验学校，标志着该校将引进优质教育资源，加快教育发展。

8月31日 教育部语言文字应用管理司司长姚喜双就滦平县普通话文化打造工作进行调研。姚喜双一行深入我国普通话标准音采集基地——金沟屯镇，实地座谈交流，进村入户对当地学生、农民等不同年龄段群众进行走访，并就今后普通话文化打造工作向该县提出具体指导意见。

9月上旬 承德体校运动员杨浩然在第十二届全运会射击比赛中，以206.9环的总成绩夺得男子10米气步枪个人决赛冠军，也是河北代表队在本届全运会正式开幕后夺得的首枚金牌。

9月18日 中央民族大学对口支援河北民族师范学院签字仪式在中央民族大学举行，中央民族大学校长陈理与河北民族师范学院院长王建分别代表两校签署对口支援协议书。

9月21日 全国名校高效课堂承德滦平论坛暨《中国教育学刊》名师名校联谊会第三届年会在滦平县召开，中国教育学会常务副会长戴家干、《中国教育学刊》杂志社社长周长春、主编时俊卿、常务副社长胡纯、《中国教育学刊》名师名校联谊会理事长韩吉东出席会议。

9月23日—27日 宽城县第二小学、隆化县十八里汰小学、营子区逸夫实验小学、承德第七中学通过河北省教育专家组评估认定，被评为河北省素质教育示范校。截至2013年，承德市省级素质教育示范校已有15所。

9月下旬 第十六届全国推广普通话宣传周滦平县宣传活动开幕式暨语言资源有声数据库建设正式启动，会议宣读了滦平县打造普通话文化工作方案，介绍了滦平语言资源数据库建设情况，教育部语言文字应用管理司副司长彭兴颀、省委教育工委副书记韩俊兰、市政府领导出席会议。

10月4日 丰宁县青少年活动中心组织参演的满族舞蹈《学步谣》，在“中国梦·民族情——绿港小天使杯”全国青少年宫民族民间艺术展演交流活动中荣获金奖。

10月13日 教育部中国人生科学学会魏书生教育研究中心河北省滦平县实验区启动仪式举行，该县正式成为魏书生教育研究中心实验区。

10月中旬 承德市在第20届河北省青少年爱国主义读书活动工作会议上，有8144名学生和10名教师获奖。其中，教师特等奖3人，学生特等奖13人，一等奖19人，市教育局荣获“组织特等奖”。

10月下旬 承德市二中的英国友好校邦蒂兰德高中师生代表团到承德市二中参观交流，通过交换礼物、参观校园、观看社团活动展示、与学生互动交流、拜访接待家庭等方式，增强彼此间的了解和友谊。

10月24日 市教育局研究确定河北民族师院附属中学、承德市民族中学、双桥区南营子小学等20所学校为承德市中小学校长培训实践基地。

10月30日 市教育局印发《承德市“中小学名师工作室”管理办法（试行）》。

11月 双桥区竹林寺小学教师代宇星代表河北省参加全国第11届小学数学年会，所作“7的乘法口诀”一课荣获一等奖。

11月上旬 承德市双桥区避暑山庄小学、营子区滨河路小学在河北省教育学会第二届学术年会上，被评为河北省特色文化品牌实验学校，全省仅38所中小学校获取该称号。

11月12日 承德体校培养的运动员杨浩然在国际射联世界杯总决赛上，以205.9环的成绩夺得男子10米气步枪金牌，这也是他继第十二届全运会夺金后取得的又一优异成绩。

11月中旬 承德护理职业学院与澳大利亚南岸政府理工学院合作项目正式签约。澳大利亚南岸政府理工学院成立于1863年，是昆士兰省最大的政府专科学院，其护理专业得到国际众多院校认可。

11月22日 兴隆县举行《温家宝谈教育》送书仪式暨学习交流活动仪式。

11月26日 市政府办公室印发《关于进一步做好农村义务教育学校布局调整工作意见》。

12月4日 “中国汉字听写大会”座谈会在滦平县召开，教育部副部长、国家语委主任李卫红，教育部语言文字应用管理司司长姚喜双，省教育厅副厅长杨勇，国家语委咨询委员、原国家语委副主任傅永和，中央电视台科教频道副总监梁红，中央电视台新闻中心播音部主任李瑞英，“中国汉字听写大会”总导演关正文出席座谈会。李卫红一行参观了滦平县师生书法大赛作品展和“中国汉字听写大会”模拟展示，并赴金沟屯镇就普通话体验区建设进展情况进行实地调研。

同日 兴隆县六道河中学在新华社新华网主

办的第四届新华教育论坛——“大国教育之声”活动中，被授予全国“基础教育特色学校”称号。

12月上旬 滦平县教体局在“2013中国教育总评榜”评选活动中，被中国教育协会、中国教育发展促进会授予“全国教育改革创新示范县”荣誉称号。

12月上旬 围场县教体局、营子区教体局被国家体育总局评为“全国群众体育先进单位”。

12月13日 市教育局向承德市高新技术产业开发区管理委员会下达《关于同意设立北京师范大学承德附属学校的批复》。

12月中旬 平泉县、兴隆县被省教育厅认定为“河北省农村职业教育与成人教育示范县”。

12月16日—17日 承德市语言文字评估组对丰宁县语言文字达标创建进行验收评估，省教育厅语言文字工作处领导作为省观察员进行全程监督。经过对该县党政机关、学校、新闻媒体、公共服务行业4个主要领域、18个单位的实地检查评估，对照省语委相关标准要求，丰宁县顺利通过达标验收。至此，承德市8个县全部完成三类城市语言文字达标创建任务。

12月23日 市教育局研究决定从2014年春季开始，开展地方中等职业教育和高等职业教育衔接的办学试验，由河北旅游职业学院与本市各中职学校合作，招收即将进入第三年顶岗实习阶段三年学制的春季入学的学生，实行“2年（中职）+1年（中高职共同培养）+3年（高职）”分段学习，实现学生中职高职连读。

12月25日 市委、市政府为全面落实好承德市与北京师范大学战略合作框架协议，决定成立承德市与北京师范大学战略合作领导小组。

12月27日 围场县城子学区平房幼儿园教师祁凤兰被评为2013年“感动河北”十大人物。

12月下旬 宽城县坚守清贫为山乡孩子“筑梦”的峪耳崖小学校长马笑冰被选为2013年（第十届）河北十大新闻人物。

12月底 承德市承德县安匠初中等8所学校通过第五批省级“依法治校示范校”的检查验收。

年内 承德工业学校通过首批国家示范校检查验收。平泉县职教中心被列为国家级果蔬花卉生产技术建设项目实训基地。

年内 承德市民族中学王志宇荣获2013年全国优质课初中组数学学科一等奖，刘卫华荣获2013年全国优质课评比初中组化学学科一等奖。

2014年

1月22日—23日 双桥区南营子小学、市实验小学代表队代表承德市参加河北电视台举办的2013年“脑力冲击波”比赛，分别获得全省冠、亚军。

2月27日 市委教育工委、市教育局党组印制《关于开展党的群众路线教育实践活动的实施方案》。

2月下旬 承德市选送的两位教师在河北省教育科学研究所举办的全省小学校本课程评优活动中，双双获得一等奖。

3月6日 市政府印发《关于扎实推进县域义务教育均衡发展的实施意见》，要求提高各县公用经费标准，其中，2016年前，各县小学、初中生均公用经费标准在目前小学645元、初中845元的基础上，分别提高到800元和1000元；农村不满100人的村小、教学点，以100人为基数安排生均公用经费。要求提高教师培训经费，2014年达到人均400元，2015年达到人均500元，并保证专款专用。要求2016年前，将义务教育阶段学校的班主任津贴平均提高到每月300元。落实市级教学名师每年3000元的政府特殊津贴待遇。

3月13日 省政府办公厅印发《关于进一步扶持河北民族师范学院发展的通知》。

3月下旬 围场县卉原中学在全国第二届最具特色中学发布会上获得“最具内涵特色中学”称号。

3月底 平泉县特殊教育中心荣获“全国三八红旗集体”荣誉称号。

4月中旬 承德市有12项成果在河北省第二届教育科学研究优秀成果评选奖励活动中获奖。其中，河北承德第一中学韩景瑞主持的《“1+3”课程的研究与实践》、丰宁县教体局盛玉海主持的《县域校本课程系列丛书》获得一等奖。

4月21日—22日 河北民族师范学院通过河北省学位委员会专家组审核评估，获得学士学位授予单位资格。

4月22日 市政府决定成立市政府教育督导委员会，由分管教育的副市长任主任，市教育局局长任副主任，市发改委、市科技局、市公安局、市人大、市人社局、市住建局、市卫生局、市审计局等相关局副局长和市政府督学为委员。市政府教育督导委员会办公室设在市教育局，承担督导委员会日常工作。

4月23日 河北省委主要负责人到承德市宽城满族自治县调研时，对该县“高中向园区集中、初中向县城集中、小学高年级向乡镇集中、小学低年级和幼儿园向自然村覆盖”的发展模式给予充分肯定。

4月25日 承德市隆化县职教中心校长吴建华、市教育局职成教科科长乔志远分别被教育部、国家发改委、财政部、人力资源社会保障部、农业部、国务院扶贫办六部门授予“全国职业教育先进个人”称号。

4月下旬 挂靠在河北民族师范学院的承德市国学研究会，在河北省传统文化教育学会工作会议上，荣获“河北省传统文化教育先进单位”荣誉称号。

5月1日 承德市体育运动学校教练谭万明荣获“全国五一劳动奖章”。

5月4日 市教育局印发《关于开展学前教育城乡“对口帮扶”工作的实施方案》，从直属幼儿园做起，开展城市园长教师到农村园“驻园帮扶”，农村园长骨干教师到城市园“跟班学习”的交流活动，主题为“对口帮扶、共同提高”，促进城乡学前教育均衡发展。

5月上旬 全国第五届培养学生良好行为习惯现场会在平泉县双桥小学召开，中央人民广播电台、《德育报》《河北教育》等多家媒体对该校坚持“国学立品”，抓好学生养成教育作法进行宣传报道。

5月中旬 河北旅游职业学院代表团在河北省第十八届大学生运动会上，以总分451分的成绩夺得乙组团体总分第一名，创造该学院历史最好成绩。

5月28日 原中央政治局常委、国务院总理温家宝到兴隆县六道河中学走访，并作地理讲座——《与中学生谈地理——自然地理》。

6月9日—13日 承德市兴隆县、营子区顺利通过河北省政府教育综合督导评估和基本普及高中阶段教育评估验收。

6月19日—20日 教育部“农村校长助力工程（2013）”返岗实践汇报暨校长论坛活动在平泉县举行。该次活动由教育部小学校长培训中心主办，平泉县教体局承办。

6月下旬 承德市在河北省第六届基础教育教学成果奖评选活动中，取得一等奖3个（一等奖共12个）的优异成绩。其中，市第五幼儿园的《幼儿基本礼仪的探索与实践》获得全省唯一一个学前教育教学成果一等奖。

7月2日—3日 宽城县通过河北省政府评估组义务教育均衡发展评估验收。

8月18日 省长张庆伟在承德市宽城县考察后，认为“三集中一覆盖”做法符合宽城县域实际，对于各地以城乡教育一体化为导向，结合实际调整学校布局结构、改善办学条件、提高办学质量、统筹做好城乡教育工作，具有借鉴意义。

8月29日 平泉县城西小学王洪敏（女，回族）、双滦区实验中学黄玉生、丰宁满族自治县第一中学梁伟（女，满族）、承德石油高等专科学校梅彦利（蒙古族）、承德医学院赵淑敏（女）

被教育部授予“全国优秀教师”荣誉称号。

9月2日 隆化县韩麻营镇十八里汰中心小学、承德医学院基础医学部被人力资源和社会保障部、教育部授予“全国教育系统先进集体”荣誉称号；围场满族蒙古族自治县棋盘山学区中心校（扣花营幼儿园）高级教师薄锡春（满族）、滦平县西沟满族乡中心校高级教师孙国福（满族）、宽城满族自治县龙须门镇中心校（龙须门小学）高级教师曾淑娟（女，满族）、承德第一中学高级教师张国华被人力资源和社会保障部、教育部授予“全国模范教师”荣誉称号。

9月2日—26日 围场县、双滦区通过县域义务教育均衡发展国家级验收。

9月9日 市委教育工委、市教育局作出《关于在全市教育系统开展向李广学习活动的决定》，表彰了围场满族蒙古族自治县棋盘山学区莫里莫幼儿园中共党员、园长李广凭着坚强的毅力扎根山区38年，始终坚守在农村教育第一线，打造出具有山村特色的花园式幼儿园，用爱塑造师生温情，树立新时期广大教师心系学生、情洒教育的良好形象的先进事迹。

9月上旬 围场县教师李广被评为“2014年度全国教书育人楷模”，全国仅10名教师获得此年度全国教书育人楷模荣誉称号。

9月15日 市政府在《专题调查》刊发市教育局与市政府办公室联合撰写的实施“三集中一覆盖”战略，推进县域教育均衡发展——对宽城县园区化办学情况的调查与启示。

9月15日—19日 承德县、丰宁县通过省政府教育督导评估组义务教育均衡发展评估，承德县通过省级普高（普及高中教育）验收，承德县二中、承德县实验小学两所学校通过省级素质教育示范校验收。

9月中旬 市教育局继上届以后，再次获得第21届全国爱国主义读书教育活动全国“组织特等奖”荣誉称号，双桥区竹林寺小学学生黄子琪作为河北省唯一学生代表在总结表彰大会上发言。

9月21日 全国第17届推普（推广普通话）周重点活动启动仪式在滦平县举行，教育部副部长、国家语委主任、全国推普周领导小组副组长李卫红，副省长、省语委主任许宁出席并讲话，教育部语言文字应用管理司司长姚喜双出席会议，省委教育工委书记、省教育厅厅长、省语委副主任刘教民主持会议。

9月30日 承德市人民政府教育督导委员会办公室（简称“市政府教育督导室”，下同）印发《关于在承德市中小学校责任督学挂牌督导实施办法》。

9月下旬 承德体育运动学校运动员杨浩然在仁川亚运会上，夺得男子10米气步枪个人、团体两枚金牌。

10月13日 从2015年春季学期起，承德市将建立城市义务教育阶段学校公用经费保障机制，城市义务教育公用经费基准定额标准为：小学年生均685元（含取暖费85元），初中年生均885元。省级财政将通过“以奖代补”的形式，对建立保障机制的市给予资金奖补。

10月22日 国家民委印发《关于与省政府共建河北民族师范学院的复函》，原则同意与省政府共建河北民族师范学院。

10月23日 市政府提出并下发《关于支持河北民族师范学院转型发展的意见》。

10月26日 宽城县青少年活动中心在河北省青少年校外教育现场推进会暨中心主任培训班上，被授予“河北省青少年校外教育示范活动中心”称号。

10月下旬 “丰宁满族自治县着眼办好人民满意教育，实施农村教学点标准化工程”的经验做法被《承德教育信息》专刊推出以后，引起各界的广泛关注，《中国教育报》、新华社等媒体陆续予以宣传报道，人民网、新华网等多家网站对稿件进行转载。年内，又被省委改革办、省委宣传部确定为重点宣传典型。

11月4日 市食品药品监督管理局、教育局印发关于加强校园及其周边食品安全工作的通知，要求中小学周边的校产房一律不得租赁给经营者从事食品经营活动；中小学食堂原则上不得对外承包，由学校统一管理。对中小学校门200米范围内的固定食品摊贩、流动食品摊贩进行清理，不得摆摊设点。

12月2日　市教育局印发《关于“一师一优课、一课一名师”活动的通知》，从年底开始，利用国家和省市教育资源公共服务平台进行网上注册报名、网上“晒课”和评选“优课”，实行教育资源共享。

12月9日　丰宁县职教中心教师刘伟在宁波举行的全国中等职业学校计算机应用基础及计算机类专业课程“创新杯”教师信息化教学设计和说课大赛上获得一等奖。

12月上旬　承德市推荐的4名教师在河北省信息技术与学科融合教学评优活动中，3人取得一等奖。

12月中旬　承德市推荐的两个消防安全教育课件作品，均被教育部基础教育一司、公安部消防局评选为“全国消防安全教育课优质课件”，全省仅3件作品获该荣誉。

12月下旬　河北承德第一中学吴亲饶荣获全国优质课高中组数学学科一等奖；承德市二中陈钊荣获全国优质课高中组英语学科一等奖；滦平县一中袁青林荣获全国优质课高中组物理学科一等奖。

12月29日　市委印发《关于进一步加强少年儿童和少先队工作的意见》，明确了少年儿童和少先队工作的目标任务，提出要加强少年儿童理想信念教育，发挥家庭作为少年儿童第一课堂的作用。

12月30日　河北省教育体制改革领导小组办公室向全省各市印发《关于宽城满族自治县先进教育经验》，要求认真学习，积极借鉴。

年内　宽城县被省教育厅命名为农村职业教育与成人教育示范县，并作为国家级示范县推荐到教育部。

2015年

1月中旬　承德市第四幼儿园在中国教育学会传统文化教育中心成立大会暨第一次学术年会上，被授予“优秀传统文化进校园”项目试点园所。

1月14日　兴隆县举行中央民族大学附属中学与兴隆县人民政府合作共建六道河中学签约仪式。

1月22日　围场县棋盘山学区中心校莫里莫幼儿园教师李广当选为“感动承德十大新闻人物”。

1月下旬　存瑞中学教师董继英在河北省开展的“美在校园”感动校园人物评选活动中，获得“‘美在校园’感动校园人物”荣誉称号。

2月下旬　承德市从春季开学起，统一了城乡义务教育阶段学校公用经费标准，小学、初中的生均公用经费分别为685元、885元以上（含取暖费）。

3月6日　宽城县教育体育局在河北省2015年全省教育工作会上，作了题为《完善管理机制、创新研训载体，推进县域教育均衡发展》的典型发言。

3月16日　市教育局抽调专门人员，开始启动《承德市志·教育志（1989—2015）》编纂工作。

4月　经教育部批准，河北旅游职业学院将与加拿大拉萨尔学院合作举办酒店管理、旅游管理专业高等专科学历教育项目，每年各招生100人，纳入国家普通高等学校教育招生计划。

4月上旬　承德市陈晓辉、王喜民等9名乡村教师在中国青少年发展基金会和中国名师联盟联合主办的“中国名师联盟·希望工程园丁奖”评选中，荣获“中国名师联盟·希望工程园丁奖”。

4月中旬　省教育厅《教育信息快报》刊发《承德县强化接送学生车辆监管确保学生上下学交通安全》经验做法。

4月17日　围场县木兰实验小学的舞蹈《木

兰娃爱国学》在第三届河北省青少年“阅•知•行”读书活动“梦在心中书香伴我行”诵读展演总决赛暨全省总结表彰大会上，荣获一等奖第一名。

4月下旬 承德市实验幼儿园被中华全国总工会授予“全国五一巾帼标兵岗”称号。

5月 兴隆县第一中心小学在第三届河北省青少年“阅•知•行”读书活动诵读展演总决赛暨总结表彰大会上，荣获“书香校园”称号。

5月6日—7日 国务院原总理温家宝第四次到兴隆县六道河中学，为学生们作题为《与中学生谈地理——天气与气候》的讲座。这是时隔一年后，温家宝到六道河中学为学生们作的第二次地理讲座。第一天当晚，温家宝借住在学校的教师宿舍中。在校期间，温家宝还观摩了两堂课，参加了学生们以励志为主题的“读书论坛”。

5月8日—16日 宽城县摔跤队参加2015年河北省摔跤锦标赛，在古典式摔跤和自由式摔跤两个项目、12个级别的比赛中，取得金牌2枚、银牌3枚、铜牌4枚。

5月上旬 省教育厅编印的《教育信息快报》刊发《兴隆县安子岭中心小学以诵读写诗为载体扎实推进校园特色文化建设》的经验作法。

5月10日—11日 双桥区民族中学代表队代表承德市参加“2015年中国汉字听写大会全国巡回赛”河北省选拔赛，在全省13支代表队中以第四名的成绩顺利进入决赛，最终荣获全省三等奖的优异成绩。

5月中旬 丰宁县石人沟小学的“关爱健康、关爱生命”作品，在河北省青少年科技创新大赛评选中获得一等奖，并被上报到全国青少年科技创新大赛参加评选。

5月18日—19日 兴隆县六道河中学在北京召开的首届中国初中质量建设大会上，被中国教育学会评为“全国初中质量建设先进单位”。

5月23日 双桥区南营子小学代表承德市参加在石家庄市举行的河北省第六届“全国中小学信息技术创新与实践活动”（NOC）比赛，包揽了“绿色城市”项目前四名，其中两个小组获一等奖，另外两个小组获二等奖。

5月29日 兴隆县职教中心在河北省2015年中等职业学校技能大赛学前教育专业比赛中，荣获团体一等奖，成为全省唯一一所县级职教中心团体一等奖获得者。

5月下旬 围场县城子学区平房小学教师祁凤兰在全国城乡妇女岗位建功活动中，被中华全国妇女联合会授予“全国巾帼建功标兵”荣誉称号。

6月2日—6日 双滦区职教中心教师在参加2015年河北省中职学校“创新杯”教师信息化教学设计和说课大赛中，取得一等奖1个、二等奖2个、三等奖1个。其中，赵洋荣获一等奖，代表河北省参加国家级比赛。

6月8日—11日 平泉县、宽城县分别通过河北省政府义务教育均衡发展评估组评估。

6月上旬 河北承德第一中学、双桥区南营子小学被评为河北省首批中小学心理健康特色学校。

6月23日—25日 双桥区通过河北省政府教育工作综合督导评估、义务教育阶段教学督导评估和普及高中阶段教育督导评估。

6月25日—26日 丰宁县通过河北省政府教育工作综合督导评估验收和义务教育阶段教学工作督导评估。

6月29日—30日 滦平县通过河北省政府义务教育均衡发展评估组评估验收。

6月30日—7月2日 承德县通过河北省政府教育工作综合督导评估验收和义务教育阶段教学评估。

7月2日 市体育局、教育局在围场县举行推广“中国武术段位制示范学校”挂牌仪式暨阳光体育活动现场观摩会。挂牌仪式上，围场县育才小学、兴隆县兴隆镇东区小学被授予“承德市推广中国武术段位制示范学校”称号。

7月上旬 承德市选送的教师在河北省第一届“我们的价值观，我们的中国梦——精彩课堂”评选活动中，取得一等奖2个、二等奖1个和三等奖1个。

7月20日 市委教育工委、教育局印发《关于培育和践行社会主义核心价值观的实施意见》。要求将社会主义核心价值观融入课堂教学、融入学校文化建设、融入社会实践、融入媒体传播、融入家庭教育、融入学校管理、融入教师队伍建设。

7月30日—31日 由天创教育培训中心主办的全国首届参与式管理研讨会在兴隆县六道河中学举行，教育部中国教师发展基金会秘书处秘书长杨春茂，中国教育科学研究院管理学博士、中国教育学会教育管理分会常务理事方铭琳等出席会议。

8月 河北省委书记赵克志到承德市宽城满族自治县调研时，对该县产城教融合发展的做法给予充分肯定，并在全省新型城镇化与城乡统筹示范区建设专题研讨会上要求“在全省总结推广”。

9月6日 《河北日报》第四版用整版篇幅，以《寇凤林：点亮大山深处的希望之光》为题，图文并茂地报道了隆化县旧屯中心小学尖沟门教学点教师寇凤林的先进事迹。

9月8日 北京师范大学和光明日报社联合设立的首届“启功教师奖”揭晓，围场县哈里哈乡莫里莫村幼儿园教师李广荣获“启功教师奖”提名奖。

9月9日 市教育局和承德日报社联合举办的隆泉米业总冠名的2015“寻找山城最美教师”大型公益活动颁奖典礼在承德市青少年宫举行，唐福德、朱百川等10名教师获“山城最美教师”奖，于贵勤、马笑冰、李广、贾利民获“山城最美教师”特别奖，李金满、刘志付等10名教师获“山城最美教师”提名奖。

同日 《河北日报》头版以《山里的孩子需要我》为题，宣传报道丰宁县土城学区马家窝铺教学点教师朱百川的先进事迹。

9月上旬 宽城满族自治县峪耳崖小学校长马笑冰在中国教育报刊组织的“党和人民满意的好老师”推选活动中，荣获“党和人民满意的好老师”称号，全国共30名教师获该荣誉。

9月15日 承德体育运动学校在宽城县三中举行授牌仪式，正式在该校设立摔跤项目训练中心。宽城县三中摔跤基地运动员在河北省摔跤锦标赛上，取得金牌两枚、银牌3枚、铜牌4枚的好成绩。

9月20日—24日 丰宁县第二小学教师张晓敏代表河北省参加国家基础教育实验中心外语教育研究中心在青海省西宁市举办的第五届全国农村及少数民族地区中小学英语课堂教学与教师发展研讨会上进行观摩课评比，荣获一等奖好成绩，同时荣获“最佳语音、语调奖”。

9月22日 河北省青春期教育试点工作总结推进会议在宽城县召开，全国妇联儿童工作部部长陈晓霞，省妇联、省教育厅领导出席会议。会上，宽城县作《注重教育引导，强化心理疏导，保障学生健康快乐成长》典型经验发言。

9月23日—25日 承德市代表河北省接受国务院教育督导委员会组织的2015年秋季开学和“护校安园”行动落实情况专项检查。督查组听取了省、市专题工作汇报，并深入驻市院校、双滦区和兴隆县的部分学校进行实地检查指导，对河北省和承德市相关工作开展情况给予充分肯定。

9月27日 2015港澳教育界国庆访问团一行在香港教育局首席助理秘书长李美欢、澳门教育暨青年局副局长老柏生、驻港中联办教科部调研员吴招胜、驻澳中联办文教部处长钟睿带领下到承德市参观访问。

10月26日—30日 市教育局与北京师范大学合作举办第一期县区教育局长研修班，研修班为期5天，共40课时。

10月下旬 双桥区南营子小学教师谢晨虹代表承德市参加第四届河北省小学语文教师素养大赛暨优质课评比活动，荣获全省一等奖。

11月上旬 河北民族师范学院附属中学物理教师王敬龙在市、省两级层层选拔的基础上，代表河北省参加由教育部基础教育二司主办、中国教育装备行业协会承办的第三届全国中小学实验教学说课活动，荣获一等奖。

11月中旬 兴隆县逸夫实验小学获得由中国科协、教育部、国家发展改革委等5部门联合颁发的“青少年科学调查体验活动推广示范单位”称号，并入选由中国科协青少年科技中心遴选的国家二级资助学校名单，率先成为承德市获得中国科协青少年科技中心资助的学校。

11月15日—20日 丰宁县、宽城县、承德县和营子区4县区顺利通过县域义务教育均衡发展国家级验收。

11月16日 市教育局印发《关于规范中等职业学校招生工作的通知》，从2016年开始，全市公办、民办中等职业学校一律停止以初三在校学生为对象的春季职教分流招生，春季招生只允许招收往届初高中毕业生或具有同等学力的社会人员。

11月19日 新华社以《河北双滦：农村娃乐享乡村学校少年宫》为题，刊发双滦区乡村学校少年宫的图片新闻。

11月下旬 承德市双滦区职教中心教师赵洋在“全国中职学校‘创新杯’教师信息化教学设计和说课大赛”上，从全国120名选手中脱颖而出，荣获一等奖。

11月 承德市教育学会选送的小学《方程》《一诺千金》等4节课均在河北省教育学会学校文化研究分会第四届年会上荣获课堂文化教学大赛一等奖。

12月12日 兴隆县六道河中学校长贾利民在北京召开的2015中国教育家年会暨中国好教育盛典上，荣膺“中国好校长”称号。

12月下旬 承德县第二中学荣获“河北省园林式单位”荣誉称号。

年内 市教育局专门成立对接京津跑办工作领导小组，下设北京联络组、天津联络组和办公室，每月召开专题会议，研究调度工作。

年内 承德市在河北省率先实现青少年活动中心县区全覆盖，有5所青少年活动中心获得省示范中心称号（全省共35所）。其中，丰宁、兴隆两县青少年活动中心被评为“全国县区级示范性青少年校外活动场所”。

年内 承德市教育局荣获第22届爱国主义读书教育活动全国组织特等奖、全国关心下一代工作先进单位、河北省安全生产志愿服务工作先进单位组织特等奖、河北省第五届中小学生艺术展演优秀组织奖、河北省中小学国防教育活动优秀组织奖等多项荣誉称号。

年内 宽城县“产城教一体化”的经验做法被全省推广。宽城县被认定为国家职业教育与成人教育示范县。滦平县通过省职业教育与成人教育示范县验收。

年内 承德工业学校成为教育部确定的全国首批“现代学徒制”试点中等职业学校之一，也是全省唯一的一所试点学校。

年内 承德工业学校“3+4”（招收初中毕业生在中等职业学校学习3年，毕业测试合格后直接升入省教育厅批准的联合办学本科学院，对接相关本科专业再学习4年，完成本科学业后，由相关职业学院颁发教育部注册的大学本科毕业证书和工学学士学位证书）直通本科全省试点、围场县职教中心中职学校“3+2”（招收初中毕业生，学制五年，前3年按中专标准收费，后两年按大专标准收费。三二分段制学生需在中专学习阶段参加“三二分段”中职接高职统一转段选拔考试，成绩合格者转入高等专科学校完成两年大专学习，毕业后由相关学校发给省教育厅验印的两年制大专文凭）直通高职专科试点和河北旅游职业学院中高职衔接实验班继续招生。

年内 承德市有8名学生被清华、北大录取。其中，围场卉原中学3名考生通过“国家专项计划”被北大文科录取，1人通过本一自主招生被北大文科录取；清华理科录取4名学子，分别来自承德县一中、滦平一中和平泉一中。

第一章 组织机构

1993年6月，承德地、市合并，成立承德市教育委员会。2002年1月，撤销承德市教育委员会，成立承德市教育局。同年，先后成立中共承德市教育局党组、中共承德市委教育工作委员会、中共承德市教育局纪律检查工作委员会（纪检组同时存在）。至2015年，市教育局共设21个科室，其中行政科室13个、事业科室8个。

第一节 机构设置

一、行政机构

1986年1月，承德专员公署教育局撤销，成立承德地区行政公署教育委员会（简称“地教委”），分管教育副专员任主任，地教委内设常务副主任，主持全面工作，延续至1993年6月地、市合并。地教委主要负责管理丰宁、围场、隆化、滦平、平泉、宽城、兴隆7个县及承德师专、承德师范、平泉师范、承德电大分校（承德教育学院）、河北承德第一中学、存瑞中学、地区幼儿园的教育工作，并对承德农校、承德财校、承德技工学校和企业办职工学校负有业务指导的责任。

1986年3月，原承德市教育局撤销，成立原承德市教育委员会（简称“市教委”），分管教育副市长任主任，市教委内设第一副主任，主持全面工作，延续至1993年6月地、市合并。市教委主要负责管辖承德县、双桥区、双滦区、营子区、市直属各学校及承德大学、市电大分校的教育教学工作，对各企业办学校负有业务指导的责任。

1993年6月，地、市合并，7月，成立承德市教育委员会（简称“市教委”），延续至2001年12月。1993年7月30日，承德市机构编制委员会办公室下发关于市教育委员会行政机构科室设置的批复。同意市教委设置14个科室，即：行政办公室、党委办公室、纪检监察室、人事科、计财科、基建科、中教科、小教科、职教科、师教科、成教科、督导室、勤工俭学管理科、老干部科。8月10日，市编办向市教委下发关于市教委机关事业科室等设置的批复，同意市教委设置10个事业科室：中学教研室、小学教研室、成人教研室、职业技术教研室、招生办公室、会考办公室、自学考试办公室、电化教育馆、教学仪器站、劳动服务公司。

1995年，市政府办公室于4月3日下发了《关于市教委职能配置、内设机构和人员编制方案的通知》。批准市教委设9个职能科室：办公室、党委办公室、人事科、计财科、教育科、职教科、成教科、师教科、督导室；市教委机关行政编制为69名，其中主任1名，副主任4名（因地市合并，副处级以上领导实际共9名），正副科长职数22名，科员38名。

1996年10月13日，承德市编制委员会下发通知，重新确定市教委领导职数为7人，其中主任1人、副主任5人、督学1人。

2002年1月19日，撤销市教委，成立承德市教育局（简称“市教育局”）。市教育局（中共承德市委教育工作委员会）机关行政编制40名（含离退休干部工作人员编制2名）。其中，局长（教育工委书记）1名，副局长4名，教育工委专职副书记2名，督学1名；科级领导职数16名（正科11名，含教育督导室主任1名，机关党委专职副书记1名，离退休干部科科长1名；副科5名）。机关工勤人员编制4名。

市教育局下设20个科室。其中，8个内设机构：办公室、教工委办公室、人事科（教工委组干科）、财务科（发展规划科）、思政体卫科（法规科）、基础教育科、职业教育与成人教育科、师范教育科。2个党口科室：机关党委、离退休干部科。1个市纪委监察局派驻机构：监察室。8个事业科室：教育人才交流中心、招生办公室、电化教育馆、教育技术装备管理站、中学教研室、小学教研室、职业教育与成人教育教研室、勤工俭学管理办公室。1个市政府外设机构：市政府教育督导室办公室。市政府教育督导室设在市教育局，下设办公室，为教育督导室的办事机构，负责全市“督政、督教、督学”工作，其行政编制包括在市教育局行政编制总数内。

2010年，市教育局根据中华人民共和国工会法的有关规定，经请示市教育工会批准，于3月21日选举产生市教育局机关工会委员会。

2012年1月10日，增设安全稳定办公室，核定行政编制4名，其中，主任1名、副主任1名，所需人员编制在局机关内部调剂解决。至此，局机关下设科室由20个增至21个，科级领导职数由16名增加到18名（正科12名、副科6名）。

2012年，承德市机构编制委员会向市教育局下发关于市教育局所属事业单位清理规范机构编制有关事宜的批复。同意市教育局所属事业单位设置24个，其中，局外事业单位15个：承德一中、承德二中、存瑞中学、师院附中、北师大附属学校、十六中、市实验小学、市桥东小学、市特教学校、市实验幼儿园、一幼、二幼、三幼、四幼、五幼。局内事业科室设置9个：中学教研室（核定事业编制24名，核定领导职数4名，1正3副）、小学教研室（核定事业编制7名，核定领导职数3名，1正2副）、招生委员会办公室（核定事业编制21名，核定领导职数4名，1正3副）、电化教育馆（核定事业编制11名，核定领导职数3名，1正2副）、人才交流中心（核定事业编制3名，核定领导职数1名）、教育技术装备管理站（核定事业编制14名，核定领导职数3名，1正2副）、职业与成人教育研究室（核定事业编制6名，核定领导职数2名，1正1副）、勤工俭学办公室（核定事业编制11名，核定领导职数3名，1正2副）、机关服务中心（核定事业编制3名，核定领导职数1名）。

至2015年年底，市教育局实有在编在岗人员122人。其中，行政编人员43人（未含监察室3人），事业编人员79人。局长（教育工委书记）1名，副局长4名，教育工委专职副书记2名，督学2名，纪工委书记（纪检组长）1名，副调研员3名。正科（行政）10人，副科（行政）4人。机关工勤人员9人。离退休人数115人，其中，离休6人、退休99人。

市教育局直属学校15所。其中，高中4所：河北承德第一中学、承德市第二中学、隆化存瑞中学、承德市高新区第一中学；初中2所：河北民族师范学院附属中学、承德市第十六中学；小学2所：承德市实验小学、承德市桥东小学；幼儿园6所：承德市实验幼儿园、承德市第一幼儿园、承德市第二幼儿园、承德市第三幼儿园、承德市第四幼儿园、承德市第五幼儿园；特教学校1所：承德市特殊教育学校。

1993年6月，地、市合并后，新成立的市教委机关驻地设在承德地区教育委员会机关驻地“小红楼”，市教委机关从东大街承德市政府2号楼一楼撤出。2001年12月18日，市教委机关由“小红楼”迁至园林局办公楼。2004年1月

12日由园林局办公楼迁至大老虎沟口乐达园办公楼，2010年8月28日，市教育局迁至桃李街26号办公楼，招生办、中教研、小教研、装备站仍留驻乐达园办公楼，老干部科、电教馆、人才交流中心、成职教研留驻小南门办公楼。

二、中共党组织机构

1990年8月，原中共承德市教育委员会党组（1983年9月成立）撤销，成立原中共承德市教育委员会委员会，延续至1993年6月地、市合并。1986年1月，中共承德地区行政公署教育局党组撤销，成立中共承德地区行政公署教育委员会党组，延续至1993年6月地、市合并。

1993年7月，地、市合并后，成立中共承德市教育委员会委员会，延续至2001年12月。

2002年1月，撤销中共承德市教育委员会委员会，成立中共承德市教育局委员会。2002年6月，撤销中共承德市教育局委员会，成立中共承德市教育局党组（简称“市教育局党组”）。2002年11月，又成立中共承德市委教育工作委员会（简称“市委教育工委”）。市委教育工委与市教育局合署办公，一个机构、两块牌子，延续至2015年年底。

2002年1月，市教育局党组设书记1人，副书记1人，成员3人。2002年11月，教育工委设书记1名，副书记2名。下设教育工委办公室和组干科。

至2015年年底，市教育局机关共有在岗党员支部6个，在岗党员85名；离退党员支部1个，离退党员78名。

市委教育工委直属公办学校支部11个：高新区一中、十六中、实验小学、桥东小学、实验幼儿园、一幼、二幼、三幼、四幼、五幼、特教学校支部；直属民办学校支部3个：北辰中专、腾飞中专、通达中专支部。

三、纪检机构

1987年11月，市教委党组设立纪检组（纪律检查小组）。1990年8月，设立纪检委（纪律检查委员会），延续至地、市合并。1981年10月，中共承德地区教育局党组设立纪检组，延续至1993年6月地、市合并。

1993年7月，地、市合并后新成立的中共市教育局委员会设立纪检委，延续至2001年12月。2002年1月，撤销纪检委，设立纪律委员会（简称“纪委”），延续至2002年6月。2002年6月，撤销纪委，设立纪检组，延续至2015年年底。

2002年11月，成立中共承德市教育局纪律检查工作委员会（简称“纪工委”），纪检组同时存在，延续至2015年年底。

第二节 工作职能

一、市教育局工作职能

贯彻执行党的方针、政策、法令和规章制度，制定具体实施计划、办法和措施，并组织实施。根据有关政策、规定，制订各级各类教育事业的发展规划、年度计划、基本建设计划，处理执行计划中的有关问题。组织和指导全市教育改革，建立适应社会主义市场经济体制需要的教育体制和运行机制；统筹管理和指导全市各级各类教育工作。依据国家有关教育法律和法规，代表同级政府对下级政府、教育行政部门和学校及市直有关部门的教育工作进行督导、检查、评估和指导。依据国家、省和市有关政策，抓好教师和教育行政人员的管理及工资、福利待遇工作；培养、选拔、任免权限内直属学校和单位的领导干部。统筹管理全市普通高考、研究生考试、初中毕业升学考试、高中毕业会考、自学考试、成人高考等招生考试工作；拟订全市中等职业学校和普通高中学校招生政策、招生计划；负责全市中等职业学校和普通高中学校学籍管理；组织实施市属师范类大、中专毕业生就业指导工作。负责教育经费预测、年度预算、决算、收付；负责教育系统各类专项资金的管理、机关财务收支管理和国有资产管理；负责各级各类学校综合统计工作；负责基建规划、立项的批复和管理、改善办学条件和教育行政、事业性经费的管理。负责师范教育工作，统筹规划各级各类教师队伍建设和培养工作。负责各级各类学校教师职称评聘工作。指导各级各类学校的思想政治教育工作及体育、卫生保健和勤工俭学工作。制订全市现代教育技术工作的计划和发展规划，并组织实施。做好教学仪器、教学设备及图书的订购、计划供应和管理使用工作。承办市委、市政府交办的其他事项。

2010 年 4 月 30 日，承市政办〔2010〕27 号文件印发了《市教育局主要职责、内设机构和人员编制规定》，对市教育局职责进行调整。取消已由省、市政府公布取消的行政审批事项。加强基础教育。以农村教育为重点，推进义务教育均衡发展，促进公共教育资源向农村、边远和民族地区倾斜，促进教育公平；深入推进基础教育教学改革，切实减轻中小学生的课业负担；加强中小学德育工作，全面实施素质教育。大力发展职业教育。坚持以就业为导向，深化职业教育教学改革，努力提高职业院校的办学水平和质量，积极推进体制机制创新，进一步增强职业教育发展活力。加强民办教育的统筹规划、综合协调和宏观管理，完善民办教育宏观管理的政策措施，规范办学秩序，促进民办教育事业健康发展。

二、中共承德市委教育工作委员会工作职能

协助市委组织部规划、指导全市省、市属大中专院校和重点中学的党建工作。加强直属中小学、幼儿园的思想政治建设、组织建设、作风建设和党员发展、党员教育、党员管理等工作。协助组织部做好全市教育系统市属大中专院校、重点中学领导班子、领导干部和师专附中正校级领导干部的管理工作。协助组织部做好一中、二中、存中领导班子成员和师专附中正校级领导的调整、任用工作。负责第十六中学和直属小学、幼儿园领导班子成员的考察、任免、考核工作。做好全市教育系统市属大专院校科级干部、中专学校、一中、二中、存中、附中中层干部的宏观管理和初审工作，报市委组织部核定职数并备案。协助市委组织部做好全市教育系统市属大中专院校、重点中学和附中后备干部的选拔、培养、管理及队伍建设等工作。协助上级纪检监察部门抓好市属院校纪检监察工作；负责和指导直属中小学、幼儿园的纪检监察工作。负责规划、指导各级各类学校教职工和大中专院校学生的思想政治工作。加强教职工职业道德教育，提高教职员工思想道德素质。发挥各院校思想政治学术团体和研究机构在思想政治教育、科学研究、决策咨询等方面的作用。协助有关部门做好全市各级各类学校宣传统战和维护稳定工作；做好教育系统工会、共青团、妇联、知识分子、人才、武装工作。

三、中共承德市教育局纪律检查工作委员会（纪检组）工作职能

（一）保护职能

保护党员的民主权利，使之不受侵犯；对侵犯党员民主权利的人和事进行查处。

（二）惩处职能

对违反党纪政纪的党员按党纪政纪条规进行处理，清除党内腐败分子。在查处案件中，必须坚持三个原则：

1. 坚持实事求是、从严治党、民主集中制、党员在党的纪律面前人人平等，惩前毖后、治病救人的原则。

2. 严格依据党内条规，正确行使纪检、监察职权的原则。

3. 严格执法，秉公执法，不徇私情原则。

（三）监督职能

1. 监督党的组织和党员，认真贯彻执行党的路线、方针、政策和决议，保证党的组织和党员在重大政治问题上同党中央保持一致。

2. 监督局班子、下属各党组织和党员认真遵守和维护民主集中制的原则，严格按照正常的

程序进行科学决策。

3. 监督局班子、下属各党组织和党员履行职责，遵守法律、纪律以及相应的道德规范，揭露和处理一切损害党和人民利益的行为。

（四）教育职能：对党员有计划、有目的、有组织地开展以发扬党的优良作风和党的优良传统、遵守法律法规、履行义务、增强党性、提高拒腐防变能力等为内容的各种教育活动。履行教育职能，重点是对党员进行党风党纪教育。

四、科室工作职能

（一）办公室

综合协调机关政务；负责机关文秘、档案、机要、保密、保卫、信访、外联、接待和信息工作；负责局长办公会议准备和议定事项催办工作；负责教育系统大型会议的组织、协调工作；负责机关各科室岗位责任制的年度考核和年终总评工作；负责机关办公用品供应和机关车辆管理使用工作；负责计划生育工作；负责市人大代表建议和政协委员提案的承办工作；负责市政府交办的临时性工作。

（二）教育工委办公室

负责规划、指导全市各级各类学校党建、思想政治工作，宣传统战和维护稳定工作；负责教育系统工会、共青团、妇联、知识分子、武装等工作及工委的日常工作。

（三）人事科（教工委组干科）

按照干部管理权限，配合有关部门做好对市属高校及直属学校副处级以上领导班子、领导干部考核、考察、任免及后备干部队伍的建设和管理工作；负责局机关及所属单位的机构设置、干部职数、干部考察、调配、任免、管理和教育工作；规划和指导中学、小学、幼儿园、中专、职业学校校长培训工作；负责教师队伍的管理工作，按照国家和省、市有关政策负责教职工的调配、录用等工作；负责师范类大、中专毕业生就业指导工作；在有关部门的组织指导下负责各级各类学校教师职称评聘工作；负责各级各类优秀教师的评比、表彰工作；负责本系统人员编制、人事档案管理、工资福利和年度工资、干部统计报表工作；负责所属单位干部考核和技术人员的考核工作；组织职工技术等级培训。

（四）财务科（发展规划科）

参与拟订教育经费筹集、使用和管理政策规定；负责教育经费预测和年度预算、决算、收费工作；负责教育系统各类专项资金的管理及监督工作；负责机关财务收支管理和国有资产的管理工作；负责教育发展规划和教育事业计划、招生计划的编制及各级各类学校的综合统计工作；负责市属中等学校、民办学校设置，撤销、更名调整等工作；负责中小学布局调整、项目呈报审批、基建规划和改善办学条件工作；负责会计事务、行政、事业性收费的管理工作；负责直属学校的后勤、总务管理及公费医疗和医疗保险管理；负责学生资助工作；负责住房改革工作。

（五）思政体卫科（法规科）

负责教育改革与发展重大问题的调查研究，并拟订有关政策；起草教育方面的有关政策、法规、政府规章草案；承办教育系统法制建设和依法行政的有关事宜；承担机关规范性文件的合法性审核工作；指导教育法律、法规的实施；负责教育系统普法、执法、行政执法监督、行政复议、行政诉讼和国家赔偿的综合管理工作；负责规划协调管理各级各类学校德育教育、思想政治、精神文明建设、国防教育和学生军训工作及安全教育工作；负责管理全市学校体育、卫生健康和艺术教育工作；负责组织各类学校的各种体育竞赛、艺术教育活动。

（六）基础教育科

负责全市基础教育、特殊教育、民族教育、幼儿教育的综合管理工作；负责基础教育的规划、布局调整、体制改革工作；负责指导基础教育的教育教学改革工作；负责普通高中招生计划的制订、招生及学籍管理工作；负责指导全市九年义务教育和扫除青壮年文盲的巩固提高工作；负责拟订基础教育评估标准及教育教学改革意见并指导实施；负责指导普通中小学的信息技术教育、电化教育、图书和教学仪器配备工作；负责指导和管理社会力量举办的基础教育学校和教育机构的业务工作。

（七）职业教育与成人教育科

拟订全市职业与成人教育的发展规划并组织实施；负责中等职业学校和成人学校管理；会同有关部门制定中等职业学校和成人学校招生计划并负责招生工作；负责中等职业学校和成人学校教育教学改革、职成教干部教师培训提高工作，指导教研、科研工作；按权限负责中等职业（成人）学校学籍管理并验发毕业证书；负责职业学校毕业生就业指导工作；负责继续教育工作，指导企业职工教育和社区教育，组织开展和指导各类农民文化技术教育和培训；负责审批中等职业学校专业设置；负责民办教育的统筹规划、综合协调和宏观管理工作。

（八）师范教育科

负责制定中小学教师队伍建设的中长期规划工作；宏观指导中小学教师队伍建设；负责教师资格制度实施工作；负责中小学教师师德建设工作；负责中小学教师考核工作；负责特级教师评审工作；负责中等及以下学校教师培养、培训的政策，规划制定和组织实施工作；负责中小学教师继续教育工作；负责各级各类教师教育专业的教育教学改革与建设工作；负责宣传贯彻《国家通用语言文字法》及相关的方针、政策，监督管理并协调组织各行各业推广普通话及规范用字工作。

（九）安全稳定办公室

负责金市教育系统学校安全管理和维护学校稳定、社会治安综合治理、校园周边环境治理、反邪教组织工作；负责组织开展各类学校安全教育活动及安全稳定队伍的培训工作；负责贯彻落实维护教育系统安全稳定工作措施；落实市政府学校安全工作领导小组的各项工作任务；负责对各县区教育行政部门、各级各类学校安全稳定的检查、指导和考核工作；负责教育系统信访工作；负责涉及学校安全稳定的其他工作。

（十）监察室

按照纪检监察合署办公的原则，负责检查本局党组织和党员领导干部执行党的路线、方针、政策和决议及党章和其他各项规章制度的情况，对局机关和所属干部、工作人员和党员实施监督；负责对党员、干部进行经常性的党风党纪教育，检查和处理党的组织和党员违反党章和其他党内法规的案件，受理党员的控告和申诉的审理工作；负责系统内行政违纪案件的受理、查办和督办工作；负责系统行风建设的协调、指导和监督工作；协助党组抓好党风廉政建设工作，负责落实责任追究工作；负责财务审计工作，对直属部门、单位的资金管理、使用情况进行监督，对全市教育系统内部审计工作进行指导、检查和监督；负责上级纪委（纪检组）和审计部门及局党组交办的工作。

（十一）督导室

对下级人民政府和同级政府相关部门的教育工作监督、检查、评估、指导；对县区教育行政部门履行职责情况进行评估指导；对行政区域内各级各类学校、幼儿园 办学行为监督检查指导。对义务教育阶段均衡发展学校教育质量进行评估、检测。

（十二）机关党委

负责机关和所属单位的党群工作。

（十三）离退休干部科

负责机关和所属单位的离退休干部工作；负责全市教育系统关工委的工作。

（十四）教育技术装备管理站

制定中小学校实验室工作和教育技术装备发展规划并组织实施，负责教育技术装备的采购及质量检验工作；负责中小学校图书的采购工作。

（十五）电化教育馆

贯彻执行国家电化教育、教育信息化方针、

政策、法律法规、决定、条例等；制定承德市城域网及全市中小学校园网络建设规范；负责全市教育技术及教学应用工作负责全市教育教学资源库群建设工作。

（十六）市招生委员会办公室

负责组织国家级教育考试：普通高考的报名、政审、体检、考试工作，全国硕士学位研究生招生统一考试的报名、考试工作，成人高考的报名、考试工作，全国高等教育自学考试的报名、考试、考籍管理和毕业生审定工作，全国大学英语四六级考试、公共英语等级考试、计算机等级考试、剑桥英语考试、非学历证书考试的报名、考试组织指导工作，河北省中小学及幼儿园教师资格证书考试的笔试考试组织工作。负责组织省级教育考试：中考的报名、考试、阅卷、登统工作和市属中高职、中专学校的录取工作，普通高中学业水平考试的报名、考试和成绩管理工作。负责全市各级招生考试系统两年一评优工作。

（十七）成职教教研室

负责全市职业与成人教育理论科学和教学实践研究与应用工作，教学管理、专业建设、课程设置与开发、教学活动与评价、科研活动与交流及专业师资研训等工作。依据现代职教理论结合实际推进我市职业院校教学管理规范化、科学化和现代化建设。就职教理论科学研究和教学实践活动，在以培养综合职业能力为根本目的、以培养岗位关键能力为直接目的的人才培养目标方面，在以能力本位的“工学结合，知行合一”现代职教教学理论方面，在以行动导向的“教、学、做一体化”课堂教学与实训教学方面做好系统工作。负责全市职成教育师资研训工作，有计划地做好职业院校管理队伍和专业教师研训工作。负责全市职业与成人教育学会工作，结合实际组织开展群众性学术交流活动。

（十八）中学教研室

负责中学教学研究、指导、服务工作。制定并落实中学教学计划，组织开展中学教学理论和教学思想的研究，组织开展课堂教学改革和实践的研究，组织教学研究活动，推广先进教学经验，开展教师岗位培训和教师业务评比工作，负责学科教学检查指导和质量评估工作，指导教育科研工作的开展。

（十九）小学教研室

负责小学教学研究、指导、服务工作。制订并落实小学教学计划，组织开展小学教学理论和教学思想的研究，组织开展课堂教学改革和实践的研究，组织教学研究活动，推广先进教学经验，开展教师岗位培训和教师业务评比工作，负责学科教学检查指导和质量评估工作，指导教育科研工作的开展。

（二十）人才交流中心

建立教育系统人才资源库，负责求职登记，储备教育人才资源。不定期举办教育系统人才交流双向选择活动，为待岗落聘人员和师范类大中专毕业生提供就业机会。承担在中小学内部管理体制改革中落聘、待聘人员的培训工作。为市辖区内各级各类民办学校、国办学校聘用的教育人才进行人事代理服务；为在规定时间内未落实就业单位的师范类大中专毕业生，经本人申请，进行人事代理服务。代理相应的转正定级、连续计算工龄、职称评定、档案工资等业务。管理待业或自谋职业的师范类大中专毕业生档案，为全市教育系统辞职和辞退后的专业技术人员进行人事代理服务。开展人才培训、人才交流活动，负责职业学校毕业生择业指导及推荐工作。开展家庭教育、对外教育交流及其他教育中介服务等活动。

（二十一）勤工俭学管理办公室

负责指导和管理全市学校后勤服务工作；指导学校优化后勤设施资源配置及维护工作；指导检查校园环境卫生、绿化工作；监督指导学校食堂、超市、宿舍管理级服务型项目的规范运行；负责全市学校校办产业和勤工俭学工作；负责中小学素质教育实践基地的建设、管理工作。

第三节 教育行政权力清单

2015年，教育部发布《关于深入推进教育管办评分离促进政府职能转变的若干意见》，要求各级教育行政部门建立教育行政权力清单和责任清单制度，通过政府公报、政府网站等便于公众知晓的方式，向社会全面公开教育及相关政府部门职能、法律依据、实施主体、职责权限、管理流程、监督方式等事项，为公民、法人或者其他组织提供优质服务，让权力在阳光下运行。

教育行政权力一览表（2015年）

表1—1

行政权力类别	项目名称	承办科室	实施依据	实施对象
行政许可	举办实施中等层次学历（非学历）文化教育民办学校（民办教育机构）设立审批	职成教科	《中华人民共和国民办教育促进法》（2003年9月1日起实施）第十一条	国家机构以外的社会组织或个人
行政许可	举办实施中等层次学历（非学历）文化教育民办学校（民办教育机构）分立、合并、终止、学校名称（层次、类别）变更批准	职成教科	《中华人民共和国民办教育促进法》（2003年9月1日起实施）第五十三条、第五十五条、第五十六条	依法审批的民办学校
行政许可	举办实施中等层次学历（非学历）文化教育民办学校（民办教育机构）举办者变更核准	职成教科	《中华人民共和国民办教育促进法》（2003年9月1日起实施）第五（14）条	依法审批的民办学校
行政许可	民办教育机构名称冠名“河北”审批	职成教科	《省教育厅关于做好行政许可下放事项衔接工作的通知》（冀教政法〔2014〕18号）教育厅下放1项行政审批项目，即“民办教育机构冠名‘河北’审批”	依法审批的民办学校
行政处罚	撤销教师资格证的处罚	师教科	《教师资格条例》第19条第一款、第二款	弄虚作假或以其他欺骗手段获得教师资格的教师；品行不良、侮辱学生，影响恶劣的教师

续表 1—1

行政权力类别	项目名称	承办科室	实施依据	实施对象
行政处罚	考生在国家教育考试中违纪的处罚	招生办	《国家教育考试违规处理办法》第九条第一款	参加该次考试违纪学生
行政处罚	考生在国家教育考试中作弊的处罚	招生办	《中华人民共和国教育法》第 79 条第一款，《国家教育考试违规处理办法》第 9 条第二款，《高等教育自学考试暂行条例》第 37 条，《教育行政处罚暂行实施办法》第 14 条第二项	参加该次考试作弊学生
行政处罚	民办学校在教育活动中违法违规给予的处罚	职成教科	《中华人民共和国教育法》第 75 条，《民办教育促进法》第 62 条、第 64 条，《民办教育促进法实施条例》第 49 条、第 50 条、第 51 条	依法审批的民办学校
行政处罚	学校违反规定收取费用的处罚	监察室	《中华人民共和国教育法》第 56 条、第 78 条	学校
行政裁决	学生申诉	思政科	《河北省学生申诉办法》第八条	市直属学校
行政裁决	教师申诉	思政科	《河北省实施〈中华人民共和国教师法〉办法》第四十一条规定；《河北省教师行政申诉暂行办法》第四条	全市各级各类学校
行政确认	教龄津贴审批	人事科	《关于教师教龄津贴、护士工龄津贴实施问题的通知》（冀工改办〔1986〕18 号）	直属学校及机关事业科室教师
行政奖励	年度教育工作先进县	督导室	冀政〔2013〕50 号	各县级政府

续表1—1

行政权力类别	项目名称	承办科室	实施依据	实施对象
行政奖励	市级名师评审	师教科	依据《市教育局、承德市财政局关于印发〈承德市中小学教学名师评选、使用和管理办法（修订）〉的通知》（承教发〔2012〕15号）	普通中学、小学、幼儿园、特教学校一线在职教师和各县区、学区研训员
行政奖励	教育招生考试工作先进集体、先进个人	市教育局、市招委、市自考办	市教育局、市招委、市自考办年度文件	各县区教育局、招生办、相关考点学校涉考的工作人员
行政奖励	学科带头人	教研室	市教育局年度文件	已获得教学能手的一线教师
行政奖励	教学能手	教研室	市教育局年度文件	符合条件的一线教师
行政奖励	教研工作先进集体	教研室	市教育局年度文件	各县区教研室
行政奖励	教育工作先进个人	人事科	市教育局年度文件	全市教职工
行政奖励	电教先进单位	电教馆	省教育厅、省电教馆文件	县区电教站
行政奖励	电教先进工作者	电教馆	省教育厅、省电教馆文件	县区电教站
行政奖励	信息技术及其他学科整合优质课评选	电教馆	省教育厅、省电教馆文件	中小学教师
行政奖励	信息技术课件制作、论文评选	电教馆	省教育厅、省电教馆文件	中小学教师
行政奖励	职业与成人教育评先评优；教育教学活动奖励	职成教科	《中华人民共和国教育法》第10条	职业与成人教育机构和个人

续表 1—1

行政权力类别	项目名称	承办科室	实施依据	实施对象
行政奖励	各级各类校长、教师、评比表彰奖励	人事科	承市政办〔2010〕27 号	全市教育系统职工
行政奖励	专业技术职务评聘	人事科	市人社局文件	直属学校机关事业科室教师
行政监督	教育综合督导检查评估	督导室	《国务院教育督导条例》	县级政府各级学校
行政监督	教育工程项目建设督导检查	财务科	《河北省补助地方教育专项资金管理办法》（冀财教〔2005〕51 号）	教育工程项目承建单位
行政监督	农村中小学公用经费使用情况督导检查	财务科	《河北省农村中小学公用经费支出管理办法》（冀财教〔2006〕112 号）	农村中小学校
行政监督	学生资助情况督导检查	财务科	《河北省关于中等职业学校国家助学金管理办法》（冀财教〔2013〕207 号）《河北省关于普通高中国家助学金管理办法》（冀财教〔2010〕217 号）《河北省关于中等职业学校免学费补助资金管理办法》（冀财教〔2013〕208 号）《河北省农村义务教育营养改善计划实施方案》（冀政办函〔2012〕10 号）	接受资助的学校
行政监督	学校体育工作监督检查	思政科	《中华人民共和国义务教育法》《学校体育工作条例》《中共中央国务院关于加强青少年体育增强青少年体质的意见》；教育部发展改革委财政部体育总局《关于进一步加强学校体育工作的若干意见》	全市中等专业学校、中小学校

续表 1—1

行政权力类别	项目名称	承办科室	实施依据	实施对象
行政监督	学校卫生工作监督检查	思政科	《中华人民共和国义务教育法》《学校卫生工作条例》《中华人民共和国食品卫生法》《关于加强学校卫生防疫与食品卫生安全工作意见》	全市各级各类学校
行政监督	依法治校工作监督检查	思政科	教育部《全面推进依法治校实施纲要》《省教育厅关于全面推进依法治校工作的实施意见》	全市各级各类学校
行政监督	中小学国防教育工作监督检查	思政科	《中华人民共和国国防教育法》《中共中央国务院中央军委关于加强新形势下国防教育工作的意见》《教育部关于加强新形势下国防教育工作的意见》	全市中小学校
行政监督	高级中学军训工作监督检查	思政科	《中华人民共和国兵役法》《中华人民共和国国防教育法》《学生军事训练工作规定》第七条	全市大中专院校、高级中学
行政监督	中小学德育工作监督检查	思政科	《中华人民共和国义务教育法》《中小学德育工作规程》《中共中央国务院关于进一步加强和改进未成年人思想道德建设的若干意见》	全市中小学校
行政监督	中小学艺术教育工作监督检查	思政科	《中华人民共和国义务教育法》《学校艺术教育工作规程》《教育部关于加强和改进中小学艺术教育活动的意见》	全市中小学校

续表 1—1

行政权力类别	项目名称	承办科室	实施依据	实施对象
行政监督	教师资格认定	市教科	《中华人民共和国教师法》（1993 年 10 月 31 日中华人民共和国主席令第 15 号第十条、第十三条）。国务院《教师资格条例》（1995 年 12 月 12 日国务院令第 188 号）第十三条第一款	申请幼儿园、小学、初级中学、高级中学、中等职业学校教师资格和中等职业学校实习指导教师资格的人员
行政监督	中专、中职学校录取	市招委	省招委文件	参加该次考试考生
行政监督	对职成教育工作的领导统筹协调和督导评估	职成教科	《中华人民共和国职业教育法》第 11 条，教育部《中等职业学校管理规程》（教职成〔2010〕6 号）	市直属单位、县区教育部门及职业与成人教育机构
行政监督	对民办学校的管理与监督	职成教科	《中华人民共和国民办教育促进法》第 39 条、第 40 条、第 41 条、第 42 条、第 43 条	依法审批的学校
行政监督	安全稳定目标考核	安稳办	《中华人民共和国安全法》（国务院第 302 号令），《国务院关于特大安全事故行政责任追究的规定》（国务院 2004 年底 2 号令），《中小学幼儿园安全管理办法》（教育部令第53号），《河北省关于特大安全事故行政责任追究的规定》	全市各级各类学校幼儿园
行政监督	受理违纪违规案件举报	监察室	《中华人民共和国义务教育法》《中华人民共和国监察法》	教师及教育机构管理人员

续表1—1

行政权力类别	项目名称	承办科室	实施依据	实施对象
其他权利	纠正违法（不当）行政行为	思政科	《中华人民共和国行政复议法》第三条	全市各级各类学校
其他权利	出具中考成绩证明	市招办	无	历年参加中考考试考生
其他权利	大中专毕业生就业指导	人事科	市编办〔2010〕27号	应届师范类毕业生
其他权利	中职学生学籍管理、中职学生专业设置管理	职成教科	教育部《中等职业学校学生学籍管理办法》（教职成〔2010〕7号），教育部《中等职业学校专业设置管理办法》（教职成〔2010〕9号）	市辖范围市级及以下各类中等职业学校
其他权利	干部调配任免	人事科	承市政办〔2010〕27号	机关市直学校
其他权利	普通高中学费征收	学校	承价字〔2008〕109号	高中学生
其他权利	普通高中择校费征收	学校	承市政办〔2003〕130号	高中学生
其他权利	普通高中住宿费征收	学校	教财〔1996〕101号，教财〔2003〕4号，办字〔2008〕1号，承价字〔2008〕108号，承价字〔2012〕89号，承价行费字〔2004〕44号	高中学生
其他权利	中等职业学校学费征收	学校	教财〔1996〕101号，教财〔2003〕4号，冀价行费字〔1999〕12号，办字〔2008〕1号	中职学生

续表 1—1

行政权力类别	项目名称	承办科室	实施依据	实施对象
其他权利	中等职业学校住宿费征收	学校	冀价行费〔2008〕6 号	中职学生
其他权利	高等学校学费征收	学校	教财〔1996〕101 号， 教财〔2003〕4 号， 计价格〔2002〕838 号， 计价格〔2002〕665 号， 发改价格〔2005〕2528 号， 教财〔2006〕2 号， 冀价行费〔2008〕42 号	高校学生
其他权利	高等学校住宿费征收	学校	教财〔1996〕101 号， 教财〔2003〕4 号， 教财〔2006〕2 号， 冀价行费〔2008〕6 号， 冀价行费〔2008〕42 号	高校学生
其他权利	高等学校委托培养费征收	学校	教财〔2006〕2 号	高校学生
其他权利	专科起点本科入学考试费征收	学校	发改价格〔2003〕2161 号， 冀价行费〔2008〕42 号	考生
其他权利	函大、电大、夜大及短训班培训费征收	学校	价费字〔1992〕367 号， 冀价行费〔2008〕42 号	三大及培训学生
其他权利	普通话水平测试费征收	学校	财综〔2003〕53 号， 发改价格〔2003〕2160 号， 冀价行费〔2008〕42 号	考生
其他权利	幼儿园收费	学校	冀价涉费字〔1998〕13 号， 冀价行费〔2007〕33 号	幼儿
其他权利	中小学教师继续教育培训费征收	学校	冀财综〔1999〕10 号， 冀价行费字〔1999〕4 号， 冀价行费〔2008〕39 号	单位
其他权利	教育干部培训收费征收	学校	冀财综字〔1999〕42 号， 冀价行费〔2008〕39 号	单位

续表 1—1

行政权力类别	项目名称	承办科室	实施依据	实施对象
其他权利	广播电视大学收费	学校	冀价行费〔1997〕122 号，冀财规〔2000〕36 号，冀价行费字〔2001〕24 号，冀价行费〔2007〕32 号，冀价行费〔2008〕42 号	学生
其他权利	成人高等教育收费	学校	冀财综字〔2003〕18 号，冀财综字〔2006〕12 号，冀价行费字〔2006〕42 号，冀价行费字〔2008〕42 号	成人学生
其他权利	普通中专及成人大中专院校招生费征收	学校	冀财综〔1999〕88 号	成人学生
其他权利	高等教育研究生	学校	冀财综〔1999〕42 号	学生
其他权利	教师资格考试报考费（笔试费）	招生办	冀价行费〔2013〕36 号	参加该次考试考生
其他权利	教师资格面试费	师教科	冀价行费〔2013〕36 号	参加中小学和幼儿园教师资格面试人员
其他权利	教师资格认定	师教科	《中华人民共和国教师法》（1993 年 10 月 31 日中华人民共和国主席令第 15 号第十条、第十三条），国务院《教师资格条例》（1995 年 12 月 12 日国务院令第 188 号）第十三条第一款	申请幼儿园、小学、初级中学、高级中学、中等职业学校教师资格和中等职业学校实习指导教师资格的人员
其他权利	研究生考试报考费	招生办	冀价行费〔2013〕35 号	参加该次考试考生
其他权利	自学考试报考费	招生办	冀价行费〔2012〕3 号	参加该次考试考生

续表 1—1

行政权力类别	项目名称	承办科室	实施依据	实施对象
其他权利	自考免试审核费	招生办	冀价行费〔2012〕3 号	参加该次考试考生
其他权利	成人高考报考费	招生办	冀价行费〔2004〕17 号	参加该次考试考生
其他权利	普通高考报考费	招生办	冀价行费〔2012〕42 号	参加该次考试考生
其他权利	普通高考需外语口试测试费	招生办	冀价行费〔2008〕42 号	参加该次考试考生
其他权利	中考报考费	招生办	冀价行费〔2012〕4 号	参加该次考试考生
其他权利	高中学业水平考试报考费	招生办	冀价行费〔2004〕56 号	参加该次考试考生
其他权利	中专招生费	招生办	冀财综〔1999〕88 号	参加该次考试考生
其他权利	计算机等级考试报考费	招生办	冀价行费〔2008〕42 号	参加该次考试考生
其他权利	公共英语报考费	招生办	冀价行费〔2008〕42 号	参加该次考试考生
其他权利	剑桥英语报考费	招生办	冀价行费〔2007〕37 号	参加该次考试考生
其他权利	大学英语四、六级报考费	招生办	冀价行费〔2008〕42 号	参加该次考试考生

附：教育部承德教工活动中心

教育部承德教工活动中心始建于 1983 年 10 月，1985 年 10 月建成投入使用，总投资 347 万元。2003 年 1 月，教育部将承德教工活动中心无偿划转给市教育局。2003 年 12 月，承德教工活动中心划归市老干部局，用以建设老干部活动中心。

1983 年 10 月 18 日，教育部下达《关于合建教育部承德教工活动中心计划任务书的批复》（〔83〕教基字 214 号）。

项目名称：教育部承德教工活动中心（以下简称“中心”）。

建设地址：避暑山庄东南侧，原二中家属宿舍楼和职业中学地块，占地 15 市亩（包括二中工厂，市教育局基建、财务、生产、教研等科室和电大工作站等用地在内），全部土地由市教育局提供。

建设的目的与任务：组织教育部所属单位开展教学研究和学术活动，安排各种会议，接待教工和老干部休假、避暑等。

建设规模与人员编制：第一期工程床位定位200床。其中，单床间10个，双床间30个，三床间42个。人员编制暂定为35名，劳动指标由教育部下达，市教育局负责调配。

建筑面积与投资：一期建筑总面积定为5000平方米，投资180万元。其中，建筑安装工程100万元，设备购置29万元，其他基建51万元。二期投资170万元。全部投资和三大料（钢材、水泥、木材）指标由教育部承担。

建设与施工：由市教育局委托承德市城建局负责。

管理与使用：全部工程由市教育局负责筹建，并在建成后负责经营管理。中心作为事业单位，单独核算，自负盈亏，教育部与市教育局共同使用，在双方使用有矛盾时，优先安排教育部使用，并在收费上予以优惠，任何一方不得擅自转让产权。

1987年5月，中心对外称德汇宾馆，悬挂国家教委承德教工活动中心和德汇宾馆两块牌子。

2003年1月10日，教育部致函（教办函〔2003〕2号）市政府，决定撤销教育部承德教工活动中心，对该中心投资所形成的固定资产无偿划转给市教育局。

2003年12月26日，市委召开专题会议，决定对教工活动中心进行划分（领导议事纪要〔2003〕46号）：

1. 客房主楼、餐厅（计4024.43平方米）及客房主楼北侧约800平方米的平房划归市老干部局，用于筹建老干部活动中心用房。

2. 原教工活动中心所属的已出租的东坡饭庄和教工活动中心大门东侧的18间临街平房(两处约1160平方米)，划归市教育局。原市教工活动中心的土地属市政府所有，由组建后的市老干部活动中心和市教育局共同使用，保持原教工活动中心和市教育局教研楼的使用范围，不经市政府同意任何一方不能更改。待条件成熟后，东坡饭庄及其他教育用房一并纳入老干部活动中心使用。

3. 原市教工活动中心的债权、债务、库存、配套设备（不包括东坡饭庄内的）以2003年12月31日财务账目为准，一并划入新组建的市老干部活动中心。同时将原市教工活动中心的61名职工（包括7名退休职工）和市老干部休养所的26名职工一并划归新组建的市老干部活动中心所属。

4. 将原市老干部局所属的坐落于上二道河子桑蚕研究所院内的老干部休养所（建筑面积4500平方米）和坐落于狮子沟普宁路的老干部住宅用地（计8.16亩）对外出售，所得资金，优先偿还教育部100万元资金和原教工活动中心的原有债务，剩余部门用于对市老干部活动中心的装修。

5. 考虑到市教育局原来无偿承担教育部接待任务的实际，同意由组建后的老干部活动中心于2009年6月30日前，每年给予教育局在该中心消费7万元的补偿，2009年6月30日后不再补偿。

6. 人事局对原教工活动中心两名属于从机关调入该中心任职的干部进行身份核定。如确属原教育局机关干部，因任职调入原教工活动中心的，可调回教育局另行安排工作，由市人事局核定工资，纳入财政开支范围。

第二章 学前教育

1987年，滦平县、兴隆县参加了“荷兰幼儿基金会”与中央教科所联合实施的“河北省农村学前教育发展项目”。1988年开始，全市参与该项目,全市农村学前教育有了一个较大的发展，突破了城镇幼儿教育的单一模式，推动了全市学前教育的发展。1995年,《中华人民共和国教育法》颁布，鼓励公民依法举办学校，民办幼儿园不断发展壮大，有效缓解了公办学前教育资源不足的状况。市政府根据承德实际，制定全市学前教育发展规划，普及学前三年教育，实施“学前三年行动计划”，开展省、市、县、乡示范园建设。到2015年，基本形成了以市、县区直属省级示范园为龙头，以乡镇中心园为骨干，以村规范园为主体的学前教育体系。

至2015年年底，全市共有幼儿园948所，在园幼儿93585人，教职工4989人，专任教师3414人。省级城市示范性幼儿园24所，市级城市示范性幼儿园5所，省级农村示范性幼儿园43所，市级农村示范性幼儿园29所。全市学前三年毛入园率75.5%，60%的农村幼儿园达到省级二类园以上标准。

第一节 发展概况

一、承德地区学前教育

1989年，承德地区共有直属幼儿园1所（承德地区幼儿园）。承德地委机关幼儿园、行署机关幼儿园、承德地区商业局幼儿园、承德地区交通局幼儿园、承德石油幼儿园、承德地区报社印刷厂幼儿园等6所部门办幼儿园和各县幼儿园在业务上接受地教委的指导。全地区各县几乎村村办起学前班，学前教育入班率达70%。按省规定标准，进入省级示范园1个，地级示范园3个，一类园3个。各县还分别办起1～3个示范性学前班。经省分片联查，承德地区荣获地级、县级和村示范学前班总分第一名。

至1990年年底，承德地区共有1571个幼儿班 ，在园幼儿38028人，入园（班）率86.4%。

1990年承德地区学前入园（班）情况表

表2—1

县　别	班数（个）	在园（人数）	入园（班）率(%)
滦平县	348	6600	94.5
兴隆县	201	4951	94.0
丰宁县	234	4374	82.4

续表 2—1

县　别	班数（个）	在园（人数）	入园（班）率（%）
围场县	318	8686	80.6
平泉县	314	5498	89.1
隆化县	220	4956	82.8
宽城县	116	2990	81.7
合　计	1571	38028	86.4

二、承德市学前教育

1989 年，市教委有两所直属幼儿园：承德市第一幼儿园、承德市第二幼儿园；负责对双桥区、双滦区、营子区、承德县及市直企事业单位办幼儿园的业务指导工作。年内印发关于办好幼儿学前班和加强对学前班管理的意见。

1990 年承德市的学前入园情况表

表 2—2

县　区	班数（个）	在园（人数）	入园率（%）
双桥区、双滦区、营子区	75	3603	96.0
承德县	239	6108	91.2
合　计	314	9711	93.6

至 1990 年年底，承德市共有 314 个幼儿班，在园幼儿 9711 人，入园（班）率 93.6%。

1991 年，市教委出台城市学前班管理暂行规定，认为学前班属幼儿教育范畴，城市举办学前班是现阶段满足群众送子女接受学前教育的一种补充形式。学前班应根据 5 ～ 6 岁幼儿生理、心理发展特点，对幼儿进行体、智、德、美全面发展教育，促进其身心和谐发展，为入小学做准备。城市小学附设学前班必须在满足实施小学阶段义务教育必备办学条件标准的规定前提下，在不与幼儿园争生源的情况下，方可举办。各类幼儿园不附设学前班。学前班是对幼儿进行教育的机构，举办学前班不得以盈利为目的，也不应列入勤工俭学项目。要求全市各级各类学前班的管理工作逐步做到规范化、科学化，在抓好师资培训和不断改善办学条件的同时，集中精力抓幼儿教育教学质量的提高，努力克服小学化倾向，使全市学前教育发展到一个新的水平。

1992 年，市教委决定，在全市幼儿园大班及学前班中推广普及全国新编的幼儿广播体操，要求各幼儿园、学前班要充分认识实施幼儿园广播体操的意义，积极组织开展幼儿做广播体操。

在承德市实验小学举办全市各幼儿园领操员培训班，进一步保障在全市幼儿园大班及学前班中推广普及全国新编的幼儿广播体操工作的开展。

三、理顺管理体制

1993年，市教委批准将原承德地委机关幼儿园更名为承德市委幼儿园，将行署机关幼儿园更名为承德市政府机关幼儿园，将承德商业局幼儿园更名为承德市第三幼儿园。市教委共有承德市一幼、承德市二幼、承德市地区幼儿园3所直属幼儿园，并负责对其他单位办幼儿园的业务指导工作。1994年，承德地区幼儿园更名为承德市实验幼儿园。

1995年，市政府印发《关于承德市第三幼儿园办园问题的市长办公会议纪要》。主要议定如下事项：（1）鉴于市第三幼儿园的财务收支存在的实际困难，由市财政局在近期内给予10万到15万元的临时困难补贴，用于市第三幼儿园经费开支。（2）市贸易局负责在本系统内筹集5万元资金，自助开支，严防意外事故发生。（3）严格执行市编委批准的编制人数，把住职工调入关口，坚持杜绝超编现象。（4）市第三幼儿园继续加强思想政治工作，稳定全园教职员工的思想情绪，继续发扬艰苦奋斗和奉献精神，保证办园质量，维护正常秩序，争取有新发展。（5）关于市第三幼儿园的历史欠账问题，由市贸易局和幼儿园耐心、细致地做好债权人的工作，在适当时机，市政府找有关债权人研究合理解决的办法。（6）关于市第三幼儿园的管理体制问题，由市贸易局和幼儿园认真深入地做好调查研究，坚持发展，大胆改革，探索走社会联合办园政府给予政策支持的路子。

1997年，市政府市长办公会议决定：⑴将市政府机关幼儿园从市政府机关事务管理局成建制划归市教委管理，市政府机关幼儿园所有设备、人员、在园儿童随之隶属市教委。⑵幼儿园隶属关系变更后，市财政局按原核定市政府机关幼儿园经费指标，把经费直接拨给市教委。⑶鉴于市教委机关办公用房比较紧张，在安排办公用房时，市政府机关事务管理局要尽量给予考虑（注：市政府机关幼儿园划归市教委后，因原址拆迁，所有设备、人员、在园幼儿被划分到市第一幼儿园、第二幼儿园和实验幼儿园）

2000年3月，承德市委机关幼儿园更名为承德市第四幼儿园。

1994年，承德市承办了在承德召开的有联合国儿童基金会官员和7个国家代表、国内10个省市代表参加的亚太地区改善农村幼儿教育研讨会，并提供滦平、兴隆、围场县作为实地考察基地，获得高度评价。承德市农村6周岁儿童入班率达到92.66%，县城以上城市适龄幼儿入园率达到90%。

至1998年，承德市适龄儿童入园率达99.8%。至2000年，全市有1所市直幼儿园和3所县直幼儿园通过省教委的评估验收，全市省级示范幼儿园达到8所。

2011年，市政府常务会议研究同意市教育局关于依托承德市工业学校建立承德幼儿师范学校的意见，并向市教育局下达批复。要求市教育局加强对学校的办学指导和管理，不断加大经费投入，强化师资队伍建设，提高教育教学质量，提升办学效益和水平，为服务地方经济社会发展做出积极的贡献。要求市直有关部门要从全市教育改革和发展大局出发，在学校基本建设、经费保障、人才引进和编制管理等方面给予大力支持，共同推动承德幼儿师范教育的发展。

2013年，承德市第四幼儿园分园按照市教育局局长办公会议精神，经过共同协商，整体接管承德广播电视大学附属福娃艺术幼儿园，成立市第四幼儿园分园。四幼分园按照公办园形式办园，归市教育局直属管理，扩充了市直属公办学前教育资源。

四、制定发展规划

1993年，市政府制发了承德市儿童少年事业“八五”发展规划（1991—1995年）实施纲要。1995年，市教委印发《关于加强农村乡（镇）中心幼儿园建设的意见》。

1995年，市委、市政府在印发的《关于实施中国教育改革和发展纲要的意见》中，提出全市到2000年的学前教育发展目标：全市基本普及学前一年教育，经济条件较好的县（区）、乡镇要普及学前二年教育，市区及各县政府所在地要基本满足3周岁以上幼儿接受教育的需求。

市教委制定印发《关于建设乡（镇）中心幼儿园若干问题的意见》，提出全市中心幼儿园的发展目标：到2000年，全市有30%的乡（镇）建起中心园；到2002年，全市有50%的乡（镇）建起中心园。中心幼儿园的设施条件：⑴中心幼儿园的设施一般要有3个以上幼儿活动室，主要包括教师备课室、保健室、图书资料室、音体活动室、浴洗室、警卫室、幼儿厕所、教师厕所等。⑵中心园活动面积应达到人均4平方米以上，绿化用地面积人均2平方米以上。幼儿园甬路要硬化，周围无污染，无噪声。大型玩教具安置合理、牢固。有壁画、旗杆、戏水池、沙池等。中心幼儿园的管理体制和建园程序：⑴中心园实行“乡办乡管”“村办乡管”的体制，在乡（镇）政府和乡（镇）教育部门的指导下，开展园内工作，并对乡（镇）辖区内幼儿园（班）进行业务指导。⑵中心园的建园，应由乡政府和中心园所在村委会负责筹措基建资金，由县以上建筑规划设计部门根据中心园设施和环境的要求进行建园。市教委还制定印发承德市乡（镇）中心幼儿园标准、承德市乡（镇）中心幼儿园规章制度管理、承德市乡（镇）中心幼儿园评估细则。

1996年，市教委颁发学前班工作评估指导要点，要求各县（区）加强评估指导工作，使学前班的管理科学化、规范化。市教委于下半年以本评估指导要点为依据，对8县3区实施了评估检查。

2001年，市政府确定学前教育发展目标和任务，要求重视和发展学前教育，健全幼教服务体系。到2005年，全市建成省级示范园15所，市级示范园30所，70%乡镇建成一所规范化的中心幼儿园，全市学前三年入园率达到75%。年内，市教委同意承德市第四幼儿园由日托改为长托。

2002年，承德市有独立设置的幼儿园55所，学前班、在园（班）幼儿4.9万人。

2003年，市教育局下发文件，明确城镇地区基础教育各学段班额标准：普通高中每班50～55人；初中每班45做50人；小学每班40～45人；幼儿园小班（3～4周岁）每班20～25人，中班（4～5周岁）每班25～30人，大班（5～6或7周岁）每班30～35人，混合班每班30人，寄宿制幼儿园酌减。到2005年，全市中小学、幼儿园各年级教学班班额均不得超过相应学段或年级标准班额的上限定额。

五、普及学前三年教育

市政府下发文件，决定2003年全面启动普及学前三年教育工作。实施规划是：第一步，2003年，滦平县、兴隆县首批通过省教育厅审核认定；第二步，2005年，双桥区、双滦区、营子区通过省教育厅审核认定；第三步，2008年，承德市所有县（区）提前两年达到普及学前三年教育县建设标准。发展目标是：基本满足3～6岁适龄幼儿入园（班）需要。各县（区）学前教育普及程度指标达到“双90”标准（学前三年幼儿入园（班）率达到90%以上，在规范化幼儿园入园的幼儿人数占接受学前教育儿童数的90%以上）；市区、县（区）城镇小学取消学前班；90%以上幼教机构为“三段”（即有三个年龄段，办有大班、中班、小班）、“两基”（即有基本办园条件、有基本卫生保健设施）、“五独立”（即法人独立、园址独立、人员独立、财务独立、管理独立）的规范化幼儿园。各县（区）至少有一所国办幼儿园、一所达到省颁农村示范园标准的乡（镇）中心幼儿园；所有城镇或乡村幼儿园均分别达到省颁城市或农村注册园及以上标准。其中，城镇幼儿园95%以上达到省颁城市三类园及以上标准，50%以上达到省颁城市一类园及以上标准；农村规范化幼儿园85%以上达到省颁农村三类园及以上标准，30%以上达到省级农村一类园及以上标准。所有公办幼儿园均达到省颁城市一类园及以上标准。所有学前班均达到省颁三类班及以上标准。

年内，省评估组对兴隆县、滦平县的普及学前三年教育工作进行督查，促使两县基本达到村村有幼儿园，50%的幼儿园达到“三段、两基、五独立”标准。省评估组认为两个县幼儿园在办园水平、幼儿园管理及教育理念方面都达到了全省先进水平，顺利通过省评估组验收。全市学前三年教育适龄儿童入园率达到41%，在全省排在第三位。

2004年，市委、市政府调整了学前教育发展目标和规划：到2005年，全市40%县（区）普及学前三年教育。到2010年，全市普及学前三年教育。年内，双滦区被省教育厅表彰为“河北省2004年基本普及学前三年教育县（市、区）”。全市已累计有兴隆县、滦平县、双滦区3个县(区)普及学前三年教育。

2005年，市委、市政府进一步调整了学前教育的发展目标和规划：到2010年，学前三年级教育毛入学率达到80%；到2020年，普及学前三年教育和儿童早期教育。学区建设撤并后空余的教学资源，在县（区）政府领导下，由教育部门统一安排，全部用于教育，可以将原村小改建校点或幼儿园。全面加强学前三年教育，加快规范化幼儿园建设，办好省、市级示范幼儿园。至本年末，承德市学前三年毛入园率达到75.5%，省级城市示范性幼儿园达24所，60%的农村幼儿园达到省级二类园以上标准。年内，平泉、围场两县通过省普及学前三年教育县验收，全市已经有5个县（区）通过验收，学前三年适龄儿童入园率由上年的55%提高到59%。

2006年，承德市将中小学布局调整后的校舍改建成乡镇中心幼儿园144所，建成规范化农村幼儿园416所，明显地改善了农村幼儿园办学条件。

2006年，承德市学前三年教育普及率达到65%。隆化、承德县通过省普及学前三年教育县验收。全市普及学前三年教育的县(区)达到7个。

2007年，丰宁、宽城、营子3个县（区）通过省普及学前三年教育验收，全市普及学前三年教育县（区）达到10个。全市将中小学布局调整后的校舍改建成乡镇中心幼儿园198所，全市规范化农村幼儿园达623所。

2008年，全市如期实现普及学前三年教育的目标。投资2000万元的双滦实验幼儿园新建工程竣工投入使用，市教委启动承德二幼改扩建和四幼迁建工程。

2009年，承德市规划滨河新区幼儿园建设项目。全市学前三年教育规范化办园水平有了新提升，省级示范园达到14所。

2010年10月18日，市教育局决定在全市各级各类幼儿园开展等级评估工作，用以促进幼儿园办学条件的改善。幼儿园等级评估的程序是，先由幼儿园对照标准自评申报，再由市教育局组织复评推荐，最后由省教育厅组织评估确认。评估标准分为城市、农村两类，每三年为一轮。

至2010年，承德市共有幼儿园1097所。其中，市、县（区）政府办幼儿园16所，教育部门办幼儿园771所，村集体办幼儿园83所，企事业办幼儿园6所，民办幼儿园221所，教育部门办小学附设幼儿园771所。在园幼儿总数109654人。其中，民办幼儿园15849人。公办园占幼儿园总数的79.85%，公办园在园幼儿占在园幼儿总数的85.45%，学前三年毛入学率达到71%。2011年，全市学前三年毛入园率达到72%。

六、学前三年行动计划

2011年，市政府印发《承德市学前教育三年（2011—2013年）行动计划》，提出发展目标：到2013年年底，学前一、二、三年毛入园率分别达到88%、78%、74%以上。其中，2011年分别达到86%、76%、72%以上，2012年分别达到87%、77%、73%以上。主要任务：到2013年年底，全市规划总投资7.4亿元，新建幼儿园200所，占地面积744亩，建筑面积27.7万平方米，新扩建幼儿园317所，改扩建面积23.4万平方米。每个县（区）的省级示范性幼儿园达到2～3所，市级示范幼儿园达到4～8所。

2011年6月3日，承德市第二幼儿园正式动工改扩建工程。该项目建筑面积2479平方米，总投资563万元，2011年12月完成主体建设，2012年9月19日正式复园。扩建后教学楼有10个教学班，在园幼儿300名，基本满足周围居民的入园需求。市第一幼儿园维修改造工程，经过近4个月的紧张施工，于11月下旬结束，完成了广育楼和省稚房维修改建，并对部分古建彩绘进行重新油漆，办园条件得到明显改善。至11月底，该园经过环境监测部门测评合格后复园，并在原来15个教学班基础上又招收了部分新生。

围场县御道口中心幼儿园和教师周转宿舍项目于10月中旬全部竣工，该项目总投资534万元，工程总面积1975平方米，于2011年10月率先建设完工。其中，教师周转宿舍已正式投入使用，人均建筑面积17.5平方米，解决了40名教师住宿问题；中心幼儿园服务半径40千米，可容纳在园幼儿200名。10月下旬，由河北香河企业家李海燕捐资300万元，为家乡围场县燕格柏乡燕中村重建总建筑面积720平方米的幼儿园。该园自当年9月6日开工，次年9月竣工并交付使用。

承德县第二幼儿园项目年底竣工并试开园，该项目占地面积10亩，建筑面积4941平方米，共有12个班，在园幼儿364名。

2012年，按照学前三年行动计划，该年全市规划新建及改扩建幼儿园184所，实际投入资金2.5亿元，有140所已竣工投入使用，16所基本建设完成，11所正式施工建设，17所正在跑办相关手续。全市学前一、二、三年毛入园率分别达到87%、78%、73%以上。全市新创建省级示范园22所，市级示范园24所，60%以上幼儿园达到三类以上标准，学前教育办园水平明显提升。承德市第一幼儿园经中国教育学会举办的“第24次全国学术年会暨现代学校联盟行动计划启动会议”批准，成为中国教育学会“现代学校联盟行动计划”第一批加盟学校。围场县通过扩充资源、示范引领、保障师资、规范管理四措并举，促使学前教育水平整体提升，逐步建立相对独立的学前教育管理体系。丰宁县投资130万元、建筑面积1000平方米、容纳200名幼儿的首所公办幼儿园——第二幼儿园正式投入使用，面向农村幼儿园公开聘用教师，公开招聘部分合同制管理的学前教师，提高办园水平，结束了该县没有高标准公办幼儿园的历史。

6月15日，市教育局组织召开“承德市学前教育三年（2011—2013）行动计划”2012年项目建设调度会。会议听取了各县（区）2012年项目中每个项目进度情况、实施过程中经验做法的汇报，对下一阶段工作进行详细部署。会议进一步明确了各县（区）的工作职责和目标任务，要求定时上报工程进度，确定每季度召开一次项目调度会，确保这一民心工程的年度各项目标按时完成。

2013年3月11日，市教育局印发关于推进学前三年行动计划重点工作的通知，提出“明确任务，推进幼儿园建设项目全面实施;健全制度，确保各项工作的全面落实”的要求。

滦平县编制了学前教育“十二五”规划、学前教育三年行动计划，并按照1∶1.3比例，为农村幼儿园配备专业幼儿教师76人，为全市农村幼儿教师的配备探索出一条有效途径，进一步优化了教师队伍结构。

2013年，承德市将学前教育三年行动计划年度建设目标任务列入市政府民心工程，强化定期调度督导。该年，共完成投资1.8亿元，在计划新建的88个项目中已有33个投入使用，主体完工38个；改扩建的113个项目中有111个已经投入使用；增设农村小学和教学点附属幼儿园297个，完成扶持城市学前教育发展奖补项目7个，扶持民办普惠性幼儿园项目29个，有效扩大了学前教育资源，缓解了幼儿“入园难”问题。其中，滦平县集中力量新建、改扩建一批规范化幼儿园，有30所幼儿园被认定为农村规范化幼儿园，占全县农村独立幼儿园总数的85.7%，县一幼顺利通过省级示范园验收。

至2013年年底，承德市第一期学前教育三年行动计划基本完成。

2014年，市政府印发《承德市第二期学前教育三年行动计划（2014—2016年）》《承德市贫困地区儿童发展规划（2014—2020年）》。按照第二期学前教育三年行动计划安排，全市共规划新建、改扩建394所幼儿园，计34.18万平方米。至2015年年末，已开工项目148所，面积10.3万平方米，开工率37.56%；已竣工项目131所，面积8.5万平方米，竣工率33.25%；累计投入资金2.04亿元，其中中央资金1984.84万元、省资金1025.3万元、市资金71.5万元、县（区）资金1.73亿元。11月27日，市政府办公室《要情快报》刊发《承德市积极推进二期学前教育三年行动计划》文章。

年内，全市圆满完成39个续建项目的建设任务。同时，积极实施扶持普惠性民办幼儿园、城市幼儿园奖补、家庭困难幼儿资助项目和农村学前教育推进工程。加强各级各类幼儿园管理，全面开展幼儿园评估定级工作，全面完成“省、市级示范性园所100所”的创建目标，共建成省级城市示范性幼儿园24所，市级城市示范性幼儿园5所，省级农村示范性幼儿园43所，市级农村示范性幼儿园29所。学前三年毛入园率达到75.2%。

2014年2月24日至3月2日，由双桥区政府牵头，联合市教育局、食药监局、双桥区卫生局、物价局、消防大队、公安分局共7个部门组成联合调查组，对市辖区内所有幼儿教育机构进行全面检查摸底。

双桥区5个镇、7个街道办事处、53个行政村中，共有3～6岁学前幼儿16297人，各类幼儿教育机构138所，在园幼儿13879人，幼儿教师1187人。幼儿教育机构主要有公办幼儿园、经过教育主管部门注册的民办幼儿园、未经注册的非法幼儿园、利用学校场地开办的民办幼儿园、学校开办的幼儿园和小学附设学前班6种类型。

调查中发现的主要问题：⑴公办幼儿园尚缺大约21所，缺口教师256名。⑵民办园规模小，达标率低，建筑面积严重不足，师资力量不足。在85所备案在册的民办园中，达到民办规范化幼儿园标准的仅有8所，占9.4%，缺口教师201人，难以完成正常的保教任务。⑶有47所非法办园没有经过教育主管部门审批，没有食品卫生、物价局等部门的任何证照。⑷双桥区将对利用学校场地开办的民办幼儿园、学校开办的幼儿园、小学学前班进行清理，取缔无证幼儿园，将有4563名幼儿无园可托。

提出的整改措施为：⑴教育主管部门加强对在册民办园的日常管理工作，建立和完善各项规章制度，明确责任，不断提高园长和教师的政治和业务素质，规范其办园行为。⑵对涉及3009名幼儿的57所未达标幼儿园限期整改，对整改后仍不具备办园条件的，下达停办通知书，依法取消其办学资格。⑶取缔涉及2116名在园幼儿的47所非法民办园，对未登记注册但符合办园条件的幼儿园，要求办园者正式向教育主管部门提交筹设申请报告，教育主管部门依法进行审批；对不符合条件的，教育主管部门依法下达停办通知书，同时成立教育、物价、公安、食药监、卫生、消防等部门的联合执法小组，坚决予以取缔。强化社区、村的责任，建立报告制度，防止非法园反弹。⑷严把审批关，严格按照相关法律法规文件进行审批，本着就近入园的原则科学设定和审批民办幼儿园。⑸科学规划，合理布局，在市区中小学、幼儿园三期布局调整规划中，与规划、土地利用规划相衔接。⑹加大政府对学前教育的投入力度，扩大公办幼儿园资源。⑺解决公办园学前教育师资编制问题。⑻强化和规范对配建幼儿园的建设移交，使配建教育资源能够尽早投入使用且能够真正作为公办资源使用。尽快移交碧峰门民俗文化街和石洞子沟名苑山庄小区的配套幼儿园。⑼研究制定对民办普惠性规范化幼儿园的扶持政策（民办公助、享受居民水电暖价格、政府补贴或购买服务等），逐步淘汰小规模幼儿园，惠及民生。⑽由政府统筹整合老城区的资源，将外迁企事业单位的房屋改造成幼儿园。

七、示范园建设

至2010年，承德市共有幼儿园教师5709人，其中，在编教师3465人，不在编教师2254人（民办园不在编教师1132人）。学前教师队伍中，46～55岁占37.40%，36～55岁达到60.46%。转岗教师861名，占在编人数的24.85%。全市幼儿教师学历达标率为91%；专科及以上学历1892人，占幼儿园专任教师总数的41.02%；幼教专业毕业教师占教师总数的30.3%。

2011年，承德市开展省级示范园创建工作，强化对民办学前教育机构的监督和指导，制定机构评估标准。在宽城县启动办园体制改革试点工作，推行政府主导、社会参与、公办园与民办园共同发展的办园体制改革。年内，全市新建公办幼儿园29所，改扩建40所，规范化幼儿园达到628所，比2010年增长40%。全市18%的农村幼儿园达到省级一类园标准，40%达到省二类园标准。滦平县第一幼儿园、双滦区实验幼儿园顺利通过省级城市示范性幼儿园验收。

2012年，市教育局印发《关于做好全国学前教育管理信息系统建设和应用工作的通知》，要求切实加强对系统建设和应用工作的组织领导，市、县（区）分别建立由主管基础教育的副局长任组长，有关科室主要负责人为成员的承德市级系统建设和应用工作领导小组，按照“统一管理，分工协作”的原则，确立相关科室的责任分工，明确县级教育行政部门职责任务，确保在时间节点前完成数据采集录入和审核工作。

2012年，市财政局、教育局联合印发《关于开展学前教育资助工作的通知》《关于开展扶持城市学前教育发展工作的通知》和《关于开展扶持民办幼儿园发展工作的通知》等通知。⑴明确承德市学前教育资助标准，原则上定为每年每生750元，资助比例原则上为5%～10%，以后年度根据中央和省各级财政投入规模，逐步提高资助比例和资助标准。学前教育资助所需资金由中央、省、市、县（区）分级负责筹措落实。⑵明确市区开展扶持城市学前教育发展资助标准，除中央、省财政负担项目资金70%以外，其余30%部分由市（区）按比例分别分担：市级12%，双滦区18%；市级15%，双桥区15%；市级18%，营子区12%；高新区的30%部分全部由本级财政分担。

2013年，《承德教育信息》第10期刊发承德县多措并举大力发展学前教育的经验做法和双滦区努力办好学前教育惠及民生的经验做法。双滦区被省教育厅命名为“河北省学前教育实验基地”。该区涌现出石凤珍、杜玉瑞、刁淑艳、杨淑芬、衡翠红等一大批优秀教师，其中，教师杜玉瑞荣获“河北省首届十大杰出青年教师”等多项荣誉称号。

年内，丰宁县第一幼儿园、双滦区滦河民族幼儿园、双滦区第三幼儿园顺利通过省级城市示范性幼儿园验收；承德市第一幼儿园、第二幼儿园顺利通过城市省级示范性幼儿园四年一次的复检。全市省、市级城市示范性幼儿园已分别达到20所、8所。有20所农村幼儿园通过省市级示范园验收，农村省、市级示范园达到66所。全市幼儿园总数达946所，学前一、二、三年毛入园率分别达到88%、78%、74%以上。

2014年，承德市全面贯彻《3～6岁儿童学习与发展指南》，坚决防止和克服幼儿园“小学化”倾向。确定滦平县、双滦区为示范县（区），围绕幼儿教育五大领域开展教育教学改革。以市直幼儿园为依托，开展系列学前教育业务研讨评比、参观学习等活动，不断提高保教质量和水平，成功举办幼儿园教师优秀教学展示暨指南的研讨活动。鼓励和引导各级各类幼儿园创建省、市示范园，推动办园水平晋档升级。年内，省级城市示范性幼儿园达24所，60%的农村幼儿园达到省级二类园以上标准。承德市实验幼儿园被中华全国总工会授予“全国五一巾帼标兵岗”称号。全市学前三年毛入园率达到75.5%。

八、对口帮扶

2011年，市教育局建立帮扶工作机制，13所城市省级示范园分别确定2所农村园作为帮扶对象。2014年，市教育局印发《关于开展学前教育城乡“对口帮扶”工作的实施方案》，在全市范围内开展城乡幼儿园“对口帮扶”活动，组织24所省级城市示范园对36所农村幼儿园进行帮扶，加强对农村园和薄弱园的指导，促进城乡学前教育的均衡发展。各县（区）教育局成立学前教育城乡“对口帮扶”工作领导小组，由分管局长任组长，具体责任科室全面负责结对子工作的统筹协调、指导、实施、评价等。结对园双方成立城乡“对口帮扶”工作小组，将帮扶工作纳入本园工作管理和工作计划中，结合本园实际，形成可行、高效的工作流程，实现管理团队、教学团队、教师个体多层次、全方位的结对。结对内容包括园务管理、课程改革、保教工作、教师培训等四个方面，具体包括办园思路、园所发展规划、规章制度完善、课程开发、教学改进、家园共育、教师专业发展等。帮扶形式主要根据“对口帮扶”双方确定的项目内容，采用互派教师到对方园所“帮扶”、“挂职锻炼”、师徒结对、现场带教、各类现场活动示范观摩、科研课题指导等形式。各县（区）教育局“对口帮扶”工作领导小组对此项工作全程指导监督，及时检查、总结和宣传示范性经验、发现和纠正存在的问题。市教育局对“对口帮扶”双方实施方案进行评估，并对“对口帮扶”工作实施情况开展专项检查。

市实验幼儿园认真落实承德市学前教育三年行动计划精神，积极开展帮扶活动。该园发挥自身省级示范性幼儿园资源优势，与平泉县七沟镇中心幼儿园、七沟镇东六沟幼儿园两所农村幼儿园结成帮扶关系，开展为期一年的帮扶工作。双方从保育、教育、管理、服务等多方面开展实质性交流，加强优质教育资源的整合共享，达到相互促进、共同提高的目的。

2012年6月16日，市第一幼儿园党团员教师赴滦平县火斗山镇拉海沟中心校开展城乡“同在蓝天下，爱心手牵手”活动，捐赠床、电视、乐器等教学设备和文体用品。与该中心校结成帮扶对子，指导农村幼儿园提高保教质量和水平。

2013年5月，承德县抽调县城幼儿园业务骨干教师，分两批开展第一期共同体建设活动，以送教下乡和结对帮扶为主要形式，对基层幼儿园进行业务指导，6月，以“园际交流”为主题开展第二次共同体建设活动。

8月，平泉县完成了农村学前教育巡回支教志愿者招募工作，经过报名、资格复审、笔试、面试、体检等环节，选拔出20名优秀志愿者。

从2013年秋季开学起，全市范围内开展学前教育“送教下乡”活动，旨在为城乡学前教师搭建一个互相交流平台。由学前教育兼职教研员、省市级骨干教师组成的教师队伍，从幼儿教师说课、玩教具制作、活动区创设、环境创设、课件制作、园所文化建设、幼儿园卫生保健等几个方面与县级幼儿园、乡镇中心园、村级幼儿园进行互动交流，年内开展了平泉县、围场县、隆化县的“送教下乡”活动。

2014年3月27日，承德市第二幼儿园接待对口帮扶校兴隆县半壁山学区幼儿园教师代表，到园所参观环境创设、观摩教学，并开展说课、评课等交流研讨活动。

年内，市教育局认真落实城乡“对口帮扶”实施意见，搭建优质园所与农村幼儿园交流的平台，开展城乡对口帮扶工作，初步形成了城乡互动、资源共享、共同提升的良好格局，分别在滦平县、围场县等6个县（区）开设专题讲座，举行教学研讨。

2015年3月15日，承德市实验幼儿园教师与新闻媒体记者以及平泉爱心联盟志愿者赴平泉县茅兰沟满族蒙古族乡九神庙小学开展“暖春助教，呵护童心”捐赠活动，为该小学送去幼儿园桌椅及家庭影院，还带领孩子们开展了美术、韵律操活动。

5月19日，承德市实验幼儿园到宽城县大地乡中心幼儿园开展支教帮扶，双方就幼儿园环境、设施设备、师资情况、园所文化等方面进行交流，市实验幼儿园教师分别做了示范课，以及“幼儿园一日常规管理”讲座。

第二节 教育与保育

一、教育工作

1997年11月17日，市教委印发《关于建设乡（镇）中心幼儿园若干问题的意见》，进一步明确中心幼儿园的主要任务：⑴全面贯彻落实上级有关幼教的方针、政策和指示，遵循保教结合的原则，对3周岁以上的幼儿实施体、智、德、美全面发展的教育，促进其身心和谐发展，为入小学做好准备，为培养造就一代新人打好基础。⑵负责所在乡（镇）幼教事业发展规划，总结和推广先进经验，具体指导全乡（镇）幼教工作，为全乡幼儿园起示范作用，承担全乡幼教教研、科研任务，负责对不同程度的幼儿教师进行不同内容、不同形式的培训，负责指导本园和村办园（班）搞好家教及家长协助参与幼儿园教育的管理工作。

2001年10月18日，市教委下发文件，要求全市学前教育机构要认真落实《教育部幼儿园教育指导纲要（试行）》，按照纲要的指导思想和基本要求，制订教育计划，组织教学活动，促进幼儿主动全面地发展。

2003年2月28日，市教育局印发《关于贯彻执行幼儿园教育指导纲要的意见》（简称《纲要》）。⑴要认识到贯彻落实《纲要》是当前幼儿教育改革的一项紧迫而重要的任务，各县（区）教育行政部门要高度重视此项工作，建立贯彻《纲要》工作指导小组，负责贯彻落实《纲要》的指导工作。⑵各县（区）教育行政部门做好《纲要》实施工作的进程计划安排，依据《纲要》指导开展工作。⑶市教育局将于上半年组织示范性幼儿园园长和市级骨干幼儿园教师进行相关的学习和培训，县（区）教育局主要负责县级骨干教师、全体园长与保教工作人员的相关学习和培训。⑷各县（区）分别确定至少一所县（区）直属幼儿园和至少两所农村乡镇中心幼儿园（原则上应为示范幼儿园）作为《纲要》试点园。⑸明确市教育局贯彻《纲要》工作指导小组将对各县（区）及直属单位的贯彻落实《纲要》情况和实验工作进行跟踪指导、检查评估，组织交流和进行阶段性总结。

市教育局为深入贯彻落实《教育部幼儿园教育指导纲要（试行）》，巩固、提高全市普及学前三年教育水平，激励广大幼儿园教师不断提升专业素养，提高学前教育质量，在2009年10月下旬举办了全市幼儿教师保教能手比赛活动，比赛设一、二、三等奖。

2010年，承德市第二幼儿园以科研为先导，从幼儿身心发展规律和特点出发，开发和实施特色鲜明的环保教育园本课程。（1）园本课程“低碳天使在行动”环保教育实践研究课题申报获准为省级课题，依托课题研究，总结提炼活动方案、案例、反思，逐渐形成低碳天使在行动课程文本。（2）注重从环境创建、意识培养、行为渗透、家园互动等多方面入手，落实园本课程内容。（3）坚持以活动为载体，围绕环保教育主线，结合不同节日和主题，积极开展生动活泼、寓教于乐的主题教育活动。

2001年12月28日，市教委印发《关于组织开展幼儿园英语教学实验工作的通知》，规定了承德市幼儿园开展英语教学活动的目标和原则：2001年秋季开始，市直各幼儿园及省级示范园全部开设英语教育活动；2002年秋季开始，城市及县直属幼儿园全部开设英语教育活动；到2003年，有条件的农村幼儿园基本普及英语教育活动。要求幼儿园开展英语教育活动应从小班开始，必须明确幼儿园英语教育的目标，同时应注意为幼儿创设良好的英语教育环境，激发幼儿学习和参与英语活动的积极性，促进幼儿自主地学习，全面发展。

2011年11月，承德市实验幼儿园、第五幼儿园陆续拉开特色家长开放日帷幕，每月有一天时间，家长可进入园所观摩保教现场，并参加有组织、有主题的亲子教育活动。

12月19日，承德市第五幼儿园选送的自制玩教具“蚂蚁的秘密”在河北省第十届自制玩教具评比中荣获一等奖，并获得参加全国比赛机会，该园被省教育厅授予“自制玩教具优秀幼儿园”称号。

2012年，全市各县（区）及市直属幼儿园纷纷采取不同形式进行幼教业务活动。4月8日，双滦区聘请北京幼教专家云景和国家级学前教育教研员石凤珍，围绕幼儿园安全教育策略与方法、开展园本培训等方面内容，结合生动实例，为全区幼儿教师、民办幼儿园园长举办专题培训。5月17日，兴隆县召开农村学前教育研讨会，与会人员参观了挂兰峪中心幼儿园室内外环境、自制玩教具（区）角活动，听取经验介绍，并就存在问题困惑、今后设想进行深入剖析研讨。5月下旬，丰宁县成功举办首届以“共享阳光，快乐成长”为主题的幼儿艺术体操大赛。

2013年，承德市按照城市和农村幼儿园等级评估标准，全面开展分类评估工作，推动全市办园水平全面晋档升级。在全市开展“3～6岁儿童学习与发展指南”的贯彻落实工作，避免幼儿教育“小学化”“成人化”倾向。开展“学前教育宣传月”活动，在全社会创设关心幼儿成长、支持幼儿教育的浓郁氛围。

2014年7月上旬，围场县实行农村幼儿园“弹性入园制”，减轻农村幼儿家长负担，即根据农忙和农闲季节的实际，合理调整幼儿园开园以及作息时间。在农忙季节，幼儿园节假日不休，根据学区地域特点和农民作息规律，延长幼儿在园时间，努力实现幼儿“日托化”，为农民下地生产劳动提供便利，从而解放农村劳动力；农闲季节，则适当安排教师灵活休假和调整上下班时间。

2015年1月中旬，承德市第四幼儿园在中国教育学会传统文化教育中心成立大会暨第一次学术年会上，被授予“优秀传统文化进校园”项目试点园所。5月中旬，承德县首次召开幼儿园文化建设现场会，与会人员观摩满杖子幼儿园、上谷中心幼儿园的操场、走廊、教室等具体布置，听取县一幼、二幼、上谷学区的校园文化建设经验介绍，并围绕幼儿园文化建设开展讨论交流。11月2日，双滦区在实验幼儿园召开全区学前教育文化内涵现场会，与会人员听取了该园“落实指南精神，突出教学特色”的专题汇报，实地观摩了园所建设、保教活动。11月中旬，隆化县存瑞幼儿园坚持定期组织开展“家长助教”活动，促进幼儿身心全面发展，密切家园联系，实现家园共育。安排幼儿家长走进幼儿园，结合自身职业和岗位特点，以展示、参观、体验等为主，作为对幼儿进行教育教学的一种新型方式。活动开展以来，医生、公安消防、蛋糕店经营者等不同职业的家长深入幼儿中间，起到了开阔幼儿眼界、激发学习兴趣等良好作用，受到广大幼儿以及幼儿家长的欢迎。

2014—2015学年度承德市第一幼儿园一日教育教学活动情况表

表2—3

<table>
<tr><td></td><td colspan="3">9月至次年4月</td><td colspan="3">5—8月</td><td>备注</td></tr>
<tr><td rowspan="8">上午活动</td><td>项目</td><td>班级</td><td>时间</td><td>项目</td><td>班级</td><td>时间</td><td rowspan="7">1. 各班自行安排教学计划，写出周计划并且及时上墙
2. 做操时必须统一服装，穿园服、平底鞋</td></tr>
<tr><td rowspan="2">第一节活动</td><td>大、中</td><td>8：40</td><td rowspan="3">早操
户外
活动</td><td>大</td><td>8：40</td></tr>
<tr><td>小</td><td>8：50</td><td>中</td><td>9：00</td></tr>
<tr><td>第二节活动</td><td>大、中</td><td>9：20</td><td>小</td><td>9：20</td></tr>
<tr><td>小</td><td>小</td><td>9：20</td><td rowspan="2">第一节活动</td><td>大、中</td><td>9：10</td></tr>
<tr><td>中</td><td>中</td><td>9：40</td><td>小</td><td>8：40</td></tr>
<tr><td>大</td><td>大</td><td>10：10</td><td>第二节活动</td><td>大、中</td><td>9：50</td></tr>
<tr><td>区域和户外活动</td><td>大、中、小</td><td colspan="5">10：30—11：00</td></tr>
</table>

<table>
<tr><td rowspan="8">下午活动</td><td rowspan="7">户外
游戏
活动</td><td></td><td>时间</td><td>星期一</td><td>星期二</td><td>星期三</td><td>星期四</td><td>星期五</td></tr>
<tr><td rowspan="2">大</td><td>3：10—3：40</td><td>户外活动</td><td>美劳</td><td>动画城</td><td>体育游戏</td><td>户外活动</td></tr>
<tr><td>3：50—4：30</td><td>益智游戏</td><td>体育游戏</td><td>户外活动</td><td>音乐游戏</td><td>种植</td></tr>
<tr><td rowspan="2">中</td><td>3：10—3：40</td><td>手指游戏</td><td>体育游戏</td><td>动画城</td><td>种植</td><td>特色教学</td></tr>
<tr><td>3：50—4：30</td><td>户外活动</td><td>美劳</td><td>户外活动</td><td>体育游戏</td><td>户外活动</td></tr>
<tr><td rowspan="2">小</td><td>3：10—3：40</td><td>种植</td><td>体育游戏</td><td>动画城</td><td>音乐游戏</td><td>手指游戏</td></tr>
<tr><td>3：50—4：30</td><td>户外活动</td><td>美劳</td><td>户外活动</td><td>体育游戏</td><td>户外活动</td></tr>
<tr><td>每周一歌
每周一诗</td><td>大、中、小</td><td>餐前和离园</td><td colspan="5">——</td></tr>
</table>

二、保育工作

2002 年 5 月，市卫生局、教育局联合举办全市托幼机构园（所）长与保健人员培训班。11 月 16—25 日，市卫生局、教育局、妇联等部门组成联合检查组，检查托幼机构卫生保健工作，重点抽查了隆化县县直幼儿园、双滦区承钢幼儿园，联合印发《关于对承德市托幼机构卫生保健工作联合检查情况的通报》：⑴肯定大多数幼儿园（所）领导对卫生保健工作比较重视，保健管理有总体规划和年度计划；卫生保健设备齐全，保健人员条件基本符合规定；保健、卫生、生活制度健全，卫生保健登记齐全；健康检查资料完整，对疾病做到早预防、早发现、早隔离、早治疗；计划免疫率达 95% 以上，见卡率达 100%；成立膳食管理委员会，伙食管理到人，安全防护措施到位，为广大儿童提供安全、卫生、优质的保健服务。⑵指出个别单位存在对托儿所、幼儿园卫生保健工作管理办法认识不够，管理松懈，业务水平较低，个体园、所无审批手续等五方面主要问题。⑶要求各有关部门加强对当地托幼机构的监督和管理，抓好托儿所、幼儿园卫生保健工作管理办法的落实，把托幼机构卫生保健工作作为保护儿童身心健康，维护社会稳定的大事抓实抓好。各级妇幼保健机构要定期对所辖园、所进行业务指导和培训。各托幼单位要认真贯彻落实河北省托儿所、幼儿园卫生保健工作管理办法的有关规定，加强管理，促进各项工作尽快达标。

2011 年 4 月 22 日，承德市实验幼儿园举办消防知识讲座，邀请避暑山庄消防中队队长为近 300 名幼儿家长讲解火灾初期灭火、报警程序、家庭灭火器使用方法等知识。

4 月下旬，市第一幼儿园率先使用门禁系统“一卡通”，效果明显。（1）升级原有系统，在幼儿园大门采用门禁系统基础上，为各班安装刷卡终端装置。（2）设立两道“防线”，接幼儿的家长要刷卡才能通过大门，到班级接幼儿离园时也必须刷卡确认，且系统会自动记录下幼儿离园时间和相关数据。（3）该园专门组织开展门禁系统“一卡通”使用操作和数据输入培训，达到教师和家长人人熟练掌握使用方法。试用以来有效杜绝了闲杂人等混入，以及错接、漏接和走失幼儿事件发生。

2011 年，承德市实验幼儿园、第三幼儿园认真做好手足口病疫情复课前后工作。（1）幼儿放假，教职工工作不停。教师利用放假时间对物品进行彻底清洗、消毒，晾晒被褥、床垫，加大对教师疫情防控知识教育，积极做好复课的各项准备工作。（2）防控工作常抓不懈。针对复课后疫情会随时爆发的实际，晨午检严把“三关”（保健医晨检、班级教师晨检、中午值班教师午检），坚持每日为幼儿测量体温 1 次，做到早发现、早诊断、早报告、早隔离、早治疗；严格卫生消毒制度，清洁、消毒、通风；加强幼儿卫生教育，帮助幼儿养成良好卫生习惯。（3）努力实现家园同步。向每位家长派发“预防手足口病指南”，提高广大家长防范意识和能力。

9 月中旬，承德市第一幼儿园举办“亲子体验训练营”，通过幼儿园生活和教学体验等活动安排和课程训练，让新入园幼儿较快熟悉幼儿园环境，顺利适应集体生活。邀请河北民族师范学院心理学教师王春莲为家长举办讲座，提高家长育儿水平。

2012 年 5 月 21 日，承德市第五幼儿园聘请市第三医院医政科长、传染科主任和总护士长就传染病防治等相关知识，为全体教职工及部分幼儿家长举办专题讲座。6 月 26 日，承德市实验幼儿园开展“交通安全进校园，平安快乐携手行”主题活动，邀请市交警支队二大队宣教室杨宏哲主任作专题讲座，举办交通安全知识互动展示。

2013 年 10 月 25 日，承德市第四幼儿园分园特邀专家为全体幼儿家长作《当今社会该怎样做合格父母》专题讲座，330 多名幼儿家长现场聆听。11 月 9 日，承德市第一幼儿园、第二幼儿园在全国消防日开展系列教育活动，对全体教职工、幼儿及家长进行消防安全知识教育培训，组织消防疏散演练，提高广大幼儿应急疏散逃生能力。

2014年11月28日，市卫生局、教育局印发《关于加强托儿所幼儿园和学生托管机构卫生监督工作的通知》。⑴各级卫生计生和教育行政部门要及时组织力量认真排查卫生安全隐患，切实做好托儿所幼儿园和学生托管机构卫生监督和管理工作。⑵要进一步明确管理责任，认真梳理工作职责，解决托儿所幼儿园和学生托管机构卫生监督工作中的薄弱环节。各级卫生计生综合监督执法机构负责监督检查托儿所幼儿园和学生托管机构落实饮用水卫生、传染病预防和控制等各项卫生管理制度，教育行政部门负责督促托儿所幼儿园开展相关卫生方面的安全防范教育，并对幼儿、学生及家长做好相关宣传工作。⑶各级卫生计生综合监督执法机构要加强与疾控、妇幼保健机构协调配合，加大对托儿所幼儿园和学生托管机构的监督检查力度，重点加强对托儿所幼儿园及学生托管机构传染病防控、生活饮用水卫生，卫生室及其人员资质，落实公共场所卫生管理要求等方面的监督检查。⑷各级卫生计生和教育行政部门要加强协调配合，完善信息沟通机制，明确托儿所幼儿园和学生托管机构基本信息和卫生监督情况信息通报制度和具体形式，明确托儿所幼儿园和学生托管机构卫生保健工作监督管理重点，探索建立对托儿所幼儿园和学生托管机构卫生监督管理长效机制。

2014年10月14日，河北省公安厅检查组对承德市第三幼儿园进行随机检查，实地查看专职保安、警卫室、视频监控系统和防护器械配备情况，对学校安全工作给予肯定。

第三节　师资队伍建设

一、业务培训

1991年，承德市的幼儿教师学历达标率为46.8%。1992年为50.4%，比1991年提高3.6个百分点。

1993年，市教委认真贯彻幼儿园工作规程和幼儿园管理条例两个法规性文件。7月，在滦平县举办全市幼儿教师培训班，并由中央教科所、省教委在滦平县创建了农村幼教研究中心。

2005年4月11日，市教育局印发通知，采用“以研带训，以训促研，研训结合”的方式，组织开展幼儿教师优秀教育活动案例的评选。

2011年6月11日，市教育局举办幼儿园园长系列培训讲座，邀请北京红缨幼儿园总园长杨瑛围绕园长领导力提高、团队建设、特色建设、家长工作等主题授课。

2011年10月27日，市教育局制定印发《承德市学前教育师资培养规划》，目标是：到2013年年底，全市学前教师队伍中幼师专业教师达到60%以上，幼儿教师学历达标率达到98%以上，骨干教师达到教师总数的30%以上。到2015年年底，学前教师队伍中幼师专业毕业教师达到70%以上，幼儿教师学历全部达标，骨干教师达到40%以上。发展规划是：扩大河北民族师范学院幼师培养规模，力争到2013年，专科层次招生达到300人，本科层次达到200人；加快承德市幼儿师范学校建设步伐，在承德工业学校幼儿专业的基础上成立承德市幼儿师范学校，创造条件从三年制中专教育逐步发展到五年制大专教育；扩大具备幼儿师范教育专业办学资质的中职学校数量，进一步办好承德县职教中心、丰宁职教中心幼儿专业。保障措施是：建立幼儿教师资格准入和补充机制；加强幼儿园园长和教师培训；依法落实幼儿教师地位和待遇。

2011年，各县（区）及幼儿园采取不同形式加强幼儿教师队伍建设。5月下旬，承德市第二幼儿园利用改扩建工程和幼儿园放假期间，坚持建设和教师培训“两手抓、两不误”，统筹做好特殊时期各项工作，在保证施工进度同时，狠抓教师业务培训提高。7月20日，宽城县举办学前教师全员培训，邀请北京师范大学学前教育在读研究生、康轩北京分公司讲师武虹，北京六加一礼仪公司讲师张伟声作《幼儿园五大领域课程培训》和《幼儿礼仪教育》专题讲座。

2012年5月上旬，市教育局举办全市幼儿园教学能手比赛，各县（区）及市直幼儿园层层选拔出70名幼儿教师参赛，这也是农村幼儿教师第一次到市里参加市级的比赛。比赛分城市和农村两组进行，最终分别评出城市和农村组的一、二、三等奖，其中，5名优秀选手将代表承德市参加省级比赛。赛前，专门聘请北京专家举办教师礼仪知识及幼儿礼仪培训讲座，赛后由评委进行集中点评，既能让更多教师能够观摩学习，又使比赛成为交流提高的过程。

2012年3月1日，宽城县组织举办全县幼儿园教师教学能手比赛。4月20日，滦平县组织40名幼教管理干部赴密云县穆家峪第一、二幼儿园参观学习，并以参观人员为“种子”教师，对全县全体幼儿教师和职教中心幼师班学生开展集中培训。7月13日，兴隆县举行全县幼儿教师培训会，邀请著名幼教专家、中国教育学会农村分会常务理事李宝寨教授、江云教授举办专题讲座，全县240多名幼儿教师参加培训。

2015年10月15—16日，承德市中职学校（中等职业学校）学前教育专业中心教研组，在兴隆县职教中心举办以“提升课堂教学质量，关注学生就业能力”为主题的全市教学研讨活动。活动围绕中职人才培养目标和课堂教学评价的“两个转变”、有效教学、幼师应掌握的前沿音乐教法、专业教学标准解读等内容开展，采取教学观摩、说课点评、会议发言与互动等多种形式。市直幼儿园部分园长、各县（区）职教中心校长、主管教学副校长、学前教育专业教研组组长和幼教教师70余人参加活动。

二、骨干教师培训

市教育局强化对骨干教师的培训。2013年3月，市教育局分3批组织丰宁县、承德县、双滦区、围场县的200多名幼儿园园长、教师赴唐山市，就园所文化建设（区）角料投放、玩教具制作等方面进行参观学习。6月17—21日，举办全市学前教师综合素质比赛，比赛设农村组和城市组，全市共有49名农村教师、32名城市教师参加比赛。针对农村和城市教师专业化程度和特点，分为必选和自选项目，达到了互相观摩交流、以赛代训的目的。11月10日，由承德幼儿师范学校承办的全市首批幼儿园骨干教师培养对象培训班圆满结束，各县（区）、市直属幼儿园200名骨干教师培养对象参加培训。本次培训共分两期进行，历时10天。

各县（区）采取不同形式进行了骨干教师培训。2013年5月31日，宽城县举办全县幼儿教师综合素质大赛，分为养成教育故事创编、课件制作与说课、命题简笔画、舞蹈与弹唱4个项目，最终评出全能一、二、三等奖以及各单项奖。年内，平泉县被省教育厅、财政厅确定为开展国家支持中西部农村偏远地区学前教育巡回支教试点工作，建立了20个巡回教学点。

2015年10月26—30日，市教育局举办幼儿园教师优质课展示暨3～6岁儿童学习与发展指南交流研讨活动。活动共展示28节优质课，分为教学活动展示和教学研讨。市直属园所的业务园长和骨干教师组成兼职教研员队伍，组织开展研讨交流活动。

12月18—22日，在承德幼儿师范学校举办第一轮幼儿园骨干教师培养对象第三期培训，全市各县（区）的178名幼儿园教师参加培训。该次培训聘请北京市特级教师、北京市学前教育领域唯一一位正高级教师、朝阳区劲松第一幼儿园保教主任芦德芹，北京教育学院王艳云等名师、专家进行授课。

2015年5月8日，丰宁县举行学前教育集团成立大会，大会通过学前教育集团章程，选举集团理事会成员。集团下设教育教学研究处和对外联络处。学前教育集团将依托丰宁县职教中心，充分发挥职教中心场地、师资、设备等优势，做好长远培训规划，开展好幼儿园园长和幼儿教师的岗位培训工作。

附：幼儿园选介

承德市实验幼儿园

承德市实验幼儿园始建于1954年，坐落在承德市山庄东路武烈河畔，毗邻避暑山庄，占地面积4142.3平方米，建筑面积3798.8平方米，前身是热河省人民银行托儿所，1966年更名为承德地区幼儿园。1989年，被省教育厅评定为首批河北省示范性幼儿园，1990—1994年，幼儿园危房改扩建后，由市教委正式命名为承德市实验幼儿园。

截至2015年年底，开设11个教学班，在园幼儿360余名。有教职工76人，其中中学高级教师3人，小学高级教师48人，一级教师21人。本科学历47人，大专学历21人，任职资格符合率和学历达标率均为100%。现有党政领导班子成员3人，党员30人，河北省“骨干园长”1名、“特级教师”1名，省市级“骨干教师”“教学名师”“教学能手”数名。

幼儿园在上级领导部门的支持下积极筹措资金，从2013年开始先后对大、小两座教学楼进行改建装修，改建后硬件设施齐全。建有多功能厅、资料室、图书室、保健室、隔离室、研训室、幼儿食堂、幼儿手工坊、亲子阅览室、棋类活动室以及迷你运动区、植物劳作区、娱乐嬉戏区等多个共享功能区。班级配以独立的活动室、寝室、盥洗室以及钢琴、多媒体教学设备。

一、园务管理

承德市实验幼儿园实行园长负责制，充分发挥党、政工、团组织的作用，建成层层负责，分类管理的网络。1998年，幼儿园率先推出了岗位聘任制度，制定了《实验幼儿园教职工百分标准细则》，成为市教育局教育改革试点单位。按照《河北省事业单位工作人员考核实施方法》，主要从“德、能、勤、绩”四个方面对教职工进行考核管理，实行聘任制。通过多年实践，幼儿园在总结经验的基础上成立了日常管理工作检查小组，全面负责幼儿园各部门工作的检查与指导。根据上级要求，建立管理干部包班组制度，并结合工作实际实行班级管理督导责任制，不论管理人员还是一线教师均签署各自岗位目标责任状、承诺书。不断完善《幼儿园管理量化考核细则》，形成符合实际、操作性强、便检查落实的管理量化“十项评比标准”，涵盖幼儿园各部门工作全过程，促进了幼儿园管理民主化、科学化，激发教职工工作积极性。同时，发挥教代会的民主监督职能作用，全面实施园务公开，不断完善各项规章制度。

二、教师队伍

承德市实验幼儿园始终坚持以“一切为了孩子，一切服务家长、一切服务社会”为办园宗旨；以“让幼儿在生活中学习，在快乐中成长”为教育理念；以“用心工作、爱心育人、真诚服务”为园风；以“弘扬民族文化、开发本土资源”品牌文化建设为主线，全面落实《纲要》及《指南》精神。幼儿园不断提高教师队伍整体素质，加强爱岗敬业精神的宣传与教育，用典型引路。开展“做合格幼儿教师”演讲比赛、“青春梦想，成长之路”教师成长自述交流、“忆实幼家史，传实幼精神”离退休老教师报告会。以《幼儿园教师专业标准》为指导，多次组织全园教职员工师德大讨论、组织教师参加“爱心帮扶”和“下乡支教”活动，以实际行动服务幼儿、服务家长，服务社会。

1995 年，幼儿园开始实行教师业务考核，包括教师专业技能考核、教师集体教育活动考核、保育技能考核，半日活动观摩等，使教职工的业务素质得到了相应的提高。自 2011 年起，开办了“青蓝比肩 馨艺相传”教师专业成长培训班。按教师自身发展需求，做到分专业、分层次搞培训，有计划、有考核、出实效，全面提升教师专业素质。同时开设“实幼讲坛”，拓展教师专业成长平台，为骨干教师的发展搭建平台。幼儿园工会还开展登山、棋类、球类比赛，“每天健身 30 分”等丰富多彩的娱乐活动，促进教职工身心健康发展。教师队伍整体素质的显著提高，为构建和谐园所发挥了重要作用。

三、教育保育

多年来，实验幼儿园以“促进教师专业发展、提高教育教学质量”为重心，以幼儿全面发展为目标，遵循“保教并重”的原则。1990 年《幼儿园工作规程》和《幼儿园管理条例》颁布，全体教职工反复学习领会，改变了过去重知识、轻能力，重上课、轻游戏的教育理念，开展重能力培养，让幼儿成为活动的主体，以游戏为主线进行教育活动。1994 年新园建成后，园内相继购置了大量玩教具。1995 年，幼儿园开展综合性教学和区域活动。通过教学观摩，互相学习，教师们的综合教学能力得到了锻炼和提高。1996 年开始，组织秋季幼儿亲子趣味运动会，至今已举办 16 届。2000 年 5 月，实验幼儿园首次开展了“家长开放日”活动，拉近幼儿园、家长、幼儿之间的距离，搭建了家园共育的桥梁。2001 年新《纲要》的颁发，幼儿园全面实施五大领域教育，并使各领域内容有机结合、互相渗透。幼儿区域游戏活动更加注重综合性、趣味性，寓教育于生活、游戏之中，让幼儿乐于接受。幼儿园积极采取“走出去，请进来”的办法多次组织教师到省内外的先进园所参观学习，请国内知名幼教专家来园讲座。不断构建特色教育活动平台，丰富教学形式载体，创新园本教研制度，在课题实践研究中逐渐形成教育特色。将幼儿剪纸、礼仪、国学、安全、健康教育以及区角活动与社会实践活动相结合，开展了“美术作品展”“故事大赛”、“军训汇报展演”“传统武术操”“自编器械操”“音乐活动展演”等活动，让幼儿在游戏和实践中轻松获得认知并养成良好习惯。教育教学工作的有序开展，为幼儿园锻炼出了一批在市幼教行业叫得响的骨干教师，他们在省、市各项教学大赛中均取得了优异成绩，并有 5 名教师被市教育局学前教育研究中心聘为业余教研员。

四、教育科研

自 1994 年新园建成后，幼儿园每年均分批次组织教师外出参观学习，回园后对照自身现状认真思考，查找不足，努力践行教育改革观念。2000 年 5 月，承德市实验幼儿园被省教育厅命名为首批教育科研先导型实验学校。自 2002 年开始，幼儿园科研课题带动了教育教学水平不断提升，曾先后承担河北省、承德市教育科学“十五”“十一五”“十二五”规划重点科研课题。河北省心理健康课题“在系统活动中优化幼儿心理品质”2005 年通过验收，成果获 2007 年承德市教育科研优秀成果评比二等奖；承德市教育科学“十一五”规划重点课题“有效管理激发员工潜质，搞好特色保育工作”2009 年顺利结题，成果获 2010 年河北省第十二届优秀教育科研、教学实验成果评选二等奖。自 2006 年开始，幼儿园以“和合承德、善美实幼、本土文化、润泽童心”为主题，将本土的“大文化”融进幼儿园的“小课程”之中，申报的河北省教育科学“十一五”规划重点课题园本课程“美丽承德我的家”的开发研究 2009 年顺利结题，成果获 2010 年承德市第二届教育科研优秀成果评选一等奖。形成并开发出以新课程理念为核心的地域性园本特色课程《美丽的承德我的家》，使幼儿系统地了解和关注本土文化、历史、风情，培养他们的本土意识，吸收本土文化给养，提高了幼儿的社会性认知水平。2011 年，申报承德市教育科学“十一五”规划教育技术课题“多媒体教学在园本课程中的应用与研究”、河北省教育科学“十二五”规划课题“依托园本课程优化幼儿剪纸活动在生活中的运用”、河北省教育科学“十一五”规划重点课题“河北省学前教育改革与发展动力体系研究”子课题“园本化音乐活动体系的创建”、河北省家长学校教育试验区实验课题“家园互动中培养幼儿多元化沟通能力的研究”、河北省传统文化教育学会课题“园本课程中幼儿区角活动资源的开发与利用”均已顺利结题。至今，实验幼儿园共编纂园本课程教材4套系，包括“美丽的承德我的家园本课程”“幼儿家乡剪纸教程”“幼儿家乡音乐教程”“区角活动案例”，并整理出幼儿一日生活常规方案1套，已应用日常教育教学工作中。实验幼儿园多次被评为市“教育科研先进集体”，教师们撰写的多篇论文、自制玩教具分获国家、省、市级各类奖项，并多次在《儿童大世界》《幼儿教学研究》《科海故事博览》等专业刊物公开发表。

五、后勤管理

为满足幼儿多方面发展的需要，为他们提供更加优质的学习生活环境，实验幼儿园在全市率先使用班级监控系统，并连续多年投入资金，更换增设了幼儿园周边、园内及各个楼层、班级的监控设备，安装接送幼儿电子门禁系统，将塑封的幼儿接送卡更换成电脑芯片卡，并严格执行刷卡进出园制度。将安全工作与教育教学相结合，增设幼儿安全常识教育课程，每月确定一个安全教育主题。定期组织安全疏散演练，引导幼儿掌握必要的自我防范常识。保健人员认真做好新生入园体检及春、秋两季定期体检工作，每天进行晨检并对进餐、午睡、起床等各个环节巡视，随时了解幼儿的健康状况，在传染病流行期间加大检查力度，发现患病幼儿及时隔离，防止传染病蔓延，及时做好卫生保健宣传工作。食堂工作人员按食品卫生要求科学管理，规范操作，2004年在河北省量化考核中被评为省级“A级食堂”。在全市开展的“餐饮服务食品安全示范工程”创建活动中，食堂被市食品药品监督管理局命名为承德市首批“餐饮服务食品安全示范食堂”。

多年来，承德市实验幼儿园在社会各界的支持下，在上级领导的关心下，在广大教职工的共同努力下，初步走出了一条幼儿教育与社会发展相协调、幼儿教育与幼儿身心发展相协调的路子，成为孩子喜爱、家长认可、社会赞誉的幼儿园。 先后荣获“爱国启蒙教育全国示范园”“全国五一巾帼标兵岗”“河北省教育科研先导型学校”“河北省AAA劳动关系和谐单位”“河北省双合格家长学校”“河北省示范性家长学校”“河北省职代会星级单位”“河北省工人先锋号”“河北省双语示范园”“心理健康教育实验幼儿园”“省级语言文字规范化示范学校”“河北省未成年人思想道德建设先进单位”“家庭教育先进单位”。多次获得承德市“文明单位”“务实创新优秀工会”“模范职工之家”“家庭教育先进单位”“卫生工作先进单位”彩色周末专场演出“先进集体”“教育科研先进集体”“ 教育信息工作先进集体”“民主评议学校优秀单位”“务实创新优秀工会”等荣誉称号。1999—2015年连续多年被评为“承德市社会治安综合治理模范单位”“卫生城市先进单位”“学校安全工作先进集体”，2010年5月，被评为“河北省安全生产承诺落实示范点单位”，同年11月被评为“河北省深化安全生产承诺制示范点先进单位”。2012年2月，被评为“河北省安全生产管理先进单位”。2015年，被授予全省实施“文明交通行动计划”工作先进单位。

承德市第一幼儿园

承德市第一幼儿园是市教育局直属的一所日托制幼儿园，位于避暑山庄清宫内，为清朝时“阿哥所”旧址。清康熙时皇帝每年巡幸热河，为不荒疏皇子教育，规定皇子皇孙6岁即入“阿哥所”读书。1948年承德解放，为解决当时省委、省政府干部子女的教养问题，在“阿哥所”旧址成立中共热河省委直属保育院，这就是承德市第一幼儿园的前身。热河省委直属保育院的建立也标志着承德市解放后幼儿教育的开始。1956年，热河省建制撤销，保育院改名为承德市幼儿园。1985年6月，承德市幼儿园改名为承德市第一幼儿园，现任园长黄云峰。

70年来，承德市第一幼儿园在行政管理、教育教学、师资培养、园舍建设等方面都取得了较大成绩，被评为“河北省巾帼文明岗”“河北省模范教工之家”“河北省园林式单位”“河北省绿色幼儿园”。现为“河北省省级示范园”“河北省心理健康教育示范园”“河北省创新教育示范园”“河北省现代信息技术教育示范园”“河北省双语教学示范园”。全国人大原副委员长彭珮云，原国家计划生育委员会办公室主任、卫生部妇幼卫生司司长、国家主席李先念的夫人林佳楣等国家、省、市领导都曾先后到园视察。

承德市第一幼儿园是承德市建园时间最长、办学规模最大的一所幼儿园，园所占地面积13300平方米，绿化面积占园所总面积的34%。幼儿园共设教学班级15个，在园幼儿600多人。全园现有教职工97人，其中，“全国三八红旗手”1人，河北省优秀园丁2人。承德市第一幼儿园有着一支高素质的教师队伍，共有中学高级教师4人，小学高级教师39人，医师1人。市级教学标兵5人，市教学名师4人。有研究生学历1人，本科学历63人。教师专业技术达标率100%。

多年来，承德一幼积极改善办学条件，大搞校园的绿化和美化建设，先后进行了3次大规模改扩建工程。1998—2001年，建设了幼儿园新的教学楼广育楼，并重修“阿哥所”门殿等建筑。2005年，幼儿园又对幼儿食堂进行改建，改建后的幼儿食堂被河北省卫生厅评为食品卫生等级A级单位。自2012—2016年，幼儿园又先后对教学楼进行翻新改造，为全园15个班级教室全部安装了空调、配备了钢琴、电脑及交互式电子白板等教学设施，新建了多功能厅、科学探索室等教学用房，硬化、美化地面4000余平方米，软化地面1000余平方米，增种各种绿植1800余株。如今承德一幼已将古色古香的园林建筑与现代化的教学设施相结合，发展成为燕山深处一所现代“阿哥所”。

幼儿园牢固树立“安全重泰山，生命高一切”的责任意识和“预防在前”的安全意识，不断加强平安校园建设，保证幼儿生活环境的安全。在门卫安装110联网自动报警装置，家长刷卡接送幼儿；购置电棍、防暴盾牌等安保器材，确保技防、物防设备充足，安全设施到位；在班级和幼儿活动场所安装了40具烟雾报警器并对每个出口都配备了安全出口指示标志及疏散应急照明灯等消防用具；坚持“明厨亮灶”工程建设，安装食堂监控系统；大型活动、重点部门（如食堂、班级）等都有应急预案，责任分工细化到人，确保幼儿生命安全。

承德市第一幼儿园严格遵守国家颁布的《幼儿园工作规程》《幼儿园教育指导纲要》，坚持开放办园、科学办园、爱心办园，倡导“爱园、敬业、奉献、创新”的园风，在幼儿园实施“爱+智慧”的校园文化建设，以智慧的教育培养智慧的儿童。坚持“一切为了孩子、为了孩子一切、为了一切孩子”的办园思想，以“崇尚生命，珍视童心，张扬个性，开启心智”为理念，实施科学的管理方法和现代化的教学手段。教育教学坚持面向全体幼儿，注重个体差异，促进幼儿全面发展。与此同时，幼儿园积极进行教育科学研究。近年来先后承担国家级实验课题1项，省、市级实验课题21项，有两项教学成果获得河北省第六届基础教育省级教学成果三等奖；有8篇论文获得国家级奖励，66篇论文获得省、市级奖励；先后在国家、省、市刊物上发表论文28篇。前卫的办园理念、优越的办园环境、先进的教学设施和雄厚的幼教师资，使幼儿的天性得到了科学的尊重，个性得到了充分的发展，智力得到了全面的开发，受到家长和社会的广泛赞誉。

作为承德市对外接待的窗口，承德一幼以崭新而美丽的仪容，笑迎四方幼儿，款待远方宾客。1985年，承德市第一幼儿园与日本柏市幼稚园结为友好园，并先后8次接待了柏市幼稚园园长吉田隆雄到园访问。此外还接待了英国、美国、德国、丹麦、意大利、芬兰、法国等多个国家的客人，承德一幼这个独具魅力的儿童乐园也被更多的外国友人津津乐道。

不断开拓、进取、提升，是承德市第一幼儿园发展的永恒主题。一幼人将以“与时俱进、和谐发展”为新的追求目标，团结奋进、开拓拼搏，描绘出一个文明、和谐、富有生气的承德一幼未来的新美画卷！

承德市第二幼儿园

承德市第二幼儿园始建1984年，坐落于承德市小佟沟19号，承德市师范学校附属小学旧址，隶属市教育局。开园初期，满院杂草，瓦砾遍地，只有主体楼建设完成。既无资金购买设备，也无垫底资金买粮，困难重重。但二幼人没有被困难吓倒，发动教职工勤俭办园，采用自筹资金与争取外援相结合的办法，边开园边建设，自己动手给幼儿做被褥300多套、枕头300多个，买等外木材加工办公桌椅。1985年5月承德市第二幼儿园顺利开园，成为一所当时承德市建设设施先进的幼儿园。

承德市第二幼儿园占地面积6003平方米，建筑面积5539平方米。开设13个教学班，在园幼儿600余人。在编教职工82人，专任教师70人，其中副高职称教师3人，小学高级教师41人，一级教师29人；研究生学历1人，本科学历者39人，大专学历者29人，中专学历者1人，任职资格符合率和学历达标率均为100%。

30年的追梦之路，谱写了一曲辉煌赞歌。承德市第二幼儿园先后被授予“河北省省级示范幼儿园”“全国巾帼文明岗”“河北省百所双语教学示范园”“河北省创新教育实验园”“河北省现代技术教育省级示范园”“河北省巾帼文明示范岗”“河北省社会治安综合治理和稳定工作先进集体”“河北省优秀家长学校”“河北省玩教具制作先进单位”“承德市教育工作先进集体”“承德市教科研先进集体”“先进基层党组织”“务实创新优秀工会”“精神文明单位”“绿色幼儿园”“优秀幼儿园”“教书育人先进单位”等荣誉称号。

承德市第二幼儿园坚持“以人为本、和谐发展、快乐成长”的办园宗旨；以“求实创新、服务社会、面向全体、关注每个孩子成长”为指导思想；以“自主活动教育、促进幼儿个性和谐发展”为教育特色，立养成教育之规，塑健康向上之魂。制定班级量化管理“八项评比标准”，制定名师奖、优秀班长奖、青年进步奖、老当益壮奖、团结进步奖、热心奉献奖、终身成就奖等激励、奖惩条例。在科学办园、开放办园，充满民主管理、洋溢管理智慧的人文情怀中，“团结向上，爱心奉献”的八字园风，根植心，见诸行。

2000年，新一任领导班子带领大家打响了创新发展的攻坚战。采用家长集资，争取外援和上级主管部门支持，自己过紧日子等多种途径，在2002—2003年换掉腐朽的旧门窗；2004年，争取专项整治资金，安装消防双楼梯；2005年，对教学楼进行整体装修，改造卫生间、楼梯、门厅、楼道；更换老化的电路、上下水管道，改造幼儿食堂；更换使用20多年的幼儿桌椅；添置四座大型户外塑钢玩具，增加大量幼儿桌面玩具及体育器械等；特别是在2011年迎难而上，争取总投资1000多万元拆除园内旧平房，新建一座三层教学楼，增加教学面积2479平方米。为幼儿个性发展增设了多功能厅、娃娃家室、幼儿科学发现室、乐高建构室、奥尔夫音乐室、幼儿电脑室、围棋室、幼儿图书阅览室、幼儿舞蹈室等功能教室。全园13个教学班级全部配备了空调、钢琴、多媒体一体机等教学设备。建立了校园局域网、增设LED多媒体大屏幕、智能信息监控设备、报警装置，实现了园务信息、幼儿收费、家园互动网上公开透明，幼儿活动实时监控、实时信息传递的安全网络管理。高标准、规范化的厨房设施设备，严格的采购关、制作关、食谱质量关，保证了幼儿膳食平衡；2014年，被河北省卫生厅评定为食品等级A级单位。

承德市第二幼儿园以教科研为先导，在“传承、借鉴、融合、创新”中培养了一批研究型的骨干教师和研究共同体，实现了从市级立项课题—市级重点课题—省级立项课题的跨越式进步。现有2项省级课题、7项市级课题研究结题；4项课题荣获省市教育科研优秀成果一、二等奖；其中省级课题《园本课程＜低碳天使在行动＞环保教育实践研究》形成了具有地域特色、园本特色的园本课程研究成果，填补了幼教科研领域的一项空白。拥有了包括1名省级特级教师，1名省级骨干教师，2名市级骨干教师，3名教学名师的骨干教师群体。强烈的社会责任感，不断扩大幼儿教育的示范、辐射功能，成为二幼服务社会、反哺社会的文化传承。多年来积极承担大量学前教育系学生的实习培训任务，承担幼教同行交流学习任务，承担多项农村幼儿园支教任务，为承德市学前教育教科研、教师培养工作做出了突出贡献，赢得了社会广泛赞誉，成为承德民族师范学院、承德市技师学院实训基地，连续多年荣获承德市行风评比优秀单位称号。

绿树鲜花环绕的校园，古朴与现代交相辉映的南北教学楼，见证了承德二幼从无到有，由弱变强，稳步发展的光辉历程。“爱心，践行”是承德市第二幼儿园永恒的追求，肩负着传承文明、开拓未来历史使命的承德二幼，将一往情深，一以贯之，努力前行！

承德市第三幼儿园

1954年3月，市政府工商科修建托儿所一所，地址在省医院（即现在的承德市附属医院）后山岭。11月，托儿所竣工，命名为承德市国营商业托儿所。后市政府工商科更名为承德市商业局。1958年，托儿所改为幼儿园。1968年，商业局幼儿园迁至一市场，由原来的幼儿园又改为托儿所。1973年，迁至承德市旱河沿街5号。1986年，市教育局批准商业局托儿所晋升为幼儿园。

1991年，经承德市政府办公室研究决定，在承德市双桥区竹林寺小区，以商业局幼儿园的基础上新建一所幼儿园，定名为承德市第三幼儿园，由商业局负责管理。当年12月开始动工。1992年12月新园落成。12月31日，市领导在三幼召开移交会，把幼儿园还给商业局，更名为承德市第三幼儿园。1993年8月，承德市与承德地区合并，三幼（原市商业局幼儿园）与承德地区商业局幼儿园对口合并。1999年，被承德市体育局命名为体育幼儿园。2000年，被评为承德市一级一类幼儿园。2001年，晋升为市级示范园。10月，三幼归属市教育局。2005年，被评成为河北省卫生厅食品等级A级单位。2008年，通过省级示范园审核，成为省级示范园。

至2015年，承德市第三幼儿园占地面积4880平方米、建筑面积2300平方米。设有大、中、小教学班12个，配有现代化的教育教学设施。幼儿在园人数400余名。有教职工76名，党员27人，具有专业技术职称人员74人，其中高职教师4名，中职教师46名，初职24人。本科学历25名，专科学历48名。

承德市第三幼儿园以“博学、欣赏、耐心、慈爱”为办园理念，积极开展幼儿园各项工作，坚持保教结合的原则，全面贯彻《幼儿园工作规程》和《幼儿园教育纲要》；建立“以人为本，开发潜能，以法为本，科学治园，以德为本，自主发展”的机制，不断加强规范化管理，提升办园品位。

承德市第三幼儿园党支部始终注重加强党员领导干部的业务素质建设，坚持用中国特色社会主义理论体系武装头脑，采取学习与实践相结合的方法，增强领导班子工作的科学性、系统性、预见性和创造性，从而使领导班子成员在理论上更加成熟、思想上更加统一、行动上更加坚定。党支部加强组织建设，认真做好党员发展，按照党章的要求，遵循“坚持标准、保证质量、改善结构、慎重发展”的方针，加大对入党积极分子的培养和考察的力度，特别是对青年教师的考察和发展，为支部发展增添后劲。支部着重加强对党员干部特别是领导干部的理想信念教育和廉洁从政教育，把党风廉政建设作为民主生活会、党员组织生活会的重要内容，把贯彻落实中央八项规定作为切入点，进一步突出作风建设，坚决反对形式主义、官僚主义、享乐主义和奢靡之风。积极开展干部职工职业道德主题教育活动，进一步提升干部职工的职业素质和职业操守，维护单位和行业形象。

多年来，三幼“艺术教育启迪幼儿心灵，体育教育促进幼儿身体发展”的教育特色，得到了社会的认可，幼儿园艺术教育和体育教育成为承德市第三幼儿园的一大亮点。从幼儿园领导层到一线教职工都认真致力家长工作，努力探索新时期家长工作的特点，帮助家长更新观念，提高家长主动参与幼儿教育的意识，形成教育合力，充分体现了三幼人一直坚持的“一车两轮”的教育理念。围绕家园共育，幼儿园组织参加的省市“十一五”“十二五”课题研究，都通过了验收，这也成为承德市第三幼儿园的一大特色。

在幼儿园的安全工作上，牢固树立安全第一，责任重泰山，预防为主的原则。把安全稳定作为园内首要的政治任务来抓。为提高安保水平，安装了视频监控系统、一键报警报警装置，并与公安局联网。

10年来，在现任园长赵安东的带领下，全体教职工精诚团结，群策群力，一步一步实现了规划的目标。在党建、教育教学科研培训、安全稳定、园所建设工作上都取得了长足的进步。

2015年，承德市第三幼儿园进行园舍升级改造，改造完成后，幼儿园的水电暖系统、食堂（明厨亮灶的标准）、网络（数字化校园）、监控（达到公安部门网上视频巡逻的标准）都将达到新的安全水平，力争把幼儿园打造成承德市安稳水平最高的幼儿园，新建的图书室、科学探究室、游戏活动室等将更加丰富幼儿园的教育教学方式和内容，使幼儿园的保教水平更上新台阶。

承德市第四幼儿园

承德市第四幼儿园是市教育局直属的一所日托制幼儿园，创建于1984年，属全额拨款事业单位。多年来，该园以适应21世纪人才培养的需要，实施科学的管理机制，严格遵守国家颁布的《幼儿园工作规程》和《幼儿园教育指导纲要》，本着“科教兴国、自主和谐、面向未来、全面发展”的办园方针，牢固树立“一切为了孩子，为了孩子的一切，为了一切孩子”的办园宗旨，以规范的管理，造就优秀的专业师资队伍；以科学的幼教理念，引领高质量的保教水平。全体教职工以“开拓、进取、创新”为追求目标，努力将幼儿园成就为社会公认、家长放心、孩子喜爱、教师自豪的家园。30多年来，幼儿园以培养幼儿创新精神和实践能力为重点，以铸造高尚师德为动力，培养了一批又一批出类拔萃的幼儿，得到了社会的广泛认可。

幼儿园实现了3次重大跨越发展：

1984—1998年为幼儿园发展初期

承德市第四幼儿园原名承德地委机关幼儿园，位于河北省承德市双桥区下营房二道沟1号，占地面积1.65亩，建筑面积1100平方米，主要为解决当时行署、地委干部子女的入托问题。干部编制10人，临时工人、合同制工人14人，开设有4个教学班，在园幼儿98名。园长刘绍华、聂桂珍，率领广大教职工艰苦奋斗，勤俭办园，努力为幼儿创造舒适、优美、温馨的生活学习环境。同时，开展了多种形式的业务培训，提高教师们的专业知识、文化素质，打造一支业务素质高、充满活力的教师队伍。1988年6月，代表市直幼儿园接待美国老年人协会“花甲旅行团”45人，同年，接待兄弟园所观摩学习138人。多年来，通过历任园长、书记的辛勤耕耘，幼儿园组织机构逐渐完善，各项工作走在了全市学前教育的前列，社会影响力也越来越大。多名教师获“河北省优秀教师”“河北省优秀保教工作者”荣誉称号；幼儿园先后被授予“先进党组织”“地区级文明单位”“地区级精神文明建设先进单位”等荣誉称号；1994年，经教育主管部门评定为一级一类园所。多年来，幼儿园发挥机关后勤的服务功能，承担了地委行署职工子女学龄前儿童教育任务，解决了广大工作人员的后顾之忧。

1999—2008年为幼儿园的发展上升期

1999年4月，幼儿园划归市教育局。2000年3月，正式更名为承德市第四幼儿园。

迎着新世纪的曙光，承德市第四幼儿园如同一颗散发着诱人芬芳的蓓蕾徐徐绽放。教职工达到32名，其中本科学历10名，专科学历8名，中专学历14名。专业技术职称小学高级教师14名，初级13名，技师2名，高级工人2名，初级工1名。在各级领导关心下，领导班子确定了“加强基础设施建设，提高服务质量，增强竞争意识，一切为了孩子，为了孩子的一切”的指导思想，改革用人机制，强化幼儿园管理，改善办园条件，加大投资力度，推出了多元化的优质服务措施，幼儿园软、硬件设施得到了很大改善。2003年3月，市委、市政府领导到四幼调研，对该园的拼搏精神给予充分肯定，广大教职工备受鼓舞，屡创佳绩。幼儿园先后荣获教育系统“先进基层党组织”“学校安全工作先进单位”“优秀家长学校”“家庭教育工作先进单位”“社会治安综合治理模范单位”“卫生保健示范园”“食品卫生B级单位”和承德市“文明单位”“家庭教育工作先进单位”等称号。教师们的玩教具制作、论文多次荣获省市级奖励，并多人获得“全市精神文明建设先进工作者”“学校安全工作先进个人”等荣誉称号。2002年，幼儿园由市教育局验收为市级示范性幼儿园，2003年，被批准为“教育部科学教育子课题——相似性原理在幼儿潜能开发中的应用”实验园，同年，幼儿园入编承德避暑山庄肇建300周年《走向辉煌的承德》画册。

2013—2015年为幼儿园的质量特色发展期

2008年8月，承德市第四幼儿园按照河北省“城镇面貌三年大变样办公室”的要求被整体拆除，按着市政府规划在原址重建。2013年3月，按照市教育局的安排，第四幼儿园按现有教育资源接管承德广播电视大学附属福娃艺术幼儿园为承德市第四幼儿园分园，归市教育局直属管理，按照省级示范性幼儿园办园。分园位承德市双桥区桃李街26号承德广播电视大学院内，建筑面积1878.8平方米。教职员工33人，其中本科学历17名，专科学历4名，中专学历12名。中学高级教师3人，小学高级教师14人，初级11人，技师2人，高级工1人，初级工2人。教学班级7个，在园幼儿370余名。分园环境优美，设施先进，宽敞的塑胶场地、多媒体教学设备等硬件设施，为幼儿提供健康快乐的学习空间；健康的膳食、高科技防护措施为幼儿健康与平安提供坚实保障。四幼人在现任园长惠中华、副园长李淑清、单莲华带领下，坚持以教科研为先导，以管理为基础，以质量求生存，以改革促发展，以特色创品牌，与时俱进，开拓创新。科教研成果成效显著，多名教师在省、市各项公开课、课件评比活动中获得好成绩；两位教师的消防安全课件，分别荣获河北省公安厅第一届“上好一节消防课”一等奖、全国首批“消防安全示范课”优秀课件，第二届“上好一节消防课”二等奖的好成绩；玩教具制作《大世界，小舞台》，荣获河北省优秀玩教具制作二等奖；“河北省十一五规划重点课题”《幼儿道德品质教育实践研究》、河北省“十二五”规划重点课题“依托本土化教育资源，利用儿歌对幼儿进行素质教育的研究”等取得优秀成果，予以结题，多篇成果论文荣获国家级、省级奖励；河北省教育学会“‘十二五’重点课题研究成果”《承德新儿歌》正在创编中，它以“启蒙幼儿教育，培育美好心灵”为主题，将启迪幼儿对美好家乡——承德的初步认知，进而培养幼儿从小热爱家乡、建设家乡的美好情感，更有利于弘扬以爱国主义为核心的民族精神和以改革创新为核心的时代精神，从而进一步培育和践行社会主义核心价值观。2014年12月，本园成为首批全国“优秀传统文化进校园”试点园所。教师们先后荣获“承德市优秀青年岗位能手”省“组织和开展群众性教育科研活动先进个人”“全市教育系统优秀教师”“全市学校安全稳定先进个人”等荣誉称号，幼儿园也多次获得“学校社会治安综合治理模范单位”等荣誉称号。

一分耕耘，一分收获，四幼人凭着坚忍不拔、勤俭节约的创业精神，凭着锐意进取、自强不息的创新精神和热爱幼教、现身幼教的奉献精神，为社会提供着优质的学前教育服务。

承德市第五幼儿园

承德市第五幼儿园始建1952年，前身是承德铁路托儿所，设立在承德市站前街道一栋平房内，隶属街道管理；1971年，由北京铁路分局接管，迁址到承德铁路车务段家属院内，更名为承德铁路幼儿园；1982年，又迁址到铁路中居宅单身公寓院内，由承德铁路生活管理站管理。1992年迁址到承德市双桥区车站路40号，幼儿园占地面积3559.04平方米，建筑面积3102平方米，共有三层教学楼，可容纳12个教学班。500名幼儿。2005年12月，根据河北省《关于铁路企业在冀幼儿园移交属地管理工作的通知》精神，2006年1月，由北京铁路局将承德市铁路幼儿园正式移交给市政府，归属市教育局管理，更名为承德市第五幼儿园。

目前全园教职工88名，其中退休职工48人。在职40名职工中，高级教师2名，一级教师16名，二级教师15名；本科生17名，大专13名，高中及以下10名，全部教师都具有教师资格认证。现开设10个教学班，收托幼儿430名，1994年，被市教委验收为“承德市示范性幼儿园”。2003年被省教育厅验收为“河北省级示范性幼儿园”。

建园60多年来，第五幼儿园始终以“让幼儿拥有最佳的人生开端”作为办园宗旨，以“精心呵护幼儿身心、营造快乐学习空间、依托教育科研、提升办园品质、真诚服务家长”为办园理念。在办学过程中，经过几代教职工的共同努力，第五幼儿园走过了从初建、不断改进到逐渐完善的历程。为适应时代的发展，五幼的领导班子在管理工作中勤思考、求真务实，开拓进取，勇奉献，围绕幼儿园中长期发展规划，始终坚持以人本为核心，以民主管理为渠道，以互动管理为途径，以制度管理为保障，并根据事业单位管理模式，重新制定并完善了各项规章制度和管理办法。建立层层管理的组织网络，落实逐级负责制，班子成员之间做到通力合作、勤政廉洁、扎实高效，认真执行民主集中原则和“三重一大”制度，利用职工大会、公示栏、幼儿园网站等形式自觉接受社会、幼儿家长、职工群众的监督，党政工团齐心协力，齐抓共管，围绕中心工作同安排、同部署、同检查。实现了“管理优，队伍精，质量佳，环境美、有特色”的目标。

为了不断提升教育教学质量，幼儿园认真贯彻落实新的《幼儿园教育指导纲要》精神，实行保教结合的原则。多次派教师到北京、昆明、重庆等优秀园所学习，结合本市人文特点和幼儿园实际情况，找准以《幼儿文明礼仪的研究与探索》作为教研课题，经过几年的研究探索，创编并出版了《幼儿园礼仪园本课程》教材，现已形成具有本园特色的教育教学模式。2009 年，申报省级课题“幼儿基本礼仪的探索与研究”。2011 年，在该基础上又申报了省级课题“幼儿礼仪的探索与实践”，这一课题包含的内容更为广泛，受到省级专家评委的高度重视，并分别获得省级课题一等奖的好成绩。

为促进教育信息化建设，2012 年幼儿园携手新加坡爱诺教育，开设了“新加坡爱诺多元智能信息化课程”。课程是以多元智能为理论依据，既强调幼儿全面发展，又注重开发智能的独特性，通过实验运用及对离园孩子追踪跟访，效果显著，现已被幼儿家长接受，这也是幼儿园突破自我、挑战自我，向更高阶梯迈进的关键一步。

为了不断改善办园条件，在有关部门的关心支持下，幼儿园在 2006 年中投入 87.4 万元对室内外进行了装修和改造。使整体面貌彻底改观。2009 年，幼儿园又对食堂进行了改造和扩建，操作间由原来的 164 平方米扩建到 336 平方米，增加了回民灶间，同年食品量化等级由 C 级晋升到 A 级。2012 年，根据食化监督所的要求，新购置了“食品检测箱”，增设了监督平台和食品安全流程及网络图等，年底食堂被承德市评为“示范食堂”称号。从 2013 年开始，连续 3 年争取到财政资金，分别对幼儿园的硬件设施进行了改造，解决了线路老化、墙体倾斜、地面破损等安全隐患。到目前为止，五幼的园容园貌发生了巨大的变化，增设了活动室、会议室、国际象棋室、图书室、美劳室、感知训练室和科学探究室，每个班级配备了钢琴、电脑、投影仪等，室外增加了崭新的大型玩具和 LED 大屏幕。随着设施设备的不断改善，教育教学效果显著，五幼赢得了社会各界的广泛赞誉，先后多次接待了兄弟园所的学习和观摩，每学期来园报名的家长也越来越多，社会影响力也越来越大。

历年来五幼获得的主要成绩：2007 年，第五幼儿园被评为承德市教育系统先进集体；2009—2011 年连续 3 年被省教育厅评为“河北省自制玩教具工作优秀幼儿园”和“河北省自制玩教具工作先进幼儿园”的称号，并荣获“河北省教育系统工人先锋号”，多名教师在省市级刊物发表论文并获嘉奖；2014 年，礼仪课题获省级基础教育一等奖；2015 年，第五幼儿园获得“市安全工作先进集体”的称号。所有荣誉的取得，都是五幼人辛勤汗水和智慧的结晶，相信通过努力，五幼的未来将更加美好。

第三章 义务教育

1986年,《中华人民共和国义务教育法》颁布。1988年开始,全市实施“普及九年义务教育”工程。1996年,市政府动员社会各界投入“普九”攻坚。至1999年9月,全市八县三区通过了省“普九”验收,全市义务教育学校办学条件有了较大改善。2003年,全市创新学区建设,改革管理体制,推进义务教育均衡发展,义务教育办学水平有了较大提升。

至2015年年底,全市共有小学447所,在校生272249人,教职工18507人,专任教师16601人;共有初中100所,在校生109387人,教职工10150人,专任教师8492人。全市在标准化小学、初中就读的学生比例分别为80%、98%,义务教育小学、初中的巩固率分别达100%、97%以上。

第一节 发展概况

一、承德地区义务教育发展概况

1989年5月,地教委召开全地区改善办学条件工作会议,部署全年任务,签订目标责任书,制定实施九年义务教育必备办学条件标准细则。年内,平泉、兴隆县被评为全省改善办学条件先进县,各得到省政府10万元的奖励。全地区有90%的校舍达到标准化,80%的校园达到标准化,仪器装备配备率达到60%。

同年,承德地区的义务教育工作主要面向丰宁、围场、滦平、隆化、平泉、兴隆7个县开展,地区没有直属小学和直属初中。

为稳步推进九年义务教育进程,努力提高教育质量,地教委在抓好普及小学教育的同时注重提高教师队伍素质,推广“注音识字,提前读写”的实验、自学识字试验和数学三算结合专题训练实验,开展优秀教师大选赛活动和学科教学联查,举办教师培训班,通过不同形式提高教师教学水平。

为改变初中教学工作薄弱的现状,制定了加强初中教学管理的意见。下发通知,在全区中小学全面推广第七套广播体操。

兴隆县提出强化教学质量管理,各学科建立实验点,组织优秀论文评选,进行教学教法改革,充分运用电教手段等10条建设方案。

年内,初等教育实现基本普及,初中教育普及率达到80%以上。全区标准化校园达70%,标准化校舍达90%,危房由5.3万平方米减至1.68万平方米。

1990年,承德地区消灭中小学危房3万平方米,新建改建校舍8.3万平方米,装备三类完全小学实验室504所,重点初中10所。年内,全地区实现中小学校园“一无两有八配套”(“一无”:小学、初中校舍要达到校校无危房;“两有”:班班有教室、人人有课桌凳;“八配套”:校园内有院墙、厕所、花坛、旗杆、水井、图书室、活动室、仪器实验室),隆化、丰宁两县被省评为“校园八配套建设先进县”。

同年，承德地区召开全区基础教育工作会议，重申学校工作要以教学为中心。组织各县教委负责和重点中学校长赴辽宁海城、凤城等地学习先进经验，取长补短。年内，对中考不考的历史、地理、动植物等学科进行统一结业考试，并修订和编写了承德地理、承德历史等乡土教材。小学毕业生升学率76.4%。全区7个县共有初中在校生79799人。

1991年，地教委从勤理财、细管财、巧用财入手，加强改善办学条件经费的管理。⑴制定计划，深入基层检查，总结推广滦平县涝洼乡改善办学条件的经验;⑵下力量抓危房改造和围场、宽城县校园“八配套”建设；⑶召开全地区勤工俭学和电教工作会议，组织建设卫星地面站，落实普及实验示范校试点和中小学仪器配备示范校试点。

同年，承德地区涌现出具有一定办学特色的示范校35所，其中小学21所，中学14所。小学毕业生升学率上升到83%。

1992年年初，地委、行署召开有各县县委书记、人大常委会主任、县长和地直有关部门一把手参加的高规格的教育工作会议，把改善办学条件、多渠道筹措教育资金和教育费附加征收工作作为重点内容，制定强有力的措施，出台关于动员社会力量，多渠道筹集资金暂行办法，在地、县、乡建立教育基金会，进一步提高全区各级领导的认识，形成人民教育人民办的大气候，仅两个月时间就收到社会各界捐款147.386万元，每年可增加教育经费约500万元，相当于近5年来平均每年省、地、县三级财政投资的1.2倍。

1992年10月，承德地区召开全区教育工作会议，行署专员栗战书主持会议，副专员李景华就加快全区教育改革和发展步伐作出安排部署，并做出关于深化教育改革加强基础教育的决定。会议提出要充分认识教育在经济工作中的战略地位，增强优先发展基础教育的紧迫感，动员社会力量多渠道增加投入，不断改善办学条件，千方百计提高教育质量，提高劳动者素质，促进教育事业的迅速发展。

二、承德市义务教育发展概况（地、市合并前）

1989年4月7日，承德市政府召开全市改善办学条件工作会议，副市长陈之迪出席会议并讲话。市政府印发《关于多渠道筹集资金，加强普通教育的决定》，号召全市各单位和各界人士有钱的出钱，有物的出物，共同改善办学条件。仅乡村集资改善办学条件就达579.8万元，翻新、维修校舍3200间。市区有90%的学校实现“八配套”，承德县有45%的学校实现“八配套”，3个区有66所乡中心校、20所乡中学按三类标准配置教学仪器。

同年，市政府转发市教委《关于办好初中的意见》。承德市4所中小学接受省教委体卫处对卫生保健工作的检查。虹桥、南小两所小学获省学校卫生保健工作先进单位称号，双桥区保健中心郭亦农和铁路中学校医金加林两人被评为省学校卫生保健先进个人。

市教委下发文件，指出当前承德市教育存在的主要问题：⑴虽然教育经费呈现出逐年增长的趋势，但公用经费却出现逐年下降趋势，主要是被新增加的教师“人头费”吃掉。⑵市区的小学校舍紧张，班容量偏大。由于每年市区新增新生1100多人，小学平均班容量已达51人，超过55人的班级占52%。新增学生多，挤占了各种课外活动室，只有3所小学有活动室、阅览室和实验室，个别小学有可能出现二部制。⑶实现“普九”的资金缺口和初中教师培训任务较大。按规划将要实现“普九”的4个乡镇共有初中教师255人，需培训的就达91人。⑷教师住房等待遇偏低，队伍不稳定。市区国办中小学教职工中无房户167户，住房困难的340户，而且承德县有拖欠教师工资现象。⑸“升学教育”观念在部分头脑中的印象还比较深。针对存在问题提出主要对策：⑴进一步提高认识，宁肯牺牲一点眼前的经济发展速度，也要把教育搞上去，并应把教育工作作为考核干部政绩的主要内容。⑵认真贯彻义务教育法，大力实施九年义务教育和提高教育质量，并加快改善办学条件，防止学生流失。⑶大力发展和完善职业技术教育，不断提高办学的经济效益和社会效益。⑷落实省委省政府1号文件精神，多渠道筹集教育经费。⑸激发学校内部活力，深化教育体制改革，努力提高教师待遇，稳定教师队伍。

年内，市教委、体委和卫生局联合召开学校体育卫生工作总结表彰大会。市区小学毕业生升学率达到98%以上，承德县达到96.9%；初中升学率市区为54.6%，承德县为46.7%。有21个先进单位和45名先进个人受到省以上表彰。其中，市教委小学教研室被省委、省政府评为河北省知识分子先进集体。

1990年3月24日，承德市委办公室印发《原市委书记李月辉“在全市教育工作会议上的讲话”》，讲话重点强调了教育思想问题、教育结构问题、师资队伍问题。

为推进义务教育的发展，市教委制定了《义务教育必备办学条件评估要求》《实施义务教育小学阶段必备办学条件标准细则》，转发了《河北省普通中学学籍管理暂行规定（试行）》。

市教委印发《关于保障儿童少年接受义务教育权利的通知》，要求县（区）及教育行政部门、企业教育处和各学校结合义务教育宣传月认真学习，检查本地本校有无违反义务教育法的行为，严格依法治教，将擅自招用童工、阻止适龄儿童少年入学的单位和个人，报请有关部门依法严肃处理要求。各学校要教育学生热爱学习，热爱生活，堵死从学校流失学生的出口关。

同年，市教委制定《实施义务教育初中阶段必备办学条件标准细则》。实现“一无两有”的学校数由上年的471所增加到550所，增长16.8%，占总校数的91.3%；实现“八配套”的校数，从1989年的385所增加到393所，增长2.1%，占总校数的65.6%，其中，市区达95.3%。承德县“八配套”的校数由1989年的56.9%上升到62.6%。双滦区滦河镇、双桥区水泉沟乡、营子区营子镇和汪庄镇分别达到九年义务教育小学阶段必备办学条件标准。

年内，承德市共有小学530所，在校生92829人；有初中（包括完中）89所，在校生27278人。小学毕业生10456人，升入初中10085人，升学率为96.45%，动员流失生返校复学198人；初中升学率为48%，其中，市区的升学率为65%，承德县为32%。承德县普及初等教育通过省检查验收，并颁发合格证书。

1991年，承德市在年初召开了全市教育工作会议。

同年，承德市采取政府投资和群众集资相结合的办法，共投资1142万元用改善全市中小学的办学条件，共修建校舍74686平方米，使579所学校实现“八配套”，占全市学校总数的95.07%；有303所学校实现标准化，占学校总数的62.89%。投资741万元扩建市五中、七中、十二中和实验小学教学楼16678平方米，保证了新增1300名学生入学，渡过当年的市区入学高峰。

1992年，承德市进行“五四”学制试点改革，将市区内6所五年制小学的毕业生升入初中，将二中、五中、九中和民中改为四年制，使“五三”“六三”“五四”等多种学制并存，逐步向“五四”学制过渡。

同年，承德市投资1916.1万元用于改善办学条件（群众集资1142.1万元），使598所学校实现“八配套”，有396所学校实现标准化。营子区寿王坟镇，承德县下板城镇、甲山镇、上谷乡、双峰寺镇达到普及九年义务教育小学办学的省定标准，全市33.3%的乡镇达到普及九年义务教育小学阶段的省定标准。

年内，全市“一无两有”（无危房，有教室，有桌凳）的学校占91.3%，实现“八配套”学校占96%，63%的学校校舍实现标准化。

1993年5月3日，市教委印发《关于严格依法治教坚决制止学生流失的紧急通知》，要求各县（区）教育行政部门、中小学校和各相关企业进行一次认真地检查，对童工要坚决清退，对辍学的学生要查明原因，动员其返校学习。建立健全学生流失报告制度，严格学籍管理，并采取坚决措施，迅速对学生流失问题加以解决。

年内，小学适龄儿童入学率、毕业率、稳定率、升学率分别达到99.5%、99.5%、97.15%和96.2%。初中招生12827人，升学3276人，升学率52.8%，稳定率95.01%。

第二节 普及九年义务教育

一、制定“普九”规划

1993年，市教委组织全市教育系统积极宣传义务教育法，共散发宣传材料8000余份，书写板报600余栏，开展宣传活动300余次，进一步增强依法治教意识。

市教委组织学习贯彻中共中央、国务院颁发的《中国教育改革和发展纲要》，转发《河北省基本普及九年义务教育评估标准和奖励办法（试行）》。要求积极组织教育部门和学校认真学习，大力宣传；积极向各级政府汇报，结合本地实际，按照省市普及九年义务教育规划，精心组织，认真落实，并从当年开始认真实施。

同年，承德市政府制定了教育投资和集资办法，利用筹集到的资金，在市区新建了市直属第九中学教学楼，解决了市区纯增加1900名小学毕业生升入初中问题。

至1993年年末，全市共有107个乡镇达到普及九年义务教育小学阶段办学的省定标准，占乡镇总数的47%。其中，平泉县、兴隆县、双桥区、营子区全部达到了普及九年义务教育小学阶段的办学标准；承德县、双桥区的8个乡镇达到普及九年义务教育初中阶段办学的省定标准。年底，省教育厅对各市教育发展相关数据进行了通报，其中，承德市小学学龄儿童入学率为93.92%（全省倒数第一），毛入学率为101.76%（全省倒数第一）；小学生考试全科及格率为83.56%（全省倒数第一），平均及格率为91.33%（全省倒数第二）；小学毕业班毕业率为99.4%，小学毕业生升学率为85.32%；小学在校生留级率为6.83%（全省倒数第二），辍学率为2.59%（全省倒数第三）；初中在校生留级率3.17%（全省倒数第一），初中在校生辍学率12.85%（全省倒数第一）。分析原因是多方面的，但最主要原因是学困生因厌学而辍学者居多。

1994年，市人民政府印发《关于承德市普及九年义务教育发展规划的通知》。具体要求为：⑴初等义务教育阶段，适龄儿童都能按时入学；初中义务教育阶段，市区、县城和发达乡（镇）的适龄少年都能按时接受初中教育，其他乡（镇）适龄少年入学率应在95%以上。⑵小学在校生巩固率达到98%以上，初中在校生巩固率，市区、县城和发达乡（镇）达到98%以上，其他乡镇达95%以上。⑶残疾儿童、少年入学率，市区、县城和发达乡（镇）达到70%以上，其他乡（镇）达到50%以上。⑷14周岁人口完成完初等教育的达98%以上，18周岁人口中完成初中教育的达85%以上，青壮年文盲率不超过5%。⑸小学、初中的校舍、校园、教学设施、师资队伍等必备办学条件，以及教育经费的投入，基本达到国家和省要求。⑹全市普及义务教育的基本学制为“六三制”“五四制”和“九年一贯制”并存。不发达乡（镇）要积极创造条件由“五三制”逐步过渡到“五四制”。适龄儿童的入学年龄，1995年前为7周岁，1995年后有条件的地方可提前到6周岁。

7月11—13日，承德市普降大暴雨，最严重的地区20小时降水达450毫升，遭到30年一遇特大自然灾害。其中，教育系统大部分校舍漏雨，部分学校受到洪水、泥石流的冲击，房舍倒塌，校舍房屋进水，出现大批危房，大量的教学仪器、器材、图书等或被水泡，或被水冲走。本次水灾给全市教育系统中小学造成直接经济损失达5000多万元。据不完全统计，全市共冲毁、倒塌校舍2551间，教室进水9650间，新增危房10030间，冲毁倒塌围墙37592延长米，冲毁损坏教学仪器价值409万元，冲走损坏课桌椅11242套，111560册图书被水浸泡。最为严重的是兴隆、宽城、承德县和营子区。其中，兴隆县有178间校舍被洪水冲走，冲毁倒塌校舍1018间，地基下沉漏雨校舍4200间，冲倒围墙3500延长米，冲走操场120多亩，损坏桌椅5000套，淹泡图书45000册，造成新危房4200间，直接经济损失2096万元。平安堡中学和平安堡小学两校全部进水，水位高达2米，被水冲走校舍18间，倒塌18间，造成严重危房120间。被水冲走学生行李300套、自行车150辆、彩电10台、录音机15台、摩托车2辆，总损失达400万元，学校基本被全部破坏，无法维修状态。宽城县241所学校全部遭受不同程度的水灾，直接造成经济损失720万元，承德县中小学直接经济损失达300万元，营子区直接经济损失73.6万元。为了克服洪水给教育造成的损失在，不影响学生学习，全市上下迅速行动起来，采取各种措施，抗洪救灾，尽快回复正常教学秩序。⑴采取群众集资自救，3天内，市教委机关干部职工捐资5050元，市属学校教职工捐资22160元；承德县多种形式集资40万元；承德太平洋保险公司捐资30万元。⑵当地政府采取多形式的生产自救。⑶求助上级支持援助。多方努力，共同渡过了教育难关，使大多数冲毁学校迅速复课。

年末，隆化县、营子区通过河北省初等义务教育办学标准的验收。全市适龄儿童入学率保持在99%以上，小学在校生巩固率达到99.5%，小学毕业升学率达到90%，初中毕业升学率达到45%。

1995年，市委、市政府在印发的《关于实施中国教育改革和发展纲要的意见》中，提出全市到2000年的义务教育发展目标：全市基本普及九年义务教育，即占全市总人口的95%以上乡镇普及九年义务教育。

市委、市政府印发《关于在全市学习推广丰宁县县域教育综合改革经验的决定》，将丰宁经验概括为：突出一个思想（即牢固树立“科教兴县”的战略思想，确实把教育放在优先发展的战略地位），强化两支队伍（教育干部队伍和教师队伍），完善三个机制（完善教育管理运行机制、教育投入保障机制、教育激励机制），推行四项改革（以调整农村中小学布局、发挥规模效益为中心的教学结构改革，以建立综合初中和综合高中、既兼顾升学又为当地培养留得住用得上的实用人才为重点的办学模式改革，以对教职员工实行岗位责任制、职务聘任制、业务考核制为核心的人事分配制度的改革，以三教统筹、农科教结合、促进宏观县域经济发展为重点的农村教育综合改革），走两高两有（高质量、高效益，升学有望，就业有门路）的贫困县教育发展之路。文件明确市委、市政府每年召开一次情况汇报会，进行考核评比，3年后召开经验交流暨总结表彰大会。文件要求各有关部门要加强指导，丰宁县要在原有工作基础上，进一步完善提高，加大改革力度，扩大成果，为全市提供更多的新经验。其他各县（区）要从当地实际出发，因地制宜，统筹规划，抓好典型，以点带面，创造性地学习丰宁经验，借鉴丰宁模式，进一步推进“科教兴市”工作的实施。

全市各级政府、各有关部门认真落实在实施义务教育中应承担责任的通知。明确了各级人民政府应承担的责任：领导组织本级政府各有关部门落实好“两法、一细则、一办法”（《中华人民共和国义务教育法》《中华人民共和国教师法》《中华人民共和国义务教育法实施细则》《河北省实施〈中华人民共和国义务教育法〉办法》）：制定切实可行的义务教育实施规划，确定完成规划的期限，对不同类型地区进行分类指导；建立义务教育有限目标管理责任制，层层签订责任书，并将责任书落实情况作为上级政府考核下级政府政绩的内容；依法筹措义务教育所需经费，建立起以国家财政拨款为主，辅之以征收用义务教育的税费、学杂费、校办产业收入、社会捐资集资和建立教育基金等多种渠道筹措教育经费的体制。在安排年度财政预算时，做到“教育拨款的增长比例，高于财政经常性收入的增长比例，并使按在校学生人数平均的教育费用逐步增长”。按时足额征收教育费附加，并主要用于实施义务教育。设立义务教育补助专款，辅助贫困地区实施义务教育。按照有关规定，为实施义务教育提供校园、校舍、教学设备和师资等办学条件。加强和发展师范教育，为实施义务教育培养合格师资。依法加强中小学教师的管理，不断提高教师的社会地位和生活待遇，切实保障教师的合法权益。建立普及义务教育评估验收制度，对实现普及初等义务教育的单位，按照标准逐级进行评估验收。对实施义务教育做出显著成绩的单位和个人进行表彰和奖励。对不履行法律责任和义务，妨碍义务教育实施的，要追究有关部门领导的责任。建立义务教育督导制度，在充实、完善各级政府教育督导机构基础上，强化执法职能。授予督导机构和人员监督权、检查权和处罚权。进一步强化督政职能，推进义务教育的实施。教育行政部门的责任是：具体负责、全面协调实施义务教育的工作，参与政府制定实施义务教育的规划，根据人口预测提出小学、初中和特殊教育学校设置方案和布局调整计划，保证义务教育的社会主义方向，全面贯彻教育方针，使儿童少年在品德、智力、体质等方面全面发展。

12月26日，市政府决定将市教委直接管理的五中、六中、八中、民中、二职中、十二中、十三中（以下简称“7所中学”）下放给双桥区管理。①将市教委管理的五中、六中、八中、民中、二职中、十二中、十三中7所中学移交给双桥区管理。涉及党的关系：7所中学党支部成建制转入双桥区委，其中正式党员136人，预备党员13人；涉及人事关系：7所中学共有校级领导人员25人，教职工741人，其中，教职员566人，工人47人，离退休人员91人；涉及固定资产：七所中学占地面积117.7亩，面积为7847.76平方米，房屋建筑面积35.360平方米，还有部分设备。②关于7所中学下放后教职工工资和公用经费问题，市财政以1996年年初七所中学的预算为基数，直接拨给双桥区财政，并要充分考虑到1995年度分配的毕业生增人、正常增资、政策出台及财务增支等因素。③为加快全市“普九”步伐，妥善解决好市区内初中入学高峰问题，对城市教育费附加和新开征的义务教育费，市区内统筹安排使用，在安排两项经费开支时要对双桥区给予倾斜。④7所中学下放后，教职工的医疗费问题仍按现行有关政策执行，对七所中学拖欠教职工的医药费按解决市直机关、事业单位职工的陈欠医药费同等对待。⑤7所中学原有的债权债务，由原学校承担。⑥7所中学下放后，教职工的调转、工资、福利、干部离退休等审批手续，按承发〔1995〕27号文件精神，即：“市教委选派得力人员充实和加强双桥区教育管理机构”，1995年年底之前，市教委与双桥区政府共同做好选派工作。双桥区要视教育行政、业务管理增加的新情况，相应调整充实加强教育管理部门，以保证教育事业的健康发展。从1996年1月1日起，7所中学的教育经费完全由市财政直接划拨给双桥区财政，7所中学的人、财、物全部移交给双桥区管理。

至1995年年底，双桥区通过河北省“两基”验收；双滦区、围场、滦平、丰宁县通过河北省“普六”验收。至此，全市各县（区）全部通过河北省普及六年义务教育验收。

省教育厅对各地市1995年度教育工作考核

结果为：承德市总分686.8分，排名第四位。其中，初中入学率78.28%，排名第四；小学辍学率1.81%，初中辍学率8.92%；小学合格率95.75%，排名第五；初中合格率75.26%，排名第一；生均校舍面积：小学2.76，排名第五；初中4.25，排名第七；教育经费“四个增长”：教增高财增5.20%，排名第四；教增高财支差额5.60%，排名第三；生均经费与上年比增长率23.6%，排名第一；生均公用经费与上年比增长率106.3%，排名第二；农村教育费附加人均额占人均收入的0.51%，排名第十一。从全市的各种教育数据在全省排名位次看，比1993年有了明显的提高。

二、“普九”攻坚

1996年，承德市委、市政府召开全市教育工作会议，会议要求各县（区）明确奋斗目标，切实加强领导，积极创造条件，努力打好“普九”攻坚仗。第一，要多渠道筹措资金，加大对“普九”的投入力度；第二，深化农村教育改革，狠抓“普九”工作的难点和重点；第三，切实加强师资队伍建设，提高特岗教师素质，稳定教师队伍。

5月2日，市教委制定印发《中小学示范校标准》，从办学指导思想、学校领导班子和师资队伍建设、校务工作、德育工作、教学工作、办学条件等方面做出具体规定。各级教育行政部门将该项工作切实列入议事日程，作为提高中小学整体办学水平的重要措施来抓。

市教委印发《义务教育阶段实施补偿教育管理办法（试行）》的通知，主要是对17周岁以下应受完而未受完初中教育的少年实行补偿教育，通过多种形式使其接受完初中教育，进一步扎实提高九年义务教育普及程度。

年内，双滦区基本通过河北省“普九”验收，主要是因学校收尾工程较多和农村教育费附加征收问题，而被省验收组定为下年回访。

1997年6月4日，市教委印发《关于规范义务教育阶段办学行为的若干原则意见》，要求各县（区）及义务教育阶段各学校要注重解决好以下突出问题：⑴加强政府行为，依法增加义务教育的投入。⑵坚决制止中小学乱收费，要坚决贯彻执行义务教育阶段工作的“五不准”（不准公办小学和初中招收“择校生”，坚持就地入学原则；不准举办各种名目收取费用的补习班、超长班等；不准以行政手段强制学生购买复习资料和其他商品等；不准把社会上对学校的乱摊派转嫁到学生头上，严格控制代收费项目；不准未经批准擅自出台新的收费项目或自行提高收费标准。）规定普遍、公开实行学校“收费卡”制度。⑶义务教育阶段公办学校，不得招收“择校生”“变相择校生”，坚持义务教育阶段免试就近入学。⑷义务教育阶段的初中（包括完全中学的初中）不设重点校、重点班、快慢班，一般不设试（实）验班、特色班、特长班。⑸义务教育阶段的公办中小学，严禁搞“一校两制”，不得举办“校中校”或“校内民办班”。⑹积极抓好义务教育阶段的办学体制改革，可结合本地实际，实行“民办公助”或“公办民助”、社区参与或举办民办学校等多种形式，但无论采取哪种办学形式，都必须保证教育资源的充分利用，保证国有资产不能流失。举办义务教育阶段“民办公助”或“公办民助”的学校须经县（区）政府审核，报市政府批准后试行，并报市教委、省教委备案。

1997年，市教委印发《关于加强和改善九年制义务教育管理工作的若干规定》，规定要求小学毕业生必须全部进入初中学习，在“普九”检查验收中，凡当年小学毕业生升学率和初中毛入学率达不到规定要求的，一律不得通过验收。全市逐步实现九年义务教育入学年龄为6周岁的目标。各级教育行政部门必须加强学籍管理，从小学一年级入学开始，每一位学生都应填写河北省九年制义务教育学籍登记册，并逐学年注册，中小学学籍逐步实行微机管理。在“九五”计划期间逐步以“六三”学制为主体的现行学制，学制改革必须履行报批手续。

9月17日，市教委批复，同意在市体育运动学校附设初中班，学制定为四年，学籍纳入双桥区及市教委统一管理，学生毕业后由教育主管部门统一颁发毕业证书。

年内，承德市的教育工作紧紧围绕改革开放和“科教兴市”两大战略，以“普及九年义务教育”为重点，形成“普九”良好氛围。兴隆县、营子区通过省“普九”第一轮三年复检，双滦区顺利通过省回访复查。

市政府确定1998年为“普九”攻坚年，当年将有5个县（平泉、丰宁、隆化、宽城、承德县）要接受省“普九”达标验收和一个区（双桥区）迎接省“普九”三年复检。

为把学校教育质量和办学效益提高到一个新水平，市教委在丰宁县召开全市教育管理现场经验交流会，总结推广丰宁县“突出一个思想、强化两支队伍、完善三个机制、推进四项改革”，走出一条“两高两有”适度超前的贫困县发展教育路子的经验。会后，各县（区）纷纷到丰宁县学习取经，结合本县（区）实际，对教育管理内容、管理方式、管理手段等进行有益的探索和实践，进一步摸索出一套切合实际、行之有效的教育管理办法。各县（区）都树立了自己的典型，建立健全各项管理制度，使学校的教育教学、教师队伍、校容校貌等发生可喜的变化，有效地促进了全市教育管理向制度化、规范化、科学化迈进的步伐。

市教委、科委、农业局联合印发《关于进一步推动承德市农村教育综合改革的意见》，要求兴隆县作为河北省人民政府确定的省级农村教育综合改革实验县，要吸收和借鉴先进地区的成功经验，加强基础教育，加快实验步伐，力求在较短时间内，取得阶段性成果。其余6个县作为市政府确定的市级农村教育综合改革实验县，从今年下半年开始，着手制定规划，在深入调查研究、科学论证的基础上，确定3～5个教育综合改革实验小区和实验项目，有领导、有计划、有步骤地把各项工作积极地开展起来。全市农村教育综合改革工作，坚持“因地制宜、统筹规划、点上深化、面上推广、整体推进”的方针，经过全市上下的共同努力，走出一条具有承德特色的农村教育综合改革之路。

市教委积极推进“普九”攻坚工作，采取“主任亲自抓，副主任分工抓、督学侧重抓，科室配合抓”的办法，分三个阶段以不同形式对各县（区）的“普九”工作精心指导和严格自查验收，确保五县一区全部按时通过了省“普九”达标验收和三年复查。

同年，承德市以“普九”达标工作为契机，下大力改善办学条件。全市用于改善中小学办学条件总投资达14627万元，其中群众集资6809.8万元，占总投资的46.4%，学校建设的投资力度和建设规模都达到历史最高水平，使城乡学校的办学条件发生了历史性根本性变化。学校布局调整进一步趋于合理，6个县共合并小学校点137个，合并初中5所，建寄宿制学校12所，增加村与村联办学校50个，扩大了学校规模，提高了办学效益。

年内，滦平县自加压力、奋力拼搏，除了加大投入外，还成立教育巡回法庭，依法促使流失生复学，提前一年通过省政府“普九”达标验收。丰宁、宽城县分别被省政府和教育部表彰为全省、全国“普九”先进县。全市有10个县（区）实现“普九”，其中5个县（区）先后受到国家和省的表彰。全市小学毕业升学率为99%，初中毕业升学率为51.1%，小学、初中在校生巩固率分别为99.8%和98.19%。全市新建希望小学16所，救助失学儿童2581人，救助失学返校儿童819人。

1994年，营子区率先通过省“两基”达标验收。1995年，双桥区通过省“两基”达标验。1996年，双滦区基本通过省“两基”达标验收。1997年，兴隆县通过省“两基”达标验收，双滦区通过省“两基”回访复查。1998年，平泉、丰宁、隆化、宽城、承德县、滦平县通过省“两基”达标验收。1999年，围场县通过省“两基”达标验收。至此，全市各县（区）全部通过省“两基”达标验收。市政府印发表彰决定，对平泉县、承德县、隆化县、双桥区4个“普九”工作先进县（区）、丰宁县教育局等50个“普九”工作先进单位和宽城满族自治县张树林等98名“普九”先进工作者进行表彰。

1999年4月6日，市教委印发《关于加强中小学示范校建设的通知》。⑴根据分区规划，分步实施，分类指导的原则，在部分条件较好的地方，继续增加投入改善办学条件，加强学校管理，建设一批办学思想端正，办学条件标准化，学校管理科学化，教育教学质量较高的典型学校，以影响和带动其他学校，促进全市中小学校的教育质量不断提高。⑵明确中小学示范校的标准，严格执行市教委1996年5月印发的承德市示范小学评估标准（试行）和承德市示范初级中学建设标准（试行）。评估验收工作采取定量与定性相结合的原则进行，将检查重点放在办学条件完善、办学特色明显、管理科学规范、德育效果突出、教育质量优异5个方面。⑶规定争创示范校的学校如出现下列情况之一者，市教委将不予检查验收：①教育思想不够端正，不能积极实施素质教育；②领导班子不团结，形不成合力；③师生中有违法犯罪或学校出现重大事故；④没有实行民主治校和推行校务公开工作；⑤管理工作不规范，校园环境达不到美化、绿化、净化及缺少校园文化氛围的；⑥教育教学效果不突出。⑷规定评选中小学示范校的范围为全市各县（区）城镇和农村小学、初中（含职业）中学（城市市区内中小学暂不评选），对现有5所中小学示范校进行复查。⑸规定评选申报和验收的程序，在学校自查的基础上由学校写出自评报告和申请，经县（区）教育行政部门复查确认合格后，由县（区）教育局向市教委申报验收，由市教委派出检查验收小组进行检查验收，检查小组认为验收合格者，方可填写申报审批表，报市教委批准，授予市级示范校荣誉称号。⑹规定检查验收的方法和内容：①听学校领导工作汇报；②看升旗、间操、眼保健操、课间活动和活动课；③听课；④看校园环境和专用教室；⑤召开师生座谈会；⑥看学校的管理、教育、教学等各种资料（如学校基本情况和汇报；组织、管理制度册；近两年工作计划、教学计划、工作总结;办学、科研、教改经验等;近五年办学成果相关资料，国家、省、市各级获奖论文、材料、各级报刊发表的报道、经验等材料或影印件）。

同年，市政府印发《关于同意建立丰宁实验中学的批复》，同意将丰宁职教中心西山分校改建为丰宁实验中学。

市教委印发《关于认真贯彻落实河北省实施小学管理规程意见的通知》。要求各级教育行政部门和小学要认真组织学习国家教委颁布的小学管理规程和河北省实施小学管理规程意见；制定规划，把全面实施与突出重点有机结合起来，把加强小学管理与实施素质教育有机结合起来；注重提高行政管理人员和教师的整体素质，注重教育教学方法的改革，充分发挥学生的主体作用，注重减轻学生的课业负担，严格清理乱办班、乱收费现象；注重实效，结合实际，因地制宜，加快小学规范化的进程。

市教育委员会印发《关于禁止学校和教师动员学生留级和转学的通知》，要求及时纠正违背学生和家长意愿强迫学生留级错误行为，加强对中小学校的管理和学籍管理，凡学生流失、留级和向外转学严重的学校和教师，评比和授予各类荣誉时，要坚决取消其资格，保障广大少年儿童受教育的合法权益，维护正常的教育教学秩序，努力为学生营造一个良好的学习环境。

河北省在丰宁县召开县域教育改革与发展座谈会，与会领导参观窄岭农村教育综合改革示范小区等14所中小学，听取丰宁县委、县政府、县教育局的工作汇报。大家一致认为丰宁县委、县政府强化政府行为，确保教育优先发展，坚持教育与经济紧密结合，立足服务县域经济发展，深化教育改革，探索出一条具有丰宁特色的贫困县兴办“两高、两有”（高质量、高效益、升学有望、就业有路）的教育改革之路，其成功经验在全省乃至全国都有推广价值。

市教委派出“普九”工作组，重点督促指导经济条件最差的围场县省“普九”工作。年内，围场县顺利通过“普九”验收。继唐山、廊坊市之后。9月底，承德市八县三区全部完成省政府下达的“普九”任务，受到省教育厅的充分肯定和表扬。

1999年12月26日，由市教委直接管理的五中、六中、八中、民中、二职中、十二中、十三中下放给双桥区管理。

年末，全市的小学已由1993年的3103所（含教学点1145所）调整到2506所（含教学点1031所），初中由1993年的404所调整到316所，其中，丰宁、滦平、承德县调整进展较快。市教委在此基础上，进行认真调研，要求全市中小学布局调整要本着“统筹规划，分步实施，积极稳妥，因地制宜，注重效益，适当集中”的原则进行，逐步构建起以学区一体化（网络化）为主，各种办学形式共存的农村基础教育布局和管理模式。

年内，承德市小学适龄儿童入学率达到99.8%，小学在校生巩固率达到99.6%，小学毕业生升学率达到99.7%，初中在校生巩固率达到97.9%。

丰宁县、宽城县被国家教委、财政部表彰为二片地区（六盘山区、秦巴山区、武陵山区、乌蒙山区、滇桂黔石漠化区、滇西边境山区、大兴安岭南麓山区、燕山—太行山区、吕梁山区、大别山区、罗霄山区等区域的连片特困地区）“国家贫困地区义务教育工程先进县”；市教委和滦平县被河北省人民政府表彰为“普及九年义务教育先进单位”，宽城县被河北省政府表彰为“全省两基先进县”。

2000年4月13日，市政府印发《关于进一步推进农村中小学布局调整实施意见的通知》，确定隆化、平泉、滦平为农村中小学布局调整示范县。年内，全市教育部门举办的小学由1999年的2506所调整为2380所，初中由1999年的316所调整为293所。全市新建寄宿制小学6所，建教育综合小区26个，学区一体化管理小区57个。市教委与双桥区政府共同制定市区中小学布局结构调整意见，进一步优化城乡中小学办学环境。

6月28日，市教委印发《关于治理义务教育阶段学生辍学的意见》，⑴提高认识，增强治理义务教育阶段学生辍学的紧迫感和责任感，增强依法有效解决学生辍学的自觉性。⑵强化责任，把治理辍学工作落到实处，明确县（区）教育行政部门、乡镇人民政府、乡（镇）中心校（教育办）以及学校的责任。⑶健全制度，加强对治理辍学工作的管理，加强对普通中小学的学籍管理，严格控制学生随意流动。实行学生辍学情况月报制度，建立学生辍学督导检查制度，完善教育考核制度，把“普九”规定的中小学入学率、巩固率标准列入对乡（镇）和学校整体工作以及教师工作业绩考核之中，未完成年度目标任务的单位、单位领导和个人，当年不能评为先进单位，不得评优，不能晋职，对体罚、排挤、歧视和撵学生造成学生辍学的教师，视情节给予批评教育直至行政处分，对成绩突出的县（区）、乡（镇）、学校给予表彰奖励。

由于承德在危改工程实施过程中严格执行中央和省制定的有关政策规定，牢固树立质量意识和效益意识，使有限的资金发挥最大效益，受到省财政厅、教育厅领导的好评。河北省财政厅、省教育厅采取“以奖代补”的形式，在危房改造资金中给予承德市安排360万元资金，使全市一期农村危改项目增加19个。

市委、市政府在河北省教育工作会议上作典型发言，介绍“举全民之力，攻’普九’之坚”

的经验，主要经验包括（四）方面：⑴提高认识，把“普九”作为振兴承德的奠基工程来抓；⑵制定目标，高标准高质量实现“普九”；⑶树立榜样，以先进典型带动全市“普九”向高水平发展；⑷强化责任，多方筹资解决“普九”投入问题。

2001年4月14日，市教委、财政局联合召开会议，贯彻落实省教育厅、省财政厅关于进一步调整中小学布局会议精神，对全市中小学布局调整工作做出具体安排部署。⑴明确中小学布局调整的意义。⑵制定学校布局调整的规划目标。⑶各县（区）要集中精力抓好几项重点工作，即：制定更科学合理的布局调整总体规划及实施意见；采用多种调整模式，如联合办学、交叉办学、寄宿制、学区一体化等形式，坚持把布局调整与危房改造工程结合起来；做好本地区中小学编制实施方案，切实做好核编定员工作。⑷加强中小学布局调整的组织领导。⑸继续加大宣传力度，做好群众工作。⑹合理配置教育资源，严防教育资产流失。⑺在布局调整中，注意“六个结合”，即：将中小学布局调整同改善办学条件结合起来，建设一批高标准、高质量的“窗口”学校；将中小学布局调整同加强学校管理结合起来，针对调整后的新情况规范学校管理；将中小学布局调整同提高教师队伍素质结合起来，裁减不合格教师，优化教师队伍，提高教育教学质量；将中小学布局调整同农村教改结合起来，通过资产置换、合理分配、有效投入等方式，把闲置的学校改造成素质教育基地，对学生开展劳技、艺术等方面的教育。⑻做好基础性管理工作，建立完备的档案资料。⑼加大监督检查力度。⑽协调好关系，集中人力、精力、财力抓好该项工作，保质保量按时完成任务。各县（区）要制定一个日程表，成立专门机构，设专人专抓此项工作，并将每项工作落实到人头上，责任到人。截至11月底，全市撤并小学65所、初中5所，新建教育综合小区4个、学区一体化管理小区60个。

5月中旬，对全市中小学危房进行全面彻底的排查，共查处危险校舍学校410所，危险房屋面积21.6万平方米，占全部校舍面积的8.7%，确定其中101所学校作为使用中央和省级资金的危改项目校，其中小学79所，中学22所，规划改造面积5.2万平方米，规划投资2420万元（中央和省级资金1408万元，其余为县乡配套资金和其他资金）。至年底，全市完成危改项目校73所，改造面积3.7万平方米，完成投资额1737万元。

12月15日，市政府在《贯彻国务院〈关于基础教育改革与发展决定〉的实施意见》中指出，要大力推进中小学布局调整和危房改造工程。调整农村中小学布局，继续坚持“统筹规划、分步实施、注重效益、适当集中”的原则，将中小学布局调整和综合教育小区建设、小学学区一体化管理改革、学校标准化建设、农村中小学危房改造结合起来，统筹规划，合理安排。按照市政府中小学布局调整规划，2003年年底前，基本完成小学阶段的布局调整任务，使全市小学减少到1540所左右，校均规模达到150人左右。2005年年底前，基本完成初中阶段的布局调整任务，使全市初中学校数减少到270所左右，校均规模达到800人左右。市政府召开专题会议，就承德市中心广场改造，南营子小学改造搬迁到承德民族职业技术学院下院相关问题进行研究。议定承德民族职业技术学院在7月20日前将其下院的教学仪器及教学设备搬出腾空，整体移交承德市房地产开发总公司统一规划。

三、“普九”国检

从2001年开始，全市在完成省级“普九”验收后，开始迎接国家级“普九”检查验收（以下简称“国检”）。承德市以河北省“普九”迎国检为契机，强化“普九”的巩固提高工作。市政府成立“普九”迎国检领导小组，制定全市“普九”迎国检倒计时工作方案，与各县（区）政府签订“普九”迎国检责任状，印发《关于做好“普九”巩固提高工作的意见》和《关于做好“普九”

迎国检工作的意见》，先后召开全市“普九”迎国检动员会和“普九”迎国检调度会。

市教委全力抓“普九”迎国检工作。⑴实行班子成员每人包一个县（区），有关科室分头包任务。先后抽调50多人次，成立由教委领导带队，督导室、教育科、仪器站、计财科、办公室等相关科室组成的督导组，每年的5月、8月两次对各县（区）进行大规模过程督导。督导组深入到全市35个薄弱乡镇逐村逐校检查指导，进一步对各乡镇存在的问题共同研究改进措施，下达教育督导书。⑵在调查研究的基础上印发《市教委关于治理义务教育阶段学生辍学的意见》，建立义务教育阶段控辍保学的学籍管理制度、学生辍学的月报制度、学生辍学督导检查制度和完善教育考核等四种制度，并在全市宣传推广围场县克勒沟镇和隆化县茅荆坝乡依法治辍、承德县实施“阳光工程”救助贫困生、平泉县结对子帮扶贫困生、兴隆县六道河镇中学层层签订目标责任书和丰宁县建立0～18岁文化户口档案等治辍典型。年内，全市回收流失生10327名，将初中和小学辍学率分别降到2.57%和0.38%。

至2001年年底，全市和全省一起，顺利通过国家“普九”检查验收。

“普九”是关系到全市青少年健康成长、关系到承德市未来发展的一项伟大工程。全市人民克服承德市教育基础设施底子薄、条件差、资金缺、校点分散、规模小等等困难，领导高度重视，全市人民参与，教育系统人士不懈奋斗，勒紧裤带，想方设法，最后完成了这一伟大工程，把承德市硬件办学水平提高到一个新的水平，为承德市教育发展以及经济和社会发展奠定了坚实的基础。

省委、省政府决定，各县（区）“普九”通过省、国家验收后，每三年要复检一次（以下简称“三年复检”）。

同年，营子区顺利通过河北省第一轮“普九”三年复检，兴隆县基本通过河北省第一轮“普九”三年复检。

同年，市政府印发《贯彻国务院关于基础教育改革与发展的决定的实施意见》，进一步确定基础教育工作的发展目标和基本任务：2002年年前，各县（区）要将“五四”学制改为“六三”学制。实施“教育强县（区）”“教育强乡（镇）”工程，加强基础教育的现代化步伐。进一步完善基础教育管理体制，深化办学体制改革。各级人民政府要层层签订基础教育目标管理责任书，并将目标责任落实情况作为上级政府年度考核下级政府及其主要领导干部工作实绩的一项重要内容。市人民政府将把县级“普九”复查工作和实施“教育强县”“教育强乡”工程纳入对县级的年度考核内容，对积极推进基础教育发展，按时完成规划任务，成绩突出的，予以表彰奖励，对因工作失职没能如期实现规划目标，没有认真履行工作职责而造成损失的，上级政府要追究下级政府主要负责人的责任。

市教委印发《承德市中小学学籍管理暂行规定（试行）》，成立控制农村初中生辍学工作领导小组。

至2001年年底，隆化、丰宁、宽城、平泉、承德县、双桥区6个县（区）通过省“普九”第一轮三年复检；滦平县基本通过省“普九”复检，待2002年回访；兴隆县通过省“普九”回访。丰宁县荣获教育部、财政部、国家计委“全国‘两基’工作先进地区（单位）”荣誉称号，市教委荣获河北省人民政府“基本普及九年义务教育和基本扫除文盲”奖牌，市教委等8个单位被省教育厅、省财政厅、省发展计划委员会命名为“河北省两基工作先进单位”，隆化县被河北省政府表彰为“全省‘普九’巩固提高工作先进县”，市政府授予丰宁县人民政府、承德县人民政府2000年教育工作先进县称号。

2002年10月30日，市教育局印发《关于加强义务教育阶段学校管理规范办学行为的通知》，要求加强教育行政管理，规范学校办学行为；规范学校收费行为；大力抓好师德教育管理，在人民群众中树立良好的教师形象；落实行风建设责任制，加大查处工作力度。

1997年，营子区通过省第一轮“普九”三年复检。1998年，双桥区通过省第一轮“普九”三年复检。2000年，兴隆县通过省第一轮“普九”三年复检。2001年，平泉、丰宁、隆化、宽城、承德县通过了省第一轮“普九”三年复检。2002年，围场、双滦、滦平3个县（区）一次性顺利通过了省的“普九”三年复检。至此，全市各县（区）全部通过省第一轮“普九”三年复检。围场满族蒙古族自治县被省教育厅授予“2002年度‘普九’巩固提高工作先进县”称号。

2003年，兴隆县、营子区通过省第二轮“普九”三年复检。2004年，丰宁、隆化、滦平、宽城、平泉、承德县、双桥区通过省第二轮“普九”三年复检。2005年，围场县、双滦区通过省第二轮“普九”三年复检。至此，全市全部通过省第二轮“普九”三年复检。

第三节 学区建设

一、创新学区建设

2003年5月，财政部为了研究“普九”后基础教育的投资方向，在城市和农村分别建立一所寄宿制小学作为研究基地，每所小学投资1300万元。农村小学的试点就选在了围场县的朝阳湾镇小拨小学。2003年秋，占地面积40亩、可容纳在校生1500人的木兰实验小学拔地而起。各种教学仪器、文体器材、计算机教室、多媒体教室、专业教室、图书室、学生宿舍、食堂等，都按国家一类小学标准一次性配齐。

新学校建成后，按照招生规模，县里把木兰实验小学所在的朝阳湾镇20千米以内的8所村级小学和离木兰小学较近的杨家湾乡郃家湾小学全部划归进来。由于学校规模大，教学设施及专业教师齐全，课程由原来各校点只能开主科，到现在全部开齐，教师由原来一个人教几科到现在多人教一科，办学优势凸显出来，得到家长和社会的高度认可。

木兰小学是全围场县、全承德市甚至全河北省第一个辐射范围达20千米，不但打破了村办界限，而且打破了乡镇行政区划的教育学区，这就是承德市的第一个学区。从此，承德市的农村义务教育翻开了划时代的一页。

8月26日，市教育局印发《关于推进学区建设的通知》，⑴各县（区）在重点抓好普及学前三年教育、普及小学英语教育、普及中小学信息技术教育及特殊教育的“四普”教育基础上，做好学区建设工作。⑵各县（区）在进一步深化中小学布局调整的同时，根据当地的实际情况，科学地规划好学区建设工作，将“四普”教育统筹安排，实现教育优势互补和资源共享，学区内教师统一调配，教育工作统一管理，确保开足开全国家和省规定的课程，真正提高教育质量和教育效益。⑶各县（区）要在全面规划学区建设的同时，重点抓好1～2个学区建设，结合本地实际，抓好试点，总结经验，以点带面。至年底，全市初中由275所减少到263所，小学由2236所减少到2170所。全市已有丰宁县、承德县等7个县（区）普遍开展学区一体化建设，创建示范学区30个。

2003年9月底，全市一期危房改造工程项目124个（含19个以奖代补项目）全部竣工，改造D级危房62241平方米，总投资达2805.32万元。第二期第一批中小学危房改造工程项目59个，工程总投资1799万元，预计改造危房面积29242平方米，年底全部竣工投入使用。第二期第二批中小学危房改造项目工程54个，总投资1913万元，改造危房总面积29536平方米，2004年暑期投入使用。

2004年，承德市委、市政府在围场县开始彻底打破乡村区划、建立县域内教育学区的试点。按照交通相对便利、区域位置相对集中、教育资源相对均衡的原则，以人口出生率为依据，打破乡镇行政区划，将全县划分为12个学区，在学区内建设标准化初中14所、小学67所。并且成熟一个，建立一个，不搞“一刀切”，不搞“大跃进”。

同年，启动承德五中扩建工程，规划将承德五中建成12轨制36个教学班规模，使其成为具备河北省普通中学B级办学标准的初级中学。为缓解市区小学新生入学紧张局面，投资400万元为承德实验小学新建一栋5018平方米的教学楼。魁星园小学秋季开学已经投入使用。

2004年9月20日，市政府常务会议听取市国资委“关于北京铁路局自办中小学、医院移交承德市有关情况的汇报”。会议认为，承德市要站在讲政治的高度，识大体顾大局，按时、保质、保量完成接收任务。会议决定：①由市国资委牵头，劳动、财政、卫生、教育等有关部门共同参与，立即着手工作，确保9月20日前完成接收任务；②有关部门对学校和医院接收3年后经费来源、养老保险金缺口及离退休人员误餐补贴、工资等进行认真测算，及时向省政府汇报；③抓紧为铁路医院及中小学找好接收单位；④与铁路地区办事处共同做好职工思想政治工作，确保平稳接收，防止出现上访事件。

2004年年底，承德市委、市政府在围场召开了学区建设现场会，在全市推广围场县学区建设的做法，提出用3～5年时间在全市建设72个学区的宏伟规划，并形成县教育局、学区中心校、学校三级县域教育行政管理体系。

2005年8月18日，市教育局印发《关于坚决制止、严肃查处义务教育阶段学校举办重点班、进行新生分班考试的紧急通知》，要求各县（区）和义务教育阶段中小学，切实做好自查自纠。

承德市年内争取中央和省危改及布局调整等各类专项资金5231万元，落实建筑面积14.4万平方米，改造D级危房4.69万平方米，全部消除2002年核查的现存D级危房。兴建“明德小学”8所，新建校舍1.64万平方米，总投资972.88万元。

市委、市政府印发《关于贯彻落实省委、省政府〈关于加强教育工作决定〉的实施意见》，要求全面启动全市学区建设工程，科学合理的调整学校布局，推行标准化学校建设。到2010年，在全市建设100所标准化初中、300所标准化小学。全市学区建设全面启动。

年内，省教育厅在围场县召开现场会，推广围场学区建设的经验。不到一年，省教育厅又在承德市召开全省推进农村义务教育均衡发展现场经验交流会，推广承德市的经验，决定从2006年开始，在全省其他所有设区市的22个县开展学区建设试点。与以往不同的是，这次现场会虽然以省教育厅的名义召开，但出席会议的，不但有各设区市、各县（市、区）的教育局长、基教科（股）长、计财科（股）长，还有全省11个设区市政府主管教育的副市长。省政府主管教育的副省长龙庄伟亲自到会并作了部署。

2006年，市区中小学布局调整一期工程启动，总投资2.02亿元（由市城建投资公司作为法人，向国家开发银行借贷9000万元）。5月29日，市政府第十一届三十二次常务会议通过《承德市新建改（扩）建住宅小区配套建设教育设施管理暂行办法》，确保使城市小区建设与学校建设同步发展。

12月30日，市教育局印发《关于规范义务教育办学行为的若干意见》，要求各县（区）教育行政部门和有关学校要高度重视该项工作，认真学习和贯彻文件精神，对依法办学工作进行全面部署，对本地（校）义务教育阶段学校的办学行为进行一次集中清理和整顿，坚决纠正违法违规行为。

2007年1月5日，《中国教育报》中国教育新闻网以《燕山深处的教育变革——河北省承德市以学区建设推进农村义务教育优质均衡发展纪实》为题，对承德市推进学区建设作了宣传报道。7月中旬，市政府在平泉召开了第二次学区建设现场经验交流会，极大地推进了学区建设进程。

2007年，承德民族中学、承德五中、南营子小学等学校的迁址、扩建工程基本完成。

2008年，全市学区建设总投入达到2.03亿元，是前5年投入总和的一半。投资3800万元的双滦实验小学投入使用。启动师专附中迁建工程，总投资2200万元。2009年，师专附中全面完成整体搬迁任务。

在市教育局会议室的墙壁上，挂着一张全市72个学区的区划分布图，图上一条条红线标出的是行政区划，而一条条粗重的黑线，标出的是教育区划。条条黑线自由伸曲，完全冲破了红线的束缚——这是中国历史上第一张教育学区地图，是教育按专业需要，按教育自身发展规律编制的地图。

至2010年年底，全市规划建设的72个学区全部整合建设到位，规划的100所标准化初中、300所标准化小学，分别完成了94所和277所，基本实现了原定的学区规划建设。小学学校数由2002年的2236所减少至646所，初中学校数由2002年的291所减少至128所。标准化小学和初中覆盖率分别达到66.1%和76.2%。全市在标准化小学、初中就读的学生比例分别达到80%、98%。义务教育阶段的小学、初中巩固率分别达100%、97%以上。

2010年，《河北教育》2010年第9期以《让农村孩子享受高质量的教育——承德市推进义务教育均衡发展纪实》为题对承德市推进学区建设做了宣传报道。

二、改革管理体制

2002年，市政府召开全市完善农村义务教育管理体制电视电话会议，对全市进一步完善农村义务教育管理体制工作提出要求；印发《关于完善农村义务教育管理体制的实施意见》。明确市、县（区）、乡镇政府和村委会的教育责任。市人民政府主要负责制定全市农村义务教育发展规划和完善管理体制的实施意见，总结推广先进经验，加强教育督导检查。县（区）人民政府主要负责制定本地区农村义务教育发展规划，组织实施农村义务教育；统筹抓好农村中小学校的建设、布局调整和危房改造，确保中小学办学条件基本达标；依法保障义务教育阶段适龄儿童少年接受完九年义务教育；按省定标准统筹安排中小学公用经费，安排使用校舍建设和危房改造资金，组织实施农村校舍建设，改善办学条件；统筹协调有关部门为农村义务教育发展提供优良环境和可靠保障，维护中小学治安、安全和正常教学秩序；指导中小学教育教学工作；开展助学活动；对乡镇人民政府有关教育工作和中小学进行督导评估。乡（镇）政府要依法继续履行义务教育的办学责任，负责组织适龄儿童入学，采取有效措施，严格控制义务教育阶段学生辍学；维护学校治安、安全和正常的教学秩序，治理好校园及周边环境；积极引进资金，改善农村中小学办学条件；按有关规定划拨新建、扩建校舍所必需的土地和必要的校田校山。村民自治组织要继续发挥好在实施农村义务教育中的积极作用，通过组织村民自愿投工、投料和外联等方式，支持农村小学校舍维护和修缮；负责做好本村内的中小学生控辍保学工作；负责维护好村小学的治安、安全和正常教学秩序；帮助村小学解决校山校田。

双桥区从2002年开始，将现行义务教育阶段的“五四”学制改为“六三”学制。双滦区钢城总校中学部更名为承德市第十五中学。

2003年，承德市教育系统在经受传染性非典型肺炎疫情的严峻考验情况下，一手抓防治非典，一手抓“普九”巩固提高和“两基”迎检工作，做到两手抓、两不误。

市教育局下发文件，推广隆化县治理学生辍学的典型经验，开展“无辍学校、无辍乡镇”创建活动，确保全市小学入学率99%以上，辍学率

0.5%以下，初中入学率98%以上，辍学率3%以下。全市206个乡镇中有134个基本达到省定控辍标准，有40个乡镇辍学率接近省定标准。承德市劳动和社会保障局、公安局、工商行政管理局、教育局、卫生局、总工会、团市委、承德市妇联等八部门联合印发关于禁止使用童工的规定，要求各相关部门认真抓好落实。

各县（区）的“普九”巩固提高工作虽然上了新台阶，但县（区）的城区学校班容量仍偏大，超省标，双桥区较为严重；有的县（区）城镇学校实验室被挤占，均衡发展和就地入学政策有待进一步落实；各县（区）校园网、计算机、语音室建设相对滞后，音体美器材偏少；有的县（区）对教育投入不足，县（区）之间、县内乡镇之间教育发展不平衡，初中、小学公用经费缺口大；优秀生源、优秀教师出现外流现象。针对这些问题，市委、市政府于2004年印发《关于进一步推进教育改革与发展的决定》，进一步明确基础教育发展目标和规划：进一步巩固“普九”成果，小学入学率达到100%，年辍学率1%以下，初中入学率达到100%，年辍学率城市1%以下，农村3%以下（力争1%以下）。到2010年，全面实现高水平、高质量普及九年义务教育，建立一批素质教育示范校。县（区）党委和政府要积极采取有效措施，下大力量抓好控辍保学工作，建立健全资助家庭困难学生就学制度，保障农村适龄少年儿童接受义务教育的权利。到2007年，全市农村义务教育阶段家庭经济困难学生都能享受到“两免一补”（免杂费、免书本费、补助寄宿生生活费）。做好进城务工就业农民子女教育工作，保证其接受义务教育，并与当地学生享受同样收费标准。进一步推广丰宁县教育管理经验，扩大优质教育资源。强化市中心区和小城镇中小学建设。在2005年年前逐步解决市区、县城及城镇中小学班容量过大、学生入学难的问题，农村中小学布局调整要适当向城镇集中。

市教育局确定“狠抓三个机制创新，实施七大工程，促进两个提高，创造一个良好的教育发展环境”的工作思路。进一步完善农村义务教育“以县为主”的管理体制，在全市继续推广丰宁“以县为主”的经验，推出建设学区统筹教育资源的创新举措。在学校管理层面，按照学校标准化管理的理念，制定标准化管理体系。

2005年，市委、市政府印发《关于贯彻落实中共河北省委、河北省人民政府关于加强教育工作决定的实施意见》，提出新的教育发展主要目标：大力提高全民受教育程度，提升人才培养能力和知识贡献能力。到2010年，全市人均受教育年限达到10年。到2020年，全市人均受教育年限达到12年。基础教育达到全省先进水平，基础教育普及程度稳步提高。小学、初中适龄人口入学率分别达到100%、99.5%，高质量、高水平普及小学和初中教育。完善对贫困家庭学生的扶助政策，消除因贫辍学。

至2005年年底，全市各县（区）义务教育阶段的小学和初中新生全部由“五四”学制改为“六三”学制，即小学六年，初中三年。

滦平县从2005年下半年开始全部免除义务教育阶段学生的学杂费。

2007年，承德市进一步全面贯彻党的教育方针，落实科学发展观，以促进教育优先发展、和谐发展、跨越发展为主线，以办好人民满意的教育为宗旨，努力促进教育公平，各级各类教育事业都取得了长足进步。圆满完成了市委、市政府年初“民心工程”、重大专项工作、政府工作报告和市教育局确定的重点工作任务，获得省市级以上16项奖励。全市九年义务教育完成率为99.56%。2008年，承德市被教育部评为全国义务教育均衡发展先进市。

2008年，市教育局进一步规范学校办学行为，研究制定贯彻市政府《关于加快发展基础教育全面提高教育质量的决定》的具体落实措施，在部分县（区）进行创建学校管理规范校、特色校、品牌校的试点工作。

市委、市政府在迎北京奥运、保安全稳定的特殊之年，实施“学有优教”工程。市教育局在大事多、任务重、要求严、责任大的情况下，认真履职尽责，努力开展工作，圆满完成了各项任务。特别是抓住城市面貌“三年大变样”的机遇，在市委、市人大、市政府、市政协的高度重视下，会同双桥区政府，研究制定了涉及54所中小学的双桥区中小学布局调整二期工程规划，经市政府常务会议审议通过，使双桥区中小学办学条件改善驶入快车道。至年底，全市在标准化初中就读的学生占76.2%，在标准化小学就读的占66.1%。全市初中毕业生升学率为83.35%，九年义务教育完成率为94.73%。

2009年，承德市被教育部评为全国义务教育均衡发展先进市。

深化管理体制改革。从2009年开始，在学区调整到位的县，实行县（区）教育行政部门直管学区中心校和初中学校、学区中心校直管小学和幼儿园的新体制。在规模较大的学校推行年级管委会的“扁平化”管理模式。制定下发义务教育阶段学校管理水平评估方案，通过创建学校管理规范校、特色校和品牌校，提升学校管理水平，积极推进学校文化建设，培树一批学校文化建设典型。

2006年，兴隆县、营子区通过省第一轮县域教育综合评估。2007年，丰宁、宽城、承德县、双桥区通过省第一轮县域教育综合评估，2008年，平泉县、隆化县、滦平县通过省第一轮县域教育综合评估。2009年，围场县、双滦区通过省第一轮县域教育综合评估。至此，全市各县（区）均通过省第一轮县域教育综合评估。

2010年，承德市以科学发展观为指导，精心编制《承德市中长期教育发展规划（2010—2020）》，谋划承德教育发展蓝图。通过举办讲座、专题会议、集中宣讲等形式多样的活动，将教育规划纲要精神传达到每一个层面、每一位教师。由市教育局领导班子成员带队，抽调专门人员，围绕六大方面分别深入基层开展调查研究，历时2个月，形成20万字的调研成果，并辑印成册。

承德民族师专附属中学更名为河北民族师范学院附属中学。

2010年11月，市教育局召开全市全面提高教育质量推进会，进一步完善县（区）教育局直管学区中心校和初中、学区中心校直管小学和幼儿园的管理体制。推行年级管委会管理模式，减少层级、降低重心，学校内部教育教学管理运行机制的高效便捷优势初步显现。开展义务教育阶段学校管理水平“规范校”“特色校”“品牌校”创建工作，全市340多所学校通过规范化学校评估，其中40所学校被确定为特色校创建重点。继续全面推进学校文化建设，引导学校建立科学的教育教学管理评估体系，推进学校管理由经验型向文化型转变，对56所学校文化建设先进单位进行表彰。

三、推进均衡发展

2009年，承德市学区建设进入扫尾阶段，全市义务教育工作开始向县域义务教育均衡发展方向迈进。全市在学区建设的基础上，不断优化教育资源，努力推进教育公平，强力实现教育均衡，切实办好人民满意的教育。

2011年，市政府印发《承德市推进县域义务教育均衡发展的实施意见的通知》，进一步明确实现均衡发展的主要目标、标准：“大班额”问题得到有效缓解，“择校”现象逐步消除，进城务工人员随迁子女义务教育全部纳入公共教育体系。校长、教师校际交流效果明显，农村紧缺学科教师配备到位，各学校都能开齐开足课程，办学条件达到市定标准。市政府召开全市基础教育工作会议。会上，市政府与各县（区）政府签订推进县域义务教育均衡发展责任书，要求11个县（区）到2012年年底，全部实现县域义务教育初步均衡发展，2016年年底全部实现县域义务教育基本均衡发展。

市教育局主要领导带领部分局分管领导及相

关科室，就县域教育发展工作到滦平县开展调研。通过实际查看，认为滦平教育在布局调整、提高质量和管理水平、社会认可等方面取得明显进步，呈现出配置资源合理，小投入大收益，注重抓公平、抓质量等鲜明特点。对滦平县下一步工作提出“一个持续”“两个加强”的意见，即持续推进布局调整到位，加强统筹协调力度和政策运用能力，加强管理，注重内涵、确保安全。

同年，《承德市教育中长期改革和发展规划（2010—2020）》正式颁布实施，十项重点工程和十项改革试点全面启动。

全市青少年校外活动场所建设经验受到省教育厅充分肯定，成功承办了全省青少年校外活动场所建设现场会，丰宁、兴隆两所青少年活动中心被国家和省授予县级示范性青少年活动中心称号。

围绕义务教育、队伍建设等项重点工作，市教育局相继出台《承德市推进县域义务教育均衡发展的实施意见》《关于加强中小学教师队伍建设的意见》《关于加强中小学校长队伍建设的意见》，印发《承德市特色学校评估方案》，使得推进县域义务教育均衡发展有了建设标准和时间表，校长和教师队伍建设成为全市教育发展的重大基础性工程，各级各类教育进入健康持续发展的快车道。以县为主，县级教育行政部门、学区中心校和学校三级管理体制进一步完善。以提升学校内涵发展能力为重点，教育教学管理模式不断创新。全市中小学管理水平在全部达到“规范化”标准的同时，全面启动“特色学校”“品牌学校”建设，涌现出一批以承德三中为代表的特色学校。

市教育局在丰宁召开“促进义务教育优质均衡发展——承德市推广‘跨越式’试验项目暨丰宁试验成果展示现场会”。“跨越式”试验项目创始人、著名教育家何克抗，北师大信息技术学院院长余胜泉参加会议并作主题报告，北京电视台、美丽中国项目组、北师大新闻宣传中心等媒体全程对会议进行宣传报道。

各县（区）多措并举推进义务教育均衡发展。丰宁县加强教学点建设，妥善解决教师待遇问题，落实每人平均200元的艰苦地区教师津贴，晋级、评先向长期扎根教学点的教师倾斜。隆化县加快农村寄宿制学校建设，实行划片、免试入学，优化控辍管理长效机制，建立健全农村留守儿童关于爱和公共服务体系，依法保障适龄少年儿童平等接受教育权利。双滦区坚持“教育强区”战略，全面实施“五项教育工程”，推进全区教育均衡发展。

秋季学期开始，平泉、隆化、丰宁、围场、承德县启动实施农村义务教育学生营养改善计划试点工作，中央拨付专项资金2315万元。试点县全部采用供餐企业（单位）送餐的方式，对所有实施农村义务教育营养改善计划的学校学生，上午大课间以“蛋+奶+水果”的形式实施营养补助。经相关部门审核确定的中标企业提供营养餐，统一将营养餐配送到学校，所有享受该项计划学生全部吃到营养加餐，使试点县农村学生营养得到改善。承德市学生营养改善计划共涉及试点县农村学校775所，占学校总数的64.76%，惠及学生141574人，占全部在校生85.92%。市政府把该项工作作为“德政工程”“民心工程”“阳光工程”，列入市政府民生工程，对食品安全和资金安全提出明确要求。市政府两次召开调度会议，要求准确把握国家政策，确保3元钱全部用在学生身上，确保食品安全，强化监督力度。五个试点县制定内容详细、操作性强的县级实施方案，围绕食品安全、资金安全、规章制度制定、部门职责分工、流程设定、人员配备等所有环节提出具体实施办法。

市教育局会同双桥区政府，修订了市中心区中小学校布局规划，协调开发商和相关部门，大力推进双桥区学校布局调整工程。备受各界热切关注的石洞子沟小学复建项目正式开工建设。7月5日，承德市桥东小学启动教学楼加固改造装修工程，总投资248万元、施工总面积3890平方米，8月30日，工程顺利完成，学校按时开学上课。承德市第十六中学教学楼加固改造装修工程7月中旬正式动工，历时2个多月时间，总投资250万元，面积4725平方米，按时式投入使用。4月，双桥区东园林小学开工建设新建占地面积5427平方米、建筑面积3835平方米、可容纳1000余名学生就读的新校区。11月完工主体工程，2012年暑假师生正式回迁到新学校。双桥区竹林寺小学占地面积758平方米、建筑面积2532平方米的新建教学楼和改扩建项目于11月15日全部竣工。兴隆县六道河中学总投资3015.8万元、建筑面积13025平方米的改扩建项目全部竣工，将温家宝总理与教师代表进行座谈的重要讲话精神落到实处。滦平县总投资1700万元，建设教师周转宿舍10260平方米、272套的教师周转宿舍项目11月底全部完工。3月中旬，市实验小学“班班多媒体”方案获市财政局批准立项，该项目包括装备电子白板设备100套，新建、改扩建4个学生机房，教学计算机160台，全部装配到位后，学校硬件水平得到极大提升。

12月中旬，宽城县实施的11个建设项目圆满完成。（1）宽城民族教育园区项目（规划总投资3.7亿元，占地面积450亩，建筑面积15.72万平方米，可容纳学生9000人）中，开工的教学楼、宿舍楼、食堂、综合楼等20栋建筑物已全部完工，体育馆完成基础工程。（2）第二小学扩建项目（规划总投资2500万元，新建综合楼6800平方米、体育场7000平方米，可容纳学生1800人）已完工并投入使用。（3）3个农村寄宿制小学改扩建项目（大字沟、铧尖、独石沟，新建面积4410平方米，改造原有校舍600平方米，总投资910万元），已全部投入使用。（4）两所明德小学建设项目（苇子沟、亮甲台）已全部投入使用。（5）国家学前教育推进工程试点项目：新建改扩建板城、孟子岭、汤道河、东川4所中心幼儿园，新建面积5730平方米、改建面积1600平方米，总投资1032万元，可容纳幼儿990人，已全部投入使用。

至2011年年底，全市11个县（区）全部实现县域义务教育初步均衡发展，义务教育阶段小学、初中巩固率分别达到99.98%和91.45%。承德市被国务院表彰为全国“两基”（基本普及九年义务教育，基本扫除青壮年文盲）工作先进地区，丰宁县教育体育局局长盛玉海（满族）被国务院授予“全国‘两基’工作先进个人”称号。

2012年8月29日，河北省农村义务教育营养改善计划秋季调度会议在承德县召开，与会人员先后深入新杖子洪模希望小学、安匠初中、安匠明德小学和营养餐食品供应商库房，现场察看学生食用营养餐过程。会议听取承德县、涞源县、唐县等6个县营养改善计划的实施情况，省教育厅负责对全省农村义务教育营养改善计划工作进行总结，并就今后一段时间工作做出安排部署，提出明确要求。

宽城县第二小学、隆化县十八里汰小学、营子区逸夫实验小学、承德市第七中学顺利通过省教育专家组评估认定，被评为省级素质教育示范校。至此，全市首批省级素质教育示范校已有15所。

市政府年初召开全市教育工作会议，会议强调，要牢牢把握全面提高教育质量这一核心；突出强化组织领导、投入支撑、队伍建设、改革创新和教育开放；重点围绕强化主体责任、加强隐患排查、抓好校安工程、强化综合治理、坚持统筹兼顾，时时确保学校安全稳定。

市教育局决定，从2012年新学年开始与浙大万朋公司联合建设承德市义务教育阶段学籍管理网络平台。

丰宁县紧密结合偏远山区的特点，在进行学区建设的同时注重了农村小学校点标准化建设，从2003年起，逐步将农村小学由432所调整到67所，并保留了174个只有一、二年级的农村小学校点。县教育局制定了教学点的“建设标准、配备标准、教学标准、管理标准”，既方便了低年级学生就近入学，又规范了教学点标准化建设，保证了县域内所有学生都能享受到高质量的教育，保证了教育的公平，促进了县域内义务教育的均衡发展。市教育局高度重视校点建设工作，及时总结推广了丰宁的经验。这项工作得到了国家教育权威部门的肯定，《中国教育报》、中国教育新闻网 2013 年 5 月 2 日分别以《教学点不但要保留而且要办好》《教学点不但要保留而且要办好，实施“农村教学点标准化工程”的探索与思考》为题，刊发了承德市校点建设做法。

年内，全市教育工程总投入 9.1 亿元，建设 12 类 1021 个项目，建设面积 113.77 万平方米，开工面积 108 万平方米，开工率 95%，竣工面积 72.4 万平方米，竣工率 63.64%。

2013 年，市十六中新建教学楼完工，实验楼完成主体，塑胶操场大部分已建设完成。中小学校舍安全工程、薄弱学校改造、初中校舍改造等各类工程项目进展顺利。其中，农村学区建设工程已调整到位 65 个，累计建成 300 所标准化小学、100 所标准化初中、农村办学条件得到明显的改善。承德市教育系统基层建设年 30 个帮扶项目工作有序推进。新建改建小学幼儿园面积 11418 平方米，购置设备 2684 台（套），总投资 1103.7 万元（含中央投资 598.1 万元、省投资 297.1 万元，县投资 208.5 万元）。至 12 月底，全市开工率为 110.95%，竣工率为 104.57%，开工率、竣工率位全省前列。标准化学校建设加快推进，全市在标准化初中、小学就读的学生比例分别达到 92%、76%。2011—2013 年，承德市各县规划农村义务教育营养改善计划学校食堂建设项目校 777 个，新建和改扩建食堂面积 18.9 万平方米，概算投资 3.09 亿元（中央 15155 万元、省 6380 万元、市 1258 万元、县 8112 万元）。

承德市十三届人大常委会第五次会议听取市教育局局长丁然受市政府委托所作的《承德市政府关于贯彻实施中华人民共和国义务教育法情况的报告》，并结合市人大常委会执法组关于检查市政府贯彻实施《中华人民共和国义务教育法》情况的报告，对市政府的报告进行了认真的审议，形成审议意见。会议在充分肯定成绩的同时，也明确提出了当前存在的主要问题。（1）教育经费投入有待增加。市政府对义务教育投入虽然达到了“三个增长”要求，但从整体上看，教育投入的增长同义务教育发展的需要还有较大的差距，办学条件改善的任务还十分紧迫和繁重。（2）师资队伍建设有待加强。教师队伍结构不尽合理，部分教师教育教学水平不高，有偿补课和个别教师道德失范等现象损害了教育和教师的社会形象，农村基层教师队伍难以稳定。（3）教育均衡发展水平有待提高。农村义务教育整体水平与城市区相比还有较大差距，同时，城市区的教育资源失衡和严重短缺又同时并存，“择校热”和“大班额”问题尚未得到有效解决。（4）素质教育有待提升。应试教育向素质教育全面转型还存在很多困难和阻力，有效促进素质教育的科学评价体制和激励机制尚未完全建立，学生课业负担依然较重，睡眠和休息锻炼不足，身体素质和健康状况不容乐观。会议提出了如下改进意见：（1）多措并举，进一步加大教育投入力度。（2）创新机制，进一步强化师资队伍建设。（3）统筹兼顾，进一步推进义务教育均衡发展。（4）深化改革，进一步提高素质教育水平，切实提高教育质量，减轻学生课业负担，加大控辍保学力度，提高在校生巩固率。（5）综合整治，进一步提高校园安全系数。

市教育局制定出台关于做好进城务工人员随迁子女接受义务教育后在当地参加升学考试工作的实施方案，切实保障进城务工人员随迁子女平等接受教育权利和升学机会。全市义务教育阶段共安置进城务工人员子女 1.24 万人。全市共有小学、初中“留守学生”3.55 万人，90% 以上安排在寄宿制学校就读。

2014 年，市政府年初召开全市教育工作会议，传达国家、省教育工作会议精神，安排部署全市年内重点工作。市政府主要领导发表致全市县（区）长的公开信，指出义务教育是教育工作重中之重，要切实摆上重要议事日程，进一步健全推动有力、检查到位、考核严格、奖惩分明、公开问责的责任机制和协力推进的工作机制，促进教育公平，确保如期实现县域义务教育基本均衡发展目标。

6月17日，市教育局开展农村中小学布局调整和辍学情况专项调研，并向市政府报送调研报告。本次调研以尊重历史，全面深入，客观公正的态度，共走访中学17所、小学35所、幼儿园19所，重点了解2006年以后农村中小学布局调整和辍学的有关情况。承德市是在2001年开始启动农村中小学布局调整工作的，2004年在围场县试点，之后在全市推广。经过不懈努力，探索出一条以“学区建设工程”为抓手的农村中小学布局调整之路。从2006年开始，利用五年时间规划建设72个学区、100所标准化初中、300所标准化小学。截至2010年年底，规划内的学区建设基础性工程已全部完成，办学条件得到极大改善，教师专任化程度和教育教学质量明显提高，农村学前教育得到长足发展，农村初中辍学得到有效控制，对优化配置农村教育资源和实现农村义务教育均衡发展起到有力的推动作用，并得到上级部门的认可。省教育厅先后2005年、2006年在围场、平泉、双滦召开全省现场会，承德市2009年被教育部授予“全国推进义务教育均衡发展工作先进地区”称号，《中国教育报》《河北日报》等多家媒体以《燕山深处的变革、历史的跨越》为题，多次报道承德农村中小学布局调整的经验和做法。经调查，随着学校服务半径的增加，学生上学路途的加长，确实有部分学生辍学在家。但这部分学生大多是特殊弱势家庭，有的是残疾，有的是因病和贫困辍学，而且这部分学生占辍学比例非常的小，学区建设并不是导致学生辍学的主要原因。学生辍学主要是受学习困难、家庭变故和新的“读书无用论”三大因素的影响。2006—2010年，县（区）初中辍学率最高值分别为3.8%、3.9%、3.2%、2.9%、2.72%，呈现下降的趋势。全市不存在因中小学布局调整致辍学人数增至1.1倍的现象。调研报告对抓好控辍保学，积极推动义务教育均衡发展提出了可行的具体举措，对进一步科学地做好学校布局调整提出了合理化建议。

市政府印发《关于扎实推进县域义务教育均衡发展的实施意见》，提出到2016年年底，全市实现县域义务教育基本均衡发展目标，并全部通过教育部评估验收。要求加强教师队伍建设、科学规划教育格局、提高投入保障能力、创新均衡发展模式、强化学校内涵发展、加强学校管理等扎实推进县域义务教育均衡发展的主要措施。

市政府办公室《专题调查》第三期，以实施《“三集中一覆盖”（高中向园区集中，初中向县城集中，小学高年级向乡镇集中，小学低年级和幼儿园（教学点）向自然村覆盖）战略推进县域教育均衡发展》为题，刊发对宽城县园区化办学情况的调查与启示。

市教育局印发《义务教育学校管理标准（试行）》《关于进一步做好义务教育免试就近入学工作的实施意见》《义务教育阶段学生学籍管理办法实施细则（试行）》，印制关于留守儿童教育管理工作的实施方案。

市教育局向承德市高新技术产业开发区管理委员会下发《关于设立北京师范大学承德附属学校的批复》：学校名称为北京师范大学承德附属学校（原新城第一中学和新城第一小学）。学校占地面积136.38亩，规划建筑面积5.8万平方米，办学规模为小学6轨36个教学班，初中12轨36个教学班（初中为寄宿制），在校学生3000人以内。办学性质为义务教育阶段普通公办学校，隶属承德高新技术产业开发区管理委员会（以下简称“高新区管委会”）。学校建设与保障机制：由高新区管委会出资并按照国家中小学建设标准进行规划建设，应达到标准化学校办学规模，建成后，由高新区管委会负责该校经费保障。学校管理：北京师范大学承德附属学校的领导班子及成员由高新区管委会按照干部任免规定进行考察、任免、考核；教育教学业务由高新区负责，市教育局负责指导；人员工资、职称、福利待遇等所需资金由高新区管委会负责解决。学校责任：承担义务教育责任，应按照就近、免试、划片招生原则，优先招收高新区内学生，同时招收市区内部分学生。承德市机构编制委员会下发了关于成立北京师范大学承德附属学校编制的通知，同意成立北京师范大学承德附属学校，为承德高新区管委会所属事业单位，经费形式为财政性资金基本保证，所需经费由承德高新区管委会负责保障。主要职责是负责小学、初中阶段基础教育教学工作。人员编制按照学校满负荷运行应核定教职工编制 172 名，鉴于学校首批招生范围为小学一至三年级、初中一年级的实际情况，暂批准使用教职工编制 68 名；考虑学校合作办学的特殊性，为保证师资轮训的需要，可在暂不使用编制中提前使用 34 名。以上合计暂批准使用教职工编制 102 名（编制来源在市本级事业编制总量内调剂），其中，专业教师编制 61 名（小学 31 名，初中 30 名），教辅、工勤人员编制 7 名（小学 2 名，初中 5 名），培训教师编制 34 名。其余 70 名编制视学校各年级运行情况，根据实际需要，分期分批审批使用。

2014 年，在全市范围内开展义务教育阶段学校“减负万里行·第二季”活动，改革小学生考试成绩呈现方式，取消“百分制”，实行“等级加评语”的评价方式，避免分分计较。减少统考统测，小学低年级不得组织学校统考。深化改革，从源头减轻学生过重课业负担。

4 月 23 日，中共河北省委主要负责到承德市宽城满族自治县调研，对该县“高中向园区集中、初中向县城集中、小学高年级向乡镇集中、小学低年级和幼儿园向自然村覆盖”的教育调整模式给予充分肯定。河北省省长张庆伟、省教育厅厅长刘教民分别于 8 月 18 日、8 月 28 日到宽城县考察，认为“三集中一覆盖”的教育发展做法符合宽城县域实际，对各地以城乡教育一体化为导向，结合实际调整学校布局结构、改善办学条件、提高办学质量、统筹做好城乡教育工作，具有借鉴意义。河北省教育体制改革领导小组办公室印发关于宽城满族自治县的先进教育经验，要求各地认真学习，积极借鉴。承德市教育体制改革领导小组办公室印发通知，指出宽城县的主要经验：⑴站位高，⑵重投入，⑶抓队伍，⑷强管理。要求各县（区）要抢抓机遇，用好政策；统筹兼顾，前瞻谋划；多元投入，强化保；敢尝试，勇创新。市委书记周仲明对宽城县产城教一体化做法作出批示：推广宽城经验，意义重大，关于产城教一体化工作，省委省政府高度重视，市、县两级务必抓好落实，望每个县都要像宽城一样，一把手亲自抓，拿出具体方案，务求实效，市委督查室督办。

5 月 13 日，北京师范大学承德附属学校的建设项目开始施工，一期工程包括教学楼、实验楼改建，建筑面积共 25709 平方米，于 2014 年 8 月完成并投入使用。二期工程包括男生宿舍楼、女生宿舍楼、食堂、体育馆建设，建筑面积共计 20669 平方米，于 2015 年 9 月完成并投入使用。两期总投资 3.286679 亿元。学校设计办学规模小学、初中各 36 个教学班，实行小班化教学，小学班额不超过 35 人，初中班额不超过 40 人。2014 年 9 月 19 日，学校正式开学。学校面向全国招聘校长 1 名、校长助理 1 名，教师 36 名。小学部招收 1 ～ 3 年级学生 138 名，初中部招收 7 年级学生 47 名。

9 月，双桥区石洞子沟小学、东园林小学正式投入使用。新石洞子沟小学占地面积 7939 平方米，总建筑面积 6350 平方米，可容纳 1080 名学生。东园林小学占地面积 5000 平方米，总建筑面积 3600 平方米，可容纳 540 名学生。

9月25日，双桥区人民政府、市教育局向承德市建委送发《关于世纪城中小学建设意见的函》。⑴对学校建设提出新要求：建设一所占地面积50亩、建筑面积15315平方米、12轨36个教学班、能容纳1800名学生的中学；建设一所占地面积16.5亩、建筑面积8455平方米、24个教学班、能容纳1200名学生的小学；建有一个中小学公用的建筑面积达26000平方米的会议室和一个400米的环形塑胶跑道。⑵建议学校建设分两期进行：一期先行建设小学，二期建设中学。

丰宁县实施农村教学点标准化工程的经验做法被《承德教育信息》专刊推出以后，引起各界的广泛关注，《中国教育报》、新华社等媒体陆续予以宣传报道，人民网、新华网等多家网站对稿件进行转载，年内又被省委改革办、省委宣传部确定为重点宣传典型。

双桥区推动区域义务教育均衡发展步伐扎实有效。⑴建集团。为解决长期以来民族中学“一校独大”，区域内初中校际发展严重不均衡的问题，利用民族中学的办学声誉、管理经验和第五中学相对闲置的校舍，将民族中学与第五中学进行实质性合并，原第五中学更名为民族中学安定里校区，原民族中学更名为民族中学佟山校区，两个校区由原民族中学统一领导和管理。两校区的初一年级，实行教师调配、教学进度、教学内容、教学活动和教学管理的“五统一”。不仅盘活了闲置资源，而且扩大了优质教育资源覆盖面。安定里校区当年招收初一8个班、新生405名，一举改变了原五中近年来每年仅招收新生70～80人的局面，使西大街区域的学生能够就近享受优质教育，有效遏制了择校风，受到广大学生家长的好评。⑵组联盟。将区内一所优质学校与一所或几所薄弱学校捆绑，构建不同法人单位、联校协调管理的新机制，使优质学校的办学理念、管理经验扩展到相对薄弱学校。全区共组成7个学校联盟，联盟内学校间同学科教师定期开展集体备课、主题教研等活动，实现教育资源有效共享。⑶“提前入校”。指导双峰寺中心校将小学六年级学生提早移至双峰寺中学就读，既有效统筹整合了区域内教育资源，也有利于小学与初中的顺利衔接。⑷打造教育命运共同体。以各所初中为核心，与为其提供生源的小学建立起纵向联合关系。共同体内部校际间开展互助活动，加强纵向合作交流，逐步实现资源共享。⑸促进教师流动，充分发挥教师资源的效能。本着教师由“学校人”向“系统人”转变的思路，制定出台双桥区推进教师资源均衡配置工作方案（试行），确定用三年时间实现教师资源配置基本均衡，学校领导和教师交流制度化、常态化。⑹实行“走教”制。教师在不同学校间走动任课，以使现有教师资源的效能最大化，保证按国家课程计划开齐课程、开足课时。⑺中学教师到小学任教。由历史原因，中学教师总体超编，而小学教师数量不足，特别是音乐、体育、美术和英语等学科专任教师严重短缺。在人事关系、原有待遇不变的前提下，鼓励中学教师到小学担任教学任务，在职称评聘、评优选先等方面同等条件下优先考虑。

围场县、双滦区顺利通过河北省县域义务教育均衡发展评估验收、第二轮省政府教育综合督导评估、义务教育阶段教学评估。围场县木兰实验小学、双滦区实验小学、承德三中顺利通过省素质教育示范校评估认定。

滦平县教体局在“2013中国教育总评榜”评选活动中，被中国教育协会、中国教育发展促进会授予“全国教育改革创新示范县”荣誉称号。兴隆县六道河中学在新华社新华网主办的第四届新华教育论坛——“大国教育之声”活动中，被授予全国2013年度“基础教育特色学校”称号。

从11月起，承德市农村义务教育学生营养改善计划补助标准提高，每生每天补助从3元提高到4元，全年按学生在校时间200天计算，每生每年补助800元。

11月26日，市政府办公室印发《关于进一步做好农村义务教育学校布局调整工作意见的通知》，要求各县（区）要依据“科学规划，合理布局，保持稳定，按需调整，充分论证、严格程序”的原则，结合实际，科学地制定农村义务教育学校布局专项规划，合理确定辖区内教学点、村小学、中心小学、初中学校布局，以及寄宿制和非寄宿制学校的比例，保障学校布局与新农村建设和适龄人口居住分布相适应，逐步形成乡镇中心小学或九年一贯制学校和村小学、教学点的合理布局，严格程序，逐级报批。对2012年年底以前已经撤并的村小学、教学点，原则上保持相对稳定，避免产生新的校舍闲置，浪费教育资源。对有一定生源，学生家长要求强烈，具备条件且确有恢复必要的村小学、教学点，综合考虑办学条件、师资力量、教学质量和办学成本等因素，由县级政府组织科学论证，充分征求各方面意见，达成一致意见的可以恢复。2013年以后，学校确需撤并的，由县级政府制定撤并方案（含招生区域调整、学生分流、周边学校接受能力、撤并后学生交通安全等方面的内容），组织召开听证会，广泛听取学生及家长、师生、村委会和乡镇政府的意见，主动接受群众的监督，要严格履行报批程序，撤并方案必须在本级政府及教育等部门网站上向社会公示满1个月，并逐级报请市政府审核同意，省政府审批后方可实施。学校撤并坚持先建后撤，平稳过渡，确保正常教育教学工作的有序进行。严禁以行政手段强行撤并学校，坚决纠正盲目撤并学校的做法。通知强调，均衡发展的实质是内涵均衡、质量均衡，县（区）要着眼整体规划，从人口资源分布、城镇规划体系和经济发展趋势等方面综合分析，科学调整学校分布，整合教育资源。政府要提高保障水平，教育行政部门要指导有力，学校要管理有方，广大教师要在教学有效上下功夫。

至年底，全市全面完成全国中小学生学籍基础信息采集工作，全部导入全国中小学生学籍信息管理系统，与全国联网，实现“籍随人走、一籍一号”中小学生学籍管理新办法。

全市义务教育巩固率小学达到100%、初中达到97%以上，在标准化小学、初中就读学生比例分别达到78.5%和96.3%。

从2015年春季学期起，承德市建立城市义务教育阶段学校公用经费保障机制，统一城乡义务教育阶段学校公用经费基准定额标准。城市义务教育公用经费基准定额标准：小学年生均685元（含取暖费85元），初中年生均885元。省级财政将通过“以奖代补”的形式，对建立保障机制的市给予资金奖补。

2015年，市政府年初召开全市基础教育工作电视电话会议，总结经验、分析形势，提出要坚定信心、再接再厉，全方位、深层次、持续性提高基础教育质量。会议认为，教育质量是教育工作的生命线，是教育发展的永恒主题。今后一个时期，各级政府要在强化保障上下功夫，确保各项教育经费保障政策全部落实到位，优化教育资源配置。各级教育行政部门要在指导有力上下功夫，完善义务教育均衡发展的推进和评估机制，扩大优质教育资源覆盖面，把握京津冀协同发展重大机遇，强化教师队伍建设。各学校要在管理有方上下功夫，树牢质量意识，更新办学理念，强化教学改革，完善管理机制。广大教师要在教学有效上下功夫，以高尚的师德引导学生，以广博的学识培养学生，以科学的方法吸引学生。各级各部门要在维护安全上下功夫，明责任、重管理、强治理、严督考。

承德市人大常委会调研组就全市义务教育资源配置和校长教师“两支队伍”建设开展专题调研。调研组一行先后对双桥区、宽城满族自治县、承德县辖区部分中小学进行实地察看，围绕深化教育领域改革、推进教育事业发展、优化教育资源配置进行座谈交流。座谈中，代表们对近年来承德市教育均衡发展取得的成绩给予充分肯定，同时也剖析了在义务教育资源配置、“两支队伍”建设等方面存在的突出问题，提出进一步强化领导、进一步完善投入机制、进一步优化学校布局、进一步提高队伍素质等一系列对策建议。

市教育局制定《关于推进中小学内涵发展的指导意见》。

市教育局印发《关于市体育运动学校义务教育阶段学籍管理及有关问题的通知》，要求各中小学校要为选拔到市体校的义务教育阶段学生保留全国电子学籍，并做好学籍信息维护工作，不得做流失处理。在市体校的初中毕业年级学生可以在双桥区报名参加中考，但不享受学籍所在初中学校的省级示范高中指标分配政策。市体校负责做好在本校义务教育阶段就读学生的学习、生活和安全等日程管理，建立纸质的学生在校情况表现记录表，及时反馈给输送学校。市教育局组成专家评估小组，对承德体育运动学校进行包括文化教师配备、教学常规管理、教师培训、教学科研成果、德育工作、教学设施设备等方面的检查评估，总评成绩为96分，定级为优秀。

规范义务教育招生秩序，严格执行免试、就近、划片的招生政策。市教育局与双桥区人民政府联合出台《2015年双桥区义务教育阶段招生工作实施意见》，制定小学招生细则、小学招生学区划片方案、小学升初中分配方案。市教育局向承德市十六中下发办学层次变更的批复，同意十六中将办学层次由“初中”变更为“九年一贯制”学校，招收小学、初中学生。年内，全市安排义务教育阶段进城务工经商人员子女就学17133人，其中小学13675人、初中3458人。

年内，承德市“全面改薄”（全面改善贫困地区义务教育薄弱学校基本办学条件）工程已开工面积15.3万平方米，开工率34.09%。其中，已竣工面积9.4万平方米，竣工率20.96%；累计投入资金4.64亿元，其中中央资金2.96亿元，省资金1.2亿元，市、县资金4800万元。资金中用于土建支出1.74亿元，支出率19.74%，用于设备购置7224万元，采购完成率28.9%。市政府《要情快报》第108期，10月26日刊发《承德市全面改善贫困地区义务教育薄弱学校基本办学条件进展情况》。

随着各项工程完工，市第十六中学办学条件得到全面改善，新建教学楼、实验楼投入使用，教学班装配了电脑、实物展台等多媒体设施；建成高标准配备的微机室、录播室、多功能阶梯教室、理化生实验室、音体美功能教室，以及图书室、阅览室；初步建成数字化校园，硬件设施达到省级一流标准。高新区北京师范大学承德附属学校二期工程10月上旬全部竣工，总投资约4700万元，工程含有6985平方米的男生宿舍楼、5445平方米的女生宿舍楼、4972平方米的食堂及餐厅、3629平方米的风雨操场、450平方米的浴室。围场县委、县政府决定在城南启动科教园区建设项目，项目包括一所标准化高中（三十六轨制，容纳5940人，占地面积154.05亩，建筑面积97730平方米）、一个全民健身活动中心（含体育馆和体育场，共占地面积137.7亩）、一所小学（六轨制，容纳1620人，占地面积64亩，建筑面积41000平方米）、一处教师公寓小区（总占地面积241亩，建筑面积57万平方米），预计总投入资金16.2亿元。

丰宁县总投资5.13亿元，完成新一中一期工程建设；新建教学点6个，改造标准化教学点123个，对74所学校的教学楼、餐厅、宿舍等进行维修改造；为全县学校接入光纤，购置图书，配备体育、音乐及科学实验器材，更新了课桌椅，使学校办学条件得到明显改善。

宽城县教育体育局局长王子文在河北省2015年全省教育工作会上，作题为《完善管理机制、创新研训载体，推进县域教育均衡发展》的典型发言。滦平县二中、河北民族师范学院附属中学、丰宁三中、围场二中、承德县二中和平泉小寺沟中学等6所初中学校召开联谊会，正式启动“六校联谊”合作办学，实现资源共享、共同提高。

丰宁、兴隆两县青少年活动中心被评为“全国县（区）级示范性青少年校外活动场所”。承德市在全省率先实现青少年活动中心县（区）全覆盖，有5所青少年活动中心获得省示范中心称号（全省共35所）。全市省级中小学素质教育示范校达到23所。

《河北日报》以《承德市双滦区：给“留守儿童一个温暖的家”》为题，宣传报道双滦区党政统筹、学校为主、家庭尽责、社会参与、儿童为本的“五位一体”留守儿童教育管护模式。

12月8日，市教育局向承德市凤凰山房地产开发有限责任公司下发《关于配套建设承德市凤凰山学校的批复》：项目规划用地面积为25264.2平方米（约37.9亩），建筑面积为14525平方米，其中，中学建筑面积6174.93平方米；小学建筑面积6778.64平方米；综合楼建筑面积804.27平方米；食堂建筑面积587.14平方米；公厕建筑面积40平方米；门卫建筑面积20平方米；开闭站建筑面积120平方米。总投资5000万元，全部由承德凤凰山房地产开发有限责任公司自筹。要求2016年4月开工，建设工期18个月。项目竣工经有关部门验收合格后，无偿交付高新区教育委员会使用和日常维护，产权归教育部门所有。

12月31日，市政府印发《关于承德市市区中小学幼儿园布局调整三期规划（2014—2020)》。按照规划要求，到2020年，双桥区辖区内中小学将达到96所（高中4所、特教学校1所、初中12所、九年一贯制学校1所、小学45所、幼儿园33所）。其中，保留学校36所，迁建、复建、新建、改扩建学校60所。中小学布局分6个区域：市区直属36所，双峰寺20所，狮子沟10所，水泉沟区域8所，牛圈子沟区域9所，大石庙13所。承德高新区辖内中小学将达到45所（高中1所，初中2所，九年一贯制学校2所，小学20所，教学点5个，幼儿园20所）。其中，保留学校11所（含教学点4个），迁建、复建、新建、改扩建中小学34所。中小学布局分3个区域：上板城区域24所、冯营子区域13所、滨河新区8所。要求双桥区政府、高新区管委会、市直有关部门，严格规划刚性约束，分期分批组织实施；加大财政资金投入，多方筹集建设资金；强力推进项目建设，确保规划有效落地；坚持软硬件建设同步推进，统筹市区基础教育均衡发展。

2010年，兴隆县、营子区通过省第二轮县域教育综合评估。2011年，丰宁县、宽城县、承德县、双桥区顺利通过省第二轮县域教育综合评估。2012年，平泉、滦平、隆化县通过省第二轮县域教育综合评估。2013年，围场县、双滦区顺利通过省第二轮县域教育综合评估，至此，全市11个县（区）全部通过省第二轮县域教育综合评估。2015年，丰宁县、承德县、宽城县、双桥区4个县（区）顺利通过省第三轮县域教育综合评估。

2013年，围场县、双滦区顺利通过省县域义务教育均衡发展评估验收。2014年，营子区、宽城县、丰宁县、承德县通过省县域义务教育均衡发展评估验收。2015年，平泉县、滦平县通过省政府县域义务教育均衡发展评估验收。2014年，围场县、双滦区通过国家县域义务教育基本均衡发展评估验收。2015年，营子区、宽城县、承德县、丰宁县通过国家县域义务教育基本均衡发展验收。

第四节 教 学

一、承德地区教学工作

1989年，地教委开展小学优秀教师大选赛和学科教学联查活动。语文学科推广“注音识字，提前读写”实验和自学识字实验，数学学科推广三算结合专题训练实验。自秋季始，初中全面实施体育锻炼合格标准，中小学全面推行第七套广播体操。

1991年，地教委下大力抓教学工作，向管理要质量。5月上旬，召开全地区中小学教学工作会议，聘请天津市和平区优秀教育工作者到会介绍经验，并通过参观、听课、经验介绍等形式，交流全地区近年来教学工作的经验，研究教学中的问题及对策。集印承德地区教育工作汇编、实施九年义务教育方案集和教师必读，修订教学管理汇编，制定普通中小学校争先创优达标升级工作意见，组织相关科室赴上海杨浦区进行学习考察，使全区广大教育工作者以教学为中心和向管理要质量的思想更加明确。

1992年，地教委年初召开中学语文阅读教学研讨会、生物和物理教学研讨会，交流论文40多篇，举行公开课25节；召开复式教学研讨会、现场交流经验，制定“复式教学常规”；召开小学自然研讨会，请北京朝阳区李永生等三名教师讲示范课，请人教社自然研究室副主任殷志杰作题为《新大纲、新教材特点》的学术报告；组织小学语文观摩研讨会和小学“三算”教改试验研讨会，对提高教师教学业务水平和提高教学质量起到了较好效果。

二、承德市教学工作（地、市合并前）

1989年3月4日，市教委印发《关于小学、初中国防教育纲要及学校国防教育常规》，要求各学校根据通知精神认真贯彻执行，并与市警备区联合确定市九中、碧峰门小学为试点校，以便总结经验，推动此项工作的开展。

1989年3月16日，市政府转发市教委《关于办好初中的意见》，要求从“升学教育”转到“公民教育”上来，把巩固率、合格率、毕业率、优秀率几项指标作为评价学校的重要标准。12月19日，召开全市学校体育卫生工作表彰会议，对学校体育卫生工作先进集体和先进个人进行表彰。年内，市教委组织中小学运动员参加河北省青少年比赛66项次，获得金牌39块、银牌29块、铜牌33块。其中，柔道男队、举重女队、羽毛球男队、航模队获团体冠军，竞走、儿童田径、羽毛球女队、围棋、射击、体操等10个队进入全省团体前三名，另有举重、体操、航模7名队员代表河北省参加全国比赛，并获得3块银牌，为全市争光。虹桥、南小的课间天天练工作得到省教育厅体卫处对市区学校卫生保健工作检查组的表扬。

1990年，市教委中学教研室印发《中学各科教学评估标准》《中学教学常规》《中学教师教学工作考核细则》，开展学校整体教学质量评价试点工作。小学教研室推广双桥区重视思品课的经验，并在此基础上进一步总结在语文教学中加强思想教育，在数学和自然教学中加强辩证唯物主义启蒙教育的经验，将德育教育融入各学科教学之中。在面向全体对初中毕业生进行达标考试的基础上，实行初二历史、地理会考制度。年内，全市认真贯彻“中学生体育合格标准”和“中学生体育锻炼标准”。

1991年3月20日，市教委、体委、卫生局等部门联合在翠桥小学召开保护学生视力经验交流会，安排3所中学和5所小学大会介绍经验，随后又通过书面答卷和现场口头比赛的形式举办保护学生视力知识竞赛，进一步推动中小学预防近视工作的开展。6月10—25日，对市区中学及县（区）较大中学进行全面的体卫工作大检查评比，有效促进了学校体卫工作的开展。

8月31日，市教委印发《关于严格执行小学教学计划和整顿教学秩序的通知》，规定现行五年制小学原则上仍执行原教育部1981年颁发的全日制五年级小学教学计划修订草案，现行六年制小学原则上仍执行原教育部1984年颁发的全日制六年制教学计划草案，国情教育、卫生健康教育等原教学计划中未列项目，各校可根据学校情况利用自习课或机动时间进行。小学全年教学时间37周（包括上课、复习、考试，其中上课时间不得少30周，集体教育活动时间2周），假期13周（包括寒暑假、节假日和农忙假）。小学集体教育活动时间用来组织有教学意义的活动，学校可安排固定的活动日，如植树日、扫墓日、参观日、文娱活动日以及运动会、远足、社会调查和实践等活动。假期要确保师生休息，可以组织有益的活动，但不得用上课。每节课时间，小学一般为40分钟。小学一、二年级一般不留书面家庭作业，三、四年级每天课外作业量不超过30分钟，五、六年级不超过45分钟。切实保证小学生每天睡眠10小时，体育活动时间1小时。

9月，市教委印发《承德市加强学校体育卫生工作的九条补充意见》。11月22—25日，对6所学校学生身体素质进行抽测，并评选出体质调研先进单位进行表彰。11月23日，印发小学生日常规范。12月9日，印发《关于加强中小学生竞赛活动管理的通知》。

1992年1月1日，市教委印发《中学生体育合格标准实施办法》，要求县（区）教育（文教）局、各学校要充分重视，切实加强领导，严格按实施办法有关条款要求执行。要求每年在体育卫生工作检查时，同时检查体育合格标准执行情况。初一、高一学生从1992年9月1日起，开始实行中学生体育合格标准实施办法，其他年级在1995年9月1日之前仍执行中学生体育合格标准实施办法试行办法。

1992年1月7日，市教委印发《小学生体育合格标准实施办法》，要求实验小学、翠桥小学、双塔山小学、马圈镇中心小学、下板城小学从1992年秋季开学开始实行，县（区）乡中心校以上的小学从1993年秋季开学正式实施，其他农村小学创造条件在1995年秋季开学全部实施。

3月18日，市教委转发《省教委〈关于切实解决小学生课业负担过重问题〉的紧急通知》，要求县(区)教育行政部门、省属以上企业教育处、市直属学校接通知后，组织全体干部教师认真学习，结合本地本校实际进行一次认真检查，制定出具体落实措施，严格执行国家、省教委制定的关于减轻学生过重课业负担的规定，并设立和公布举报电话，承诺举报一件查处一件。

11月14日，市教委印发《关于认真做好初中后“三加一”（农村初中学校的学生在校学习三年毕业后，没有升学的再加学一年农村实用技术）教育工作的意见》。

市教委印发《关于进一步加强普通中小学劳动和劳动技术教育的意见》，要求到1993年以前，所有中小学学生都能按照要求接受相应的劳技教育；到1995年，各县（区）要办出2～3所典型示范校；到1997年，力争在市区创建劳技教育中心，并在全市建立一支业务合格、相对稳定的劳技教师队伍，有70%的专职劳技教师学历达标，具有一定的技术操作水平；到2000年，全市所有中小学都要达到国家教委制定的劳技器材配备标准。

三、教学改革

地、市合并后，新的市教委进一步深化教育教学改革，努力提高教育质量。11月，在丰宁县召开全市中小学示范校建设暨教学改革现场会，命名4所市级示范校，总结推广丰宁县在示范校建设暨教学改革方面的经验。12月，召开全市中小学教学管理研讨会，就如何根据素质教育精神加强教学管理进行认真的研究和讨论，并制定全市加强小学教育管理的办法。进一步落实国家教委颁布的教学计划和教学大纲，开启上好各门课程，控制课业量和学生在校时间，减轻学生课业负担，开展群众性的教改实验活动，完成初中史地乡土教材的编写工作，强化文体艺术和劳动教学。

2013年9月6日，市教委、体委联合印发通知，要求各校落实学生每天有一小时体育活动时间，开展“天天练”活动。规定各中小学在上午课间操后或下午第二节课后加15～20分钟素质练习（简称天天练），其练习内容要以发展速度、耐力、灵巧、弹跳为主，由各学校结合实际进行安排，并列入课表。年内，举办第六届全市中小学艺术节，进行书画作品比赛，市实验小学、南营子小学、承德县一中被评为河北省艺术教育示范校。年内，劳动技术教育得到加强，全市95%以上的中小学开齐开全劳动课程，90%以上的学校建立劳动基地。

1994年，市教委以丰宁县和承德县为试点，积极探索山区校点分散情况下的办学之路。先后召开小学教学改革研讨会和中心教研组会，开展语文、数学、英语等学科优秀课评比活动。小学教研室编写出版复式班使用教材，在全国义务教育教材培训会上作观摩课。

市教委印发《承德市学校艺术教育实施意见》，成立承德市学校艺术教育委员会，明确学校艺术教育委员会作为市教委领导下的艺术教育指导和咨询机构，受市教委的委托对全市的艺术教育工作进行指导、督促和检查。委员会下设办公室，设在市教委初教科，负责处理日常工作，并要求县（区）设立相应的组织。市教委印发承德市中小学艺术教育示范学校标准。

市教委印发《中小学生竞赛管理办法（试行）》，要求在今后的工作中严格按照该办法管理好各种竞赛活动，不得随意组织参加未经批准的竞赛活动。年内，承德市成功地承办河北省第七届中学生田径运动会，获得男子总分第一名、女子总分第三名和团体总分第一名的好成绩，并有12人次打破7项省纪录，市教委荣获省优秀承办单位奖。

1995年6月12日，市教委印发《实行每周40小时标准工作制后全日制中小学课程（教学）计划的调整意见》，要求全市各小学、初中从年内的下学期开学始，必须按调整的课程（教学）计划安排教学，即：小学与初中各年级学科教学每周最高时数分别为26和29课时，周活动总量分别在30和33课时以下。

1998年，市教育局教研室以科研为先导，巩固和深化全市目标教学改革实验的阶段性成果，举办1500余人规模的“目标教学”观摩会，推动此项改革实验的广泛开展，促使教师由“经验型”向科研型转变。

1999年，小学教研室开展送教下乡、培训骨干教师和开展自主学习实验相结合的巡回讲学活动，举办承德、秦皇岛、保定三市“小学语文自主学习课堂教学模式探索”主题协作研讨活动。中学教研室开展的初中目标教学改革实验及承担教育部“九五”重点课题研究初见成效。全市确定以培养学生创新精神和实践能力为目标，注重培养科研型学科带头人，聘请北京等地知名专家到承德作课，积极组织各学科的竞赛活动，不断提高教师的教学水平。

2001年3月12日，市教委印发《关于积极推进小学开设英语课程的指导意见》，从2001年秋季开始，三区和各县直属小学、县城城关镇小学全部开设英语；从2002年秋季开始，各县每年要有五分之一的乡镇小学开设英语课程；到2008年，全市基本普及小学阶段英语教育，使85%以上的小学毕业年级学生接受3～4年的英语教育。小学开设英语教育的起始年级一般为三年级。认真搞好小学英语教师的培养培训工作，积极开展以汉语和英语为教学语言的“双语”教学实验，切实加强对小学英语教育工作的领导。

2001年6月9日，市教委印发《关于加强教育科研先导型实验学校建设的指导意见》，要求各县（区）从本地实际出发，及早制定出具体、可操作的实施方案，以便使这项活动尽快地开展起来。12月29日，印发《关于对普通中小学落实体育卫生工作两个条例情况检查评估的通报》，指出全市中小学体育卫生工作管理水平不断提高，特别是农村中小学体育卫生工作得到普遍加强。还需进一步加强体育卫生器材的管理，进一步把“天天练”完善提高，突出特色，深入开展大课间体育活动，创造良好的育人环境。11月至12月上旬，市教委、卫生局、体委组织人员对八县三区33所中小学（其中城市中学6所，小学6所；农村中学15所，小学6所）落实学校体育卫生工作两个条例情况进行联合检查。

市教育局教研室坚持基础教育以培养学生创新和实践能力为目标，坚持以教育科研为先导，积极开展“目标教学”“自主学习”研究与探索，实施“名师工程”，加强骨干教师综合素质培训，不断提高广大教师适应素质教育的能力，开展丰富多彩的教研活动，大面积提高全市中小学教育教学质量。组织召开承德市“九五”课题结题暨“十五”课题培训会议，聘请省教科所理论研究室专家对“十五”课题进行专题理论讲座。成功举办“第十四次全国目标教学研讨会（北片会议）”，全国各地两千余人参加会议，使承德市目标教学改革工作得到宣传和推广。小学数学、语文、自然、中小学音乐、美术等学科相继举办以“自主学习”为主要内容的课堂教学竞赛活动，一批优秀青年教师脱颖而出。

全市认真落实学校体育卫生工作条例，举办中小学新广播体操师资培训班、校医和卫生保健人员培训班，实行学校校医和卫生保健人员持证上岗制度，组织全市新广播体操和“天天练”录像评比活动，不断强化学校的体育卫生工作。在全市体育教师中全面推行基本功考核制度，举办70多名骨干教师参加的基本功考核培训班和中小学体育课评优课活动。

丰宁县石灰窑小学被评为首批全国10所复式教学实验学校之一。

2001年12月15日，市政府在《贯彻国务院关于基础教育改革与发展的决定的实施意见》中，要求全市教育系统深化教育教学改革，提高教育教学质量，进一步转变教育思想，坚持以科研为先导，积极进行教育教学改革实验，认真组织实施新的国家基础教育课程和教材改革计划，突出现代化教育手段的运用，培养学生的创新精神和实践能力。从2005年新学期开始，义务教育学校全部实施国家新课程标准，执行新课程计划，使用新教材。在中小学教师中大力开展新课程、新教材的培训工作。在坚持德智体美全面发展的基础上，大力提高教育教学质量。

2002年3月11日，市教育局印发《关于2002年初中毕业与升学考试工作的通知》，要求全市初中毕业考试与升学考试采取“两考合一”的形式进行，即语文、数学、外语、物理、化学、政治、历史7科的毕业考试合并成一次进行，使用由省统一组织命题、统一制定评分标准、统一印制试卷的同一套试题。音乐、美术、劳动技术科目仍由县级教育行政部门统一管理和组织，或采取由县统一命题，学校组织考试和阅卷的方式进行。

2002年9月17—28日，市教育局教研室先后在市实验小学、承德县、丰宁县举办3期冀教版小学数学教材辅导。

2002年12月13日，市教育局在承德县召开全市小学英语教育现场会，与会观摩了承德县上板城小学四年级英语课堂教学、承德县第二小学二年级活动课和承德县实验小学四年级英语课堂教学。承德县、兴隆县、营子区教育局等做典型发言。市教育局要求从2003年秋季起，全市市区、县（区）直属小学、有条件的乡镇所在地小学，自一年级起都要逐步开设英语课程；2004年秋季，其余县城小学和乡镇所在地小学都要在一年级逐步开设英语课程；2005年秋季，全市所有完全小学都从一年级开设英语课程，并从2003年开始，把学校英语课程开设情况列入对县（区）的年终工作考评内容。至年底，全市有904所小学开设英语课程，占学校总数的66.3%，有90000多名三年级以上的小学生接受了英语教育，占小学生总数的33%。全市建立省级英语示范校8所，市级示范校24所，省级示范小区3个，市级示范小区6个。宽城、营子、双滦、双桥4个县（区）开课率达100%，承德县开课率达87.5%。

2003年，市教育局教研室组织开展全市中学首批教育科研先导型实验学校评选活动，组织开展小学教学标兵评选活动、全市小学语文等学科教学论文评选活动，组织开展全市初中政治、初中生物和中学心理活动课等学科的教学评选活动、全市小学各学科课堂教学系列评优活动。

市教育局教研室从理论和实际的结合上宣传推广新课程的教育思想，努力使教学由“一言堂”走向“群言堂”，由封闭走向开放，由课堂教学走向生本实践，由单纯的认知走向注重感受和体验，由关注知识走向关注学生的全面发展，由传统的教学走向教学现代化。

2004年3月8日，市教育局印发《关于在全市完全小学升初中的班级进行小学自然实验操作考试的通知》，规定小学自然实验操作考核满分为30分，由市教育局统一命题和制定评分细则，由各县（区）教育局制定实施方案，自行制卷，并负责组织考试。

2005年，实行全市中考统一评卷，科学评估各县(区)、各初中学校的办学水平和办学效益。

市教育局教研室扎实推进新课程改革，开展新课程区域性教学研讨工作。聘请市外专家、市内兼职教研员，开展多种形式的复习备考、教学研讨活动。加大对初中教学质量的指导，利用网络指导中考，将有关中考意见发布在承德教育信息网上。先后在全市中小学校开展“贯彻学校体育工作条例优秀学校和先进个人”的评选活动；对各县（区）主管教育科研的管理人员、教研员、中小学校长、主管教科研的主任、市级以上的课题主持人、课题组骨干成员进行“教育科研理论与方法培训”，进一步提升了科研成果的含金量；继续评选承德市优秀教育科研、教育实验成果；印发关于承德市优秀教育科研、教学实验成果评奖结果的通报，推动教育科研工作的深入开展。

2005年，市教育局被教育部评为全国贯彻学校体育工作条例先进集体。全市有多名教师在省级“创新教育研究与实验结果”评选中获奖，其中，隆化县李清玉、姜翠侠、吴万玲的《你喜欢什么电视节目》教案荣获省级教案类一等奖。

四、教育科学研究

2005年，市委、市政府印发《关于贯彻落实省委、省政府关于加强教育工作决定的实施意见》，决定实施教育教学提高工程，建立健全教育教学质量评价机制，制定并实施《承德市义务教育阶段教育教学质量评价方案》《承德市中小学生综合素质评价方案》，形成完整的基础教育评价体系。进一步加强教研制度建设，在全市建立以“一个网络〔市教育局教研室为核心，县（区）教研室为主体，学区教研室为平台，校本教研为基础的基础教育教研网络〕、两个单元（高中阶段教研、义务教育阶段教研）、三支队伍（专职教研员、兼职教研员、专家顾问团）、四个层面〔市教研工作、县（区）教研工作、学区教研工作、学校教研工作〕”为核心内容的承德市基础教育教研体系。

2006年，市教育局制定加强中小学校本教研制度建设的意见，完善学区研训室建设。推广滦平、围场等地学区研训室建设经验，通过校际观摩课、教学互访、送课下校、定点研讨、同伴结对等协作式教研方式，发挥联片互动的校本研训网络体系的作用。探索学校研训一体化的教研模式，推动教师以校为本的专业化发展，举办“学校文化建设与校本教研的策略”“校本课程的开发与学生的全面发展”“学校的管理文化与教师的专业发展”等多项主题的小学校长论坛。

2007年，市教育局教研室完善教学质量评价和教学质量检测制度，扎实有效的开展全市性教研活动，强化基础年级教学过程管理，认真推进课程改革，督促指导兴隆、宽城、丰宁、营子4个县（区）顺利通过省级教学评估，全部获得A等级。

2008年，市教育局明确各级教研部门的定位与职责，完善教研网络，建设学科教研基地，制定出名校长、教学名师评选管理办法。

2009年，市教育局实施以课堂教学改革为重点的教育教学改革，初步形成“三级指导、三抓到校”，市、县（区）、学区三级教研室各有侧重和梯次衔接的教研工作格局。探索学科基地校教研模式，使教研重心下移，植根基层，推动教研成果的及时转化。建立覆盖部分小学和绝大多数初中以上学校的教育科研网，充实资源库，广泛开展多种方式的教研互动与交流。扎实开展校本研训工作，创新运行模式，形成校本研训长效机制。通过专题研究、召开初中课改推进会、培育典型学校等形式推进初中课改向纵深发展。

2010年，市教育局继续深化初中新课程改革，确立一批初中课堂教学改革示范校。完善“三级指导、三抓到校”的市、县（区）、学区、学校教研网络，加强兼职教研员队伍的培养，出台承德市中学兼职教研员管理办法。创新教研模式，创建覆盖全市基础教育各学段、各学科教研基地校，辐射作用日益彰显。

承德市桥东小学探索实施小班化教学作法。该校与上海小班化教育实验学校“幸福四平实验小学”结成联谊校，两次赴四平小学观摩交流，参加第六届长三角地区小班化教育研讨会，以教研活动为抓手，先在实验年级试行，逐渐向其他年级推广。

2011年，市教育局进一步完善评价机制，深化课程改革。⑴校本课程的研发和实践取得阶段性成果，初步形成以学校为单位的校本课程框架，承德五中等5所学校被确立为首批省级实验学校。⑵创新完善教研模式，提高教研效果。以提高课堂教学效益为重点，以学科基地校建设为平台，通过区域教研、同课异构、教学比武等形式积极开展丰富多彩的教育科研活动。⑶以教育科研网为载体，积极构建涵盖培训、教科研活动、教学支持等内容的全方位教科研服务体系，全市注册用户548个，资源总数超过58000条，促进了优质教学资源的共享。承德市作为唯一的市级代表，在陕甘宁晋冀蒙六省区教育学会举办的教学工作协作会议上做典型发言，中学学科教研基地建设研究成果获首届全省基础教育教学创新奖。

全市复式教学工作初见成效。中国教育学会在承德市举办复式教学专业委员会第九届年会，邀请教育部教育战略发展研究中心主任张力、基础教育司课程处处长沈白榆、南京师范大学教授杨启亮、天津教科院院长张武升和天津教科院基础教育研究所所长王敏勤等专家分别就国家中长期发展规划纲要解读、国家十年课程改革与发展、当代教师专业发展问题与引领和教育文化提高课堂教学效率方略等问题作专题报告。

市教育局在平泉县黄土梁子初级中学举行“说课标、说教材”活动，天津市教育科学研究院基础教育研究所所长王敏勤教授进行现场点评并作专题讲座。

丰宁县举行校本教材首发暨校本课程启动仪式。这套校本教材是河北省内第一套由县委、县政府组织编写的校本课程系列教材，内容涉及京剧、书法、郭小川诗歌、布糊画、丰宁剪纸、县情、满族文化等，经过数次修改，于2011年5月定稿，并顺利通过教育部、中央教科所专家组评审，全套教材由丰宁县政府出资印刷。2011年暑假开学，全县中小学用上具有浓厚乡土气息的教材。

2012年，承德市稳步推进中小学教育教学改革，不断探索基础教育教学改革的新途径新方法，全市教育质量稳步提升。⑴各级教育行政部门按照教育规律，不断探索基础教育教学改革的新途径新方法，推动和深化课堂教学的改革，提高课堂教学效益。其中，滦平县通过实施县域教学综合改革，被省教育厅确定为“河北省基础教育教学改革综合实验县”；围场县通过实施“高效课堂”，中考成绩跨入全市的先进行列；丰宁县以“导”促提，以“实”促跃（以指导促提高，以务实促跨越），全面提升学校教学管理品味，实现基础教育质量大幅提高；承德县“一模、两翼、三研”{ 以情景引入、揭示目标、当堂检测、课堂小结四项教学环节加自学、组学、班学、点播知识点个数的（简称“4+4n”）课堂教学模式为中心，以圆桌式排座和导学稿为两翼，以课前研讨、课中研讨、课后研讨三项研讨为载体} 的县本教研特色有力推进了县域教育教学质量的大幅提高。⑵不断健全教学质量监控体系，在全市广泛开展中小学教育质量监测评估工作，按照评估指标体系实施中小学教育质量督导评估，完善推进素质教育奖励方案，进行科学评价及奖励，进一步调动各学校抓管理、抓质量的积极性。⑶在全市普通中小学全面推行年级和分学段教学管理模式。通过降低管理中心，提高管理效能，实现学校教学管理的“扁平化”，涌现出兴隆六道河初中等一大批课堂教学改革特色学校。⑷不断优化区域教研、网络教研、基地教研三大教研模式，积极开展同课异构、教学比武等形式的教育科研活动，为广大教师提供多样化的交流平台，课程改革的积极性空前提高。市教育局教研室组织部分学校赴杜郎口中学、昌乐二中学习考察，宽城等县（区）“请进来、走出去”，学经验、找差距、定措施，使教研方式不断向效率型、集约型转变，提高了教研工作的效率。⑸加强学校艺术和体育工作，促进学生全面发展。全市学生体育达标率、考试合格率和优秀率分别达到87%、96%、84%。音乐、美术、舞蹈、书法、戏曲等各种艺术活动丰富多彩，学生健康审美情趣增强，内在的资质潜能得到激发，促进了教学质量的稳步提升。

2013年，承德市加强课堂教学改革，义务教育教育教学质量有了新提升。⑴通过培树典型、示范引领，不断拓展深化有效教学，引导各学校、各学科学习、创建和运用先进课堂教学模式。⑵坚持实验项目带动，在全市重点推广“跨越式教学”“高效课堂”“生本教育”项目，指导各县（区）、各学校，确定实验校、实验学科、实验班级，发挥示范引领作用。⑶积极探索有效教研方式，加强学科基地校建设。积极推进区域教研、网络教研、同课异构等教研模式和教研活动，改进方式方法，提高教学质量；开展多途径、多层次、多形式的常态下教研视导，组织初、高中大规模视导20余次，检查评估学校课程实施、常规管理与课堂教学、校本教研工作、自主发展和特色项目建设。⑷按照“生本教育”要求，研究制定新的承德市中小学课堂教学评价标准（试行），以此指导课堂教学改革，保证“生本教育”实验规范有序开展。⑸围绕增强学生体质，广泛开展体育大课间、阳光体育运动。按时完成国家学生体质健康标准测试和上报工作。中考高分率、优秀率、及格率分别达到10.83％、18.15％、68.18％。⑹涌现出一些新的办学典型。如平泉县采取“五统一”（统一教学管理、统一教学计划、统一教学模式、统一考核、统一教研活动）抓教研提升小学教学质量作法；承德县开展阳光体育运动、落实“每天锻炼一小时”、打造特色品牌等作法；双滦区实施艺术教师“走教制”（从城区学校选派优秀艺术学科教师，定点赴缺少专业教师的农村中心小学、完全小学和教学点进行教学），助推城乡义务教育均衡发展的做法；承德市实验小学特邀“高效学习记忆法”创始人、教育专家杨雷到校做“高效思维、高效学习”专题讲座的做法；围场县探索小学“单元四段”（以教学的基本单位为“主题单元”，把每个单元的教学分为“合作准备、导学探究、自我发展、双向评价”四个基本阶段)、初中“四型五步”(以单元为教学节点，分为“预习指导课”“展示引领课”“巩固提升课”“讲评展示课”4个层序性课型，每个课型又有“出示课题，教学目标”“独立学习，小组讨论”“小组展示，教师点拨”“组间质疑，穿插巩固”“当堂检测，落实目标”5个教学步骤)教学模式与生本教育的结合点，进一步优化创新教学模式，构建“幸福课堂”的做法等等。

2013年，滦平县作为县域基础教育教学改革实验县，有两个实验项目被省教科所评为“全省县域基础教育教学改革综合实验项目优秀研究成果”，该县教体局荣获“实验工作先进集体”荣誉称号。

2013年，双桥区避暑山庄小学的校本课程在河北省教育学会、河北省教育科学研究所主办的河北省首届中小学校本课程评选活动中，荣获一等奖。竹林寺小学教师代宇星代表河北省参加全国第十一届小学数学年会，所作“7的乘法口诀”一课获得一等奖。

2014年，市教育局继续推进课程改革，提高教师教改水平。通过培树典型，召开现场会、示范引领，不断拓展和深化有效教学，提高校长、教师教育理论水平，增强有效课堂实践操作能力。在围场县天卉中学组织召开初中高效课堂建设研讨会，与会人员参观该校校园文化和班级文化巡展，观摩16节高效课堂研讨课，听取天卉中学《八学杜郎口——走优质化集团办学蝶变之路》专题报告。在兴隆县第三小学举行小学语文生本高效主题阅读教学改革现场会，与会人员观摩该校教师所做的中年级高效阅读训练、高年级以文带文、读写联动课堂展示，听取全县高效阅读开展情况的经验介绍。在承德市桥东小学举办小学数学、语文、英语学科生本课堂现场会，推广桥东小学生本课堂教学经验。

2015年，市教育局制发《承德市县区域初中教学质量评价方案(试行)》，促进初中教育教学质量和办学效益的提升。组织召开“推进学校内涵发展”主题座谈会，围绕如何理解学校的内涵发展、推进学校内涵发展的具体思路展开交流研讨。

深入培养师生良好的阅读习惯，提高阅读能力，在全市中小学校全面推进师生阅读活动。要求小学生课外阅读总量不少于300万字，初中生不少于500万字。学校每周安排1～2课时的阅读课，并排入课程表；保证学生每天在校和在家课外阅读时间不少于30分钟；寒暑假每天不少于1小时。建立学生读书长效机制，逐步建立完善“一诵三读”(“一诵”即每节语文课前进行3—5分钟的名言格言、词语积累、经典回味、美文共享、心得交流、诗文诵读、读书方法大擂台等活动，“三读”即早读、午读、晚读)工作制度，长期坚持此项活动，形成制度，形成特色；语文教师担负组织指导阅读活动与评价的任务，开展有关课外阅读的校本教研，掌握指导学生课外阅读的办法和途径；建立学生“读书存折”，学校把学生借阅证变成学生读书存折，图书管理员担当存储员，班级选出图书管理员，做好班级图书出借、登记、归还等工作，实时记录学生读书情况，鼓励学生多读书、读好书，要求学生写读书笔记；把读书情况列入中小学生综合素质评价内容，纳入语文课平时考核范围进行考核，确保读书活动取得实效。

全市化学实验创新评比研讨会在兴隆县第二中学举行，各县(区)初、高中的29位教师分别做限时6分钟的实验仪器创新成果展示，使用的都是在日常教学中进行的创新发明或改进的实验仪器、装置。

2015年，兴隆县六道河中学在北京召开的首届中国初中质量建设大会上，被中国教育学会评为“全国初中质量建设先进单位”。

2015—2016学年度承德市实验小学课程表

表3—1

星期	节数	一年（1）班	二年（1）班	三年（1）班	四年（1）班	五年（1）班	六年（1）班
一	1	班队会	班队会	班队会	班队会	班队会	班队会
	2	数	数	数	数	数	数
	3	语	体	英	音	语	语
	4	数	语	语	语	科	品
	5	心	语	品	美	英	校
	6	活	音	科	科	语	科
二	1	数	数	数	数	数	数
	2	语	语	体	体	语	体
	3	音	品	语	语	体	语
	4	品	语	心	品	语	音
	5	语	美	英	音	音	英
	6	—	—	语	书	活	活
三	1	语	语	语	语	语	语
	2	数	数	数	数	数	数
	3	体	语	美	英	美	美
	4	语	体	音	语	音	信
	5	语	校	科	信	体	语
	6	美	活	校	校	书	英
四	1	数	数	数	数	数	数
	2	语	语	语	语	语	语
	3	语	语	体	体	英	英
	4	音	音	英	语	信	美
	5	校	心	语	英	校	语
	6	书	书	活	科	科	音
五	1	语	语	语	语	语	语
	2	数	数	数	数	数	数
	3	体	数	音	心	英	心
	4	语	美	美	英	品	科
	5	美	语	信	美	心	体
	6	—	—	书	活	美	书

2015—2016学年度河北民族师范学院附属中学课程表

表3—2

星期	节数	初一（1）班	初二（1）班	初三（1）班
一	1	语	语	语
	2	数	数	数
	3	校本	英	体
	4	政	历	化
	5	体	体	英
	6	生	综实	综实
	7	综实	校本	政
二	1	语	语	语
	2	数	数	综实
	3	校本	综实	物
	4	英	英	英
	5	生	生	音
	6	数活	校本	数
	7	历	政	校本
三	1	数	语	数
	2	英	数	英
	3	政	校本	历
	4	历	政	校本
	5	地	地	语
	6	音	音	化
	7	语活	美术	综实
四	1	数	数	数
	2	英	英	英
	3	校本	语	美
	4	语	语	语
	5	体	体	校本
	6	综实	校本	政
	7	地	地	物

续表 3—2

星期	节数	初一（1）班	初二（1）班	初三（1）班
五	1	语	语	语
	2	英	英	体
	3	数	物	数
	4	综实	综实	物
	5	美	数	化
	6	生	生	历
	7	校本	历	校本

第五节 素质教育

一、任务内容

1996 年 1 月 3 日，市教委印发《河北省中小学素质教育先进学校标准（试行）》，要求各级教育行政部门要组织学校领导和全体教职工认真学习和贯彻标准，并按照标准的各项要求不断改进工作，提高学校办学水平。

9 月 26 日，市教委印发《关于在普通中学开设职业指导课的通知》，从 1996—1997 学年度起，在初二、初三和高一、高二同时开设职业指导课，过渡一年后，再转入正常。初中阶段在初二年级设置，不少于 15 课时，高中阶段在高一年级设置，不少于 20 课时。职业指导课的授课方式原则上以独立授课为主，也可以与学科教学、德育工作、课外活动、社会实践、家庭教育等相结合，以取得更好的教学效果。职业指导课的教材为河北省初级中学职业指导教材（适用本）和河北省高级中学职业指导教材（适用本），做到人人有教材。

1997 年 3 月 10 日，市教委印发《关于加强环境保护教育工作的通知》，各级各类学校要结合示范校建设和文明学校建设规划，积极组织并开展好环境保护教育工作。抓好课堂主渠道，制定出切实可行的教育或渗透计划，保证必要的教育时数。4 月 3 日，印发《关于加强中小学校校园文化建设和规范有关挂图、挂像和标语的通知》。

1998 年 4 月 27 日，市教委印发《关于全面推行中小学素质教育的实施意见》。工作思路是“全面启动、典型引路、总结经验、逐步提高”。主要目标是：每所中小学都要把实施素质教育列为中心工作，开展素质教育的改革和实验，以实现全市实施素质教育的全面启动。积极借鉴外地经验，结合本市实际，全市选择“普九”工作扎实，有一定教育教学改革基础的县（区），推荐给省作为全省区域性实施素质教育的重点实验县（区）。正在“普九”的县（区）要一手抓“普九”，一手抓素质教育，并选择办学条件较好，教育普及程度较高的乡镇进行素质教育实验，力争到 2000 年，全市基本形成全面实施素质教育的局面。

1999 年，全市确立 12 所实验学校进行课堂教学主渠道落实素质教育的研究与实验，坚持以科研为先导，以课堂教学为主渠道，大力推进学科实施素质教育。

2000 年 2 月 25 日，市委、市政府印发《关于贯彻中共中央国务院〈关于深化教育改革全面推进素质教育的决定〉的实施意见》，明确指出，“实施素质教育就是全面贯彻党的教育方针，以提高国民素质为宗旨，培养学生的创新精神和实践能力，造就有理想、有道德、有文化、有纪律的德、智、体等全面发展的社会主义事业建设者和接班人”。加强学校的德育工作，加强学校体育和卫生工作，改进学校智育工作，树立人人是人才、人人都能成材的人才观。加快招生考试和评价制度的改革，从2000年开始，初中毕业考试和升学考试分离。从2000年开始，全面实施教师资格制度，面向社会公开认定教师资格。建立以政府投入为主，多渠道筹措教育资金的教育投入体制。加大宣传力度，营造全面推进素质教育的社会环境。

4月29日，市政府召开教育工作会议，提出“以观念更新为先导，积极推进素质教育”。转变教育只为升学服务的目标观，树立为提高国民素质服务的目标观；转变以分数为唯一标准评价学生的质量观，树立学生综合素质提高和个性特长充分发展的质量观；转变只重视少数尖子生，重知识灌输轻能力培养的教学观，树立面向全体学生知识学习与能力发展相统一的教学观。以转变教育观念为先导，以教育教学改革为中心，以提高师资队伍素质为基础，以完善评估体系为动力，以创造良好的外部环境为保证，以培养具有创新精神和实践能力的人才为目标，探索具有地方特色的素质教育工作路子。

2001年12月15日，市政府在贯彻《国务院关于基础教育改革与发展的决定的实施意见》中要求，要深化教育教学改革，全面推进素质教育的实施。坚持“全面实施区域推进、分类指导、重点突破”的工作方针，以提高国民素质为根本宗旨，以培养学生的创新精神和实践能力为重点，以教育教学改革为中心，以提高校长和教师素质为基础，以完善评估体系为动力，全面提高教育质量，提高办学水平，为学生全面发展和终身发展奠定基础。全市中小学实施素质教育的整体思路是：坚持一条道路，推广三个模式，加强四项基本建设，抓好一批重点课题。坚持一条道路，即坚持以科研为先导，使素质教育实现实质性大面积推进。推广三个模式，即推广丰宁县加强县级统筹管理，坚持适度超前发展教育，并使教育与经济相互促进、良性循环的模式；推广唐山新区李庄子小学学区管理一体化模式；推广安国郑章镇综合教育小区建设模式。加强四项基本建设，即推进教育思想和管理思想的变革，搞好基本办学条件改善，提高教师队伍素质，深化课程和教材改革，不断改革和完善教育体制和教育运行机制。抓好一批重点课题，即抓好自主学习、目标教学、心理教育、教育教学评价、创新教育、信息技术教育等一批重点课题。

二、途径方式

2001年年末，举行全市中小学艺术文化会演，各县（区）58个节目参加会演。在此基础上，择优向省教育厅推荐22个节目参加全省中小学艺术会演，并取得1个一等奖、8个二等奖、13个三等奖的好成绩，丰富了校园文化生活，培养发现了艺术人才。

2002年3月12日，市教育局印发《关于开展小学初中素质教育先进学校评估工作有关问题的通知》，要求今后凡是存在不合格小学的乡镇，不能推荐省级素质教育先进小学，凡是存在不合格初中的县，不能推荐省级素质教育先进初中。

9月，河北省第五次素质教育现场会在丰宁县召开，会议要求在全省推广丰宁经验。

2002年，承德市在全省十一届中学生田径运动会中取得了较好的成绩。获得男子团体第二名、女子团体第三名的团体成绩。

双桥区东园林小学学生王天骥获全国讲故事比赛二等奖及河北省讲故事比赛一等奖。

市教育局积极组织开展培养学生动手实践能力的活动，推动素质教育工作。举办第一届中小学科普读书竞赛活动；组织“走向世界的中国”读书活动；组织参加河北省初中数学、物理、化学竞赛，全国中学生（高中）生物学联赛，河北省初中生物知识能力竞赛；配合全市避暑山庄肇建300年庆祝活动，组织中小学、幼儿园画展；组织参加河北省首届中小学生艺术展演暨选拔全国第一届中小学生艺术展演活动；与市科学技术协会联合开展承德市第十八届青少年科技创新大赛活动，评出市级奖励684项、省级奖励76项、国家级奖励2项。

2005年，市教育局制定《义务教育阶段学生综合素质评价方案》，完善《初中教学质量评价方案》。

2006年10月30日至11月1日，市教育局在承德县举办承德市首批小学"健康心理生活"项目校启动暨"心理健康教育"评优活动。全市103所小学被命名为首批市级"健康心理生活"项目校，评出一等奖4名、二等奖5名、三等奖4名，予以通报表彰，进一步促进了素质教育的开展。

2007年8月28日，市教育局印发《关于加强和改进中小学艺术教育活动的意见》，要求各校加强和改进中小学艺术教育工作，以实践活动为载体，开展"文明伴我行"等系列主题教育活动。加强青少年校外活动场所建设，在4个县建成青少年活动中心并投入使用。组织全市中小学参加全国亿万学生阳光体育运动。在省第14届中运会上，承德市代表团获团体总分第二名，4人次打破省中运会记录。全市涌现出一批素质学校创新典型，如滦平县一小依托中国少科院，成立省内首家少年科学院，鼓励和组织少年儿童爱科学、学科学、用科学，培养少年儿童的观察能力、动手能力和创新能力，提高科学素质，得到各有关部门的好评。

双桥区避暑山庄小学依托山庄深厚文化底蕴，开发实施特色鲜明的校本课程，打造丰富多彩的校园文化。2010年，在课题研究基础上，编写了《避暑山庄文化》丛书，分低、中、高年级3册，由光明日报出版社正式出版发行，成为学生了解山庄文化的良好教材和读物。楼廊文化充分彰显山庄文化元素，实现"环境育人"。组织开展"山庄行"（游览体验）、"山庄秀"（小导游）、"山庄情"（校刊、校报编辑）、"山庄美"（摄影展、摄影比赛）、"山庄韵"（文艺展演）等综合实践活动，实现潜移默化育人目的。

2011年，市教育局印发《承德市切实保证学生每天一小时校园体育活动实施细则》。省教育厅在承德市召开河北省青少年校外教育现场推进会，与会人员参观了丰宁五道营流动少年宫、丰宁、隆化、兴隆县青少年活动中心，市教育局、丰宁县教育局做经验发言。丰宁、兴隆两县青少年活动中心被省教育厅授予河北省青少年校外教育示范活动中心。

市教育局与市科协、环保局联合举办2013年承德市"全国科普日"活动，与市科协、科技局共同组织开展承德市第29届青少年科技创新大赛及作品征集活动，与承德市语委会联合组织开展第二届"中国汉字听写大会"河北省选拔赛承德赛区比赛活动。制定出台《关于加强中小学心理健康教育的意见》。

市教育局在全市积极推进学校文化建设，鼓励学校进行不同侧面、不同层次的积极探索，指导学校提炼办学理念，打造精神文化、建设制度文化、完善课程文化、凝练团队文化，将地方性的非物质文化遗产纳入学校教育课程体系，开展高雅艺术进校园、国学教育进课堂等形式多样的文化活动，树立市实验小学、围场县木兰实验小学、承德三中、平泉黄土梁子初中等一批学校文化建设典型。市教育局在市实验小学举行全市小学综合实践活动优质课展评活动，融展示、评比、培训于一体。承德市实验小学成为中国教育学会"现代学校联盟行动计划"第一批加盟学校。隆化县张三营镇中心小学乡村学校少年宫作为该县第一所乡村学校少年宫正式成立。平泉县狠抓中小学劳动基地建设，助推素质教育开展。承德市桥东小学聘请资深摄影专家，利用课余知识为学生义务讲解摄影知识，指导练习摄影技巧，提升审美素养。双桥区避暑山庄小学、丰宁县实验小学、承德三中被教育部中国教师发展基金会评为“全国特色学校”。双桥区竹林寺小学、南营子小学被中国教育学会数学教育研究发展中心、小学数学教改研究会、全国反馈教学研究会、华夏教学艺术研究会评为“全国现代教学艺术实验学校”。兴隆县教育局以学校文化建设为统领助推教育内涵式发展成效明显，六道河中学被评为“全国百所优秀学校文化建设基地”。

2013年，承德市实验小学、平泉县黄土梁子初级中学、承德县城西学校、丰宁一小、丰宁二小、丰宁二中、丰宁三中、河北民族师范学院附属中学8所学校顺利通过省专家组的评估认定，被评为河北省首批“素质教育示范校”。承德市青少年网球俱乐部被国家体育总局授予“国家级青少年体育俱乐部”，也是承德市获得该项称号中唯一一个网球专项俱乐部。该俱乐部成立于2005年，依托市实验小学和河北民族师范学院附属中学的场地设施资源，常年坚持开展训练，旨在促进承德市青少年学生网球运动发展。承德市实验小学参加河北少儿·科教频道《脑力冲击波》节目，以各地市开赛以来获得的最高分880分的优异成绩夺得承德赛区冠军。

市教育局下发文件，决定从2014年起开展国学教育进学校、进课堂、进家庭活动，每年举行一次小学国学教育优质课评选活动。

2014年，全市省级素质教育示范校达到15所，市级素质教育示范校达到42所。校外教育成绩斐然，省级家长学校示范校达到40所，5所青少年活动中心获得省示范中心称号，居全省前列。与市体育局、青少年宫联合举办以“强身健体立志、圆中国少年梦”为主题的全市青少年体育活动交流大会。

市教育局印发《关于推进学校艺术教育发展的惹干意见的通知》，要求确保艺术课程课时总量不低于国家课程方案规定占总课时9%的下限，鼓励有条件的学校按总课时的11%开设艺术课程，初中阶段艺术课程课时不低于义务教育阶段艺术课程总课时的20%。印发《中小学心理健康教育特色学校争创计划实施方案》，决定从2014年起，开始实施中小学心理健康教育特色学校争创计划，每两年评选一批心理健康教育特色学校。

平泉县教体局开展全县中小学体育大课间评选活动，从活动管理、活动资源、活动设计、活动过程、活动效果5个方面进行百分制评价，分小学和中学两组，每年评选出体育大课间活动模范学校和先进学校。

年内，由教育部中国人生科学学会魏书生教育研究中心和中国德育报社主办、平泉县教育体育局承办的全国第五届培养学生良好行为习惯现场会在平泉县召开。全国著名教育家魏书生、德育报社社长张国宏和省内外专家、学者120余人应邀出席会议。与会人员听取平泉县教育体育局的经验介绍，分两组参观黄土梁子初中、河北蒙中等3所中学，小寺沟中心小学、城西小学等4所小学，对平泉县养成教育给予高度评价，中央人民广播电台、《德育报》《河北教育》等多家媒体先后对该事件做宣传报道。

兴隆县东区小学被市科协授予“承德市农村优秀科技普及示范基地”称号，该基地还纳入承德市“科普惠农兴村计划”和“社区科普益民行动计划”项目库。

2015年，市教育局精心组织开展第22届爱国主义读书教育、中小学生艺术展演、承德市学生素质电视大赛、中小学生传统文化演讲等丰富多彩的活动，并取得良好成绩。围绕增强学生体质，广泛开展体育大课间、阳光体育运动。市教育局成立校园足球工作领导小组，开展第二期校园足球教练员、裁判员培训。全市有44所中小学被教育部确定为校园足球特色学校，有23所中小学被评为省级素质教育示范校。

加强学生心理教育，认定并命名双桥区南营子小学（并获“河北省中小学心理健康教育特色学校”称号)、河北民族师院附中、承德市实验小学、围场县围场镇中学、丰宁县第二中学、兴隆县职业技术教育中心、宽城县第二中学、双桥区翠桥学校、双滦区第三中学、鹰手营子矿区金扇子小学、承德市第七中学等16所学校为“首批市级中小学心理健康教育特色学校”。

承德市在全省率先实现青少年活动中心县（区）全覆盖，有5所青少年活动中心获得省示范中心称号（全省共35所）。其中，丰宁、兴隆两县青少年活动中心被评为“全国县（区）级示范性青少年校外活动场所”。

各县（区）和学校分别开展不同形式的素质教育活动。其中，承德县召开全县小学综合实践活动“基地建设”现场会，确立学校科技创新、陶艺京剧艺术、鹅卵石绘画、根雕艺术、盆景栽培、剪纸非艺术文化遗产等16个全县小学综合实践活动基地。双滦区在承德三中举行“中国体育彩票杯”2015年双滦区青少年校园足球联赛暨双滦区校园足球活动启动仪式。隆化县举行以“推进新教育实验，促进学校内涵发展——我们在行动”为主题的第一届新教育实验开放周活动，全国新教育研究会副理事长、秘书长、新教育培训中心主任吴勇，海门市经济技术开发区小学校长施健斌参加活动。营子区滨河路小学开展“快乐星期三”阳光社团活动，发展学生个性特长。

兴隆县佛爷来小学开展“一人一乐器”活动，推进艺术教育的进程。学校自2012年起将葫芦丝作为每名学生必须掌握的乐器，规定音乐课保证15～20分钟的器乐演奏时间，聘请专业教师和大学生志愿者对师生进行系统培训指导，每月开展一次艺术表演活动，为学生搭建展示平台，激发学习练习热情，三至六年级学生均能熟练演奏3～4首曲目。除葫芦丝外，学校还成立架子鼓、古筝、笛子、电子琴等6个兴趣小组，将每周两节课固定为小组活动时间。在村、镇组织的文艺会演中，学校学生的器乐表演受到社会各界的一致好评。

丰宁县青少年活动中心成功举办成立10周年文艺展演活动，该活动中心成立10年以来，培训项目由最初的10个兴趣班发展到现在的四大类、40个项目，每年培训学员达5000多人次。丰宁县五道营小学建设“流动少年宫”，有效拓展校外教育时空。学校在2009年6月就被县青少年活动中心作为全县首个“流动少年宫”试点校，在县青少年活动中心指导帮助下，开设舞蹈、架子鼓、跆拳道、儿童诗歌、书法等10余种丰富多彩的课程，成立相应的学生兴趣小组。除了利用本校师资、“内部挖潜”以外，县活动中心还每周四安排专职教师专程到校授课辅导、巡回指导，有效培养了农村学生个性特长，拉近了城乡教育距离。《中国教育报》《中国德育》等多家媒体对该事件做宣传报道。

平泉县双桥小学坚持“国学立品”，抓好学生养成教育。该县把国学经典诵读作为必修课，每周一节，纳入语文学科，每天上午、下午上课前学生自主诵读15分钟。为营造浓厚氛围，学校统一购置70多套汉服，专门开设一间孔子学堂，各班轮流到孔子学堂上课，着汉服、伏案几、学经典。将国学经典诵读与养成教育相结合，扎实开展“文明之星”“孝德标兵”评选、“日明一礼、日正一行、日学一语、日行一善”等活动，连续举办三届国学教育成果展示月活动。“早诵读，晚反思，节假日实践”的教育模式正在形成。

宽城县第一小学以校园“十大节”为载体，寓教育活动之中。从2013年起，经过精心设计，将每个月确定一个教育主题，2—12月，分别为爱心节、理财节、体育节、感恩节、环保节、交往节、尊师节、艺术节、礼仪节、读书节（其中七八月同为“交往节”）。每月围绕主题，学校组织开展系列教育活动。其中3月的理财节，校园开辟集市角，学生们交换旧书、玩具；11月的礼仪节，从坐、立、行、走等方面，加强学生课上、课间、集会礼仪教育，以班级为单位表演展示，形成礼仪规范，等等。在系列活动中，学校通过举办讲座、研讨、实践、成果汇报、评选“校园之星”等形式，使学生综合素质得到全面发展，凝练了鲜明的办学特。

双滦区坚持“建、管、用”相结合，发挥乡村学校少年宫作用。在实现乡村学校少年宫全覆盖的基础上，着力突出其育人功能。《承德日报》以专版形式对双滦区这方面工作进行报道，新华社以《河北双滦：农村娃乐享乡村学校少年宫》为题，刊发双滦区乡村学校少年宫的图片新闻。

2015 年，市教育局印发《关于在全市学校开展“弘扬中华优秀传统文化，推进篆刻艺术进校园主题实践活动”的通知》，要求每个县（区）要确定 5 ～ 7 所篆刻艺术进校园重点实施的中小学校（包括县职教中心），市属中等职业学校、中小学校有条件的都要实施。

市教育局与承德日报社联合在河北民族师范学院附属中学举行“呵护视力健康，为您双眸雪亮”活动的启动仪式，全国儿童青少年近视斜弱视眼保健指导中心、天津医科大学、天津职业大学眼视光工程学院的眼科专家，市教育局、承德日报社、团市委和部分县（区）、市直属中小学负责同志参加启动仪式。此项公益活动将依托承德市远方视光中心、雪亮广场先进视光专业设备及专业团队，对承德市双桥区、双滦区、承德县和市直属学校 3 万多名中小学生，开展视力普查和爱眼护眼科普教育。

郭小川文学院、智尚教育培训管理机构联合举办的承德首次“作家进校园”活动在承德市实验小学启动。团中央组织的“梦想之旅”2015 年中国大中学生励志系列公益讲座活动走进河北民族师范学院附属中学。

著名词作家刘俭为承德市实验小学捐赠自己最新出版的《我爱承德我爱家——刘俭“乡音乡情”词作歌曲（续集）》40 余册。围场县木兰实验小学的舞蹈《木兰娃爱国学》在第三届河北省青少年“阅 • 知 • 行”读书活动“梦在心中书香伴我行”诵读展演总决赛暨全省总结表彰大会上，荣获一等奖第一名的好成绩。省教育厅编印的《教育信息快报》（第 22 期，总第 435 期）刊发《兴隆县安子岭中心小学以诵读写诗为载体扎实推进校园特色文化建设》的信息。“友成常青 1 教室”项目（是“友成常青义教”项目中的一部分，“友成常青义教”项目由友成企业家扶贫基金会发起，由政府、学校、企业、公益组织等多方跨界合作，依托友成志愿者驿站的平台，一方面组织城市优秀退休教师以志愿者身份到贫困地区学校提升当地教师教育教学水平，另一方面通过互联网试点推广远程基础教育，使贫困地区学校与城市共享优秀教育资源，缩小城乡教育差距，为孩子努力营造一个公平的教育环境，为孩子提供优质的教育资源。“友成常青 1 教室”项目，简称“1 教室”项目。“1 教室”项目联合了政府、企业、高等艺术院校、社会人士，跨界合作，用音乐去点燃农村孩子们心中的艺术之火，用艺术去改变孩子们不一样的人生）在全国农村中小学艺术普及教育的首个试点学校——滦平县第三小学正式启动，北京高校专家和教师将定期对滦平三小开展艺术教育指导。由市科协、市教育局、市青少年科普部共同组织，由承德县科协、承德县教育局和承德县实验小学承办，以“创新 • 体验 • 成长”为主题的承德市第三十届青少年科技创新大赛在承德县实验小学举行。

承德市在围场县举行推广“中国武术段位制示范学校”挂牌仪式暨阳光体育活动现场观摩会。活动旨在进一步做好“保证中小学生每天一小时校园体育活动”工作，继承和发扬中华武术优秀文化遗产。挂牌仪式上，围场县育才小学、兴隆县兴隆镇东区小学被授予“承德市推广中国武术段位制示范学校”称号。

由市委宣传部、市文广新局、市教育局、市城市管理局、承德日报社共同主办，市新华书店、光明日报社联合承办的以“推进全民阅读，建设书香承德”为主题的承德市首届“光明书香节”在市中心广场主会场和 10 个县（区）分会场同时拉开帷幕，活动为期10天，主要以惠民书市的形式为广大市民搭建阅读平台，培养市民崇尚阅读、自觉阅读的良好习惯，在全市营造多读书、读好书的良好风尚。在活动启动仪式上向翠桥学校捐赠价值1万元的图书。

全市“中华武术进校园”活动启动仪式在围场县育才小学举行，启动仪式上，观看了学生表演的马步三冲拳、中国武术段位拳、玉龙武术四十二式发声拳、国家三字经武术操和武林风等精彩武术操。

河北省青春期教育试点工作总结推进会议在宽城县召开，全国妇联儿童工作部部长陈晓霞，以及省妇联、省教育厅领导出席会议。会上，宽城县作《注重教育引导、强化心理疏导，保障学生健康快乐成长》典型经验发言，宽城县教师为与会人员展示中学、小学各一节青春期性教育公开课。

双桥区南营子小学11名选手代表承德市参加在石家庄市举行的河北省第六届“全国中小学信息技术创新与实践活动”（NOC）比赛，包揽了“绿色城市”项目前四名，两个小组获一等奖。

丰宁县石人沟小学的“关爱健康、关爱生命”作品，在河北省青少年科技创新大赛评选中获得一等奖。承德市有97件不同类别作品在河北省第五届“校外教育杯”书画、论文、征文、创新思维“梦想家园”等主题比赛中获得省级奖励。其中，书画类一等奖5名、论文类一等奖1名、征文类一等奖7名。承德县选送的120余件参评作品在第30届河北省青少年科技创新大赛中，有66项作品获得省级一等奖，少儿科学幻想画作品再次位列全省第一，并有20项作品入选全国青少年科技创新大赛。兴隆县逸夫实验小学获得由中国科协、教育部、发展改革委等五部门联合颁发的“2015年青少年科学调查体验活动推广示范单位”称号，并入选由中国科协青少年科技中心遴选的国家二级资助学校名单，率先成为承德市获得中国科协青少年科技中心资助的学校。

2013年，承德市实验小学、河北民族师范学院附属中学、双滦区实验小学、承德市第三中学、鹰手营子矿区逸夫实验小学、承德市第七中学、隆化县十八里汰中心小学、平泉县黄土梁子初级中学、承德县第四小学、丰宁县第二中学、丰宁县第三中学、丰宁县第一小学、丰宁县第二小学、宽城县第二小学、围场木兰实验小学计15所学校首批通过省级素质教育学校验收。2014年，滦平县第一小学、承德县实验小学、承德县第二中学3所学校通过省级素质教育示范学校验收。2015年，双滦区第三小学、鹰手营子矿区滨河路小学、隆化县章吉营中学、兴隆县六道河中学、滦平县第二中学5所学校通过省级素质教育示范学校验收。

第六节 德 育

一、发展概况

（一）承德地区教委德育工作

1989年，地教委为强化学校政治思想工作，首先确定丰宁二中、大阁一小等学校作为落实中学德育大纲、小学德育纲要和中小学日常行为规范的试点学校，其他各县（区）也相应确定试点学校，通过精心组织，不断探索，在全区起到示范作用。全区各校统一征订中小学生日常行为规范挂图和手册，做到人有一本手册，班有一套挂图。地教委引进、录制《中学生日常行为规范》《青春期卫生知识》《科学人生观》等教学片。集印中学德育工作手册和小学德育工作手册，为全地区教工学习掌握有关德育方面的文件精神提供方便。4月中旬，在宽城县召开全地区中小学德育工作会议，交流前段经验，安排下步工作，对推动中小学德育工作起到促进作用。平泉县成立由县委主管书记、政府有关负责人参加的学校德育工作领导小组，召开县直机关千人大会，动员全社会来关心青少年健康成长。兴隆县委、丰宁县委印发有关文件，强化学校思想政治工作。

1990年，地教委组织开展“学雷锋，学赖宁”活动、“让精神世界更美好”读书活动，对师生进行思想品德教育。宽城县召开各类动员会78场，参加人员达2.7万人，成立4000个双学活动小组，做好人好事4.8万人次。承德师专成立67个学雷锋小组，2660人次参加义务劳动或举办英语少儿辅导班。

1991年，地教委认真贯彻落实德育纲要，组织收看有关政治思想教育方面的录像、电影，开展国际形势和时事政策教育。以全区中小学生和青年教师为重点，学习贯彻江泽民“关于坚持不懈地对青少年儿童进行近代史、现代史和国情教育”的指示，学习国家教委制定的中国近代史、现代史和国情教育的总体纲要，组织指导全区中小学生订阅国情教育读本、小学生国情教育十知道，通过参观访问、社会调查、观看影视等活动，使广大师生进一步了解中国革命史，歌颂党的光辉形象，激发爱党、爱国、爱社会主义的热情。

1992年，地教委以强化养成教育和思想品德教育为主线，以创设良好的育人环境为基础，开展德育教育工作。年初，在宽城县召开全地区中小学德育工作经验交流会，总结和推广几年来全区德育工作经验，现场参观宽城一小等德育工作先进学校。在广泛调查和认真总结的基础上，制定《承德地区普通中小学德育工作管理条例》，促进中小学德育工作管理的科学化、规范化，提高德育工作的实效性。

大力开展“三育人”活动，寓思想教育于各种活动之中，把该项活动的开展与教师晋级、评职挂钩，有效地调动广大教师“教书育人，服务育人，管理育人”的积极性。

（二）承德市教委德育工作

1989年年初，承德市委、市政府成立德育工作领导小组，每年召开一次德育工作会议，定期听取市教委德育工作汇报，制定德育工作领导责任制。教育系统认真学习德育大纲，从反和平演变的高度去认识学校的德育工作，把坚定的政治方向放在首位，把学校、社会、家庭结合起来，形成学校、社会、家庭教育相结合的格局。把课堂教学作为学校德育工作的主渠道，寓德育各科教学之中，强化德育研究会的作用。各校纷纷成立了家长学校。市委、市政府组织有关部门对全市55所中小学进行德育情况的调查。

9月9日，市教委召开教育干部大会，强调要明确学校的社会主义方向，加强和改进学校的思想政治工作；要端正教育思想，深化教育改革；要加强党的建设，加强党对教育工作的领导。12月13日，《人民日报》以《承德市中小学德育有的放矢》为题，对承德市德育工作进行专题报道。

1990年6月17日，市教委印发决定，通报表扬聋哑学校学生李春红勇斗歹徒事迹。事情发生在5月22日凌晨3点钟，一歹徒突然窜入聋哑学校女生宿舍，睡在下铺的五年级学生杨春红被歹徒的手电光照醒，发现歹徒正用手电筒照上铺的同学，马上机敏地用手挡在眼睛旁，偷偷观察歹徒的行动，待歹徒临时走出宿舍观察外面动静时，立即穿好秋裤，准备推醒其他同学时，正好与返回宿舍的歹徒相遇，便大声地叫喊。但由于本宿舍全是聋哑学生，她的叫喊声无济事。歹徒见机迅速向她扑来，用力将她按在了床上，李春红便使劲往外一推，将歹徒推得倒退几步，然后立即乘机摇动床栏杆，此时歹徒又冲了过来，把她再一次按倒在床上，并用双手紧紧地卡住她的脖子，卡得她喘不过气来。李春红便再次用尽全身力气猛地一推歹徒胸部，将歹徒又推开了，立刻跳下床，用双手紧拉临床同学的胳膊，将临床的几名同学叫醒。同学们一个个翻身下床，共同与歹徒搏斗，歹徒被吓住了，赶紧转身向门外逃去。见此情况，李春红便安慰其他同学睡觉，而自己则一直盯着门口到天亮。为表彰李春红勇斗歹徒的勇敢行为，市教委决定给予李春红通报表扬，号召全市各级各类学校广泛宣传李春红同学的事迹，学习她临危不惧、英勇顽强的精神，使之发扬光大。

年内，市教委制定《中学生政治思想品德评估标准》，对全市通过“专考”（专业考试）全部科目的240名教师进行思想品德和教学能力考核，以确保达标教师的质量。结合鸦片战争150周年，在中小学中开展国情时事教育。

1991年，市教委组织全体教师认真贯彻德育大纲，对中小学生进行爱国主义、集体主义、共产主义理想教育，重点进行“两史一情”（中国近、现代史及国情）教育和日常行为规范的训练。把“双拥”工作同德育工作结合起来，开展军民共建、厂校共建活动。

1992年，市教委认真贯彻《中共中央关于改革和加强中小学德育工作的几点意见》，对中小学生进行严格的日常行为规范教育，严格升降国旗制度，推动建立学校、社会、家庭相结合的德育工作网络。市区89.7%的学校开展军民共建、厂校共建活动。

二、创新德育工作

1993年，承德地市合并后，市教委进一步加强德育教育工作，把坚定正确的政治方向放在首位。⑴认真贯彻中共中央关于改革和加强中小学德育工作的通知和国家教委关于进一步加强中小学德育工作的几点意见，全面实施中小学德育大纲，贯彻中小学日常行为规范，进行“两史一情”教育。⑵加强德育队伍建设，进一步发挥学校、社会、家庭三结合的德育教育网络作用。

11月10日，承德市关心下一代工作委员会、市教委、市妇女联合会、团市委联合决定，在全市中小学校开展中华民族传统美德教育活动，要各县（区）先在县（区）政府所在地或条件较好的乡镇进行试点，待取得经验后再全面铺开，市直属中小学及双桥区各小学要全面开展中华民族传统美德教育活动，将该活动长期不懈的开展下去，作为评价学校德育工作的重要内容之一，不允许有拖延、应付、替代现象存在。

1994年12月12日，市委印发《关于学习贯彻爱国主义教育实施纲要的意见》《关于进一步加强和改进学校德育工作的若干意见》。小学、初中阶段要以爱祖国、爱人民、爱劳动、爱科学、爱社会主义的“五爱”教育为核心，着重培养学生自治、自理、自尊、自强、自律的“五自”能力和良好的社会道德、文明习惯、分辨是非的能力，有针对性地对学生开展德育工作。将德育工作贯彻学校各项工作之中，切实做到教书育人、管理育人、服务育人。特别注意把握课堂教学的主渠道，把德育与传授知识相结合，将德育渗透到各科教学过程中去。强化校风建设，各学校要认真实施小学生日常行为规范、中学生日常行为规范，从严治校，严肃校规，严明校纪，加强校风、教风、学风建设。

3月22日，市教委、团市委印发《关于命名张国辉同学为赖宁式好少年的决定》。张国辉是隆化县山湾乡孙家营中心校玉皇庙小学三年级学生，1994年3月1日早9点，在上学的路上，面对狂奔的惊马，舍身抢救学前班学生李向阳而身负重伤，在社会上引起了强烈的反响，为全市中小学生树立了光辉的榜样。3月24日，市教委发出《关于在全市中小学开展向张国辉同学学习的决定》。

11月14日，市教委印发通知，在全市试行《中小学校德育工作评估指标体系和中小学生操行等级评定细则》，进一步贯彻落实《中学德育大纲》《小学德育大纲》和《中小学生日常行为规范》，健全德育体系，调动学校、教师、学生进行思想政治教育的积极性，保证学校由应试教育向素质教育转轨，使学校德育工作走向科学化、规范化。

年内，承德市分别承办全国传统美德教育第四届研讨会和河北省德育教育工作研讨会，承德市被中央教科所和全国传统美德教育协作网评为先进试验区。市教委召开社会、学校、家庭三结合德育教育研讨会。组织开展“学、树、爱、增”学雷锋、树新风、爱家乡、增光辉活动，兴隆一中和承德县二中被列入全市开展“学、树、爱、增”十佳单位，有19件好事被评为全市百件好事。

1996年，市教委按照《河北省县（区）学校德育等级评估标准》和市教委1994年印制的承德市中小学校德育工作评估指标体系，对各级中小学校进行评估，并评定出德育示范校。

1999年2月2日，市教委印发《关于贯彻国家教委中小学德育工作规程的实施意见》，要求深入学习贯彻中小学德育规程，明确工作目标和职责，各司其职，各负其责，将学校德育工作纳入依法治教的轨道上来。整体规划中小学德育工作，明确各教育阶段的教育重点、教育内容和形式，努力建立学生自我教育、自我管理的机制。健全中小学德育工作管理机构，加强德育队伍建设。县级教育行政部门应设专门人员对本县中小学德育工作进行指导和管理。凡中学10个教学班以上，小学15个教学班以上的学校应设1名专职的德育、法制教育副校长和德育处，其他学校至少有1名专职德育主任或辅导员。建立定期表彰德育工作者制度。加强思想品德课和思想政治课建设，重视和加强德育科学研究工作。县（区）教育部门应设德育研究机构，建立中小学德育专业委员会，充分发挥群众性学术团体的作用。努力创造条件，认真推广德育的科研成果。建立德育专项经费，加强校园文化建设，努力营造有利于学生健康成长的校园文化环境。强化德育工作的督导评估，建立完善评估机制，充分发挥督导评估的导向激励作用。

6月19日，市教委印发《关于认真实施教育部课程标准、加强小学思想品德课评价和考核工作的意见》。

年内，承德市中小学紧紧围绕教育方针，在促进学生全面发展方面进行积极的实践，坚持德育工作常抓不懈，广泛开展中华民族传统道德教育和法制教育，取得明显成效，青少年犯罪率远远低全省比例，市教委被省教委评为全省德育工作先进单位。

2001年12月15日，市政府在贯彻国务院《关于基础教育改革与发展的决定的实施意见》中强调，要加强学校德育工作，增强德育内容的针对性、实效性。各级各类学校要全面贯彻落实公民道德建设规范纲要，坚持以“五爱”教育为核心，重点加强对学生的思想政治教育、纪律教育和心理健康教育，特别是要加强对青少年学生的法制教育。通过丰富多彩的活动，树立正确的世界观、人生观、价值观，培养学生良好的道德品质、文明行为、礼貌习惯及分辨是非的能力。各级人民政府和有关部门要切实加强德育基地和校外教育场所建设。要按照德育总体目标和学生成长规律，确定不同学龄阶段的德育内容和要求。要通过多种形式建立中小学社会实践基地。农村中小学要从实际出发，引导学生积极参加社会实践和生产劳动。

全市中小学认真贯彻落实省、市关于加强和改进学校德育和思想政治工作意见，以创建德育示范校和安全文明校示范校为切入点，抓好“三个主义”（爱国主义、集体主义、社会主义）和“一个理论教育”（“三个代表”重要思想理论）的同时，认真抓好理想信念教育、艰苦奋斗教育、道德规范教育、纪律教育。全市涌现出省级德育教育示范校8所、市级示范校36所、省级安全文明校园示范校8所。为进一步加强学校法制教育，提高学生法制观念，预防减少在校青少年学生犯罪，配合市综治办（承德市综合治理办公室）共同在全市政法部门选派优秀人员到学校任兼职法制教育副校长和辅导员，按要求，全市各县（区）中心小学以上学校都配备了法制副校长和辅导员。

2002年，市教育局党组研究制定关于《贯彻公民道德建设实施纲要，积极推进以德治教工作实施方案》。先后召开“以德治教动员会”和“以德治市院校座谈会”。在全市开展教育观念大讨论，把青少年思想道德建设作为“以德治教”的中心任务。根据不同年龄段学生身心发展规律，确定中小学道德教育遵循“低重心、抓基础、求实效”的工作思路。

4月26日，市教育局印发《关于建立“青少年道德卫士小分队”，积极开展道德监督活动的意见》。突出抓好学校教育、家庭教育和社会教育相结合，开展丰富多彩的道德实践活动。9月29日，召开全市“以德治教”工作会议，听取各县（区）和市直学校的工作汇报，针对存在问题和不足，明确下一步工作重点，进一步推动全市的“以德治教”工作。年内，承德市实验小学被中央精神文明建设指导委员会表彰为“全国未成年人思想道德建设工作先进工作单位”，市教育局荣获中宣部、教育部等部委“全国青少年爱国主义读书教育活动”组织特等奖。

2003年3月23日，市委教育工委、市教育局印发《关于进一步推进“以德治教”工作实施方案》。⑴要求坚持在青少年学生中开展“三爱”（爱祖国、爱人民、爱社会主义）、“三观”（世界观、人生观、价值观）、“四有”（有理想、有道德、有文化、有纪律）为主要内容的道德教育活动，积极推进道德教育进校园、进课堂、进班级、进家庭的“四进”工程。坚持在广大教职工中开展“三爱”（爱教育、爱学校、爱学生）、“三全”（全面贯彻党的教育方针、全面推进素质教育、全面提高教育质量）、“三让”（让社会满意、让家长放心、让学生成才）为主要内容的师德教育活动。加强文明规范养成教育，以文明礼貌教育为突破口，教育师生“讲文明，懂礼貌”，在师生中倡导使用文明礼貌用语。教育学生牢记学生守则内容，严格按学生守则的要求约束自己的言行。在学生中开展三好学生、优秀共青团员、优秀少先队员、文明礼貌标兵评比活动，定期表彰，广泛宣传，发挥示范引导作用。⑵开展德育实践活动。大力开展精神文明创建活动，开展“学习雷锋、树新风、爱名城、增光辉”活动，开展“教学标兵”“师德标兵”“管理标兵”评比活动。⑶进行教育环境整治。整治校内环境，创建安全文明校园，加大校园周边环境的整治力度。⑷进行道德监督。建立道德规范，组建青少年道德卫士小分队，加强对学生的道德监督，加强社会监督。⑸加强行风建设。规范教师职业道德行为，规范学校办学行为。

2004年9月23日，市教育局印发《关于进一步加强和改进未成年人思想道德建设的若干意见》，制定承德市中小学生思想道德建设行动计划，继续加强未成年人思想道德建设工程。先后召开小公民道德建设总结表彰会议、全市中小学德育工作会议。开展中小学生远离社会网吧的活动，组织一百名学生成立义务监督组，到网吧监督未成年人进网吧情况。邀请中央教科所家庭教育专家、教授来承做家庭教育讲座。将每年9月定为“中小学开展弘扬和培育民族精神月”，集中对学生进行爱国主义、民族精神教育。与市委宣传部共同在隆化存瑞烈士陵园举行“革命圣火火炬接力”活动，开展追寻先烈足迹、爱我中华、爱我承德知识竞赛和“革命传统驻我心”征文等项活动。年内，完成滦平、平泉、承德县3个校外青少年活动场所建设的立项、审核和申报工作，争取到建设资金540万元。

2005年6月13日，市委、市政府在《关于加强教育工作的决定》中提出，实施未成年人思想道德建设工程。全面贯彻党的教育方针，培养德、智、体、美全面发展的人才，切实加强学校体育和艺术教育，将中小学生思想道德建设作为考核教育行政部门和学校工作的重要指标。各级党委、政府要落实德育专项经费，在财政预算中单列。各中小学要落实教育部新颁布的中小学生守则和日常行为规范，强化学科德育功能，办好家长学校，促进学校教育、社会教育和家庭教育的有机结合。加强中小学德育基地的建设和管理，抓好教风、学风建设，优化育人环境。加强学生安全教育，积极开展“安全文明校园”创建活动，努力配齐配全法制副校长，实行学校安全责任制和领导责任追究制。切实加强中小学生的法制教育、国防教育、心理健康教育、诚信教育、文明礼仪教育、敬廉崇洁教育。开展依法治校达标县和依法治校示范校创建活动。

2006年5月19日，市委教育工委、承德市文明办决定在全市开展传诵“承德五字歌”（郭秋良、吴建民作词）活动，认真对少年儿童开展思想道品德教育。7月19日，市教育局为纪念红军长征胜利70周年，制定印发“弘扬长征精神，继承革命传统，纪念红军长征胜利70周年暨中小学弘扬和培育民族精神教育月”活动方案，教育引导广大中小学生弘扬长征精神，继承和发扬革命前辈的优良传统，激发学生爱国之心、报国之志，坚定共产主义理想和信念，培养自强不息、艰苦奋斗、百折不挠、开拓进取的精神，自觉践行“八荣八耻”（以热爱祖国为荣、以危害祖国为耻，以服务人民为荣、以背离人民为耻，以崇尚科学为荣、以愚昧无知为耻，以辛勤劳动为荣、以好逸恶劳为耻，以团结互助为荣、以损人利己为耻，以诚实守信为荣、以见利忘义为耻，以遵纪守法为荣、以违法乱纪为耻，以艰苦奋斗为荣、以骄奢淫逸为耻）的社会主义荣辱观。

2006年，市教育局印发《关于大力加强中小学校园文化建设的通知》《关于学生军训工作暂行规定的通知》。8月8日，中共承德市委宣传部、承德市文明办、承德市发改委、市教育局、承德市民政局、承德市财政局、承德市文化局、承德市总工会、团市委、承德市妇联联合印发《关于加强和改进爱国主义教育基地工作的实施意见》。9月16日，承德市精神文明办公室、妇联、教育局、关工委、团市委、民政局、计生委、科协联合决定在全市实施“百万家长育英才”工程，贯彻落实党中央、国务院和市委、市政府关于加强和改进未成年人思想道德建设，充分发挥家庭教育在未成年人思想道德建设中的特殊重要作用，培养和造就有理想、有道德、有文化、有纪律，德、智、体、美全面发展的中国特色社会主义事业建设者和接班人。9月30日，团市委、市教育局、承德市少工委决定加强少先队辅导员队伍建设，要求各级团委和教育行政部门从实际出发，加强辅导员队伍建设，定期对辅导员队伍建设工作进行检查考核。10月13日，团市委、市教育局、科技局、民政局、财政局、人事局、农业局、文化局联合印发关于进一步加强少先队工作的意见，要求各相关部门根据文件精神认真贯彻落实。年内，承德市在中小学生中深入开展文明礼仪教育及弘扬和培育民族精神教育活动，组织全市30余万名中小学生参加全国中小学生以“红色之旅”为主题的读书教育活动。省教育厅在隆化县召开全省青少年校外活动场所现场会，承德市在会上介绍了经验。

2007年7月25日，市教育局决定开展市级中小学文明礼仪教育示范校评选活动。年内，隆化县第二中学董彩霞（女）、承德县安匠中学马兴华被省教育厅、省人社厅、省总工会表彰为“河北省德育和思想政治教育工作先进个人”。

2008年4月25日，市教育局印发《全市中小学深入开展爱国主义教育活动实施方案》。6月10日，印发《中小学廉洁教育指导纲要》，让学生知道廉洁是一个国家公民应当遵守的基本道德规范和道德要求，从小培养廉洁意识、自律意识，养成良好的行为习惯。7月14日，市教育局决定暑假期间在全市各级各类学校教师中开展“万名教师大家访”活动，加强学校与家长的联系，鼓励教师加强师德教育实践，提升教师综合素质，转变教师工作作风，密切家校关系，在社会、学生、家长中树立良好的师德形象。

2011年，团市委、市教育局、承德市少工委联合授予郑秀伟等50名少先队辅导员“承德市优秀少先队辅导员”荣誉称号，授予李天伦等100名少先队员“承德市优秀少先队员”荣誉称号，授予承德市桥东小学少先队大队等31个少先队大队“承德市优秀少先队大队”荣誉称号，授予河北民族师院附中初一（19）中队等19个少先队中队“承德市优秀少先队中队”荣誉称号。

2011年10月29日，承德市桥东小学正式成立首届家校联合委员会，面向家长聘请16名委员，加强家校沟通，形成教育合力。11月3日，河北民族师院附中召开2011级家长委员会成立大会，经各班推荐、年级组审核，产生有60名家长参加的家长委员会。会上，公布了家长委员会章程、校长介绍了学校基本情况、委员会讨论通过家长学员学习计划。

承德市实验小学以“争卡夺星”为载体深化学生德育评价机制改革。内容包括：（1）星级班集体评比。每月根据各班文明礼仪、体育卫生、纪律秩序等方面表现量化打分，授予1～5星级班集体。（2）学生争卡升级。共设红、黄、绿和金4种形式的卡，给学生绿卡表示对其某一行为的肯定和激励，黄卡代表对不良行为的警告，红卡则是一种惩戒。学生集够10张绿卡可换取一张珍贵的金卡，并写出获卡日记，记录下成长历程。（3）围绕“争卡夺星”，组织开展礼仪实践周等丰富多彩的主题教育和综合实践活动。

承德市第十六中学注重队、团衔接，加强学生思想教育。学校根据初中一年级学生离开小学少先队组织，又尚未达到加入共青团年龄的实际，创新举措，做好队、团衔接工作。（1）组建少先大队。每年新生入学，学校举行建队会，通过竞选等方式健全少先队组织机构，开展主题教育活动，继续要求学生佩戴红领巾。（2）强化共青团组织功能，指导少先队工作，开展团、队系列活动，引导和帮助一年级学生健康成长，迈好青春第一步。通过加强队团衔接，消除组织管理空白，为学生顺利加入团组织打好基础。

三、主题教育实践活动

2012年，市教育局坚持把“立德树人”放在教育工作的首位，用社会主义核心价值体系引领青少年思想道德建设，积极构建学校、社会、家庭“三位一体”的大教育格局。⑴建立健全管理育人、服务育人的长效机制和学校德育规章制度，加强在学科教学中渗透德育教育，积极推进课程改革，开展教学有效性研究与实践，实现“全员育人、全程育人、全方位育人”。⑵充分利用社会教育资源，精心组织广大中小学生开展丰富多彩、形式多样的主题教育和综合实践活动，如组织“培育和弘扬民族精神”教育活动、“感恩教育”活动、“善德伴我行”主题道德实践等大型教育实践活动。坚持强化功能、整合资源、拓展服务、提升效益，加强青少年活动中心建设，全市青少年活动中心的建设和运行模式受到省厅的充分肯定。⑶表彰先进，奖励引领。5月30日上午，由市文明办、教育局、团市委、妇联联合主办，承德附属医院协办，由承德市文明委命名表彰的承德市首届“十佳美德少年”和“美德少年”表彰大会在承德市实验小学召开，授予刘帅等10人为承德市首届“十佳美德少年”荣誉称号，授予赵悦杨等100人为承德市首届“美德少年”荣誉称号。通过评选表彰全市时代好少年，在广大青少年群体中营造崇尚榜样、学习榜样、追赶榜样的浓厚氛围，深化“践行承德精神，争做美德少年”主题实践活动，推动社会主义核心价值体系建设。

11月22日，市教育局举办全市第四届“中小学班主任基本功大赛”，进一步提高班主任工作的科学性，促进班主任队伍建设，推动全市中小学德育工作。12月10日，市教育局启动“践承国学精华，创新育人模式”研究实验项目，组织首批实验学校参加这一课题实验研究。年内，市关心下一代工作委员会共举办讲座150余场，培训近15万人次。

年内，河北省在承德召开全省青少年校外活动场所建设现场会，丰宁、兴隆、滦平、承德县4个县（区）的青少年活动中心被省授予县级示范性青少年活动中心称号，其中丰宁、兴隆受到教育部表彰。

2013年2月8日，承德市实验小学被中央精神文明建设指导委员会授予“全国未成年人思想道德建设工作先进单位”称号（获此称号的单位全国仅200个），该校也是河北省7个获奖单位中唯一一所小学。

8月6日，教育部思政司司长冯刚赴滦平县调研燕山大学“体验省情、服务群众”主题实践活动开展情况，省教育厅厅长刘教民、市教育局主要领导陪同调研。冯刚先后实地查看张百湾镇周台子村小学、幼儿园，巴克什营镇巴克什营村文化墙建设，观看由燕山大学师生和周台子村村民表演的文艺节目，与燕山大学师生座谈，对主题实践活动给予肯定，对参与活动学生提出殷切希望，要求大学生主题实践活动要坚持长期开展，形成长效机制。

11月12日，隆化县第二中学教师董彩霞被省教育厅授予“河北省教书育人楷模”荣誉称号。11月中旬，董海凤等3名教师在全省中小学“学科德育精品课程”和“育人精彩瞬间”征集评选活动中取得优异成绩，均获一等奖。

2013年，市教育局围绕社会主义核心价值体系建设，深入开展“我的中国梦”系列主题教育活动、“善行河北•积善承德”主题道德实践活动，着力强化学校德育，突出学校德育的针对性和实效性。通过“和合承德”文化品牌延伸出“和合德育”的德育理念，重点做强学校教育、做大社会教育、做优家庭教育，形成以学校为主体、以家庭和社会为两翼的“一体两翼”德育格局。

5月23日，市教育局印发《关于进一步做好家长学校试验区工作的通知》，要求重点抓好家庭教育组织机构、家庭教育师资队伍、家庭教育规章制度和家庭教育教材建设四项工作。

5月31日，市文明办、团市委、市妇联、教育局在河北民族师范学院附属中学举行承德市第二届“美德少年”评选表彰大会，对评选出的“十佳美德少年”、200名“美德少年”进行表彰，对20名“贫困美德少年”进行资助。7月23日，承德市文明办、教育局、团市委、市妇联联合在全市中小学校广大青少年学生中开展“认星争优，做美德少年”主题教育实践活动，培养中小学生良好的文明习惯。

市教育局与市民政局、综治办、公安局、司法局、财政局、人社局、扶贫办、团市委、市妇联等10部门联合开展“流浪孩子回校园”专项行动。

年内，《中国德育》以区域报道专刊形式，对承德市中小学德育实践进行宣传，收到良好的社会反响。

2014年12月29日，市委印发《关于进一步加强少年儿童和少先队工作的意见》，明确少年儿童和少先队工作的目标任务，是以培养少年儿童对党和社会主义祖国的朴素感情为根本，积极培育和践行社会主义核心价值观，教育引导少年儿童“记住要求、心有榜样、从小做起、接受帮助”，培养少年儿童对党和社会主义祖国的朴素感情，引导少年儿童养成良好道德行为习惯，强化国家意识、科学意识、劳动意识，增强社会主义责任感、创新精神、实践能力。完善学校、家庭、社会相结合的教育网络，为少年儿童的健康成长创造良好的社会环境，发挥少先队对少年儿童培育和践行社会主义核心价值观的统领作用，形成全社会支持少年儿童和少先队工作的良好局面。加强少年儿童理想信念教育，认真研究和把握少年儿童成长规律和认知特点，深化中国特色社会主义、社会主义核心价值观和中国梦的教育实践。注重加强民族精神、时代精神和中华民族优秀传统文化教育，深入开展“红领巾心向党”“红领巾相约中国梦”“民族精神代代传”“家乡文化大搜索”等活动，加强正面宣传引导，用中国梦、河北梦、承德梦筑牢少年儿童的共同思想基础，不断增进他们对党和祖国的认同和情感归属。加强党、团、队的组织衔接，引导少年儿童自觉把个人的成长梦融入实现中国梦的伟大进程。发挥家庭作为少年儿童第一课堂的作用，弘扬中华民族家庭美德，做好传统家风的现代转化。大力宣传各类文明家庭典型，激励更多家庭和孩子投身创建活动，通过父母与孩子共建文明家庭，从点滴小事中教会孩子欣赏真善美、远离假恶丑。办好家庭教育指导中心和家长学校，通过开展多种形式的家庭教育培训，引导更多的家长重视少年儿童的思想道德教育，树立正确的儿童观、亲子观和成才观，帮助家长掌握科学的家庭教育知识和教育方法，提高家长素质。

市教育局围绕贯彻落实“社会主义核心价值观”，以心理健康教育、习惯养成教育、传统礼仪教育等为重点，在直属中小学开展“中国梦、赶考行”等一系列丰富多彩的主题实践和宣传教育活动。制发承德市中小学心理健康教育特色学校争创计划和中小学心理健康教育特色学校标准（试行），为推进心理健康教育明确导向和依据。在全市中小学开展“文明助成长，共圆中国梦”系列主题教育活动。5月30日，与市委宣传部、市文广新局、市新华书店、市阅读办联合在全市范围内开展以“梦在心中，书香伴我行”为主题的青少年“阅·知·行”读书活动。

年内，各县（区）采取不同形式开展德育工作。围场县启动“弘扬传统文化，践行弟子规，提高德育工作实效性研究—继往开来，构建青少年健康成长的精神家园”课题研究。滦平县举办全县教育系统传统文化大讲堂活动，邀请吉林省劳动模范王竑锜和中国国学经典教育资深讲师张凯分别做“沐浴党的阳光，回归道德人生”“传统文化的教育智慧”演讲。围场县二中杜秀云（女，蒙古族）、丰宁县小川小学王建华（女，满族）被省教育厅、河北省人力资源和社会保障厅、河北省总工会表彰为“河北省中小学优秀班主任”；双桥区翠桥学校王景芸（女）、承德县上谷初中郝宏斌被省教育厅、河北省人力资源和社会保障厅、河北省总工会表彰为“河北省中小学优秀德育课教师”；承德市第三中学邱建国（满族）、平泉镇双桥小学陈娜（女，回族）被省教育厅、河北省人力资源和社会保障厅、河北省总工会表彰为“河北省中小学优秀德育工作者”。

2015年，市教育局围绕立德树人根本任务，以培育践行社会主义核心价值观为核心，强化顶层设计，制发《关于培育和践行社会主义核心价值观的实施意见》。开展家乡文化进校园工作，推进社会主义核心价值观在学校落细、落小、落实。坚持以科研为先导，以“和合德育”为载体，将社会主义核心价值观融入教育教学全过程的探索与实践。注重加强德育阵地建设，全市共建成爱国主义、文化传承、科技探秘、劳动体验、环境保护、素质拓展等10大类、100家未成年人社会主义核心价值观实践基地，按照每学年小学高年级不少于3天、中学生不少于5天的标准，组织中小学生赴实践基地参与各种实践活动。

5月21日，市教育局制发《开展中小学研学旅行试点工作的实施方案》。通过组织中小学生集体旅行、集中食宿方式开展研究性学习和旅行体验相结合的校外教育活动，综合实践对中小学生的成人教育。6月23日，市教育局印发通知，《在全市中小学校和幼儿园开展家乡文化进校园工作》。7月中旬，与团市委联合举行全市“勿忘国耻，圆梦中华”，纪念抗战胜利70周年讲故事大赛。

兴隆县邀请国家督学、德育报社社长张国宏作专场德育报告，张国宏结合当前社会形势、家庭教育和学校德育存在问题、德育五大功能、家校深度融合、学校德育方略等几方面开展交流培训。围场县举行“学校道德与法制相结合德育模式创新行动研究”科研课题实验区启动仪式，教育部“十二五”重点课题“中国学校法制教育行动研究”总课题组副秘书长陈玲出席启动仪式。会上，对39所实验校进行授牌，华商村镇银行捐赠《弟子规》图书20000册，江苏省江阴市长山中学校长顾文伟作题为《德行教育为孩子幸福人生奠基》的报告。

营子区金扇子小学开设校园“爱心自助超市”，统一购进学生日常学习、生活用品，由志愿小学生为每样物品登记，并按低于市场价格进行定价。学生选购物品后，在无人监督情况下，将相应数额的钱款投入“爱心驿站”（货款箱）。志愿小学生每天利用休息时间自主管理超市的销售情况，整理货架、盘点款项，在管理教师指导下认真记账。“爱心自助超市”的所有收入作为学校公益基金的一部分，捐给有需要的贫困学生。仅当年1月就已经资助5名贫困学生每人500元。新华社、《中国教育报》《承德日报》等多家媒体对此进行宣传报道。

双滦区第四小学坚持开展“光盘行动”，引领校园新风尚。该校针对学生中存在挑食、偏食不良习惯，在保证学生吃饱吃好的基础上，持之以恒实行“光盘行动”，通过校会、班会等各种途径，从新生抓起，对用餐开展教育和指导。每张餐桌设置收集剩菜剩饭的盆子，专门成立学生自治组织—红领巾监督岗，由各班学生轮流担任，负责全校学生用餐组织、纪律维护，对各个班级剩餐情况进行评比、记录，并将结果纳入班级量化考核评选系统。“光盘行动”不仅保证学生营养均衡，而且促使学生日益养成爱惜粮食、尊重劳动的良好习惯，逐渐培育形成厉行节约、反对浪费的浓厚风气。

平泉县小寺沟中学发挥军校优势，规范学生管理。小寺沟中学是平泉县成立的第一所少年军校，学校注重发挥优势、彰显特色，广泛深入地开展中华传统美德教育和国防教育，渗透进教育教学和学校管理的全过程和各领域，从一点一滴入手，加强学生行为习惯养成教育，强化学生“接东西用双手”“升国旗穿军服”“集会时不动不说话”等细节。该校餐宿区与教学区位于马路两侧，用一座天桥相连，2000多名学生通过天桥，没有任何拥挤、喧哗；就餐时，打饭队伍排成几条长龙，没人拥挤、加塞，先打完饭的学生一律到较远地方落座，把近端座位留给后面的同学。少年军校教育和管理的浸润，将学生深深打上传统文化教育和军事化管理的烙印，使得该校毕业生的言行举止明显区别其他学校，受到广泛好评。

2015年，高新区上板城初级中学、市第十六中学、鹰手营子矿区金扇子小学被中共河北省委教育工委、省教育厅表彰为“河北省思想政治教育先进集体”；市翠桥学校孟勇、隆化县第三中学李智、双滦区实验中学王德书、兴隆县兴隆镇小东区中学黄莉丽、承德县第四小学崔清荣、市魁星园小学刘晓峰被中共河北省委教育工委、省教育厅表彰为“河北省思想政治教育先进工作者”。

第七节 师资队伍建设

一、承德地区师资队伍建设

1989年4月，地教委召开师训（教师培训）工作会议，下发《关于加快师训工作步伐的意见》。提出学校教育管理和在职教师培训提高要两手抓，自学、业余、函授三为主的原则。各校组织好自学函授和培训，一面抓学历教育，一面促能力提高。地区教育学院和地区、县师范（进修学校）把初中的六大学科（语文、数学、外语、政治、物理、化学）和教育管理作为主要培训任务。年内，全地区公办教师的比例小学上升到57.4%，初中上升到92%；小学师资达标率为75.5%，初中师资达标率为32.58%，分别比1988年提高4.57%、7.71%。

1990年，地教委采取多层次、多形式、多渠道的教师岗位培训。共举办各种类型培训班112个，培训教师6100多名。其中，举办校长、主任培训班9个，培训班主任463名，主要围绕提高和分析处理教材能力、讲课、书写和表达能力进行教师培训。学前班和小学教师主要采取以会代训的形式，交流论文，观摩教学，举行技能技巧演练，聘请外地教师做学术报告等。初中六个学科分别举办青年教师优秀课评选活动，举办讲习班、召开研讨会、请外地教师讲学等。全地区小学、初中教师学历达标率分别比1989年提高2～3个百分点。

1992年，承德地区各县小学教师学历合格率为：宽城县77.18%，兴隆县81.13%，平泉县84.70%，滦平县87.59%，丰宁县87.54%，隆化县82.66%，围场县84.76%，平均合格率为84.15%；全地区初中教师学历合格率为50.56%。

二、承德市师资队伍建设（地、市合并前）

1989年4月11日，市教委决定中小学试行校长学习制度，主要学习学校管理学、学校管理心理学、教育的有关方针政策法令和教育改革信息，交流学校管理经验。每月学习一天，上午进行理论知识学习，下午举办信息交流，座谈等活动。

8月15—16日和10月5日，举行全市中小幼教师文化考试和音体美专业教师考试。初中教师实考713科次，及格455科次，及格率63.81%。年底，市教委召开承德市中小幼专任教师学历达标合格培训考试的专考工作总结表彰大会，表彰先进单位和先进个人。年内，承德市实验小学董秀静被国务院表彰为“全国先进工作者”、被全国妇联表彰为“全国三八红旗手”、被河北省人民政府表彰为“河北省劳动模范”；市教育局小学教研室主任高雅贤被省委、省政府表彰为“河北省优秀知识分子”荣誉称号；承德市高志刚 、卢秀云被省教委、省人社厅、省总工会表彰为“河北省优秀教育工作者”。

1990年，承德市的教师培训工作主要抓中、小、幼教师的学历达标和专业考核工作。⑴制定落实奖惩制度的措施，激励教师参加“专考”积极性。⑵举办“专考”辅导班，利用寒暑假举办5期18个科目辅导，应考人数984人，报名890人，报考1226人科次，报名率达90.455%。实考1098人次，实考率89.15%，及格747人次，及格率由上年的50%上升到68.84%。⑶由中小学教研室共同举办骨干教师、校长、教研室主任等各种培训讲座和辅导班。小学和初中教师学历达标率分别达到58.1%和54%。

1991年，承德市对师范院校毕业的309名大中专毕业生进行上岗前培训，收到较好效果。

1992年，承德市在中小学试行校长负责制。小学教师学历合格率为84.41%。其中，承德县81.31%，双桥区90.27%，双滦区86.56%，营子区81.58%，市直属94.07%；初中教师学历达标率为64.5%。

三、学历教育及业务培训

1993年，新成立的市教委认真做好校长和教师培训工作。（1）举办小学校长培训班11期，培训校长742人。举办中学校长培训班8期，培训404人。（2）举办“三沟通”（业余大学、函授、自学考试沟通）教师学历辅导班104个，培训4828人次。全市小学教师学历达标率达到84.92%，初中教师学历达标率为50.66%。（3）对民办教师和代课教师进行清理整顿，通过考试将108名民办教师转为国办教师，使小学民办教师所占比例降为28.07%，初中民办教师所占比例降为2.53%。（4）对优秀教师、优秀教育工作者给予奖励。推荐表彰19名全国教育系统劳动模范、全国优秀教师和全国优秀教育工作者，51名省级优秀教师、优秀班主任、优秀教育工作者和捐资助教先进个人，145名市级优秀教师、优秀班主任和优秀教育工作者。

1994年5月13日，市教委印发《关于开展新教师和小学骨干教师培训工作的意见》，对新教师的培训采取集中培训与分散实践培训相结合形式进行，各县小学新教师集中培训由各县教师进修学校负责（三区由市教师进修学校负责），各县中学新教师集中培训由县教委统一组织安排（三区由市教师进修学校负责），分散实践培训由任职学校负责。对骨干教师的培训内容由教师进修学校参照省编教材，在调查研究的基础上自行安排。培训形式采取专题讲座、教育教学经验介绍、学科座谈等等多样形式进行。考核结果记入中小学教师继续教育成绩，以“优秀、合格、不合格”等级评定，由培训单位负责填入本人继续教育证书，市教委验印，作为转正、评职、晋级的依据之一。中小学新教师集中培训情况分别由各培训学校考核，分散实践部分由任职学校考核。年内，全市分两次对854名中学校长和1659名小学校长进行岗位培训；对527名小学新教师和24名中学新教师进行岗位培训；对755名小学骨干教师和201名中学骨干教师进行专业培训。对11626人次小学教师和2544人次中学教师进行教材教法培训，其中，小学教师培训工作被省教委评为先进单位。初中教师学历达标率显著提高，小学、初中教师学历达标率分别达到90.72%、55.19%，分别比1993年提高5.8和4.5个百分点。

1995年3月8日，市教委成立承德市中小学教师培训办公室，任务是在市教委领导下负责实施全市中小学教师的学历达标、学历提高和继续教育工作，全面负责“三沟通”培训各项具体任务，加强对学历教育和继续教育的宏观管理。年内，承德市小学、初中教师学历达标率分别为95.95%、76.93%。

1997年，承德市平泉县双桥小学教师刘再平在全国小学数学教学改革研讨会作观摩课，荣获一等奖第一名的好成绩。

1998年，承德市小学、初中学历达标率分别为98.4%和87%，中小学校长培训率为30%。

1999年，承德市小学专任教师的学历达标率由1998年的98.4%提高到99.03%，初中专任教师的学历达标率由1998年的87%提高到88.97%。市教委下发通知，要求全市中小学校长认真学习教育部发布的中小学校长培训规定。

2000年，承德市加大骨干教师选拔培训力度。全市评选出国家级中小学骨干教师27名，省级骨干教师74名，市级骨干教师275名，县（区）级骨干教师2900名。在小学语文、数学、自然3个学科教师中评出15名教学标兵、31名教学能手。年内，全市培训小学校长182人，培训率为77.8%；培训中学校长309人，培训率为98%。

2001年，对全市中小学体育教师教学基本功进行考核，考核内容包括理论和基础知识、教案、教学实践3部分。

4月初，市教委召开全市师教（教师教育）工作会议，要求在新世纪开局之年，把教师队伍建设放在重中之重的地位，从6个方面大力加强教师队伍建设：⑴大力开展中小学教师全科全员四项达标（师德达标、教育教学能力达标、学历合格达标、学历升级达标)；⑵认真组织国家、省、市骨干教师培训，努力造就高水平的专家型教师；⑶认真抓好信息技术、小学英语、音乐、体育、美术等急需学科专任教师的集中培训；⑷抓好师范院校和教师进修学校的师资培训；⑸大力加强教师进修学校标准化建设和师范院校建设；⑹理顺教师工作管理体制，建立起管理、培训、使用一体化的管理模式。年内，成立“承德市教育干部培训中心”，理顺各级干训（干部培训）管理体制，制订承德市教育干部培训“十五”计划。年内，举办两期教育干部研究生课程班，培训县教育局股级干部50人，中学校长高级研修班有89人结业。

2002年，对全市教师进行新课程标准培训和现代信息技术教育培训，对非英语教师进行英语全员培训。市教育局为迎接河北省教学标兵评选活动，推动全市小学思想品德、社会学科的教育教学活动的改革和发展，6月17—21日，举行全市小学思想品德、社会教学竞赛暨新课程标准培训活动；8月，举办全市中小学教师英语口语大赛，并推荐优秀者参加省赛。把普通话水平作为教师资格认定的必备条件，进行严格的测试。年内，组织小教大专和中学教师“专升本”自考培训。全市小学专任教师学历达标率为99.57%，其中，专科以上学历6504名，专科率39.56%；初中专任教师学历达标率93.46%，其中，本科以上学历1497名，本科率12.13%。

2003年3月10日，市教育局印发《关于加强中小学教师心理健康教育培训工作的意见》，通过采取脱产、半脱产、不脱产，以及“请进来”“走出去”等多种形式进行系统的专业培训，培养一批具有中小学心理健康教育A级证书的指导教师，具有中小学心理健康教育B级证书的专职教师，具有中小学心理健康教育C级证书的兼职骨干教师和具有中小学心理健康教育D级证书的兼职教师。3月20日，印发《关于中小学教师学历提高培训有关问题的通知》，对具备合格学历的中小学教师进行提高学历层次的培训，在坚持“所学与所教一致，专业对口”原则的基础上，鼓励中小学教师参加各种形式的培训。已获得非师范类学历证书的中小学教师要接受教师教育专业培训。培训在各市教育局的统一领导下进行，各级师范院校和教师进修学校具体组织实施。

2004年6月4日，市委、市政府在《关于进一步推进教育改革与发展》的决定中，对教师学历达标提出要求。到2005年，小学教师专科率达到50%以上；初中教师本科率，县城以上学校达到30%，农村学校达到25%以上。到2010年，小学教师专科率达到80%以上；初中教师本科率县城以上学校达到80%，农村学校达到60%以上。从2005年开始，新补充的小学教师、3个区新补充的初中教师必须分别具备本科及以上学历。从2007年开始，各县（区）新补充的初中教师必须具备本科及以上学历。新补充的高中教师，达到研究生、硕士学位者要占有一定比例。全面加强教师队伍建设，稳步推行教职工全员聘任制。全力提高教师专业素质，开展教师学历提高和新课标培训。在全市中小学教师中开展“全科全员五项达标工程”（师德达标，教学基本功达标，教育专业化达标，学历合格达标，学历提高达标）。中小学教研室采取听课、评课、专题座谈会、讲座等形式对新课标及新教材的使用做专门辅导与培训。加强对中小学教育教学的过程性和终结性评价。

2005年11月，全市中小学开展班主任基本素质大赛活动。年内，滦平县第二中学田入欣、承德县实验小学叶春舒、围场县第二中学敏信被市委、市政府表彰为“第一届承德市优秀科技工作者”。

2007年5月8日，市教育局表彰在“十五”计划期间教育科学研究工作中做出贡献的单位和个人，引导和激励全市各级各类教育中广大教师和教育科学研究工作者更加积极主动热情地投身教育科学研究工作中来。

2010年4月8日，市教育局制发《关于承德市义务教育学校教职工绩效考核实施方案（试行）》。考核对象为全市按国家规定执行事业岗位绩效工资制度的义务教育学校正式工作人员，考核内容为重点考核工作实绩。10月27日，制发《关于加强农村教师培训提高农村教师素质的意见》，主要目标包括专业素质基本达标、师德师风明显改善、教学成效大幅提升三方面。

2011年12月13日，市政府办公室印发《关于加强中小学教师队伍建设和校长队伍建设的意见》。总体目标：⑴师德水平大幅提升。⑵学历层次普遍提高，小学、初中教师岗位学历全部达标，“十二五”规划末小学教师本科以上学历比例达到50%以上，初中教师基本实现本科化。⑶专业素养显著增强。⑷骨干教师队伍逐步壮大。“十二五”规划末各级骨干教师达到5000人，不少于教师总数的15%，其中，县级以上达到3000人。学科名师达到500人，特级教师达到100人，农村教师中特级教师、省市级教学名师和骨干教师比例由14%提高到30%。⑸管理机制不断优化。教师考核评价体系和制度机制更加科学合理，有利于激发工作积极性，教职工编制符合教育教学实际需要，建立起正常补充、流动和退出机制，教师资源配置得到进一步优化。

2011年，市教育局对市级小学骨干教师培养对象进行为期4天的跟进培训。此次培训基于课程改革背景，让学员了解学科教学新理念、新趋势，为学员发现和解决自己教育教学中的问题提供思路和启示，提升教学能力特别是依据新课程理念合理分析和运用教材的能力，发挥在实施素质教育、课程改革和校本培训上的骨干带动作用。本次培训的特点是内容丰富，形式新颖，针对性强，效果显著。

四、教育科学研究

各县（区）创新教科研方式方法，提高对校长、教师进行培训的效能。5月11日，丰宁县召开会议，正式启动“886”教师培养工程，加快小学教师专业发展。即确立8个研训基地，成立8个名优教师工作室，建立6个区域联片研修组。会议对研训基地建设、名优教师工作室和区域联片研修组提出具体目标任务，出台管理制度和考核评价机制。市实验小学遵循“幸福教育”办学理念，深入持久开展“和谐团队”创建。

承德县教育局广泛组织全县教育工作者和广大教师学习《人民教育》《中国教育报》《中国教师报》等优秀教育期刊，把学习作为一种追求、一种境界、一种动力，全县教育教学水平也在阅读、研究、收获中提高。《中国教师报》先后刊发县教育局领导《唱好读写讲做四部曲》的署名文章和《助推教师发展是局长的第一要务》的专访文章。文章用4800余字介绍该县“一模两翼三研”{一模：课堂教学4（情境引入、展示目标、综合训练、课堂总结）+4（首轮自学、交流研讨、质疑答疑、专项训练）×N轮；两翼：导学稿和小组合作；三研：课前研讨、课中研讨、课后研讨}教研机制、开展教师培训工作有效举措及教师专业化发展有效途径。《中国教育报》头版以《读报让教师与时代贴得更近》为题，将该县读书论坛做法在全国范围内进行推广。

隆化县创新举措，坚持开展教师基本功素质大赛，拓展比赛内容，既有课堂教学、说课、课件、教学反思，又有主题研修论文、优秀试卷、讲述自己身边的教育故事等单项。以大赛形式促进教师练“内功”、增本领、提素养，以“品读教育经典，丰富教育理论，感悟教育人生”为主题，定期举办读书报告会，引领教师形成阅读风气，使读书日益成为一种习惯、需求和生活方式。平泉县多措并举加快校长专业培训。通过整章建制、依托网络、开阔视野、攀亲结缘、研训结合等举措，坚持“研训一体、以研促训”，实施跟踪问效，注重培训工作的实效性和指导性。围场县注重特岗教师岗位培训工作，坚持“先培训、后上岗”。

2012年，市教育局召开推广“跨越式”试验项目暨丰宁县试验成果现场会。

9月上旬，市教育局采取多种形式庆祝第28个教师节：⑴由市委、市政府在《承德日报》头版刊发《致全市教师和教育工作者的慰问信》。⑵由市教育局领导班子成员分组深入市直学校和各县（区），走访慰问优秀教师、特岗教师、农村一线教师和生活困难教师。⑶表彰承德市第二届中小学教学名师242名。⑷在《承德日报》刊发杨春花、王树民、祁凤兰等先进教师人物通讯，精心制作金燕勇、王艳等6名优秀教师的专题片，在承德电视台《每日关注》栏目中陆续播出，展现承德教师的良好形象。⑸举办“欢庆教师节，喜迎十八大”教师论文散文诗歌书法绘画摄影大赛，在《承德日报》刊出专版，刊发获奖优秀作品选登，营造浓郁气氛。

各县（区）及学校采取不同形式展示教师风采，激励教师队伍。丰宁县千方百计提升教师幸福指数，稳定教师队伍。⑴提高政治地位，县四大班子、县直部门领导亲自参加教师节表彰大会，规格高、规模大；慰问教职工100多人，慰问金近6万元。⑵促进专业成长，坚持“最大的福利是让教师有发展”理念，举办各种培训班、研修班。建立8个研训基地、6个区域联片研修组。聘请全国名师贾志敏、张光璎等举办讲座，零距离互动。每年评选名师100人，任期3年，每人每月津贴200元。⑶落实福利待遇，落实艰苦地区教师津贴。⑷改善工作生活条件，集中建设教师住宅小区，加快农村学校教师周转宿舍建设，购买通勤车11辆，为偏远分散校点的教师购置电动车，解决大部分教师“交通难”问题。

双滦区抓住开学前夕有利于时机，开展为期3天的教师全员培训。特邀石家庄市二十八中原校长边志学作《教师专业发展与教师教育》专题讲座。所有专任教师按任教学科分成 14 个小组，由各学科专、兼职教研员进行专业知识培训和指导，采取专家集中讲座和分学科业务培训相结合的形式进行培训。

兴隆县实施专家引领，提升教师综合素养。⑴召开全县小学教师培训会，邀请北京市教科院吴正宪，北京市东城区教科院王建平、王文丽 3 名全国知名专家，为全县干部教师举办专场报告。⑵邀请全国模范教师、承德县 3 家乡孤山小学贵琴校长作先进事迹报告，激发教师的从教热情。

河北民族师院附中召开青年教师拜师会，6 名年轻教师与优秀教师、骨干教师结成对子，有效地加快青年教师的专业化成长步伐。

围场县加大力度助推新教师素质提高。⑴集中培训，每学年开学前，对工作 5 年以下的新教师进行一次集中培训，对新招录特岗教师，采取“先培训、后上岗”。⑵跟踪培养，县教师进修学校将新教师作为培养指导重点，每年组织开展分批、分层的教学技能培训。⑶学校为每年新上岗教师制定新教师培养计划，采取教学比武、师徒帮带、校本研修、开展“五个一”（ 上一节有多媒体课件的汇报课、写一份规范的教学设计、出一份高质量的考试卷、写一份规范的纸卷质量分析、写一篇教育教学总结或教育教学论文）活动等方式促进其专业化成长。⑷重视考核，制定出台新教师培训手册，每学期对新教师开展一次综合考核评定，作为评优、晋级的基本条件。

承德县实施“校长提升工程”，狠抓校长队伍建设。⑴撰写教育思考日记，每名校长每周上传至少 3 篇教育思考日记，县教育局专人负责在教育信息网上展示、统计数量，定期公示或通报。⑵上好研究课，每个单位“一把手”每月上 1 节研究课，确定课题及时间后上报，县教育局派人听课，共同研讨。⑶参与听评课，每位校长坚持每天听 1 节课，每周至少公开评 1 节课，活动开展情况列入年终考核。⑷开展校长论坛，围绕教育局确定的重点工作，组织开展校长论坛活动，谈学习收获和具体做法，展示思考日记、学习成果。

双桥区组织 55 名主抓教学领导和优秀教师赴北京参加第 33 届“创新杯”全国教学艺术大赛，参赛的数学课获得特等奖第一名；组织教师在承德市参加第 34 届全国教学“创新杯”教学艺术大赛的讲课和说课比赛，展示先进教学理念和“五步教学法”教学流程，有 7 名教师获得特等奖。

年内，承德县孤山小学校长贵勤在中央电视台和光明日报社联合举办的大型公益活动“寻找最美乡村教师”活动中，被评为“最美乡村教师”（全国共有 10 名教师获该殊荣）。于贵勤的典型事迹于 9 月 5 日在 CCTV-10 科教频道《讲述》栏目播出，其本人参加了“寻找最美乡村教师”颁奖典礼。

2013 年，市教育局年初组织召开县（区）局长工作会议，市教育局局长丁然在总结讲话中指出，承德市虽然被国务院评为全国“两基”工作先进地区，但承德教育跨越发展、内涵发展的形势严峻，任务繁重，还未形成品牌特色，教育思想观念不新，教育发展不平衡趋势逐渐拉大，小学入学面临较大压力，师资队伍专业化程度较低，优秀校长和教师梯队结构尚未形成。乱收费、乱办班、搞有偿家教等教师“失德”现象依然存在，损害教育整体形象。今后一段时期，承德教育工作要突出“一个主题（即走有承德特色的教育发展之路。以龙头品牌校为带动，以特色发展和错位竞争为支撑，合理配置教育资源，优化内外环境，均衡协调推进，形成名校拉动、整体提升的发展局面）”，贯穿“一条主线（即提高教育教学质量，促进学生全面发展）”，抓住“三个关键（即均衡、协调、质量）”。⑴抓均衡，着力破解“择校热”“大班额”问题。⑵抓协调，统筹协调各级各类教育发展。⑶抓质量，牢固树立“以生为本”的教育理念，聚焦高效课堂，向课堂要质量要效益，走出一条“以改革推进课改，靠课改提高质量”的路径。

市教育局召开教育干部培训工作领导小组会议，研究部署全市“十二五”规划期间和近期干训工作，集中研究讨论承德市中小学校长培训改革创新试点项目实施方案和承德市教育干部培训

“十二五”规划。在各县（区）推荐的基础上，经过认真评选，确定孙金瑞等30名为承德市第一批中小学骨干校长培养对象，培养周期结束后，经综合考核达到骨干校长条件者，被授予“承德市中小学骨干校长”荣誉称号，作为今后评选“承德市名校长”“河北省中小学骨干校长”人选。

各县（区）及学校不断创新教科研方式，提高教学质量。丰宁县坚定不移地历时八年之久实施基础教育“跨越式”试验项目。双桥区探索提炼出“三环五步”课堂教学基本模式。围场、兴隆等县（区）深入实施“高效课堂”，有力地促进了教学质量的提升。丰宁县、双滦区等县（区）针对学前教育师资年龄老化、专业化程度低、缺乏编制难以补充等难题，多方争取支持，招聘幼儿教师，采取合同制管理，充实学前教师队伍，增添队伍活力。兴隆、隆化、平泉等县（区）多渠道提高音乐教师实践技能，通过推行中小学生“每人掌握一件乐器”、开设艺术特色课、加强校园文化建设等途径，形成“一校一品”的喜人格局。双桥区组织开展小学语文教师写字教学专题教研活动。宽城县教育局邀请教育部基础教育课程教材发展中心课程处处长、教育学博士、研究员付宜红，为参加2013年农村小学教师新课标省级培训的200多名学员，分别作“课程改革，我们的进步与期待”和“新课程背景下教师专业发展的新视角”专题讲座。双桥区举行教师全员专业素质考核，考试内容分为常用字听写、书写基本功、教学设计基本功和专业知识4个方面，采用等级评分制考核，分为优秀、良好、合格和不合格4个等级，成绩直接与年终教师评优、评先以及绩效工资挂钩。

围场县城子学区平房幼儿园教师祁凤兰被评为2013年“感动河北”十大人物；宽城县坚守清贫为山乡孩子“筑梦”的峪耳崖小学校长马笑冰被选为2013年（第十届）河北十大新闻人物。

市教育局先后召开语文、英语、数学3个学科小学生本课堂现场会，观摩桥东小学九位实验教师现场做课，听取该校校长、业务副校长分别就语文、英语、数学学科进行经验介绍，参观该校“生本教育”（生本教育就是教师转变角色，由演员变为导演。教师的核心任务不是自己教，而是组织学生学，服务于学生的“学”。）实验取得的阶段性成果。举办小学语文骨干教师高效主题阅读培训班，由高新区冯营子中心校3名教师作示范课，聘请内蒙古赤峰市红山区十六小学校长祖国民作专题讲座。举行小学英语优秀课例展示活动，全市共有14节课参与该次展示，包括单词课、会话课和语篇教学等多种课型。开展全市第二批初中学科教研基地学校及兼职教研员申报活动。

2014年，双滦区连续举办第五期、第六期双滦教育论坛，各学校校长（园长）分别结合实际，总结成功经验，反思缺点不足，谋划今后工作。由四位赴山东、江苏先进校挂职培训的校长分别作主题发言，邀请中国教育学会教育学术委员会副主任、全国合作教学研究中心副秘书长、山东省潍坊市潍城区教育局副局长韩吉东作“合作教学有效性”专题讲座。“最美双滦人”夏玉文老师作“甘做人梯，一生无悔”报告。论坛还开展了分学科业务培训。

承德县举办农村小学校长“学校管理策略”专题培训会，利用假期为全县农村小学校长“充电”。培训会分专题讲座、解读文件、观看视频、交流收获4个板块，分别举办《教育就是习惯培养》《践行严细管理的几点做法》等专题讲座，解读“承德县中小学常规管理及严细化管理的基本要求”“承德县小学毕业班教学成绩考核评价及奖励办法”，听取在北京、浙江等地挂职研修校长做的学习汇报，观看北京市海淀区玉泉小学校长高峰“欠发达地区兴校方略”的视频讲座。该县在县实验小学举行综合实践开放周活动，采取公开课展示、互动交流等形式，以点带面，推动全县综合实践活动有效实施。

围场县开展名校长素质能力提升集中培训，邀请北京史家胡同小学原校长卓立和门头沟中学校长周强主讲。营子区邀请被誉为“中国苏霍姆林斯基式教师”的著名教育专家李镇西作《回到起点，走向朴素》主题报告。

双滦区将教师交流轮岗作为推进均衡发展的重要举措之一，采取艺术学科教师“走教”的形式，整合配置优质教育资源，进一步拉近城乡教育距离，助力义务教育优质均衡发展。该区举行第八期教育论坛暨中小学教师全员培训，由全国模范教师杜玉瑞、河北省优秀教师马青春和邱建国分别作题为《献身幼教事业是我无悔的追求》《用爱在孩子和老师的心灵之间架起一座桥梁》和《科学民主管理学生》的典型发言。全国生命教育工作委员会秘书长、教育部中国人生科学学会副秘书长边疆，围绕“成长比成功更重要”作主题讲座。

丰宁县邀请北京教科院文喆、郭秀晶、郑云宏等专家，分别就学校文化、依法治校、教学改革、教师队伍建设等方面，对全县各级各类学校中层以上干部、县教体局干部、各级名师进行专题培训。双桥区在南营子小学召开校长论坛暨学校管理工作研讨会，参观民族中学、南营子小学的军乐队表演、班级文化、社团活动、科学课探究等各项活动展示，听取有关校长就学校课程体系探究、家校互动、校本课程开发、农村学校走教模式探索、校训形成与发展等方面的经验介绍。教育部在平泉县举行“农村校长助力工程（2013）”返岗实践汇报暨校长论坛活动。

2014年，围场县棋盘山学区中心校莫里莫幼儿园教师李广（满族）被评为全国教书育人楷模。

2015年，市教育局进一步加强教科研工作，引领校长教师队伍成长。1月4—8日，市教育局在承德市实验小学举办全市小学国学教育优质课评选活动。3月10日，举办全市中小学“语文主题学习”实验教学研讨会，研讨会分专家讲座和课例观摩两部分，新学校（北京）教育科技研究院中小学语文课程研究中心主任刘勤修、课程研究中心特约研究员王桂相分别作专题报告，介绍语文主题学习的实验背景、特点和实施建议。4—6月，分别在各县（区）集中举办首期承德市足球教练员、裁判员培训班，下半年举办了第二期培训班。4月19—24日，在宽城县举行全市小学语文优质课评选活动。5月5—8日，在承德市实验小学举行承德市小学品德与生活（社会）优质课评选活动，采取评委现场打分、现场亮分方式进行评选。5月10—15日，在承德县举办全市小学数学评优课活动。6月，在宽城县举办了河北省中小学青春期教育骨干师资培训班，培训班聘请石家庄铁道大学人文学院教授薛静、河北未成年犯管教所警官王世红等专家授课，组织示范课观摩和专家现场点评活动。

10月26—30日，市教育局与北京师范大学合作举办第一期县（区）教育局长研修班，分批次对全市教育行政干部和校长队伍进行专业培训。11月16—19日，分别在丰宁县第三中学、丰宁县第二中学举行承德市初中语文、物理优质课评比活动。11月10日，在围场县第二中学召开全市初中学校内涵发展推进会，进一步推进基础教育学校内涵发展，提升全市中小学整体办学管理水平。

11月，市教育局举办承德市“山庄大讲堂”活动，由市实验小学、市桥东小学和双桥区翠桥学校的3名教师上了3节精彩的展示课。“山庄大讲堂”活动是在全市各学段、各学科中选取30名骨干教师，以市直属学校和双桥区学校为活动阵地，以“同课异构”为主要形式，开展系列教研活动，目的是培养一批课堂教学水平高、教学研究能力强的专家型教师，每月的上、中、下旬，分小学、初中、高中各组织活动一次。

市教育局小学教研室先后与“一起作业网承德管理办公室”在市桥东小学联合组织召开一起作业“校园大使”研讨会。12月，在滦平县召开承德市小学语文主题学习研讨会，组织开展第一轮“送教下乡”活动，共选派语文、数学、英语和思品4个学科共14名市级名师、骨干教师，赴围场县、隆化县和滦平县作示范课，开展交流互动，参加听课总人数达到2000多人。

双滦区举办第七期双滦教育论坛，邀请教育部中小学校长国家级培训首批专家库成员、保定学院教授王全乐，以对学校育人文化建设的理性思考与案例解析为主题，全面介绍学校文化建设的目的意义、基本概念和流程。营子区教体局召开“内涵发展年”动员大会，对学校内涵发展工作做安排部署。吴正宪小学数学教师工作站兴隆分站第二期启动，从全县8个学区和县直学校共选拔13名工作站核心组成员，为10个研训基地的领导和研训员颁发聘书。隆化县教体局举办中小学教导主任培训班，分为专题讲座、经验交流和教导主任示范课3大板块，对学区主管教学副校长、学区研训员和中小学教导主任200余人进行培训。

《承德教育信息》刊发了兴隆县充分发挥魏书生教育思想引领作用的做法。该县在2009年就成立魏书生教育思想研究室。2012年，升格为魏书生教育研究中心河北分中心。引领作用扩大至全省范围。分中心大力发展实验区、实验校，建立工作站，发展了平泉县、滦平县两个实验区，小学实验校47所（兴隆县4所、平泉县10所、营子区1所、滦平县31所、围场县1所）。其中，平泉县成果显著，被中国人生科学学会魏书生教育研究中心确定为全国师训基地。

丰宁县举办科技创新培训活动，邀请中国科学院老科学家科普演讲团副团长、中国科学院地球物理研究所原所长徐文耀作“生活，因科学而美”的专题讲座，对全县各中心校、直属小学的主任、副主任、美术教师、科学教师共110余人进行培训。承德市桥东小学组织全体教师利用节假日休息时间，在承德华富玻璃技术有限公司开展封闭式传统文化培训，共同观看传统文化传播者陈大惠的讲座光盘，现场聆听义工赵敏、内蒙古赤峰市红山区百禾童子园创办人张凯的讲座。隆化县采取“优化配置，规范管理”“推进交流，盘活师资”“跟踪督导，务求实效”三项举措，207名教师在全县城乡间、校际、学区间交流，破解了师资不足配置不均衡难题。双桥区继续对小学及中学学科教师进行专业素质考试，进一步提升教师的专业素质与教学水平。

年内，全市评选市级一级第三批中小学骨干校长培养对象78名，完成教育干部8批次、276人的国家级、省级送培任务，举办中小学校长任职资格培训班。依托教育部全国中小学教师继续教育网，分学科、分层次开展中小学、幼儿园教师全员远程培训。完成国家、省级培训项目参训教师的遴选和送培任务，其中完成“国培计划”共27个项目10631人（次），省级5个项目193人次。完成全市初中骨干班主任、幼儿园骨干教师培养对象、小学和初中部分学科骨干教师培养对象、中学英语教师高级研修等培训任务。组织第四期校长和教师挂职研修，遴选50名校长、52名教师到杭州、潍坊挂职研修、跟岗学习。承德市教育学会选送的小学《方程》《一诺千金》等4节课，均在河北省教育学会学校文化研究分会第四届年会上，荣获课堂文化教学大赛一等奖。双桥区南营子小学教师谢晨虹代表承德市参加第四届河北省小学语文教师素养大赛暨优质课评比活动，荣获全省一等奖。兴隆县六道河中学校长贾利民在北京召开的2015中国教育家年会暨中国好教育盛典上，荣膺“中国好校长”称号。围场县城子学区平房小学教师祁凤兰在全国城乡妇女岗位建功活动中，被中华全国妇女联合会授予“全国巾帼建功标兵”荣誉称号，宽城满族自治县峪耳崖小学校长马笑冰荣获中国教育报刊社组织的首届全国“党和人民满意的好老师”称号（全国30名）。

附：学校选介

河北民族师范学院附属中学

河北民族师范学院附属中学，位于承德市双桥区桃李街1号，学校始建1964年，学校初建时名为承德市会计学校。1965年更名为承德市第二职业中学。1971年更名为承德市第九中学，1994年更名为承德民族师专附属中学。2010年5月随着承德民族师专升本，更名为河北民族师范学院附属中学。

学校现有在校生2830人，60个教学班，教职工253人。其中高级职称92人，中级职称136人，初级职称15人，工勤10人。2009年迁入新址后学校占地面积42亩，建筑面积2.6万平方米。学校校园布局合理，环境优美；拥有着一流的理、化、生实验设施，一流的图书室、美术室、音乐教室、语音室、创新实验室等专业化教室。图书馆面积800平方米，图书5万册，电子图书10万册，期刊200余种，能同时容纳200人阅览；健全校园信息网络，安装校园网，实现了班班通、室室通，为打造数字化校园奠定了物质基础，基本实现了办公自动化、教学电子化、信息网络化。

一、教学

学校坚持素质教育，为学生的全面发展创造条件，国家课程“一个都不能少”，地方课程体现着附中特色。坚持深化体制改革，完善校级领导、中层干部包年级制度，实行条块统分结合、扁平化、集约式、精细化的管理模式，向管理要效率、要质量。学校坚持不断地提高课堂教学效益，教师讲课突出“精”；学生活动强调“足”；作业选编突出“准”；讲评反馈要求“快”；教学环节突出“简”；教学效果强调“实”。多年来，学校中考成绩一直位列承德市区前茅。

二、教育科研

学校坚持以“科研为先导，以科研促教研，以教研促教改，以教改促教学质量提高”的思想，以学校的宏观大课题为主导，以各子课题小课题为主体，形成全校上下结构型科研网络。教育科研成为学校改革与发展的新的增长点和第一生产力，参与教育科研是提高教师素质、教师由“经验型”向“科研型”转变的捷径，目前在学校上下已经形成了一种共识，即教育科研是提高教育质量的有效手段和促进教师专业发展的有效途径。学校自上而下形成了一派欣欣向荣的浓厚的教育科学研究氛围，常规化的教育科研成为教师成长的助推剂。

三、教师队伍建设

学校坚持“名校必须先名师”的理念，按照“德厚、业专、能强”三位一体的模式和教研培训一体化途径，打造智慧型教师团队。采取课题拉动、名师带动、同伴互动、反思内动等措施，培养和造就一支名师队伍，使年轻的教师们“一年合格、三年成星、五年成骨干、十年成名师”。至2015年，学校具有河北省特级教师3人，河北省名师2人，河北省骨干教师8人，承德市专业技术拔尖人才9人，承德市新世纪学术技术带头人24人，具有承德市学科带头人、教学能手和骨干教师称号的教师60多人。通过各种有效途径，学校正在朝着造就一批师德高尚、业务精良，社会知名度高的教师队伍的目标迈进。

四、德育

学校以“育人为本、德育为先”为原则，以“立德树人”为核心，以常规德育为手段，以“狠抓课间操管理、狠抓校园安全治理、狠抓学习习惯教育、狠抓班级精细化管理”为重点，着力拓展德育渠道，创新德育途径，打造德育特色，提高德育实效。全面实施《中小学德育纲要》，落实《公民道德建设实施纲要》，把实现学生素质的可持续发展作为学校德育的主要目标。把德育工作与学校其他工作紧密结合、加强渗透，密切联系社会、家庭。加强学生的养成教育，提高学生综合素质。注重德育队伍建设，提高干部管理素质。全面加强学校安全管理，落实安全教育防范工作。在学生中开展一系列的主题实践活动，丰富德育内容。通过组织一系列的感恩、亲情、献爱心活动，触动了学生的心灵，陶冶了学生情操。带领学校教师积极开展德育科研工作，提高了学校德育工作的实效性。

五、党建和廉政

学校领导班子认真贯彻落实省、市委、师院党委、市教育局的总体工作部署以及《中国共产党党员领导干部廉洁从政若干准则》等相关文件规定，紧密结合校情实际，以强化党风廉政建设责任制为抓手，以落实党风廉政惩防体系建设为出发点，以改革创新的精神扎实推进反腐倡廉建设，领导班子党风廉政建设工作取得了新成效，为推动教育教学工作向前发展提供了坚强的政治保证。

经过全校师生的不懈努力，学校规模不断扩大，办学条件不断改善，师资队伍不断增强，教学成绩不断提高，日益成为承德市有较大影响的初级中学。学校先后获得“全国绿色学校”“全国学校规范化管理示范单位”“全国养成教育实验学校”“全国教育系统‘五·五’普法工作先进单位”“全国优秀示范家长学校”“全国平安和谐校园”“河北省文明单位”“河北省素质教育示范校”“河北省教育系统优秀志愿服务先进单位”“河北省精神文明单位”“河北省科研先导实验校”“河北省防震减灾科普示范学校”“河北省示范性家长学校”“承德市教育科研先进集体”“承德市民主评议学校先进单位”“承德市中小学校长培训实践基地”等200多项奖励和荣誉称号。附中领导班子及全体教师，凝心集力，开拓进取，求实创新，力争把学校建设成河北省品牌初中，让学生成才，让家长放心，让社会满意，早日实现“办精致教育、创品牌学校”的目标，为承德教育事业做出更大的贡献。

承德市民族中学

承德市民族中学成立1968年9月，原名为承德市延安中学。1970年，学校成为一所含初高中的完全中学。1971年12月15日，经承德市革委会决定，将学校定名为承德市第十中学。为发展少数民族教育，提高少数民族素质，1982年9月15日经市政府批准，将学校正式定名为承德市民族中学。1983年，根据国家教委指示精神，学校成为普通初级中学。2014年7月，为实现均衡教育，经双桥区政府批准，将承德市民族中学与承德市第五中学合并，分别定名为承德市民族中学佟山校区和安定里校区，在教师调配、教学进度、教学内容、教学活动和教学管理等5个方面实现统一。安定里校区成立于1956年，校址位于西大街路北112号。

2015年，承德市民族中学佟山校区占地面积11000余平方米，建筑面积15300平方米；安定里校区占地面积11158.27平方米，建筑面积9630平方米。学校有教职工332人，其中，中教高职117人，中一职称173人，中二职称35人，技术员级1人，工人8人；其中硕士学历8人，本科学历294人，专科学历14人，高中学历6人，学历合格率100%。学校在校生2724人，60个教学班。拥有物理、化学、生物实验室8个，仪器室和准备室5个，藏书室3个，微机室3个，多功能厅2个，图书室、阅览室、电教室、卫生室、录播教室、体育器材室各1个。

2015年，学校中考成绩在市教育局统计的25项指标中有20项名列市区第一，个人前10名同学有民中6人，省级以上重点高中升学率达到91%；学校代表队参加河北省汉字大赛获得承德赛区冠军，代表承德市参加河北省决赛获得第3名；学校教师参加各级优质课评选，有2人获国家级一等奖，5人获省级一等奖，14人获市级一等奖；学校教师参加国培计划全员培训315人，参培率95%；参加市级以上骨干教师培训12人；参加市级以上专业课题培训150人次；5项省级课题结题，2个市级课题新立题；在双桥区教育局优秀教研组评选活动中语文、数学、化学组被评为优秀教研组。学校被评为承德市学校文化建设示范校；被承德市委宣传部、市教育局、广电局、共青团市委、市妇联授予第二十二届承德市青少年爱国主义读书教育活动先进学校；获承德市“巾帼文明岗”称号。学校获得双桥区基层党建工作先进集体、优秀工会基层组织、三八红旗集体等区级集体奖励17项，教师个人奖励50人次，学生获奖6项。

一、教育教学

承德市民族中学自建校以来，以“成人、成才、成功”为办学宗旨，以“为全体学生的各自理想实现奠定基础”为办学理念，以“为人正、为学勤、为业精”为校训，确定“办学有特色、教学有特点、学生有特长、育人有成果、学校有声望”的发展观。

学校1968年开始设置高中部和初中部，均实行二年制；1969年开始，初中实行三年制；1984年高中部撤销，初中部继续实行三年制；1986年开始推行九年义务教育，实行“五四制”教学管理，学校执行四年制初中教育；2006年9月1日，依照国家义务教育阶段学制规定，学校执行三年制初中教育至今。至2015年，学校设置语文、数学、英语、物理、化学、历史、地理、生物、政治、信息技术、音乐、体育、美术、健康、劳技、阅读等科目，课程安排均按教育局统一规定执行，且教师专业对口。学校为了加强教学管理，制定出台了《民族中学常规化考核实施细则》《我最喜欢的老师》《教学秩序检查表》《课堂教学考评表》《作业计划及检查表》《民族中学学籍管理办法》等制度，并定时定点教研、定时考评教案、听课笔记及自评，形成数据，使教学管理走向规范化、制度化、数字化的轨道。学校在进行常规教学的同时，每学期都要组织教学科研专题，积极鼓励教师参与国家、省、市科研课题研究，在各级各类期刊上发表论著论文。

特别是2009—2015年，学校进一步端正办学思想，规范办学行为，沿着可持续发展的轨道办教育，全面提高教育质量，提升学生素质，形成共同价值观，使学校成为社会主体，人民满意的教育格局初显。为了拓宽教育视野，2010年、2011年，应中美教育合作组织美方邀请，执行“校长影子计划”，学校校长李海军与美国宾夕法尼亚学区校长Tom实现互访，使学校教育开始与世界接轨。

2009—2015年，学校中考成绩连续七年稳居市区第一，连年获得区教育质量优秀学校。2006年，学校在央视希望之星风采大赛（CCTV-10）中获英语特色学校；1999—2015年，学校获省级奖励4项、市级奖励5项（区）级奖励20项。截至2015年，学校教师中有国家级名师4人；省级特教1人、名师2人、骨干教师4人；市级“三三三”工程人才1人、名师6人、骨干教师6人、学科带头人14人、教学能手21人；获得国家级奖励277人次，省级奖励285人次；2009—2015年，申请课题37项，发表各级论文304篇，各级优质课137人次。1999—2015年，学校学生在全国奥林匹克杯、希望杯数学竞赛、圣陶杯作文竞赛，数、理、化全国竞赛、英语技能大赛等活动中，600多人次获奖；特别是2011—2014年，学校学生单独组队，4次参加国际数学锦标赛，均获得团体金牌，这是承德市在新中国成立以来教育史上学生获得的最高荣誉。

二、德育体卫

几十年来，学校始终站在人民的高度，以德立校，育人为本。学校以《中学德育大纲》和《中学生日常行为规范》为指导，使学生行为有规范，思想有方向，学习有榜样，心中有创作，初步树立良好的道德品质和文明行为。学校每周的升旗仪式，每年组织的新生军训、春季校园艺术节、秋季运动会、迎新年文艺会演、法制讲座及安全演练，既培养了学生情操，又活跃了校园文化，培养了一批特色人才。学校每年还组织各年级6次家长会，在学校各方面问计家长，形成校社联动的良好格局。特别是2009—2015年，学校实施扁平化级部管理，最大限度地发挥了管理者的能动性，各年级各自的管理队伍责任明晰，年级间又互有良性竞争，学校工作井然有序，达到了管理的网络化、高效化。学校在各种制度运行过程中均采取激励方式，让规范化的制度产生积极催化作用，从而形成师生良性的价值取向。

2005—2015年，学校获国家级德育科研先进实验校、首届全国中小学班级管理创新先进单位；获省输送体育优秀人才先进单位、优秀家长学校、体育运动传统校、省级示范性家长学校、家长学校先进集体等荣誉；获市级奖励23项；连续20届获得区中小学田径运动会团体总分第一名，另获区级奖励31项。

三、基建后勤

学校在小佟沟15号建校时只有11间砖瓦结构平房、6间办公室和2间宿舍。1970年，学校又建起5间平房、9间办公室。1985年，学校新建部分校舍及一座3层教学楼。1992年，又建成一座2850平方米的教学楼。2007年9月，学校搬迁到原承德大学院内（小佟沟39号），经过两年的修整，学校建筑面积13668平方米，运动操场面积4680平方米。2009年，学校在教育局协调下，争取财政支持150万，自筹40万元，完成15项文化设施改造。2010年，学校筹措425万元，完成校舍、班班通、教师用电脑的建设和配备。2014年，学校与承德市第五中学合并形成两个校区后，通过积极努力完成并建设许多项目：供热入网、自来水改造、网络改造、办公设备改造等，使学校办学条件有了大的提升。截至2015年12月，佟山校区新教学楼已进入地基灌注阶段。

学校总务处组织制定《劳资档案管理制度》《主管会计、出纳员、保管员职责》《固定资产管理制度》《后勤人员职责》等相关制度，一方面配合学校搞好教育教学工作，另一方面负责学校基建任务的编报、审批、组织施工、负责监督，为学校的良性运行发挥了重要的保障作用。

四、党建工会

学校建校初期正处“文化大革命”期间，由“工宣队”革委会主任领导学校工作。1969年，“工宣队”撤离。1972年，教育行政部门派高国林负责学校工作。1977年，上级派转业干部姜树轩担任党支部书记决定学校重大问题。1989年开始，学校实行校长负责制，党支部起保障监督作用。几十年来，学校党支部每学期都制订计划，有目的、有组织的召开大会、学习党的政策法规并记录心得，重视培养教学一线的优秀教师加入党组织。特别是1990年以来，学校党的建设更是蓬勃发展。毛泽东思想、邓小平理论、“三个代表”重要思想、科学发展观、创先争优、党的教育实践活动等重要思想，都成为党员学习的重点、发展的基础。截至2015年，学校共有党员87人，党员教师已成为学校教育教学活动的中坚力量。

学校在“文化大革命”后成立了工会组织，1972年成立团委。几十年来，学校团组织、工会一直在党支部的领导下稳步发展。每学期党支部都要指导团委、工会制订计划，提出建议，支持他们的独立工作，帮助他们解决实际问题，必要时吸收团委书记、工会主席列席支部会议。

1988—2008年，学校党、团、工会共获得市级奖励12项。2009—2015年，学校连年获得

"市文明单位""优秀工会""模范职工之家""五四红旗团委""区优秀党支部""三八红旗集体"等荣誉；2010年，被确立为承德市科学发展观示范单位，并获国家级"科学发展观"示范单位称号；2013年，获省教育系统模范职工小家称号。学校获其他市（区）级奖励31项次。

五、宣传报道

良好的校风、优异的成绩，使学校备受社会及各种媒体瞩目。仅2011—2015年，学校被中国长城网、中国产业信息网、承德电视台、承德广播电台、《承德日报》、《承德晚报》等多家媒体宣传报道，其中专题访谈并播放15次，新闻采访22次、专刊9次、发表通讯报道220多篇。

天道酬勤，厚德载物。几十年的民中人孜孜以求，锐意进取，成为承德市教育史上一幅绚丽多彩的华章。

承德市第十六中学

承德市第十六中学原是承德市铁路中学，创建于1960年，2004年移交地方，由市教育局直属管理，总占地面积28.32亩，建筑面积19911平方米，位于承德市火车站西南侧，交通便利，地理位置优越。

为了扩大教学规模，在市委市政府的领导下，在市发改委、财政局、规划局等部门的大力支持下，市教育局提前谋划、统筹，2012—2014年承德市第十六中学进行改扩建工程，拆除建筑面积2954.50平方米；新建建筑面积15186平方米，基本功能为教学、实验、办公。设有图书室、计算机教室、多功能教室、音乐教室、美术教室、书法教室、舞蹈教室、活动室、主控室、录播室、实验室。田径场地为标准200米塑胶运动场，其中包括2个篮球场地、1个排球场地，两个笼式足球场。教学楼、实验楼、田径场地2014年11月开始使用。在全校范围内架设了视频安全监控系统，实现了全天候、全方位的安全监控网络覆盖；同时扩容了全校的网络，实现了全校所有楼宇的网络互通，初步建成了数字化校园。学校校园布局合理，环境安静整洁，注重绿化美化。

为缓解双桥区范围内中小学生入学的压力，根据承德市双桥区今后小学适龄儿童入学趋势，承德市第十六中学改扩建后的办学条件，及全国学籍管理要求，学校申请，经教育局研究决定，2015年11月12日，同意承德市第十六中学办学层次由"初中"变更为"九年一贯制"学校，招收小学、初中学生。2015年，承德市第十六中学招收小学一年级新生160余人，承德市第十六中学将通过九年一贯制学校教育，从办学理念、教育教学管理、素质教育、学校特色方面进行积极改革和大胆实践，深化教育教学改革，全面实施素质教育，推进学校内涵发展，提升办学水平，尽快缩小与市内优质学校的差距，培养优秀人才，促进区域教育公平。2015年，有15个教学班，初中学生400余名，小学一年级学生160余名，教职工70人。其中市级教学能手10名，学科带头人6名，教学名师4名，市级拔尖人才3人，市级骨干教师3人，省级骨干教师3人，省级优秀班主任7人，优秀班主任2人，"三三三"人才8人。学校师资力量强，班主任队伍建设完善。全体教职工敬业爱岗、严谨治学、热爱学生、为人师表。学校90%以上的教师具有循环教学能力，有一批功底扎实的骨干教师，每学年均有教师在市级及以上做公开课、示范课、观摩课、优质课。学校秉承"教书育人、管理育人、服务育人、环境育人"的办学理念，坚持以教学为中心，利用小班化教学优势，深化课堂改革，取得了较好成绩。

深化课程改革，促进内涵发展。承德市第十六中学在课改实验中转变教学观念，努力探索适合新课标、新教材的教与学的方式，以整体推进课堂教学生本教育改革为中心，以“自学与指导，探究与展示，训练与总结”小组合作学习的教学模式，达到教学的最优化，全面促进学生的终身发展，促进教师队伍整体水平的提高，使学生与教师在课改实验中共同发展、共同成长。

立足校本课程，提高综合素质。在市教育局的大力支持下，学校积极落实轮滑进课堂、足球进课堂的校本课程。社团活动方面积极从教师教学用品、场地、学生选课、体育教师室外待遇、体育教师服装等工作上加以落实，初中部15个社团（英语口语、星剧社、足球、合唱、油画棒美术、毽球、微机、数学社团、乡土文化、活力生物、硬笔书法、民乐、乒乓球、“好声音”朗诵）正常运行，初一、初二年级的学生每人参加一个社团活动。小学部多彩星期三校本课程特长班包括乒乓球、足球、国际象棋、京剧、合唱团、舞蹈、扬琴、小阮、轮滑等。校园足球方面，逐步进行班队、校队的建设和制定比赛制度。力求通过校本课程的开发促进教学相长，为学生的个性才能发展创造了广阔的空间。承德市第十六中学学生代表队荣获“全国中小学轮滑锦标赛”第三名，全体队员都进入了前八名，在“河北省轮滑锦标赛”中荣获20多块奖牌，包揽了全部项目近一半的奖牌。在承德市“避暑山庄杯第四届全国轮滑公开赛”中，荣获3项第二名，2项第三名，2项第六名。

通过全校师生的共同努力，学校的各项工作都取得了长足的进步，得到了上级领导的充分肯定。2011年，被省教育厅评为学校安全工作先进集体。2012年，被市教育局评为承德市学校思想政治教育工作先进集体，被河北省教育学会评为2012—2013年度省教育学会系统先进单位，被省教育厅评为2012—2013年度河北省国防教育先进集体。2013年，被市教育局评为教育科研先进集体、承德市教育信息工作先进集体。2014年，被市委、市政府评为承德市文明单位。2015年，被市委教育工委、市教育局评为全市学校安全稳定工作先进集体，被省教育厅评为2015年度河北省学校思想政治教育先进集体，被团市委评为2015年度承德市优秀团委。2015年，被河北省教育学会评为“优秀教科研单位”、被中国教育学会确定为“优秀传统文化进校园”试点学校、被评为教育信息宣传先进集体。

全校师生将以顽强拼搏、与时俱进的工作精神，团结奋进、求实创新的工作态度，全面优化办学水平，为构建文明信息化校园，创建“现代化窗口学校”的目标而努力奋斗。

承德市实验小学

承德市实验小学是直接隶属市教育局的全日制小学，学校现坐落在承德市双桥区桃李街，占地面积16764 平方米，建筑面积19199平方米。

承德市实验小学始建1949年3月，由牛圈子沟小学和石洞子沟小学合并定名为承德师范学校附属小学，校址设在南营子头条胡同。1949年8月迁往三官庙院内。1954年迁往承德一中后院（现承德师院附属中学后院）。1956年迁至现校址。1971年，改名为承德市食品厂小学，1978年后，改名为承德市实验小学。

实验小学在长达半个多世纪的发展历程中，办学水平不断提高，学校规模不断扩大。截至2015年，学校拥有55个教学班，在校生3500多人，教职员工165人。高级教师12人，中级教师112人，初级教师38人。本科学历120人，大专学历37人。省特级教师1人，省级教学标兵3人，省师德先进个人3人，省级骨干教师18人。市拔尖人才5人，市级名师4人，新世纪学术、技术带头人4人，市级学科带头人8人，市级教学标兵11人，市级骨干教师21人，市级教学能手25人。培养和造就了一支理念新、学习型、专业化、高素质的师资队伍。

学校曾荣膺“全国未成年人思想道德教育先进单位”“全国群众体育工作先进单位”“全国小学作文教改实验校”“全国红旗大队”“全国示范家长学校”“省教育系统先进单位”“省整体改革先进单位”“省首批素质教育示范校”“省教育系统先进基层党组织”“省五一劳动奖状”“省学校安全工作先进单位”“河北省自主学习教改实验校”“省德育示范校”“省心理健康教育实验示范校”“省优秀体育传统项目学校”“省双语教学示范校”“省现代教育技术和信息技术实验校”等多项桂冠。连续5次荣获省级“文明单位”称号。

1984年，实验小学开始进行整体化改革实验。到了1989年，整体化改革实验如火如荼。1994年，该项实验取得了良好的教育教学效果，改革实践经验在全省予以介绍推广。1991年8月，建筑面积达5455平方米的第一座教学楼落成，彻底改变了学校平房的历史。

从1994年开始，学校大力实施素质教育，努力探索“以人为本，自主发展”的自主教育实验。在德育方面，确立了“自主德育”的德育理念和“新一代合格小公民”的培养目标，以文明礼仪教育为突破口，以小公民道德实践为载体，以体验教育为基本途径，不断拓展德育内容，创新德育手段。促进了学生的自我完善和主动发展；在教学方面，积极开展培养学生“自主学习”能力的实验，创建优化语文课堂教学结构和数学学科引导自学法教学模式。自主学习教改实验成果得到省教科所的充分肯定；教育科研已成为教育教学的先导和龙头，“自主学习”“自主德育”等重点专项课题实验扎实开展，科研步伐走在全省的前列；办学条件也迈出了可喜的一步。学校购置了计算机，在全市小学率先开设信息技术课，安装了闭路电视系统，成立了“七色光”电视台，班班实现了“三机一幕”（电视机、录音机、投影幻灯机和幕布）；建成了具有领先水平的多媒体教室，构建了校园局域网，联结了国际互联网。

从2002年起，学校认真贯彻《基础教育课程改革纲要》和新《课程标准》精神，紧密结合自身实际，确立了“自主、快乐、和谐、发展”的办学理念。深化“自主德育”，充分调动和发挥学生的主体性，通过自我教育、自我管理，使学生获得主动发展；全面、扎实推动新课程改革，按照新课程标准和教学策略的要求，进一步优化课堂教学评价标准，重视学生的听、说、读、写、思以及合作学习、创新思维习惯的培养；注重新课程背景下的教育科研工作，开展了以“在小学自主学习中培养学生创新精神方法的研究”为中心课题等多项子课题的研究，顺利完成“十五”计划立项课题，为解决教育教学实际问题提供了科研保障。

2004年12月，建筑面积达4975平方米的新教学楼顺利竣工并交付使用，学校办学条件实现了跨越式转变，配齐配全了计算机教室、美术室、音乐教室、舞蹈教室、自然实验室、心理咨询室、大型图书室、阅览室、多媒体教室、科学探究室、展室、文体器材室等多种专业教室，完全达到并超过了“普九”标准。2005年，3000平方米的塑胶运动场落成，硬件水平又跃上了一个新台阶。

2006年以来，立足本校实际，学校从办学传统和已有成果出发，紧扣教育发展趋势，进行大胆改革创新，创造性地确立了“幸福教育”的办学理念，坚持“轻负担、高质量、重全面、强素质”的办学特色，秉承“仁爱、乐学、健美、奉献”的校训，遵循“一切为了孩子，教育既服务”的办学宗旨。走内涵发展之路，大力实施文化育人战略，构建精神、课程、管理和物质四个层面的、特色鲜明的“幸福教育文化”。依法治校，努力实现学校管理运行机制的科学化、制度化、规范化和法制化。优化管理方式，注重人性化管理，提高管理效能。在“立德树人”育人理念的指导下，从德育的内容、渠道、机制等方面入手，大胆进行改革创新，以文明礼仪、中华传统美德教育为突破口，积极探索科学性、发展性德育评价机制，实施“自主德育”，塑造既有优良传统美德,又有现代文明素养的“现代中国人”；在课堂教学实践中，以全面提高教育教学质量为核心，打造优质高效“幸福课堂”。深入挖掘优质教育资源，努力构建多元化课程文化体系。促进学生综合素质的提高；大力实施课题研究带动策略，加快课程改革步伐，顺利完成“十一五”和“十二五”规划期间课题的申报和结题工作，科研成果的推广运用，提高了课堂教学质量和效率。在此期间，学校办学条件有了质的飞跃，2008年，原师院附中一座教学楼划归实验小学使用，学校对专业教室进行了重新规划调整，使专业教室布局更加合理,设施设备配套更加齐全，校园环境得到进一步优化，使学校办学条件和校园面貌发生了新的变化，提升了学校办学品位。

承德市南营子小学

南营子小学是一所百年老校，始建于1903年，至2015年已有113年的历史，学校位于承德市南营子大街小佟沟内，占地面积8500平方米，建筑面积8000平方米。包括科学探究室，创新活动室等18个实验室。是“国家级中小学先进集体”“国家级红十字先进集体”“中国教育学会教改研究会先进集体”“全国体育卫生先进单位”。连续20年被评为河北省“文明单位”、河北省“校园环境管理先进学校”“河北省校园安全示范校”。被承德市授予“中小学德育工作示范学校”“承德市知识分子先进集体”“市级三八红旗集体”“市级德育示范校”“市级普法教育先进单位”“承德市教育系统先进集体”和首批“市级校园文化示范学校”。2015年被市教育局评为全市学校安全稳定工作先进集体。

南营子小学目前共有46个教学班，学生3300人，教师140人，现有省市区名师、骨干教师55人。占全区之首。教师学历均达到大专以上，其中研究生2名，本科学历64人，学士学位7人，大专学历27人。学校倾力打造了一支思想品德过硬、工作方法得当的班主任队伍，大力倡导创建有特色的班集体，涌现出一批优秀的班集体和班主任。有多个班级被评为市（区）级优秀中队，多位教师被授予市（区）级“优秀班主任”“德育标兵”“紫塞先锋岗”“优秀共产党员”等光荣称号。

南营子小学坚持物质文化是基础，精神文化是灵魂，制度文化是纽带，活动文化是载体，创建了完整的南营子小学文化建设体系和特色建设体系。（学校文化：习惯教育文化。学校特色：习惯养成教育。办学理念：教育就是培养习惯。办学方针：强化管理、突出特色、均衡发展、提升品位。）学校将理论体系和实践体系相结合，编辑出版了体现南营子小学文化建设、特色建设的四套系列丛书：《南营子小学文化建设系列丛书（5本）》《南营子小学习惯养成系列丛书（6本）》《南营子小学教育科研系列丛书（3本）》和《南营子小学管理系列丛书（2本）》。南小《习惯养成》课程体系被承德市委宣传部评为承德市思想政治工作优秀创新案例。2016年，南小电视系列片素材的收集整理工作已经完成。2015年12月16日、17日，在承德剧场举行了管乐团专场演出。金色太阳管乐团的小乐手们为现场2000余名观众奉上了精彩的音乐盛宴。2015年，发表各类宣传报道44篇。

学校教育科研成果显著。河北省“十二五”教育学会课题“小组合作学习在小学英语课堂中应用的研究”“小学数学个性化作业设计的策略的研究”“小学课内阅读和课外相结合有效方法的研究”已经顺利结题。河北省“十二五”教育学会课题“小学生习惯养成教育的研究”正在研究中。正在申报承德“十二五”规划办课题

“大班容量下，分层培养学生计算能力的研究”。2015年度，重大奖励可以概括为795工程。2015年，获国家省市区荣誉称号7项、团体冠军9项、优秀组织奖5项。7项荣誉称号：双桥区“三八”红旗先进集体、河北省心理健康特色学校、双桥区德育工作先进示范单位、双桥区体育卫生工作先进集体。9项团体冠军：双桥区管乐团比赛一等奖第一名、双桥区总工会知识竞赛团体冠军、全区科技大赛双项冠军。8月代表承德市首次赴山东泰安参加全国比赛获得常规赛冠军。5项优秀组织奖：华北区机器人大赛最佳组织奖、双桥区体检工作优秀组织奖 、双桥区第31届青少年科技创新大赛双项优秀组织奖、中央电视台“希望之星”英语大赛优秀组织奖。获奖教师186人次，获奖学生430人。全校师生总计获奖616人次。市级晒课学校有10名教师获奖，名列全区第一。两名教师“送教下乡”受到3县师生热烈欢迎。

学校努力改善设施设备，为提高学生综合素质做好物质保障。实现了全校教师人手一台电脑。安装大型电子显示屏，向数字化校园迈进了一步。维修调整用电线路及网络，录播室改造和电子白板维修完成，提升了用电安全标准，使学校网络进一步优化。120人的全区最先进的、规模最大的管乐队装备完成；2个新计算机教室投入使用；3套高清数字电视大屏替换了上一代电子白板，配备了80台高配置联想计算机教室设备，装配计算机房3个；全区第一个标准化考场落户南小，涵盖48个教室。学校抗震加固工程总量是全区最大的，达8000多平方米，经过40余天艰苦奋战，如期保质保量地完成。教学楼保温和防盗窗安装工程完工。

南营子小学自建校100年以来，从南小毕业的学生数以万计，莘莘学子如缤纷桃李遍布世界各地和祖国的大江南北、长城内外，为人类的进步和祖国的发展贡献自己的聪明才智，成为学校的光荣和骄傲。学校愿景：创办跨地区一流名校创办百姓认可的名校。

承德市桥东小学

承德市桥东小学位于承德市车站路36号。学校建立1952年，是随着新中国成立发展起来的企业管理的小学。前身是1948年成立的扶轮小学。因修建锦州至承德铁路时校舍拆除，学生并入市二、三完小。1952年锦承线通车，锦州铁路局筹建铁路小学，10月将附设在市二、三完小的三个教学班迁回现校址，更名为承德铁路小学。1952年，学校建立少先队大队委员会，班主任担任中队辅导员。同年，学校成立工会小组，接受承德站工会委员会领导。1953年4月，学校团支部成立，大队辅导员担任团支部书记。1954年，学校工会委员会成立。1959年，学校成立党小组。1960年，由小学毕业生增多，北京铁路分局决定增设四个初中班。1961年3月，承德铁小党支部成立。1963年，初中班改为承德铁路中学，与小学分离。1966年6月，“文化大革命”开始，学校管理机构陷入瘫痪。10月，“文化大革命”领导小组成立。1967年10月，学校“革委会”成立。11月，“工宣队”进驻学校。1969年，铁路中小学联合成立学校营，小学设副营长一人，下设六个连队。1972年，学校营分开，取消连队编制，小学恢复“革委会”机构。1977年“革委会”取消，“工宣队”撤离，学校逐步恢复以前的管理机构，设校长、书记、副校长、教导主任、总务主任。1981年，学校建立了教职工考核档案。1984年，学校陆续建立健全了《备课五项制度》《语文、数学备课十项细则》《教学质量考核管理》《作业批改要求》《班主任工作职责》等工作制度，制订听课制度和评课标准，规定每位教师学期听课节数。1985年，制定了《课堂教学基本要求》

《课外辅导意见》和《电化教学规范》。1986年，补充了《第二课堂几项要求》。自1987年起，学校开始教师职称评定工作，修建看台和绿化带。1992年，学校计算机房建成投入使用。1999年9月，学校争取资金10万元进行校园环境改善工程，操场中部用水泥板硬化；200米跑道及两个半圆部位三合土硬化；栽龙爪槐14株。2000年10月，教学楼前活动区水泥硬化195平方米；修建看台49平方米。2002年2月，教师工作安排实行“双向选择，竞争上岗”办法。2004年9月，学校移交到市教育局，更名为承德市桥东小学。学校制定和推行《学校校本教研制度》。启动“两评四考”工作。2007年12月，学校申报的“快乐作文”课题填补了桥东小学零课题的空白。2008年围绕“教学生六年，想学生六十年，为孩子成长奠基”的理念，出台了桥东小学“学生三日”德育教育法，进行了信息化高效课堂的研究。2009年，成立了首届家校联合委员会，设置了保卫处。2010年，实施了桥东小学“十小好少年”自我管理教育，开展了《围绕“三贴近”，提升小学生在校生活幸福感》和《家校合力教育实效性策略的研究》。获得了“全国学校艺术教育先进单位”、“河北省家长学校省级示范校”。2011年，学校紧紧围绕“促进教师专业成长、提高课堂教学效率、打造学科特色”三大主题开展教学工作，暑假学校完成了对学校教学的整体加固和装修工程。学校的小班化教育取得了阶段性的成果。2011年，一年级招生突破了170人，创历史新高。2012年内，承德市首家少年儿童摄影教育学校在市桥东小学成立，同年暑假铺设了塑胶操场。2013年成为全市首批生本教育实验校，举办了家长开放日活动。2014年，学校紧紧围绕生本教育研究落实“成就每一位教师，发展每一个学生”的核心办学目标，以语文、数学、英语学科生本教育实验辐射全学科，以生本实验教师带动全体教师，促进学生发展提高教学质量。12月，在该校成功举办承德市生本教育实验现场会。2015年，共有1179名学生，教职工58人，专业技术57人，工人1人。其中专业技术人员中：高级职称4人，中级职称39人，初级职称14人。1人高中学历，6人中专学历，11人大专学历，39人大本学历。学校占地面积8912.97平方米，建筑面积3697.05平方米。学校配备了多媒体教室、图书阅览室、学生微机室、科学实验室、美术教室、音乐舞蹈教室等专用教室。学校把弘扬传统文化、学好《弟子规》作为学校立德树人思想道德教育的主渠道。成立了铜管乐队、绘画、舞蹈、围棋、乒乓球、足球、吉他等20个社团活动。学校先后获得了“全国学校艺术教育先进单位”“河北省家长学校省级示范校”“承德市小学课堂教学先进学校”“河北省关心下一代工作先进集体”“承德市关心下一代先进集体”和承德市少儿国际象棋精英赛8岁团体第一名、“承德市家庭教育工作先进集体”、承德市青少年男子足球比赛小学组第一名，“承德市青少年有国主义读书教育活动先进学校”。

桥东小学将承载着60余载的深厚文化与桥小人的宏伟梦想，乘风破浪，扬帆远航，驶向桥东小学更加辉煌灿烂的明天！

第四章 普通高中教育

21世纪初，全市各高中学校剥离初中部，办成纯高中学校。各县区整合扩展普通高中优质资源，逐步撤并区片高中，新建、改扩建高中学校，优化县域普通高中教育资源配置，普通高中办学条件和办学水平不断提升。推进普及高中阶段教育工作，加强示范性高中建设，积极探索特色高中发展新路子，推进高中错位发展、多元发展，打造普通高中教育品牌，普通高中教育质量稳步提升。

至2015年年底，全市共有普通高中22所，在校生55425人，教职工5554人，专任教师4023人。11个县区全部通过了省普及高中阶段教育验收，全市省级示范性高中14所，在省级示范性高中就读学生达到78%，高中阶段毛入学率89.6%。

第一节 规划和管理

一、调整规划

1989年，承德地区共有承德一中和存瑞中学两所直属高中学校。地教委的主要任务是对7个县和两所直属高中教育进行业务指导。

承德市共有承德市二中、三中、七中、八中、双滦钢中、承德县一中、承德县六沟中学7所高中学校。市教委的主要任务是对市、县（区）7所学校的高中教育进行教育教学业务指导。

1993年，承德地区与承德市合并，承德市直属重点高中学校有承德一中、承德二中、存瑞中学3所学校。

8月25日，中共承德市委常委会研究决定，将承德市第二中学由正科级学校升格为正处级学校。

1995年2月13日，市委、市政府在印发的《关于实施中国教育改革和发展纲要的意见》中，提出全市到2000年的普通高中教育发展目标：稳定普通高中规模，并适当发展，在校生达到2万人左右，3个区和有条件的县要在普及九年义务教育的基础上，力争普及高中阶段教育，使3～5所重点中学进入全省实验性、示范性高中行列。

1996年9月17日，市教委下发通知，同意承德一中将原科级机构教育科研室更名为政教处，原机构规格、科级干部职数不变。

1998年7月1日，市教委下达关于承德二中进行学校内部管理体制改革的批复意见。（1）执行并不断完善校长负责制，校长可根据国家的法律、法规、教育方针和学校实际，提出学校发展规划和办学模式（报政府批准），制定实施方案，组织实施。（2）校长具有中层干部的提名和任免（按照干部管理权限）、校内机构设置（根据编制比例）、教职工聘用和教育教学管理方面的职权。（3）学校在执行国家关于经费开支有关规定的前提下，合理规定教育经费、自有收入使用方案，确定适合本校实际的津贴标准和奖励、分配办法。（4）学校在改革后，实行教职工聘任制和岗位责任制，双向选择，择优上岗；实行职业技术职称评定和聘任脱钩；在校内推行工作量补贴和绩效奖。（5）改革中充分发挥党组织的政治核心作用和保证监督作用，教代会要积极参与学校的民主管理，维护教职工的合法权益。（6）有关重要改革办法和方案，应征得政府主管部门批准同意后，再组织实施。

1999年，经市政府批准，丰宁县在县职教中心的西山分校创办三年制综合高中，使学生一口进、多口出，培养既适应升学又适应当地就业的农村人才。

2001年12月15日，市政府制定普通高中发展目标：大力发展普通高中，促进高中阶段教育的协调发展。各县（区）原则上按照农村每10万人口、市区每5万人口建一所8～12轨普通高中。通过改扩建、新建等形式加快普通高中建设步伐，进一步扩大办学规模。到2002年年底，全市省级普通高中力争全部通过省级示范性高中的评估验收。到2005年，全市普通高中在校生达到5.2万人。在此基础上努力推进"23515"工程，即创建每个年级20个班、在校生3000人、建筑面积5万平方米、占地面积150亩以上的适度规模高中。"十五"计划期间，全市建成2～3所国家级示范性高中。

3月5日，市教委对普通高中学籍管理作出规定：各县（区）普通高中、综合高中的学籍由市教委教育科在各县（区）教育（文教、教体）局的协助下具体负责，市直属高中、各县一中高中学籍由市教委教育科直接管理。

2001年9月15日，市教委决定从2002年起，承德市第二中学停止招收初中新生，承德市第二中学片内的小学毕业生，由双桥区教育局按照就近入学的原则，妥善安排到相应的初中就读。年内，全市招收普通高中生15181人，比2000年多招收1615人，在校生规模超过15000人。

2003年2月26日，市教育局向双滦区教育局下发同意建设双滦实验中学的批复，要求按照国家级示范中学的标准，把学校建设成为全市一流的、高标准的学校，为双滦区及全市的教育发展做出贡献。

8月6日，市政府办公室印发通知，规定公办普通高中择校生收费最高限额为：市一中、二中、存瑞中学15000元，各县一中12000元，一般高中6000元。学校可以一次性收费，也可以按学年或学期收费，收取择校费后，不得再收取学费。各有关部门要督导各学校按有关规定办理收费手续，并实行"收支两条线"管理。各学校严格落实教育公示制度，加强监督检查。新生入学后，市物价局、财政局和教育局对择校生"三限"（不得擅自提高收费标准，不得扩大择校生比例和降低最低录取分数线，不得突破56人的班容量限制）政策执行情况进行专项检查。

8月22日，市政府办公室转发《市教育局、市人事局关于进一步加强高中阶段教育工作管理意见的通知》。⑴要求各级政府和教育行政部门要充分认识其基础教育重要地位，进一步加强对本县（区）高中阶段教育发展的统筹和管理。⑵要求各级政府和教育行政部门要从落实"三个代表"重要思想的高度，从当地经济和社会全面发展的长远利益出发，进一步加强对高中教育的投入力度，积极改善办学条件，下大力抓好师资队伍建设，提高教师待遇，造就一支高素质的师资队伍，以保证高中阶段教育对师资的需求。⑶为了保证全市基础教育整体上的健康发展，防止承德市内有限教育资源因无序竞争给基础教育造成冲击和影响，加快全市教育战线的人事制度改革，在市教育人才流动聘任机制尚未完全建立之前，要求各县（区）之间普通高中教师调配必须按照现行的人事调转程序办理，严格控制骨干教师外流，杜绝县（区）之间教师无序流动的现象。对市内县（区）之间采取非正常手段私自招聘的教师，教育行政部门不得为其办理调动手续，各级人才交流机构不得为其提供人事关系代理。⑷要求各县（区）要制定相应政策，积极接收学历达标的各类应往届高校毕业生和到市外招纳、吸引、聘任各类优秀教师。各级教育行政部门要加强对基础教育阶段各类学校的人事管理，未经批准和同意，学校不得私自聘任校长和教师。未经原单位人事管理部门同意辞职的，招聘单位不得聘用。⑸要求市、县（区）教育行政部门要加强对基础教育各类学校的管理，根据基础教育阶段的有关要求，严格按照招生计划和招生范围招生，不得违反规定利用不正当竞争手段争抢生源。⑹要求各县（区）可根据该通知精神，结合本地实际，制定相应政策和措施，为骨干教师和优秀学生提供良好的工作和学习环境。

二、普及高中阶段教育

2003 年 3 月，市教育局印发《关于进一步加快发展普通高中教育的意见》。2005 年以前，营子、双滦、双桥 3 个区基本普及高中段教育，高中阶段毛入学率达到 85%，其他各县高中段毛入学率达到 60% 以上。到 2008 年，除围场县外的其他 7 个县基本普及高中段教育，高中阶段毛入学率达到 85%。围场县 2010 年普及高中段教育。

7 月 21 日，市教育局印发《关于公办普通高中招收择校生有关问题的通知》。要求从 2003 年新学年开始，全市公办普通高中择校生占当年招生总人数的比例（以学校为单位计算）最高限额为：一般高中和县属省级示范性高中（或省级重点高中）比例不超过 30%，承德一中、承德二中、存瑞中学比例不超过 40%。同一学校择校生录取分数比非择校生录取分数下降幅度限额为：一般高中不超过 50 分，省级示范性高中（或省级重点高中）不超过 30 分。严禁学校擅自扩大择校生招生比例、降低录取分数线、提高收费标准或在限定金额外加收其他任何费用，对违反规定的，要依法对直接责任人和学校领导进行严肃处理。年内，承德市普通高中招生 21000 人，全市高考本科以上上线率接近全省平均水平，比 2002 年提高 0.41 个百分点，高校录取率比 2002 年提高 1.3 个百分点。

2004 年 6 月 4 日，市委、市政府在《关于进一步推进教育改革与发展的决定》中，明确普通高中发展目标和规划：到 2005 年，3 个区普及高中阶段教育，毛入学率达到 85%，全市普通高中在校生达到 6 万人。到 2007 年，农村高中阶段毛入学率达到 65%。到 2010 年，全市普及高中阶段教育，毛入学率达到 85%，全市普通高中在校生达到 7.5 万人。建成国家级示范性高中 2～3 所，省级示范性高中 12 所，市级示范性高中 15 所，规范化高中 10 所。

2005 年 6 月 13 日，市委、市政府在《关于贯彻落实中共河北省委河北省人民政府关于加强教育工作的决定的实施意见》中，进一步提出高中教育发展目标：到 2010 年，全市高中阶段教育毛入学率达到 85%；到 2020 年，高质量、高水平达到普及高中阶段的 12 年教育。实施优质高中建设工程，坚持提高质量和扩大规模相结合，切实解决好普通高中优质教育资源缺乏，资源总量不足的问题。积极扩大承德一中、承德二中办学规模，提高办学水平。各县（区）做好高中阶段教育发展规划，合理布局，均衡发展，打造名校，不断扩大优质高中教育资源。重点抓好示范性高中建设，各县要力争建设 2 所市级示范性高中、1～2 所省级示范性高中。大力推进规范化高中建设，切实加强农村薄弱高中改造，逐步撤销四轨以下高中，到 2010 年，全市在示范性高中就读的学生占高中在校生的比例由现在的 50% 增加到 80%。

2005 年 4 月 19 日和 6 月 20 日，市教育局分别转发省教育厅关于认定围场满族蒙古族自治县第一中学、丰宁县第一中学、承德一中、宽城满族自治县第一中学、双滦实验中学和围场满族蒙古族自治县卉原中学为省级示范性高中的通知。2006 年 2 月 24 日，转发省教育厅关于认定兴隆县第一中学为省级示范性高中的通知。2007 年 6 月 15 日，承德八中（承德艺术高中）通过省评估组的评估验收，被评定为“河北省示范性普通高中”。市教育局在通知中要求相关学校要在此基础上再接再厉，规范办学行为，突出办学特色，提高办学效益，努力发挥示范带动作用，为全市的高中教育改革与发展做出新贡献。

5月17日，市教育局印发《关于规范普通高中招生工作的通知》，要求各级教育行政部门和学校不得以任何理由和形式阻止考生填报市属高中和特色高中，各学校不得擅自组织测试和招生。承德市委宣传部、文明办、教育局为进一步加大对贫困学生的资助力度，印发《认真做好2005年度承德二中高中“宏志班”招录工作的通知》，决定在承德二中继续举办高中“宏志班”，招收100名学生。

2006年，市教育局调整公办普通高中择校生比例，驻市区的公办省级示范性普通高中（含在县镇办学的市直属省级示范性高中）择校生招生比例最高限额由原定的40%下调为30%。

市教育局决定从2006年起，对承德市县(区)属普通高中学校进行市级示范性高中评估工作。

年内，承德市深化中考招生制度改革，高中招生考试中，已经有新课改毕业生的5个县（区）实行综合素质评价制度，将其列入升学依据。高中招生将公助生30%的指标按照参考人数分配到初中学校，促进薄弱学校的发展。全市完成普通高中招生2.5万人，普通高中在校生已超过7万人，高中阶段毛入学率达到60%。

2007年，全市普通高中招生2.1万人，普通高中办学规模达到6.6万人。全市省级示范性普通高中达到13所，在省级示范性高中就读的学生达68.35%，全市高中阶段毛入学率达到70.4%。

2010年，全市高中阶段毛入学率已基本接近省定85%的目标要求，并呈逐年提高趋势。

11月26日，承德县上板城镇划归市高新区管理，上板城高中人事、业务划归市教育局管理，

2009年度承德市各县（区）高中阶段适龄人口毛入学率情况表

表4—1

县别	2008年度	2009年度	同比增长	2009年排名	同比增长排名	综合排名
平泉县	78.5%	85.26%	6.76%	2	1	1
丰宁县	78.20%	83.50%	5.30%	4	2	2
围场县	78.10%	83.30%	5.20%	5	3	3
双滦区	81.50%	95.00%	3.50%	3	8	4
营子区	91.50%	91.60%	0.10%	1	10	5
滦平县	78.00%	82.50%	4.50%	8	5	6
宽城县	73.90%	78.60%	4.70%	10	4	7
承德县	75.10%	79.50%	4.40%	9	6	8
兴隆县	80.16%	83.10%	2.945	6	9	9
双桥区	83.00%	83.00%	0.00%	7	11	10
隆化县	69.80%	73.90%	4.10%	11	7	11
全市均值	78.89%	82.66%	3.77%	—	—	—

资产、经费划归高新区管理，承德县上板城高中更名为承德市高新区第一中学。

12月6日，市财政局、市教育局印发《承德市普通高中家庭经济困难学生国家助学金实施细则（暂行）》。（1）从2010年秋季学期起，普通高中国家助学金每学年评定一次，按学期发放；（2）适用根据国家有关规定批准设立、实施普通高中学历教育的全日制普通高中学校和完全中学的高中部，用以资助家庭经济困难学生的学习和生活费用开支；（3）资助面约占在校生总数的20%；（4）普通高中国家助学金平均标准为每生每年1500元，具体标准由各县（区）结合实际在1000元～3000元范围内确定，可分为2～3档；（5）民办学校资助面由各县（区）根据当地财力和生活水平确定，具体资助由民办学校学生提出申请，县（区）教育、财政部门根据实际情况统筹确定，确保完成国家规定的资助任务。（6）资助对象为：有正式注册学籍的普通高中在校生中的家庭经济困难学生，优先资助孤残学生、烈士子女、单亲贫困家庭学生、父母丧失劳动能力学生、少数民族学生、农村绝对贫困或低收入家庭学生、享受城镇居民最低生活保障政策家庭和因突发事件导致家庭经济困难的学生。

2011年7月上旬，市政府领导带领市编制、财政、教育等相关部门负责人到承德一中、二中，就加快普通高中发展进行调研。市领导对两校近年来取得的成绩给予充分肯定，并对下一步发展提出明确要求。承德一中要全面、均衡、持续地提高教育质量，靠实力打造品牌，靠品牌吸引生源，靠生源求得发展，靠发展提升品牌，成为全市普通高中的龙头、标杆和示范。承德二中要明确外国语教学的办学定位，走以特色求生存、以特色谋发展、以特色树品牌之路，通过三到五年的努力，成为全市普通高中教育的示范，进入全省同类学校的先进行列。教育行政部门要在指导有力上下功夫，学校领导班子要在管理有方上下功夫，教师要在教学有效上下功夫。在整体摆布上，要突出抓好7个方面工作：(1)更新教育理念；(2)突出质量核心；(3)加强队伍建设；(4)完善评价体系；(5)创新教育方法；(6)打造校园文化；(7)强化安全保障。

2011年6月26日，承德市第二中学开设初中部，由纯高中学校恢复成完全中学。

2011年，全市共有高中阶段学校59所，在校学生111610人。其中普通高中25所，在校学生62021人，占高中阶段在校生总数的55.6%；有中等职业学校34所，在校学生49589人，占高中阶段在校生总数的44.4%。全市高中阶段毛入学率达到85.7%。初中毕业生42018人，普通高中招生21856人，中等职业学校招生17367人（其中非应届初中毕业生4341人），初中毕业升学率83%。有3个县（区）通过省政府普及高中阶段教育验收。其中，平泉县被评为“2011年基本普及高中阶段教育工作先进县”。

2012年10月17日，市政府召开进一步提高基础教育质量工作电视电话会议。会议指出，近年来，承德市教育工作取得可喜成绩，普通高考升学率连续4年呈上升趋势，办学效益显著提高，公有教育资源得到充分高效利用，本年，高考应届生取得历史最好成绩。全市已建成13所省级示范性高中和6所市级示范性高中，在省、市级示范性高中就读学生的比例达到90%以上。会议要求，今后一个时期，全市将突出主攻重点，进一步把握全面提高教育质量的关键。

5月10日下午，市领导到存瑞中学看望慰问正在紧张备考的高三师生，认真听取该校备考情况汇报，并就最后冲刺阶段备考工作提出4点要求：一要尽最大努力，不浪费一分一秒，不放弃每一个学生，尽可能保证学生能上大学、上好大学，使高考升学率稳步提升；二要处理好学习与休息的关系，做到劳逸结合，同时做好学生心理疏导工作，缓解师生心理压力；三要做好后勤保障工作，食堂食品卫生要符合要求，饭菜品种搭配要合理、科学，防止学生生病、中暑等情况的发生；四要积极进行反思，对高考情况及时总结，为明年、后年工作打好基础。

4月下旬，市教育局就做好普通高中国家助学金管理工作下发通知。（1）明确资助范围。优先资助孤残学生、烈士子女、单亲贫困家庭学生、父母丧失劳动能力学生、享受城镇居民最低生活保障家庭子女等学生群体，资助面约占在校生总数的23%。（2）规范发放流程。制定承德市普通高中国家助学金实施细则（暂行），确定申请、初审、公示、审批、办卡、资金拨付和档案管理等7个具体环节，严格操作程序。（3）强化信息监管。要求各普通高中每学期助学金发放完毕，要采集所有受助学生信息，建立信息电子档案，确保助学资金真正用于就学需要的学生身上。（4）加大宣传力度。利用新闻媒体、校园广播、明白卡、橱窗、班会等渠道，广泛宣传普通高中国家助学金资助政策及措施，保障学生知晓受助权利。2010年秋季至2011年秋季，全市累计发放普通高中国家助学金共2665.85万元，35674人次高中学生受益，惠及约2万个家庭。

年内，承德市按照普通高中“突出特色、错位发展、龙头带动、全面提高”的发展思路，推进普通高中特色多样化发展试点工作，从学校建设、师资培训、招生计划等方面加大对学校的指导和扶持力度，引导支持普通高中学校合理定位，走特色发展、多元发展之路。承德一中、承德二中、承德八中和河北蒙中的特色教学取得明显成效。11月8日，河北省普及高中阶段教育督导评估组认定宽城县高标准通过省政府普及高中阶段教育评估验收。

2013年9月13日，承德市召开基础教育工作电视电话会议。会议指出，近年来承德市普通高考成绩连续提高，本科上线率达到67.89%，比2008年提高26.78个百分点，增幅达到66%。会议要求，围绕全方位、深层次、持续性提高教育质量，各级政府要在保障支持教育上下功夫，要强化经费保障，落实编制政策，完成校安工程，优化资源配置。各级教育部门要在指导上下功夫，要深化教育改革，整顿教育秩序，创新教学科研，加强师资建设。各级学校要在管理上下功夫，要强化质量意识，更新办学理念，推进教育改革，完善管理机制。广大师生要在教育有效上下功夫。各级部门要在安全稳定上下功夫。要牢固树立科学发展、安全发展的理念，以高度的政治责任感，强化学校安全管理和维护稳定工作。

4月26日，承德市第七中学初、高中分离，七中建成标准化初中，高中按照现行普通高中建设标准投资易地新建，同时将新建学校更名为鹰手营子矿区第一中学（简称“鹰城一中”）。

年内，市教育局制定承德市普通高中招生实施意见，将公办省级示范性高中公助生招生指标全部分配到各初中学校，实行分校录取。遵循高中发展规律，推进多样化、特色化发展，集中力量打造“品牌、龙头、特色”学校。加快承德一中品牌学校创建，制定完善学校发展规划和相关政策，扩大该校在双桥区以外县（区）招生比例，确保吸引全市优秀初中毕业生。扩大承德市外国语学校初中招生规模，推进学校管理和教学改革，彰显外语办学特色。全面改善承德市艺术高中办学条件，在初中、小学建立艺术教育基地，形成艺术教育特色链条。积极争取政策支持，不断扩大河北省蒙古族高中在八省协作区交换生的名额和范围。

2014年5月27—29日，省评估组对隆化县、滦平县普及高中阶段教育进行全面评估。评估组严格对照省定标准，深入了解各方面工作情况，实地查看高中段学校和财政、税务等部门相关资料，围绕教育教学开展、教育质量提升等方面进行分析研究，认为两县工作力度大、发展速度快，对“普高”（普及高中阶段教育）工作给予充分肯定，认定达到“普高”标准。

2014年9月18日，承德市召开承德市普通高中发展座谈会，分析总结成绩，研究当前存在的问题，提出解决办法措施，对高中学校教育教学工作进行安排部署。会上宣读《关于表彰2013—2014学年度普通高中推进素质教育先进单位的通报》。

6月19日，市教育局印发《关于做好2014年普通高中招生工作的通知》，要求全市各公办普通高中严格按照各自的招生计划，控制新生学籍注册。按照省统一规定的公助生和择校生招生比例招生，其中，择校生人数不得超过本校公助生总数的10%，择校生分数线不得低公助生分数线下30分，择校生收费严格按照物价部门批准的收费标准执行。各普通高中学校招生对象为所在县（区）2014年应届初中毕业生。为重点支持承德一中、承德二中、承德八中、双滦实验中学、河北蒙古族高级中学分别从文化课、外国语、艺术、体育、民族教育方面实现错位发展、特色发展，允许承德一中、承德二中、承德八中面向双桥区（含高新区）以外的县（区）分别招收400、300、200人，并根据各县（区）初三在籍人数按比例分配到县（区）。允许双滦实验高中面向双滦区以外的县（区）招收体育特长生200人，指标不分配到县（区），由学校组织面试、测试，择优录取。允许河北蒙古族高级中学面向平泉县以外的县(区)招收蒙古族学生50人，指标不分配到县（区），依据考生志愿和中考分数从高到低依次录取。允许承德市高新区第一中学面向全市招收部分学生。民办高中招生范围由学校自主确定。2014年，全市公办省级示范性高中公助生招生指标，继续全部分配到初中学校，各县（区）根据中考参考人数，将公办省级示范性高中公助生招生指标按比例平均分配到各初中学校，实行分校录取。进城务工人员及其他非本地户籍就业人员随迁子女，具有承德市初中学籍，保证其享受学籍所在学校学生同等待遇。

2015年，市教育局下发文件，规范招生秩序，认真审核民办高中招生宣传资料，并经“生源地”教育行政部门备案，严明招生纪律、程序和录取、注册工作。全市生源外流逐年减少。按照职普比大体相当的原则，严格执行普通高中招生计划，控制招生范围和分数标准，取消择校生。保证进城务工人员子女与当地户籍学生享受升入普通高中同等待遇，年内，普通高中共招收市外务工人员子女1149人。

2015年11月27—30日，承德市政协教科文卫体委员会组织有关市政协委员，围绕提高承德市普通高中办学质量和水平问题，到承德一中、二中及平泉县两所高中进行专题调研。

2015年，全市高中阶段毛入学率达到89.6%。11个县（区）全部通过省普及高中阶段教育验收。全市省级示范性高中达14所，在省级示范性高中就读学生达到78%。全市普通高考成绩再创新高，连续7年实现环比大幅增长。一本上线率达到20.74%，比2014年提高2.56个百分点；二本以上上线率达到42.24%，比2014年提高5.19个百分点。其中，应届考生一本上线率20.49%，比2014年提高3.13个百分点；二本以上上线率41.23%，比2014年提高6.58个百分点。承德一中荣获“河北省中小学心理健康教育特色学校”称号，承德一中、宽城县第一中学、承德市第八中学被市教育局命名为“首批市级中小学心理健康教育特色学校”。

年内，承德县、隆化县、滦平县、兴隆县、鹰手营子矿区被省教育厅认定为基本普及高中阶段教育县。承德市通过评估认定的县比例为90%，在全省排名第五（全省80%的县通过了省验收）。

第二节 教育教学

一、承德地区教育教学工作

1989年，地教委确定承德一中为落实中学德育大纲试点学校，通过学校的精心组织，不断探索，积累经验，在全区起到示范作用。

1990年，新高中一年级实行调整后的教学计划。

1991年，承德地区开始执行高中会考制度。地教委重点抓了高中教学改革，向学科教研要质量。根据新高一实行调整后的教学计划和毕业会考等新情况，注意发挥教研室的先导作用，加强教学大纲和教材的研究，将英语、生物、物理等7个学科的教学调研报告刊登在《承德教研》上，对基层教学进行指导，生物学科调研报告被全国刊物《生物教学》刊出。地教委向各县教委和地直学校下达《关于加强课堂检查与指导的意见》《检查课堂教学手册》和《加强教研组建设的意见》，强调主抓教学的副校长、主任要深入教研组、深入课堂，学校建立以教研组为主体的教学管理体制，强化教学指导工作。

1992年，地教委组织各县教委分管普教工作的副主任、教研室主任、重点中学校长赴石家庄、衡水等四个县、五所学校进行学习考察，对教委、教研室、学校不同角度的管理进行学习研究。制定高中教学若干具体问题的规定和高中教学成绩奖励方案。组织教研室、教育科和督导室人员对平泉一中、围场一中、承德一中、宽城一中进行教学检查，并对平泉一中和宽城一中进行督导评估。

二、承德市教育教学工作（地、市合并前）

1990年，承德市共有初中毕业生7819人，升入普通高中的有1676人，升入普通中专272人、职工中专271人、职业高中730人、技工学校450人，升学合计3399人，升学率为48%，其中，市区为65%，承德县为32%。

1991年11月18日，市教委印发《实行普通高中调整教学计划和普通高中毕业会考制度的通知》，各县（区）教委及时组织高中校长及主抓这项工作的人员认真学习国家教委基础教育司编写的调整现行普通高中教学计划和实行普通高中毕业会考制度方案，转变教育观念，端正办学指导思想，把高中教育从应试教育转变为全面提高学生素质的教育。要求各学校不得随意增减课时，不得按照高考科目组织分班教学。思想政治课由每周的2课时改为3课时（其中1课时用于时事政策教育），可占用一节课外活动时间，周活动总量不变。高中人口教育从本年秋季开学起，作为必修内容，授课时间可占用时事政策教育部分课时，也可在选修课或课外活动时间安排。

1992年，承德市高中教师学历达标率为61.05%。

1993年12月12日，市教委印发《爱国主义教育实施纲要》。

三、教学质量评价

1994年12月23日，市委印发《关于进一步加强和改进学校德育工作的若干意见》。要求高中阶段要以进一步提高学生道德素质、社会责任感为重点，培养学生初步树立正确人生观、价值观、科学思想方法，以及道德评判能力和自我教育能力，有针对性地开展德育教育工作。

1995年6月12日，市教委下发通知，要求全市各高中从年内的秋季学期开学始，按新调整的课程（教学）计划安排教学，高中各年级每周的活动总量在34课时以下。

7月4日，市教委印发《高中教学成绩奖励方案》：⑴高中教学效益奖。在全市11所重点中学中，以高中应届毕业生省专一次上线人数为分子，以参加高考的应届高中毕业生人数为分母，计算百分率，排列名次，取前三名，给予奖励。⑵高考优胜奖。以各县人口普查确定的人口数为分母，以各县高中（重点高中和普通高中）省专一次上线人数为分子，计算千分率（含应届生和复习生），排列名次，取前三名，给予奖励。⑶高考省专上线进步奖（重点中学）。以该届前三年高考省专一次上线人数和的平均数为基础，按增加人数计算（含补习生），上线人数每增加一人，由市教委发奖金10元，超过10人少20人（含20人），每人奖励150元，超过20人以上，每人奖200元，并按超过人数多少，排列名次，奖前两名，发奖金。⑷中心教研组奖。全市高考每个学科前三名的教研组，由市教委给予奖励。

1996年，存瑞中学通过河北省重点中学验收。河北省对各地市1995年度教育工作考核结果为：承德市普通高中合格率30.54%，排名第二；普通高中万人均在校生47.12人，排名第四。

1997年，承德市二中英语教师刘琦代表河北省参加全国首届英语课堂教学大赛，获得一等奖。

2002年，市教育局印发《加强高中教学过程管理实施方案》《承德市重点高中教学质量评价方案》和《普通高中办学水平评估方案》，强化对全市高中特别是十所省级重点中学教学过程和结果的指导和检查。争取省厅补助近10万元，为部分重点高中配备教学仪器投资52万元。10月底，召开全市高中教学工作会议，对全市2002年高考情况进行分析和总结，认真研究今后全市高中的建设与发展以及提高教育教学质量的办法和措施。11月19日，市教研室聘任高中各学科兼职教研员，加强高中教学科研工作。年内，全市加强特色高中建设，在原有河北省第三外国语高中、丰宁艺术高中的基础上，经过充分的论证和评估，根据各学校的不同特点，将承德三中改建为承德市体育高中，将承德八中改建为承德市艺术高中。各重点高中根据办学条件和生源的实际情况，也开办了不同专业的特色高中班。至2002年底，全市有普通高中39所，在校学生4.6万人，新招生18345人，比2001年增加3252人。从高考成绩看，全市共有14860名考生参加高考，9000人被国家各类院校录取，录取率达到了60.6%，承德一中、平泉一中、宽城一中、滦平一中教学质量提升明显。

2003年5月30日，市教育局印发《普通高中课程方案（实验）》和《语文等十五个学科课程标准（实验）》，转发省教育厅《省关于开展就业与创业教育的通知》。6月6日，印发《关于在高级中学开展学生军事训练若干问题的意见》。

2004年，市教育局对全市10所重点高中及隆化一中进行教学质量调研，指导重点高中进行非毕业年级期末联考，对联考成绩进行统计分析。在重点高中高考成绩评比的基础上，修订完善承德市重点高中教学质量评价方案，制定承德市普通高中教学质量评价方案，对所有高中学校的高考成绩按照重点高中和普通高中分别进行评比，排出名次，内部通报。将提高教学质量工作延伸到初中，11月下旬，召开高、初中教学质量分析会，通过对高考成绩的评估分析，研究高中乃至初中、小学教学中存在的突出问题和提高措施。年内，高考取得近些年来的最好成绩。

2005年，承德市健全高中教学评价机制，依据评价方案分类别对各重点高中、普通高中进行综合评估。将重点高中高考成绩排队，内部通报，对成绩优秀和进步明显的学校予以表彰。狠抓高中科学备考，组织“兼职教研员”“顾问”开展“高考学科集体备课”活动。

2005年，全省高考考生比2004年增加25%，承德市增加33%。在高校招生计划只增加4%的情况下，全市高考取得近年来最好成绩，文理科考生一本上线1180人，比2004年增长8.96%，二本以上上线3496人，比2004年增长7.5%，三本以上上线率比全省平均上线率高出2.23个百分点。

四、课堂教学改革

2009年，市教育局全面深化课堂教学改革。⑴积极稳妥地实施普通高中课程改革，做好实施普通高中新课程前期准备工作。确定8所学校为承德市普通高中课程改革样本学校，制订承德市普通高中课程改革实施意见，组织相关人员开展分层、分科培训，按课改要求配备必要的仪器装备和专业实验室。围场一中率先建立起全省第一个高标准通用技术实验室。⑵深化高中招生制度改革。省级示范性高中公助生招生指标全部分配到各初中校，市直属3所省级示范性高中面向县（区）招生由市教育局统一组织，提前填报志愿、提前录取，规范了招生秩序。⑶加大对高中推进素质教育的奖励力度。按照承德市高中推进素质教育奖励方案对全市普通高中办学行为、安全稳定、素质教育进行评估和奖励，调动学校提高教育质量、推进素质教育的积极性。⑷继续开展助学工程，举办宏志班。市委宣传部、文明办、教育局联合印发关于做好承德市“助学工程”后续工作及继续办好高中“宏志班”的通知。年内，滦平县第一中学、隆化县第二中学、承德市第八中学被省教育厅、省人力资源和社会保障厅、省教育工会表彰为河北省教育系统先进集体。

2010年，承德市以课堂教学的改革创新为重点，致力全面提高教育教学质量。成立高中备考工作指导组和学科中心备课组，形成引领合力。继续深化和推进高中新课程改革，确立一批高中课堂教学改革示范校，加强教育科研工作，促进科研成果转化。完善“三级指导、三抓到校”的市、县（区）、学区、学校教研网络，出台承德市中学兼职教研员管理办法，加强兼职教研员队伍的培养。创新教研模式，创建覆盖全市基础教育各学段、各学科教研基地校，辐射作用日益彰显，基础教育质量实现新突破。承德市二中与英国邦帝兰德高中缔结为友好校，在该校开办孔子课堂获得国家批准，每年选派1名英语教师赴英国邦帝兰德高中担任汉语助教。依托孔子课堂优势，进一步扩大教育对外交流与合作，推动外国语特色高中建设和发展。

2011年3月—4月，市教育局组织全市高中学校开展“同课异构”（同一节的内容，由不同老师根据自己的实际、自己的理解，自己备课并上课）专项教研活动。活动分高一、高二两组举行，共有54名教师做“同课异构”教学示范课，54名兼职教研员参与课堂教学点评，1000多名一线教师和20多名教学领导参加本次活动。由全市12所省级示范性高中承担不同学科的教学研讨活动任务，既展示教师的独特教学风格、先进教学理念，又交流、推广先进经验，对稳妥推进课程改革、提高教学质量起到助推作用。

7月9日，承德二中召开韩国留学预科说明会，北京中韩联合国际文化传播有限公司教师介绍韩国建国大学、亚洲大学、岭南理工大学等大学综合情况，以及赴韩留学优势、留学签证办理流程等事项。9月6日，承德二中举行“自我管理锻造杰出青少年”启动仪式，邀请蓝图伟业教育机构总经理、“自我管理情商”教育理论提出者黄泰山为初一、高一全体学生做报告，为初一、高一班主任做课题实践方案培训。

7月28日，市教育局举办新课改形势下高中化学复习方向与方法报告会，邀请中学化学特级教师、原福州市第八中学副校长、《化学教育》杂志编委王云生，详细解读分析高中化学课堂教学和高考复习备考的诸多问题。8月5日，特邀首批进入新课改的宁夏银川一中一线教师报告团在承德一中举办9个学科新课程高考备考会，银川一中教师围绕新课程下教师理念转变、在教学中体现新课程理念以及高考复习等内容，进行全方位分析解剖。市中学教研室高中各学科教研员就贯彻落实讲座内容组织与会教师开展深入研讨，对2011年各学科高考试卷答题情况做细致分析，并提出学科高考备考的指导性意见。

10月12—25日，市教育局组织全市高三年级集体备课暨“同课异构”教学研讨活动，9个学科31名教师作“同课异构”教学示范课，27名兼职教研员参与课堂教学点评，18位教研组长进行高考备考经验介绍，由全市9所省级示范性高中承担不同学科教学研讨活动。本次教研活动在继承以往经验基础上，又呈现“教—研—教”跟进式“同课异构”的崭新亮点，有助极大提升课堂教学水平。30多节示范课的录像和各科教研员的总结在“承德教育科研网”上发布，供教师们学习参考。

承德一中为规范学生行为，建设良好校风、班风、学风，开展班级“千分竞赛”量化管理活动，制定班级“千分竞赛”量化管理实施细则、“千分竞赛”扣分标准，中层以上领导干部、年级部主任、课程管理与科研中心、学生会等组成联合检查组，对学生在校期间遵规守纪、文明礼仪、卫生、安全等方面情况不定时进行检查，根据违纪情况扣分并在全校范围内公示，评比结果与班主任评优评先和学生品德评定挂钩。10月中旬，承德一中14名学生顺利考入韩国国立全南大学、国立济州大学、蔚山大学等知名大学。该校自2008年至今输送赴韩留学生共43人。2009年，学校被授牌为“国家留学基金委留学预科学院出国留学人才选拔基地”。

12月初，承德市第八中学先后应清华大学美术学院、复旦大学视觉学院邀请，参加清华大学首届艺术教育高峰论坛暨全国中学美术教育研讨会、全国部分省市艺术特色中学校长论坛，与全国各地近百所艺术特色名校交流，谭龙校长分别作主题发言。该校还成为复旦大学视觉学院教学实践基地，成为河北省唯一一所“全国艺术特色中学常务理事单位”。

年内，承德市高考成绩继续保持环比增长，高考一、二、三本上线率分别比2010年提高1.04个、2.95个和6.87个百分点，应届考生二本以上上线人数增幅位列全省第一，理工类增幅位列全省第二。

2012年1月中旬，平泉县邀请北京慈善教育专家叶建灵教授为河北蒙中、平泉一中学生做“梦想心，励志行”成功励志主题演讲。

4月2日，承德二中举行与河北民族师范学院签约实习基地授牌仪式，按照“资源共享、优势互补、相互协作、共同发展”原则，由承德二中制定具体实习安排方案，为师范学院学生提供便利实习条件。5月6日，承德二中邀请中国教师报总编助理、编辑部主任、高效课堂首倡者李炳亭与昌乐二中、江苏昆山区前景教育集团教师一行，到校作高效课堂公开课，开展交流活动。6月26日，承德二中与河北外国语学院签订“1+100”（河北外国语学院与100所高中签约协作共建外语人才基地）协作计划暨外语人才基地共建协议书，承德二中加挂河北外国语学院外语教育教学实习实践基地牌子。10月24日，承德二中接待英国友好校邦蒂兰德高中师生代表团30余人到校参观交流，通过交换礼物、参观校园、观看社团活动展示、与学生互动交流、拜访接待家庭等方式，增强彼此间的了解和友谊。

4月上旬，承德一中高二年级9名学生顺利考取国家留学基金委预科学院“赴韩留学奖学金”项目。学生进行为期一年的韩国语学习培训后，进入韩国公立大学本科学习，享有奖学金待遇。6月14日，承德一中接待新疆尉犁县第一中学领导教师一行到校参观交流，通过听课、座谈、参观校园、观看高密度跑操等，两校就学校管理、课堂教学、学生活动和思想教育等方面展开深入交流研讨。10月下旬，承德一中、滦平一中在河北省高中课改教育教学研究成果总结表彰会上，被河北省教育科学研究所评为“河北省高中课改教育教学研究成果先进单位”（全省共有50个单位获此荣誉）。

4月中旬，承德二中通过“四个坚持”加强外国语学校建设。（1）坚持突出特色。以外国语教学为龙头，科学定位、发挥优势、打造特色、提升水平，推动学校新一轮跨越式发展。（2）坚持“两个加强”。加强国际交流，继续保持与英国、韩国等国外友好校联系，不断深化合作办学、学术交流；加强人才交流，继续聘请外籍专家、教师来校任教，有效提高外语教学水平，加强外语教师队伍建设。（3）坚持阶段教学。遵循教学规律，根据学段实际，高一、二、三年级分别注重“说”“译”“试”，切实提高学生学习成绩。（4）坚持目标管理。学校近期目标为：“高中英语希望班”学生出国留学和考入大学比率明显高于同类普通高中班学生，初中“英语班”学生学习习惯、中考成绩及综合素质达到市内领先水平。中长期目标是：通过3年努力，逐步开办英语国际班及其他外国语班，使“普通英语班”和“国际班”协调发展。

4月17—21日，承德一中派代表赴韩国参加第三届中韩国际教育交流暨留学生培养研讨会议。该校作为韩国国立江陵原州大学、济州大学“中国优秀留学生选拔基地学校”，自2008年以来已成功输送30余名学生到韩国留学深造。

4月19日，英雄董存瑞生前所在部队政治部组织的“重温英雄足迹”活动分队成员到存瑞中学参观访问，向该校赠送写有“用英雄精神育人，英才桃李满天下”的锦旗，为该校由教育部命名的“董存瑞班”学生作了精彩演讲。8月26日，平泉县人民政府与北大青鸟教育集团举行“北京大学平泉附属实验学校”项目签约仪式，平泉一中成为北大附属实验学校，标志着该校将引进优质教育资源，加快教育发展。

6月上旬，承德市二中将毕业典礼课程化，发挥育人作用。⑴将每年6月9日作为学校固定的毕业典礼日，积累沉淀学校文化。⑵将感恩教育贯穿毕业典礼过程中，典礼环节包括毕业班级学生为班主任老师献花、献辞，全班同学把亲笔签名赠送给班主任，班主任发表感言、赠言等。⑶注重仪式感，由学校领导宣读毕业学生名单，为毕业学生代表颁发毕业证书。⑷丰富典礼内涵，既有学生、家长和教师代表发言，又有高一、高二学生表演文艺节目，接受学校传统熏陶。

2013年11月7—8日，市教育局在营子区召开承德市高中课程改革教学研讨会，与会人员观摩承办学校的开放课、集体备课和“同课异构”教学展示课，校长交流工作经验，教师代表畅谈课改体会。

12月13日，存瑞中学举办首届“课堂节”暨“存中大讲堂”，校长主讲“存中大讲堂”第一讲。“课堂节”包括评优课、青年教师基本功大赛、存中大讲堂、教学论坛、全校展示观摩课、论文评比等系列活动。

全市高考一本、二本及三本以上上线率达到14.98%、28.48%、67.89%，分别比2012年提高1.80、3.79、2.54个百分点，再创历史新高。

12月下旬，承德二中5名学生参加在北京举行的2014—2015年度AFS国际文化交流中学生派出项目冬令营选拔赛，有4名学生顺利通过，分别被派往法国、丹麦、奥地利、芬兰学习交流一年。

2014年3月24—25日，市教育局在卉原中学召开高中课改经验交流会暨“走进1+1”（两节联排课，一节安排学生自学，另一节由教师答疑解难）教研活动。活动包括观摩卉原中学常态课堂教学和主题班会，开展9个学科的同课异构和课例研讨，以“小组建设与评价”为主题的论坛活动等内容。

2014年3月下旬，北大平泉附属实验学校（平泉一中）举行挂牌揭幕仪式，标志着该校成功跨入北大附属实验学校行列。该项目系平泉县与北大青鸟教育集团合作，旨在引进北大先进教育理念和科学管理方法，打造品牌特色学校。

9月3日，承德二中与石家庄加煌教育投资公司举行“中加国际班”签约仪式。“中加国际班”学制3年，共18学分。教材是加拿大原版教材与国内高中教材相结合，学生可凭借由加拿大纽宾士域教育部认可毕业证以及中国普通高中毕业证和学分成绩直接申请加拿大大学以及其他英联邦国家大学。

9 月 19 日，市教育局举办高考改革专题报告会。邀请沈阳师范大学特聘教授、博士生导师，华中师范大学教育科学学院原院长，国家教育规划纲要起草工作专家组成员，教育体制改革专题组组长，长期从事国家重大教育政策法规的调研、起草和修订工作的孙绵涛作《高考制度改革的若干问题》专题报告。

10 月 23 日，围场一中“三强英才班”揭牌。三强实业集团在围场一中出资帮扶 100 名品学兼优、家庭贫困学生，冠名“三强英才班”。资助实行动态管理和激励机制，每学期全市联考进入前 100 名的学生享受资助，每学期每生 3000 元，连续资助 3 年。

2014 年，全市普通高考一本、二本及三本以上上线率分别比 2013 年提高 3.20、8.57、10.19 个百分点，其中二批本科上线人数比 2013 年增加 1409 人，在全省 11 个地市中增幅最大，本科上线率超过全省平均水平 10.3 个百分点，创下近年来的最好成绩。

年内，全市有 12 项成果在河北省第二届教育科学研究优秀成果评选奖励活动中获奖。其中，承德一中韩景瑞主持的“1+3”（“1”是必修课的设置；“3”是指“基础层、提高层、开放层三个层次的选修课程设置）课程的研究与实践和丰宁县教体局盛玉海主持的“县域校本课程系列丛书”获得一等奖。

2015 年，市教育局教研室通过开展教研视导、组织备考会、集体备课、高三毕业班模拟考试等形式指导学校认真做好中、高考备考工作。积极推进“生本教育”、语文主题学习等课堂教学改革实验项目，组织 30 多名高中语文教师赴秦皇岛参加高中语文课程改革培训活动。通过开展教研视导、组织备考会、集体备课、高三毕业班模拟考试等形式，指导学校认真做好中、高考备考工作。

4 月 17 日，存瑞中学与河北工业大学签订“河北工业大学与隆化存瑞中学共建河北工业大学优秀生源基地”协议书，并举行揭牌仪式。河北工业大学将发挥优质教育资源作用，为存瑞中学教师定期举办培训班，对学生提供高考咨询指导服务。

2015 年 5 月 6—8 日和 26—28 日，市教育局分别组织开展全市普通高中高一、高二年级“同课异构”教学研讨观摩活动，共有 9 个学科 56 名教师做“同课异构”教学示范课，有 50 余名兼职教研员和学科教研组长参与课堂教学点评，有 800 多名一线教师和 10 多名教学领导参加本次教研活动。6 月 11 日，在兴隆县召开全市普通高中学校课程改革交流研讨会，兴隆县一中代表赴杭州师大附中挂职培训考察组作题为《高考改革背景下的课程分类、分层选修走班》的汇报，各参会人员围绕“选课走班，如何有效推进承德市普通高中课程改革”进行深入的交流研讨。

2014—2015学年度承德一中高一（5）班（文）课程表

表4—2

时间	节数	星期一	星期二	星期三	星期四	星期五	星期六	星期日
晨读	1	自习语文	自习英语	自习语文	自习英语	自习语文	自习英语	—
上午	1	外语	数学	语文	政治	语文	语文	—
	2	外语	数学	语文	政治	语文	语文	—
	3	语文	生物	数学	数学	体育	数学	—
	4	地理	语文	体育	数学	政治	数学	—
下午	5	扫除	地理	历史	外语	单周音 双周美	外语	—
	6	班会	历史	外语	语文	外语	外语	—
	7	数学	信息技术	物理	体活	地理	—	—
	8	历史	外语	政治	地理	数学	—	—
晚自习	1	历史	外语	政治	地理	数学	语文	政治

2014—2015学年度承德一中高二（9）班（文）课程表

表4—3

时间	节数	星期一	星期二	星期三	星期四	星期五	星期六	星期日
晨读	1	自习语文	自习英语	自习语文	自习英语	自习语文	自习英语	—
上午	1	地理	数学	数学	数学	数学	数学	—
	2	历史	语文	数学	语文	地理	数学	—
	3	外语	体育	外语	语文	语文	外语	—
	4	语文	政治	历史	化学	通用技术	外语	—
下午	5	扫除	生物	政治	外语	信息技术	语文	—
	6	班会	外语	物理	体育	历史	语文	—
	7	政治	地理	地理	政治	外语	自习	—
	8	数学	历史	语文	体活	外语	自习	—
晚自习	1	数学	历史	地理	—	外语	—	政治
	2	—	—	—	政治	—	语文	—

2014—2015学年度承德一中高三（9）班（文）课程表

表4—4

时间	节数	星期一	星期二	星期三	星期四	星期五	星期六	星期日
晨读	1	自习语文	自习英语	自习语文	自习英语	自习语文	自习英语	—
上午	1	地理	数学	英语	历史	语文	数学	—
	2	数学	数学	政治	语文	政治	数学	—
	3	政治	英语	英语	地理	数学	自习	—
	4	历史	英语	数学	语文	数学	自习	—
下午	5	扫除	语文	体育	政治	地理	英语	—
	6	主题班会	历史	地理	英语	体育	英语	—
	7	语文	地理	历史	数学	英语	语文	—
	8	英语	政治	语文	体活	历史	语文	—
晚自习	1	英语	政治	语文	数学	历史	英语	英语
	2	自习	地理	历史	政治	地理	语文	英语

2014—2015学年度承德一中高一（1）班（理）课程表

表4—5

星期	晨读	1	2	3	4	5	6	7	8	9
星期一	语文	语文	语文	物理	数学	扫除	班会	外语	化学	化学
星期二	英语	化学	数学	数学	政治	物理	语文	单周音 双周美	外语	外语
星期三	语文	数学	语文	地理	体育	生物	化学	外语	物理	物理
星期四	英语	生物	外语	历史	物理	信息技术	数学	体活	语文	语文
星期五	语文	外语	外语	体育	数学	物理	化学	语文	生物	生物
星期六	英语	语文	语文	外语	外语	数学	数学	—	—	数学
星期日	—	—	—	—	—	—	—	—	—	数学

2014—2015学年度承德一中高二（1）班（理）课程表

表4—6

时间	节数	星期一	星期二	星期三	星期四	星期五	星期六	星期日
晨读	1	自习语文	自习英语	自习语文	自习英语	自习语文	自习英语	—
上午	1	生物	外语	化学	语文	数学	数学	—
	2	化学	数学	外语	化学	数学	数学	—
	3	物理	体育	语文	外语	语文	外语	—
	4	外语	通用技术	历史	数学	语文	外语	—
下午	5	扫除	政治	地理	物理	外语	自习	—
	6	班会	语文	数学	体育	外语	自习	—
	7	语文	化学	信息技术	生物	生物	语文	—
	8	数学	物理	物理	体活	物理	语文	—
晚自习	1	数学	—	—	—	—	语文	数学
	2	—	化学	物理	生物	外语	—	—

2014—2015学年度承德一中高三（1）班（理）课程表

表4—7

时间	节数	星期一	星期二	星期三	星期四	星期五	星期六	星期日
晨读	1	自习语文	自习英语	自习语文	自习英语	自习语文	自习英语	—
上 午	1	语文	英语	英语	语文	数学	数学	—
	2	生物	英语	化学	物理	生物	数学	—
	3	化学	数学	数学	语文	数学	自习	—
	4	物理	数学	英语	物理	语文	自习	—
下午	5	扫除	语文	体育	数学	化学	语文	—
	6	主题班会	物理	生物	英语	体育	语文	—
	7	数学	化学	语文	化学	物理	英语	—
	8	英语	生物	物理	体活	英语	英语	—
晚自习	1	数学	化学	语文	数学	物理	语文	化学
	2	英语	生物	物理	化学	生物	英语	化学

第三节 教师队伍

一、承德地区教师队伍情况

承德地区 1989 年的高中师资达标率为 24.66%，比 1988 年提高了 7.06%。

承德地区 1990 年的高中教师学历达标率为 29.66%，比 1989 年提高 5 个百分点。

1991 年，承德地区突出抓了教师培训任务、培训基地、培训组织和授课教师“三落实”。

1992 年，承德地区开展教师全员培训考试报名工作，促使教师学历达标 3 年后有个大幅度提高。年内的高中教师学历达标率为 35.16%。

二、承德市教师队伍情况（地、市合并前）

1990 年 8 月 15—16 日和 10 月 5 日，市教委分别举行中小幼教师文化考试和音体美专业教师考试。其中高中教师实考 134 科次，及格 83 科次，及格率 61.94%。在全市 525 名专任高中教师中，具有合格学历的 241 人，学历达标率为 45.9%。

1991 年，承德市高中教师学历达标率为 57.76%。

1992 年，承德市的高中教师学历达标率为 61.5%，相比 1991 年提高了 3.74 个百分点。

三、教师队伍素质提高

1993 年，承德市共有高中专任教师 1349 人，学历合格 604 人，学历达标率为 44.77%。其中，学历合格率前三名的是双滦区（74.07%）、市直属学校（68.79%）、营子区（63.16%），合格率增长最快的前三名是承德县（10.13%）、隆化县（6.89%）、市直属（6.40%）。

1994 年，市教委组织重点中学校长参加省教委组织的两期培训。全市普通高中教师学历达标率为 47.16%，比 1993 年提高 2.39 个百分点。

1995 年，承德市的普通高中教师学历在省教委公布的全省教师学历达标率中，位居全省排名第二位。

1998 年，承德市的高中教师学历达标率为 63.6%。承德县一中李东生荣获市委、市政府“第二届承德市青年科技奖”。

1999 年，承德市的高中专任教师的学历达标率为 67.93%。

2000 年，承德市二中物理教师王建国在广东省惠州市讲的“牛顿第二定律”和“滦平一中数学教师张少儒在江苏省南京市讲的圆锥曲线的小结与复习”，分别获得全国高中青年教师课堂教学大赛一等奖。

2003 年 6 月，河北大学、河北师范大学试点培养具有研究生同等学力的中学教师。培养方式：按国家统招研究生培养方案，结合全省基础教育实际进行全日制定向培养，学完规定全部的教学内容，学业成绩合格，达到研究生毕业要求，由学校发给研究生毕业证明。招生对象：以高校应届毕业生为主，获得学士学位，英语通过四级，与普通高中签订了定向培养协议书，适量招收短缺急需专业的部分在职高中段教师。入学考试：按照全国统招研究生考试成绩，省内划线录取，或由教育厅单独组织录取，省考试院加盖录取公章。学习年限：2 年，其中，教育实践半年。培养经费：学生缴费和财政补助，按国家和省有关规定执行。学生在校学习期间享受全国统招硕士研究生有关待遇，招收的应届毕业生学习期间不能计算连续工龄。取得毕业证后，按定向培养协议就业，在省内享受研究生毕业待遇。申请学位：凡招收在职的有学士学位的高中段教师学习期满，成绩合格，取得研究生毕业证明的学员，可按照在职人员申请硕士学位的有关规定申请硕士学位。

10 月 30 日，市教育局下发《关于加强校本培训工作的意见》。⑴校本培训工作由中小学教师继续教育中心负责具体组织实施，各县（区）本着“整体推进，分步实施，突出重点，抓好典型”的原则，制定规划，扎实推进，建立有效的激励和约束机制，确保校本培训工作的顺利开展。⑵县级教师进修学校负责县域内校本培训工作的具体管理、组织、指导和监督评估。⑶中小学校是校本培训的基地，教师是主体，校长是第一责任人。各中小学校培训工作领导小组，在教育行政部门领导下，主动接受培训院校的指导；明确培训任务，加强过程管理；建立健全校本培训考勤、考核、奖惩等各项制度，构建学习型组织，充分发挥作用，提高培训的整体质量。

2004 年 6 月 4 日，市委、市政府在《关于进一步推进教育改革与发展的决定》中，对高中教师学历达标提出具体要求，到 2005 年，高中教师本科率达到 80% 以上；从 2007 年开始，新补充的高中教师，达到研究生、硕士学位者要占有一定比例；到 2010 年，高中教师本科率达到 100%，研究生率达到 20%。年内，承德市一中吕启莉教师被省教育厅、省人社厅、省总工会表彰为“河北省中小学优秀班主任”。

2005 年，承德县第一中学李东升被市委、市政府表彰为“第一届承德市优秀科技工作者”。

2006 年，平泉县一中李敬超荣获市委、市政府“第五届承德市青年科技奖”。

2007 年，宽城县第一中学李玉芳被省教育厅、省人社厅、省总工会表彰为“河北省德育和思想政治教育工作先进个人”。

2009 年，承德市多名高中教师获奖。其中承德二中教师武野平被河北省人民政府授予“河北省先进工作者”称号；承德一中韩红英（女）和承德市第八中学李秀平被省教育厅、省人社厅、省总工会表彰为“河北省中小学优秀班主任”；承德二中马欣慧、平泉县第一中学邵芳被市委、市政府表彰为“第三届承德市优秀科技工作者”；承德一中张宝童、承德一中付玉章、承德二中李华、平泉县一中闫久贵、双滦实验中学王贵福获省教育厅省级中小学名师称号。

2000 年，承德县一中教师李东升被批准为国务院政府特殊津贴专家，享受国家特殊津贴。

2011 年 6 月 19—22 日，市教育局主要领导率领考察团一行 8 人赴山东潍坊、威海，对两市校长、教师“两支队伍”建设情况进行专题考察，认真听取两市教育局负责的经验介绍，实地参观潍坊一中、威海市经济技术开发区西苑学校两所学校。两市的改革探索和成功实践使考察团开阔了思路、受到了启发。6 月 24 日，市教育局聘请著名教育专家、清华附中原校长胡新懿教授就全面实施素质教育、教育改革和发展战略、教育规划纲要解读等作专题报告。报告既有宏观的教育发展形势，又有微观层面的方法理论。胡教授还为承德二中高二年级全体学生作了题为《高三学生如何准备高考》的报告，受到师生的欢迎。

承德一中加强学习型教师队伍建设。⑴建立健全分层集中学习制度，即划分成理论中心组、党支部、专任教师和行政教辅工勤人员层次，学习内容、时间、主持人“三固定”。⑵深入持久开展“推荐一本好书（文章）”活动，定期举行读书报告会、交流会，分享学习成果。⑶围绕推进新课程改革以及建立“1+3”课程体系、核心课堂价值体系和课程评价体系进行学习，以校本教研、校本培训为主要形式，每周五“百位名师”系列讲座雷打不动。

7 月 25—29 日，韩国西景中学金兴植校长一行到承德一中参观访问，双方签订协议，结为友好学校，开展交流与合作。

2013 年 10 月下旬，滦平县邀请河北省特级教师、衡水中学副校长郗会锁为该县高中教师作题为《构建和谐班级，做一个幸福的班主任》的报告，围绕“自我工作合理定位”“树立正确幸福观”和“有效引领是构建和谐班级的关键”等方面，进行培训指导。

2014 年 11 月下旬，存瑞中学举行第二届“课堂节”教研活动。活动以贯彻“生本”教育和“八环节学案型”（(1)确定目标，(2)转化问题，(3)设计检测，(4)完成预案，(5)自主合作，(6)展示交流、(7)师生总结，(8)巩固拓展）。教学模式为指导思想，包括优秀论文结集、评优课、名师展示课、青年教师素质评比和论坛5项内容。

第四节 示范性高中建设

一、建设成果

1990年，承德地区共有8所重点高中参加全省教学仪器联查，其中有5所达到合格水平。

1994年1月20日，市教委印发《普通高中办学标准（试行）》，市教委中教科第四季度对各县的自查达标学校组织检查。

2001年12月15日，市政府在贯彻国务院《关于基础教育改革与发展决定的实施意见》中，要求到2002年年底，全市省级重点高中力争全部通过省级示范性高中的评估验收。全市高中阶段布局调整任务要取得明显进展，基本建成与社会和经济发展相适应的规模适当、布局合理、形式多样、高质量、高效益的基础教育体系。年内，全市普通高中建设工程进一步加强，招生规模不断扩大。各县（区）克服资金紧张等方面的困难，千方百计加快高中阶段步伐。平泉县政府为平泉一中划拨30余亩地用校园建设，使学校占地面积基本上达到省级示范校标准。承德县借城区改造之机对县一中进行整体改造，8000平方米的综合楼和标准的田径场地建设已完成规划设计，2002年即可竣工投入使用。滦平一中在二中校园并入的基础上，进行统一的远景规划，已完成初步建设任务，学校规模实现了跨越式发展。

2002年5月22日，市政府办公室印发《关于加快省级示范性高中建设的意见》。以省级示范性高中建设为契机加快改善高中办学条件，到年底需要接受省级示范高中验收的9所重点高中，凡是验收不合格的学校降格为市级示范高中学校。目前，距省级示范校验收最低标准要求尚有缺项是：全市9所高中学校尚缺占地面积2.4公顷（市二中缺20亩，宽城缺12亩、兴隆一中缺4亩），建筑面积缺89343平方米（市一中缺11000平方米、市二中缺19000平方米、存瑞中学缺5000平方米、平泉一中缺14000平方米、宽城一中缺5000平方米、兴隆一中缺1000平方米、丰宁一中缺11000平方米、围场一中缺8543平方米、滦平一中缺3800平方米、承德县一中缺11000平方米），基建和购置设备资金还需11711万元（承德市一中1305万元、市二中2200万元、存瑞中学5150万元、平泉一中1800万元、宽城一中646万元、兴隆一中120万元、丰宁一中2200万元、围场一中1000万元、滦平一中590万元、承德县一中1200万元）。

市政府将省级示范性高中建设纳入对各县（区）政府教育工作进行评估的主要内容之一。各县（区）成立了以县（区）政府领导为组长，财政、规划、土地、城建、教育等部门负责人为成员的省级示范性高中建设领导小组，统一协调领导省级示范性高中的规划建设，负责资金筹措、师资配备、土地使用等项工作，全面启动省级示范性高中创建工程。其中，承德县委、县政府把承德县一中创办省级示范性高中工作作为县“一号工程”，多方筹集资金1100多万元新建8800万平方米教学楼一座，征地2.2公顷，新建400米8跑道标准操场一个，购置200余万元的音、体、美器材、理化生实验仪器、电教器材和图书，9月投入使用。平泉县政府帮助学校划拨土地，使校园占地面积达到110亩，由学校投资700余万元，新建的14000平方米综合楼一座已开工。滦平县在为县一中在解决学校占地面积达标问题后，又重新规划建400米标准运动场，修建实验楼、女生宿舍楼，扩建男生宿舍楼。丰宁县委、县政府组织得力人员争取国家计委援建项目 250 万元，9000 平方米的综合楼已开工建设。市政府为承德一中投资近 1000 万元，更新改造科技楼内的实验室及计算机设备和多功能会馆的建设；将市职教中心校舍置换给市二中，使该校建筑面积和占地面积都基本达到省级示范校标准。

年内，全市累计投资 1.2 亿元用于省级示范性高中建设，在建和已竣工的校舍面积达 9 万平方米。校园占地面积超过 100 亩的学校已经达到 5 所。承德一中、丰宁一中、滦平一中、宽城一中、平泉一中、承德县一中等学校的校园基础设施建设达到历史最高水平。各县（区）除了加大对 10 所重点高中建成省级示范校工作力度，还对全市其他 13 所普通高中加大投入力度。其中，丰宁县投资 2000 多万元将凤山一中、窄岭高中全部扩建为 10 轨普通高中，使全县普通高中资源基本上满足普通高中段教育的需要。平泉县投资 1000 多万元改扩建蒙中、黄土梁子中学，使全县普通高中办学规模达到 6000 人。其他各县（区）也通过改扩建，使普通高中的办学资源不断扩大，使全市普通高中的招生能力从 11000 多人提高到 16000 多人。全市 10 所重点高中已有 3 所进入省级示范性高中行列。

2003 年，市教育局加强省级示范性高中建设督导工作。在已有 3 所进入省级示范高中的基础上，对其他 7 所学校先后进行两次督导，督促各县（区）进一步加大学校建设力度。其中，宽城一中 4 月通过省评估组评估，定为试办省示范高中，特别是该校图书馆经省验收，被命名为河北省一级图书馆。平泉一中、承德县一中 11 月中旬顺利通过省评估组的评估。全市 10 所原省级重点高中学校中，已累计有 9 所普通高中通过省级示范性高中验收，校园占地面积超过 100 亩的学校已有 8 所，其中，占地面积超过 200 亩的两所。

2005 年，承德市优质高中教育资源得到补充。围场卉原中学和兴隆一中顺利通过省级示范性高中验收，使承德市省级示范性高中达到 11 所，占普通高中的 34.5%。全市高中校园占地面积超过 6.7 公顷的学校已有九所，其中占地面积超过 13.3 公顷的两所（丰宁一中、双滦实验中学）。在示范性高中就读的学生占高中学生总数的 59.2%。

2006 年，有 4 所高中通过市级示范性高中验收。

2007 年，承德二中通过省级示范性高中验收。承德八中搬迁至新校区，并通过省级示范性高中验收。2012 年 1 月，河北蒙中通过省级示范性高中验收。至此，全市共建成省级示范性高中 14 所：河北承德第一中学、承德市第二中学、河北隆化存瑞中学、承德市第八中学、围场满族蒙古族自治县第一中学、围场满族蒙古族自治县卉原中学、丰宁县第一中学、滦平县第一中学、双滦实验中学、承德县第一中学、兴隆县第一中学、平泉县第一中学、河北蒙古族高级中学、宽城满族自治县第一中学。

二、改善办学条件

为疏解老城区人口，提升河北承德第一中学办学水平，市政府决定将承德一中迁建至高教园区。承德一中新校区于 2007 年 3 月开工建设，2008 年 9 月投入使用。新校区占地面积 205 亩，建筑面积 76000 平方米，建设总投资 2.6 亿元。

2008 年，存瑞中学改扩建一期工程竣工投入使用，投资 500 万元；启动二期改扩建工程，投资 1500 万元。

2009 年，承德二中部分搬迁到石油高专老校区。2010 年，全部搬迁到石油高专老校区，使承德二中达到省高中新课改的需求，并恢复和满足了广大承德市民对桃李街区域成为教育区域的传统意愿。

2011 年，承德市打造普通高中特色品牌，推进普通高中特色多样化发展试点工作。引导普通高中学校按照“突出特色、错位发展、龙头带动、全面提高”的思路，合理定位，走特色发展、多元发展之路。深化招生制度改革，规范普通高中招生秩序。给予承德一中、承德二中、承德八中、双滦实验中学和河北蒙中等学校招生优惠政策，全力打造承德高中特色品牌。

2012 年 7 月 10 日，承德县一中迁建项目奠基仪式隆重举行。8 月 10 日，宽城民族教育园区高中部正式投入使用。年内，全市省、市级示范性普通高中达到 19 所，占普通高中的 79%，学生就读比例达到 90%。

2013 年，承德高新区一中顺利完成校园改造工程。该校在市财政局、市教育局的大力支持下，总投资 400 万元，前后历时 40 天，对教学楼、宿舍楼、实验楼内外墙体进行全部粉刷，更换门窗、电路、桌椅，改造升级原有食堂。为全部教室安装多媒体设备，开通“班班通”，为所有一线教师配备电脑，实现 40 兆光纤进校园，学校的办学条件明显改善。

2015 年，承德市进一步改善高中办学条件，稳步推进省级示范性高中建设、一般高中达标升级、特色高中创建工程。丰宁县一中实现异地新建，办学标准整体提升。围场县一中迁建工程完成主体，滦平县一中迁建工程开工。

市教育局指导各普通高中学校按照新课程标准要求，装备理化生实验室、通用技术实验室和图书阅览室，配备体、音、美、劳技器材和计算机、语音、电子备课等设备，全部建成校园网，实现“班班通”，保证国家规定课程能够开齐开全。7 月上旬，隆化县为全面提升高中教育基础条件，规划投资 1.48 亿元对县第一中学进行整体迁建。新校园占地面积 115 亩，总建筑面积 48380 平方米，办学规模为 20 轨 60 个班，在校生 3000 人，2015 年 9 月开工，2017 年 10 月竣工。丰宁县第一中学高一年级 1300 名学生 9 月 7 日正式入驻新校区，标志着丰宁一中新校区一期工程顺利完工。丰宁一中新校区项目总投资 3.5 亿元，占地面积 256 亩、建筑面积 9 万平方米，一期工程完成了教学楼、宿舍楼、餐厅、塑胶运动场。高二、高三年级陆续搬入新校区，达到 5000 名师生的规模。滦平县高标准建设新一中，计划总投入 3.5 亿元，设计容纳 130 个教学班，在校生 5000 人，占地面积 355 亩，建筑面积 11 万平方米。项目计划分两期完成，其中一期工程 2017 年 12 月竣工。

附：学校选介

河北承德第一中学

河北承德第一中学坐落在我国现存最大的皇家园林——避暑山庄所在地，世界历史文化名城河北省承德市，是一所环境优美的省属重点中学。学校始建于1903年（清光绪二十九年），前身为热河中学堂。斗转星移，岁月沧桑，在近百年的历史长河中，学校曾16次易名，先后为热河中学堂、热河省立国民高等学校、热河省立第三中学、热河省立承德中学、承德初级中学与承德高级中学、承德师院附中、承德市第一中学、河北承德第一中学。热河省文联主任徐懋庸、热河省教育厅原督学杨趾麟都曾兼任过校长。1962年，郭沫若为学校题写了校名。承德的人杰地灵成就了一中百年文化积淀的厚重与人文情感，凝聚了一批名师和骨干教师，殚精竭虑，无私奉献，为教育创新和服务承德发展薪火相传。

中华人民共和国成立后，历经几代人的共同努力，逐渐形成了“管理严格、治学严谨、育人为本、全面发展”的优良传统。在长期的教育教学实践中，孕育了以“高尚的师表风范、严谨的治学态度、紧张的工作作风、无私的奉献精神”为主要特征的“一中精神”。全校教职员工以对社会负责、对家长负责、对学生负责的敬业责任，以身立教、努力开拓、积极进取，使学校以良好的校风和较高的教学质量赢得了社会的广泛赞誉。为社会培养了2.6万名合格毕业生，为社会主义建设发展做出了突出贡献。改革开放以来，学校在基础设施建设、办学条件、办学水平、办学质量上都有了长足发展。

2008年9月，学校迁址承德市高新区大学园区内，由政府投资2.2亿元新建校区。占地面积204亩，建筑面积75000平方米。14个主体建筑包括教学楼、实验楼、办公楼、国际部、图书馆、报告厅、体育馆、师生公寓、生活服务中心等。各类教学设施均达到国家级示范校标准。设计72个高中教学班，在校学生3500人。在职教职工288人，其中，专任教师223人中，具有硕士学位的教师30人、全国模范教师2人、特级教师6人；具有高级教师职称的教职工101人。有37人被市教育局评为教学能手，有32名教师被评为承德市高中学科带头人，6人获得承德市“拔尖人才”称号，9人被评为“三三三”人才。

在办学理念上，确立了“教育即服务”的核心价值观，在教师队伍建设上，学校以“打造一支理念型、专家型、导师型、艺术型、反思型、复合型、创新型的教师队伍”为目标，以“教师的成就应体现在学生身上，学生的发展是最终的发展”为理念，建立了一支高素质、朝气蓬勃的教师队伍。

在教学上，倡导教学的主体性、民主性、开放性，把认知过程、知识形成过程和对知识的评价过程有机地结合起来，形成有特色“2 + 3”课程体系和“教学案一体化”先进教学模式。多年来高考成绩的各项综合指标，均稳居承德市第一名。

学校通过人文教育、国际友好往来、“实践周”德育课程等，培养学生具有做世界公民的准备意识，教育学生关注人的发展，关注人与社会、人与自然的和谐发展，做一个有丰富人性和独立人格的人。学校十分重视支持和指导学生的社团活动，星火话剧社、风华文学社、蓝音广播站等学生社团在学校甚至社会上有着广泛的影响和很高的声誉。

近几年，学校一直保持省、市两级“文明单位”荣誉称号；被省委、省政府授予“先进企事业单位”荣誉称号；先后被命名为“全国绿色学校创建活动先进单位”“河北省实验性示范高中”；获得“河北省创新教育实验学校”“河北省德育工作示范校”“河北省创新教育先进学校”“承德市教育系统先进集体”、承德市“平安校园”等荣誉。

学校自1980年被批准对外开放以来，国际文化与合作日益加深，与日本柏市立柏高等学校、韩国高阳市外国语高中、新西兰奥克兰长湾中学建立了友好校关系；与加拿大新斯科舍省教育部签订合作办学协议，引进优秀外教资源，强化学生感悟外语能力。2009年，被教育部国家留学基金管理委员会留学预科学院确定为“出国留学人才选拔基地”，被中日韩文化交流协会授予中国区文化教育合作学校，被韩国国立江陵原州大学授予“中国优秀留学生选拔基地”。

百年学府培育了万千精英翘楚，世纪学堂正续写着走向世界的华章！

承德市第二中学

学校始建于1950年8月，原坐落在历史悠久，风景秀丽的避暑山庄东侧。建校时名为河省立工农速成中学，同时加挂热河省工农干部文化补习学校校牌。1956年，热河省撤销，学校改名为河北省承德工农速成中学。1958年8月，工农速成中学撤销，学校改为普通中学，名为河北省承德中学。1963年发展为完全中学，1971年年底改名为承德市第二中学。1985年1月，被原省教育厅批准为河北省首批办好的24所重点中学之一。1998年3月，加挂河北省第三外国语高中校牌。2002年2月，改名为河北承德外国语学校。2007年12月，通过河北省示范性普通高中的检查验收。是市教育局直属重点高中。2000年11月，学校被省教育厅评为全省中小学德育工作先进集体。2000年12月，学校被教育部评为全国艺术教育先进单位。2004年5月被省委、省政府评为河北省思想政治工作先进集体。2009年被确定为河北省课改样本校。2013年5月，学校档案工作通过档案局档案工作目标管理3A认证，并荣获河北省机关档案工作目标管理3A奖牌及证书。从1998年至今，连续16年被省委、省政府评为省级文明单位，也是全市唯一一所获此殊荣的高中学校。1989年至1994年8月，校长为司汉哲；1994年8月至2004年6月，校长为刘鸿基；2004年6月至2005年9月，副校长韩景瑞代理校长职务；2005年10月至2011年5月，校长为韩景瑞；2011年5月至2020年，校长为胡志鹏。

1989年3月23日原河北省委书记邢崇智，1991年8月原国务委员、国家教委主任李铁映分别到学校视察并作了重要指示。全国人大原副委员长、民进中央主席、著名教育家雷洁琼1996年5月2日在北京亲笔为二中题写了校名，代表了老一辈教育家和社会各界对二中教育、教学工作的厚爱与支持。9月4日，承德二中举行隆重的校牌揭幕仪式。2000年6月，教育部、中国福利会批准二中初四（1）班学生杨湜堃获第四届宋庆龄奖学金。2001年5月，高三（5）班徐蕾同学作品在国际教育研究会主办的Takasaki国际艺术音乐竞赛中获奖，并应邀去日本领奖。根据上级决定，学校从2002年年初中停止招生，扩大高中招生规模。2011年8月初中恢复招生，学校初高中六年一贯制建设初见成效。

学校办学愿景：让每一个成员都亲如家人，让每一个学生都朝气蓬勃。校训是：师生为本、责任至上。校风是：规范有序、和谐向上。教风是：敬业爱生、善教善导。学风是：勤学乐学、向上向善。

2015年，学校共有74个教学班，教职工

300人，学历全部达标，其中特级教师3人、研究生7人、高级教师104人、一级教师107人。

校园建设：到2001年，学校占地面积26500平方米，校舍建筑面积14350平方米，有初、高中教学楼两座、宿舍楼一座，综合办公楼一座、实验楼一座。

2004年3月，市政府〔2004〕72号政府专题会议纪要，将原职教中心校产划归承德二中，为学校进一步发展和争创省级示范性高中提供了物质条件。2007年度在全市中小学布局调整中，市政府把旅游学院南校区划给二中。学校支付有偿划拨资金1200万元。2007年暑期，旅游学院南校区正式交付二中使用，9月20日，接收工作全面结束，共增加校园面积20亩，增加教学楼、宿舍楼4座，学校的教育教学条件得到进一步的改善。校园扩建工程从2007年7月开始，总计投入资金500余万元。其中投资近200万元对旅游学院南校区进行了改造和修缮。投资近100万元购置装备了两个探究实验室，一个学生微机房，购置了一套电子图书管理设备等。投资170万元建造了塑胶跑道、人造草坪的田径场，丙烯酸篮球场、排球场、羽毛球场。2008年，投资170万元为52个班级配备多媒体设备，为一线教师每人配备一台笔记本电脑。经过近3年的积极努力，在市委、市政府、市财政局的大力支持下，学校购买原旅游学院南校区的1200万元的债务，至2008年年底已全部还清。

2009年4月17日，市政府〔2009〕17号市长办公会议纪要——将承德二中迁入承德石油高专原校区。2009年8月，学校一个年级先行迁入。2010年2月6日，整体迁入新校区（原承德石油高专原校区）。学校现占地面积105亩，建筑面积7万平方米。2013年，新建设的7000平方米的教学楼，400米的标准化运动场、新建设的篮球场、羽毛球场、乒乓球场等硬件设施等都投入使用，基本满足了教学的需要，为学生的健康成长提供了良好的氛围环境。新配备的最新的交互一体机在每个教室、每节课堂发挥着服务师生、服务教学的最佳功能；新建设的校园大屏幕成为展现丰富多彩校园文化生活的窗口。2014年，学校绿化、美化工程、校门改建及各项改造工程基本完成，学校面貌发生了翻天覆地的变化。二中由原校址迁入新校址以来，共争取市财政投资4000余万元。校园面积和建筑面积的扩大，为学校的持续发展、跨越式发展提供了物质保证。搬迁后的承德二中办学条件更加优越，教育资源更加优化，成为市区学生就近入学的首选高中。

教育教学工作：学校坚持以“希望工程”塑造学校文化，以特色教育拉动基础教学，以对外开放创新教育理念，强力打造“希望班”，积极推进“外语班”。1996年在河北省率先创办“希望班”，向那些品学兼优且家庭贫困的初中毕业生敞开了高中的大门。“希望生”3年在校学习期间，学校每年免收学杂费、书本费、校服费、取暖费、住宿费、微机费及其他学习活动费用约4000元，并设立特别奖学金。学习期间由优秀的教师任教，提供最好的学习条件。从1996年开办“希望班”，累计已招收20期“希望生”。学校的做法受到社会各界的广泛关注，各级新闻媒体均予以高度评价，《中学生时事报》《河北日报》《燕赵都市报》《中国教育报》均予以报道。纪实报道《带上你的故事跟我走》在全国期刊《中华少年》上刊出，受到好评。专题片《希望的沃土》在中国教育电视台黄金时间播出，在社会上引起很大轰动。自“希望班”开办以来，“希望班”高考成绩，始终位居全市各中学之首。承德二中成功打造出“低进高出、高进优出”的品牌，先后培养了全市文科状元李胜南、穆青、徐文，理科状元王雅男等一大批优秀学生。特别是2011年、2013年两个年度，培养出穆青、徐文两个全市文科状元。学校“低分进高分出”“高分进优分出”的教学效果被社会广泛认可。“希望班”成为优秀学生快速成才的摇篮。2012—2015年，连续4年荣获承德市“普通高中推进素质教育教学进步奖”。

2011年高考，承德二中二本以上一次上线人数蝉联全市第三。穆青摘得承德市文科状元的桂冠，高一入学时她以517分的中考成绩走进二中，经过二中3年的培养，超越了全市1800余名学生，冲刺到第一名。

2012年高考，高一入学时530分以上的只有58人，而高考一本上线94人，二本上线260人。高考中语文、英语、理综等许多单科状元均出自二中。胡铭华中考424分，高考576分，提高了152分，达到一本线；武鹏程中考仅考418分，高考531分，提高了113分。

2013届承德二中学生高一入学时中考530分以上分数段高考一本上线率位居市区第一名，中考500分以上分数段高考二本上线率位居市区第一名，培养出全市文科状元徐文，多名学生单科成绩获得全市第一名。高三六班一本上线20人，二本上线49人。

2014届学生高一入学时520分以上的学生该校只录取了45人，高考一本上线达到81人；中考510分以上只录取了158人，高考二本上线人数达到了289人，2014年高考，“希望班”二本上线率达到了98%。

2015年承德二中高考延续了“低进高出，高进优出”的办学目标，二本一次上线人数比2014年有了大幅度提高，高三（14）班在籍54人，二本上线53人，创全校上线人数及上线率最高纪录。

2015年参加由承德一中、卉原中学等校组织成的联考，高一年级文科6个学科中有5个学科获联校第二名；理科6个学科中有4个学科获联校第二名。高二年级文科语文获联校第一名；历史、地理、政治、英语4个学科获第二名，理科数学获第二名。高一年级李阔、高二年级陈曦分获五校理科第一名，吕佳获得五校文科第二名的成绩，其他年级联考成绩均有明显提升。

2014年，中考是学校恢复初中招生后参加的第一届中考，总分优秀率、及格率、平均分均为双桥区第一名。2015年，中考246名考生参考，纯文化500分以上98人。总分优秀率、及格率、平均分均为双桥区第一名。

学校立足教学实际，积极推进课堂教学改革。针对生源基础状况确立了“面向中等学生，实现低进高出”的办学目标。每节课师生都有明确目标意识，当堂检测，要求学生对检测题做到“试后百分”，从而实现“堂堂清”“日日清”，让学生每节课都有成就感，每天都进步，最终在高考时要实现高考分数比中考文化课分数提高“百分”的目标。学校低进高出、高进优出的教学效果得到学生和家长的广泛认可。

2015年，在全市率先成立了各门学科教研室，由骨干教师、学科带头人担任教研室正、副主任，聘请市教研员作为指导专家。各学科教研室通过集体备课，增强教学设计的针对性，探索课堂教学新模式，提升校本教研能力；组织高效课堂示范课，提高课堂教学效率，有多名教师为全校教师作高效课堂示范课；举办英语口语大赛、交互式教学设备应用技能大赛和青年教师评优课，并进行表彰和奖励，帮助教师特别是青年教师业务提升。多名教师在国家、省市级课堂教学大赛中获奖。

体育工作：承德二中是河北省体育传统项目学校、河北省体育卫生评估检查优秀单位，该校有着优良的体育传统。早在20世纪60年代，该校毕业生李德全在第二届全运会中，曾打破世界航模纪录，受到了国家主席刘少奇的接见。2000年9月18日，学校初中毕业生蔡亚林在悉尼奥运会上奋力拼搏，勇夺10米汽步枪金牌，为国家争了光，为承德争了光，为二中争了光。

2014年9月，在沧州市举办的河北省第四届全运会上，学校高一年级14班的孟想荣获女子组一万米冠军。在衡水市举办的河北省第十七届中学生运动会上，高二（17）班程雅楠获女子800米、1500米两项冠军，孟想获女子5000米冠军，打破生中学生运动会纪录。他们用自己的行动书写着“今天我为二中骄傲，明天二中为我自豪”的誓言。

德育工作：学校坚持教育与管理相结合的原则，创新和拓宽德育教育途径，以培养学生“向上向善”为目标，围绕成人、责任、感恩、奉献、爱校、爱国等主题，通过举行毕业典礼、成人仪式、父亲节、母亲节等活动，加强并深化对学生的思想教育；确定每周一第一节课为全校班会时间，学校中层以上领导走进班级进行监督和评定；开展校园社会实践日活动，让学生在实践日参加管理，参与服务，学生的文明意识、守纪意识和劳动观念、集体观念得到加强。注重学生行为规范的养成教育，以《承德二中学生应该养成的十个良好习惯》为内容，对学生的学习习惯、遵章守纪习惯、文明礼仪习惯、劳动卫生习惯等进行训练指导。完善了《承德二中“五个严禁”》，开展“学生行为管理攻坚月”活动，通过校会和班会等形式，加强教育，加大课堂检查力度，在所有班级建立信息员体系并将管理延伸到校外，每天学校值班人员到校外巡视，坚持标本兼治，学生行为更加规范，学校风气得到进一步改善。

对外交流：1986 年 9 月、1988 年 10 月、2008 年 3 月，先后与日本高崎市立中学、日本柏市中原中学、韩国中北大学附设高中学校缔结为友好学校。2001 年 9 月 20 日，河北省外国语高中联谊会第三届年会在承德二中召开。二中校长在会上发言。2010 年，承德二中在英国友好校邦帝兰德高中建立孔子课堂获得国家批准，2010 年、2011 年、2012 年 3 个年度分别选派英语教师刘俊芹、韩颖、宋琦玮前去教授汉语课，传播我国的汉语言文化。2009 年 1 月、2010 年 1 月，学校外办主任冯岩、校长韩景瑞分别去邦帝兰德高中考察学习。在派出教师的同时，多次接待国外学生到校学习交流。2013 年 9 月至 2014 年 1 月，学校接待了 AFS 项目选派的瑞士学生 Vivienne 和意大利学生 Carola 到校学习半年。开放办学、对外交流工作成效显著，提高了学校在社会上的知名度和影响力。

承德二中是承德市唯一的外国语学校，是承德市第一个聘请外籍教师的普通高中。学校不断提高聘请外教来校教学的标准和质量，推动学校的品牌建设。2000 年春天，毕业英国剑桥大学的英籍教师凯瑟琳的到来，成为二中深化外语教学的新的起点，极大地促进了外语教学工作。2000 年 9 月，美籍教师艾玲到校任教。2001 年 3 月，英籍教师玛丽安到校任教，2002 年 3 月，英籍教师劳拉到校任教。自 1998 年以来，学校先后聘请了来自英、美、澳等国 30 余名外籍教师到校任教。多次选派教师到美国、加拿大、新加坡进行学术交流，选派优秀学生到日本、韩国、新加坡、新西兰、丹麦、意大利等国进行文化交流及参加夏令营活动。学校多次接待英国、美国、比利时、丹麦、以色列、日本、新加坡、韩国师生到校访问交流，极大地激发了学生学习外语的兴趣，加深了彼此的了解，增进了友谊，开阔了学生视野，提高了外语水平，为实施国际化教育奠定了坚实基础。经过不懈的努力，学校外语特色更加鲜明，外语高考成绩始终名列全市最前列。

河北省隆化存瑞中学

学校前身为隆化初级中学，为纪念在解放隆化战斗中英勇牺牲的全国著名战斗英雄董存瑞烈士，经中央军委和当时冀热察行署批准，学校于1948年5月25日被命名为河北省隆化存瑞中学。经过67年的发展建设，学校已成为全市办学规模和办学水平较高的一所学校。

学校现有在校生2480人，教职工263人，其中中学高级教师88人，中学中级教师120人，中学初级教师29人，高级技师1人，技师15人，高级工5人，中级工2人，初级工3人，研究生学历10人，本科学历214人，专科学历11人，专科以下学历28人。学校占地面积共88658平方米，建筑面积共49484平方米，相继建成了科技馆、图书馆、教学楼、办公楼、宿舍楼、综合服务楼、标准田径场、游泳馆等一批具有较高水平的教学设施。其中科技楼内设有化学实验室3个，生物实验室2个，物理实验室3个。2015年4月，学校与河北工业大学共建河北工业大学优秀生源基地；6月，学校正式成为河北建筑工程学院优秀生源基地；年终，被评为“市教育系统安全稳定先进集体”。

学校在教育教学方面经过多年的探索实践，在教育教学方面收获颇多，构建了学校独特的办学特色和教育理念。1991年3月，首次将录像用教学，把影像教学作为教改的开始；1991—1998年，学校“单元规范化”教学成效显著。1996年，运用整体性观点对教材、教法、教学、考试、教学环境等进行全面的改革探索，实行双案教学、增设选修课、进行层次教学、实行梯式教学、进行轻负担大容量教学实验、在高中各年级各建一个轻课实验班，培养学生独立摄取知识的兴趣和能力等，其中有些做法沿用至今；1992—1997年，学校连续6年获全地区高考第一的好成绩；1997年开始，学校外语组引进张思中教学法，单词集中记忆；2000年夏，学校邀请张思中本人到校传授经验；2001年年终，学校把外语教师所撰写的体会文章汇集成册，加以总结；1999年，学校语文组在洪镇涛自编教材的启示下，编辑出版《中学生文萃》月刊文摘类杂志，供学生课内外阅读，学校还创办月刊《存瑞中学采风》小报；自2000年始，学校每年开展两次“五个一”活动，即“练好一篇字，上好一堂课，写好一个教案，出好一套试题，写好一篇论文”；2001年，由高一语文组和数学组率先搞了“教课案一体化”的教改试验，后陆续得到推广，即体验教师主导、学生主体的训练主线办法，探索“导一、讲二、练二”的授课方法；1979—2009年，学校一直使用河北省教材，2009年暑假后，开始使用人民教育出版社出版的“普通高中课程标准实验教科书”至今；2009年开始取消了期中、期末考试，参加每年两次市组织的校联考；自2003年始，学校聘请外籍教师到校临时任课，开展无障碍英语实验，取得成效，还请当时走红的“疯狂英语”创始人李阳及其弟子到校作演讲等；2001年12月，被省教育厅命名为“河北省示范性普通高中”；学校自2008年始，将原学校处室、年级、教研组三级管理模式改为扁平化的年级管理体制，即每个年级为一个单元，下设各学科教研组，教师基本采取跟班上的办法，通过几年的实践，切实取得了较好的效果；2013年12月，学校首次课堂节开幕，包括评优课活动、青年教师基本功大赛、存中大讲堂和即将举行的教学论坛、全校展示观摩课、论文评比等系列活动，在首届课堂节的基础上，不断完善和改进，“课堂节”已成功举办了3届，有效地活跃了全校教研气氛，提高了课堂教学效率，使全体教师进一步明确了课堂教学改革的焦点与方向，有力地推动了学校课堂教学改革工作；2015年，鼓励教师积累教学经验，将教师撰写的43篇论文收录成集，辑印成《走向生本》存瑞中学生本教育试验成果选编（四）。4月，曹海东教师参加市级体育评优课获一等奖；10月，3名教师参加市理化生实验教学说课活动均获一等奖；11月，3名教师参加市化学、数学学科评优课活动，均荣获了一等奖。

2001年3月，学校正式开展“中国共产党始终代表中国先进社会生产力的发展要求、代表中国先进文化的前进方向、代表中国最广大人民的根本利益”的“三个代表”重要思想的学习教育活动；2014年年初，学校深入开展以“为民、务实、清廉”为主要内容的党的群众路线教育实践活动；11月中旬，学校开展了“学习《习近平谈治国理政》、进一步转变干部作风、促进承德绿色崛起”的“学转促”活动，进一步巩固党的群众路线教育实践活动成果；2015年6月，学校启动“三严三实”教育活动。该次活动围绕着“严以修身、严以用权、严以律己”和“谋事要实、创业要实、做人要实”展开，使每一位党员领导干部置身其中，对照上级要求，认真检查审视自身。11月30日，结合“三严三实”专题教育，组织召开“解放思想大讨论”活动动员大会，使党员的认识更加统一、行动更加迅速，把教育教学质量搞上去。

学校近年来，由校长与各部门负责人签订安全稳定工作目标责任书消防工作目标责任书，将安全稳定共组分解到各个部门，进一步明确了各部门的责任。根据省市有关部门的统一部署，学校高度重视安全稳定工作，着重做好“3·20”全国中小学生安全教育日，重点做好中考、高考的安全稳定工作。学校保卫处作为维稳办，加强与公安机关的联系，加强校园风险点的控制，加强校园的人防措施，利用每周一间操时间按照学校关于防范地震、消防、突发事件等灾害的统一部署，举行了应急疏散逃生演练；每两周就学校和各楼宇进行安全隐患排查工作，并对出现的问题及时上报。

经过多年的建设和不断完善，学校的校园规划格局已经形成，绿化种植也已颇具规模。绿化种植面积16000多平方米，栽植了银杏树、松树、串红、观叶蕉、荷花等植株，设置雕塑、喷泉、文化石等园林小品20余处，校园绿地率46%，绿化覆盖率55%，每年的养护完好率98%以上。

承德市第八中学

承德八中是市区内3所高中之一，是双桥区唯一的一所高中，历史悠久、文化底蕴深厚。八中前身是热河文庙建成于1779年，是中国三大孔庙之一，在其落成后的17年里仅乾隆皇帝就到过19次。热河文庙内的承德府学是前清时期塞外的最高学府和最高教育行政管理中心，是承德地区教育发源地，是承德市图书馆和承德一中的前身，曾培养出16名进士、159名举人和56名贡生。

承德八中成立于1971年，2002年被命名为承德市艺术高中；2004年，被教育部评为“特色教育成功校”；2007年，创建省级示范性高中和省级艺术特色高中。承德八中是河北省七所省级艺术高中常任理事校、承德市重点办好的10所中小学之一。

截至2015年年底，承德八中在校学生20个教学班700余人。有教职工158人，其中女教工101人、少数民族教工70人。专业技术教师157人，其中中学高级教师48人、一级教师77人，初级教师32人。硕士研究生12人、大学学历141人、专科学历4人，教师学历达标率97%以上。学校现有特级教师1人、省级名师2人、省级骨干教师5人、省级优秀德育工作者2人、市级名师7人、市级教学能手和学科带头人30余人。

学校占地面积近100亩，有教学楼、艺术楼、学生宿舍楼等7幢，总建筑面积为22658平方米，有400米标准运动场。校舍错落别致，校园环境幽雅，文化和艺术教学设施齐全。近年来在上级领导部门的关于怀下，学校积极改善办学条件。现有试验台112个，仪器橱65个，常规仪器17.2万个，体音美仪器1665件，钢琴24架，图书44559册。现有学生计算机100台，教师计算机170台，多媒体教室26个，琴房24个，图书室8个，阅览室2个，其他实验室仪器室16个。完全达到河北省普通高中办学条件和基本标准。

1989年以来，承德八中始终秉承“以学生为本，承认差异，实施素质教育，因材施教，注重健全人格塑造，不求人人成材，但求人人成人，张扬个性，鼓励冒尖”和“仁爱、修身、精业、进取”的办学方针；坚持“苦练内功，科学管理，强化特色，打造品牌”的办学方针；积极推进学校制度化、规范化、科学化和责任制条块管理；注重依法治校、教风、校风、学风建设；走特色教育个性化发展之路。

学校领导注重师资队伍建设。近些年，学校实施了“青年教师成才，骨干教师成名”工程。有计划、有目的、有步骤地培养学科带头人。坚持以内部挖潜为主，外援为辅，走出去，请进来，内引外联的路子，每年组织高三教师到北京“英才苑”学习，多次组织教研组长、骨干教师到北京、石家庄等地观摩学习。在全校积极推进课改，实施高效课堂。组织美术教师去兴隆和丰宁坝上等地进行采风创作，回来后举办师生风景写生画展；积极参加河北省远程教育全员培训。全员参加双桥区教师基本功考核培训。提高了师资队伍水平。

近年来，承德八中一直保持较高的升学率，为各级各类高校输送了大批艺术人才。2009年，孟群考入清华大学，实现了承德八中自1971年命名以来几代人的清华梦。2014年高考，该校二本上线率62.59%，连续6年二本上线率保持在60%以上。2010—2013年，承德八中连续4年被市教育局评为“推进素质教育先进单位”。2014年，被评为“承德市推进素质教育艺术特色学校”，2015年，荣获双桥区学校德育工作先进示范单位，承德市安全稳定先进单位，承德市教育科研先进集体，深受上级教育主管部门及社会各界的好评。

学校教育科研成果显著，组织优秀教师，在把握高考动态的前提下，总结多年来的高考体会，编写各科校本教材及《专业课程教学大纲》，提高了教学的针对性，减少了盲目性。近年来，出版了《音乐》《手工》《素描》《速写》《色彩》《论语》及文化课等10余种校本教材。教师作课获省级一、二等奖6人，获承德市一、二等奖24人。有4项省级课题、11项市级课题结题。国家级课题“艺术特色高中校本教材的研发和应用”获河北省第六届基础教育教学成果一等奖。

为提高学生的综合素质，积极开展丰富多彩的课外活动。经常开展校园“英文歌曲大赛”“语文配乐朗诵比赛”“文综趣味知识竞赛”；2015年，成立了器乐、合唱、手工、健美、书法、篮球、传媒等10余个社团并开展了活动；音乐教师积极组织学生排练精彩节目参加“彩色周末”和文庙祭孔等演出。在“文明助成长，共圆中国梦”双桥区合唱比赛中该校合唱队获特别奖。在双桥区鼓号队比赛中获得二等奖，充分展示了学校艺术特色，得到领导和教师们的一致好评。

艺术之路、特色办学成就了八中，也成就了一批靠文化成绩考不上大学、考不上一流大学的学生，实现了文化成绩上大学、上一流大学的理想！使学校的社会效益得到了最大的优化，学生成材、教师幸福、学校发展，朝气蓬勃的承德八中正向市级艺术品牌，省级艺术强校，国家级有名气的艺术特色高中目标迈进。

历任校级领导一览表

表 4—8

姓名	所任职务	任职时间
张　琪	校长	1971 年 3 月至 1973 年
徐秉文	校长	1973 年至 1974 年
高国林	校长	1974 年至 978 年 12 月
范树武	校长	1978 年 12 月至 1980 年 3 月
费祥林	校长	1980 年 3 月至 1983 年 3 月
何友锋	校长	1983 年 3 月至 1984 年 2 月
宋宝纯	校长	1984 年 2 月至 1988 年 8 月
冯义彬	校长	1988 年 2 月至 1991 年 8 月
吴崇强	校长	1991 年 8 月至 1994 年 7 月
王学艺	校长	1994 年 7 月至 1997 年 2 月
曹占营	校长	1997 年 2 月至 1998 年 7 月
唐聪敏	校长兼党支部书记	1998 年 7 月至 2000 年 3 月
杨新成	校长兼党支部书记	2000 年 3 月至 2000 年 5 月
任文田	校长兼党支部书记	2000 年 5 月至 2008 年 8 月
谭　龙	校长兼党支部书记	2008 年 8 月至 2013 年 5 月
高永革	校长兼党支部书记	2013 年 5 月至 2015 年 12 月

第五章 职业教育与成人教育

承德市在发展基础教育的同时，大力发展职业教育和成人教育，特别是职业教育从小到大、从弱到强迅速发展。1991 年，全市各县区按“五个一”标准建设职教中心。到 1994 年，全市共建成 9 所职教中心，承德市职业教育迈上一个新台阶。整合成立承德市技工学校，建立承德工业学校，整合建立河北旅游职业学院、承德护理职业学院，承德中等职业教育和高等职业教育形成完整体系。

成人教育逐步系统化、制度化、规范化。开展扫除青壮年文盲工作，实施农村科技培训和农村劳动力转移培训，开展“绿色证书”工作，成绩斐然。

至 2015 年年底，全市共有中等职业学校 30 所，在校生 36876 人，教职工 2912 人，专任教师 2074 人。全市职业教育毕业生的就业率保持在 98% 以上。

第一节 发展概况

一、承德地区职业与成人教育

1989 年，全地区共有承德电大、承德卫校、经管校、农校、财校、农广校 6 所直属及部门办大中专职业学校和 7 所县职业高中学校。各类职业技术学校在校生 8066 人，其中职业高中 2274 人、中专 4737 人、电大 1055 人。成人教育已由简单的文化补课、扫盲教育转到岗位技术培训，年培训达到 50 万人次。全区有乡镇成人综合学校 291 所，村三普及学校 1976 所。职业高中学校当年招生 2092 名，比 1988 年成倍增长，高中阶段职普招生比例达到 1 ∶ 1.08。初中职业班已发展到 110 个。实习基地 1400 亩，良种场 11 个，勤工俭学渠道 30 多个，专业实验室和专业图书资料室各 4 个。地教委录制了《塞罕坝三北防护林带》《塞外职教一枝花》等电视教育片。涌现出，丰宁职中紧密为当地经济建设培养实用型人才，平泉职中先培训后就业、定向培养专业人才，兴隆八卦岭初级职中根据当地需要开设职业班，围场黄土坎初级职业中学育人又育树，四类职教典型。省电台以《承德地区发展农村职业技术教育有新招》为题给予连续报道。

1990 年，地委、行署开通以下 8 条发展职教资金渠道：⑴由地区财政每年拨付 10 万～ 12 万元专项职教经费，补助各县职教中心建设经费。⑵落实“先培训，后就业”政策，变招工为招生，在全区范围内加紧培训工业人才，地区统一确定专业，县政府负责学生的毕业安排工作，学校负责理论和技能培训，学制 2 ～ 3 年，每生收费 5000 ～ 6000 元。⑶大力提倡联合办学，变职业教育为有偿培训。联合办学收费标准是：农、林、牧专业每生每年 100 ～ 200 元，财会、服装、建筑专业每年每生收费最多 1500 元。⑷各县可提取 20% 农村教育附加费和 0.5% 职工教育费统一用于县职教中心建设。⑸经省教委和计委批准在职教中心达标学校举办普通中专部，每生收取学费5000～7000元。⑹动员各县向省教委和省农行争取职教贷款、贴息贷款，各县政府负责还本，由职教中心负责付息，非贴息贷款由各县政府还本。⑺提倡各县职教中心走产教结合路子，加强场站建设，争取各职教中心每年有20万元纯收入。⑻允许各县另辟县职教中心建设专项职教附加费。

1991年1月25日，承德地区行政公署被国家教委、国家计委、劳动部、人事部、财政部五部委联合表彰为“全国职业教育先进单位”。4月13日，地教委、丰宁县、地区财政局、围场县黄土坎乡初级职业中学被河北省人民政府表彰为“全省职业技术教育先进单位”。年内，承德地区首先在协调各县深入企业和部门摸清底数的基础上，制定出在“八五”计划期间为全区培训工商企业急需人才3万人的全地区“八五七”人才培养规划，并协调地直相关部门制定出4个具体配套培训规划。

承德地委、行署两次召开联席会议，分析全国职教形势，确定“抓重点、上规模、增投入、求发展”的职教发展原则。要求各县积极争取省职业技术学校贴息贷款建设项目。地教委按照承德地委、行署提出的“重工强农”的思想，狠抓职教和成教工作，配合全区商品经济大合唱，围绕实施“八五七”工程，实施工商企业人才培养工程。地教委举行职教新闻发布会，确定每年5月为全区职业技术教育宣传服务月，不断加大宣传力度。

1992年6月，地委、行署召开全地区人才培养工作会议，出台《关于进一步加强全地区人才培养工作若干规定》《关于加强工商企业和职工学历教育工作》的有关规定等文件。全区增设27个急需专业，扩招1499人，陆续开通委托代培、岗位培训、专业证书、学历教育、自学考试、职业教育等10个培养渠道，与42所大中专院校和科研单位建立人才培养依托关系，举办大专班12个、中专班25个、大专专业证书班8个、中专专业证书班9个。

二、承德市职业与成人教育（地、市合并前）

1989年2月27日，市教委印发关于职业、成人中等专业学校教育行政工作统筹管理的通知，将承德市各类职业中等专业学校、成人中等专业学校的教育行政工作，划归市教委职教科统筹管理（人、财、物隶属关系不变）。5月15日，决定撤销市教委工农教育办公室，建立成人教育办公室，与市教委成职教科合署办公。年内，承德市有各类职业学校17所，开设28个专业，在校生4235人。其中技工学校6所，在校生1239人；中等职业学校8所，在校生2199人。升入职业技术学校和升入普通高中的比例为1.2 ∶ 1。

1990年6月，承德县制定职业学校调整方案，将安匠林中、上谷农中、头沟职中改为“三加一”或“四年制”初中，确定双峰寺镇中、岔沟门中学和大石庙十二中为“三加一”或“四年制”初中试点学校。双峰寺镇中在原市农牧局的协助下，制定200亩山场发展规划，新建上下层15间猪舍，500多株果树已开始接果。年内，全市职业类学校招生数占高中阶段招生数的52.2%，在校生占高中阶段在校生的51.5%，高中阶段职普招生比例达1.08 ∶ 1。

1991年4月13日，承德市职业高中、承德县第一高级职业中学被省人民政府表彰为“全省职业技术教育先进单位”。10月5日，承德市召开全市职业技术教育工作会议，对在职业技术教育工作中做出突出贡献的先进单位和先进工作者进行表彰。

1992年，承德大学、承德市技工学校、承德市经济干部管理学校的教育行政和教学业务划归市教委统一管理，加强了宏观调控。9月15日，河北中华职业教育社向承德中华职业教育社筹备处下达关于建立承德办学委员会的批复，同意建立河北中华职业教育社承德办学委员会。

三、调整发展规划

1993年，承德市含普通中专在内各类职业学校共招生9868人，占整个高中阶段招生总数的68.9%。全市各级各类职业学校在校生20161人，占整个高中阶段在校生总数的58.2%。全市初级职业中学招生2018人，在校生达5241人。至年底，承德市普通高中招生数为4492人，职业高中招生数为5333人，职、高比重为54.28%（全省第一）。全市普通高中在校生数为14455人，职业高中在校生数为10088人，职高比重为41.10%（全省第一）。

1994年10月20日，市政府成立承德市职教中心办学委员会。12月9日，市政府印发《关于进一步发展职业技术教育的决定》，明确进一步从发展职业技术教育的战略地位和方向，确定了"大力发展"的方针，要求改革办学体制，改革职教管理体制，改革招生和毕业生就业制度，努力增加职教投入，加强职教师资队伍建设，大力发展校办企业和建好生产实习基地及实验室，深化职教内部改革和提高办学效益，加强和改善对职教工作的领导等。年内，承德市各级各类职业学校招生9318人，占整个高中阶段招生总数的60.2%；各级各类职业学校在校生达到22772人，占高中阶段在校生总数的60.4%。

1995年2月13日，市委、市政府在印发的《关于实施中国教育改革和发展纲要的意见》中，提出全市到2000年的职业技术教育的发展目标：有计划地搞好小学后、初中后、高中后的三级分流，大力发展职业教育，逐步形成初等、中等和高等职业教育体系。到20世纪末，高中阶段职业学校在校生要达到3万人，占高中阶段在校生的60%以上，市区要达到70%以上。市区和各县分别办好一所高标准的职教中心，市职教中心和丰宁职教中心要成为全国示范性职业学校。逐步做到50%～70%的初中毕业生进入中等职业学校或受到职业培训。各中专、中技学校要提高办学质量和办学效益，增强办学活力，尽快达到省定标准。创办承德工业中专学校。成人教育的发展目标：全市基本扫除剩余青壮年文盲，使青壮年非文盲率达到95%以上。建立从业人员在岗和转岗的培训制度，乡镇企业职工和城镇从业人员有95%左右受到岗位培训，城市职工技术等级培训率达到40%。积极推行"绿色证书"（农民达到从事某项工作岗位要求具备相应基本知识和技能后，经当地政府或授权机关认可并颁发农业部统一印制的证书）培训制度，使农村劳动力参培率达到90%左右，每个乡镇有10名以上大专水平的专业技术人员，每个村有5名以上中专水平的技术人员，平均每户农民家庭有一名"绿色证书"持有者。鼓励广大干部职工通过参加电大、函授、自学考试等途径，接受学科性的学历教育。年内，省教委对各地市职业教育工作考核结果为：承德市职高合格率46.4%，排名第三；职业高中万人均在校生37.51人，排名第二；职高教师学历合格率46.4%，排名第三。

1996年，市教委承办全省职教旅游服务中心教研组活动。成立承德市职教学会，通过职教学会章程及所属各专业研究会组织办法，设立15个专业研究会。以各县（区）职教中心和市直中等职业学校为单位，组成18个学科中心教研组，举办职教优秀论文、优秀教案评比活动。年内，省教委在丰宁县召开全省职业教育研讨会，实地参观丰宁县职教中心本部和所属分校，听取承德市关于"深化改革，加快发展，促进职教与经济的紧密结合"的经验介绍。省教委领导及与会人员对承德市及丰宁县改革和发展职业教育的做法给予了充分的肯定和高度评价。

1997年，承德市职业技术教育继续完善"政府统筹、部门联办、教委协调、一校多体"的办学体制，打破地域界限，实行开放性有偿办学和联合办学，在对学校布局和专业结构进行调整的基础上，突出培育骨干特色专业，初步形成具有承德特色的骨干专业系列。加大联合办学力度，努力提高职教办学质量和效益。如丰宁职教中心先后与北京、内蒙古、张家口等省、市的企业集团签订联合协议，拓宽师资来源、专业设置、学生就业渠道。年内，全市各县（区）职业学校联合办学面达到了85%，输送毕业生9300人，使职教的办学效益和社会效益有了新提高。

1998年1月6日，市政府成立承德市科教兴村协调领导小组，领导小组下设办公室，地点设在承德农校。9月15日，市政府成立承德市科技教育工作领导小组，领导小组下设办公室，地点设在市政府办公室。年内，承德市各类中等职业学校同普通高中招生比例为6.1∶3.9。

1999年1月19日，市政府办公室充实调整承德市科技教育工作领导小组。

2000年10月25日，市政府成立承德市农村劳动力开发就业领导小组，领导小组下设办公室，办公室设在市劳动局。11月9日，市政府召开全市职教工作会议，认真总结前一时期职业教育的成功经验。

兴隆县委、县政府把发展职业教育纳入全县经济和社会发展总体规划之中，作为发展兴隆经济和社会各类事业的重要保证。成立职业教育领导小组，负责统筹协调、研究落实政策措施，解决工作中的困难和问题。县政府规定，职教中心的人头经费按标准列入预算，全额发放，县职教中心的各种预算外收入免交政府调节金，根据事业发展需要，财政拨付一定数量的公用经费，政府协调解决部分贴息贷款。县各委办局的各类培训，一律由职教中心承办。县招生部门强化对职教招生工作的宣传，对考试积极引导，热情服务。县政府和教育局每年年初都把职教招生工作作为责任目标考核内容之一，下达到各乡镇和中心校，年底展开评比，兑现奖惩。中考前后，县教育局组织专门人员，分别下乡入校，逐生做工作。根据学生家庭状况不同，实行灵活的收费办法。家庭条件较好的一次性收齐学杂费，条件一般的分年收取，贫困生视条件部分或全部减免学杂费。

2001年2月5日，市政府印发关于进一步发展职业教育的意见。⑴提出职业教育发展的目标：大力发展中等职业教育，使中等职业教育与普通高中招生比例稳定在1∶1以上，在办好丰宁、隆化两所国家级重点职业学校和围场等3所省级重点职业学校基础上，再争创2所国家级和4所省级重点职业学校。各县职教中心要办成科技实验研究中心、中级实用人才培养培训中心、经济信息提供中心和科研试验示范中心，在办学条件、办学水平、教育质量和社会效益等方面起到骨干示范作用。积极发展农村初等职业教育，采取“三加一”学制等形式，对学生进行职业教育。配合“星火计划”（依靠科学技术促进农村经济发展的计划）、“丰收计划”（依靠科学技术发展农业的一项系统工程，1987年3月由农牧渔业部和财政部共同制定并组织实施）、“燎原计划”（国家教委1988年正式部署实施的一项旨在推进农村教育改革发展，促进农村经济发展和社会进步的计划）的实施，培养素质高、能致富的21世纪的新型农民和农村致富带头人。扩大高等职业教育办学规模，承德民族职业技术学院尽快改善办学条件，提高办学水平，扩大规模，年招生数达到1500人，在校生达到5000人。⑵提出职业教育发展的政策保障。多种渠道筹措职教经费，不断改善办学条件。各级政府和有关部门按照每名学生60～80元标准拨付专业教育费，并免收各类中等职业学校建设资本金。提取城市教育费附加的10%、农村教育费附加的5%作为职业教育补助专款，用于职业学校特色专业建设。职业学校实行缴费上学制度，主要用于购置教学设备和教学设施。各县（区）政府要从农村科技开发、技术推广费中提取一定比例用于发展农村职业教育。企业按照不低于职工工资1.5%比例提取教育经费，用于职工的职业培训。鼓励企业、事业组织、社会团体其他社会个人对职业教育捐资助学。坚持和落实“先培训后就业”的政策，激励学员学习职业技术的积极性。各县（区）教育行政部门积极完善职业教育研究机构，配备一定数量的专职人员，加强职业教育的理论研究、应用研究、政策研究，加强职业教育教材的编写，构建职业教育督导评估体系，定期对各类职业学校开展办学条件、学校管理、专业建设等督导评估。各级人民政府及有关部门把大力发展职业教育摆在突出位置，列入重要议事日程和目标责任制，加大统筹力度，坚持不懈抓好职业教育，建立市、县主要领导联系职业学校制度，由主要领导带领市、县直有关部门联系一所职业学校，定期现场办公，帮助职业学校统筹解决专业设置、师资配备等问题。

4 月 3 日，市政府印发《关于进一步办好农业广播电视学校的意见》。

2002 年，市政府被教育部、劳动和社会保障部、国家经济贸易委员会表彰为全国职业教育先进单位,并在全省职教工作会议上做典型发言。承德市坚持从当地经济建设需要出发，瞄准为当地经济和社会发展服务的办学方向，不断提高职业教育办学质量，努力为农业、农村和农民服务。教育规模不断壮大，职教声誉不断回升，办学效益不断提高，整体工作在全省处于领先位置。

为纪念职业教育法颁布 6 周年，全市组织开展一系列的宣传教育活动，加大职教宣传力度。《承德日报》发表主管市长《坚持大力发展职业教育的方针不动摇》的署名文章。改革职教招生制度，实行“四个突破”“五个结合”，即中等职业学校招生突破分数界限、突破地域界限、突破季节界限、突破职教与普教界限；实行需要与自愿相结合、统一招生与委托培养招生相结合、推荐与考试相结合、招应届生与往届生相结合。年内，全市共有普通中专 6 所，在校学生 0.75 万人；职业中学 25 所，在校生 1.4 万人。全市中等学校专任教师学历达标率分别为：职业高中 50.8%、职业初中 94.3%，均比 2001 年有所提高。全市 2002 年职教招生达到 12000 人，比 2001 年增长 20%。

2003 年，承德市积极进行职业与成人教育改革与创新。⑴筹建承德职业教育集团，围绕“工业立市、农业强市、旅游旺市”的经济发展思路，服务工业、农业、旅游三大主导产业，以 9 个省级骨干专业为纽带，创建旅游服务、酒店管理、农村经济、英语护理等职教集团。⑵中等职业学校主动与高职院校“牵手”开展联合办学，对口衔接，高等职业院校对中职学校建设和发展提供力所能及的支持与指导。

8 月下旬，省职业教育执法检查检查组来承德进行检查，对承德市贯彻实施职业教育法、改革和发展职业教育所取得的成绩给予充分肯定，特别是对承德市领导重视职教、加大职教宣传、深化职教改革、加快职教发展、加速科技进步等方面的措施给予了高度评价。8 月底，市人大常委会对承德、平泉、隆化县职业教育工作进行了执法检查。

改革职业教育招生工作。规范招生秩序，整顿人才市场，实行公办学校和民办学校招生同等对待，公平竞争，外市招生人员在规定时间内进入承德市人才市场，实行集中办公。积极发展联合办学，围场、承德县、双滦职教中心与天津新兴技术学校开展联合办学。全市职教对口升学参加考试的有 644 人，其中专科上线 612 人，上线率为 95.03%。全市高等职业教育招生 1975 人，中等职业教育招生 13056 人，共招生 15031 人。

市政府认真贯彻“积极鼓励、大力支持、正确引导、依法管理”的方针，大力发展民办职业教育。

市教育局组织开展全市职教学生计算机等级和英语水平等级考试工作，发放等级证书，逐步实现职教学生持“四证”（毕业证、职业资格证、全国计算机等级证和外语等级证）毕业要求。10 月，市教育局代表省教育厅对全市 5 所省级重点中等职业学校的教学质量进行全面检查和评估。11 月，受省教育厅委托，对兴隆县职教中心等 6 所省重点职业学校进行教学评估，对两所国家级重点职业学校和 23 所中等职业学校进行合格评估认定工作，评估结果为全部合格。承德卫生学校、承德工业学校接受了省政府的国家级重点职业学校验收，顺利通过。

市政府制定关于在农村初中实施“绿色证书”教育的实施意见，认真开展“绿色证书”教育和初中后“三加一”教育，从10月开始，全市地方学校课程计划中每周安排两课时的“绿色证书”教学。年内，全市“三加一”受教育人数达到10880人，培训率98%，使农村初中毕业生基本掌握1～2项农村实用技术。

2004年2月，经市政府批准，撤销承德市电视中专，设立承德市信息工程技术学校。

6月4日，市委、市政府在关于进一步推进教育改革与发展的决定中，进一步明确职业教育和成人教育发展目标和规划：到2005年，每县办好一所骨干示范性中等职业学校，全市职业院校年招生达到1.5万人，在校生达到5万人，职业教育保持全省领先地位。力争2～3所职业学校进入国家级重点职业学校序列，4～6所进入省级重点职业学校序列。各级各类职业学校的相关专业全部实行双证书制度，毕业生获得双证书的比例达到95%以上，农村富余劳动力转移或进城务工农民工年培训量达到15万人次。

承德市各级党委、政府把职业教育纳入当地经济和社会发展的总体规划，完善“政府统筹、部门联办、教育协调、一校多制”的办学体制，建立县、乡、村三级职业教育和成人教育培训网络。县（区）党委政府指导、推动县级职教中心适应区域经济结构调整和农业产业化的需要，多渠道办学，成为“三农”为（农民、农业、农村）服务的重要培训基地。加强农村学校劳动实践场所建设，积极推进农村中小学课程和教学改革，在农村初、高中适当增加职业教育内容。积极推进“农科教”结合与“三教统筹”（普通教育、职业教育、成人教育三教统筹发展）。有条件的乡镇独立举办成人学校，条件不具备的依托乡镇初中实行职普一体化办学，充分利用现有的教育资源。进一步深化改革，整合职教资源，为当地经济建设发展提供人才支撑。

市政府根据承德市“工业立市、农业强市、旅游旺市”的发展思路，规划全市职业教育资源配置，以两所高职院校为龙头，以县职教中心为主体，以农村经济、企业管理、旅游服务、酒店管理、英语护理等骨干专业为基础，建设职教集团。以特色专业建设为重点，以市场为导向，以招生就业为突破口，拓展发展空间，充分发挥职业教育资源的综合运用能力。努力吸引和利用省内外、境内外优质教育资源，广泛开展合作办学与交流。大力推进职业资格证书制度，严格实施就业准入控制。认真落实职业教育法，实行先培训后上岗，充分利用职业院校教育资源的优势。各级劳动保障、人事、工商等部门进一步加大对就业准入制度执行情况的监察力度，对违反规定的，依照河北省劳动监察条例进行处罚。工商、税务部门制定优惠政策适当减免有关税费，支持职业学校毕业生自主创业或从事个体经营。对外经济贸易、劳动保障、教育行政部门创造条件，积极协助符合条件的职业学校毕业生到国（境）外从业。

2005年6月13日，市委、市政府在《关于贯彻落实中共河北省委河北省人民政府〈关于加强教育工作的决定〉的实施意见》中，提出职业教育和成人教育新的发展目标：到2010年，基本实现全市中等职业教育与普通高中规模大体相当、协调发展。中等职业学校在校生规模达到5万人，职业学校毕业生就业率达到95%以上，新增劳动力全部接受职业教育或技能培训。到2020年，健全职业学校教育与职业培训并举，与市场需求和劳动就业紧密结合，结构合理、灵活开放、协调发展的现代职业教育体系。把发展民办职业教育作为新的增长点，积极鼓励社会力量举办中等职业学校。加大公办中等职业学校办学体制改革与创新。

市政府实施职业教育工程。进一步落实和完

善职业教育联席会议等制度，把职业教育特别是中等职业教育作为当前和今后一个时期教育发展的战略重点。市级办好5～6所骨干示范性中等职业学校，各县办好一所骨干示范性中等职业学校，力争全市有5～6所职业学校进入国家级重点职业学校序列，5～6所职业学校进入省级重点职业学校序列。

市教育局大力发展面向农村的职业教育和技能培训，实施农村劳动力转移培训、技能型紧缺人才培训、农村实用技术培训三项工程。各职业院校和培训机构以实施“三个工程”为重点，积极扩大招生规模。到2007年，中等职业教育年招生达到2万人。面向市场需求调整优化专业设置，每所中等职业学校创办1～2个骨干特色专业，以特色专业、实验实训基地为纽带，把高、中、初三级职业教育紧密结合，在办学、招生、教学、科研、培训等方面实现资源共享，充分发挥职教集团的作用。积极探索人事制度改革措施，在编制总额控制下，由学校自主招聘“双师型”教师（既能胜任理论教学，又能指导学生实践的教师），加强在职教师的专业技能培训。

四、基础能力建设

2005年1月19日，市成立承德科技工程管理学校，开办中专学历教育，扩大学校功能。

11月1日，市教育局被教育部、国家发改委、财政部、人事部、劳动保障部、农业部、国务院扶贫办七部委联合表彰为“全国职业教育先进单位”。

年内，承德市启动实施“职业教育发展专项建设计划”和“实训基地项目建设”工程，确定重点建设五个市级实训基地，市级职教专款重点用于基地建设，同时争取上级的扶持。

年内，全市建成乡镇成人学校的比例已经由2004年的50%提高到80%。全市职业院校和乡镇成人学校积极开展技能型紧缺人才培养、农村富余劳动力转移培训和农村科技培训，共培养技能型紧缺人才近2万人，培训转移农村富余劳动力10万多人，农民科技培训60万人次。

全市开展“职教招生宣传周”活动，向社会推介中等职业学校，吸引更多的学生报考职业学校。全市中等职业学校共招生15200人，超额完成省下达承德市的中职招生任务。

2006年10月，市政府召开职业教育工作会议，进一步制定职业教育发展目标、任务、工作重点和改革措施，推动职业教育的快速发展。市教育局开展职业教育宣传周活动，组织各级各类职业学校广泛宣传职教办学成绩和特色，收到良好的社会效果，职业教育越来越被社会所认识和关注。全市中职招生达到1.58万人，超额完成省年初下达承德市的1.29万人的招生计划。职业学校毕业生稳定就业率保持在90%以上。10月，河北省职业教育发展研讨会在承德市召开，承德卫校和腾飞中专以其办学特色突出、教育质量高等特点受到了教育部、省领导和与会代表的好评。

2007年，承德市积极开展以六大实训基地为纽带，相关院校为骨干的市级职教集团发展研究，推动职业学校的集约化、集团化办学，职业学校基础能力进一步增强。全市中等职业学校基础能力建设项目落实资金近1亿元，开工建筑面积8.78万平方米，竣工建筑面积8.28万平方米，基本建成3个市级实训基地，并投入使用。年内，全市中等职业学校招生突破1.6万人，在校生达到4.6万人，毕业生就业率保持在90%以上。省教育厅在专项督导检查中，对承德市职业教育发展给予了充分肯定。

2008年，省教育厅在承德市召开职业学校教学改革现场交流会。承德市投资4000多万元新建和改扩建3.7万平方米的教学、实训用房；投资2000多万元为5个实训基地装备实训设备；承德工业学校新校区建设和承德卫校改扩建工程全面开工。年内，全市中职招生17093人，比2007年增加600多人，超额完成省下达的招生任务。

2009年，市委、市政府召开全市职业教育发展大会，明确职业教育今后5年的发展方向，下发《关于加快职业教育发展的决定》，出台加强特色骨干专业建设、加强实训基地建设和加强师资队伍建设3个意见。全市统一宣传推介职业学校，制定并实行招生工作奖惩办法，制定市级以上特色骨干专业面向全市招生的政策。继续加大投入力度，全市职业教育共完成建设投资2.31亿元，新建校舍12.6万平方米，14个中职基础能力建设项目全部通过省验收并列入省项目库。投入1480万元装备40个实验实训室，提高了六大实训基地装备水平。启动特色骨干专业建设工程，打造具有承德特色的专业集群，完成首批26个市级特色骨干专业的评估认定。

2010年，全年争取省级以上项目3个，资金2182万元，县级政府投入和学校自筹9000万元全部用于中职学校基础设施建设和实训实习设备购置。全年中职招生18323人，职普招生比例基本达到“大体相当”，毕业生就业率达到97.3%。工业学校通过首批国家级示范性中职学校评估验收，平泉职教中心通过国家重点校验收。积极开展教产结合、产学结合、工学结合等办学模式探索。根据职业岗位能力要求，开展不同程度的专业结构和课程设置改革和调整。工业学校“一体化”、双滦区职教中心“模块化”（进行专业课教学时，打破教材编写顺序，将各专业课相近的章节内容合并成不同的模块进行讲解）教学改革效果显著。全市1107名毕业生参加对口升学考试，本科、专科上线率分别达到6.59%和94.85%。

2011年，承德市中等职业教育在完善基础能力建设的同时，专业设置与市场需求、课程体系与职业岗位要求对接更加紧密，实现了由规模扩张向内涵发展的转变。全市中等职业教育省级以上重点校、示范校增加到12所，占中等职业学校总数的50%。

2012年3月12日，市教育局召开全市职业教育与成人教育工作会议。会议要求，要提速全市职业教育发展，在稳定中等职业学校招生规模的基础上，以提高质量为核心，提升内涵发展能力；完善管理体制和运行机制，坚定不移地深化农村职业教育办学模式改革；调整专业结构，打造特色骨干专业；在推进教产结合、校企合作，打造区域职教集团上实现突破。

市教育局印发《承德市中等职业学校教学管理工作督导评估指标体系》，对全市中职学校教学管理工作进行首次督导评估，得到了省教育厅专项督导组的肯定。在加强内涵建设的同时，投入大量人力物力，采取多种形式加强宣传，通过组织全市中等职业学校学生运动会、集中上街宣传、媒体系列报道等3项大型活动，展现承德职业教育发展的规模、水平，展现职教师生的实力、风采，增强职业教育凝聚力和吸引力。启动承德工业学校、平泉职教中心、兴隆职教中心等12所学校的建设项目，11个实训基地项目列入省级项目库。其中，兴隆职教中心观光农业和承德科技工程管理学校电子商务实训基地建设项目列入国家级项目库。为农村培养1.6万名改革创新带头人和科技致富带头人，职业教育为经济社会发展服务的功能进一步增强。

2013年，市教育局加强职业学校学籍管理和信息上报工作，开展学籍、免学费和资助管理专项检查，规范学校办学行为，保证国家政策资金安全。年内，市教育局加大对民办中职学校管理力度，民办中职学校由2012年的8所减少到5所。稳定招生规模，全年完成职教招生14356人。12月中旬，平泉县、兴隆县被省教育厅认定为“河北省农村职业教育与成人教育示范县”。

2014年5月中旬，市政府分别召开市区大中专院校校长、县（区）职教中心校长、部分企业家代表、市直有关部门负责人四个不同层面座谈会。座谈会围绕承德市职业教育现状、如何处理服务本地和面向京津关系、中高职衔接、制约职业教育发展的投入体制机制等问题展开深入研讨，涉及规划、经费、招生、师资、管理等九大方面40多个问题。

11月28日，市政府印发《关于扎实推进现代职业教育发展的实施意见》，明确主要任务：实施基础能力建设工程、骨干专业建设工程、师资素质提升工程、职教集团建设工程、对外开放合作工程等五项基因工程。主要保障措施：⑴落实政府及部门职责。各县（区）政府切实承担主要责任，同步规划职业教育与经济社会发展，推进职业教育发展。⑵健全经费保障机制。全面落实国家和省职业教育投入政策、支持职业教育发展税费减免政策，进一步加大职业教育投入，逐步提高财政性教育经费用于职业教育的比例。严格落实城市教育费附加用于职业教育的比例不低于30%、成人教育费用每人每年1元的政策。提高中等职业学校免学费后的经费保障标准，到2015年，经费保障标准达到或高于全省平均水平。⑶加强对各类培训的统筹。按照“渠道不乱、用途不变、优势互补、各司其职”的原则，整合各部门培训项目，依托职业院校和县（区）职教中心，统筹安排和实施培训项目，提高资金使用效益和培训效果。⑷完善教师补充管理机制。比照普通高中和高等学校，根据职业教育特点，核定职业学校编制，按编制标准合理配备教师。扩大职业学校用人自主权，允许学校在编制内自主录用教师，并将15%的编制员额按有关规定用于聘请兼职教师，财政按编制内人员经费拨款标准拨付经费。在中等职业学校设置正高级教师职务（职称）。职业院校专业教师可按照相应专业技术职务任职条件，申请评定第二专业技术职务。鼓励支持学校面向事业单位专业技术人员、企业技术业务骨干和社会各类能工巧匠聘请兼职教师，使专业教师队伍结构更加优化。⑸加大督导评估力度。建立职业教育定期督导和专项督导评估制度，加强对各县（区）政府及有关部门履行发展职业教育职责情况的督导评估，重点围绕职业教育发展的体制机制建设、职普招生比例、经费投入保障、办学条件改善、发展水平提升等方面开展督导。⑹营造良好发展环境。按照国家规定，落实职业教育先进表彰奖励制度、职业教育科研和教学成果奖励制度。将每年5月的第二周定为职业教育宣传活动周，大力宣传职业教育政策、典型经验、先进事迹和重要贡献，营造支持职业教育发展、崇尚一技之长、尊重技能人才的良好社会氛围。年内，宽城县通过省级验收，被省教育厅命名为农村职业教育与成人教育示范县，并作为国家级示范县推荐到教育部。全市中职学校招生达到14584人，比2014年增加2.7%。

2015年6月15日，市政府召开全市职业教育工作电视电话会议。会议要求，进一步动员全市上下转变观念、提高认识，营造人人皆可成才、人人尽展其才的良好环境，为推动转型升级、绿色崛起提供强有力的人才保障。

11月中旬，《承德教育信息》刊发《承德市加快发展现代职业教育》的做法。自2010年以来，全市职业院校新增校园面积665.3亩，新增建筑面积26.2万平方米，新增实训设备价值2.05亿元；基本形成以涉外护理、旅游服务、学前教育、机电技术、机械加工、汽车运用与维修、信息技术等20余个专业为骨干、具有承德特色的专业集群。组建由承德石油高专任理事长单位，12所高中等职业院校和50余家装备制造企业加入的“承德装备制造职业教育集团”，标志着承德市职业教育发展进入探索建立政府主导、行业指导、企业参与、共赢发展的现代职业教育运行机制方面的新阶段。随着“3+4”（招收初中毕业生在中等职业学校学习三年，毕业测试合格后直接升入本科学院，对接相关本科专业再学习4年，完成本科学业后，由相关职业学院颁发大学本科毕业证书和工学学士学位证书）直通本科试点、“3+2”（招收初中毕业生，前三年按中专标准收费，后两年按大专标准收费，毕业后发给两年制大专文凭，在同一学校学习的可发五年一贯制的专科毕业证书）直通高职专科、地方中高职衔接实验班的改革不断推进，初步搭建起职教人才培养的

“多通道”和“立交桥”。继宽城县被认定为国家职业教育与成人教育示范县，兴隆和平泉两县被认定为省职业教育与成人教育示范县之后，滦平县通过省职业教育与成人教育示范县验收，全市职业教育整体发展水平位于河北省前列。

年内，围绕构建现代职业教育体系，继续实施基础能力建设、骨干特色专业建设、师资素质提升、职教集团建设、职业教育开放“五项工程”。加大高中阶段学校整合力度，优化职普结构，促进职普融通。丰宁县、承德县分别将实验高中、六沟高中整体并入县职教中心，集中力量支持职教中心发展，鼓励学校探索区域内职普融通。职业教育对口升学取得突破，全市中职学校参加对口高考1111人，二本以上上线455人，上线率达到41%，比2014年提高11个百分点。

第二节 职业教育

一、承德地区职业教育

1989年，承德地区是个每年吃国家补贴4000万元的贫困地区。为了从根本上改变全地区贫困落后的面貌，地委、行署根据省委、省政府和省教委的要求，积极探索贫困地区发展职教的路子，一手抓硬件建设，一手抓软件提升，以职教中心建设为突破口，把大力发展职业技术教育和加速培养当地经济建设急需人才当作振兴承德经济的战略措施来抓。

年初，地教委职教科深入到7所县职业高中学校，对现有校址、教师队伍、教学设备、开设专业、实习场地、招生等情况进行调查研究，总结和归纳了丰宁职教的“四个突破”办学模式：⑴突破校内的课堂教学，建立校外的联系镇联系村，把教学渗透到各项生产中去，变小而全的“学校社会”为大而专的“社会学校”；⑵突破常规招生办法，变一次招生为二、三次招生；⑶突破办学渠道，广泛开展联合办学，相继与劳动、水利、电力、扶贫办、组织部等十几个部门分别联合举办矿山、水利、农村电工、草编、基层干部培训等专业班；⑷突破单一的校内演示性实习为面向社会生产实践性实习。在校内建实习基地，在校外建示范基地，在学员家庭建致富基地，不断提高学生动手能力和学校的知名度，使学校越办越受欢迎。地教委决定完善和推广丰宁职教经验，并将丰宁县职教经验向行署领导作主题汇报，为领导决策提供依据。

地教委将职教对口升学指标与各县职教招生总人数挂钩，按比例分配给各县，多招生多分配推荐指标，少招生少分配指标，调动了各县职教招生积极性。

10月12日—14日，地委、行署在丰宁县召开全地区职业技术教育经验交流现场会，出台发展全区职业教育新措施。⑴从1989年起，行署每年拨出10万元职教专款用于发展全区职业教育。⑵每年召开一次全区职教经验交流及表彰大会，交流经验，表彰先进。⑶每年将职业高中与普通高中招生比例纳入地委、行署与各县委县政府签订的目标责任书中，制定了奖惩办法。

全地区职教工作取得新进展，高级职业中学达8所，涉及16个专业，在校生2332人，中等职业学校与普通高中在校生比达1∶1.36；初级职业中学103所，在校生3598人。全区职业中学农学和林果专业基地7425亩，猪鸡兔良种繁育场11处。滦平县职中成立为社会服务的果树剪枝有偿服务队，既可以提高学生的动手能力，又可以提高全县的果品产量。平泉县职中毕业生梁希臣撰写的《玉米地套种姬菇技术》在《河北科技报》上发表，在校学生宋占宝撰写的“苹果幼树缺枝改造”获北方十一省市学生小论文比赛一等奖。丰宁县职业中专牧医专业学生邢海龙为群众服务，治愈患有“转磨风”疾病种公羊的事迹，深受当地群众赞扬，并被中央广播电台在《午间新闻半小时》节目中予以报道。11月20日，《光明日报》以《承德地区发展农村职业教育有新招》为题，报道了承德地区发展职教经验做法。

1990年，地委书记亲自带领各县委书记、县长、地直有关部门主要负责人，到河北获鹿和北京大兴参观学习职业教育，开阔发展职教的眼界，坚定各县兴办职教中心的决心。

承德地区建立地、县领导和各部门联系职业学校制度。由地委书记胡振国、行署专员栗战书等14位地区领导和地直142个有关部门负责联系全地区14所职业学校（含部分职业初中），每位地区领导带领10个地直部门负责定点联系一所县职业中学，每年到学校进行1～2次现场办公，帮助学校排忧解难。确定每年9月为“联系学校月”。各县领导和县直各部门负责包联职业学校各专业，加强联合办学。这样做不仅直接为各职业学校办实事，解难题，而且极大地激发和调动了各县领导和各部门重视和支持职教的积极性。各县都纷纷加紧职教中心建设，把大力发展职教工作纳入重要议事日程。隆化、滦平、围场县委、县政府分别颁发《关于加速发展职业技术教育的安排意见》《关于学习丰宁发展职教的意见》《关于进一步发展职业技术教育的决定》，平泉县委书记召开各局负责人会议，落实职教专项经费和开办费。到年底，各县都制定出“学习推广丰宁职教经验”的三年规划及实施方案，各县教委都成立了职教股。

12月23日，承德地区在丰宁召开学习推广丰宁职教经验交流会，地委、行署领导出席会议，国家教委发来贺电，省教委派代表到会祝贺。会后，承德地委、行署在《承德日报》上加按语，推广丰宁县职教经验，要求各县在二三年内必须把丰宁职教经验全面推开。地教委班子成员多次深入丰宁进一步研究职教如何再上新台阶，与兴隆县共同研究多渠道筹资创建省内一流职业中学，到隆化指导增强内部办学活力，去围场帮助落实县职中专业承包方案，总结黄土坎初级职中办学经验。丰宁县职业中专经省教委验收认定为省级重点职业学校示范校。国家级《职业技术教育》月刊以《办学办场齐抓，育人育树并举》为题，刊发围场县黄土坎初级职中办学办场经验。

职教毕业生实践能力已经初显，在生产第一线结出硕果。隆化县职中毕业生任玉莲用“843康复剂”为千株果树治愈腐烂病，并通过新技术使葡萄园增产30%，当地村民主动要求职中再培养20名这样的毕业生。平泉职中梁希臣研制成功的“玉米地套种姬菇技术”，每亩地获利8000元以上，被县列为“星火计划项目”，在全县推广近百亩，被县农业局聘为食用菌场场长。1月8日，《光明日报》第二版刊发《人才济济看丰宁——河北丰宁县发展职业教育纪实》的署名文章。

1991年9月7日，地委、行署领导分别带领省驻承单位、地直和当地驻军的负责人到隆化县张三营乡大坝初级中学、兴隆县第一职业中学、承德地区技校等职业学校现场办公。

9月20日，地委、行署印发《关于职业高中毕业生使用等问题若干规定（试行）》，从1992年1月1日起执行。要求全地区各行各业招工用人时，都必须通过职业技术培训，取得合格证书方可录用。各级党委和政府必须把职业高中毕业生的培养和择优安排使用问题，列入劳动人事及各用人单位目标管理责任制。各机关、国营集体企事业单位招工用人时，一律从专业对口或相近专业的职业高中毕业生中择优录用，各县农、林、牧、水、计生、教育等部门和乡镇选拔农、林、牧、水技术员、农村卫生、计生员、乡村技校和幼儿教师以及配备科技村干部时都必须择优从职业高中毕业生中选拔。

地教委召开职教新闻发布会，确定每年5月为职业技术教育宣传服务月。地教委为加快提高职业技术学校专业课教师实践动手能力，从林果教师培训入手，通过实地考察和协商，组织部分学校林果教师赴山东省威海市优质果树示范试验场进行一年期限的实践锻炼，全方位参与一轮先进地区果树技术管理和实践劳动，进行以劳代训培养，再回到学校负责管理果树实习基地，担任产教结合型的实践课指导教师。年内，全地区农职高中招生人数达 3135 人，超额完成省下达指标的 36.99%。

1992 年 2 月 19 日—20 日，行署专员栗战书带领地直、省驻承单位和驻承 266 部队医院等 11 个部门负责到围场满族蒙古族自治县第一职业中学进行现场办公，在听取学校负责汇报后，对学校提出需要帮助解决的问题进行研究解决，并对发展职教工作提出新的要求和希望。(1)各级领导和广大干部群众要继续提高对职业技术教育的认识，克服轻视职业技术教育的思想，把职业技术教育工作当成发展经济和加快农民脱贫致富的战略任务来抓。(2)各级政府、各级财政部门、各有关业务主管及厂矿企业都要认真贯彻落实国务院关于大力发展职业技术教育的决定精神，采取大家来办的方针，从财力和政策上支持职业技术教育的发展，增加对职业技术教育的投入，采取多种措施，扩大职业技术教育的经费来源，集中力量办好县综合职业技术学校。(3)各职业学校要努力提高自我发展能力，要走产教结合、工学结合的办学路子，加强实践教学，提高学生动手能力，使学生学得好，用得上。学校的办学思想再宽些，胆子再大些，要敢于和善于抓创收，充分利用学校自身的优势，开展承包荒山、栽果造林、畜牧养殖、工副业加工等项目，广泛进行社会化的有偿服务，提高学生素质，促进学校的自身发展。学校可以有偿组织学生实习，实验室可以向社会开放，节假日也可以把学生组织起来搞创收，逐步走出一条以生产养教学，以教学促生产，教学结合生产，生产结合教学的科教兴农之路。

为扩大职业教育的影响，地教委利用报刊、广播、电视等新闻媒介宣传职教先进典型和优秀毕业生的先进事迹，并利用教育信息、简报、工作报告等形式向各级领导汇报工作情况，引起各级领导对职教工作的了解和重视。地委书记在地委机关报发表题为《突出重点抓职教，围绕急需育人才》的署名文章，就全区的职教深入发展发表指导性意见，促使全区上下形成党政领导齐抓共办职教的新局面。

年内，全地区职业高中招生突破 3500 人，各类职业高中与普通高中招生之比达到 1.35 ∶ 1，在校生比接近 1 ∶ 1，达到历年来最高水平。

1993 年 1 月 2 日，《中国教育报》刊发《承德地区发展职教措施配套》署名文章，对承德地区建立 14 位领导和 142 个部门联系职业学校制度、制定多渠道增加职教投入政策、鼓励职业中学科技兴农积极性和出台“职教达标县标准”等经验作法予以报道。

二、承德市职业教育（地、市合并前）

1989 年 12 月 19 日，市教委、计经委、劳动局、人事局召开承德市职业中学优秀毕业生表彰大会。

1990 年，承德市职教中心的微机室、语音室已达省一流水平；承德县第一职业高中新建当地最优良种猪场，优良种猪存栏 450 多头，当年出栏育肥猪 200 多头。

1991 年 10 月 5 日，承德市召开全市职业技术教育工作会议，主管市长以《大力发展职业技术教育促进承德市经济建设和社会发展》为题发表讲话。年内，承德市各类中等职业技术学校招生 1632 人，在校生 4086 人，分别占整个高中阶段招生数和在校生数的 54.4% 和 51.8%，比例均达到 1 ∶ 1 以上。

1992 年 1 月 19 日，省教委下达《关于承德市职业高中开设艺术职业中专班的批复》，同意承德市在承德市职业高中开设艺术职业中专班，招收小学毕业生，学制六年，招生规模暂定为 40 人，自 1992 年暑假开始招生。

年内，全市职教招生 1742 人，占整个高中阶段招生数的56.08%；职业类在校生人数4492人，占高中阶段在校生的52%，职业类学校在校生同普通高中在校生比例为1.09∶1。其中，承德市职业高中与建筑中专合并为市职教中心后，在校生达1285人，专业达到12个（含5个骨干专业），进一步发挥了规模效益。

三、职教中心建设

1989年，承德市职教中心建设受到时任省委书记的赞扬，承德市职教中心的经验做法在《中国教育报》刊发。

1991年年初，行署印发《关于学习丰宁职教经验十条标准》《关于承德地区职业技术教育达标县标准及验收办法》，提出建设省、地重点职教中心“百亩校园、百亩山场、千人规模、万平米建筑面积、十万元收入”的具体标准要求。

1992年9月30日，市政府批准，将承德市职业高级中学改名为承德市职业技术教育中心。

1992年10月4日，地教委印发《关于贯彻落实省委、省政府领导在全省职业技术教育座谈会上讲话精神的通知》。⑴要求各县、校要组织职教工作者及全体教职工认真学习讲话精神，提高对建设职业技术教育中心战略意义的认识。⑵重新规划职教中心建设标准，修订实施方案，落实省教委关于承德地区职教中心建设规划：丰宁、隆化、兴隆、围场4县职教中心1992年12月达标，滦平、平泉、宽城3县职教中心1993年12月达标的要求。

11月5日—7日，承德地区重新明确省级示范性职教中心的建设标准：⑴要有与该县经济建设和社会发展相适应的适度办学规模。在校生包括短班要达到5000人，校园面积20～33.3公顷。⑵要有适应教育工作需要的标准较高的多功能校舍和设施。建筑形式要多样、新颖、美观、大方，校园要绿化美化。⑶要有很强的自我发展能力与自我完善能力。每校至少要有100亩以上的农业试验场地，要有50万元以上资产的校办厂。⑷要有相对稳定的实习基地。⑸要有先进的教学、实验装备。每校都要有语音实验室、微机室。⑹各个职教中心都要建立教育电视台，要与“三加一”、教师学历教育和农村科学技术推广联网，真正发挥职教中心的教学枢纽和基地作用。⑺要有一支素质优良的教职工队伍，配备好校长，实行校长、书记一人兼。⑻要建立一整套符合当地经济建设和社会发展需要的、科学的教学大纲、教材、教育教学评估和考核标准。

年内，兴隆、滦平、宽城、平泉县分别将职教中心从乡下搬到县城。其中，兴隆县新建12000平方米的教学楼、宿舍楼、餐厅、大门和围墙，并为职教中心划拨300亩山场。全区职教中心校园占地面积已由530.5亩增加到780.5亩，建筑面积由3.47万平方米增加到5.64万平方米，实习基地由7500亩增加到9620亩，新增教学仪器价值100多万元，新上印刷、机械、服装、化工、铸造等14个生产实习场站，产值达1500多万元。丰宁、围场、隆化、兴隆4个县的职教中心已基本达到省提出的“五个一”（一百亩校园、一百亩山场、一千人规模、一万平方米建筑面积、一十万元勤工俭学收入）标准。

各县职教中心新增加有机化工、采矿、果品加工、微机等20余种新专业，进一步完善上挂横联下辐射的办学路子。如丰宁县先后和东北师大、天津大学等高校挂钩，聘请专家到校讲学，引进草场改良、青椒种植等项目，送出9人到高校进修，与全县12个单位联办8个专业20个教学班，与县内的黑山嘴燎原示范镇建立经济开发区，将新技术辐射到乡镇。

1993年4月28日，地教委以《积极探索贫困地区建设职教中心路子，努力开创承德地区职教工作新局面》为题，在河北省职教中心建设第三次工作会议上介绍经验。滦平、平泉、宽城县当年建校，当年达到职教中心“五个一”的标准，当年招生。

7月，承德地、市合并后，新的市委、市政府继续大力发展职业教育，继续加大职教中心建设步伐。全市各职教中心年内总投资5594.84万元（其中利用贷款50万元），完成建筑面积89312平方米，在建建筑面积23000平方米。不断增强职教办学活力，丰富办学层次，实行一校多制，即设立普通中专班，也有职业中专班，还有职业高中班、技工班等规制班。各职业学校大办校办产业，既提高学生实践动手能力，又增加收入，年内职教校办企业总产值达到1680万元，创纯利润350万元。各县职教中心容农广校、电大、卫校、党校、技校、职业高中、农民中专等部分或全部不同类别学校于一体，尝试新的办学体制机制。继续在承钢、兴煤等企业推广“双元制”（学校和企业相结合的教学模式）试点工作，在市技工学校、市职教中心、双滦职教中心推广“双证书”（毕业证书、专业技术等级证书）试点工作，并会同市劳动局对双证书试点专业的250名毕业生进行考核定级。

12月7日，市政府办公室印发《关于落实市、县职教中心普通中专班委培生有关待遇的通知》。⑴根据“委托培养生毕业后列入毕业生分配计划，由委托单位负责安排工作”的要求，市、县职教中心要认真清理、落实普通中专班签订的委托合同，做到人人有委托合同，保证毕业生分配到委托单位工作。⑵委托培养生在校期间的医疗费、助学金以及各项补贴等均与公助生同等对待，所需资金由学校从收取的委托费中解决，每生每月30元。学校每年可从应发总额中抽出两个月的补贴用于奖学金和特困生生活补贴，从1993年暑期后入学之日起，按月发放。⑶市直大中专学校招收的普通中专班、1992年原地区批准招收的地方计划生参照执行。

1994年3月29日，承德市先后在全国职业技术教育工作会议和河北省教育工作会议上介绍承德发展职业技术教育经验。市政府办公室印发《关于进一步加快职教中心建设的通知》，⑴要求各县（区）人民政府和有关部门要加强对职教中心建设的领导，增加资金投入。⑵要采取分类指导，分步递进的办法，加快职教中心建设步伐。⑶要加强管理，深化改革，加强教学仪器设备和实习基地建设，提高教育教学质量和办学效益。⑷要实行一校多制，加强产教结合，增强服务意识。⑸要强化统筹协调机制，不断拓宽毕业生就业渠道。

8月26日，承德市委、市政府决定对直属中等专业学校进行调整：⑴原地区卫生学校和原市卫生职工学校合并，成立承德市卫生学校，市卫生局负责实施。两所学校合并后，原地区卫生学校和原市卫生职工学校的各自职能由新的承德市卫生学校承担。⑵保留承德市经济管理干部学校，将承德市商业学校（在鹿栅子沟）改为承德市商贸学校，实行一套人马、两块牌子，即承德市经济管理干部学校、承德市商贸学校，校址设在承德市经济干部管理学校。⑶将原市进修学校的职能划给承德民族师范学校，原市教师进修学校的财产、教学设备原则上留归承德大学。承德民族师范学校和市教师进修学校，实行一套人马、两块牌子，原市教师进修学校的人员视实际情况妥善安排。大中专院校的管理体制调整后，学校的领导干部按干部管理权限进行调整、配备。8月25日，市委研究决定，承德市职业技术教育中心由正科级学校升为正处级学校。

10月20日。市政府在丰宁县召开全市加强职教中心建设现场经验交流会，主管市长充分肯定了丰宁经验，对今后一个时期工作提出要求：⑴统一思想，进一步提高对加强职教中心建设重要性的认识。⑵对照省里下发的标准，认真查找差距，正视工作中存在的问题。⑶加强统筹，明确责任，精心做好省政府检查评估的各项准备工作。

11月10日，市政府成立承德市职教中心办学委员会。

11月25日至12月9日，河北省职教中心评估组对承德市8个县职教中心建设工作进行检查评估。省评估组的评估意见是：承德市所属8

个县都建起了合格的职教中心，市、县政府都实现了责任目标。承德市县级职教中心建设速度快、标准高、办学路子对、办学效果好，对促进本地区经济和社会发展起了重要作用，在社会上产生很大影响。承德的职教中心建设是一个奇迹，承德各县职教中心建设经验很多，有不少做法带有方向性、根本性，很值得学习推广。⑴市县级党政领导认识高，把职教中心建设摆到特殊重要的位置，作为落实“1335”（打造一个核心：智能化仪器仪表基地；发展壮大流量计量仪器仪表、试验机、固体称重计量仪器三个优势产业群；引进培育矿山环保仪器仪表、医用仪器仪表、电工仪器仪表三个产业的聚集；带动促进嵌入式软件、自动化成套控制设备、机械加工、模具设计及制造、相关生产性服务行业五个相关产业发展）经济发展战略的基础工程，真抓实干。市、县党政主要领导亲自抓，带动和促进了方方面面积极性，针对存在的问题，制定一整套政策，具体解决了职教中心建设中的一些重大问题。⑵拓宽资金渠道，把一切可能利用的资金都用到职教中心建设上，享受财政补贴、财政十分困难的6个县，近3年拿出5800多万元用于职教中心建设。⑶实现统筹联办，较好地解决了生源问题，扩大了在校生规模。全市85%以上的专业实现联合办学，全市各类中等职业技术学校招生数达到9378人，占整个高中阶段招生数的60.2%，在校生已达到22772人，占整个高中阶段在校生的60.4%。⑷办学方向明确，贴近当地经济和社会需要办学。能根据需要设专业，根据旅游、资源、区位三方面优势，设置了农林牧矿等11个骨干专业和20余个短线专业，并根据专业特点确定教学方法。如丰宁、隆化县等职教中心总结的专业教学模式教学经验，很有推广价值，这个模式把教学、科研、社会服务有机地结合起来，大大提高了人才、经济和社会效益。评估组还分别对各县职教中心作出不同的评价。评估组认为，丰宁职教中心是一所建设标准高、办学方向对、办学效益好的高水平学校，充分体现了职业教育的方向和特点。隆化职教中心是一所比较全面、有特色、水平较高的学校，取得了很大的经济和社会效益。宽城县在财政非常困难的情况下，采取非常措施，建起一所非常好的学校，说明县班子站位高、认识高、标准高。在充分肯定成绩的同时，也提出不足，主要是有的学校由于建校时间短，教学设施设备有待完善；教师队伍素质特别是专业教师素质亟待提高。

年内，全市8个县全部建成职教中心，总投资1265.5万元，建筑面积24000多平方米。在抓硬件建设的同时，对全市9个职教中心的26个骨干专业进行调整，实行跨县招生，集中人力、财力、物力办好骨干专业，培养了一大批农村留得住，用得上的中初级技术人才。推进产教结合，推广联合办学，走校企合一的路子，全市职业学校校办企业总产值达到1900万元，创利润200多万元。

1995年6月30日，市政府决定成立承德工业学校筹建领导小组。9月8日，召开首次承德工业学校筹建领导小组会议，会议议定如下内容：⑴关于资金问题。工业学校筹建需要投资826万元，其中学校通过招生和借贷等途径自筹550万元、市政府投资276万元。⑵人员编制问题。根据学校实际需要设置编制，分期到位，报人事、财政等有关部门批准。⑶关于专业设置问题。按照市场经济要求，从全市工业发展的需要出发，确定骨干专业，形成自己特色，要偏重技术人员培养，使之逐步成为全市技术人才培训基地。

市教委印发《关于做好一九九五年各类中等职业学校招生工作的通知》。各类中等职业学校计划招收普通中专班、职业中专班和职业高中班三类学生。其中，全市普通中专班1550人，职业中专班3000人，职业高中班1570人。

1996年，市教委印发《关于中等职业学校教材建设的实施意见》，决定全市职教教材统一征订和发行。与劳动部门配合，全面推行中等职业学校应往届毕业生技术等级考核工作。4月22日，印发《关于平泉等五县职教中心春季招生工作的通知》，计划1996年春季在平泉、丰宁、隆化、围场、承德县5县职教中心各招收3个班、150人。年内，全市各级各类中等职业学校招生达11723人，占整个高中阶段招生数的60.6%，使中等教育结构更趋合理。

1997年2月14日，承德市第二职业中学更名为双桥区职业技术教育中心。

四、招生与就业

1998年，承德市职业教育逐步树立起以质量求生存，靠质量促发展的观念，办亮名牌专业，创办特色专业，积极开展教学研究，努力提高教师专业技术水平，加强实训基地建设，更新教学手段，提高教学效果。积极开展联合办学，向外横联，向上挂靠，逐步与大行业、大集团对口联办，较好地解决了职教发展中的师资来源、专业设置和招生就业等问题，增强了职教发展活力。全年完成了省、市下达的职普招生6∶4的目标任务。

1999年，受“职业中专生不包分配”和“普通高中热”的双重影响，全省职业教育出现了招生滑坡的新局面。为此，承德市把发展职教的着眼点放在改革办学模式、活化运行机制、提高办学效益和质量、增强毕业生适应市场需要能力的轨道上来。⑴突出抓春季职教招生，积极推进初中三年、四年分流，全市招收3140名分流初中生。⑵突出抓省级骨干特色专业和一批市级骨干特色专业建设，巩固加强了市职教中心的旅游专业、丰宁职教中心的建筑专业、隆化职教中心的“农”字头专业。⑶支持丰宁职教中心和市职教中心联手对滕氏布糊画更好地占领市场进行研究开发，为实现职业教育产业化进行有益的探索。⑷丰宁、隆化职教中心分别与河北师范大学、河北经贸大学、河北农业技术师范学院联合办学，试办五年制大专班，提高培养规模和培养层次。⑸对现设专业进行全面调整，改变专业设置缺乏总体规划、专业重复、规模不够的现状，加强市级特色专业建设，明确市级特色专业的标准，紧紧围绕县域经济、支柱产业的发展建设专业。⑹支持职教中心的教科研工作，积极树立以质量求生存，靠质量促发展的办学思想，培养“双师型”教师，强化教师实践能力，努力提高办学质量。丰宁县职教中心安四路、张来勇、李新阁、郭艳玲、孙孝军的“弹性学制阶梯式教学模式”项目荣获“河北省职业高中（职教中心）优秀教学成果项目”一等奖。⑺继续推进毕业生“双证书”制度，强化学生动手能力。全市共有1500余名学生参加“双证书”考核，获中级工证书学生达到51.3%。全市职教招生14341人。

2000年2月27日，市教委印发《关于做好职业学校春季招生工作的通知》，要求春季职业学校招生对象为往届初高中毕业生和现在籍的高中各年级的学生及初四在籍生，初中其他年级的学生不得报考。往届初、高中及在籍的高中学生可面试登记入学，初四分流的学生要参加市统一考试。各县（区）要根据当地经济发展特点及社会发展对人才的需求，科学合理地设置专业，使学生学有所用。

3月24日，承德民族职业技术学院与北京军区后勤部331军械仓库共同举办法律专业职业中专班，列入2000年春季招生计划，报省教委备案。招生对象为该单位初、高中毕业的干部和战士。初中起点学制为三年，高中起点学制为两年，采取登记注册面试入学的办法。修业期满，由承德农校颁发职业中专毕业证书。报名工作由学院负责，资格审查、录取工作由市教委职教科组织实施。

5月19日，丰宁职教中心与承德民族师专联合创办的丰宁艺术高中揭牌。艺术高中，开设音乐、美术、播音与主持3个专业，学制三年，面向全省招生。学校开设普通高中文化课，学生毕业后颁发高中毕业证书，可以报考各级各类艺术院校或其他普通高级院校艺术类专业，也可参加职业技术学校对口升学或成人高考，对不能升学的学生推荐就业或参军。丰宁艺术高中的开办，开辟了职业学校与普通高等院校联合办学的先河，开通了一条职业教育与普通教育相互融通的人才成长“立交桥”。

6月20日，市政府召开全市中高等职业教育座谈会，座谈会形成一致意见，建立职业教育与普通教育、成人教育相互沟通、协调发展，学校教育、企业教育和社会教育相互渗透、纵向衔接、横向沟通的四通八达的立交桥，构建21世纪职业教育制度基本框架，加强中等、高等职业教育的衔接与沟通是构建职教立交桥工程的一个重要环节。

10月18日，市教委印发《关于加强中等职业学校校园网建设的通知》，要求各级教育行政部门和职业院校的领导，一定要站在职教改革与发展的高度，切实提高认识，增强责任感，千方百计克服困难，按照要求加快实施校园网建设步伐。丰宁、隆化、承德市职教中心作为第一批校园网建设规划学校在本年底前建成，市直各职业院校和其他县（区）职教中心作为第二批规划学校，要在明年内完成，尽快推进全市职业教育现代化进程。

10月25日，承德市职教中心设立承德旅游中等专业学校，实行一所学校、两块牌子，普通中专与职业中专并存的办学体制。

各县（区）职教中心围绕县域支柱产业开设专业的办学活力初显。兴隆县职教中心自建校以来一直围绕县域支柱产业开设专业，根据该县的区位、资源、旅游优势，调整旅游服务与管理为骨干专业。要求职业学校文化课教师要专业化，专业课教师要多能化。聘请41名高等院校的专家、教授及有中高级职称、有丰富实践经验的职业技术人员来学校上课。选派青年教师到高等院校进修。在教学中大力开展创业教育，更新就业观念，变安置就业为靠本领就业，使学生转变了单纯依靠政府分配的观念。许多学生凭借在学校所学的专业知识，在社会上取得立足之地。学校积极开拓市场，开展广泛的联合办学，使招生、培训、就业等环节紧密相连，成龙配套，有效地解决了学生就业问题。几年来，该县初步形成以学校科研实习基地为龙头，以科教兴农示范村为重点，以学生家庭基地为网络的三级示范科教兴农模式。该县八卦岭中学以“升学有望，致富有门”为办学宗旨，先后开设林果、饲养、蔬菜、服装、机电、摩托修理等专业课，在全乡率先建起塑料日光温室，进行蔬菜栽培。1998年，又引入温室油桃栽培，产生了很好的经济和社会效益。

年内，市教委认真研究中等职业教育与高等职业教育的衔接与沟通，以及职业综合高中发展等深化职教改革的措施，狠抓职教招生工作，把职教对口升学作为遏制职教滑坡的重要举措来抓。全市春季招生500多人，全年招生6700人，对口升学报名460人，录取201人，录取率为44%。

市教委不断加大职业学校“双师型”师资的培养力度，通过多渠道、多形式的培训，提高教师的学历层次和业务能力。积极开展职校毕业生职业技能考核鉴定，推进“双证书制度”，有1234人参加中等职业学校毕业生双证考核。各职教中心不断加大改革力度，通过校内开发、校外租赁、联办提供等多种形式建立校内校外教学实验、技术推广、生产实践三结合基地，通过办季节班、短期应急班，敞开学校大门，传播“短、平、快”实用技术。兴隆职教中心、承德体校、承德工业学校分别被评定为省级重点中等职业学校。

2001年3月28日，市教委印发《关于中等职业学校学生英语定级考试工作安排意见》。意见指出，开展中等职业学校学生英语定级考试工作是加强职业学校英语教学的重要措施，有利于培养学生的综合素质，激发学生学习英语的积极性，提高职教教学质量，增强职业学校毕业生谋职求业的本领。要求普通中专、成人中专、职业中专、职业高中、职教中心在籍的二、三年级学生中英语类、法律类、旅游外事类、计算机类、医学卫生类、通信类、文秘类、财经类专业学生必须参加考试。到2003年,逐步实现学生凭“四证”(毕业证、职业资格证、计算机等级证、外语等级证)毕业。

7月20日,市教委印发《关于中等职业教育与成人教育教材管理的意见》。⑴全市各中等职业学校必须选用省级以上教育行政部门或经过省级以上组织审定的教材。⑵政治、数学、语文、英语、计算机应用于基础、物理、化学、体育等课程及农林牧类专业教材必须按指定版本统一选用。⑶其他专业课教材必须从教育部规定的职业教育与成人教育教学用书信息上选用。⑷如国家及省规定的教材仍不能满足个别专业教学需要,确需另外补充的教材,必须事先上报市教委,征得省教育行政部门同意方可使用。⑸中等职业教育教材选用要纳入中等职业学校评估、特色专业建设和教学质量考评指标体系之中。今后,中等职业学校的教学质量抽查考试、统考、对口升学考试,中等职业学校教师的论文、教案、公开课、观摩课、教学成果的评审均以统一选用的教材为依据。⑹由市教委职教研究室负责中等职业学校的教材管理工作,市教委教育资料服务部负责具体的征订、发行工作。

年内,市教委针对近几年职教招生出现滑坡的现状,继续把扩大生源、提高质量作为职教重点工作来抓。(1)加大社会宣传力度。⑵调整办学方向,由上规模和招收中专分配生转移到抓质量、上水平上来,逐步树立起以质量求生存,靠质量促发展的观念,强化办学质量和效益是办好职教的生命线意识。⑶改革招生办法,采取强有力的措施,科学制定招生计划,合理划定职普招生比例,实行注册入学和弹性学制,加大联合办学力度。⑷在隆化、兴隆、宽城3所职教中心进行农业产业化调整与专业设置相结合的试点,以引进新技术为切入点,建立农业技术示范园区,引领和帮助农民科技致富。⑸努力提高教师水平。加强教学研究,培养“双师型”学科带头人和教学能手,推进“双证书”制度。⑹认真实行职业技能资格鉴定考核。年内,全市有1087名职教毕业生参加职业技能资格鉴定考核,其中初级工合格率为97%、中级工合格率为86%。

2002年7月25日,市政府被教育部、劳动和社会保障部、国家经济贸易委员会三部委联合表彰为“全国职业教育先进单位”。

4月2日,市教育局印发《关于做好中等职业学校招生工作的通知》。⑴坚持大力发展中等职业教育的方针,确保高中阶段职普招生同步增长。⑵增强法律意识,全力抓好县级职教中心招生工作。⑶加强招生工作管理,切实落实中职招生自主权,除师范、医药类专业须经省批准外,其他招生专业由学校自主确定。

4月10日,市教育局印发《对重点中等职业学校进行教学质量评估的通知》。市教育局于2002年7月中旬对国家级重点中等职业学校(丰宁县职业技术教育中学、隆化县职业技术教育中学)进行初评,2003年10月中旬之前,对其他省级中等职业学校(承德市职业技术教育中心、承德工业学校、承德卫生学校、承德体育运动学校、兴隆县职业技术教育中心、围场满族蒙古族自治县职业技术教育中心)进行初评。2003年11月,接受省教育厅评估。

7月2日,承德体育运动学校与河北省体育局篮排球运动管理中心联办河北省篮球学校,所录取的初、高中新生按照承德市中小学学籍管理有关规定进行学籍注册,修业期满,成绩合格者,由教育主管部门颁发相应学段毕业证书。

各职教中心不断加强教学改革。丰宁职教中心创建了弹性学制教改实验班,培养“一专多能”的复合型人才。滦平职教中心采取先就业后毕业的形式,在学生未毕业但有工作单位时可先就业实习,学校定期到学生单位进行辅导和布置作业,在完成规定的课程后发给毕业证书。

一些职业学校招生创新高。承德卫校招生1300人,承德工业学校招生800人,兴隆职教中心招生520人。全市对口升学报名590人，上线530人，上线率为90%。

11月8—12日，丰宁、隆化两所职教中心接受省对国家重点职校教学质量的评估，两校的教学工作得到了省评估组的充分肯定。评估组认为，丰宁职教中心是一所与时俱进的国家级重点职业学校，达到了国家对职业学校的要求，各项建设符合标准，办学方向明确，办学模式先进，办学成果显著。隆化职教中心的办学成果和育人环境印象深刻，学校定位准确，办学方向正确，师资队伍过硬，教改扎实有效，教学成绩突出，能够把学校发展与经济建设有机结合起来，学校办学有特色，发展有潜力。7月25日，隆化县职教中心吴建华被教育部、劳动和社会保障部、国家经济贸易委员会三部委联合表彰为“全国职业教育先进工作者”。

6月27日，承德技工学校更名为承德高级技工学校。

2003年2月20日，市教育局印发《关于加强职业学校职业指导工作的意见》。⑴要充分认识职业指导工作的重要性，市、县（区）职教研究机构要积极配合做好职业指导工作。⑵全市各职业学校要成立职业指导工作机构，并提供必要的人力、物力和经费保证。建立由校长负责，以班主任、德育课教师、学生管理人员共同参与的职业指导工作体制。⑶各级教育行政部门要会同劳动保障、工商、税务、外经贸部门和金融机构，为职业学校毕业生就业、创业创造良好的政策环境，提供必要的政策保障。

4月1日，市教育局印发《中等职业（专业）学校指导性招生计划》，要求高度重视中等职教招生工作，确保职普招生同步增长，使全市今年中职招生规模占到高中阶段招生数的50%以上。从今年起，市教育局对中等职业学校、成人中专和民办中专学校实行统一管理、统一安排招生工作和下达指导性招生计划。各县（区）教育行政部门和各类相关学校在招生工作中要平等竞争、互相促进和共同发展。

7月18日，市教育局召开有部分县（区）教育局长，市属高中等职业学校校长，县（区）职教中心校长参加的研讨会，就创建承德职教集团和促进职业教育发展的创新举措进行深入的研讨。研讨会认为，全市职业教育的发展要坚持“以高职为龙头，以专业为纽带，以招生就业为重点，以培养经济建设急需人才为目标”的指导思想。职教集团要以专业为基础，设在龙头学校。市教育局组建职教集团协调指导办公室，负责组织协调。职教集团要体现职业教育“以市为主”的管理体制，解决不同层面生源不足问题、人才培养学历层次问题、提高就业率问题。通过联合办学实现师资培训、课程安排等方面的资源共享。

9月15日，市教育局印发《关于组建承德职教集团实施方案》。以承德民族职业技术学院和承德旅游职业学院为龙头，以各县（区）职教中心和市属中等职业学校为龙身，在某些专业、某些领域进行松散型协调、沟通与协作，逐步实现统一办学机制。各院校在人事、财务、财产等方面保持独立性，原隶属关系不变。集团实行联席会议制度，每季度召开一次全体会议，研究决定一些重要事项，每半年搞一次综合检查，年底进行一次全面工作总结，表彰先进。集团设立活动基金，成员单位每年缴纳一次活动经费，缴费金额根据各自级别、层次、规模和工作情况而定。

9月16日，市教育局印发《关于开展中等职业学校合格评估认定工作的通知》。评估对象为各县（区）职教中心、市属中等职业学校、民办职业学校、成人学校、承德民族职业技术学院中专部、承德旅游职业学院中专部。评估标准执行河北省中等职业学校合格评估标准、河北省中等体育运动学校合格评估标准。9月底之前，完成自评，年底前，省、市对参加合格评估学校进行抽查。

10月20—31日，市教育局组成省级重点中等职业学校教学质量评估小组，历时12天，代省教育厅对全市6所省级重点中等职业学校进行教学质量评估。通过评估，可以看到各校办学水平有了明显提高。(1)承德卫生学校领导抵押了个人财产作信誉担保，筹措资金500多万元扩建学生宿舍楼、实验配楼，增加实验实习设备，新建微机室、多媒体教室、课件制作室，提高了学校的信息化程度。围场县教育局为职教中心公开招聘20多名教师，筹集100多万元资金购置80台计算机，新建了校园网、多媒体教室，改善了实验实习设备条件。(2)强化了特色专业建设。承德卫校已形成以英语护理专业为龙头，以口腔工艺技术和中西医结合专业为主干的办学格局，特别是开发的英语护理专业，已有300多名毕业生到美国、科威特、新加坡等国家就业，有500多名毕业生在深圳、北京、天津等37家大型医院工作，提升了学校的信誉。

7月8日，市教育局印发通知，自2004年始，停止选拔普通中专优秀毕业生接受普通高职教育工作，2003年以前所招收的中专层次在校生（含师范类），凡愿意接受高职教育的学生，毕业时均需参加对口升学考试；已升格为高职院校及已进入高校的中专层次在校生（含师范类）亦通过参加对口招生考试录取后接受普通高职教育。

年内，承德市职业教育保持较好发展势头，高等职业教育招生1975人，中等职业教育招生13056人。全市5个专业代表队参加省职业学校学生专业技能大赛，获一个团体一等奖，两个团体三等奖，腾飞中专汽修专业代表队囊括全省个人前5名。

2004年2月19日，承德广播电视中等专业学校更名为承德信息工程技术学校。

承德县职教中心、宽城职教中心、兴隆职教中心、丰宁职教中心与承德职业技术学院签订联合办学协议，暑期开始招生。为实施“推进职业教育发展专项建设计划”，市教育局会同发改委、劳动与社会保障部门制定职业教育发展规划，开展专项检查，确定丰宁职教中心、隆化职教中心、承德卫校、承德工业学校4所学校为国家级重点职业学校，为每所学校投入国债资金200万元，配套资金200万元，支持和加强国家级重点职业学校的建设与发展。承德县职教中心、滦平县职教中心通过省级重点职业学校评估验收。全市普通高中录取2.4万人，职业类学校招生1.5万人，计3.9万人。

2005年，承德工业学校被确定为国家扶贫开发基地，滦平县职教中心被确定为河北省扶贫开发基地，围场、隆化职教中心、承德电大等学校被确定为承德市扶贫开发基地。市教育局确定重点建设4个全市职业技术教育实训基地：以工业学校为龙头的数控专业基地，以隆化职教中心为龙头的汽车运用与驾驶基地，以承德卫校和旅游学院中专部为龙头的现代服务业基地，以兴隆职教中心为龙头的农村实用技术培训基地。全市继续加大联合办学力度，强化人才培训。隆化县鸿兆商城每年投资10万元，委托县职教中心全员培训职工，并高薪聘请外地专家到隆化作培训教师。

全市中等职业学校普遍采取“定单式”培养方式，订单的专业达到50%以上。全市中等职业教育招生15000人，创历史上招生最高纪录。各县职教中心出现了生源足，出路广，办学获得良好发展的势头。进一步加大外联力度，拓展职教毕业生就业面，市教育人才交流中心积极开展职教毕业生择业指导，职教毕业生就业率稳步增长，就业率由90%提高到98%。年内，围场职教中心被评为国家级重点职业学校。滦平、承德县职教中心经过专家评估被省教育厅认定为省级重点中等职业学校。

8月17日，市劳动和社会保障局、教育局、国资委、总工会、团市委、妇联会印发关于深入开展学习中国高技能人才楷模先进事迹活动的通知，要求各职业学校认真组织开展学习“铁人式好工人”王为民、“工人专家”李斌、“模具新秀”李凯军、“金牌工人”许振超、“油井女杰”束滨霞、“创新尖兵”罗东元、“焊接巧匠”高凤林、“采机神医”栗俊平、“精准操作手”唐建平、“革新高手”鲁宏勋10名中国高技能人才楷模先进事迹活动，充分利用各种新闻媒体和宣传途径，大力宣传优秀高技能人才的典型事迹，营造有利于技能人才成长的舆论氛围，促进承德市劳动者综合素质和技能水平的不断提高。

2006年，承德农机化学校（现代中专）整建制划归市劳动局，更名为承德劳动经济管理学校。市劳动局加大对该校的投入力度，将学校整体搬迁，当年招生468人。承德卫校利用专项计划资金盖起5300平方米的护理实验楼，购置300万元的护理实训设备。滦平县投资5500万元将县职教中心整体搬迁。宽城县职教中心、兴隆县职教中心、承德县职教中心、隆化职教中心、围场职教中心分别建设综合实验楼，购置仪器设备和图书资料。承德工业学校投资100万元添置数控技术专业实验设备。承德劳动经济管理学校投资450多万元对教学设施设备更新改造。全市中等职业学校基础能力得到加强，办学条件得到改变，办学水平得到提高。

2007年4月28日，市教育局印发《省教育厅关于规范中等职业学校学生实习管理的紧急通知》，要求各县（区）和各学校要高度重视，按省教育厅要求，认真做好自查自纠工作，切实履行应尽的职责，对实习工作加强管理，特别是对在企业实习的学生必须与企业共同管理，不得全部委托企业管理。要树立安全第一的意识，切实抓好此项工作，对不负责任，工作失误造成不良影响的相关人员要进行严肃处理，认真执行案件报告制度。

年内，宽城职教中心通过省教育厅复查验收，平泉职教中心通过省级重点职教中心评估验收，进入省级重点校行列。宽城、滦平、双滦职教中心加入省矿山冶金职教集团。双滦职教中心建筑业实训基地建设启动。全市加强了职业教育师资队伍培训，开展教学评优活动。9月4日，承德卫生学校被人事部和教育部授予“全国教育系统先进集体”荣誉称号。

2008年，市教育局组织全市职业学校统一宣传推介活动，扩大影响，增强职教吸引力。组团赴宁波等地考察，开阔视野，学习先进经验。深入研究职业教育发展政策，在统筹专业设置、实训基地建设、“双师型”师资培养等方面提出创新措施，把职业教育作为强化教育为经济、社会服务功能的重要工作，进一步加强职业教育基础能力建设，职业教育办学水平不断提高。

年内，滦平职教中心通过国家重点校验收，全市具有省重点以上办学水平的职业院校达到13所。学生就业率稳定提高，全市中职毕业生就业率达到91%。

2009年，承德市进一步加快职业教育发展步伐。⑴中职招生完成20277人，创历史新高。中职毕业生就业率达到95.8%。⑵加强与京津及省外地区的教育合作，通过对接洽谈活动，签订30个合作办学协议和意向书。组织中职学校校长对京津两地8个部门、企业和用人单位考察走访。全市共有10所中职院校分别与省外42个院校、单位（企业）开展多种形式的联合办学，联合办学招生人数达4158人。⑶宽城县委、县政府为贯彻落实教育优先发展战略，投资5亿多元对全县教育布局进行调整，规划建设教育园区，并按职普规模大体相当的要求，在园区内高标准新建占地127亩、建筑面积3.05万平方米、装备专业实验、实训设备总价值1055万元的县职教中心。9月4日，承德工业学校被人力资源社会保障部、教育部授予“全国教育系统先进集体”称号。

2010年4月27日，市教育局、市财政局印发《关于在中等职业学校推行学生实习责任保险通知》，要求认真做好推行学生实习责任保险的工作。

6月22日，市教育局实施中等职业学校农村家庭经济困难学生免学费政策。从2009年秋季学期起，对经政府有关部门依法批准设立，全日制公办中等职业学校一、二、三年级和民办中等职业学校一、二年级在校生中，户籍性质为农业的农村家庭经济困难（包括农村低保家庭）学生和涉农专业学生免除学费（艺术类相关表演专业学生除外）；高中毕业，学制为一年的中专生，按一、二年级在校生对待。享受免学费政策的农村家庭困难学生的比例按扣除涉农专业学生后在校生数的15%确定。市辖区所属学校平均每生每年2300元，县城和乡镇的学校，平均每生每年1600元。对招收“双带头人培养工程”（“农村改革发展带头人”“科技致富带头人”）青年农民学生的学校，考虑到在培养形式、授课方式和学员管理上的特殊性，其补助标准为：市辖区所属学校平均每生每年1500元，县（区）所辖学校平均每生每年1200元。

2015年11月16日，市教育局印发文件，规范中等职业学校招生秩序。⑴从2016年开始，全市公办、民办中等职业学校一律停止以初三在校学生为对象的春季职教分流招生，春季招生只允许招收往届初高中毕业生或具有同等学力的社会人员。⑵所有进入中等职业学校就读的应届初中毕业生必须参加当年的初中毕业升学考试，报考纳入全市统一的考试报名、志愿填报、招生录取平台，学生按照当年初中毕业考试升学相关要求，根据个人意愿填报中等职业学校志愿。⑶中等职业学校按照“遵循志愿，分数优先”的原则进行招生录取。市属中职学校及县（区）属中职学校跨区域招生录取由市教育局职成教科和招生办公室共同负责。县（区）属中职学校在本区域内招生录取由当地职成教科（股）和招生办公室共同负责并到市备案。部分需要面试的专业，具体由各招生学校安排，面试办法报市教育局职成教科审核备案。没有初中毕业升学考试成绩的应届初中毕业生当年不得录取。

2011年3月10日，市教育局印发《关于加强和规范中等职业学校涉农专业管理的通知》。4月27日，印发《关于加强中等职业学校教学管理提高教育质量的意见》，指出职业教育发展要坚持“保证规模，调整结构，加强管理，提高质量”的原则，规范专业设置、规范教学计划、规范课程设置、规范教材管理、建立教学督导评估机制。学校要完善教学质量督导评价和激励机制，加大教学质量监控力度，形成科学、合理、有序的质量竞争体系和质量监控体系。在评先、评优以及分配制度改革中要突出教学实绩，充分调动教师的工作积极性。加强校风、教风、学风建设，营造人人重视质量，师生参与管理的浓厚校园文化氛围。教育行政和业务主管部门充分发挥督导评估的导向激励作用，促进学校不断规范教学行为。制定中等职业学校教学常规管理工作检查评估细则，市教育局坚持每年组织对全市中等职业学校教学常规管理工作进行检查评估，并将结果向社会公布，作为评先、评优和项目支持的重要参考依据。

五、深化教学改革

2011年4月29日，市教育局在承德工业学校召开全市中等职业学校“加强教学管理，深化教学改革”现场会。现场会上，承德工业学校作一体化教学改革、专业建设、教学管理三个专题报告，与会人员参观工业学校新校区及学校教学管理、教学改革的档案资料，观摩一体化教学的公开课。承德科技工程管理学校等学校进行了大会经验交流。市教育局分管领导对进一步加强教学管理，提高教育质量提出5点要求：（1）加强教学常规管理，重点是规范专业设置、教学计划、课程设置、教材管理、教学组织管理。（2）提高专业建设水平，每个学校都要打造自身的骨干、特色专业，树立学校办学品牌。（3）加强实践教学和职业技能训练，建设高水平实训基地，建立和完善实训制度，聘请行业、企业专业技能人才兼任实训指导教师，全面提高学生职业技能水平，积极推行“双证制”。（4）加强实习过程的管理，明确双方的权利、义务以及学生实习期间双方的管理责任。（5）建立教学督导评估机制，市教育局每年对全市中等职业学校教学常规管理工作进行检查评估。

5月4日，市教育局主要领导到平泉县职教中心进行调研，视察职教中心校内专业实训基地，听取县职业教育发展情况及职教中心建设情况汇报，对平泉县职业教育工作给予充分肯定。认为平泉县近年来不断加大对职业教育的重视和支持力度，使县职教中心3年多的时间实现跨越式发展，平泉县职教中心的发展方向、工作思路正确，符合平泉县经济社会发展实际需求。当前，应加快学校在争创2010年国家级重点校项目时政府承诺的落实，着力解决制约县职教中心进一步发展的关键问题。

2012年6月13—16日，全市中等职业学校学生运动会在丰宁县举办。来自全市11所中职学校的340多名男女运动员，参加篮球、乒乓球、田径3个大项目、28个小项目的角逐。承德工业学校、隆化县职教中心、丰宁县职教中心分获田径团体第一、二、三名；承德工业学校、滦平县职教中心、宽城县职教中心分获篮球比赛第一、二、三名；围场县职教中心、滦平县职教中心、兴隆县职教中心分获乒乓球团体比赛第一、二、三名。运动会展现了职教师生风采，加强了全市中职学校间的交流沟通，扩大了职业教育影响。

9月12—14日，市教育局在平泉县召开职业与成人教育中期工作会暨加强中等职业学校内涵建设现场会。与会人员实地参观平泉县职教中心，观摩车工、焊接等专业课教学过程，平泉县职教中心、承德工业学校、双滦区职教中心、承德科技管理工程学校进行典型发言。11月中旬，在河北旅游学院召开推进承德区域中、高职协调发展研讨会。11月29日，在承德工业学校举行承德市中职学校机电和机械加工专业中心教研组成立仪式及首次“理实一体化”（将理论教学和实践教学有机地融合在一起）教学示范课观摩活动，以加强职业教育内涵建设，强化实践性教学研究，推动全市中职学校在专业设置、师资培训、课程建设、教材开发等方面交流合作和资源共享。

围场县职教中心积极“引厂入校”。学校与围场金燕金属制品有限公司签订合同，将该公司由直缝机、环缝机、压边机、滚筋机、热管机和冲床组成的一条生产线设在学校实习车间，共有9个工位，日生产供水器20～30个，计划到2013年再增加4条生产线，更好地实现“教产结合”“校企合作”。

6月6—11日，承德工业学校开展集中对标交流活动，组织中层管理人员和专业骨干教师共84人，分为辽宁、长三角和湖南等3个考察学习组，赴沈阳现代制造服务学校、大连电子学校、上海工商信息学校、浙江信息工程学校、长沙财经中等专业学校等12所全国示范校对标交流，开阔视野、更新观念、学习先进经验。6月15日，承德工业学校召开第三届校企合作论坛，与北京汽车动力总成有限公司、北京恒日工程机械有限公司、北京东方金字塔潜能培训学校等9家企业签订订单培养协议，共同制定人才培养方案，把企业的专业需求、人才需求转变为学校的专业、课程和教材体系，与企业共建专业、共同开发课程、共同组织教学、共同开展合作，实现学生“入学即上岗”“毕业即就业”的零过渡。7月，承德工业学校以河北省14所申报校排名第一的成绩，被教育部正式批准进入首批276所国家中等职业教育改革发展示范校建设项目学校，获得国家项目支持资金1200万元，重点建设电气技术、机械制造技术、汽车运用与维修、建筑工程技术、酒店服务5个重点专业群和社会培训服务、校内生产性实训基地两个特色项目。

6月底，兴隆县职教中心果树专业教师高云凤被省教育厅选派赴德国参加现代农业管理生产技术学习交流活动（该次活动由教育部组织，财政部出资，全国共18名职业教育工作者参加，河北省仅选派高云凤一人）。11月初，围场职教中心获准成为“国家中等职业教育改革发展示范校”，成为承德市继工业学校后第二所获此项目的学校，将获得国家项目支持资金1000万元。

年内，全市各中职学校在教产合作、校企一体、工学结合等新型办学模式方面进行深入探索。围场县、丰宁县、隆化县、双滦区职教中心和工业学校联合成立市级机电专业和机械加工专业两个中心教研组，以此为平台，积极推进以“理实一体化”教学为核心的中职学校课程改革和教学规范化活动。丰宁县职教中心高标准通过国家级重点中等职业学校复检。11月下旬，兴隆县职教中心教师高云凤在教育部举办的全国中等职业学校农林类专业“创新杯”教师说课比赛中，从134名参赛选手中脱颖而出，荣获一等奖。

6月下旬，市教育局分别在河北旅游职业学院、承德石油高等专科学校举办中等职业学校旅游酒店与涉农专业教师技能强化培训班、中职学校教师技能强化培训班，以实训和操作为主，旨在推进职业教育内涵建设，有针对性地加强中职学校专业教师技能培养，使专业教师紧密跟踪行业最新动态及发展，接触专业最新技术，强化专业教师实践操作能力。11月24日—25日，在兴隆县举行承德市中职学校学前教育专业中心教研组成立暨教学交流研讨观摩活动，观摩兴隆县职教中心9个学科课堂教学，围绕幼儿教师培养模式和理念、课堂教学模式与课堂教学评价、教学方式方法、学生自主学习及自主发展、心理与德育、实习实训管理等内容进行互动交流，邀请市直幼儿园园长作《幼儿园需要什么样的教师》主题发言。至此，全市共成立机械、电工电子、学前教育3个专业中心教研组，依托中心教研组开展教研活动。

各职业学校涌现出不同的办学特色。2013年1月初，承德工业学校被确定为“河北省中职学校技能比赛现代制造技术等专业(类)比赛基地”。承德工业学校积极推进与双元集团的校企合作，创新经营管理方式，部分实训基地已经投入运营。其中，双元广告公司、健身中心已经正式开业运营，双元集团幼儿园、机加工厂、商务酒店也将陆续营业，为学生提供全真实习实训环境，实现教学与企业的无缝对接，提升学生的实践和就业能力。3月中旬，承德工业学校主持召开国家中职示范校数字化资源共建共享机械制造技术课题开题会。

9月1日，宽城县职教中心正式迁入宽城民族教育园区。园区职中部占地面积100亩、建筑面积3万平方米，按照国家级示范性职教中心标准建设的教学楼、餐厅、宿舍楼、实训楼等6栋建筑，配套的室外运动场、篮球场等体育设施正式投入使用。10月上旬，丰宁县职教中心被确定为第三批国家级中等职业教育改革发展示范校，国家投入建设资金1000万元，县财政、企业和学校配套1000万元，于2014年完成示范校建设任务。10月12日，兴隆县职教中心新校区建设工程开工。该工程规划占地面积115亩，拟总投资1.2亿元，总建筑面积35000平方米，可容纳3600多名学生。

12月，双滦区职教中心通过省级重点校评估验收。至此，承德市共建成省级以上重点中等职业学校13所。其中，国家中等职业教育改革发展示范校3所：承德工业学校、围场满族蒙古族自治县职教中心、丰宁满族自治县职教中心；国家级重点中等职业学校4所:隆化县职教中心、滦平县职教中心、承德县职教中心、平泉县职教中心；省级重点中等职业学校6所：兴隆县职教中心、宽城县职教中心、承德体育运动学校、承德科技工程管理学校、承德腾飞中等专业学校。

年内，全市中等职业学校完成招生15469人，在校生达到4.8万人，对口升学二本以上上线率9.9%，就业率达到97%以上。

2013年4月，承德技师学院被中华全国总工会授予“全国五一劳动奖状”。5月1日，承德市农广校农民科技教育培训中心主任张学东被中华全国总工会授予“全国五一劳动奖章”。

11月6—8日，承德市政协领导带领部分省、市政协委员就如何加快发展职业教育，为承德市“5+2”（优先发展文化旅游服务业、先进装备制造业、新能源产业、钒钛新材料产业、食品医药加工业等五大主导产业；积极培育现代物流、高新技术两大战略性新兴产业）现代产业体系培养高质量人才进行专题调研。调研组先后深入双滦区、围场县、平泉县，听取当地政府职业教育发展情况汇报，与有关部门及职教中心校长进行座谈，实地视察当地职教中心和部分校企合作企业。通过调研，委员们对全市职业教育发展情况有了较为深入的了解，对承德市近年来职业教育发展成绩给予高度评价。调研组围绕如何加快发展现代职业教育，促进全市职业教育与产业发展实现紧密对接，为“5+2”产业体系提供强有力的人才支撑，针对全市职业教育发展中存在的困难和问题，向市委提出加大政府宣传力度、加大投入力度、调整高中阶段教育职普结构、改革用人机制、加强师资队伍建设等建议。

2014年3月25日，市教育局主要领导到隆化职教中心调研，实地考察该校汽车运用与维修和即将开工建设的现代农业两个专业实训基地。认为隆化县职教中心办学过程中，以学校为主体建设的汽车驾驶考试场、汽车检测线、现代农业示范园、汽修厂等校内外企业和实训基地，使骨干专业和产业形成一个完整的链条，渠道畅通、方法灵活、办学成绩显著，在校企结合、教产结合方面探索出具有鲜明特色的路子。3月31日，市教育局主要领导到围场县职教中心调研，听取围场县职教中心创建国家中等职业教育改革发展示范校工作汇报。指出，围场县职教中心办学理念超前，办学方式创新，办学成绩显著。市教育局将更多地关心和支持围场职教中心创建国家中等职业教育改革发展示范校。

3月下旬，宽城县职教中心与北京吉利大学正式签订联合办学签约协议，由宽城县职教中心开设动漫设计和现代服务专业，由北京吉利大学在师资培训、设备配置、教学服务、社团访问、推荐就业等方面予以支持。

兴隆县立足“三抓”，力促职教中心学生就业。⑴抓就业渠道，充分发挥县城地域优势，组织人员多次到京津用工企业实地考察调研，开拓毕业生就业渠道。县职教中心与京津20余家大型企业建立联合办学和就业关系，做到学生就业与企业的无缝隙对接。⑵抓教师队伍，大力实施“名师工程”，加大教师专业培训力度，培养“双师型”教师，先后选派20余人次参加国家、省、市级名师培训，全县拥有“双师型”教师42人，有六位教师获得国家级、省级教学比武一等奖。⑶抓就业督导，职教中心专门成立学生就业处，制定学生实习就业管理制度，建立完善学生就业考核制度和指导评估体系，对就业学生实行一至三年实习就业跟踪管理，并定期对合作企业进行回访考察，努力实现学生就业率、企业满意率100%。

5月上旬，由市教育局、承德工业学校承办，省教育厅、省财政厅、省人社厅、省工信厅4家主办的2014年全省中等职业学校学前教育教师专业技能大赛在承德工业学校举行。12月23日，市教育局研究决定，从2014年春季开始，开展地方中等职业教育和高等职业教育衔接的办学试验工作，由河北旅游职业学院与本市各中职学校合作，实行“2年（中职）+1年（中高职共同培养）+3年（高职）”分段学习，实现学生中职、高职连通。

年内，承德县职教中心开办校园书店，打造“书香校园”。⑴积极筹措资金，扩大图书室规模，新建面积500多平方米，新增图书7000多册，建成藏书达3万多册的大型图书阅览室。⑵与县新华书店联合在校内开办首家校园分店——职教中心校园书店，为学生借阅、阅读和购买图书创造便利条件。⑶加强引导，学校举行各项活动，获奖者都可以到校园书店挑选喜爱的书籍作为奖励。⑷围绕读书开展丰富多彩的活动，举办“感悟阅读之美，书香飘逸校园”主题演讲比赛、优秀班集体评选等活动，培养学生热爱读书，养成良好习惯。

2014 年 7 月 30 日，承德工业学被遴选为“3+4”（3 年中职教育与 4 年本科教育对口贯通分段培养）直升本科招生试点学校，开始招生工作。

8 月 28 日，省教育厅主要领导到宽城县职教中心视察指导工作。视察过程中，厅领导对学校建设规划、教育教学管理、服务地方经济发展、对接本地企业、多种形式探索校企合作、推动人才培养模式改革、校园文化建设、实习实训等方面工作给予了充分肯定，提出今后要继续提升学校的建设水平，解放思想，更新观念，努力实现由注重数量规模向注重内涵提高的超越，立足新的起点，打造学校品牌工程，推进宽城职业教育快速发展。

市教育局重视和加强中等职业学校实践教学工作，不断强化职教中心内涵建设，相继举办“凌迈杯”2014 年全市中等职业学校计算机等专业学生技能比赛，全市中等职业学校焊工、电工、钳工技能比赛，全市中等职业学校计算机、舞蹈、计算机辅助设计与制图技术技能比赛。

11 月 21 日，市教育局在河北旅游职业学院召开承德市中高职教育衔接办学工作总结推进会，会议就河北旅游职业学院与各中职院校中高职教育衔接问题、加快推进和完善中高职教育衔接进而实现贯通的职业教育人才培养机制等进行交流，议定河北旅游职业学院继续与相关中职学校合作，开设中高职教育衔接实验班。

各职业学校采取不同形式打造各自办学特色。3 月 13 日，双滦区职教中心与承德金鼎彩色印刷有限公司正式签署校企战略合作协议，双方将在联合招生、工学结合、顶岗实习、毕业生定向培养与就业等方面开展合作。从 2014 年秋季开始，学校开设平面媒体印刷技术专业，与企业联合招收 40 名新生。4 月 4 日，滦平县职教中心与新东方教育集团多形式合作办学，新东方教育集团将滦平县作为酷学酷玩培训基地，由新东方教育集团提供师资力量，滦平县职教中心负责招生和场地，采取假期夏、冬令营方式，开展初、高中英语学习培训，打破传统“老师讲、学生听”固有模式，开展寓教于乐体验式学习。

6 月 25 日，承德幼儿师范学校、围场县职业技术教育中心、兴隆县职业技术教育中心、承德县综合职业技术教育中心、丰宁县职业技术教育中心通过全省中等学历层次幼儿教育类专业办学资质与水平评估审核。

9 月 10 日，承德工业学校与河北师范大学联合试点“3+4”办学模式，举行电气技术应用专业“3+4”本科贯通培养新生开班典礼，此次共招收电气技术应用专业新生 80 人。

10 月 28 日，丰宁县实验中学正式成为丰宁县职教中心分校，举行“丰宁职教中心分校”揭牌仪式。实验中学校长兼任职教中心分校校长，学校由职教中心直接管理。这是该县面对国家高考制度改革和职业教育发展形势，创新体制和办学模式的一项重大举措。丰宁县职教中心分校将以对口升学为重点，兼顾普通类高考，优化专业设置，多渠道推动学生成长成材。

11 月上旬，承德工业学校与河北工程大学举行机械设计制造及其自动化专业“3+4”本科贯通培养新生开班典礼。至此，该校已拥有“3+4”本科贯通培养 2 个专业、3 个班级、120 人的规模，在河北省开展“3+4”本科贯通培养试点的中职院校中尚属首家。

市教育局积极构建现代职业教育体系，搭建职教人才培养的“多通道”和“立交桥”。年内，共有 4 所中职学校争取到省“3+2”直通高职专科招生试点，共完成计划招生 720 人。加快骨干特色专业建设，工业学校的机械制造专业、围场职教中心的畜牧兽医专业等 6 个专业通过省级骨干专业和特色专业认定。年内，全市中职对口升学考试本科上线率 29.6%，专科上线率 99.4%，毕业生一次性就业率达 98.8%。

12月9日，丰宁县职教中心教师刘伟参加在宁波举行的全国中等职业学校计算机应用基础及计算机类专业课程“创新杯”教师信息化教学设计和说课大赛上，获得一等奖。双滦区职业技术教育中心被省教育厅、河北省人力资源和社会保障厅、河北省总工会表彰为“河北省教育系统先进集体”。4月25日，隆化县职教中心校长吴建华、市教育局职成教科科长乔志远分别被教育部、国家发展改革委、财政部、人力资源社会保障部、农业部、国务院扶贫办六部委授予“全国职业教育先进个人”称号。5月1日，承德市体校教练谭万明荣获“全国五一劳动奖章”。

2015年6月8日，市政府对承德市职业教育工作联席会议成员单位进行调整，取消承德市职业教育发展管理委员会。11月9日，市教育局与财政局、人社局共同推荐承德工业学校、丰宁县职教中心、围场县职教中心3所精品校和平泉县职教中心、宽城县职教中心、承德县职教中心、隆化县职教中心、兴隆县职教中心、滦平县职教中心、双滦区职教中心7所品牌校申报河北省职业教育质量提升工程——改善中等职业学校办学条件项目学校。

各县（区）职业学校采取不同形式促进职教发展。围场县职教中心在人才培养模式上与企业实行“订单式培养”和“零距离对接”，推行“学校+企业+农户”模式，形成校企良性互动，推动职业学校和企业共同发展。学校在全县大面积推广黑木耳吊袋种植、蔬菜种植、花卉育苗等项目，覆盖16个乡镇、3000多农户，其中仅黑木耳一项种植量就达150万袋，纯收益达140万元。承德县职教中心与六沟高中合并，实行一套班子管理、两个校区办学的模式。职教中心主校区专门培养专业技术人才，为县内五大产业群提供人才支撑。六沟分校区主要进行对口升学，提高全县高中阶段升学率。平泉职教中心积极探索教学与科研相结合的办学模式。该校与承德希才应用菌研究所联合发起成立承德市食用菌研究会，注册地在县职教中心，成为全市唯一一家建在县里的市级科技型社团组织。该中心已成为承德市食用菌技术核心，面向全市开展食用菌研究、培训、交流、服务活动，辐射带动了5万名菇农。

承德工业学校开展教师系列培训学习活动，邀请教育部信息化教学培训专家魏民，高级礼仪培训师、北京市求实职业学校副校长蔡少惠，清华大学继续教育学院心理顾问张渝虹等专家，围绕“信息化教学”“职业礼仪规范”“心理健康”等主题开展培训活动。聘请全国道德模范、被称为“当代孟母”的田秀英和荣获2011年“感动中国十大孝子”网络人物称号的王凯为全校师生做德育主题报告。特邀国家级精品课主讲教师、中国机械工程学会高级会员、清华大学教授张学政到校举办题为《做国家和人民满意的人民教师，让课堂充满激情、智慧和欢乐——谈教师师德、教学方法与教学艺术》的专题讲座。

承德县职教中心、滦平县职教中心挂牌为河北旅游职业学院附属学校，探索“2+1+3”办学模式，即初中毕业学生在职教中心学习2年后，进入河北旅游职业学院实验班学习1年，再正式获得河北旅游职业学院学籍，学满3年，成绩合格，由河北旅游职业学院发专科毕业证并推荐就业。滦平县职教中心邀请国学应用智慧管理专家、内蒙古赤峰市红山区百禾童子园创始人张凯，举办了“经典中的智慧”主题传统文化讲座。宽城县职教中心与北京LIFE15志愿者团队联合举行“生命感动生命，生命影响生命——共同托起明天的太阳”大型公益活动，由北京LIFE15志愿者团队投入募集的8万元资金，招募各界人士100余人作为活动义工。丰宁县职教中心邀请全国高等职业技术教育研究会教学管理委员会副秘书长、天津职业大学机电工程与自动化学院院长、教授巴世光，对该校全体教师进行《微课程教学设计与制作》专题培训。

年内，承德市继续推进职业学校教学改革，通过加强特色骨干专业建设、引企入校、订单培养、开展“现代学徒制”试点等途径，使全市职业教育毕业生的就业率保持在98%以上。承德工业学校成为教育部确定的全国首批27所“现代学徒制”试点中等职业学校之一，也是全省唯一的一所试点学校。中、高职衔接改革取得较大成果，承德工业学校试点“3+4”直通本科、围场县职教中心等中职学校试点“3+2”直通高职专科、河北旅游职业学院中高职衔接实验班都取得了成熟经验。围绕专业设置、培养目标、课程内容、教学方式、一体化课程体系、人才系统培养制度等深度探索，总结积累经验，职教教师与学生实践能力不断增强。5月29日，兴隆县职教中心在河北省中等职业学校技能大赛学前教育专业比赛中荣获团体一等奖，成为全省唯一一所县级职教中心团体一等奖获得者。双滦区职教中心代表河北省参加“2015年全国中职学校‘创新杯’教师信息化教学设计和说课大赛”，荣获全国一等奖。全市2015年中等职业学校对口升学参考人数为1111人，二本以上上线人数455人，上线率达到41%，比2014年提高了11个百分点。

第三节 成人教育

一、承德地区成人教育

1989年3月10日，行署印发《关于进一步加强扫盲工作的意见》，要求各县政府、地直各部门制定扫盲规划。到1989年底，全区扫除15～40周岁文盲、半文盲近20万人，文盲率由1980年的23%下降到1.18%，超过国务院规定的高限要求。10月，成立承德地区经济建设急需人才培养领导小组，与各县和地直部门签订目标责任书，地教委负责日常办公。

行署调整“燎原计划”示范乡镇，将原有3个示范县和15个示范乡（镇）调整为6个重点乡（镇）。地区财政拨出20万元、各县筹集72万元、争取省贷款80万元，用于支持“燎原计划”的实施。年内，“燎原计划”共培训应届毕业生1939人，培训率82.6%，培训往届毕业生2700人，培训率77.7%。落实2738亩实习基地，有121个项目具备生产、实验和示范性质。乡镇成人学校成立近百个经济实体，引进181项新品种、新技术，全区总计获利602.66万元。

年内，全区扫除文盲半文盲11679名，文盲率下降到1.18%，全地区达到了国务院要求的基本无盲标准，隆化县被评为全国扫盲先进县，其经验被《光明日报》刊发。

1990年3月26日，地委、行署召开全区急需人才培养工作会议，与各县分别签订1990—1992年的经济建设急需人才培养工作目标责任书，确定全区1990—1992年各级各类经济建设急需人才培养工作总任务为35753人。力争在较短的时间内，使全区急需人才培养工作见到人才、社会、经济3种效益。

10月18日，农业部副部长洪绂曾及省农业厅领导到兴隆县北营房、平安堡、六道河三镇实地考察“绿色证书”培训工作，听取县乡情况汇报，与农民座谈，对兴隆县“绿色证书”培训工作表示满意。

12月4日，地委、行署召开电话会议，安排冬春农民科技大培训工作，提出要抓好两个层次的培训：（1）开展万名农民技术骨干岗位证书培训，平均每个行政村5名，主要培训具有一定生产实践的初高中毕业生、复员退伍军人、科技示范户等农民技术骨干。（2）紧紧围绕利用“26推”（承德地区推广农业实用技术的一种模式）包括：玉米地膜覆盖、玉米规范化栽培、水稻旱育稀植栽培、小麦高产栽培、马铃薯高产栽培、托尔油菜栽培、低产田改造、叶面宝推广、配方施肥、三病（玉米丝黑穗病、谷子白发病、小麦黑穗病）防治、三虫（黏虫、蚜虫、地下害虫）防治、农业机械化作业、水稻节水、山地板栗蓄水工程、标准化造林、容器育苗、标准化育苗、苹果优质丰产、山楂幼树丰产、板栗优种嫁接、桑蚕丰产、牛羊改良、猪牛快速育肥、人工种草、饲料青储氨化、猪鸡防疫灭病等26种），继续开展一事一训。

1990年7月27日，日本水稻专家原正市在隆化水稻种植培训班上传授旱育秧、稀插、后期管理等技术，带领学员到张三营河东村水稻旱育秧百亩示范田实地讲演。旱育秧技术可节省化肥用量50%，节省种子70%，亩产可达700公斤左右，是国务院引进，并在河北省示范推广的新型水稻种植技术。9月15日，河北省在隆化召开全省水稻旱育稀植栽培技术现场经验交流会，决定将隆化、滦平两县列为推广水稻旱育稀植栽培技术重点县，其他县逐步推广这一技术。

8月16日，日本果树专家高主精一赴宽城、隆化讲学考察。首先到盛产果区的宽城县两岔沟村、两家台村、北场村和隆化七家满族蒙古族乡进行实地考察，针对果树的早期落叶病、腐烂病、锈果病、修剪整形等方面存在的具体问题进行指导性讲学，传授日本在果树栽培、管理上的先进经验，科学地分析果品发展趋势及国际市场情况。

年内，承德地区共扫除文盲半文盲5371人，使全地区文盲率下降到1%。全区15个燎原示范乡全部成立专门办事机构，落实基地1500亩，上项目120个，引进新技术180项，获经济效益1300万元，培养各级各类主业人才12138人，涌现出了围场四合永、隆化蓝旗、平泉七沟、宽城亮甲台等典型示范乡镇。全区农、林、水、牧各部门编印7个专业50余万字的“绿证”教材，组织召开13次各种类型的专门会议，派出50余人次赴各县检查指导，出刊12期人才培养工作简报，在报纸、电台、电视台播发15篇人才培养工作稿件。地教委印发《关于绿色证书培训的暂行规定》《关于绿色证书的考核办法》《关于人才培养工作信息反馈制度》《关于人才培养工作实行分级负责管理的规定》《关于人才培养工作的评估奖励办法》，使经济建设急需人才培养工作逐步走向经常化、规范化和制度化。成人教育存在的主要问题是有些工作有部署，但检查落实不够，典型抓而不死，乡镇成人综合学校的办学还需正规化、经常化和系统化。

1991年3月4—5日，行署召开农广校建校10周年与农民技术教育座谈会。座谈会上谈到，全地区农民中等学历教育稳步发展，全地区7所农业广播电视分校共办农学、果树、农技推广、财务会计、农副产品加工等9个专业，先后招收7期学员，12000多人，已毕业3400人，相当现有农技人员的两倍。座谈会提出今后目标，农业中等专业毕业生5000人，每个村有农学、果树、畜牧、财会专业毕业生各一名。年内，全市培训具有农民技术资格证书毕业生3万名，有50万人次农民接受实用技术培训。

5月5—8日，全国农民技术资格证书（绿色证书）制度工作研讨会在兴隆召开，来自全国24个省、市、自治区和计划单列市，农牧水产行政部门，试点县的代表、专家、学者和负责人120多人参加会议。农业部副部长洪绂曾、农业部教育司司长毛达如、副司长孙翔、农业部国际合作司副司长董庆松、中央农业广播学校副校长鲍年松、河北省农业厅厅长唐全杰、行署领导出席会议。行署、兴隆县和北京市大兴县分别介绍开展农民技术资格证书制度试点工作经验。会议讨论了农民技术资格证书制度试点工作暂行管理办法，现场参观兴隆县北营房镇、六道河镇、茅山镇的“绿色证书”培训工作。会议号召，全省15个“绿色证书”培训试点县都要推广兴隆县经验。农业部向兴隆县委、县政府授予“绿证培训育人才，科技兴农创新路”锦旗。

8月24—25日，地委、行署在兴隆县召开全区经济建设急需人才培养工作会议，讨论了全区“857”人才培养规划、人才培养评估标准和验收奖励办法、职业中学毕业生使用意见等有关文件规定。9月，地区在知识分子中开展“科技兴承，建功立业，比奉献竞赛活动”，组织5名优秀知识分子代表进行巡回报告。11月5日，地委、行署印发《关于全区经济建设急需人才培养工作检查评估标准和验收奖惩办法》。

11月6—7日，行署召开全区农民农业技术3个层次教育工作会议。会议指出，全区农民技术教育是从单一的推广项目“一事一训”发展到现在的群众性的实用技术普训、“绿色证书”培训、中专学历教育的三个层次的教育。会议要求，农民农业技术教育必须坚持实际、实用、实效的原则，因地、因时、因人制宜。11月26日，地委、行署印发《1991—1995年全区工商企业急需人才培养规划》，计划5年内培训专门人才79380人，使工商企业职工具有大专以上文化程度占职工总数的15%，中专以上文化程度占职工总数的30%，技工以上文化程度占职工总数的90%。

3月11日，日本原长野县果树试验场场长伊藤善隆、原长野县果树试验部长场载信和永泽畅良组成的果树技术专家小组，在宽城满族自治县的板城镇和亮甲台乡进行为期一周的技术指导，决定在两个乡镇建立高产苹果示范园并进行疏果栽培研究，使该县苹果产量提高5倍。

地教委按照地委、行署提出的“重工强农”的思想，配合全区商品经济大合唱，实施工商企业人才培养工程，制定出全区“八五七”人才培养规划，计划在“八五”计划期间为全区培训工商企业急需人才7万人，由地直相关部门配套制定出4个具体培训规划。

地教委把乡镇成人学校达标列为成人教育的重点工作之一，各县签订分别建成5所省级达标校和5所地区级达标校的目标责任书。8月，在平泉县召开乡镇成人学校现场经验交流会，以点带面，以点促面。地教委为乡镇成人学校购置价值15万元的培养箱、幻灯机、显微镜设备和专业技术声像教材，逐步提办学水平。

年内，承德地区培训各类经济建设急需人才33007人，超额完成任务61%。其中，大专学历任务454人，入学955人，毕业331人，超额110%。中专学历任务1376人，入学3423人，毕业2069人，超额149%。大专专业证书任务429人，入学395人，毕业288人，超额完成下达任务的93%。中专专业证书任务799人，入学874人，毕业1020人，超额90%。岗位证书任务4679人，超额67%。技术等级证书任务8091人，完成9811人，超额21%。“绿色证书”任务4665人，完成9717人，超额108%。全区扫除青壮年文盲9997人，超额完成省下达指标的36.9%。有11所乡镇成人学校被评为省示范校，有193个乡镇建起234所成人综合学校，有50多所达到省级一类校标准。

全区实施“857工程”，促进企业科技进步初见成效。⑴企业人才意识大力增强，全年共选派448人到大专院校学习，企业自办职工学校77所。⑵技术改造加快，投资1.9亿元技改项目145个，全部投产后，预计新增利税1亿元。⑶企业内部小改小革活跃，共搞科技革新156项，取得科研成果34项。⑷产品结构进一步优化，共研制81种适销对路新产品，其中，已投放市场62种。⑸产品质量进一步提高，共有26种产品获省优、部优和国优。⑹企业管理水平进一步升级，共有40个企业升级，其中有10个升为省级先进企业。⑺全区农业“26推”成效显著，全区共抽调科技人员2795人下基层搞“26推”，其中，有1803人组成283个承包集团，蹲点302个。

年内，全区科技大培训总人数135万人次，26推技术全部完成或超额完成计划任务。其中，农业“12推”累计推广种植面积245.68万亩。林果“7推”完成总面积83.3万亩，容器育苗376.6万个，板栗优种嫁接62.2万株，桑蚕7833张。畜牧“5推”完成家畜建良育肥58.885万头（只），种草32.55万亩，饲料技术8002.8万千克。水利“2推”，完成4.96万亩。“26推”增加粮食产量25099.7万千克，油料

316.6 万千克，肉类 786.3 万千克，增加果品产量 4393.6 万千克，增加产值 49535 万元，增加效益 23934 万元。

1992 年 6 月 30 日，地委、行署召开全区科技大会，总结交流科教兴承经验，研究审定《承德地区科技发展“八五”规划纲要草案》，讨论修订《关于依靠科学技术振兴承德经济的决定》和《承德地区“八五”企业科技进步实施细则》等有关科教兴承文件，并对“七五”计划期间在科技工作中做出突出贡献的先进集体和先进个人进行表彰奖励。

年内，全区共建成标准化、规范化乡镇成人学校 15 所，建成标准较高的乡镇成人学校 20 所，为人才培养工作提供了稳定的阵地。在技术培训方面，重点实行三个层次的技术培训：第一层次是以农广校、农民中专为主的中专以上层次的教育。其中，农民中专招生 100 人，农广校招生 450 人；第二层次是以农函大和“绿色证书”为重点的中级技术教育，进行“绿色证书”培训近万人，在农函大招生 6000 人；第三层次是以农业“26 推”为重点的科技大培训，全区共培训 574739 人次，其中，培训在乡中学生 351103 人，培训应届回乡中学生 15533 人，培训农村基层干部 10045 人。全区新发展燎原示范乡镇 43 个，使示范乡镇总数达到 61 个，共培养各级各类经济建设急需人才 33172 人。

1993 年 3 月 20 日，行署印发《关于扫除青壮年文盲检查评估办法》。

二、承德市成人教育（地、市合并前）

1989 年 1 月 27 日，承德市政府召开全市扫盲工作会议。2 月 24 日，印发《“燎原计划”实施方案》。4 月 10 日，印发《关于改革和发展成人教育的意见》。6 月 2 日，印发《关于加强成人高等教育（专业证书）管理工作的意见》。

承德市政府下发关于建立扫盲领导机构和联合开展扫盲工作的意见，市里成立扫盲工作协调小组，县（区）建立相应的机构。市、县成教办配备专职扫盲干部，筹措扫盲经费 4 万元印刷、购置 1300 册扫盲课本。年内，全市共扫除文盲 1090 人，使文盲率下降到 0.17%。市教委联合司法部门，帮助河北省第五监狱、上板城劳改支队、承德市劳教所建立 3 所育新学校，当年有 89 人领到脱盲证，有 50 人达到小学毕业文化程度，30 人达到初中毕业文化程度。

全市各级各类成人学校举办各种培训班 2000 多期，培训农民 15.6 万人，培训率占劳动力总数的 58.2%。培训在籍中学生 72638 人，培训率 79.7%；培训应届回乡中学生 2731 人，占 81.6%，初步达到了每户有一名懂技术的明白人。其中，承德县上谷利用乡技校对农民进行技术培训成效明显，年产果 150 万公斤，一、二级果达 80%，年收入 24 万元。大石庙镇当年种植山地西红柿 500 亩，向市场提供优质西红柿 175 万千克，农民增加收入 52 万元。西北沟村是山地西红柿种植示范村，当年的人均收入由原来的 200 多元提高到 1000 元。

全市的农村成人学校基础设施得到加强，各类成人学校发展到 327 所。其中，县农民中专 1 所，乡镇农技校 39 所，村夜校 295 所，乡镇企业职工学校 2 所。全市设专职成教干部 73 人，专职教师 103 人，固定兼职教师 878 人。成人学校专用校舍达到 9100 平方米，实习基地 933 亩，课桌椅 2644 套。上谷乡成人学校建有教室、办公室、图书资料室、仪器实验室，借“燎原贷款”项目办起全市第一个成人学校实体化工厂，年创利 1 万多元。年内，全市 5 个燎原示范乡镇对 35826 名农民进行实用技术培训，并引进推广燎原项目 75 个，创产值 4300 多万元，增加收入 381 万元。承德市苏世贵被国家教委表彰为“全国扫盲工作先进个人”，市教委被河北省政府表彰为全省扫盲工作先进单位。

1991 年年初，承德市组织县（区）主抓成教的干部、示范乡镇长和部分农职中校长到全国农村教改先进地区湖南省郴州县参观考察，开拓思路，明确方向，坚定信心。5月，聘请河北农大、市农林局、蔬菜研究所的专家教授以及工程技术人员，到大石庙、双峰寺示范乡镇进行现场技术指导，培训专业户。

年内，市政府研究制定承德市燎原示范乡（镇）评估细则。至年底，全市各级各类成人学校达到407所，乡（镇）农技校共培训农民118000人，扫除剩余青壮年文盲714人，提高了广大农村劳动者的素质。

1992年，承德市在承钢、兴煤等大厂矿进行了“双证书”和“双元制”试点。开展城市职工岗位培训和农村实用技术培训。承德县上谷乡技校达到省级示范校标准。

三、扫盲培训

1993年，承德市开展职工岗位培训和转岗培训，参加培训学习的职工达96610人，占职工总数的35.8%。其中，岗位培训78095人，参加各类学历教育的18515人。对农民进行实用技术培训，积极组织燎原计划的实施和乡镇成人学校建设。全市有28个乡镇成人学校达到省级示范校标准，占全市乡镇总数的12%。对804665名农村劳动力进行实用技术培训，培训率达到53.53%；对393556名在籍中学生进行培训，培训率达到84.32%；对17629名应届回乡中学生进行培训，培训率达92.63%；对57811名乡镇企业职工进行培训，培训率为70.25%；对11951名农村基层干部进行培训，培训率为87.25%。全市共扫除剩余青壮年文盲3700人，文盲率下降到2.23%。

1994年3月16日，成立承德市成人教育委员会，主管副市长任主任，委员会下设办公室，办公室地点设在市教委成教科。5月18日，市政府调整承德市农科教统筹领导小组组成，由市长任组长，领导小组下设办公室，挂靠在市政府办公室文教科。8月12日，成立承德市经济建设急需人才培养工作领导小组，市委副书任组长，领导小组办公室设在市教委，办公室主任由市教委主管副主任兼任。10月19日，成立承德市成人教育中心，中心办公地址设在承德市农广校，领导机构为管理委员会，下设办公室，主持日常工作。

4月28日，市教委印发《关于农村剩余劳动力转移培训试点县工作实施意见》，以隆化、丰宁两县为试点，其他县（区）各确定1～3个试点乡镇，制定出实施方案后报市教委备案，为1995年全面推行培训工作奠定基础。12月8日，市政府印发《关于加强农村成人学校实施P20教育项目（农村成人学校人口教育项目）工作的通知》，要求各乡镇人民政府要把人口教育列入当地经济和社会发展规划，教育部门要把人口教育作为农村成人教育的一项重要内容，作为考核乡镇成人学校的重要内容来抓。

年内，承德市对72734名城市职工进行岗位培训，培训率达到76.4%；对27352名城市职工进行规范性资格培训，培训率达到28.7%。在推广“燎原计划”和“绿色证书”的同时，积极为第一产业培训490326人次，为第二产业培训114631人次，为第三产业培训88877人次。市教委在兴隆县召开“绿色证书”培训现场工作会。市教委在烟台召开的全国“绿色证书”培训工作会上作了典型发言。

全市扫除剩余青壮年文盲400人，使全市青壮年非文盲率达到98.4%，八县三区全部达到高标准扫盲县的标准。

1995年7月31日，国家教育委员会重申党校学历不应等同国民教育学历。⑴根据中央有关文件规定，党校学历不应等同国民教育系列的学历。⑵党校学历不作为报考国民教育系列专科升本科和研究生教育的学历依据。

1996年2月5日，市政府印发《关于引进人才范围的规定》：已获得中级以上职称人员和大学本科毕业生、硕士生、博士生、回国留学生；各类科技成果获得者；持有高新技术项目人员；具有一定技术特长，能为承德市创造较大经济效益和社会效益的其他人员。

9月5日，市政府印发《关于进一步加强扫盲工作的通知》，要求坚持“一睹二扫三提高”（堵住产生新文盲的口子，扫除剩余文盲，逐步提高农民的文化水平）方针，加快扫除剩余文盲步伐。各级政府要精心准备，坚持标准，实事求是，决不能弄虚作假，认真做好年内省政府对承德市八县三区扫盲工作逐一进行评估验收的准备。年内，承德县三家乡成人文化技术学校被教育部表彰为“第四届‘中华扫盲奖’先进单位”。

1997年，全市共扫除青壮年剩余文盲6397人，非文盲率达到98.4%。平泉县代表河北省顺利通过国家扫盲验收，为河北省和承德市赢得了荣誉。

全市围绕农业产业化和扶贫工作，广泛开展农民“绿色证书”培训，共培训“绿证”人员15340人，进一步提高了农民文化技术素质。6月25日，市教委向市邮电局下发了《关于同意建立“承德邮电培训中心”的批复》。

1998年，承德市在完成国家扫除剩余青壮年文盲任务后，又扫除剩余文盲8220人。

在完成国家扫除剩余青壮年文盲任务后，成人教育重点转向农业产业化培训和下岗职工再就业培训。制定了“6331”产业化培训方案，即每年完成农村劳动力培训6万人，转岗人员技术培训3万人，乡镇企业职工培训3万人，农村科技人员再提高培训1000人。为确保方案顺利实施，市政府成立领导小组，确定各县（区）28所学校为培训基地，开设急需专业，通过与劳动部门配合，全年共培训下岗职工100500人，培训后再就业人数达到9600人。

坚持“三教统筹”和“农科教结合”。兴隆县充分发挥本地优势，利用成教阵地，大力开展产业化培训，实施“优种苹果高产优质、高效技术推广工程”“板栗高产栽培工程”，培训科技人员和科技示范户，激发农民学科技用科技的积极性，推动了县域经济的发展。年内，全市农业产业化培训162607人，农村劳动力实用技术培训758105人，累计培训率达到73%，在籍中学毕业生培训187761人，培训率达到92%以上，回乡中学毕业生培训20300人，培训率达到99%以上。

2001年，各县从实际出发，围绕旅游、农、林、牧等特色主导产业，确定农民看好、发展潜力大、操作难度小、经济效益好的项目开展培训。认真开展农村初中“3+1”教育，应培训32320人，实际培训31028人，培训率为96%，使农村初中毕业生基本掌握2～3项实用技术，学会农村应用文的写作，为就业打下了一定的基础。

2002年4月19日，市教育局印发《关于在农村初中进行“绿色证书”教育的实施意见》，要求根据当地实际需要，在保证执行九年义务教育课程计划的前提下，不延长课时、不加大授课总量，调整部分教学内容，在农村初中引入‘绿色证书’教育，对学生进行一定的现代农业技术教育，既为学生升学奠定基础，又为学生将来从事农业生产、经营创造必要的条件，使培养跨世纪新型农民的战略任务重心前移，落到实处。培训考试合格者，由县（区）教育局统一发放市教委印制的“绿色证书”教育结业证。

7月12日，市教育局印发《承德市成人高中管理暂行规定》，规定全市成人高中的管理、教学、考试、发证等工作由市教育局统一管理，由成人教研室具体负责。年底，市教育局成教科与职教科合并为职业与成人教育科，负责承担全市的职业教育、成人教育和社会力量办学三方面工作职能。

年内，各县（区）围绕市旅游、农、林、牧等特色优势主导产业，确定发展潜力大、操作难度小、科技含量高、经济效益好的项目开展培训，共培训15000多人。其中，兴隆、平泉县的板栗高产技术、蘑菇生产技术；丰宁、围场县的时差蔬菜种植技术；双桥区、滦平县的温室大棚蔬菜技术；滦平的梨枣嫁接技术、牛羊圈养技术；隆化县的水稻旱育稀植技术等项目，经过培训和推广都取得较好的经济效益，有力地促进了当地经济的发展，加快了农民致富步伐。

2003 年 4 月，市教育局选拔成人中等专业学校优秀应届毕业生免费进入成人高校学习，进一步适应经济和社会发展的需要，扩大了应用型和技艺型人才的培养规模。

8 月 25 日，市教育局印发《“绿色证书”教育指导意见》：农村初中分两年完成“绿证”教育，初一年级学习农村种植技术及农村养殖技术的第一、二章，初二年级学习农村养殖技术的第三、四章及农村经营。3 种技术培训可在“地方与学校课程”计划中每周安排 2 节，总课时要确保 150 课时以上（含实习课）。要选好培训师资、做好教材征订、落实好实习基地、保证教育教学质量、加强领导和管理工作。

四、乡镇成人学校建设

2004 年 6 月 4 日，市委、市政府在《关于进一步推进教育改革与发展的决定》中明确了成人教育发展目标和规划：到 2005 年，50% 的乡镇恢复、建立成人教育学校，每县力争 4 ～ 5 所乡镇成人学校、10 所村成人学校建成市级示范校；到 2010 年，全市乡镇恢复、建立成人学校，村成人学校办学面达 95%。实施“绿色证书”培训工程，每年增加 2 万人，全市“绿色证书”持有者达到 18 万人。农村富余劳动力转移或进城务工农民工年培训量达到 15 万人次。

12 月中旬，市教育局成立 3 个检查组，对 11 个县(区)的 30 个乡镇成人学校进行重点抽查，抽查结果是：全市已有 50% 乡镇恢复和建立成人学校，完成了市教育局年初提出的成人学校建设任务目标。

市教育局根据调整产业结构和提高企业职工素质的要求，大力开展职工的岗位培训和转岗培训，有 96610 人参加学习培训，占职工总数的 35.8%。其中，岗位培训 78095 人，参加各种学历教育的有 18515 人。推进燎原计划的实施和乡镇成人学校建设，进行实用技术培训。全市有 28 个乡镇成人学校达到省级示范校标准，占全市乡镇总数的 12%。对 804665 名农村劳动力进行实用技术培训，培训率达 53.53%；对 393556 名在籍中学生进行培训，培训率达 84.32%；对 17629 名应届回乡中学生进行培训，培训率达到 92.63%；对 57811 名乡镇企业职工进行培训，培训率为 70.25%；对 11951 名农村基层干部进行培训，培训率为 87.25%。加强经济建设急需人才培养工作，通过岗位培训和学历达标等途径，为工商企业培训经济建设急需人才 20000 人。

积极推进“农科教”结合。各级党委、政府组织教育、农业、科技、财政、人事、计划等部门建立“农科教”结合工作联席会议制度，重点抓好乡镇农技校建设，发挥其主阵地作用。教育行政部门积极与有关部门联合，大力抓好“绿色证书”工程、跨世纪青年农民科技培训工程、新型农民创业培训工程、农民技术骨干培训工程和农村劳动力转移培训工程、“一村一名大学生”工程。充分发挥高等学校在推进“农科教”结合中的重要作用，通过建立定点联系县、参与组建科研生产联合体和转让技术成果等方式，积极开发和推广农业实用技术与科研成果，支持乡镇企业的技术改造和产品更新换代，为农村职业学校和成人学校培养师资。

2005 年 6 月 13 日，市委、市政府调整成人教育新的发展目标：到 2010 年，全部乡镇恢复、建立成人学校，全市“绿色证书”持有者达到 18 万人。大力发展面向农村的职业教育和技能培训，实施农村劳动力转移培训、技能型紧缺人才培训、农村实用技术培训三项工程，每年培养技能型紧缺人才 2 万人，农村富余劳动力转移年培训量达到 15 万人次，农村实用技术年培训 60 万人次。充分发挥承德电大和各县电大工作站的作用，大力开展开放教育，推进终身教育体系建设。通过面授、函授、广播电视、远程教育、自学考试等多种手段，创建学习型机关、学习型企业、学习型社区活动。

6 月 25 日，市劳动和社会保障局、农业局、财政局、教育局、科技局、建设局联合印发《关于组织实施农村劳动力转移培训阳光工程的通知》。年内，全市的乡镇成人学校的恢复比例已经由 2004 年的 50% 提高到 80%。全市职业院校和乡镇成人学校积极开展技能型紧缺人才培养、农村富余劳动力转移培训和农村科技培训，共培养技能型紧缺人才近 2 万人次，培训转移农村富余劳动力 10 万多人次，农民科技培训 60 万人次。

2006 年 2 月 18 日，市扶贫开发领导小组办公室、精神文明建设办公室、教育局、科技局、交通局、水务局、农业局、卫生局、广电局、林业局联合印发关于共同做好整村推进扶贫开发构建和谐文明新农村工作的意见。

年内，全市 206 个乡镇全部恢复或建立成人学校，有力地促进了农民实用技术培训和农村劳动力转移培训的深入开展。全市各职业院校继续大力开展农村劳动力转移培训，技能型紧缺人才培养、农村实用技术培训和成人继续教育就业再就业培训工程。

2007 年 7 月 19 日，市劳动和社会保障局、财政局、教育局、总工会、发改委、工商局、国税局、地税局联合印发《关于企业职工教育培训经费提取与使用管理的意见》，要求切实执行国务院关于“一般企业按照职工工资总额的 1.5% 足额提取教育培训经费，从业人员技术要求高、培训任务重、经济效益较好的企业，可按 2.5% 提取，列入成本开支”的规定，足额提取职工教育培训经费，专款专用面向全体职工开展教育培训。

年内，全市完善县、乡、村三级农民教育培训网络和培训长效机制，总结推广了滦平县连锁式和兴隆县辐射式农民实用技术培训模式，以县级职教中心为龙头，以乡镇成人学校为阵地，全面开展农村劳动力转移和农村实用技术培训，开展乡镇、村成人学校示范校达标验收工作，评定 21 所乡镇成人学校为示范学校。

2009 年 8 月 14 日，市教育局印发《关于送教下乡“新农村建设双带头人培养工程”实施方案》，要求各县（区）成立管理机构，制定实施方案，编制专业教学计划，制定教学活动组织实施方案，选定“双带工程”相关专业师资。

2011 年 12 月下旬，《承德教育信息》刊发兴隆县教育局服务“三农”的有效做法。⑴搞培训助致富，开展产业和实用技术培训。全年举办培训班 345 期，培训农民 3.2 万人次，指导农民引进作物新品种 7 个，推广新技术 6 项，培植专业户 150 户。⑵送技术提素质，充分发挥成人学校作用。全县建起 20 个乡（镇）成人学校，规范 46 所村成人学校，为农民开放学校图书室、微机室 94 个，多媒体教室 70 个，实现资源共享；送科技光盘 248 张；创办科技墙报 273 块。⑶重参与促建设，积极参与文明生态村建设。组织农民业余文化活动 110 次，协助建设沼气池 100 个。年内，全市稳步推进农村职业教育办学模式改革，进一步规范涉农专业“送教下乡”工作，1.3 万名农民从中受益。围场县新拨学区中心成人学校校长李国轩被中国成人教育协会表彰为“全国成人教育贡献奖”。

2015 年 3 月下旬，《承德教育信息》刊发兴隆县教育局充分发挥乡（镇）村成人学校服务职能，构建农民增收致富途径的做法。⑴引入新品种，推广新技术。引进早实核桃、歪把红山楂等新品种 10 个，其中从山东菏泽引进油用牡丹 6 万株，芍药 4 万余株；推广果树套袋、无公害管理、山坡小蓄水池建造、节水滴灌等实用技术 7 项。⑵以品牌开拓市场，引领农户成立青松岭养蜂专业合作社、半壁山“富兴”苹果生产合作社、六道河“溢翠缘”苹果生产合作社，加快转变农业生产经营方式，实现人均增收 1300 元。

附：学校选介

河北省承德技师学院（承德工业学校）

承德技师学院（承德工业学校）前身为始建于1958年的承德市机械技工学校和始建于1980年的承德地区技工学校，两校于1999年合并。2004年，晋升为承德技师学院至今。

从承德市机械技工学校到承德市第一劳动技工学校

1958年9月2日，承德市第一所专业技能人才的摇篮——承德市机械技工学校在承德市机床厂的厂址（位于承德市翠桥路）正式挂牌成立，由承德市工业交通部主管。此后，该校历经坎坷，几易其名：

1960年6月，学校改名为承德市工人技术学校，隶属市劳动局。1962年7月，学校因承德地方经济困难奉命“下马”。

1965年4月，学校复校，并改名为河北省承德半工半读技工学校，隶属省劳动厅。1968年10月，因动乱，学校再次被迫停止办学。

1978年7月4日，学校正式恢复，改名为河北省承德劳动技工学校，隶属省劳动人事厅。1981年1月学校正式迁入市区佟山顶原市委党校西侧山坡新校区。

1991年年初，学校改名为承德市劳动技工学校，隶属市劳动局。

1993年10月，在承德地、市合并后，学校更名为承德市第一劳动技工学校。

从承德地区技工学校到承德市第二劳动技工学校

1980年9月12日，承德地区技工学校在承德地区拖拉机制造厂旧址上建立，隶属承德地区劳动局。

1984年12月23日，在承德地区技工学校基础上建立承德地区经济管理学校，主管部门由承德地区劳动人事局改为地区经委。自此，学校挂两块牌子办学。

1993年，随着承德地市合并，承德地区经济管理学校撤销。1993年9月20日，承德地区技工学校更名为承德市第二劳动技工学校。

1994年1月，学校被河北省政府命名为省级重点技工学校。

1998年5月18日，学校隆重举行了承德工业学校挂牌庆典，在承德市第二劳动技工学校基础上，再次形成两块牌子的办学格局。

两校合并和晋升承德技师学院

1999年6月，承德市第一技工学校和承德市第二技工学校统一合并为承德技工学校，并保留承德工业学校的牌子。合并后学校由承德市劳动和社会保障局主管。

2004年，学校晋升为技师学院，这是学校继获批国家级重点技工学校、国家级重点中专、高级技工学校后办学的又一巨大跨越。

两校合并后，学校进入蓬勃发展期

两校合并后，学校在职工队伍建设、办学思路和方向、机构设置和制度建设、学生管理等方面进行了一系列改革和创新，学校面貌焕然一新，各种荣誉纷至沓来：

2000年，学校再次被确定为河北省第三批省级重点中等职业学校；2002年3月，学校获批国家级重点技工学校；2002年年底，学校顺利通过高级技工学校评估；2003年4月，学校被确定为河北省依法治校试点学校；2003年6月，学校正式晋升为高级技工学校；2004年，学校被评为全国首批、河北唯一“国务院扶贫办劳动力转移培训示范基地”。

此后，学校运用现代管理理念，在各方面全

面提升学校管理水平和综合办学能力：

在教育教学上，坚持“技能＋学历”办学理念，通过多种举措，逐渐形成在学历上“3+2”直通大专、中专、技工并存，学制上三年制、两年制、短期培训并存的灵活的办学体制。

在专业建设中，根据市场需求，新增计算机信息管理、办公自动化、幼儿教育等专业。

在师资队伍建设方面，通过多举措促进教师学历达标，同时通过选拔专业学科带头人、采取参加全国职教师资培训和出国深造培训、校本培训的方式，培养合格的双师型教师，提高教师队伍素质。

在机构设置方面，2004年底率先在中等职业学校中进行教育教学系部管理模式，将学校原有30多个专业方向进行整合为6个系部。

在校园文化建设方面，2004年，学校举办了首届技能节、艺术节和体育节，使之成为校园文化的重要品牌。

自2004年年起，学校根据职业教育不断变化的现实情况，积极推进一体化教学改革，并2005年开始，采取了一体化“1 2 5 7”课改模式。课改促进了教学质量的提升，也带动了学生技能大赛成绩的提高，学生在省市各级大赛中频频获奖。

在学生管理方面，学校实行军事化管理，确立了“人格自尊、学习自主、行为自律、生活自理”的自主管理目标，开始把工作重点由常规管理向学生自主管理转变。

在抓好常规办学的同时，学校把函授办学和扶贫培训作为学校办学的重要支撑点，不断创新农村劳动力转移培训工作，探索出了“招、教、管、输、访”的转移培训模式。该模式在《半月谈》杂志、《中国教育报》、中央二套等全国各大媒体相继报道后，在全国得以推广。

在就业方面，学校积极探索“五动并举”新思路，形成依托本市和京、津、唐、保、石“三点一线”，并由此辐射全国的就业网络。

在党群工作方面，2004年开始，学校党委把德育工作的重心放在构筑大德育体系建设上，全面推出党建和德育两个体系建设。并通过多种措施使学校党政领导班子、干部队伍和党员队伍的精神面貌焕然一新，履职能力不断提高。

迁建新校区：学校驶入发展快车道

为谋求学校更大发展，2005年年底，学校积极筹备新校区建设。此后，随着学校招生规模进一步扩大，学校南北两校区已不能满足现有办学要求。2006年9月，学校与隆化职教中心开展联合办学，开辟了隆化校区。2007年学校在保留隆化校区前提下，又在平泉县租用了两个校区，五个校区同时办学。2008年8月，在租用的双滦校区、隆化校区、桃李街校区以及学校南北两个校区同时办学，确保了新校区正式搬迁前的平稳过渡。

2008年4月16日，经过一年多的精心准备，新校区奠基仪式在偏岭工地上隆重举行。经过一年多的建设。2009年11月下旬，在新校区主体工程基本完工基础上，北校区、隆化、双滦、市区桃李街校区顺利搬迁至新校区。2010年3月，南校区部分系部也搬迁至新校区，幼教系仍留在南校区办学。

迁入新校区后，学校驶入发展快车道。

2010年1月，学校开始实施基工作过程系统化的工学结合一体化教学改革，确立了“1277”课改模式。经过五年的课改实践，一体化课改已在全校推广实施，并取得卓越成果。多篇课改教学论文在省级以上刊物发表，并有多项省级课题获奖。

2011年7月，学校以河北省排名第一的成绩入选首批“国家级中等职业教育改革发展示范校”建设项目学校，并当年9月22日举行了建设项目启动仪式。经过两年的示范校建设，该项目2013年8月高分通过国家验收，学校成为我省中职学校改革创新的示范、提高质量的示范和办出特色的示范，赢得了很高的社会声誉。

2011年12月28日，经学校多方奔走努力，经市政府批准，承德幼儿师范学校在南校区原幼教系基础上挂牌成立。

2012年5月，学校荣获2011年度“全国五一劳动奖状”。同年获“全省创先争优先进基层党组织”“全省精神文明单位”等荣誉称号，被评为河北省“文明单位”。2013年，荣获“河北省先进技工院校”荣誉称号，成功申报国家高技能人才培训基地建设项目，教育部机械制造专业教学资源库建设项目在学校落户。2014年，成功申报河北省高技能人才培训基地建设项目。

在课改和示范校建设过程中，学校成功构建了“一体两翼”人才培养新模式，使校企深度融合，全真实训成为亮点。在学校激励机制的推动下，教师在全国、省级各类比赛中多次获奖，课题“一体两翼校企合作人才培养模式实践研究”获教育部颁发的全国教学成果二等奖，“工学结合一体化课程模式研究与实践”获河北省优秀教学成果二等奖，学校主持的“职业教育机械制造技术专业教学资源库”建设项目和“机械制造技术数字化资源共建共享建设”项目顺利通过验收，学校参与的“职业教育电气自动化设备安装与维修专业教学资源库”“职业教育旅游服务与管理专业教学资源库”通过验收。

截至2015年，学校占地面积329亩，建筑面积13.5万平方米，有实验实训室94个。有在校生7069人，教职工396人。其中，副高级职称139人，中级职称155人，初级职称66人；教工中硕士研究生学历36人，本科学历315人，大专学历22人，中专学历7人，高中及以下学历16人。学校现有现代装备制造技术、电气工程技术、汽车运用与维修技术、建筑工程与艺术设计、经济管理与现代服务、学前教育6个系部、25个专业，设置3+4本科、3+3大专、3+2大专、对口升学、三年制就业班、四年制高级工、技师等多个学历层次，形成了多元化办学格局。

2015年，学校被确定为河北省唯一一所全国现代学徒制试点单位，中央电教馆“职业院校数字校园建设实验项目”在学校落户。

2015年，学校荣获省级教学研究成果奖39项。青年教师参加说课大赛，荣获国家级二等奖1人;省级一等奖7人、二等奖9人、三等奖5人。在河北省首届中职学校班主任基本功大赛中，学校荣获团体一等奖。

优秀的师资带出优秀的学生，在2015年中职学校学生技能大赛中，参赛学生获得市级以上团体一等奖6个、团体二等奖15个、团体三等奖10个、150名参赛选手分获一、二、三等奖。

2015年年底，全校有教工党员202人，在校学生预备党员29人。

今后，学校全体员工将继续发扬“艰苦奋斗、勤奋进取、勇担当、追求卓越”的学院精神，为把学校建设成为全国一流、世界水准的现代化职业院校而努力奋斗！！

承德体育运动学校

承德体育运动学校成立于1983年，是承德市唯一一所全日制中等体育专业学校，肩负着为国家培养高水平体育后备人才，向高校输送高素质体育专业人才，代表承德市参加国家和省级竞技比赛和为社会培养优秀体育从业者的任务。最初校址在翠桥路松鹤山，建筑面积不足4000平方米，只有炉渣运动场一座，4个教学班，在校生近200人，设田径、举重、篮球、排球等6个专项，办学条件艰苦。省教育厅在1992年、1995年，两次对学校的办学评估中被确定为不合格学校。1996年启动新校址建设工作，1998年学校整体搬迁至翠桥路体育场，软硬件水平发生了质的飞跃。学校在2001年、2005年，两次被国家体育总局命名为“国家高水平体育后备人才基地”。2003年，被省教育厅评为“河北省重点中专”。目前，学校初具规模，校园占地面积70亩，建筑面积2.1万平方米，有篮排球、乒乓球综合训练馆、射击馆、柔道馆、跆拳道馆、武术馆、举重馆、室内跑廊、400米塑胶标准田径场等。设有3+2大专、中专（体育高考班）、初中、小学部，开设射击、田径、举重、柔道、篮球、跆拳道、乒乓球、武术、橄榄球、自行车、冰球、摔跤、游泳、滑冰、轮滑等17个训练项目。建有4个校外训练基地。与北京融和集团共建金山岭国际射击中心，在双滦区滦水湾游泳馆设立游泳训练基地，在宽城三中建立了摔跤基地，在兴隆小东区中学建立举重基地，冬季，在武烈河冰面建立了冰上训练基地。2015年，学校从小学六年级到初中三年级的业训队伍达到400余人，中专220人，在训人数590人。教职工80人，其中有正高级职称的教师教练2人、副高级教师教练21人、中级教师教练28人。

建校以来，为社会培养了大批优秀体育人才，为省以上运动队、省体校和高校输送运动员达1120余人，有98人获“运动健将”称号，468人达“一级运动员”水平，近1200人达“二级运动员”水平。涌现出了奥运冠军蔡亚林，世界冠军金永德、杨浩然，亚洲冠军郭秀英、魏建华、郭晓兵等一批名将。据统计，体校输送的运动员获得奥运冠军1人次、青奥会冠军1人次、世界冠军18人次、亚洲冠军16人次、全国冠军59人次。学校先后被表彰为“为国家输送射击项目优秀人才单位”“河北省安全文明先进单位”“全国群众体育先进单位”、河北省“安全文明先进单位”、承德市“教学改革先进单位”“文明单位”“业绩突出单位”，并获承德市政府授予的“振兴承德特别奖”。

第六章 高等教育

1994年、2001年、2006年，承德高校进行了3次大的整合，形成了涵盖医学、旅游服务、石油工业、师范教育、远程教育等门类比较齐全、布局基本合理的高等教育结构。2001年开始，建设承德高教园区。2006年，部分院校迁入。2009年，高教园区建设全部完成，院校全部迁入。高教园区建设从根本上解决了高校发展空间不足的问题，推动了承德市高等教育跨越式发展。

至2015年年底，全市共有高等学校6所，其中，省属高校2所：承德医学院、承德石油高等专科学校。市属高校4所：河北民族师范学院、河北旅游职业学院、承德护理职业学院、承德广播电视大学。全市高校在校生40567人，教职工3610人，专任教师2686人。

第一节 发展概况

一、高等院校布局调整

1990年8月，省政府、省政协领导到承德大专院校调查研究，在分别听取承德医学院、承德师范专科学校领导的汇报后指出，社会主义的大学要全面贯彻党的教育方针，很好地解决社会主义大学的性质、方向、培养目标和师资建设问题。文科的教改必须坚持社会主义的教学方向，牢固树立马克思主义在文科教改中的指导地位。

1991年7月2日，行署召开全区大中专毕业生分配工作会议，公布分配计划。年内，毕业生仍实行由国家按计划分配的制度，继续贯彻“统筹安排，合理使用，加强重点，兼顾一般，面向基层，面向生产、科研、教学第一线和学以致用的原则”。定向生、委托生、保送生要严格按原招生协议分配，学校和毕业生分配部门均不得改变其就业去向。列入计划分配的毕业生不得以任何形式自找工作单位。当年全区将接收派遣大中专毕业生2361人，其中大专739人、中专1622人。

1992年，原承德大学同北京科技大学联合开办科技大学校外班（涉外会计专业）。

1992年，承德市将承德大学、承德市技工学校、承德市经济干部管理学校的行政和教学业务划归市教委统一管理，加强宏观调控。

1993年，承德地、市合并后，全市共有承德医学院、承德石油高等专科学校2所省属大专院校，有承德师范专科学校、承德大学、承德广播电视大学（承德教育学院）3所市属专科学校。年内，承德高等教育走内涵发展为主的道路，面向全市经济建设主战场，实行教学、科研、社会服务三结合，努力提高办学效益。面向人才市场扩招、增招一部分委培生、自费生。其中，承德民族师专实行“主辅修，双学科”制，招生530人；承德大学机械、电子、英语、文秘专业共招生165人；承德教育学院采取长短班结合的办法共培训教师1800人。

1994年，为了理顺地市合并后高等教育管理体制，改变市直属院校布局不尽合理、办学规模小、重复办学等问题，使教育更好地为经济建设和社会发展服务，经市委、市政府研究决定，对直属大中专院校进行调整：（1）保留承德民族师范高等专科学校并独立设置，同时将市第九中学划归承德民族师范高等专科学校，更名为承德民族师范高等专科学校附属中学。（2）承德大学和市委党校二校合并，组建新的承德大学，暂时保留市委党校二校的牌子，市委党校二校的牌子待过渡到1997年1月底，待现有学员全部毕业后再取消。两校人员、校址、财产、经费等全部合并，合并后个别人员需要调整的，按照组织、人事部门的程序解决。从合并之日起，市委党校二校不再承担党校的各种职能，其职能由市委党校一校承担。承德大学和市委党校合并后，学校的领导干部、教职工的待遇要一致，经济待遇就高不就低。（3）原市电大分校、市电视中专同承德地区教育学院、地区电大分校合并，建立承德市教育学院、河北省广播电视大学承德分校、承德市电视中等专业学校，实行“一套人马、三块牌子”，校址设在原地区教育学院。从合并之日起，承德大学将原市电大分校的职能划归给新的承德市电大分校，承德市电大分校的人员、财产等不做调整，留给承德大学。承德市电大分校的在校学员不再调整，由承德大学负责到学员毕业为止。原市电视中专的行政关系（包括人、财、物）、党的关系从1994年8月起，成建制地转入承德市教育学院，电视中专的待遇不变。

对中等专业学校调整的方案：（1）原地区卫生学校和原市卫生职工学校合并。（2）保留承德市经济管理干部学校，将承德市商业学校（在鹿栅子沟）改为承德市商贸学校，承德市经济管理干部学校与承德市商贸学校合并，实行一套人马两块牌子，校址设在承德市经济干部管理学校。（3）将市教师进修学校的职能划给承德民族师范学校，实行“一套人马、两块牌子”。原市教师进修学校的财产、教学设备原则上留归承德大学，人员视实际情况妥善安排。

1995年2月13日，市委、市政府在印发的《关于实施中国教育改革和发展纲要的意见》中，提出了全市高等教育发展目标：到2000年，驻市各级各类高等院校在校生达到万人左右。充分利用电视、广播、函授等办学形式，普通高校和成人高校相沟通，为全市农村小康建设、乡镇企业及中小型企业生产第一线培养人才。扩大承德大学办学规模，提高办学效益，力争列入全省10所重点办好的高等职业学校序列。

7月18日，市政府召开市大中专毕业生分配工作领导小组组长会议，会议主要重申和明确以下几个问题：（1）大中专毕业生分配工作在市毕业生分配领导小组的直接领导下进行，成立毕业生分配办公室，办公室设在市教委。为了控制党政机关及财政拨款的事业单位的人员编制，凡进入上述单位的毕业生，需由编委办公室审核同意后，在备注栏加盖人事局制发的非师范类毕业生分配专用章，方可派遣。（2）师范类和非师范类毕业生分别由市教委、市人事局拿出分配建议计划和初步派遣意见，经毕业生分配领导小组研究批准后，由市计委下达计划，由毕业生分配办公室统一负责派遣。（3）毕业生分配办公室在全省人才市场签订的毕业生分配协议，除进入党政机关和财政拨款的事业单位的外，由毕分办公室按协议落实。已签订的进入党政机关和财政拨款的事业单位的协议，如果符合条件，又不超编，也应落实原协议。（4）定向生、委培生、保送生因特殊情况，需改向的、进入中直和省直及出承德市的毕业生，必须经毕分领导小组统一研究决定，并按规定缴纳培养费，由市教委统一收取，用于发展承德教育事业。凡进入驻市中直、省直单位的毕业生不再收取培养费。定向生、委培生、保送生改向，按省的规定，出承德市的毕业生按2000、3000、4000元的标准收取培养费。

2001年4月9日，市委常委会研究创建承德市旅游职业技术学院的相关事项。会议认为，创建承德旅游职业学院能充分体现教育为经济服务的办学宗旨，适应旅游业日益发展的需要，要积极筹备，做好规划。会议重点研究当前须尽快落实的几项主要工作：（1）成立创建领导小组，下设筹建处。（2）市政府向省政府正式提出申请报告。（3）做好校园规划，特别是尽快解决建设征地问题。（4）做好协调工作，主要是解决承德民族师专东校区 3 个系师生留转问题。（5）做好迎接省专家评估组的有关准备工作。承德旅游职业学院暑期正式成立并招收第一届新生 292 人，开设 7 个专业，各项教育教学活动有序展开。8 月 16 日，省政府批复同意建立承德旅游职业学院，要求按照“分步实施、多元投入、分期建设”的思路，多渠道筹措资金，认真落实学院建设规划，尽快办成有特色的合格高等职业学校。

10 月 20 日，市政府印发《关于承德旅游学校、承德财经学校合并组建承德旅游职业学院的实施方案》。

整合方案：（1）将承德旅游学校、承德财经学校进行实质性合并，组建承德旅游职业学院，升格为普通高等专科院校，学院初期内设中专部。撤销承德旅游学校和承德财经学校建制。（2）从 2002 年起，以旅游职业学院中专部名义招收中专学生。鉴于现有在校生和今年招生工作的需要，两所学校的校牌和公章可保留到 2004 年所有中专学生毕业之后。（3）力争用 3 年时间完成新校区的规划和校舍建设，实现一地办学。（4）为普及高中阶段教育需要，保留市职教中心建制，开办职业高中教育，待承德旅游职业学院实现一地办学后，在佟山校区开办职业高中教育，将现职教中心校址置换给承德二中。

基本原则：（1）在合并过程中，相关部门和学校要树立全局意识，统一行动。学校的班子配备、人事变动、校产处理、债权债务等问题由领导小组协调解决。（2）新建的承德旅游职业学院以独立法人地位统一对外，对全院实行统一领导和管理，实现人财物、机构、政令、招生、专业设置、校区规划六统一，逐步建立健全内部管理体系和运行机制。（3）本着精简、统一、效能的原则，调整机构，建起办事高效、运转协调、行动规范的行政管理、教学管理和后勤管理体系。（4）本着德才兼备、结构合理、任人唯贤的原则，从适合学院教学、管理及各项事业发展的角度出发，选聘好教师和管理人员。（5）按照干部队伍“四化”（革命化、年轻化、知识化、专业化）标准和干部任免原则，配备承德旅游职业学院领导班子和中层以上干部。领导班子成员要政治上坚强，具有较高理论水平，坚定地贯彻执行党的基本路线和教育方针，忠诚党的教育事业，善做思想政治工作，结构合理，团结协作，联系群众。（6）坚持稳定第一的原则。各学校和主管部门要严格履行职责，自始至终地做好深入细致的思想政治工作，维护学校的正常教学、工作、生活秩序，积极稳妥地开展工作。

相关政策：（1）新建承德旅游职业学院的管理体制为在市政府统一领导下，实行部门管理，由市教委主管，学院实行党委领导下的院长负责制。（2）两校校产归承德旅游职业学院所有，必须整体移交，整体合并。需调整置换的校产，要经市政府同意后协调解决。债权、债务经原校主管部门协商同意后与承德旅游职业学院交接。（3）年内财政对两校的拨款渠道和数额不变，由承德旅游职业学院统一管理使用，到 2002 年，按高校标准安排预算。（4）两校在册教职员工全部合并为承德旅游职业学院的在册人员。中层以上领导在未担任承德旅游职业学院有关职务之前，原待遇不变。两校领导进入承德旅游职业学院领导班子后，主要领导享受副市级待遇，副职享受正处级待遇，未进入班子成员，仍保留原待遇。学院中层正职享受副处级待遇。教师及其他工作人员的待遇从合并之日起，按国家规定普通专科学校的有关政策执行。（5）初步拟定内设机构为：党委办公室、组织部、宣传部、纪委、工会、团委；院长办公室、教务处、学生处、科技处、计财处、总务处、保卫（武装）处、电化教育信息中心、图书馆、外事外联处、校产处；基础部、成教部、中专部、导游系、饭店管理系、旅游管理系、旅游设计开发系、旅游经济系。所有机构设置报编委审定后实施。一地办学前，学院编制暂按两校原有编制核定，实现一地办学后，逐步过渡到高等专科学校编制标准。

实施步骤：9月20日前，市委、市政府派审计人员对两校校产、债权、债务等进行审计。同时，市委、市政府抓紧组建承德旅游职业学院领导班子，主持开展工作。

纪律要求：各有关部门和学校要高度重视这项工作，一定要提高认识，顾全大局，讲党性、守纪律，同心协力做好此次合并工作。学校各级领导干部要切实加强思想政治工作，加强学校驾驭教学、后勤等各项工作的管理，教育广大教职员工正确认识这次合并的目的意义，确保广大师生员工的思想稳定，确保教学、工作、生活秩序的稳定。学校主管部门要予以积极支持、配合，认真履行管理职责，保证合并工作的正常进行。学校新的领导班子成立后，要充分发挥班子的集体作用，精心谋划和运作每一阶段的工作，特别要做好新生入学前的各项准备工作，严格按实施方案操作，不得擅自更改。

6月26日，市政府就承德市中心广场改造、南营子小学搬迁到承德民族职业技术学院下院一事研究决定：（1）承德民族职业技术学院在7月20日前将其下院的教学仪器及教学设备搬出腾空，整体移交承德市房地产开发总公司。（2）承德房地产开发总公司支付给承德民族职业技术学院在冯营子建设新的教学区部分费用，含10亩征地费、搬迁费、新教学楼和宿舍楼的建筑等各种费用，总计750万元。（3）承德房地产开发总公司在7月15日前先付给承德民族职业技术学院300万元，7月20日接收后再付200万元，余下的250万元在2001年年底付清。（4）从支持教育、支持承德民族职业技术学院发展的角度，市政府协调有关部门帮助承德民族职业技术学院在冯营子再多征15亩土地，使承德民族职业技术学院达到国家和省规定的教学用地规模。同时，市政府将在学校建设中给予支持。

9月5日，市政府召开第四十次市政府常务会议，研究承德旅游学校、承德财经学校合并组建承德旅游职业学院的实施方案。9月7日，市委、市政府召开联席会议，研究讨论关于承德旅游学校与财经学校合并组建承德旅游职业学院的实施方案。会议着重就组建后学院领导的配备和内部机构设置问题进行研究。会议认为，当前要尽快组建学院领导班子，结合机构改革和高等院校特点抓紧物色班子人选。学院实行党委领导下的院长负责制，本着精简、统一、效能的原则，机构设置既不重复，又要照顾到面上需要。专业设置要广泛征求专家及学校方面的意见，面向市场需求，社会需要什么人才，就举办什么专业。

2002年9月24日，市教育局印发《关于创建县级电大分校的通知》，要求县级电大分校要在县级电大工作站的基础上，严格按照建校标准，分期、分批、分步实施，合格一个建一个，批准建立县级分校的名称可称为“承德广播电视大学×××分校”。年内，全市有承德医学院、承德石油专科学校、承德师范专科学校、承德旅游学院、承德职业技术学院、承德大学等6所高等学校，在校学生1.762万人。

2003年5月22日，市委组织部印发《关于高等院校不再设置校（院）级非领导职务的通知》。

二、高教园区建设

2002年年初，市委、市政府经过专门考察和反复论证，谋划并启动高教园区建设。4月20日，市委召开专题会议，听取承德市高等教育学习考察团到上海、浙江学习考察高教园区建设情况的汇报，研究承德市高教园区建设事项。会议认为，从高等教育发展、老城区疏解、城区东扩、城区经济发展的角度考虑，承德高教园区建设势在必行，一定要将高教园区建设作为事关承德市城市和经济社会发展的大事认真抓好。会议决定：（1）成立承德市高教园区建设工作领导小组，负责研究决定和协调解决高教园区建设中的重大问题，做好组织协调和推动工作。领导小组下设办公室，由分管教育工作副市长兼任办公室主任，副主任由市政府一名副秘书长和市教育局局长担任。（2）由市发展计划委员会牵头，抓紧高教园区建设项目申报工作，争取列为省级重点项目。（3）由市规划局牵头，即刻着手高教园区的校区测绘和总体规划工作。规划工作要注意把握以下原则：6000亩土地要统一整体规划，分块实施，哪块具备条件就先建设哪一块；规划设计要坚持高标准，合理划分功能分区，充分考虑各院校的意见，既要注意功能的完善，又要考虑实用和方便管理；要采取组团式规划和设计，各组团之间以适当的形式分开，形成各自的特色和风格，注意整体美观；规划要先行，以市规划局为主，请部分专家参加论证，由市政府按成本支付一定费用。（4）积极稳妥地做好土地征用工作。土地征用费最好一次性付清，或者采取一次性征地分期付款的办法，尽量少留后遗症。做好承德医学院的迁建工作，桑蚕研究所400亩左右的平地可以给点补偿，在冯营子征地与其他院校享受同等待遇。（5）整个高教园区实行统一规划，分校实施，分期建设。有条件的院校先建设，先进驻。

承德高教园区分南北两个区，北区（承德医学院）坐落在承德市新区北区桑蚕研究所，南区坐落在承德市新区南区滦河西岸的冯营子村。发展定位是：通过园区建设逐步建立起以高等教育为主、与历史文化名城地位相称、结构合理、层次较高、功能齐全、规模适度的教育新区，在提高市民素质、集聚和培养各级各类人才、提升城市品位、促进全市社会经济又好又快发展等方面，发挥其重要作用，并使之成为集教育、旅游、体育、文化等为一体的一道靓丽的风景线。北区建设1所高校：承德医学院；南区共建设3所高校1所高中：承德石油学校、河北民族师院、河北旅游职业学院、承德一中。规划园区总占地面积4000亩，总体建筑规模89.622万平方米，总投资19.1亿元。

5月9日，承德市高教园区规划建设工作办公室成立，主要职责是落实市委、市政府和市高教园区规划建设工作领导小组的有关决策，具体规划、运作与管理高教园区的规划和建设工作。

2003年3月31日，高新技术产业开发区和高教园区建设征地工作领导小组成立，市委常委、市政府常务副市长任组长，开发区工委书记等任副组长，相关部门负责人任成员。领导小组下设办公室，负责征地方面的具体工作，办公室由开发区管委会主任任主任，相关人员为成员。6月12日，市政府召开专题会议，专题研究解决高教园区土地征用等问题。会议议定：（1）为顺利推进大学园区和开发区征地工作，必须尽快解决“怡濠园”问题。解决“怡濠园”问题要坚持尊重历史、面对现实、瞻前顾后的原则，既要确保农民利益，解决村集体债务，又要立足发展，有利于加快征地工作进度，促进高教园区和开发区建设。（2）由市财达公司按此次市政府征地补偿标准一次性征用取得“怡濠园”的土地所有权。财达公司为冯营子村所担保的信用社贷款、国家经济投资开发公司的投资和财达公司投入的本息由财达公司进行协调处理。（3）冯营子村的投资和债务由冯营子村处理，可向双桥区法院申请破产，原企业法人代表所欠冯营子村企业的款项由冯营子村按法律程序处理。（4）高教园区和开发区建设征地是市委、市政府的重大战略决策，任务艰巨，时间紧迫，各级各有关部门一定要统一思想，坚定信心，进一步加大工作力度，千方百计做好群众工作，全力推进，确保6月底完成任务。

4月1日，正式开始全面开展征地工作。征地工作是上半年高教园区建设的重中之重，首批征地共2100亩地，已经过省政府批准征用1050亩，其他征地工作年底前完成。

2004年4月27日，5所高校新校区建设项目已经列入省重点项目，全部建设用地2836亩，已经省政府批准。各高校的可研报告已经省、市发改委批复，核位红线已经确定，承德医学院、承德石油高专、承德师专总体布局规划方案通过省、市专家论证。

市委、市政府在《深化教育改革的决定》中指出，高校要突出办学特色，要面向市场，调整专业结构，服务经济建设，基本形成与经济建设和社会发展相适应的高等教育格局。把发展放在第一位，研究布局需求，在办学规模上继续增强招生总量，提高招生层次。在办学条件上多渠道筹措资金，改善条件，满足教学需求。在办学特色上根据本市经济建设发展和提高办学层次的需要，研究确定专业调整、新学科组建工作，进一步加强重点学科、骨干专业建设，培养高素质人才。高等学校要大力推进“人才强校”战略，制定和完善人才建设计划，积极营造更加有利的政策环境，努力建设吸引、培养和用好人才的支持体系。加大对中青年学科带头人和学术骨干的培养力度，鼓励和支持优秀人才和优秀群体健康成长、建功立业。

7月12日，承德民族职业技术学院更名为承德职业学院。

2005年，承德市高教新校区建设工作全面启动。高教新校区征地工作，历经“非典”、全国土地市场清理整顿、保定定州“6·11”事件（2005年6月11日，因征地纠纷而引发的定州市绳油村武装袭击事件）、村班子两次换届、省其他地市部分学校征地久拖不决等复杂形势。市委、市政府给予高度重视，多次召开会议听取汇报，研究解决重大问题，各有关部门给予大力支持和配合，特别是司法部门、国土部门、双桥区、开发区，做了大量艰苦细致的工作。征地办公室成立近50人的工作组，先后召开120多次会议，耐心细致做工作，协调解决近百起矛盾纠纷，经过近半年的群众工作，得到绝大多数村民的理解支持和配合。各校及时兑现各种补偿款，使得高教园区各院校分别于8月25日和11月9日平稳顺利进地，征地任务圆满完成。该次征地是承德市有史以来规模最大（2836亩）、涉及村民最多（4500多人）的一次，工作异常艰苦。至年底，承德旅游学院、承德石油高专、承德师专开工面积11万平方米，修建院墙8000余平方米，承德职业学院完成1.8万平方米综合楼的建设，累计投资3亿多元。

6月13日，市委、市政府在落实省《关于加强教育工作的决定的实施意见》中提出，力争到2007年，高教园区一期建筑工程全部完工并投入使用，高等教育在校生规模达到3万人。2010年，完成高校新区二期工程，高等教育在校生规模达到4万人以上，毛入学率超过全省平均水平，高等学校办学水平和综合实力大幅度提高。支持承德石油高专、承德民族师专晋升本科院校。实施高等教育提升工程。高等院校要坚持内涵发展的办学思路，科学合理定位，大力提升办学层次，切实强化教学管理，完善教学规章制度，提高办学质量。按照经济社会发展需要，突出承德特色、确定各学校重点发展方向，培养承德市经济建设急需的工业、旅游、农林牧、服务业等实用性人才。根据市场需求，重点调整优化学科专业结构，加强重点学科建设，到2010年，建设5～6个国家级示范专业，5个国家级试点专业，4个省级重点学科，4～6个省级示范专业。加强高等学校党建和思想政治工作，落实市委、市政府关于加强和改进大中专院校学生思想政治教育的实施意见的相关规定，认真做好大中专学生的思想政治工作。

2006年，承德职技学院、承德旅游学院合并组建成河北旅游职业学院。承德高教园区建设从根本上解决了高校发展空间不足的问题，推动了承德市高等教育的跨越式发展。

2006年，承德医学院和承德师专全部、承德石油高专部分师生搬迁至新校区。2007年，河北旅游职业学院和承德师专全部搬迁至新校区。2008年9月，承德一中迁入高教园区新校区。

2009 年 9 月，石油高专全部迁入新校区。至此， 承德高教园区建设全部完成。

承德高教园区建设情况表（2015 年 9 月）

表 6—1

高教园区	院校	占地面积（公顷）	建筑面积（万平方米）	总投资（亿元）	在校生（万人）
北区	承德医学院	82.3	21.6	4.18	0.94
南区	承德石油高等专科学校	76.7	24.3649	6.9	1.5
	河北民族师范学院	68.7	27.1986	3.28	1.3
	河北旅游职业学院	33.5	21.18	1.234	0.8
	河北承德第一中学	13.7	7.63	2.6	0.4
合　计		274.9	101.97	18.194	4.94

2007 年，承德石油高专通过国家验收，进入国家级示范校行列。承德医学院通过国家教学评估。河北旅游职业学院顺利通过教育部人才培养水平综合评估，并被省教育厅确定为省旅游职教集团的龙头院校，启动现代服务业实训基地建设。

2008 年，承德市属高校招生 6108 人，比 2007 年增加 156 人。高教园区收尾工程建设全面展开，基础设施条件明显改善。

2010 年，承德电大实现整体搬迁，主校区由高庙搬到桃李街原承德师专南院。

承德市高等教育发展迈上新台阶。依托教育园区资源优势，高等教育的办学实力、服务经济社会能力不断增强，学校结构更加合理。经过不懈努力，原承德师专经教育部批准升格为河北民族师范学院，结束了承德市属高校无本科院校的历史。原承德卫校经省政府批准升格为承德护理职业学院。承德市高校达到 6 所，形成涵盖医学、旅游服务、石油工业、师范教育、远程教育等门类比较齐全、布局基本合理的高校结构布局。河北旅游职业学院顺利通过省级示范校验收。年内，承德医学院附属医院心脏内科主任李春华（女）荣获“全国五一劳动奖章”。

2011 年 1 月 18 日，市财政局、教育局联合印发《承德市化解高校债务工作实施意见》。(1) 基本原则。高校是化解债务工作的责任主体，按照“谁贷款，谁负责”的原则，统筹学校资源，积极偿还债务。市财政局和教育局总体负责全市高校债务化解工作，统筹各项资金投入，积极争取中央财政高校化债奖励补助资金，指导高校化解债务风险。(2) 目标任务。各高校要根据银行贷款余额、高校筹资水平的情况，合理制定化债规划，采取统筹事业收入、土地置换等收入、财政安排预算资金等多种方式化解债务，通过两年的努力，将高校贷款规模降至合理水平。（3）债务认定：截至2009年年底，高校为完成扩招任务必须进行建设而从金融机构取得的尚未还清的贷款余额为债务化解额度。市政府将根据各高校化债资金额度，综合考虑各高校化债工作努力程度，债务规模下降幅度以及扩招学生数等因素，安排一般预算资金8000万元，分两年帮助高校偿还银行贷款本金。两年还款高峰期过后，剩余债务全部由学校自行偿还。

10月11日，承德护理职业学院接受省成人教育办学水平评估，检查组通过听取汇报、查阅资料、座谈等形式，对学校工作给予肯定，同意该校通过评估检查。

2012年8月28日，市政府下发《关于同意依托承德广播电视大学建立承德社区教育学院的批复》，与承德广播电视大学 一套人马、两块牌子，每年由市财政安排50万元专项资金，用于支持承德社区教育学院开展社区教育。

2013年5月26日，河北旅游职业学院举行河北省旅游人才培训基地揭牌仪式。

10月8日，市政府办公室印发《关于进一步做好普通高等学校毕业生就业创业工作的实施意见》。（1）加大高校毕业生就业创业政策扶持力度，拓宽高校毕业生就业渠道，统筹实施基层服务项目，鼓励企业吸纳高校毕业生就业，扶持高校毕业生自谋职业和自主创业。高校毕业生在2013年及以后在本市初次注册登记的小微型企业（不包括劳务派遣公司，入住创业园区和创业孵化基地的除外），创办3年内租用经营场地和店铺，从就业资金中给予一定比例的租金补贴。补贴标准是，100平方米以下的每年不超过2000元；100平方米及以上的每年不超过3000元，补贴期限最长不超过3年。高校毕业生在毕业2年内自主创业（含网络创业，国家限制行业除外），初次领取营业执照并稳定经营6个月以上的，给予每人5000元的一次性创业补助。网络创业就业由当地人力资源和社会保障部门认定，需达到以下标准：卖家信用积分1000分以上，好评率（好评数与交易数的百分比）98%以上，连续经营三个月以上。改进和完善小额担保贷款政策，进一步加大对高校毕业生自主创业的支持力度。（2）大力推动适合高校毕业生就业创业需求特点的金融产品和服务方式创新。积极推进创业孵化基地建设，搞好高校毕业生就业创业服务。自2013年起，将高校毕业生的职业技能培训、创业培训补贴政策期限从目前的毕业年度调整为毕业学年（即从毕业前一年7月1日起的12个月），对毕业学年的高校毕业生可申请办理就业失业登记证。调整培训补贴标准，将职业技能培训的补贴标准调整为每课时5～8元，补贴金额最高不超过2200元，创业培训补贴标准最高不超过1200元。对参加职业技能培训，通过初次职业技能鉴定并取得职业资格证书或专项职业能力证书的，按规定给予职业技能鉴定补贴。（3）大力开展就业帮扶和援助，实施离校未就业高校毕业生就业促进计划，重点帮扶困难家庭高校毕业生就业。自2013年起，对享受城乡居民最低生活保障家庭的河北省行政区域内的普通高等学校应届毕业生可给予一次性求职补贴，补贴标准为每人1000元。（4）强化高校毕业生就业工作保障措施，加强高校毕业生就业工作的组织领导，充分发挥就业工作联席会议制度作用，加强对就业创业政策落实情况督导检查，加大高校毕业生就业工作宣传力度。

2014年，承德市市属高校在校生规模达到2.2万人。从7月起，河北省生源地信用助学贷款可贷标准提高。全日制普通本专科学生调整为每人每年不超过8000元，全日制研究生每人每年不超过12000元。河北省生源地信用助学贷款是国家支持的政策性贷款，面向无不良信用记录、家庭经济困难的全日制普通高校河北籍学生。年内，河北旅游职业学院会计系被省教育厅、省人力资源和社会保障厅、省教育工会表彰为“河北省教育系统先进集体”；承德医学院附属医院消化内科被河北省政府表彰为“河北省先进集体”，承德医学院附属医院康复医学科主任姜贵云被河北省政府表彰为“河北省先进工作者”；承德医学院基础医学部被人力资源社会保障部、教育部授予“全国教育系统先进集体”荣誉称号；承德医学院附属医院神经内科主任高燕军5月1日荣获国务院“全国先进工作者”荣誉称号。

2015年3月中旬，承德护理职业学院经省教育厅批准，部分专业实行单独考试招生，这是该学院第一次面向河北省进行单独考试招生（单招）。单招专业及人数分别为护理专业（200人）、涉外护理专业（160人）、药学（50人）、医学检验技术（50人）、口腔医学技术（50人）、医学影像技术（50人）。

3月下旬，《河北旅游职业学院志》由河北大学出版社正式出版发行。该书70余万字，采用述记、志、传、图、表、录等体例，共13篇，图文并茂，文字精练，反映了该学院60余年来的发展历史。

第二节 思想政治工作

一、高校思想政治工作

1989年，承德地、市教委根据春夏之交北京发生的政治风波，及时会同各校领导班子做大量疏导工作，使势态得以遏制，各院校除部分师生上街游行外，未出现严重后果。“四二六”社论（4月26日，《人民日报》发表题为《必须旗帜鲜明地反对动乱》的社论）发表后，各校领导和教职工坚守岗位，继续做好疏导工作，稳定校园秩序。政治风波平息后，地教委会同地委宣传部、团地委召开全区学校思想政治工作座谈会，下发关于加强学校思想政治工作的意见。

1990年，地委印发《关于加强和改进学校思想政治工作的意见》。地委、行署建立联系校制度、联席会议制度和定期形势报告制度。全区加强党团组织建设，加强师德教育，举办鸦片战争150周年、火烧圆明园90周年、抗日战争胜利45周年等纪念活动，广泛开展对师生进行爱国主义教育。

1991年，地教委印发《关于大中小学教职工学习社会主义理论的通知》，并开展“两史一情”（中国近代史和中国现代史、中国的基本国情）教育。

1992年12月23日，地教委在各级各类学校开展“三育人”（教书育人、管理育人、服务育人）活动。

1994年，市委在《关于进一步加强和改进学校德育工作的实施意见》中，要求高等教育的德育工作要以培养学生树立正确的人生观、世界观和社会主义理想信念以及道德上的自律能力为重点，以邓小平建设有中国特色的社会主义理论作为学校马克思理论教育的中心内容，多渠道多形式地开展德育工作。

6月23日，市委宣传部、市教委、团市委印发《关于暑期大中专院校学生社会实践活动的安排意见》。活动的主题是：科技服务做贡献、奉献爱心暖人间。活动的宗旨是：突出“用科技，献爱心，跨世纪”意识。活动形式为：各校在继续组织好各种实践营、小分队的基础上突出搞好科技服务和暑期青年志愿者服务活动。

2000年5月10日，市委成立市属大中专院校“三讲”（讲学习、讲政治、讲正气）教育领导小组，印发承德市市属大中专院校、重点中学“三讲”教育实施方案。

2005年4月，市委召开全市大中专院校学生思想政治教育暨党建工作会议，出台《加强和改进大中专院校学生思想政治教育实施方案》。

2007年8月25日，市委教育工委印发《关于进一步做好高等学校学生住宿管理的通知》，要求切实加强学生宿舍和公寓的思想政治工作，加强管理机制与规章制度建设。积极推进学生党团活动、大学心理健康教育、网络思想政治教育进公寓工作。在学生宿舍和公寓开展丰富多彩的校园文化活动，促进精神文明建设。落实辅导员进驻学生公寓要求，并与学生同吃、同住、同学习，及时了解学生思想动态，帮助学生正确处理各种问题。年内，承德民族师范高等专科学校魏沧波（女）、承德广播电视大学张凤山、承德医学院李晓敏（女）被河北省教育厅、河北省人社厅、河北省教育工会表彰为“河北省德育和思想政治教育工作先进个人”。

2008年，承德民族师范高等专科学校党委被省委、省政府表彰为“河北省思想政治工作先进集体”；河北旅游职业学院党委宣传部部长陈志夫被省委、省政府表彰为“河北省思想政治工作先进个人”。

2009年，承德民族师专法政系被省教育厅、人社厅、教育工会表彰为河北省教育系统先进集体，承德石油高等专科学校刘焕学被省教育厅、人社厅、教育工会表彰为评为“河北省高校优秀辅导员”。

2011年，市委教育工委坚持“围绕中心抓党建，抓好党建促发展”，采取三项措施落实全国、全省第十九次高校党建工作会议精神。⑴围绕新修订的高校基层组织工作条例，组织广大师生党员开展大学习、大讨论，把各项要求落实到学校党建和党委自身建设的各个环节。创新基层组织活动内容和方式，充分发挥党委、党总支、党支部的政治核心和战斗堡垒作用。加强大学生思想政治教育，以优秀青年教师和优秀大学生为重点，做好党员发展工作。⑵将学习型党组织建设引向深入。围绕建党90周年重大节点，以科研创新团队建设为载体，不断优化四项机制，扎实推进创先争优活动。以“党在我心中”为主题，在师生中精心组织开展系列教育活动，掀起创争新高潮。⑶强化领导班子、干部队伍和党风廉政建设。引导领导干部加强调查研究，深入企业、深入基层、深入师生当中，对接经济社会发展需求，调整工作思路，提升整体素质和工作水平。推进惩防体系建设，落实党风廉政建设责任制，加强对权力的监督制约。

二、思想政治工作多种形式

2011年10月29日，承德医学院举办第十四届校园科技文化艺术节闭幕式暨颁奖典礼。该届科技文化艺术节以“深情颂党恩，永远跟党走”为主题，举办科技创新和应用、主持人大赛、校园歌手大赛、英语演讲比赛以及短剧小品等丰富多彩的活动。

2012年1月初，承德石油高等专科学校受到全国精神文明建设工作表彰大会的表彰，继续保持了“全国文明单位”荣誉称号。

5月17日，承德护理职业学院举行尉广秀先进事迹报告会。尉广秀是原承德卫校82届医士5班毕业生，生前系兴隆县人民医院内科主任，行医30年始终以治病救人为己任，不幸罹患癌症离开挚爱的工作岗位。尉广秀临终前捐献唯一可捐献的眼角膜，成为河北省医务工作者捐献眼角膜第一人，《人民日报》《中国青年报》、新华网先后报道其感人事迹。

2013年4月24日，承德石油高等专科学校举行《校情与文化》一书的首发式，该书是一份献给学校110周年校庆的礼物。6月14日，承德广播电视大学举办第一期“道德讲堂”。该活动按照“唱歌曲、学模范、诵经典、谈感悟、发善心、送吉祥”的流程，采取身边人讲身边事，教育身边人，收到良好教育效果。该校成为全市市级文明单位中第一家开办“道德讲堂”的单位。年内，河北民族师范学院党委学生工作部被省委教育工委、教育厅表彰为“河北省学校思想政治教育先进集体”；承德石油高等专科学校刘浩宇、河北旅游职业学院赵玉芹、河北民族师范学院王松涛被省委教育工委、教育厅表彰为“河北省学校思想政治教育先进个人”。

2014年10月5日，中共承德市委印发《关于进一步加强和改进新形势下高校宣传思想工作的意见》。《意见》指出，加强和改进新形势下高校宣传思想工作，要高举中国特色社会主义伟大旗帜，以马克思列宁主义、毛泽东思想、邓小平理论、“三个代表”重要思想、科学发展观为指导，深入贯彻落实中共十八大和十八届二中、三中全会精神，深入贯彻落实习近平系列重要讲话精神，全面贯彻党的教育方针，强化政治意识、责任意识、阵地意识和底线意识。以立德树人为根本任务，以深入推进中国特色社会主义理论体系进教材进课堂进头脑为主线，以提高教师队伍思想政治素质和育人能力为基础，以加强高校网络等阵地建设为重点，积极培育和践行社会主义核心价值观，不断坚定广大师生中国特色社会主义道路自信、理论自信、制度自信，培养德智体美全面发展的社会主义建设者和接班人。加强和改进新形势下高校宣传思想工作的基本原则是：坚持党性原则、强化责任；坚持育人为本、德育为先；坚持标本兼治、重在建设；坚持改革创新、注重实效；坚持齐抓共管、形成合力。加强和改进新形势下高校宣传思想工作的主要任务是：坚定理想信念，深入开展中国特色社会主义和中国梦宣传教育；巩固共同思想道德基础，大力加强社会主义核心价值观教育；壮大主流思想舆论，切实加强高校意识形态引导管理，做大做强正面宣传，加强国家安全教育，加强国家观和民族团结教育；推动文化传承创新，建设具有中国特色、体现时代要求的大学文化；立足学生全面发展，努力构建全员全过程全方位育人格局，形成教书育人、实践育人、科研育人、管理育人、服务育人长效机制，努力办好人民满意教育。

5月28日，承德市“国防教育高校行”走进承德护理职业学院，国防教育专家群为全体师生做题为《中国地缘政治与国家安全形势》专题报告。5月28日，承德广播电视大学举办第三期道德讲堂。该次道德讲堂主题是“诚信”，按照“唱歌曲、学模范、诵经典、讲故事、谈感受、送吉祥”的“六个一”流程进行。

2015年，承德医学院护理学院、承德石油高等专科学校热能工程系、河北民族师范学院初等教育系被省委教育工委、教育厅表彰为“河北省思想政治教育先进集体”；承德医学院杜世英、承德石油高等专科学校董英娟、河北旅游职业学院张树民、河北民族师范学院王建明、承德护理职业学院王瑞学被省委教育工委、教育厅表彰为“河北省思想政治教育先进工作者”；承德医学院附属医院栾金颖12月底被省总工会、省委宣传部、省文明办、国资委联合授予“第三届河北省职工道德模范”荣誉称号。

第三节 教学工作

一、调整专业设置

2002年，承德市根据高教园区建设需要和经济建设对人才的需求情况，加大专业调整力度。承德民族师专开设本科、专接本（专科生在学满3年后可以考取本科，再读两年获得本科学历和学士学位）、专科3个层次的23个专业，年内又新添旅游管理、电子信息科学与技术、艺术设计、法学等专业，重点加强本科教学工作。

承德职业学院的旅游管理专业教学改革方案通过省教育厅专家组评估，被确定为省试点专业。学院根据承德市旅游资源丰富，又近邻京、津、秦、唐等大中城市的实际，加强旅游及相关专业的建设，开设5个系，建立12个骨干专业，树立品牌形象，打造“拳头产品”，把旅游实际与开发、英文导游确定为重点专业。新增计算机平面设计、中草药栽培、多媒体网络技术、奥运实用英语、空乘预科7个市场急需专业。

全市各高等学校学科涉及医学、农学、理工、师范、经体、旅游六大门类，专业总数达91个，在校生2.1万人。在加强普通高校专业建设的同时，也加大了承德电大成人高校专业建设。承德电大是承德市唯一的一所成人高校，学校坚持以教学为中心的指导思想，围绕迎接教育部、中央电大的“人才培养模式改革和开放教育试点”项目中期评估，不断加强师资队伍建设，提高整体素质，深化教学改革，提高教学与管理的现代化程度。全年投资100多万元，充实和完善以多媒体技术为主的教学支持服务体系，在校园网的基础上建成综合型网上教学平台——电大在线，使教学与管理的现代化水平提高到一个新层次。坚持联合办学，非学历教育培训稳中有升，高质量完成教育干部培训工作。

2005年，承德医学院附属医院张庆、承德医学院附属医院高瑞峰荣获市委、市政府“第一届承德市优秀科技工作者”称号。

2006年6月26日，市委办公室、市政府办公室印发《关于做好“一村一名大学生”工程有关工作的通知》，要求由市、县（区）组织部门会同承德职业学院共同完成。承德职业学院负责入学考试，市、县（区）组织部门负责学员推荐、组织和录取工作。

5月22日，市委组织部、人事局、教育局、财政局、农业局、卫生局、扶贫开发领导小组办公室、团市委印发《关于组织开展高校毕业生到农村基层从事支教、支农、支医和扶贫工作（简称“三支一扶”）的通知》。

二、精品课程建设

2010年，承德市各高校突出办学优势，加大精品课程研发力度，高校教学科研成果显著。承德医学院建成省内唯一的中药学科省级重点实验室；承德石油高专钻井施工操作等10门课程被确定为国家级精品课程；河北旅游学院模拟导游被确定为国家级精品课程。各高校进一步强化服务地方经济的能力，承德石油高专与市高新区签订共建智能化仪器仪表研发基地的校企合作协议；河北旅游学院研发的以黄芩为主的中草药种植累计为当地农民增收2.1亿元。

2011年，承德市高校学生实践技能不断提升。5月上旬，河北旅游职业学院酒店管理系学生赵彦茹在第三届全国旅游院校服务技能（饭店）大赛中荣获高校组中式铺床/开夜床项目一等奖。旅游学院外语系学生苑文超夺得“中央电视台希望之星英语风采大赛2011赛季”河北省赛区高校组总决赛一等奖。6月上旬，旅游学院参赛选手张扬、公蓓蓓在“中国联通杯”河北省首届校园旅游文化节暨河北省第四届未来导游之星大赛上分获一、二等奖，并荣获“十佳未来导游之星”称号，张扬获“最佳口才奖”，该院还获得大赛唯一“最佳团体奖”。

9月初，承德广播电视大学与双桥区民政局签署关于开展社区教育联合办学协议书，为在全市建立社区教育网络打下良好基础。该校积极发挥办学网络覆盖面广、办学形式灵活多样的特点，依托市教育干部培训中心和中小学教师继续教育中心的传统优势，承担社区干部计算机、外语、社区管理以及对社区居民素质提高等专业和技能培训工作。

11月上旬，承德广播电视大学就学校的发展形成共识：⑴围绕建设国际旅游城市目标，合理调整专业设置，开设现代物流、烹饪和旅游服务等社会急需的特色专业。⑵发挥电大教育覆盖面广、办学种类灵活多样的优势，依托各县电大分校和工作站，继续开展“一村一名大学生”工程，为生态农业和现代化畜牧业等新兴产业提供智力支持和教育服务。⑶依托市教育干部培训中心和中小学教师继续教育中心，以“开放大学”评估挂牌为契机，承担部门、单位委托培训以及社区居民素质提高培训工作，推动承德市四级社区教育网络建设。⑷加强干部队伍建设，提高干部素质，营造想事、谋事、干事、成事的工作氛围。

11月12日，河北旅游职业学院召开订单培养双选会，北京新云南皇冠假日酒店、北京香港马会会所、山东蓝海酒店集团等单位招聘代表与学生进行双向选择，签订订单培养协议。其中，

2010级酒店管理专业178名学生全部实现签约。

11月中旬，河北民族师范学院在教育部高教司和中国工业与应用数学学会共同举办的2011年“高教社”杯全国大学生数学建模竞赛中取得突破性成绩，刘明星、常爽、李静组成的专科参赛组荣获省一等奖。11月20日，河北旅游职业学院学生许雪灵获得河北省高等学校第12届“世纪之星”英语演讲大赛暨2011年“CCTV杯”全国英语演讲大赛河北赛区复赛高职高专组特等奖（第一名），并代表河北省参加全国英语演讲大赛。12月中旬，承德石油高等专科学校选送的“数控机床编程与加工”课程设计方案，在全国机械职业教育教学成果奖评选中，被授予“2011年度全国机械高等职业教育教学成果一等奖”。2012年，承德广播电视大学承德社区教育学院，立足四个方面打造办学特色：⑴在办学方针上，坚持“4个面向”，即面向农村、面向企业、面向基层、面向边疆。⑵在办学宗旨上，为地方经济建设培养“留得住、用得上”的应用型高等人才。⑶在办学形式上，坚持多层次、多形式、多规格办学。⑷在办学手段上，“天地网结合，三级平台互动”，天网即卫星电视，地网即计算机网络，三级平台即中央电大、省电大、市县教学点三级教学平台。

3月30日，承德护理职业学院与英国新白金汉大学举行合作办学签字仪式，双方正式就护理专业本科教育开展合作办学。5月22日，承德广播电视大学与河北畅达旅游文化发展有限公司举行联合办学签约暨揭牌仪式，以委培培养方式，为畅达集团培养旅游文化产业急需专业人才。

10月18日—20日，河北旅游职业学院接受教育部高职高专评估专家组对人才培养工作进行实地考察评审。评估组通过与学校校级和中层干部、教师学生代表访谈，实地考察办学实习基地等方式，对该校人才培养工作进行了全面评估。专家组认为学院办学定位准，师资队伍建设成效突出，实践教学成效显著，学生综合素质显著提高，社会服务能力不断增强，人才培养模式不断创新，认定通过评估。由教育部组织的高职高专院校人才培养工作水平评估工作自2004年开始正式启动，每隔5年考核一次，考核结果将直接决定高职高专院校的办学资格。

6月26日，丰宁县、兴隆县、滦平县被省委教育工委、省委农工部、省教育厅、省扶贫开发办、团省委命名为“河北省高校社会实践活动示范基地”。

2013年，承德市已经形成涵盖医学、旅游服务、石油工业、师范教育、远程教育等门类比较齐全、布局基本合理的高等教育结构。各高校突出办学优势，加大精品课程研发力度。清史研究、避暑山庄文化、纳兰性德研究等在全国处于领先位置，承德师院清音会被确定为国家非物质文化遗产。

3月16日，承德护理职业学院与河北医科大学研究生学院联合举办的在职研究生班正式开班，这是护理学院依托外部优质资源，推动专业技术和学历教育再上层级的一项举措。

6月13日，市委教育工委和市文学艺术界联合会共同主办的“高雅艺术进高校”艺术作品展览活动正式启动，高校学生将在1个多月时间里，欣赏到绘画、书法、摄影和剪纸等方面的艺术作品。

10月22—24日，承德广播电视大学（社区教育学院）联合市民政局、市舞蹈家协会等部门和单位，连续举办承德市“百姓舞蹈进社区”活动，举办“物权法和物业法”讲座、社区居民防灾减灾知识讲座。

11月中旬，承德护理职业学院与澳大利亚南岸政府理工学院合作项目正式签约。澳大利亚南岸政府理工学院成立于1863年，是昆士兰省最大的政府专科学院，其护理专业得到国际众多院校认可。

11月25日，承德医学院接受教育部临床医学专业认证专家组对该院临床医学专业进行认证。专业认证按照本科医学教育标准（临床医学）要求，从专业的宗旨及目标、教育计划、学生成绩评定、教育资源与评价、科学研究、改革与发展等方面进行考察，了解学校的教学条件和设施、教育教学资源等各个方面的情况，并与教师、学生、管理干部和附属医院等各相关利益方进行广泛接触和交流，听取他们对临床医学教学的意见和建议。该次临床医学专业认证是该学院继1996年合格评估和2007年本科教学工作水平评估后的又一次“国考”。

2014年3月中旬，河北旅游职业学院23名应届毕业生赴塞舌尔实习，成为中国首批成建制赴该国的顶岗实习学生团队，也是旅游学院与该国旅游文化部、旅游学院及旅游企业开展交流合作的成果。10月中旬，首批赴塞舌尔实习的23名学生结束实习归来，第二批17名学生和1名带队教师启程赴塞舌尔开始实习。河北旅游职业学院为适应国家对现代职业教育体系要求和高考招生制度改革趋势，积极探索促进中高职教育有效衔接，以“资源共享、优势互补、协同发展、合作双赢”为原则，采取“2+1+3”的培养模式（学生在中职学校学习2年后，进入河北旅游职业学院学习1年，通过参加自主招生考试取得该校学籍，继续学习3年后，经考试合格后颁发教育部注册的普通高校专科毕业证书），开展合作办学，与省内32所中职院校签署合作办学协议。4月下旬，选派30多名优秀专业教师赴合作中职学校对口支教，其中，26所合作中职学校已经举行“河北旅游职业学院实验学校”挂牌仪式。5月中旬，河北旅游职业学院体育代表团在河北省第十八届大学生运动会上，以总分451分的成绩夺得乙组团体总分第一名，创造该学院历史最好成绩。

3月下旬，承德护理职业学院获教育部批准，增设临床医学专业和口腔医学专业，自2014年开始招生。10月10日，承德护理职业学院与日本京进株式会社、（日本）国际教育文化医疗支援交流机构签署合作协议，日方将为护理学院涉外护理（日语）专业在校生提供远程语言教育和日本国内学校信息和考试信息，为毕业生赴日工作就业进行培训指导。

9月18—26日，承德广播电视大学社区教育学院与双桥区委、区政府联合举办为期9天的社区干部培训班。此次培训涉及双桥区7个街道、5个镇、68个社区、350名工作人员。内容分为社区党建、社区治理、社区服务、信访工作、社区干部素质教育五大方面，涵盖社区工作大部分内容，旨在提升社区干部的整体素质，提高承德市和谐社区建设水平。

10月下旬，承德医学院举行2014年度“百花奖学金”颁奖仪式，25名学生获奖。“百花奖学金”创立于1998年，是香港唐盛玫及其友人为资助内地品学兼优贫困大学生捐资设立，2005年在承德医学院设立，自设立以来，共有225名学生获得资助，累计受助金额25万元人民币。

2015年3月下旬，河北旅游职业学院与市林业局共同开展经济林专业技术人才培训。针对全市林业基层技术人员职称结构不合理、人员短缺、学历层次偏低的实际，围绕“到2017年实现全市新发展经济林14万公顷、农民人均5亩经济林、年人均经济林收入5400元”的目标，共同举办经济林专业技术人才培训班。该班培训周期为3年，已有全市林业系统30名技术人员到校学习。

4月中旬，承德护理职业学院举行第一期曜阳养老护理员培训班结业仪式，来自全国养老机构的300余名一线护理人员顺利完成为期10天的专业养老护理培训，中国红十字总会事业发展中心向护理学院颁发“曜阳养老华北培训基地”铜牌。12月5日，举行2015年第二期曜阳养老护理员培训班结业仪式，来自辽宁、四川等9个省（市、自治区）和新疆生产建设兵团的110多名护理人员顺利结业。结业仪式上，曜阳养老护理培训中心在该校正式揭牌。

5月14日，市委教育工委与河北旅游职业学院联合举办首次“承德本土艺术家进高校”活动，邀请承德市书法家协会副主席、承德鼎盛书画院院长姚远为该校弘艺书画协会50余名书法爱好者做书法艺术讲座，并进行技巧示范和习作点评。该活动是“承德本土艺术家进高校”活动的首次尝试。

6月下旬，经申报、立项、修订和专家会议审定等环节，河北旅游职业学院潘桂云主编的《应用写作与口才》（第二版）（旅游专业适用）、李鸿主编的《导游与旅游审美》等共9种教材入选“十二五”职业教育国家规划教材书目。

6月26日，在承德护理职业学院举行中德养老护理专业培训项目启动仪式，承德市发展和改革委员会、国家发展和改革委员会国际合作中心与德国蕾娜范有限责任公司三方签署项目执行协议。中德养老护理专业培训项目为期1年，分为4个批次在承德护理职业学院进行培训，第一批次培训面对学院师生，其余3批为承德市在岗养老护理人员。

7月下旬，承德广播电视大学、承德社区教育学院举办承德社区干部培训班。培训共分两期进行，面向双桥区和双滦区所有社区干部进行培训，共500人参训。培训内容包括“物业法”“劳动保障”和“民事调解”。培训班专门安排优秀社区书记进行工作经验交流，增强培训效果。12月中旬，承德社区教育学院举办中华优秀传统文化进社区“道德大讲堂”活动，邀请北京家和事兴文化传播中心、文化部“中华传统文化专家库”专家郄玉森，以《父母的十大恩情》为题作中国孝德文化讲座。12月下旬，承德社区教育学院与市民政局联合举办2015年第二期社区干部培训班，各县以及营子区、高新区180余名社区干部参加培训，为进一步提高承德市社区干部的整体素质，提升全市社区治理和服务品质做出新贡献。

11月14日，京津冀人才合作承德专场人才交流会暨河北旅游职业学院2016届毕业生双选会举行，来自北京、天津、承德等地的300余家企业，提供8000余个工作岗位，吸引2500余名高校毕业生前来应聘，签约率达65%。

12月7日，承德护理职业学院、承德石油高等专科学校、河北旅游职业学院被列入河北省实施高职单招院校名单。

附：院校选介

承德医学院

承德医学院是一所隶属河北省政府领导的高等医学本科院校。创建于1945年9月，时称冀东军区卫生学校。1948年，成为中国医科大学第四分校。1949年5月，入驻热河省省会——承德，更名热河医学院。1982年12月，升格为本科院校，定名为承德医学院。1996年9月，通过国家本科教学合格评估。2001年，河北省农林科学院特产蚕桑研究所并入该校。2003年7月，被国务院学位委员会批准为硕士学位授予单位。2006年10月，新校区投入使用并迁入新校区。2007年9月，在教育部高等院校本科教学工作水平评估中获得优秀。2013年11月，顺利通过教育部临床医学专业认证。

目前，学校现有教职工2179人（含直属附属医院），其中专业技术人员1909人，正高职称212人、副高职称441人，博士和硕士879人。现有专任教师925人，具有硕士以上学位专任教师占总数的75.57%。有享受国务院特殊津贴专家、全国优秀教师、河北省突贡专家、省级教学名师、省级青年学科带头人、省“三三三”人才工程和中青年骨干教师50人。有硕士研究生导师317人，博士研究生导师7人，还聘请了40余名国内外知名学者为客座教授。2014年院士工作站获得批准成立。

现有本、专科在校生及全日制研究生9400余人，来自全国28个省（自治区、直辖市）。其中在读硕士研究生504人，留学生224人。2006年开始招收外国留学生，2007年开始，选送护理专业（专科）学生赴新加坡留学并获全额奖学金。与丹麦哥本哈根大学、日本札幌市立大学、韩国又石大学在内的多所国际性大学签署学生交流合作协议。

学校设有临床医学、中西医临床医学、中医学、护理学、医学影像学、麻醉学、中药学、应用心理学、针灸推拿学、康复治疗学、生物信息学、生物医学工程12个本科专业和临床医学、护理、涉外护理、医学影像技术、医学生物技术、计算机应用技术6个专科专业。直属附属医院1所，非直属附属医院25所，教学实习医院64所，总床位达68000余张。有临床学院、护理学院、继续教育学院、基础医学院、中医学院、研究生学院、国际教育学院7个学院及中药学系、心理学系、生物医学工程系、社会科学部、公共体育部、外语教学部6个教学系部。

学校现有临床医学、基础医学、中药学3个硕士授权一级学科，涵盖了26个二级学科，其中临床医学、中药学、护理为专业学位授予学科。学校现有国家中医药管理局“十一五”重点专科1个、省级重点学科和重点发展学科8个、省级医学重点发展学科4个、省级临床重点专科建设（培育）单位10个、校级重点学科19个；国家级特色专业建设点2个、河北省本科教育创新高地2个、河北省品牌特色专业2个、省级“专业综合改革试点”项目3个；临床医学为地方高校第一批本科专业综合改革试点；省级精品课程9门；河北省优秀教学团队1个。

校园占地面积74.9万平方米，固定资产总值7亿元。图书馆占地面积近19000平方米，藏书近70万册，各种期刊600余种，拥有电子图书240万册和万方医学期刊全文数据库、中国学术期刊全文数据库、EBSCO外文等7个数据库。

学校2015年荣获“全国文明单位”称号；先后9次荣获“省级文明单位”称号；先后被授予河北省校园文化建设“十佳单位”、河北省“文明大院”、全省教育系统创先争优先进集体、河北省学校安全稳定工作先进单位等称号。学校党委被评为“河北省高校党建工作先进集体”；团委被评为“全国五四红旗团委”；基础医学院获“全国教育系统先进集体”；护理学院被评为“全国三八红旗集体”；附属医院被评为“全国卫生系统先进单位”、“全国卫生系统思想政治工作先进单位”；大学生社会实践6次获得中宣部、教育部和团中央等部委表彰；大学生社团定向越野协会被评为“全国高校优秀学生社团、全国百佳体育公益社团”。

毕业生社会声誉良好。学校本科学生在全国大学生英语四级考试中，连续5年一次通过率在90%以上，在全国高校中处于领先地位。多次在河北省医学院校临床技能考核中，获得全省第一名。近年来，毕业生参加国家执业医师资格考试，通过率高全国平均通过率5～13个百分点。建校70年来，学校培养3万余毕业生。大多数人已成为基层医疗单位的业务骨干和学科带头人。

承德医学院秉承“仁爱至诚 知行合一”的办学理念，以“严谨、求实、勤奋、创新”为校训，形成了“艰苦奋斗，锲而不舍，求真务实，拼搏进取”的承医精神。学校坚持“以学生为本，全心全意为学生成长成才服务”的理念关心学生，全员育人、全过程育人、全方位育人，把立德树人作为学校的根本任务。

承德石油高等专科学校

承德石油高等专科学校始于光绪二十九年（公元1903年）创办于天津的“北洋工艺学堂”，是我国兴办最早的高等工业职业院校之一。学校于1952年开始主要面向石油工业服务，1958年迁至河北省承德市。现为中央与地方共建、以河北省人民政府管理为主的普通高等专科学校。学校于1997年成为教育部全国示范性高等工程专科重点建设学校，2007年，被确定为国家示范性高等职业院校重点建设单位。2010年，被评为国家示范性高等职业院校优秀建设单位。2011年，学校通过新一轮高等职业院校人才培养评估。

学校现设有10系（机械工程系、电气与电子工程系、热能工程系、化学工程系、计算机与信息工程系、汽车工程系、石油工程系、建筑工程系、管理工程系、外语与旅游系）、3部（社科与数理部、体育健康与艺术教育部、成人教育与培训部）、2中心（信息中心、工业中心）。开设高职专科专业41个，与河北科技大学联合开办工程教育本科专业4个，与德国安哈尔特大学合作开办中德合作专业3个。学校面向20余个省份招生，现有普通本专科在校生共计12620人（其中工程教育本科729人），成人学历教育学生3000余人，年各类培训20000余人次。

学校占地面积1000余亩，校舍建筑面积25万平方米。教学科研仪器设备1.2亿元。图书馆藏书100余万册，收订中外文期刊1361种。学校现有教职工708人，高级职称教师224人（教授57人），硕士以上学位教师395人（博士32人）。学校有国家级教学团队3个，省级教学名师4人，入选省级人才工程17人，承德市拔尖人才12人，承德市新世纪学术、技术带头人23人。4人入选第二轮河北省高职院校人才培养工作评估专家库，13名教师被聘为教育部高职高专专业教学指导委员会委员，14名教师被聘为硕士研究导师。学校有3个教育部高工专示范专业，5个河北省高职高专教改示范专业，5个具有区域和石油石化等产业特色的品牌专业，2个高等职业学校提升专业服务产业发展能力重点建设专业。学校有省级以上精品课程25门，其中国家精品课程（国家精品资源共享课程）10门。应用化工技术专业教学资源库被教育部确定为首批启动的高等职业教育教学资源库建设立项项目并顺利通过验收。学校教师主编出版国家级规划教材64部，有25部主编教材被列入“十二五”职业教育国家规划教材。学校有河北省仪器仪表产业技术研究院、河北省仪器仪表工程技术研究中心、河北省高校工业数据通信与自动化仪表应用技术研发中心、河北省石油生产虚拟仿真技术及应用工程技术研究中心、河北省流体测控仪表工程实验室等5个省级科技平台，近五年承担市厅级以上教科研课题300多项，服务企业技术课题150余项，90余项成果获奖，发表学术论文1300余篇，其中核心期刊论文480余篇。学校共取得国家专利40余项。公开出版的《学报》是全国高职高专优秀学报和全国优秀科技期刊、全国高职高专核心期刊。学校建有较为完备的校内实验实训基地群，拥有校外实训和产学合作基地414个。学校是首批职业院校文化素质教育基地、全国产学研合作教育试点单位、全国创业培训试点院校、教育部技能型紧缺人才培养培训基地、石油化工职业教育与培训全国示范性实训基地以及河北省电子行业特有工种职业技能鉴定站等培训和技能鉴定基地。

学校在百余年的办学历程中，秉承“道艺兼修，敬业乐群”的校训和“工艺非学不兴、学非工艺不显”的办学理念，致力于服务地方经济以及石油工业发展。学校与12所国内院校和11所国外院校建立了校际合作关系，与承德市高新区管委会共同建立了政产学研战略联盟，与企业共同建立了仪器仪表研发中心，牵头成立承德装备制造职教集团。学校与中石油、中石化、中海油、大唐、神华等大型能源企业建立了长期合作关系，每年有大批学生到这些企业进行顶岗实习、就业。中国石油集团公司在学校设立了中国石油奖学金，并建立了高技能人才培训基地。学校学生曾获全国大学生数学建模竞赛、全国大学生电子设计竞赛、全国石油工程设计大赛、全国职业学校创新创效创业大赛一等奖等多个冠军和奖项，毕业生就业一次签约率连续多年列河北省同类院校第一名。2009 年，在“麦可思”就业能力排行榜上位列国家示范院校第一名，就业质量逐年提高。2005 年，高职高专院校人才培养工作水平评估为优秀。2013 年，被教育部授予“全国毕业生就业典型经验高校”（全国高校就业 50 强）。

学校不断加强党建和党风廉政建设，把落实主体责任作为重大政治任务，把党风廉政建设纳入学校改革发展和党的建设总体布局。近年来，学校先后获得河北省高校党的建设工作先进集体、河北省教育系统先进基层党组织、河北省先进集体、河北省文明单位、全国师德建设先进单位、全国精神文明建设先进单位、全国文明单位、全国职业教育先进单位等荣誉称号。学校获评中国青年报“全国职业院校魅力校园”、中国石油和化学工业文化建设先进单位，校区建筑群被评为全省高校校园唯一的“河北省首批十佳公共建筑”。

河北民族师范学院

河北民族师范学院前身是始建于光绪三十三年（1907 元）经光绪皇帝御批设立的热河速成法政学堂，隶属于学部。其间几经易名，1915 年改办为热河公立师范学校，1958 年改建为承德师范专科学校，1959 年，通州师专迁到承德与师专合并。1960 年，曾升格为承德师范学院。1978 年，经国务院批准恢复承德师范专科学校。1992 年，经原国家教委批准改办为承德民族师范高等专科学校。2010 年 3 月，经教育部批准升格更名为河北民族师范学院。

学校是河北省唯一一所民族本科高校，是河北省人民政府与国家民委共建地方高校，作为委省共建的重点项目，学校与中央民族大学签署协议，成为中央民族大学对口支援院校。是河北省首批转型试点高校之一，是教育部学校规划建设发展中心首批全国五所“产教融合创新实验项目”基地学校。

占地面积 976.5 亩，建筑面积 27 万平方米，教学仪器设备总值 8000 余万元，各类实验、实训室 180 个，纸质图书 102 万册，数字图书 320 万册。中外期刊近 1200 种，有先进的图书网络自动检索、借阅系统，开通了中国知识资源总库（CNKI）、超星读秀知识库、万方数据知识资源等网络资源。

现设有文学与传媒学院、数学与计算机科学学院、美术与设计学院、初等教育学院、外国语学院、音乐舞蹈学院、体育学院、历史文化与旅游学院、教师教育学院、马克思主义学院、商学院、资源与环境科学学院、物理与电子工程学院、化学与化工学院、生物与食品科学学院、继续教育学院、创业学院 17 个二级学院，现有本科专业 35 个，专科专业 34 个，涵盖文学、理学、法学、工学、管理学、教育学、历史学、艺术学八大学科门类。建有省级示范专业 1 个，省级教学改革试点专业 1 个，省级重点建设学科 2 个，省级精品课程 5 门，省级大学生校外教学实践基地 1 个、省级研究基地 3 个。

现有教职工 806 人。其中，专任教师 609 人，教授 63 人，副教授 190 人。博士硕士 385 人。教师队伍中有河北省教学名师 1 人、河北省优秀教师9人、河北省“三三三”人才工程二层次人才1人、河北省高校百名优秀创新人才1人、河北省高等学校学科教学指导委员会委员11人、承德市优秀教师12人、承德市新世纪学术技术带头人20人、承德市管专业技术拔尖人才8人，40名教师入选承德市科学技术专家库。

学校紧密结合地方经济社会发展需要，依托地方主导产业和特有的资源优势开展科学研究工作，成立了避暑山庄研究、承德发展研究两个研究院，加强服务地方的应用型研究，逐步形成了教师教育研究、地方历史文化研究、地方经济产业发展研究、民族文化研究等科研特色。2015年，获批各级各类科研课题155项。其中，国家级项目1项，省部级项目30项，发表核心期刊论文51篇，三大索引论文7篇，出版学术著作5部，获得各类科研奖励150余项，获科研资助经费285万元，在农村义务教育发展、旅游文化、生物资源、钒钛资源研究等方面产生了一批标志性成果。

学校贯彻落实民族教育的基本方针政策，坚持“为地方经济社会发展服务、为民族地区服务”的办学宗旨，加强民族文化的研究和传承，开设了满语、清史、满族体育、满族舞蹈、满族剪纸、民族绘画及工艺制作等凸显民族性与地方性的课程，编写出版《民族概论》《北方民族传统体育集锦》《简明满语教程》《满族文学读本》等8部民族方面教材共300多万字。在保护与开发民族特色项目，创民族文化艺术精品上贡献突出，以避暑山庄研究、纳兰性德研究为重点，成为“全国纳兰性德研究”和“避暑山庄研究”中心。作为河北省民族教育基地、河北省少数民族传统体育项目训练基地，组建“少数民族体育和满族音乐舞蹈”等具有民族特色的研究室，挖掘、收集、整理民族体育传统项目近80项，开设了珍珠球、蹴球、陀螺、押夫、射弩等民族体育项目，参加全国、河北省民族体育比赛成绩优异，学校满族传统体育项目“二贵摔跤”连续两届代表河北省参加全国民运会，取得优异成绩，获得了第八届全国民运会表演项目金奖和第九届全国民运会表演项目一等奖。作为河北省非物质文化遗产传播基地，由学校音乐系师生和离退休教师成立的承德清音会，对清代宫廷音乐研究成果显著，承德避暑山庄宫廷音乐研究被列为河北省社科规划科研项目，清音会被列入河北省“非物质文化遗产”名录。学校的民族舞蹈和民族美术作品丰硕，反映满族、蒙古族等风情的音乐舞蹈和美术作品多次获得国家和省级荣誉。

学校坚持“教学型、地方性、民族性、应用型、开放式”本科的办学定位，立足承德，面向河北，辐射京津，以培养适应区域经济社会和民族事业发展需要的、创新精神和实践能力的高素质应用型人才为己任。现有全日制本、专科学生11238人。学校毕业生就业率、就业质量逐年提高，平均就业率达到85%以上，学校就业指导中心被省教育厅评为“河北省普通高校示范性就业指导中心”。学校先后为地方经济建设和基础教育、民族事业发展培养和输送了数以万计的合格人才，已逐步成为全国民族教育事业发展的重要组成部分和承德历史文化传承、人才教育培养的主阵地。

学校积极拓展开放办学渠道，加强校地、校企、校校间的互动交流，先后与承德双滦区政府、平泉县政府签署合作协议，开展合作共建项目。与中央民族大学、中南民族大学、大连民族大学、哈尔滨体育学院、美国莫瑞州立大学、马来西亚马来亚大学、台湾南台科技大学等国内外高校签署协议，积极开展人才交互培养。与承德市双滦区产业园、河北畅达集团等企事业单位开展战略合作，构建实践教学平台，为在校生提供岗位实训，提高应用型人才培养的质量，学校的社会影响力和国际知名度逐步扩大。

发展目标：历经百余年的积淀，学校形成了优良的学术传统和深厚的文化底蕴，凝练了“修德砺能、博学致远”的校训，形成了“同心砥砺、持之以恒、自强不息”的学校精神。站在新的历史起点，全校教职员工将紧紧抓住学校转型发展的良好契机，利用河北省人民政府与国家民委共建平台、教育部规建中心“产教融合创新实验项目”平台，坚持打好一张民族牌，坚持“两条转型线”，坚持“三步走战略”，实现“四个大发展”的发展战略，为把河北民族师范学院建成一所特色鲜明、质量著称的应用型河北民族大学而努力奋斗！

河北旅游职业学院

河北旅游职业学院是河北省唯一以旅游命名，以培养旅游类、现代农业、现代管理和信息机电类高技能专门人才为主的综合性公办全日制高职院校，是河北省重点建设的示范性高等职业院校，其前身是创建于1950年的热河省农林专科学校。学院是中国旅游教育协会常务理事单位、河北省旅游职业教育集团理事长单位、河北省旅游协会教育培训与规划分会会长单位，是全国唯一一家中央国家机关工作人员定点培训单位，是河北省旅游人才培训基地。

学院校园占地面积503亩，总建筑面积21.18万平方米，馆藏图书61.39万册，电子图书1069.43GB。学院设有旅游管理、旅行社管理、酒店管理、旅游外语、设计开发、生物工程、畜牧兽医、园林艺术、会计、商务管理、机械电子和信息技术等12个系，开设导游、酒店管理、旅游管理、旅游英语、环境艺术设计、会计电算化等48个专业(含方向)。构建起以旅游为主体，以现代农业和现代管理为两翼的“一体两翼”专业格局。学院建有中央财政支持的具有国内领先水平的综合性旅游实训中心，拥有满足教学需要的131个校内实训室和159个校外实践教学基地；建有3个河北省高职高专教育教学改革示范专业，2个中央财政支持的高等职业学校提升专业服务产业发展能力项目和4个高职高专国家级骨干教师培训基地；建有1门国家精品资源共享课，5门省级精品资源共享课，3门高职高专教指委精品课程和29门院级精品资源共享课。

学院师资力量雄厚，现有教职员工721人，其中教授54人，副教授221人。有享受国务院政府特殊津贴专家1人，全国优秀教师3人，河北省名师1人，承德市新世纪学术技术带头人22人，承德市专业技术拔尖人才14人，44名教师被省、市各行业主管部门聘为技术专家。

学院面向全国20余个省、市、自治区招生，现有全日制在校生6000余人，成人教育在籍生4000余人。学院积极拓展毕业生就业市场，设立大学生就业指导中心，加大毕业生就业推介力度，至2015年，已与400余家用人单位建立了稳定的实习就业合作关系。毕业生一次性就业率始终稳定在95%以上，并呈逐年上升趋势，位居省内高校前列。

学院重视学生的素质教育和职业技能的培养，实行“双证书”制度，设有职业技能鉴定中心，下设河北旅游职业学院国家职业技能鉴定所、河北省农业职业技能鉴定总站（02）培训鉴定基地和电子行业特有工种职业技能鉴定站，可开展茶艺师、宠物医师、花卉园艺工等近40个工种的职业技能鉴定工作。

学院设有国际教育学院，注重国际交流合作的内涵发展、质量提高和品牌建设，与英国、美国、韩国、俄罗斯、日本、西班牙、塞舌尔、阿联酋、加拿大、澳大利亚等国的多所院校建立了合作关系，合作培养覆盖专科、本科到博士各层次。国际交流合作办学的规模、水平和层次居河北省高校前列。在校生可赴国外带薪实习，并推荐学生到国内外跨国公司就业。2014年5月，学院23名应届毕业生赴塞舌尔实习就业，是中国到塞舌尔成建制的中国第一批顶岗实习的学生团队，至今已有5批111余人赴塞舌尔实习就业。几十名学生赴韩国、日本带薪实习就业。

学院新设立了高职教育研究所，成立了职业培训学院和社会服务与培训学院，进一步加强和深化为区域经济和社会发展的服务力度，并提供足够的智力支持和人才保障，学院秉承创办特色高职院校、培育优秀职业人才的办学理念，坚持实施“质量立校，特色强校，开放活校”和“双轮驱动”发展战略，实施“双成”教育。多年来，学院走出了一条从抓基础建设到抓内涵建设，再到走向品牌与特色建设的发展之路。学院基础设施不断增强，人才培养水平不断提高，先后获得全国农业职业教育先进单位、河北省职业教育先进单位、河北省文明单位、河北省普通高校招生工作先进单位、河北省非师范类大中专毕业生就业工作先进单位、河北省学生思想政治工作先进单位等多项荣誉称号。

承德护理职业学院

承德护理职业学院，原为承德卫生学校，成立于1978年，成立之初名为承德地区卫生学校。1995年，与承德市卫生职工中专合并后更名为承德卫生学校。2002年，经省教育厅批准建立承德医学院分院和天津医科大学承德校区。2010年，经河北省人民政府批准升格为承德护理职业学院。学院系专科层次的普通高校，实施专科层次高等职业教育，保留中专教育职能。

学院校园占地面积285.63亩，建筑面积10万平方米，教学仪器设备总值1480万元，建有临床护理、医学基础、口腔、医学检验四个实训中心，其中护理专业实训中心为国家级重点实训基地。学院现有教职工343人，专任教师253人，其中教授职称26名，副高级职称98名，“双师型”教师44人，市管拔尖人才9人，市级新世纪学术技术带头人5人。学院设有护理系、涉外护理系、医学系、药学检验系、中专部和国际护士培训中心，现开设护理、涉外护理、临床医学、口腔医学、药学、医学影像技术、医学检验技术、口腔医学技术、卫生信息管理、中医保健康复、公共卫生管理、医学美容技术12个专业，涉及医疗、护理、医技、药学和卫生管理等类别，初步形成了类别齐全、设置科学的专业群。全日制在校生5390人，成人学历教育学员1000人。

学院坚持“以服务为宗旨、以就业为导向，以质量求生存、以特色谋发展”的办学理念，坚持“立足承德、服务河北、面向全国、走向世界”的办学定位，秉承“尚德、笃学、慎行、奉献”的校训，走以提高教育教学质量为核心的“质量优良、特色鲜明、规模适度”内涵式发展道路，努力为社会培养全面发展、适应岗位要求的技能型卫生技术人才。学院先后荣获“省级文明单位”“全省职业教育先进集体”“省级先进基层党组织”“全国教育系统先进集体”“河北省卫生工作先进集体”“承德市思想政治工作先进单位”等荣誉称号。

学院坚持社会主义办学方向，坚持马克思主义在意识形态领域的指导地位，坚持用中国特色社会主义理论体系武装师生。院党委充分发挥领导核心作用，认真贯彻执行党委领导下的校长负责制，积极加强党的建设，贯彻落实党的教育方针，履行学院教育职能，认真把党和国家关于职业教育的决策部署贯彻落实到学院工作的各个方面，努力培养造就高素质的医护人才队伍。

学院坚持以教育质量为核心，积极推进教学模式、教学内容、教学手段和教学管理的改革。围绕技能型人才培养目标，创新教学管理手段，狠抓教学、实验、实习“三个环节”，实行技能与理论“双百分制”，推行“校企合作、工学结合、教学做一体化”人才培养模式，开展“案例导入、项目引领、任务驱动”课堂教学改革，形成了完善的教学质量监控和保障体系。深化院校合作，建立教学医院4所，并在北京、天津等地建立实习就业基地90多家，积极与教学、实习医院开展教学、见习合作，推进了实践教学水平的提高，连续在河北省医药院校护理和临床技能考核中获得优秀。护士证考试平均通过率达到80%以上，毕业生就业率保持在97%以上。学院重视科研工作，坚持以科研促教学，升格以来，学院教师共完成省、市级课题99项，主编教材35部，发表省级以上论文738篇，核心期刊287篇。

学院坚持开放办学理念，走特色强校之路，“涉外护理”在国内外享有较高声誉，现开设英语护理、日语护理两个方向。先后与美国纽约市立大学莱曼学院、澳大利亚南岸政府理工学院、英国白金汉大学、日本京进集团、比利时鲁文大学开展了联合办学。现已有1800余名毕业生到国外工作或留学，成为国内卫生职业教育领域的一面旗帜。学院先后被确定为“全国涉外护理教育研究会理事长单位”“国家护理专业领域技能型紧缺人才培养培训基地”、国家“医护英语教学示范基地”、河北省“涉外护士培训基地”。为适应国际护理人才市场的需求趋势，学院成立了国际护士培训中心，取得了良好的培训成绩，雅思5.0以上通过保持在65%以上，全国已有15个省市、30多所院校选送2000余名学生到校培训，进一步推动了我国涉外护理教育的发展。学院坚持面向市场办学，针对我国人口老龄化的严峻形势，积极打造老年护理专业，与远洋地产公司开展了老年护理订单培养项目，与中国红十字会总会事业发展中心开展了养老护理项目全方位合作，将学院确定为曜阳养老培训基地。

学院坚持“育人为本，德育为先”，不断加强学生教育、管理和服务工作。坚持以社会主义核心价值观为引领，积极开展各种主题教育实践活动。重视学生社团建设，积极开展社会实践和志愿服务活动，为全面培养学生个性特长搭建发展平台。加强校园文化建设，举办校园文化艺术节，组织指导学生社团积极开展活动，打造了具有学院特色的“护理技能大赛、5·12护士节授帽仪式、英语文化周、校园风采之星大赛、百科知识竞赛”等精品文体活动，促进了学生综合素质的提高。重视辅导员和班主任队伍建设，加强辅导员校内外培训，举办辅导员技能大赛，全面提高辅导员和班主任队伍素质。认真做好家庭经济困难学生资助工作，学院设有国家奖学金、国家励志奖学金、香港百花奖学金、腰痛宁励志奖学金、日本立木奖学金、学院奖学金、国家助学金及中职困难生减免学费等，形成了完善的“奖、贷、减、助”资助体系。学院扎实开展安全稳定工作，积极开展平安校园创建活动，努力为教育教学工作的顺利开展提供有力保障。

学院正在全面加强内涵建设，进一步突出办学特色，深化教育教学改革，努力把学院建设成为一所具有鲜明职业特色、在国内有名气、国外有影响的高等护理职业院校。

承德广播电视大学

承德广播电视大学成立于1979年。业务上受国家开放大学和河北广播电视大学指导，迄今已走过37年的发展历程。在此期间，先后与承德地区教育学院、承德电视中专合并，并在2012年经承德市政府批准成立了承德社区教育学院，办学实力不断壮大，业务职能不断增加。目前学校采取承德广播电视大学、承德信息工程技术学校、承德社区教育学院三个机构、一套人马的管理体制。承担着远程开放教育、网络教育、普通中专教育、成人高职教育、社区教育和各类非学历教育等办学任务。承德市教育干部培训中心和承德市中小学教师继续教育中心设在该校，负责承担承德市教师学历提高培训任务和教育干部培训任务。

学校下设14个中层机构,与8所县级电大(其中5所分校、3所工作站)保持业务联系,在全市多个系统内建立办学点,构建了以市校为中心,以县级电大为骨干,覆盖全市城乡的现代远程教育网络,已形成以远程网络课程、广播电视、文字教材、音像教材、多媒体课件等多种媒体为主要手段,基于计算机网络、教学管理网络和卫星电视网络进行远程开放教育的新型办学系统,是承德市最大的现代远程开放教育大学。

学校占地面积42.2亩、校舍建筑面积3.46万平方米,固定资产2700万元,有7个微机室,5个理工实验室和电工电子实验室,400台微机,16个多媒体教室,百兆校园网,有图书期刊7万余册。现有教职员工160名,专兼职教师108人,其中正高级职称9人,副高级职称49人,中级职称59人,初级职称12人,所有教师均为大学本科以上学历,其中研究生学位21人。近年来,学校的教科研工作受到省电大的充分肯定,多名教师获得省电大先进教学管理工作者、先进教学工作者、先进科研工作者荣誉称号。

学校现有在校(籍)学员7704人,其中成人教育6968人,包括开放教育3405人,网络教育3500多人,成人大专函授教育11人,业余52人。多年来为承德地区培养了各行各类人才11万多名。据不完全统计,至2015年,在市厅级领导岗位上的电大校友14人以上,县处级领导干部120人,部分优秀毕业生的科研成果多次获省、部级奖励。"十五"计划、"十一五"和"十二五"规划期间组织全市教育干部培训11553人次,中小学教师提高培训78671人次,全市四分之一的中小学教师学历提高由该校完成。最近3年,承德电大毕业生已有26名学生获得中央电大奖学金,5名学生获得中央电大优秀毕业生,多名学生获得省电大优秀毕业生称号。

承德电大先后被省、市有关部门命名和授予了"河北省电子行业特有工种职业技能实训基地""现代远程开放教育基地""教育评估优秀单位""文明单位""安全文明校园"等称号,并多次被省电大授予"招生先进单位""教学管理先进单位""教学先进单位"等荣誉称号。其中,因教育干部培训工作多年来始终在全省干训工作中保持领先地位,还获得了"河北省教育干部培训工作远程专题培训市级先进单位"的荣誉称号,并被誉为"承德模式"。2015年,因网络教育多年来取得的办学成绩,学校获得全国高校现代远程教育优秀校外学习中心、河北广播电视大学网络教育先进集体、奥鹏远程教育中心招生服务优秀奖、远程教育课程优秀考核设计方案等荣誉。此外,学校还被有关部门确定为其他系统网上考试、电子行业准入证、职业技术等级、国家汉语能力测试、银行系统资格认定、省级民营企业人才培训基地、承德市民营企业人才培训基地、承德市扶贫办"雨露计划"培训基地、教师资格认定教育学、心理学考试的确认点,英语证书——PETS等级考试承德市唯一考点,教育部远程教育英语、计算机全国统考市级唯一考点,也设在承德电大。学校在培养实用型人才,推动社会经济发展方面,正发挥着越来越重要的作用。

第七章 特殊教育与民族教育

开展普及特殊教育县工作，推动特殊教育与普通教育的融合，完善普通幼儿园、小学和中学残障学生随班就读制度。积极创造条件，提升康复训练水平。加强残疾学生职业技能和就业能力培养。至2009年年底，实现8个县每县具有一所独立设置的特教学校，市区建有一所高标准的特教学校。至2015年年底，全市共有特殊教育学校8所，在校生762人，教职工224人，专任教师183人。

普及民族地区学前教育，改善民族地区义务教育薄弱学校基本办学条件。规范民族教育办学行为。在各级各类学校广泛开展民族团结教育，推进民族团结教育进课堂。

第一节 特殊教育

一、发展规划

1989年7月，市教委制定特殊教育发展规划，建立以聋哑学校为骨干，以特殊班和随班就读为主体的残疾儿童教育新体系，对聋哑学校的学生粮食补贴、肉蛋补助给予一定的照顾，将特殊教育作为义务教育的一个重要方面纳入义务教育的范畴。年内，承德市共有1所直属聋哑学校，5个教学班，56名学生，13名教职工；在承德县第二小学有1个弱智班。

1993年，承德地、市合并后，市教委制定全市特殊教育发展规划。

1996年7月9日，市教委印发《关于做好秋季残疾儿童招生工作的通知》，要求各级教育部门要进一步重视盲、聋哑、智力障碍等残疾儿童的义务教育，有计划、有步骤地做好秋季残儿招生工作，最大限度的保证各类残儿就近入学。各县残儿入学率应达到65%以上，三区要达到80%以上。要求盲、聋哑、智力障碍等残疾儿童的入学年龄可以适当放宽，根据实际情况减免杂费。要进一步改善特教学校办学条件，改进教学方法，提高教学质量。

1997年6月25日，承德市聋哑学校在原有八年制基础上改为九年制，增设职业初中班，九年级主要进行初级中等职业教育及就业指导。初中部教师纳入中学教师系列，初中部教师必须是大专以上学历，对普通师范改做特教工作的教师进行培训。课程设置按国家教委相关文件规定执行。

1998年8月8日，承德市聋哑学校建立承德市特殊儿童监测鉴定中心。

1999年4月7日，承德市聋哑学校开办智力、行为障碍班。12月10日，市教委向承德市聋哑学校下发批复："同意你校从2000年暑期起由六年制教育改为九年一贯制教育，即小学六年，初中（职业化）三年。在实行新学制前，要做好改制的各项准备工作。改制后要按照教学大纲组织安排好教学计划，认真总结经验，探索适合承德特殊教育发展的新路子。"年内，全市有5个县按标准建起特教学校，各类残疾儿童入学率已经达到68%。

2001年12月15日，市政府在《贯彻国务院关于基础教育改革与发展的决定的实施意见》中，提出特殊教育发展目标任务："十五"计划期间，每个县建成一所独立建制的义务教育阶段特教学校，市聋哑学校改扩建成高中阶段的特教学校。到2005年，全市要基本普及残疾儿童少年九年义务教育、残疾儿童学前教育、残疾人高中阶段教育，基本形成适应残疾人教育与发展需要的特殊教育体系。

2002年3月18日，承德市卫生局、教育局、民政局、药监局、计生局、妇联、残联7个部门联合印发《承德市聋儿康复"十五"实施方案》。主要目标是：对532名聋儿进行听力语言训练，使经过训练的聋儿进入普幼、普小率达到25%，完成"听力助残"助听器供应100台。年内，全市有6所特殊教育学校，在校学生926人。

二、普及特殊教育

2003年，承德市加大普及特殊教育工作力度。投资240万元改扩建市聋哑学校，建成一所占地面积16亩，建筑面积3600平方米的门类齐全的市聋哑学校，为各县起到了示范作用。全市有6个县建起特殊教育学校，残疾儿童入学率已经达到86%。

2003年9月，平泉县通过省普及特教县评估验收，成为河北省首批普及特殊教育县，并在11月全省特教会议上作了典型发言。

2004年，承德市聋哑学校更名为承德市特殊教育学校。承德市聋哑学校建成2400平方米的综合楼，教学条件得到根本改善，推动了全市特教事业的发展。年内，围场县通过省普及特殊教育县验收，全市有两个县（平泉、围场）普及了特殊教育。

2005年6月13日，市委、市政府在《关于贯彻落实省委、省政府〈关于加强教育工作的决定〉的实施意见》中，提出要重视特殊教育，积极兴办特殊教育，办好特殊学校。年内，隆化县通过省普及特殊教育县验收，全市已经有3个县（平泉、围场、隆化）普及特殊教育，特殊教育适龄儿童入学率由2004年的86%提高到2005年的87%。

2006年，滦平县通过省普及特殊教育县验收。全市有平泉、围场、隆化、滦平4个县普及特殊教育，特殊教育适龄儿童入学率保持在87%。

2007年8月15日，丰宁县通过普及特殊教育县验收，全市已累计有平泉、围场、隆化、滦平、丰宁5个县普及特殊教育。全市共建成特殊教育学校7所，其中，小学阶段学校3所，初中阶段4所，在校生375人（聋哑学生249人，弱智学生126人），特殊教育适龄儿童入学率达到88%。

2008年3月10日，市教育局为满足特殊教育学校实际工作编制的需要，向市编委报送《关于承德市特殊教育学校编制问题的请示》，申请增加市特教学校初中和高中部的编制29个。4月5日，承德市教育局、承德市发改委向省教育厅、省发改委报送关于承德市特殊教育学校建设整体规划及"十一五"规划期间项目建设方案的报告。年内，宽城县通过省普及特教县验收，全市有6个县普及特殊教育。

2009年，承德市的承德县、兴隆县通过河北省普及特殊教育县评估验收。至此，全市8个县全部普及特殊教育，提前一年完成普及特教任务目标。

2010年5月24日，市教育局为进一步提高全市特殊教育学校教师教学能力和教学水平，举办全市特殊教育学校教师教学能手比赛，由市特殊教育学校承办。12月30日，开展特殊教育学校学科教育带头人评选活动。

2011年3月23日，市教育局会同财政、民政等各部门主要负责到市特教学校现场办公，与学校共同研究加快学校发展的具体措施。确定该校今后发展定位为：在发展市区特殊儿童义务教育的基础上，重点发展职业教育和高中教育。年内，承德市责成专人立即着手研究制定学校改扩建方案，市财政给予资金支持，市民政部门筹措30万元资金在设备购置、贫困生资助等方面予以支持。市特教学校高中部5月参加高考的6名学生全部接到录取通知书，分别被北京联合大学、河南中州大学、山东特殊教育专业学校录取。5月下旬，承德市特教学校被教育部和中国残联授予“全国特殊艺术人才培养基地”牌匾，学校和11名残疾儿童共接受捐赠6.8万元。8月2—4日，承德市特殊教育学校成功举办全市特殊教育学科带头人及骨干教师培训，培训以特殊教育理论、残疾儿童心理、教材教法等为主要内容。10月26日至11月11日，市教育局基础教育科、市特教学校领导和骨干教师，赴8个县的特教学校开展一轮听课指导活动，由评课教师对授课教师进行一对一点评、面对面交流，进一步促进了特教学校教学工作。

2012年，承德市按照承德市残疾人发展“十二五”规划，制定了承德市特殊教育管理规定，以“市＋特教中心”为依托，完善特殊教育教学研究长效机制，开展普通幼儿园随班就读制度改革实验和特教学校招收学前班学生试点。滦平县特教学校搬迁建设基本完成，学校办学条件得到整体改善。

5月16日，承德县特教学校聋哑学生王红丽应邀参加承德市第22个助残日残疾人技能展示活动，其展示的丝带绣作品，精湛绣工和自强精神得到市委领导的很高评价。9月17日，承德市特殊教育学校聋部全体师生赴翠桥学校，开展体验“普教一日生活”活动。通过参加升国旗仪式、观摩课堂及课间操，体验课内外活动，加强聋生与普教学生交流互动，帮助他们健康成长，回归主流社会。11月下旬，市教育局组织部分教师参加在山东潍坊举行的第三届中国儿童心理行为康复训练师专业技术培训班。该培训班由国内知名发育行为儿科、资深儿童康复专家主讲，有助特教学校加强感知觉统合、行为训练等的规范化管理和提高康复训练水平。

2013年，河北民族师范学院组织学生志愿者在“六一”国际儿童节来临之际，到市特教学校与师生共同举行“庆祝‘六一’心手相连、传递爱心、共筑梦想”联谊活动，举行了“青年志愿者服务基地”挂牌仪式。5月22—25日，市教育局举办2013年特殊教育论文和多媒体课例市级评选活动，来自全市9所特教学校的52篇论文和46节课例参加评选，最终评出的优秀论文和优秀课例将代表承德市参加全省评选。12月，承德市8所特殊教育学校教师在全省特殊教育论文和多媒体课例评选活动中取得优异成绩，共获得一等奖论文9篇。

2014年1月10日，市政府办公室转发市教育局、市发改委、市民政局、市财政局、市人社局、市卫生局、市编办、市残联制定的《承德市特殊教育提升计划实施意见（2014—2016年）》，确定了特殊教育发展总体目标：

到2015年，全市初步建立起布局合理、学段衔接、普职融通、医教结合的特殊教育体系，办学条件和水平明显提升；建立以财政为主、社会支持、全面覆盖、畅通便利的特殊教育服务保障机制，基本形成政府主导、部门协同、各方参与的特殊教育工作格局；构建起以特殊教育学校为骨干、随班就读和特殊教育班为辅助、送教上门和社区康复为补充的特殊教育办学格局；基本普及残疾儿童少年义务教育，视力、听力、智力残疾儿童少年义务教育入学率力争达到95%以上，非义务教育阶段残疾人受教育比例明显扩大。

重点任务：⑴提高普及水平，⑵改善办学条件，⑶加强队伍建设。

主要措施：⑴努力扩大残疾儿童少年义务教育规模。到2016年，8个县每县建有一所独立设置的特殊教育学校。市特殊教育学校负责双桥、双滦、鹰手营子、承德高新区4个区的学前教育、义务教育和全市盲童的义务教育、残疾学生的高中阶段教育，实现特殊教育全覆盖。⑵积极推进非义务教育阶段特殊教育发展。积极发展残疾儿童学前教育、大力发展残疾人高中阶段教育、重视发展残疾人高等教育。⑶提高教育教学水平。强化教师队伍建设，深化教育教学改革。⑷提高经费保障水平。①提高生均财政拨款标准。义务教育阶段特殊教育学校生均公用经费按照高于普通学校生均公用经费标准的10～15倍足额安排。3年内，生均预算内公用经费标准达到每年6000元，标准高于6000元的县（区）不得下调，有条件的县（区）可进一步提高，保证学校正常教育教学需要。②提高资助水平。在义务教育阶段“两免一补”基础上不断提高补助水平，进一步加大对家庭经济困难残疾学生的资助力度。落实对农村家庭经济困难和享受城市居民最低生活保障政策家庭寄宿生发放生活补助费政策，补助标准达到小学生每生每年1000元、初中生每生每年1500元。积极推进学前及高中阶段残疾学生免费教育。③拓宽资金渠道。大力争取国家和省项目资金，扶持一批重点建设项目。各级残联要每年从残疾人就业保障金中提取不低于8%比例的资金，专项用于特殊教育学校开展各种职业教育与培训。④加强基础能力建设。⑸组织保障。落实政府职责、建立健全工作机制、加强督导检查等。市政府教育督导室要将特殊教育提升计划实施情况列入年度教育督导工作重点，作为对县（区）政府教育督导评估的重要内容，及时开展专项督导和随机督导，并依照省标准做好评估验收相关工作。将残疾儿童少年义务教育入学率、特殊教育教师专业化水平和特殊教育保障水平等作为义务教育基本均衡县评估验收的重要指标，残疾儿童少年义务教育入学率不达标的县（区）不能申报全国义务教育基本均衡县。

年内，承德市特殊教育学校在承德市兴达涂装设备有限公司建立职业教育就业培训基地。学校每两周安排教师带领聋部高中学生赴基地，接受机械部件拼接操作技能培训，学习简单的机械构图。通过定向培养，学生逐步掌握了技术要领，为毕业后参加工作，成为自食其力的劳动者奠定基础。3月底，平泉县特殊教育中心荣获“全国三八红旗集体”荣誉称号。承德市特殊教育学校被省教育厅、河北省人力资源和社会保障厅、河北省教育工会表彰为“河北省教育系统先进集体”。

2015年11月上旬，平泉县特教中心教师付文金在河北省互联网信息办公室、新华网共同主办的“中国网事·感动河北”2015年第三季度网络人物评选活动中，被评为第三季度感动人物。

第二节 民族教育

一、规范民族教育

1989年，承德地区共辖管丰宁县、宽城满族自治县、围场满族蒙古族自治县3个少数民族自治县的各级各类教育工作。

1992年12月20日，承德师范专科学改称承德民族师范高等专科学校。

1995年2月13日，市委、市政府在印发的《关于实施教育改革和发展纲要的意见》中，提出全市到2000年的民族教育发展目标：加强民族师专、民族师范和民族中小学校建设，市、县、乡各级政府要对少数民族教育采取倾斜政策。各少数民族县、乡也要充分发挥自身优势，采取相应措施，积极发展少数民族教育。

1998年8月10日，市教委、市民族宗教事务局印发《关于建立民族学校有关问题的通知》。（一）建立民族学校的条件：（1）凡是以某个民族或两个以上民族名称命名的学校，建校民族学生的比例应在30%以上，小学和幼儿园应在50%以上。（2）凡是以××民族××学校名称命名的学校，少数民族学生的比例无论中学、小学和幼儿园均应在50%以上。（3）建立民族学校要有一定数量的少数民族教师，改建后的民族学校要配备建校民族的公民担任学校主要领导，校牌、公章也要随之改变。（二）民族学校的审批权限和审批程序：（1）各县（区）所属的学校，凡符合建立民族学校条件的可由学校提出申请，小学、幼儿园由县（区）教委、民宗局审批，报市教委、市民宗局备案；中学由县（区）教委、民宗局报市教委、市民宗局审批。（2）市直所属的学校要求改建民族学校，无论中学、小学、幼儿园均由市教委、市民宗局审批。（3）各类中等职业学校、技工学校、职业学校要求改建民族学校的可由学校提出申请，经市教委、市民宗局同意后报省有关部门审批。（三）各县（区）对以前已统计在民族学校之列的要做一次登记，手续不全的要健全手续，没有更换公章、校牌的要尽快更换，学校主要领导非建校民族公民的要尽快调配。

2001年9月5日，承德市第一幼儿园内设立承德市民族幼儿园，一个园所、两个牌子。

二、开展特色教育

1999年9月13日，市教委印发《关于在全市中小学开展民族团结教育活动的通知》，小学低年级在二年级、小学高年级在四年级开展民族教育活动，把小学民族团结教育正式纳入课外活动课，作为课外活动的基本内容之一，并作为爱国主义教育的重要内容，在全市开展民族团结教育活动试点工作。

2002年12月17日，市教育局、市民宗局联合下发批复，决定将围场满族蒙古族自治县围场镇民族小学、丰宁县大滩镇骆驼沟满族小学、宽城满族自治县第二满族中学、隆化县隆化镇回民小学、滦平县平坊民族中心小学、平泉县蒙古族中学、双桥区民族中学等7所民族学校定为承德市开展民族特色教育试点学校，要求各试点学校要认真学习宣传贯彻党的民族政策，根据各自学校的不同特点开展民族特色教育，大力培养选拔少数民族干部和优秀教师，积极改善办学条件和增加教育设施，提高教育质量，为全市民族教育事业的发展做出贡献。年内，丰宁县第一中学被教育部办公厅、国家民委办公厅表彰为“全国中小学民族团结教育先进集体”，宽城满族自治县教育体育局高金龙被教育部办公厅、国家民委办公厅表彰为“全国中小学民族团结教育先进个人”。

2004年，市教育局被省政府表彰为全省民族团结进步模范集体。

2005年6月13日，市委、市政府在加强教育工作的决定中，提出要重视和加强民族教育工作，加强民族学校双语教学。

2011年5月19日，河北蒙古族高级中学隆重举行新校区落成暨建校55周年庆典。新校区投资1.2亿元，占地面积108亩、建筑面积3.5万平方米。

2011年9月中旬，平泉县黄土梁子中学木球队和河北蒙中“旋转秋千”表演队，代表河北省参加第九届全国少数民族运动会，分别获得木球比赛银牌和“旋转秋千”表演项目二等奖。11月9日，双滦区在滦河民族小学召开小学校本课程交流研讨会，实地观摩该校2节示范课，听取经验介绍，并对下步校本课程开发与实施提出具体要求。

2012年8月14日—15日，八省区蒙古族中学校长协作会第24届年会在平泉县召开，来自内蒙古、新疆、辽宁等省、自治区的30多所蒙古族中学校长共110多人参加年会。与会校长就加强和改善蒙汉双语教学等问题进行深入探讨交流，提出建设性意见，为今后更好地开展蒙古语文教学工作奠定了良好基础。9月上旬，河北蒙中学生冯全胜在全国青年跆拳道锦标赛上，获得男子73公斤级冠军，并荣获国家一级运动员称号。11月22—24日，双桥区民族中学代表队在北京举行的世界数学团体锦标赛上，通过团体赛、接力赛、个人赛3种形式、9轮比赛的激烈比拼，最终荣获金牌。这是该校继2010年亚军、2011年第四名后的又一佳绩。该届大赛共有20多个国家92个国内外代表队参加，该校是唯一一所以学校独立组队参赛的代表队。

2012年10月下旬，宽城民族教育园区正式投入使用。园区占地面积450亩，总建筑面积21万平方米。

2013年，承德市组织6名民族自治县、民族乡学生代表河北省参加第三届全国民族地区职业院校学生技艺比赛，共获得17个奖项。1月下旬，河北蒙中代表队代表承德市参加省教育厅主办的河北省第四届大中学生武术比赛，经过与来自全省30所院校的34支代表队进行角逐，共获得4项冠军、5项亚军、2项第三名、2项第四名，荣获中学组男子团体第三名、女子团体第四名优异成绩。4月中旬，双桥区民族中学教师王志宇，代表河北省参加第八届全国初中青年数学教师优秀课观摩与展示活动，所做“用一元一次方程解决实际问题”一课夺得大会最高奖项一等奖。该次大赛参赛选手129人，观摩人数达3000余人，是全国初中数学教师一次空前盛会。7月下旬，隆化县职教中心、围场县职教中心和丰宁县职教中心师生代表河北省参加由国家教育部、国家民委共同举办全国职业院校技能大赛民族技艺比赛，共获得一等奖1个、二等奖1个、三等奖13个、优胜奖2个。10月4日，丰宁县青少年活动中心组织参演的满族舞蹈《学步谣》，在“中国梦·民族情——绿港小天使杯”全国青少年宫民族民间艺术展演交流活动中荣获金奖。10月21日—26日，河北平泉县蒙中散打队参加河北省武术散打锦标赛，经过与57支代表队、400多名运动员的角逐，取得女子团体第五名、个人赛冠、亚军各1名的优异成绩。5月初，丰宁职教中心被教育部、文化部、国家民委确定为首批全国职业院校民族文化传承与创新示范专业点。

2013年4月28日，《承德教育信息》（第十六期）刊发承德市回民小学在开展阳光体育运动、落实“每天锻炼一小时”、打造特色品牌等方面的经验作法。⑴因校制宜，科学谋划。⑵精心组织，强力推动。⑶彰显特色，活动育人。该校跳绳队学生参加双桥区艺术节文艺会演，表演的绳舞一鸣惊人，一举获得第三名和最佳创意奖的优异成绩。该校跳绳队6月应邀在双桥区趣味运动会上表演，受到与会领导和广大观众的高度评价。

2014年10月22日，国家民委印发《关于与河北省人民政府共建河北民族师范学院的复函》，同意与河北省人民政府共建河北民族师范学院。9月9日，承德市委宣传部、市教育局、市民宗局，印发《关于在全省中小学秋季开学时集中开展民族团结第一课活动》。9月下旬，河北平泉蒙古族高级中学被国家体育总局、教育部联合命名为“国家级体育传统项目学校”（全国100所学校），该校也是承德市唯一入选学校，河北省仅3所。12月24日，双桥区教育局与中国人民大学教育学院签订承德市民族小学改革与发展合作协议，承德市民族小学成为中国人民大学教育学院实验学校，双方将于2015—2019年在课堂教学改革、教学研究、学校特色建设、教师培训等方面开展广泛深入的合作。

2015年9月20日—24日，丰宁县第二小学教师张晓敏，代表河北省参加国家基础教育实验中心外语教育研究中心在青海省西宁市举办的第五届全国农村及少数民族地区中小学英语课堂教学与教师发展研讨会，并进行观摩课评比，荣获一等奖第三名的好成绩，同时荣获“最佳语音、语调奖”。

附：学校选介

承德市特殊教育学校

承德市特殊教育学校，原名承德市聋哑学校，1959年10月5日由市民政局创建。1964年12月1日，移交给市教育局主管。校址位于承德市双桥区狮子沟镇。集学前聋儿语训、自闭症儿童康复、弱智儿童康复教育、智障、听障学龄儿童、少年义务教育、高中阶段教育、职业技术教育相结合。2015年年底，学校有教职工46人，其中专任教师40人，具有中高级职称33人，具有本科学历36人，学历达标率100%。学校共有聋专业10个教学班，智障专业11个教学班，在校学生196人。学校占地面积16亩，建筑面积3600平方米，校园绿化2600平方米，固定资产总值6909079元。2015年，荣获市委教育工委颁发的“安全稳定工作先进集体”。

学校创建之初，由没有教学经验，教师的教学方法基本上是沿袭中国传统教育，教师手势语辅助，照本宣科，学生死记硬背。讲授方法是逐字逐句讲，反反复复的练习。经过几年探索，开始倡导教研活动，针对聋生教学的特点，制定组织教学、复习巩固、讲授新课、巩固旧课、布置作业五个环节来实施教学工作。1990年，新版《中国手语》出版发行，学校规定：以新版《中国手语》为手语教学的唯一标准，解决聋哑学生手势不统一，标准不一致的问题。1997年，学校加强教学管理，使教学工作走向正规化、科学化。加强了制度建设，为教导处、班主任、科任教师、生活教师建立了《岗位职责》。同时建立了备课、听课、讲课制度和课堂常规，严格备、讲、批、辅、考各个环节。10月，组织全体教师到张家口聋哑学校参观学习，回校后开展了大范围的评课活动，整个活动结束后，教师教学水平都有不同程度的提高。2004年，随着新教学楼的竣工，现代化教学设备投入使用，学校的电化教学在课堂发挥作用。先后建立了网络信息中心、多媒体教室、律动室、阅览室、劳技室、语训室，对所有办公室都配备了计算机，初步实现了教学设备现代化。

2007年8月，成立特殊教育高中部。高中教育坚持“两条腿”走路方式，即基础教育和职业教育并重的原则。2009—2015年共26名高中毕业生考入大学，升学率100%。学校把艺术教育作为教改的一个重点。充实艺术教育的师资力量，先后调入一名美术专业教师、一名幼师专业舞蹈教师来校任课。学校文艺表演屡创佳绩，2010年12月，被中华人民共和国教育部、中国残疾人联合会命名为“全国特殊艺术人才培养基地”。2004—2015年获国家级、省、市级大奖7次。2012年，为了满足承德市孤独症儿童的康复需求，落实承德市孤独症儿童康复训练计划，开办了孤独症儿童的学前康复训练班。建立健全了各种康复训练档案。

2009年，学校承担的“十一五”市级1个重点课题“特教学校办学规模及区域布局调整研究”，3个立项课题“特殊教育阶段义务教育的巩固与发展”“培智学生的个别化教育”“特教学校毕业生就业状况的调查及对策研究”已结题，其中重点课题获优秀成果一等奖，立项课题分获1个二等奖、2个三等奖；承担省级立项课题“河北省培智学校地方教材建设的实践与研究”子课题《生活语文》教材编写工作。到2015年，《生活语文》小学阶段1～6年级共12册教材全部出版发行，出版后的教材被列入了河北省义务教育阶段免费教科书。在河北省及省外特殊教育学校投入使用。完成了7～12册的编写及排版工作，并交付出版社出版发行。2014年，学校承担的“十二五”市级重点课题“特殊教育学校心理健康教育模式研究”及立项课题“高效课堂和有效教学模式的研究”“聋儿亲子教学”已结题。本年度市级重点课题“智力障碍学生生活能力的训练与研究”获承德市第四届教育科研优秀成果一等奖。

1959年9月，在二道沟口五间平房建校，1961年7月，学校由二道沟迁址到小榛子沟，时有平房8间，操场600平方米，1969年11月3日，学校再次迁址至狮子沟镇，有房屋建筑面积977平方米，房间47间。1997年，学校开始谋划校园硬件建设。同时对破旧的校舍进行维修，筹集资金34000元清操场、垒石坝、建浴池、挖渗水井、维修锅炉、粉刷教室。2000年，在原有的8间办公室基础上，接建二层楼学生宿舍，桩基框架结构，建筑面积316平方米，工程投资236000元。2003年，对校园进行总体改造，推倒全部平房，搬迁3户校外村民和9户校内住户。按规划建设一座2400平方米的教学楼，投入资金2407000元，2004年3月投入使用。同时，学校集资3613000元建设1栋五层30户3300平方米住宅楼，2004年11月投入使用。2004年，配套工程食堂操作室竣工，建筑面积120平方米，投入资金110000元，校园改造配套工程相继投入使用，拓展操场劈山工程65000元；自备井工程32000元；自来水工程120000元；下水工程110000元；电力安装工程160000元；供暖工程240000元；其他工程86000元。2009年，对校园绿化进行合理规划、科学布局，加大投入，学校绿化总投资47.07万元，校园绿化面积2592平方米，绿化覆盖率达28.3%以上。通过了市绿化委员会验收，被定为“花园式庭院绿化单位”。2015年，投资40万元更新护栏，安装铁丝网。安装高效锅炉湿度脱硫除尘器，购置康复训练设施设备及现代化教学设施设备，安装LED彩屏，将10兆光纤更换为50兆，建立了学校网站。6月24日，通过了河北省政府教育工作督导评估验收。

第八章 民办教育

贯彻落实民办教育促进法，积极鼓励社会力量依法兴办教育，落实民办学校分类管理改革政策，构建民办学校分类管理制度体系。规范民办教育的举办，规范民办教育办学行为。

第一节 发展概况

一、民办学校的举办

1989年4月22日，市政府印发《承德市社会力量办学管理暂行办法》。

1992年11月30日，市教委为鼓励、支持社会力量办学，加快基础教育的发展步伐，适应以经济建设为中心的社会主义现代化建设的需要，印发《关于发展民办中小学幼儿园的试行办法》。规定民办中小学幼儿园的举办条件是：凡申请举办民办中小学、民办幼儿园的团体和个人，应具备教学需要的校舍、教学设备和场地(包括租赁)，要有素质较好、胜任教学的教师队伍，有自己的办学目标，并逐步达到国家规定的办学条件标准。民办中小学幼儿园的审批与管理：(1）农村的分别由县和乡人民政府审批，由县、乡教育行政部门管理；城市分别由市和区人民政府审批，由同级教育行政部门管理。(2）民办中小学幼儿园必须认真贯彻教育方针和国家的有关法律法令。(3）民办中小学幼儿园实行校长负责制或校董事会制度。(4）民办中小学幼儿园的教师由办学者自行聘任或解聘。(5）民办中小学幼儿园的收费办法及标准由办学者自行确定。(6）民办中小学学生经考核达到合格要求，由教育行政部门核定，发给毕业证书，享受同等学校毕业生待遇。年内，全市有社会力量办学99所学校（班)，举办培训班197期，培训待业人员10760人。

1993年年初，承德市成立由市教委等5个部门组成的社会力量办学整顿办公室，整顿取缔5所不具办学条件的社会力量办学点。上半年，市教委、财政局、工商行政管理局联合印发《关于社会力量举办文化类教育培训班的有关规定》，对其办学宗旨、办班范围、办班条件、审批管理权限及报批程序、学制、收费标准、招生规模等事项作出了具体规定。

11月16日，合并后新成立的承德市教委、财政局、工商行政管理局为了加强对全市社会力量举办高中、初中、小学、幼儿教育以及职业高中、初中等文化类教育培训机构的管理，联合制定和印发《关于社会力量举办文化类教育培训班的有关规定》。鼓励和支持社会团体和公民个人举办各种层次的学校，允许举办各种考前辅导班，并规定办学范围、办学条件、审批程序、学制、收费标准、招生规模等相关事宜，进一步鼓励并规范民办学校的办学行为。11月17日，时任承德市市长签发市政府令，发布《承德市社会力量办学管理暂行办法》。年内，对社会力量办学单位重新进行审核，做到审批程序化，检查制度化，办班规范化。全市社会力量办学达到145所学校（班)，培训待业人员10000人。

1994年，承德市举办社会力量办学校（班）980所，培训各种人才36800余人。平泉县民办教师张广森被评为全国“十佳”民办教师。

1995年7月18日，承德市转发《国家教委关于社会力量办学管理体制的新规定》：中央和地方教育行政部门对职业教育和成人教育负有统筹、协调和宏观管理的责任，社会力量办学（包括社会力量举办的职业培训）应由县级以上人民政府的教育行政部门归口主管。为发挥有关行业主管部门的管理职能，对社会力量举办实施职业培训及卫生、文化、体育等专业性培训的教育机构，可由有关行业主管部门按照社会力量办学的有关规定审批后，由教育行政部门登记注册。

1998年，承德市共有5所义务教育阶段的“公办民助”学校：1994年7月实行公办民助的平泉县小寺沟初级中学、1996年7月实行公办民助的平泉县七沟初级中学和洼子店初级中学、1995年7月实行公办民助的承德县上谷初级中学、1998年7月实行公办民助的承德县安匠初级中学。

1999年，承德市新建3所私立高中，其中市区2所、平泉县城1所。

2000年，市教委进一步完善和健全社会力量办学管理制度，先后印发《社会力量办学执法检查工作自查自纠实施方案》《承德市社会力量举办职业培训机构审批管理办法》。市教委组成执法检查小组，对各县社会力量办学工作进行督促检查，重点清理无证办学、虚假招生广告、乱收费等违规行为。

10月19日，市教委印发紧急通知，要求各民办学校发布招生广告，必须按省、市有关招生广告管理规定履行审批手续。在本县（区）发布招生广告，由县（区）教育局审批；到市以上媒体发布招生广告的，由市教委审批；对未经审查机关审批的招生广告，要会同工商部门进行查处。

二、多措并举发展民办教育

市教委为改变单一的政府办学局面，盘活全市教育资源，首先在教育基础较好的丰宁和平泉县培育小学、初中和高中3个层次上的公办民助办学试点。丰宁凤山中学和窄岭中学改为公办民助学校后，在办学资金投入方面，实行政府保教师工资，学校保经费，政府、学校和社会力量保学校建设发展的模式。在管理体制上实行校长负责制、教师聘任制、岗位责任制、结构工资制。在办学模式上，走综合高中的发展路子。年内，全市有3所普通高中、9所普通初中、1所普通小学实行了公办民助的办学体制改革。有7所社会力量新办学机构经省教育厅批准办学，使全市的社会力量办学机构达到202个。其中，丰宁的实验中学、围场卉原中学、承德县板城中学、平泉小寺沟中学办学效益比较突出，产生了良好的社会影响。

2001年3月中旬，市政府主管教育副市长考察围场卉原中学，指出卉原中学已取得初步成果，势头好，够规模，创办者思想统一，认识到位，目标明确，有改革创新精神，有大教育思想观念，人员自聘，机制活，适合市场经济社会发展的需要。私立中学是对教育事业的补充，对整个教育事业的发展十分有利，应大力发展社会力量办学。

年内，承德市继续深化办学体制改革，大力发展社会力量办学，市政府印发《关于进一步发展社会力量办学的意见》。市教委组织各县教委认真学习河北省民办教育条例和市政府印发《关于进一步发展社会力量办学的意见》，进一步提高依法行政和依法治教的能力水平。全市累计有社会力量举办的中专学校8所，普通高中6所，普通初中10所。

2002年3月25日，市教育局授予围场卉原中学、隆化德慧中学、承德腾飞中等专业学校为承德市首批“社会力量办学示范校”，颁发“示范校”校牌，并给予必要的支持。

围场卉原中学积极探索出投资、管理、教学三位一体的社会力量办学新模式，在社会上有较高的声誉和影响。双桥区承华教育公园投资800余万元在火神庙开办社区教育，立足学校、社会、家庭三结合，面向中小学提供食宿、课业辅导服务；面向社会，提供老年人医疗保健、文化娱乐服务；面向市民提供英语、计算机学习辅导等项目，形成了民办教育与国办教育共同发展，共同竞争，共同提高的办学格局。

5月31日，市教育局批准承德北方财会中等专业学校、承德燕山经贸中等专业学校、承德燕北计算机中等专业学校为社会力量举办的中等专业学校，学生学习期满合格颁发毕业证书，国家承认学历，并在招生、就业等方面享有与国办学校的同等待遇。

9月，依照河北省民办教育条例，加强对社会力量办学机构的监督检查和考核评估，对全市社会力量办学机构在办学条件、师资配备、教育教学质量等方面进行一次全面的检查，进一步规范社会力量办学行为，调动社会团体和个人的办学积极性。

12月16日，《承德教育信息》刊发围场县多个部门协调联动，深入61所民办幼儿园，就办园资质、办学条件、安全管理等方面进行集中检查的做法。该县对符合办学基本要求、没有办学许可证的19所民办幼儿园，责令其在限定时间内履行报批手续；对不符合办园基本要求的12所无证幼儿园，下发教育行政处罚决定书，并依据有关规定予以取缔。

第二节 依法管理

一、落实民办教育促进法

2002年12月28日，第九届全国人民代表大会常务委员会第三十一次会议通过《中华人民共和国民办教育促进法》，自2003年9月1日起施行。民办教育促进法规定：民办教育事业属于公益性事业，是社会主义教育事业的组成部分，国家对民办教育实行积极鼓励、大力支持、正确引导、依法管理的方针，各级人民政府应当将民办教育事业纳入国民经济和社会发展规划。民办学校与公办学校具有同等的法律地位，国家保障民办学校的办学自主权，国家保障民办学校举办者、校长、教职工和受教育者的合法权益。截至年底，全市有各级各类社会力量办学机构245个。这些学校的举办，形成了民办教育与国办教育共同发展、互相竞争、共同提高的办学格局，加速了承德市办学体制改革的步伐。

2003年6月10日，市教育局在全市开展民办教育机构登记、注册和年检工作，凡经各级教育行政部门审批设立的各种层次的民办教育机构（社会力量办学单位），必须按规定接受审批机关的登记、注册和年检（已年检的也要重新进行登记、注册）。

6月19日，市教育局成立民办教育机构设置评议委员会，评议委员会的主要职责是：对民办学校举办者的办学资格、培养目标的确定，以及办学形式、层次、条件、内部管理、经费筹措等进行评估，提出初步评议意见，提交市教育局审批。

12月3日，市教育局下达《同意平泉县第四中学改制为“国有民办”学校试点校的批复》，批复要求平泉县按照“国有民办”学校的有关要求，加强对该校的督导检查，加强学校管理，规范办学行为，使其不断改善办学条件，提高教育教学质量，为承德市义务教育阶段“国有民办”学校起到示范带头作用。

年内，市教育局成立督导检查组，深入全市各民办学校，对其办学条件、办学方向、教育教学进行全面督导评估，对原有民办机构进行年度检查和整顿，重新登记注册。

围场卉原中学通过省专家评估，被确定为省

民办教育明星学校。

2004年6月4日，市委、市政府在《关于进一步推进教育改革与发展的决定》中，要求各级党委、政府要全面贯彻落实民办教育促进法，坚持“积极鼓励、大力支持、正确引导、依法管理”的方针，积极探索以政府办学为主，社会力量积极参与的办学体制。各级教育主管部门要积极发展具备规模的民办教育机构，激活教育活力，吸引社会教育资源。要加强管理，规范办学行为，大力支持并创办具备良好办学声誉的各个教育层次的民办学校。加强引导，逐步形成公办教育与民办教育相互竞争、相互促进、共同发展的格局。年内，社会力量办学达到145个校（班），培训待业人员10000多人。利用社会资金1亿多元建设学校，民办学校占地面积达1000多亩，学校固定资产总值1亿多元，教学仪器设备总值3000多万元。其中，燕北计算机专修学院、腾飞中专、围场卉原中学等一批民办学校已经办出规模，产生良好的社会效益。

2005年，承德市把民办中等职业教育纳入整个中等职业教育事业发展的总体规划，依法加强对民办中等职业教育学校的管理，规范其办学行为。市教育局与市人事局协调，理顺了民办学校教职工的人事代理和教育系统流动人员人事档案管理。

2006年，市教育局批准设立承德通达中专、滦平育英中专两所民办中等职业学校，扩大了民办中职的办学规模。

2008年，承德市民办职业教育平均在校生规模达到590多人。围场县鑫联通计算机民办职业培训学校葛云虎被河北省劳动和社会保障厅表彰为“河北省民办培训学校优秀教育工作者”。

2010年6月21日，市教育局决定将承德市社会力量办学管理办公室更名为承德市民办教育管理办公室。

二、规范民办教育办学行为

2011年7月14日，承德博骏双语学校校址被市政府列入拆迁规划范围，学校暂时停办。市教育局对承德博骏双语学校学生就学做出妥善安置：（1）以学生户籍所在地安置为主，保证学生接受义务教育。各县（区）教育行政部门要高度重视，对属于本县（区）户口在博骏双语学校就读的学生，按照学生户口和居住地就近无条件安排学生入学，保证其与本地学生同等接受义务教育的权利。对个别要求到非户口所在地学校就读的学生，由学生家长自行联系接收学校。（2）博骏双语学校要为所有学生开具转学证明，向学生户籍所在县（区）教育局移交学生档案。学生离校要实行学校与学生家长面签移交，同时妥善处理财务问题。各县（区）教育行政部门根据市教育局确认的学生名单，确实做好学生接收工作，并按照学籍管理规定，认真办理转学手续，建立健全学生档案。（3）博骏双语学校要为各县（区）提供翔实的转学学生人数和名单，各县（区）要根据转学学生名单和学生住址妥善安置学生入学。

7月21日，市政府分管教育副市长召开专题会议，研究承德博骏双语学校有关问题，主要议定如下事项：⑴高度重视。该校共有在校学生1400多名，教师140多名，涉及众多家庭和学生切身利益，不论是何缘由导致暂停办学，都必须确保该校现有学生享有平等接受义务教育权利，这是政府必须承担的法定责任和义务。市教育局对此必须引起高度重视，采取切实措施，积极稳妥处置，确保该校学生全部就近入学，确保社会稳定。⑵加强组织领导。市教育局要成立以局长为组长的专门工作组，抽调精干力量，会后立即进驻学校，加强与学生及其家长和学校方面的面对面沟通，确保不再发生赴市集体访等任何不稳定因素。市政府办公室分管教育工作的副主任配合做好有关协调工作。⑶妥善安置学生。要按照“就近入学”的原则，对该校现有学生进行科学分流安置，对学生不能或不愿意回户口所在县（区）就读的，由市教育局负责，协调到双桥区、双滦区等一切可以利用的教育资源予以安排，决不能让任何一个孩子失学。⑷做好后续工作。市教育局要依据民办教育促进法和相关教育行政法规及政策，敦促指导承德博骏双语学校，妥善做好暂停办学后续处置工作，积极寻求解决办法，搞好整体搬迁，确保平稳过渡。自即日起到重新具备办学条件之前，不允许该校再招收新生，市教育局要加强监督检查。

12月1日，市教育局、发展和改革委员会、公安局、卫生局、物价局联合制定印发《承德市民办学前教育机构设立审批管理暂行办法》和《承德市民办学前教育机构设置基本标准（试行）》。承德市民办学前教育机构设立审批管理暂行办法规定：民办学前教育机构可以单独举办，也可以实行多种形式的联合举办。设立民办学前教育机构，变更举办者、法定代表人、地址、名称等有关事项，终止办学，由所在县（区）教育行政部门审批。未经教育行政部门批准，任何单位和个人不得擅自举办学前教育机构，不得擅自变更举办者、法定代表人、地址、名称等有关事项，不得擅自终止办学，违者依法追究当事人的责任。民办学前教育机构必须坚持社会主义办学方向，全面贯彻国家的教育方针，认真执行国家有关法律法规，坚持依法办园，接受教育行政部门的业务领导和相关部门的业务指导。

2012年，《承德教育信息》分别刊发部分县（区）发展民办教育做法。其中，双桥区教育局为进一步规范民办教育发展，协调各有关部门，全面清理整顿无证办学机构，在认真排查、摸清底数基础上，对66家无证办学机构予以清理整顿，下达停办通知单。11月上旬，召开区属民办幼儿园安全防范工作会议，对安全自查整改以及校方责任保险等工作进行安排部署。3月下旬，滦平县组织召开全县民办教育机构安全暨清理整顿会议，加强民办教育机构管理，规范其办学行为，对8所无证办学机构下发限期整改通知书。5月8日—24日，双滦区组成联合检查组对全区民办幼儿园进行拉网式排查和清理整顿，对42所无证、存在安全隐患民办幼儿园现场签发下达整改通知书或停办通知书。

2013年5月23日—25日，双桥区举办第一期民办幼儿园园长培训班，邀请北京初乐元幼教集团董事长王东异博士等市内外专家举办讲座，旨在通过政策法规、教育理念等的培训，提高幼儿园管理水平，提升民办学前教育机构的教育质量和水平。

9月9日，省政府办公厅印发《关于加强和规范民办幼儿园管理的意见》，要求切实落实民办幼儿园的管理责任，实行分级管理、地方负责、以县为主的管理体制。

2014年4月21日—25日，双桥区停办非法民办幼儿园。在前期调查摸底的基础上，各镇、办（居委会）将双桥区民办学前教育机构可容纳分流幼儿情况表、致家长一封信发放给每位幼儿家长。双桥区教育局、各镇、办（居委会）、派出所对全区56所非法民办幼儿园（学前教育机构）下达停办通知，并于5月31日前妥善安置在园幼儿。

3月下旬，围场县卉原中学在全国第二届最具特色中学发布会上获得“最具内涵特色中学”称号。

2015年3月10日，市教育局下发《同意设立承德学信素质教育培训中心的批复》。学校地址在双桥区陕西营小区7号楼底商，学校为实施初中等层次社会综合实践体验教育、家庭教育知识培训的民办非学历教育学校。5月6日，市教育局下发《同意设立承德惟精教育传统文化培训学校、承德脑力教育培训学校的批复》。承德惟精教育传统文化培训学校地址在双桥区新华路翠桥街道轴承厂家属楼105底商，学校为实行中等层次中国传统文化培训的民办非学历教育学校。7月16日，市教育局下发《同意承德滦平育英中等职业学校变更举办者及学校名称的批复》，学校名称变更为承德正源中等职业学校。9月29

日，市教育局下发《同意设立“承德环创瑞才教育中心”的批复》，学校地址设在滦平县北大街，办学层次和性质为实施中等层次文化教育的民办非学历教育学校。

双桥区继续强化对民办幼儿园的监管。10月19日—30日，该区在各镇、办、居委会、小区物业的配合下，对全区已掌握的54所非法民办园进行依法清理整顿，有11所非法民办园自愿停办，11所符合审批条件的非法民办园正在补办审批手续，对32所非法幼儿园下达行政处罚事先告知书、行政处罚听证告知书等相关法律文书。

附：学校选介

围场满族蒙古族自治县卉原中学

围场满族蒙古族自治县卉原中学是2000年5月经省教育厅批准由秦海山等围场一中13名教师集体辞职、自筹资金创办的围场县第一所私立高中。2000年10月，占地面积60亩、建筑面积13500平方米的卉原中学一期建设工程开工，2001年，秋竣工并投入使用。2003年，启动占地面积110亩，建筑面积达36500平方米的卉原中学二期扩建工程(高中部新校区)。2004年8月，创办卉原中学初中部，高中部搬往新校区。

短短十几年，学校已发展成为校园占地170亩、建筑面积7万余平方米，初高中专职教师386人、其中高级职称56人、中级职称263人、初级职称67人、研究生学历5人、本科学历362人、专科学历19人、112个教学班、在校生7320人的初高中一体化完全中学。

2003年，学校被评为河北省民办教育明星学校。2005年,被省教育厅认定为省级示范高中。2006年，被民政部评为全国民办非企业“自律与诚信建设先进单位”。2011年，被河北省社会组织评为“优胜红旗单位”。2010—2014年，连续5年被评为承德市“普通高中推进素质教育先进单位”。2014年，被评为“河北省普通高中课程改革先进学校”。

在教育教学方面，卉原中学始终遵循“低进高出，高进杰出”的办学理念和教学目标，根据不同学生采取“分层次教学”，因材施教。教师从备课、授课、习题、辅导、测试等各方面，完全按学生的实际来进行，使不同类型的学生节节有收获，天天有提高。从而树立了学生的自信，学生学习的积极性得以充分调动和发挥。

为了让每一名教师上好每一节课，学校将集体备课抓实、抓到位，使每一名教师的每一节课都不是“单打独斗”，而是融会了所有教师的教学智慧。学生所接受的每一节课，都是分享了许多教师的教研成果。同时，卉原中学还彻底取消了练习册，让教师跳进题海，让学生跳出题海，把更多的自主时间留给学生。

自2010年4月开始，卉原中学采取“走出去”“请进来”的办法，学习外地先进的课堂教学改革理念，经过几年的不断实践和探索，形成了符合卉原中学实际的“1+1”“1351”高效课堂模式，把课堂还给了学生。在教师的引导和点拨下，学生参与、体验、享受到了课堂的快乐。一改传统授课模式，变讲堂为学堂，不仅提高了成绩，也提高了学生的综合素质。

2013年，《中国教育报》连续报道了卉原中学的课堂教学改革成果。全国各地上百所学校的教育同仁到卉原中学观摩学习。2013年，河北省民办教育协会、市教育局相继在卉原中学召开了“高效课堂改革现场经验交流会”。

在学生管理方面，学校本着“让学生安心，让家长放心，不让一个家长失望”的原则，针对校情、学情，确立了“全程管理、全员管理、全方位管理”的“三全”管理模式。实行寄宿制、封闭式管理。加大班级管理的力度，实行“正副班主任制”。严格管理校园内打架、吸烟、携带手机、男女生交往过密、夜不归宿、逃课等严重违纪现象。树立“教育就是服务”的育人新理念，大力弘扬理解教育、爱的教育和尊重的教育。学校充分利用班会、校会、升旗仪式、成人宣誓仪式等形式，对学生进行爱国主义教育、感恩教育、荣辱观教育等思想品德教育，从而使学生学会学习、学会做事、学会做人。学校还把安全教育作为一切工作的重中之重，每学期举办两次“安全教育工作师生大会和法制教育大会”，学校和班主任签订学生安全责任状。

为了让每一名选择卉原中学的学生都上得起学，学校开展“爱心工程”，同时，又实施了每位教师“救助一个贫困生”的“一帮一工程”。此外，学校实施了高额奖学金制度，全校每学年两个学期期中和期末考试中共有2000余人次获奖，奖金数量达50余万元。

在师资队伍建设方面，卉原中学本着“以高薪吸收名师，以名师创建名校”的原则建设师资队伍。至2015年，学校有来自河南、山东、湖北、湖南、江西、四川、重庆、黑龙江、辽宁、内蒙古、石家庄、唐山、衡水、保定、沧州、邯郸等地优秀教师120余名。学校在教师队伍建设方面实现了“三个百分之百”，即百分之百的专业教师，百分之百的年富力强教师，百分之百的辞职教师。

在硬件建设方面，学校所有教室均配备了高标准的多媒体和监控装置。理、化、生实验室按照教育部教育行业标准JY/T0385—2006《中小学理科实验室装备标准》配备实验设施。教师备课大厅实现一人一机，宽带联网，资源共享。图书馆藏书10万余册，学生公寓宽敞舒适，餐厅整洁卫生。生均占地面积符合国家标准，初、高中均拥有400米塑胶跑道的标准田径运动场、各种球类运动场等体育设施和活动场地。

2013—2015年，卉原中学的高考成绩如下：

2013年高考，卉原中学一本上线148人，二本上线435人，上线人数和上线率均位居围场县第一、承德市第二。贾金龙夺得承德市理科状元，姜宏志获承德市第二名，二人被清华大学录取。

2014年高考，卉原中学齐泓玮、刘扬、李琳、高丽莹4名学生被北京大学和清华大学录取。一本上线204人，二本上线609人。

2015年高考，卉原中学刘路以671分的成绩获承德市文科状元、河北省文科第四名；刘路、孙永强、张晗、田淑慧4名学生均被北京大学录取；一本上线302人，二本上线633人，理科应届考生一本上线率24.68%，二本上线率52.98%；文科应届考生一本上线率26.95%，二本上线率51.67%。

承德腾飞中等专业学校

1999年，腾飞集团的发展已经初具规模。但企业要想进一步发展必须要有人才。这个时期，中国的职业教育正处在低潮，很多县城的职教中心都招收了普教班，改为综合高中。同时很多农村孩子考不上高中，念不了大学，只能初中毕业就进入社会打工；企业需要技术人才却又不知道到哪里去找，这正是发展民办职业教育的好机会。1999年5月8日，经河北省承德市劳动和社会保障局批准，腾飞汽车修理职业技能培训学校成立了。开设高级轿车维修、轿车底盘修理、轿车发动机修理、汽车电子修理、汽车钣金等5个专业，对学生进行半年和一年的全日制职业技能教育。共有专兼职教职工23人，高巍任校长，当年秋天，招生68人。

2000年，腾飞的决策层认为，学校培养学制为半年和一年的技能人才，无法适应用人单位对汽车维修人才的需求，决定将学校升格为中专。2000年4月，聘请原宽城一中校长金天斌任校长助理，主抓学校全面工作。2000年5月8日，经省教育厅批准，承德市腾飞汽车修理职业技能培训学校正式晋升为中专，更名为承德腾飞中等专业学校，开设现代汽车维修、汽车电子电气两个专业，学制为三年。腾飞学校技能班的学生绝大多数都升入中专班继续学习，成为腾飞中专的首届学生。

2000年8月，金天斌辞去校长助理职务，赴大连枫叶学校任职。学校聘请承德石油高等专科学校教师李军生任校长，并且招聘了一批新教师。2000年秋季，腾飞中专招生128人，在全体腾飞人的努力下，腾飞中专的发展很快步入了正轨。2000年招生120多人，比首届多了恰好一倍；2001年招生260多人，比2000年又多了一倍。

2001年6月，腾飞中专因办学规模进一步扩大，由原址迁往双桥区狮子沟镇承德市军分区教导队所在地，第一次有了独立的校址。

2001年7月，腾飞中专校长李军生调往腾飞汽车销售公司任经理，原承德财经学校副校长李雪田任学校校长。李雪田上任后制定了后来被员工们称为“二十条”的《员工行为规范》，这是腾飞学校第一个成文的规定，慢慢地学校开始一步步走上正规化的发展道路。这年，腾飞中专学校招生250余人，在校生近500人，成为承德市民办职业学校中规模最大的学校。

2002年7月，腾飞中专1999级学生68人顺利完成学业，成为学校的首届毕业生。2002年12月31日，腾飞中专在266医院礼堂举行元旦晚会，并与承德北辰公司合作开设输变电专业，2003年10月25日，腾飞中专参加了省教育厅、河北省劳动厅在石家庄举办的“河北省职业学校第四届学生技能大赛”。姜海军、吕海龙、王岩石、魏国新、姜广进5名学生代表学校参赛，获得团体一等奖，5人分获单项冠军，成为河北省职业教育的一匹黑马。2003年12月21日，腾飞集团在北京燕丰饭店邀请欧亚笛威集团上海分公司黄景忠经理和北京市劳动模范、北京市青年技术能手阚有波为已分配到北京就业的全体学员做《世界汽车贸易发展新趋势》《现代汽车新技术》专题讲座。

2004年3月17日，全国政协副秘书长、民建中央副主席陈明德，在河北省民建副主委魏华、承德市副市长丁万明的陪同下到腾飞中专视察。陈明德对腾飞的发展模式、经营理念很感兴趣，他说，做企业，做的是今天的事情；搞教育，做的是明天的事情；而搞职业教育，做的是后天的事情。腾飞为职业教育，为中国汽车维修行业的发展做了一件功德无量的善事。

2004年8月，腾飞中专再次搬迁，由狮子沟迁至双滦区滨河路承德市第三中学所在地。2004年，腾飞中专招生超过1000人，在校生达到2500多人。2004年10月，腾飞中专校长李雪田调任腾飞驾校校长。12月，校长助理殷明成任腾飞中专副校长，主持学校日常工作。

2005年1月，著名汽车维修专家朱军到腾飞中专考察、讲座。7月12日，河北省政协主席赵金铎在承德市委书记赵文鹤的陪同下到腾飞中专视察。赵金铎高度评价了腾飞的办学业绩。

2005年9月7日，河北省委书记、省人大常委会主任白克明在市委书记赵文鹤的陪同下对腾飞中专进行了视察，还即兴试驾了高巍收藏的老式红旗轿车。

2005年10月，省教育厅、劳动和社会保障厅举办第五届“河北省汽车维修专业学生技能大赛”，腾飞中专齐艳伟、戴福鑫、卢成东、沈阳、马文勇等5名同学再次获得五项第一名，荣获团体一等奖，实现了该项赛事的首次蝉联。

2005年秋季，招生结束以后，学校在校生达到3000多人，成为承德民办职业教育的半壁江山。学校应该怎么发展成为高巍要考虑的头等大事。经过深思熟虑，他做出了重要决策：(1)在办学理念上不再打就业牌，而是把培养学生的综合素质，尤其是对学生的德育教育放在首位。(2)停止学校在规模上的高速扩张，保持学校现有的规模，把主要精力放在提高办学质量上，先做强再做大。

腾飞中专总结了用人单位对毕业生的要求，结合学校实际，提出了培养学生的“五项标准”，即“品德高尚、身体健康、承受挫折和委屈、吃苦耐劳、技术高超”。在所有的标准中，腾飞把对学生品德的培养放在了首位。2007年，腾飞中专又在此基础进行了修改，变为“六项标准”——即“品德高尚、身心健康、手工艺精湛、吃苦耐劳、承受挫折、举止优雅”。

围绕提高办学质量，腾飞中专开展了一系列活动，高巍充分发挥他在汽车维修行业内的影响，聘请朱军、魏俊强、阚有波、胡建军等著名专家到学校讲学，进行教学指导；请承德市的教育专家到学校给老师讲课，提高老师的教学水平；在学校内广泛开展教研活动，把听课、示范课、公开课等作为经常性的工作形成惯例；在管理上，建立领导值班制度，校级领导每个人轮流值班，中层领导每人一天轮流。值班的中层领导要24小时在岗，除了对学生的一日三餐、早操、午睡、晚自习、就寝等情况进行例行巡查之外，还要及时处理突发事件。这些制度的建立有效地提高了学校的办学质量、管理水平，突发事件也减少了，从而使学校不但在规模上走到了承德职业教育的前列，而且在办学质量上、社会影响上都走到了河北省职业教育的前列。

为了让更多的孩子有学习技术的机会，2004年，腾飞集团捐资20万元，2005年捐资30万元，使上百名贫困孩子走进了学校，掌握了一门可以改变命运的技术。2006年1月，腾飞中专被河北省扶贫工作办公室确定为河北省劳动力转移培训基地。仅2006年，学校就资助贫困生近500人。在省扶贫办资助的基础上出资50万元对贫困生进行资助。

2006年3月，腾飞中专与承德石油高等专科学校合作，共同开展成人高等教育。2007年，腾飞中专正式面向社会招收大专班学生，开始涉足高等教育。

2006年4月，国家扶贫办副主任高鸿宾到腾飞中专视察，对学校“先做人，后做事”的育人方针和培养学生“学好本领闯天下，挣钱孝敬咱爸妈”的做法非常赞赏。他为腾飞中专题词：“身怀一技，走遍天下，孝敬父母，报效国家”。腾飞中专也因为自身的办学实力被国务院扶贫办确定为“涉外劳务输出基地”。承德成为继重庆之后全国第二个涉外劳务输出基地，承德的优秀青年从此也有了到海外就业的机会。

2006年7月，由腾飞中专主办的“首届环北京汽车维修企业人力资源发展研讨会”在承德举行。腾飞集团董事长高巍做了题为《腾飞集团的多元化之路》的报告。2007年9月，该会议更名为环北京地区汽修企业人才管理高峰论坛，再次在腾飞举行。

2006年10月10日，由腾飞中专承办的河北省职业教育论坛在承德举行。教育部职成教司副司长刘占山、省教育厅副厅长翟海魂出席论坛并讲话。

2006年11月30日，河北省重点职业学校评估组，莅临腾飞中专进行检查验收。验收结束后，评估组对学校的工作给予了高度评价：作为河北省第一家参加省重点职业学校评估的民办学校，腾飞中专各项工作细致扎实，尤其是在企业办学方面进行了很多有益的探索，走在了全省民办教育的前列。腾飞中专的实践教学、军事化管理模式对其他职业学校很有借鉴意义。

2006年6月，教育部与日本丰田汽车公司签订协议。将丰田汽车公司TEAM21培训课程体系正式引入我国，成为教育部正式引进的以世界知名企业岗位培训体系为支撑的职业教育国际合作项目。全国共有25个学校被确定为项目试验学校，腾飞中专成为河北省仅有的两个项目试验学校之一，也是全国仅有的两个入选的民办学校之一。教育部赠予丰田威驰实习车一部，成为河北省唯一获得赠车的学校。

2007年6月，教育部、交通部在重庆举办“2007年全国中等职业学校‘丰田杯’汽车运用与维修技能大赛”。腾飞中专代表河北省参加大赛并获得团体三等奖，成为河北省唯一获奖的参赛学校。2007年7月19日,腾飞中专承办了“全国汽修职教核心专业课示范交流会”。教育部、汽车维修协会、汽车工程协会的领导和汽车维修界、汽车教育界的专家、学者300多人云集承德，共商汽车维修教育大计。这是腾飞中专首次举办的全国规模的会议。

从1999年发展到2007年，腾飞学校经历了一个艰苦而又曲折的成长过程，在成为承德民办职业教育龙头、河北职业教育名校的同时，腾飞也在自己的发展过程中形成了不可模仿的“腾飞特色”，获得了一系列骄人的业绩。

一个理念：学好技术闯天下，挣钱孝敬咱爹妈！

两个基地：河北省劳动力转移培训基地、涉外劳务输出基地。

三种教育：大学教育、中专教育、技能教育。

四次比赛：2003年第四届“河北省职业学校学生技能大赛”获团体一等奖；2004年学校教师在省大赛获得团体二等奖；2005年第五届“河北省职业学校学生技能大赛”获团体一等奖；2007年代表河北省参加全国技能大赛，获三等奖，成为河北省唯一获奖的参赛学校。

五项标准：品德高尚、技术精湛、身体健康、吃苦耐劳、承受挫折。

六个唯一：

河北省唯一获得教育部赠车的职业学校；

河北省唯一被中国汽车工程学会定为“工艺化教学示范校”学校；

河北省唯一进入教育部与丰田公司“TEAM21”工程的民办学校；

承德市唯一获“省职业教育先进集体”的民办学校；

承德市唯一的民办省重点职业学校；

承德市唯一劳动和社会保障部“1+N”发展中心。

七次视察：

全国政协副秘书长、民建中央副主席陈明德；

国务院扶贫办主任高鸿宾；

教育部职成教司司长刘占山；

交通部公路司司长徐亚华；

河北省委书记、省人大常委会主任白克明；

河北省政协主席赵金铎；

河北省人大常委会副主任韩葆贞。

八个特色：军事化、寄宿制、就业好、起薪高、师资强、实践多、设备新、企校融。

2008年1月，学校在劳动保障部职业杂志社主办的“2007年全国职技院校就业之星暨培养单位评选活动”中荣获“就业之星培养单位”称号。

5月20日，学校全体师生为四川灾区捐款，共13512.3元。

6月17日，省教育厅厅长李胜利、省职教处处长石剑平，在市教育局局长胡德利和腾飞集团公司董事长高巍的陪同下，到学校参观考察，并给予了高度评价。

在6月29日全国职业院校技能大赛中，来自27个省、市、自治区的34名选手进行了10个专业、24个项目的比赛。学校参赛选手取得了团体第三名的好成绩。

9月3日，在腾飞集团公司高巍董事长、学校殷明成校长的陪同下，教育部王岚处长、省教育厅陈国华处长及上海通用汽车公司AYEC项目专家一行3人对学校进行了评估考察，给予学校高度评价。

10月31日，殷明成校长、白春国校长助理及实训部部长刘贵金3人，参加了在石家庄召开的“教育部签约汽车大赛合作企业赞助活动暨汽车技术培训大会”，学校获得了河北省教育部捐赠的实习工具一套，成为六个获奖学校中唯一的一所民办职业学校。

12月1日，校长殷明成、副校长白春国、教务处处长李小明、实训部部长刘贵金4人，参加了在北京交通学校由教育部与上海通用汽车公司举办的AYEC项目课程启动说明会。学校在此次合作项目中的23家学校中名列第二，获赠别克轿车2辆、发动机一台、变速器一台及部分相关课程培训资料。

12月21日，实训部部长刘贵金历时两年撰写的《电控发动机台架故障诊断示范课》一书由华中科技大学出版社出版发行，专门用汽修专业课教学应用。

4月26—27日，教务处处长李小明等4人参加了在石家庄铁苑宾馆召开的“工学结合课程改革暨教材建设研究会”，在与会的20多所院校中腾飞中专是唯一一所民营学校，获得《汽车发动机实训教程》《汽车底盘实训教程》《汽车电气设备实训教程》《汽车底盘构造与维修》4本教材的编写著作权。

6月5日，在承德市政府召开的全市职业教育大会上，校长殷明成代表学校作了典型发言，学校被授予职业教育“先进集体”称号。

6月30日，由处长李小明率4名学生第三次代表河北省参加了在天津举办的全国职业院校技能大赛。学校是唯一代表河北省参加汽车专业组“车身涂装”和“车身修复”比赛的学校。两名学生获得“车身涂装”二等奖，两名学生获得“车身修复”三等奖。成为继2007年、2008年两次代表河北省参加全国汽车维修技能大赛均获团体三等奖之后的又一次突破。

12月9日上午，学校1000余名师生参加了“点燃生命的希望，奉献爱心，向中华骨髓库捐献骨髓干细胞”活动，成为河北省集体捐赠人数最多的一次。承德市电视台和河北省电视台进行了报道，并入选河北省十大新闻。

12月21—22日，由校长助理李小明及实训部部长刘贵金带队，一行5人参加了在滦平职教中心由市教育局和承德市劳动局联合举办的“2009年承德市中等职业学校焊接专业学生技能大赛”。获得了团体三等奖，2名学生分别获得了个人二、三等奖的好成绩。

2010年4月22日，学校举行了“情系玉树地震灾区”大型捐款活动。在殷明成校长的带领下，全校师生共募捐善款6600元。

5月9日，学校参加了由省教育厅、人力资源和社会保障厅、工业和信息化厅部组织的河北省中等职业学校技能大赛。学校3名选手分别获得个人单项二等奖及三等奖的好成绩。

6月24日，学校代表河北省参加了在天津东丽区职业教育中心举办的全国职业院校技能大赛。张浩阳、刘艳文、王树鹏、韩阳4名选手获得车身涂装专业个人三等奖的好成绩。

2011年6月，腾飞中专收购燕北中专。11月，经省教育厅批准，腾飞中专学校更名为腾飞学院。12月31日，隆重举行了挂牌仪式。

这一年，学院还举行了“知兵、爱兵”活动、全校技能大赛、庆祝建党九十周年烟火晚会、“永远跟党走、为孝行天下”大型感恩活动、“孝行天下、感恩教师”大型晚会。

3月12日，省教育厅政策法规处处长张子湘、石家庄市教育局政社处处长吴朝军、廊坊市教育局民办教育科主任王秋信、沧州市教育局职成教科主任陈云鹤，以及市教育局、双滦区教育局相关领导一行到学院检查“依法治校、诚信办学”情况，并对学院给予充分肯定。

4月14日，学院出动800名学生积极参与双滦区环境卫生清洁活动。学生的良好精神风貌，给双滦区人民留下了深刻印象，区委相关领导给予了高度评价。

7月9日，重庆市教育系统领导一行30余人到学院参观考察。在院长殷明成的陪同下，对校园进行了参观。该次参观考察，进一步证明了学院在教育界更深层次的影响力，以及社会各界的广泛认可。

9月4日，董事长高巍陪同马来西亚林国荣创意大学首席执行总监柯秦建到腾飞学院参观。柯秦建是受马来西亚驻华大使馆教育参赞之托到腾飞学院考察并洽谈合作办学事宜。他对学院的办学成绩给予高度评价，并就合作办学事宜达成初步意向。

9月12日，市委常委、宣传部部长赵险峰，副市长张建国到学院检查涉日维稳工作。他们参观了学校展室、学生宿舍和实训车间，对学院取得的办学成绩和学生风貌给予了高度评价。

9月28日，腾飞学院举行武装部挂牌仪式。

12月2日，美国西点军校教授托德·汉肖中校应腾飞学院邀请到承德讲座，他对学院的人才培养模式给予高度评价，当场为腾飞学院题词，并受聘为学院名誉教授。

2013年1月1日，腾飞集团公司进行干部交流。学院副院长白春国调至检测线公司任副经理；党支部副书记张立喜调至平安驾校任党支部副书记；平安驾校副校长赵建国调至学院任副院长。

5月19日，河北省“雪佛兰杯”中等职业学校汽车运用与维修技能大赛在石家庄工程技术学校落下帷幕，学院在大赛中荣获汽车二级维护团体三等奖，个人分别荣获三等奖和优胜奖。

9月，原腾飞学校校长殷明成离职，于杰接任后进行了机构改革、人员调整，本着稳中求变的原则，全院机构走向“磨合期”，提出要办“有良心的学校，可持续发展的学校，培养企业家的学校”。

首先进行了人员调整和机构重组，对全院干部老师谈话，收集建议和想法，重新采取意愿定岗定职。对主体工作从两大方面入手：(1)教学改革；(2)新项目升级。

在教学改革中，本着稳中求变的原则，以提高“四满意”(即:学生满意、家长和用人单位满意、员工满意、老板满意)为中心。

9月27日，腾飞集团2014年秋季运动会、全国企业家观摩智慧落地成果展示会、校企合作毕业生预定研讨签约仪式和全国汽车服务行业联盟周年庆典在学院隆重召开。来自全国各地的几百名企业家、学生家长观看了腾飞集团教工学生的各项表演，并参观了学院，大家纷纷表示腾飞学院不愧是中国的西点。自学院领导班子调整后，教学更加规范、质量明显提高；管理方法明显改善、师生关系更加融洽；招生质量有所提高、流失率大幅下降；综合服务日渐改善，家长满意度明显提高。在过渡平稳的基础上，经过一年多的磨合，现已走上了健康发展的道路。

承德北辰中等专业学校

承德北辰中等专业学校位于具有深厚历史文化底蕴，素有“物华天宝、人杰地灵”美誉的河北省承德市环城北路。是2005年经市教育局批准创办的中等职业学校。

学校坚持“一切为了学生成长成才”的办学思想，坚持以人为本、以市场需求为导向、以科学创新教学为动力；以实际动手操作、掌握过硬技能为主导的军事化封闭管理；坚持理论与实际相结合，积极探索科学办学的新路子、新模式；勇于开拓、不断创新，把教育质量的提高作为永恒的主题常抓不懈。学校全体教职工努力贯彻办学思想，全心全意为学生服务，实实在在为学生着想；关心、爱护、尊重学生，相信学生、爱生如子、认真培养、严格要求、保障就业；公平、公正、公道，一视同仁，率先垂范，以实际行动引导学生、带动学生、影响学生。坚持师德为魂、师才为本、师言为教、师行为引，用教师的德才言行培养学生，让学生在校学有所得、学有所成，使之成为国家建设的有用之才。

承德北辰中等专业学校的教师，是一支有凝

聚力和向心力的教师队伍，是一支能吃苦能打硬仗的教师队伍。教师在教育学生中，能以自身高尚的道德情操感染学生，能以自身的人格魅力和亲和力影响学生，能够研究学生的心态有针对性的教育学生。培养学生树立正确的世界观、人生观、价值观。因材施教，学以致用一直贯穿于学校的教学工作之中，教师既注重基础知识的教学，更注重学生基本技能的培养，更为可贵的是在实际操作中培养学生独立发现问题、分析问题和解决问题的能力，这为学生以后更好的发展自己打下了良好的基础。学生的德育教育工作是每位教师的首要任务，在传授专业知识的同时始终贯穿对学生的知、情、意、行的培养，把知识传授与品德育人紧密结合，将从业技能与职业道德教育相结合，让学生在做事的同时学会做人。

承德北辰中等专业学校于2006年被市政府评为“职业教育先进单位”。2007年，被市教育局、人事局评为“教育系统先进集体”。2009年，被双桥区政府评为“综合治理先进单位”。2007年，学校计算机专业在“承德市中等职业技术学校‘CEAC’杯计算机专业信息化办公技能比赛”中获团体第一名，平面设计获团体第二名，参赛的5名选手代表承德市参加了全省职业技术学校“CEAC”杯技能大赛，荣获团体三等奖。2008年学校计算机教师在全市计算机教师技能大赛中获得两个单项一等奖，两个单项二等奖，团体第三名。2009年，该校在承德市焊接技能大赛中获得团体二等奖。

2009年承德北辰中等专业学校被认定为承德市“劳动力转移培训示范基地”，符合条件的学生可享受国家扶贫补助及有关优惠政策。

2015年，承德北辰中等专业学校为了进一步增强学校的办学实力，加大了对学校的投资力度，与承德人力资源经济学校合作办学。学校现有在籍学生900人，19个教学班。开设航空服务、美发与形象设计、汽车运用与维修、计算机应用、机电技术应用等多个专业。学校教学环境优雅，师资力量雄厚，任课教师均为本科、专科以上学历，从教多年的老教师和经验丰富的高级技术人员，组成了一支教育教学能力强水平高的教职工队伍。学校实习实训设备先进，设有计算机房、形体训练室、语音教室、数控车床、普通车床实训车间、焊接训练室、电工实验室、多媒体教室等，能充分保证教学实训实习需要，强化学生动手能力培养。

学校对在校学生进行校规校纪教育，法制教育，安全教育，就业教育，文明礼仪教育，对学生中发现的不良行为及时提出批评与教育。增强学生遵纪守法意识和安全意识，培养学生的文明举止，确保校园的正常教学和生活秩序。

学校实行“订单”培养，培养的学生与企业达到“无缝”对接。学校与天津力神电池股份有限公司、新宏昌重工集团、北京浮士德电力工程有限公司等多家知名企业合作，学生毕业后可去企业工作，待遇高，工作环境好。

多年来，学校凭借对职业教育的热爱和对社会高度负责的精神，把“行为规范、知识扎实、技术过硬”作为人才培养目标，已经为社会培养了数千名技能人才。

围场满族蒙古族自治县天卉中学

围场天卉中学创办于2003年暑期，学校坐落在围场县城南10千米，111国道西侧，承赤高速交会处。学校占地面积17600平方米，建筑面积10500平方米。随着学校不断发展壮大，天卉中学现已拥有26个教学班，在校学生1530人，教职员工132人，其中中学高级教师9人，中学一级教师28人，任教教师均已取得大学本科学历。教学管理精细，教学设备齐全，是一所全封闭管理式高标准的民办初级中学。办学以来，天卉中学始终秉承着“教好一个孩子，幸福一个家庭，办好一所学校，造福一方社会”的办学宗旨，不断优化教学管理，改进教学方法，使步入天卉的每一个孩子享受到全国最优质最前沿的教育。办学以来天卉中学坚持教育教学改革创新，经过多年的教改实践，创造性的探索出了以“大单元、大读写、大展示”为支撑的“3D”大课堂教学模式。学校于2011年被中国名校共同体确定为全国初中教育改革创新示范学校。教改的成功，大大提高了学校的教育教学质量，办学以来，学校连续7届中考成绩在承德市名列前茅。学校先后被省、市、县评为“明星级初级中学”“规范办学先进单位”和“课改样板校”，每一年都被县文体教育局评为“年度考核实绩优秀单位”和“教学质量突出单位”。2015年5月，被承德市妇联、市教育局授予“承德市优秀家长学校”。2015年7月，在河北省协调劳动关系三方会议上，被授予“年度河北省AAA级劳动关系和谐单位”。

立足教育本质，关注人的成长，天卉中学始终用前卫的理念引领教育教学。办学之初就旗帜鲜明地提出了“做责任教育，做良心教育，教孩子三年，想着孩子三十年”的教育理念。一直奉行着“进入天卉，先学做人，再求学问”的育人宗旨。学校实行封闭式、双班主任制管理，全天候24小时关照学生的学习和生活。教学中大力强化素质教育，为孩子一生成长奠基。天卉中学不仅为孩子在天卉三年的初中学习负责，还为孩子3年后步入高一级学校的继续教育负责，更为孩子的前半生着想，使从天卉走出的学生不仅高分，而且高能、高品。

天卉中学于2007年开始走上了高效课堂改革的道路。提出了“三创一改”的高效课堂打造工程，即：创新办学理念，树立文化立校意识是学校发展的根本；创新管理体制，实现科学民主管理是学校发展的关键；创新评价机制，形成有效管理是学校发展的最佳途径；课堂教学改革，使学生“真爱”课堂是学校发展的康庄大道。为此，学校先后两次组织教师到山东杜郎口中学参观学习，取经问道，探索高效课堂改革的路径。将杜郎口中学的课改经验与本校实际有机结合，探索出了“三型、六步、一论坛”的天卉高效课堂模式，取得了高效课堂改革的阶段性成果。2010年，随着课堂改革的深入推进，学校又成功的开创了“大单元教学”新的课堂模式，将高效课堂改革推向高层发展的阶段。天卉中学的高效课堂改革成果引起了全社会的广泛关注，全国各地纷纷到校参观学习，《中国教师报》用8个版面连续报道了天卉中学的课改成果。同年，“大单元”教学模式被列为全国高效课堂改革九大范式之一在全国推广。2011年，天卉中学又成功地引进了国家初中语文基础教育研究会的高效读写策略，并与本校的“大单元”教学成功嫁接，创造性地形成了以“大单元、大读写、大展示”为主翼的“3D”大课堂新教学范式，真正实现了高效课堂改革从改结构到改关系最后到改意义的成功嬗变。

在课堂改革取得了本质性的突破的同时，2014年学校又全面启动了课程改革，向深度课改迈进。让课程落地课堂，让课堂体现价值，天卉中学立足“3D”大课堂，全面进行课程的研究开发，让课堂改革回到学科本身，打造学科特色的高效课堂。学校各大学科依据“国家课程标准”和本校的课改实际，大刀阔斧地进行了各科课程的开发整合，形成了本校学科课程体系和学科特色课堂模式。另外学校还创造性的开发出了多种校本课程，如：艺体综合课、专技特长课、实践创作课等。天卉中学将课堂改革与课程改革有机融合的成功举措，让课改有深度，让课堂有价值，真正实现了教育本质的回归。

天卉中学通过10多年的发展积淀，在取得了辉煌的教学成果的同时，办学规模也不断地发展壮大。现已形成了由天卉本部、石家庄国际创新学校、承德市鹰城一中、石家庄市一中西山学校，隆化县新天卉中学组成的天卉教育集团。形成了容初中教育，高中教育并与国际教育有机接轨的集团教育架构。进入天卉中学的学生不仅能享受到全国最前卫的初中教育，而且升入集团高中部能继续接受天卉教育理念和教学方式的学习打造，同时，石家庄国际创新学校初高中部为有志出国留学的学生提供了广阔的平台。天卉教育集团自2015年又出台了新的五年发展规划。随着新的五年规划的逐步落实，天卉教育集团将实现互济互利，合力共赢的集团化教育优势，麾下的各所学校将以全新的格局进入高峰运转时期。

围场玉林学校

围场玉林学校始建于2002年8月。14年来，在各级领导、社会各界人士及广大家长的支持下，经过玉林学校全体教职员工的艰苦创业，现在已经成为集幼儿教育、小学教育为一体的花园式、现代化数字学校。学校占地面积65亩，建筑面积18000平方米，拥有33个教学班，在校生2000多人，教职工200多人。该校被上级主管部门确立为“围场县民办公助学校”“围场县民办学校教学实验基地”“生本教育实验校”，学校连续多年荣获“实绩优秀单位”“教学成绩优秀单位”“安全工作先进单位”“素质教育先进单位”“精细化管理学校”“园林式学校”“课堂教学改革样板校”等荣誉称号。

根据围场县总体规划和布局，玉林学校于2016年年底，整体搬入围场县科教园区。新校区占地面积65亩，建筑面积4.2万平方米，总投资1.2亿元。新校区配有教学楼4栋、食堂及风雨操场一栋、男女生公寓楼各一栋、综合楼一栋、教职工公寓两栋、独立幼儿园一栋。一所现代前卫的数字校园、优雅清新的文化校园、和谐共生的生态乐园将屹立于木兰围场的大地。

玉林学校始终把教学作为学校工作的主线，10几年，来学校着力对新教师精心挑选，悉心培养，高薪聘用优秀教师。现教师学历达标率100%，其中研究生1名，大学本科生40 名，大学专科生35名，专职教师全部是师范院校毕业生，而且都和所学专业对口。这些教师朝气蓬勃、干劲十足、有丰富的小学教学经验，真正体现了小学教师队伍应该具备的年轻化、知识化、专业化的特点。受到上级教育主管部门的高度赞扬和社会各界人士的广泛认可。

学校构建以“成长教育”为核心的校园文化，以“幸福快乐成长，做成功的自己”为核心理念，本着对孩子的一生负责的指导思想，高度重视孩子人生观的形成和各种习惯的养成教育。通过校会、班会、国旗下讲话、亲情作业、经典诵读等各类文体活动对学生进行品德教育及习惯养成教育，培养了学生正确的人生观和良好的行为习惯。

为了更好地顺应国家基础教育改革，培养更加优秀的孩子，围场玉林学校大力推进素质教育，学校坚持深入开展课堂教学改革工作，重视学生能力培养，努力探索，大胆创新，最终走出了生本理念下独具特色的“成长课堂”。 孩子在课堂上畅所欲言，奇思妙想，真正成了学习的主人，课堂再也不是教师一个人的舞台。在这样的课堂上，学生得到了充分的发展和锻炼，学生不仅学习到了知识，更重要的是培养和提升了综合素养与健康人格，实现了为孩子的一生负责的承诺，让孩子快乐地冲出起跑线。建校14年来，玉林学校向县内外各大中学输送了上千名的优秀毕业生。

学校教学质量一直居全县领先地位。2006—2013年，在全县小学升学统一考试中综合成绩一直位居全县第一，实现了小考“八连冠”。每年考入卉原中学、天卉中学的免费生均接近两所学校免费生总数的一半。2014年和2015年，玉林学校教学质量继续高歌猛进，每年都有100多人被卉原中学和天卉中学免费录取。

在素质教育发展的大环境下，玉林学校与时

俱进，在注重德育教育和文化课教学的同时，更加注重学生的特长发展。学校开设快乐英语、书法、绘画、剪纸、衍纸、葫芦丝、电子琴、舞蹈、篮球、乒乓球、中长跑、微机等多个校本班。课余时间，学生可报名参加学习，参加特长学习活动的学生达到75%以上，因此近年来在教育局组织的全县各项赛事中，均取得最好成绩。2013年、2014年、2015这3年，玉林学校参加围场县全县中小学运动会，连续3届获得团体第一名。

走进校园，一张张天真的笑脸，一双双干净的小手，一身身整洁的校服，一排排整齐的餐桌，一间间干净的宿舍，一顿顿可口的饭菜，无不凝聚了生活老师的汗水。玉林学校是一所寄宿制小学，每班配有专门的生活老师负责宿舍、餐厅的管理。定期进行健康安全培训，做到管理人性化、科学化，使每一个孩子在学校里都可以感受到家的温暖和关爱。因此培育出一代代自力、自律、自强的玉林人，得到了社会、家庭、教育主管部门的普遍赞誉和认可。

回眸14年的风雨征程，教学相长，硕果累累，莘莘学子在玉林的摇篮中茁壮成长，展望未来，众志成城，玉林人会紧跟时代步伐，玉林学校定会飞速驶入教育快车道，续写教书育人的新篇章！

承德圣继学校

承德圣继学校始建于2012年8月，坐落于承德市承德县下板城镇路通沟村，由承德县著名企业家尹服创办，由省级骨干教师李咏梅担任校长，承德圣继学校是承德县唯一一所九年一贯寄宿制学校。三年来，在县政府、县教育局的大力支持下，学校经历了由小到大，由弱到强的成长历程。学校的办学理念逐渐科学，教学成绩稳步提高，硬件设施走向先进，管理更加规范精细。圣继学校正在向学生向往，家长信任，社会认可的理想学校迈进。

一、学校发展历程

硬件设施走向先进。承德圣继学校建校之初，校区面积19.5亩，建筑面积3200余平方米，有教学楼和宿舍楼各一栋。2013年，学校新征山地24亩，新征耕地27.5亩，学校总占地70.5亩，学校总建筑面积16080平方米。新校区建筑面积12800余平方米，其中，教学楼9600平方米，餐厅1230平方米，其他附属用房2000余平方米。学校拥有标准的理、化、生、科学实验室、微机室，教室装有数控一体机，校园、教学楼实现了数字监控全覆盖。

2015年，圣继学校新增1200平方米的宿舍餐饮楼，餐饮设备全部为先进的电器。拥有了舞蹈室、画室、琴房、书法室等功能教室。增设室外超大电子显示屏，方便师生使用。

办学规模逐渐扩大。承德圣继学校2012年建校之初，有四至九年级9个教学班，初中九年级1个班级，八年级2个班级，七年级3个班级，共有学生366人，专任教师32人，教职员工51人。

2013年，学校真正实现了九年一贯制，一至九年级17个教学班，在校生920人。教职工97人。

2014年，一至九年级33个教学班，小学部19个教学班，初中部14个教学班，有学生1493人，教职员工122人。

教育教学成绩稳步提高。2013年首届中考，参考学生37人，纯文化课平均分500.6分，100%学生考入承德县一中。中考成绩各项指标均居全县第一。学校为承德县重点高中（县一中）涵养和输送了优秀学生，为提高教育质量做出了贡献。

2014年，中考参考91人，有3名学生考入全县前10名，500分以上19人，总参考人数占全县的3%，高分人数占全县四分之一，90%的学生被县一中录取，中考成绩各项指标均居全县第一。

2015年，中考参考139人，3名学生考入全县前10名，500分以上36人，118人被县一中录取。中考成绩各项指标均居全县第一。

在提高文化课学业水平的同时，学校还注重学生的特长培养。2012年建校之初，学校就开设了美术素描、音乐舞蹈、篮球等学生兴趣班。2013年，学校开始尝试开设社团活动，并与河北民族师范学院联谊，增加艺术专业教师。学校共开设了声乐、乒乓球、排球、国画等18个社团，其中，学生自己组织的社团8个。2014年，学校根据实际情况全面实施课程改革，开设声乐、吉他、萨克斯、合唱、国画、书法、木偶表演、舞蹈、轮滑、篮球、排球、乒乓球、空竹、播音主持、英语会话等课程。社团活动和校本课程丰富了学生的校园生活，开阔了学生眼界，陶冶了学生情操，培养了学生创新能力。

管理层级逐渐科学合理。承德圣继学校2012年建校之初，学校规模较小，学校实行中小学一体管理，由德育、教学、总务构成了学校管理骨架。

2013年，学校实行小学、初中分学部管理，并设有生活部管理学生住宿，服务中心负责学校物资供给和餐饮。

2014年，学校在2013年全面加强管理的前提下，确定“前勤”深入后勤、学校全面督查的管理模块。

2015年3月，学校成立了承德圣继学校党支部，由小学支部和初中支部组成，张文国任党总支书记。学校还成立了学生发展中心，历经3年的实践，学校走向了由教师管理到学生自主管理之路，学校呈现了和谐的文化氛围。

二、2015年学校概况

学校规模。2015年，承德圣继学校总占地面积70亩，9600平方米的教学楼、1200平方米的宿舍餐饮楼及4000多平方米的附属用房。学校拥有标准的理、化、生、科学实验室、微机室，教室装有数控一体机，校园教学楼实现了数字监控全覆盖，餐饮设备全部为先进的电器。拥有舞蹈室、画室、琴房、书法室等功能教室。学校现有一至九年级41个教学班，小学部22个教学班，初中部19个教学班，学生2000多人，教职员工187人，专任教师110人，其中县政府支教教师34人，自聘教师73人。

校园文化。校名定为“圣继”，出自宋代理学家张载对教育做出的定位“为天地立心，为生民立命，为往圣继绝学，为万世开太平”。意在告诫圣继人，要承担起承继先贤泽被后世的教育使命。围绕办学目标的准确定位，学校文化主题确立为做“生长”的教育，内涵为“润泽生命，健康成长”。润泽生命是对人本性和本能的尊重，健康成长是学生终身发展的目标。学校把“一切从学生的成长出发”作为办学理念，“尊重是源，生长为本”作为学校的校训。围绕学校文化主题的总体框架，学校开设了国家课程和校本课程，校本课程有自律自主的体验课程，自理自立的生活课程，自主选择的艺术课程，文化厚重的活动课程。这些课程的开展，促进了学校的发展，彰显了学校文化内涵，让学生的成长多彩多姿，健康快乐。

学校即将启动圣继园二期工程，学校整体划分为教学区、住宿区、艺术区、活动区、运动区，并开始着手高中部和教师家属楼两项工程建设。学生总人数将达到5000人。

第九章 教师教育

调整中等师范教育，加强高等师范教育。通过“三沟通”培训、函授学习、电大学习等形式提高教师学历合格率。实施师德师风建设工程，构建覆盖各级各类教育的师德建设制度体系，建立师德建设长效机制。实施教师培养层次提升行动,促进教师专业发展。建立教师继续教育制度，构建终身教育体系。完善教师准入制度，创新教师管理体制机制，落实中小学教师待遇。规范语言文字使用。

至2015年年底，全市共有教职工45946人。其中，幼儿园4989人，小学18507人，初中10150人，高中5554人，特教学校224人，中等职业学校2912人，普通高校3610人。全市共有专任教师37473人。其中，幼儿园3414人，小学16601人，初中8492人，高中4023人，特教学校183人，中等职业学校2074人，普通高校2686人。

第一节 师范教育

一、中等普通师范教育

1989年，承德地、市共有承德师范学校、平泉师范学校两所直属学校，另有隆化、平泉和承德县3所县级师范学校，实行跨县招生。

1991年，地教委为了保证师范生质量，在存瑞中学试招一个高师预科班，录取的60名学生均是有志教育事业的优秀初中毕业生。

地教委落实中师毕业生以5%的比例保送上承德师专的政策，当年保送64人就读承德师专。

1992年9月20日，承德师范学校接受由国家教委组织的全国农村中等师范教育检查团的检查考核，检查团认为该校办学达到全国同类学校先进水平。12月底，省教委向平泉师范、承德师范和地教委颁发奖状，表彰两所学校在师范教育工作中取得的优异成绩。年内，存瑞中学招收90名高师预科班学生，承德民族师专招收50名中师保送生，为全区培养骨干教师队伍。

1993年5月3日，省教委对县级师范进行调整，承德保留隆化县师范和承德县师范，撤销平泉县师范。年内，承德民族师范、平泉民族师范分别通过国家教委的达标评估检查，特别是对办学条件和教学管理给予充分肯定和表扬。

1994年3月，平泉民族师范学校被国家教委确定为“中国—联合国儿基会项目”学校，旨在为平泉、宽城、隆化、围场4个贫困县培训小学教师。4月22日，市教委决定成立联合国儿童基金会师资培训项目工作领导小组，下设办公室，办公室设在平泉民族师范学校。

1996年7月中旬，各中师学校积极将科技教育贯穿到中师教学方案的四大板块之中，即必修课渗透，选修课强化，课外活动普及，教育实践结合。实施方案启动后，收到了明显的成效。⑴改善了课程结构，向科技教育倾斜，将《电化教育基础》《电子计算机及其应用》两门选修课改为必修课，并增加课时数。⑵在学生中广泛开展科技教育“八个一”活动，即读一本科技书，看一部科技电影，听一次科技讲座，做一次科普演讲，写一篇科技论文，出一期科技手抄小报，参加一个科技制作小发明，交一位科学家朋友。⑶校园出现了微机热，学校举办中层干部和教研组长电脑培训班，上课时座无虚席。

1999年2月14日，市教委、承德市招生委员会下发《关于中等师范学校（县师）招收民办教师有关问题的通知》。招生指标由省市下达，招生对象必须是1988年以前开始任教，在省、市、县注册的民办教师。考试科目为语文、数学、政治，命题范围不超过九年义务教育现行初中教材教学大纲规定的内容。民办教师进入中等师范学校学习的学制为2年，学习方式采取不脱离原教学岗位，主要通过函授、寒暑假集中面授及学员自学的方式完成教学计划规定的课程，学员学习期满考试考核合格，发给中师毕业证书。学员学习期间的工资按原渠道照发，学费按中专函授标准收取，每生每年400～500元。

10月8日，承德县师范、隆化县师范两所县师范学校被撤销。

2002年5月15日，市教委录取10名在全市乡（镇）及其以下幼儿园、学前班任教的农村非公办的幼儿教师，到沧州师范专科学校青县幼儿师范学校就读，学生按教学计划完成学业、取得毕业资格后，其就业安置按当年国家及省（市）有关师范类毕业生政策执行。

承德工业学校依托该校日益发展壮大的学前教育系设立承德幼儿师范学校。2011年12月28日，在上板城校区隆重举行承德幼儿师范学校挂牌仪式。承德幼儿师范学校成为承德市目前唯一一所国办全日制幼儿师范学校，为全市学前教育完善师资培养体系、扩大培养规模、提高培养质量发挥巨大作用，为实现承德市学前教育三年行动计划做出重要贡献。该校在巩固和发挥自身优势基础上，进一步加大资金投入，依据社会市场需求和人才培养规律，优化专业设置，扩大办学规模，加强师资队伍建设，全面提升教学质量，为晋升幼儿师范专科学校做好准备，努力把学校建设成为河北北部、京北地区规模最大、条件最好、质量最优、品牌最响亮的全日制幼师培养基地、在岗学前师资培训基地和一流的学前教育发展与研究中心。

2014年5月中旬，省教育厅学前教育专业专家评估组一行对承德幼儿师范学校、兴隆县职教中心、承德县职教中心3所学校学前教育专业进行过程性评估审核。通过召开座谈会听取各方意见、实地考察实训室设施等方式，对学校办学规划、教学改革、专业教师队伍建设提出指导性意见，对3所学校学前教育专业给予充分肯定，一致认为学校学前教育专业具备中等学校办学资质。

二、高等师范教育

2001年1月21日，省政府批复，同意将平泉民族师范学校改建为承德民族师范高等专科学校分校。改建为分校后，取消原中师学校建制，主要培养专科层次的小学教师。省政府要求市政府，要加强对该校的管理，坚持师范教育适度超前、优先发展的原则，不断提高师范教育的质量和效益。

4月26日，市政府印发《关于平泉民族师范学校改建为承德民族师范高等专科学校平泉分校有关问题的通知》。（1）自本通知下发之日起，平泉民族师范学校更名为承德民族师范高等专科学校平泉分校，原中师建制取消。（2）承德民族师范高等专科学校平泉分校目前实行初中起点五年制、高中起点二年制、中师起点“三加二”年制等三种学制，主要培养专科起点的小学教师，学生毕业后颁发承德民族师范高等专科学校（简称“承德民族师专”）毕业证书。（3）承德民族师范高等专科学校平泉分校由市教委主管，在业务上接受承德民族师范高等专科学校指导。（4）承德民族师范高等专科学校平泉分校属县处级单位，设置党委办公室、校长办公室、教务处、政教处、学生处、总务处、科技处、团委、工会和勤工俭学公司等相关处室。根据教学工作需要，分校建立中文系、数学系、英语系、音乐系、美术系，另设图书馆、电教馆。各系、馆设主任、副主任各一名，各系、馆按科级机构对待。

4月27日，承德民族师范高等专科学校平泉分校举行揭牌仪式，同时，在分校成立承德市外国语师资培训中心，负责全市在职小学外国语教师培训工作。年内，顺利完成“3+2”五年制和高中起点大专生562人的招生任务，成为全市培养专科层次小学教师的重要基地。

4月28日，承德民族师专和唐山师院签署联合办学协议，由承德师专在中文、数学、物理3个专业招收高中起点的普通高校本科生120名，挂靠唐山师院招收专科应届的本科学生（在承德师专的在校生中招生），毕业时均由唐山师院颁发普通高等师范院校毕业证书，结束了承德师专不培养本科生的历史。经过积极争取，承德民族师专被列为省级小学语文骨干教师培训基地，作为全省仅有的3个培训基地之一，参与省级骨干教师的培训工作，提高了承德师专的办学声誉和知名度。

12月15日，市政府在贯彻国务院《关于基础教育改革与发展的决定的实施意见》中要求，到“十五”计划末，基本形成以承德民族师专为主体、县教师进修学校参与、岗前教育与岗后培训一体化的开放性的教师教育体系。到2005年，把承德民族师专建成以培养本科教师为主要任务的市属本科综合院校，把承德民族师专平泉分校建成培养小学、幼儿园教师的以五年制为主的师范专科学校。按省定标准，各县教师进修学校力争建成独立建制的达标教师进修学校，使县教师进修学校成为本县范围内对各级各类教育干部、教师进行培训的管理中心、指导中心和培训中心。

2007年12月10日，市教育局决定从2008年起安排承德民族师专在全市范围内开展教师教育专业学生顶岗实习工作，要求各县（区）高度重视该项工作，为该项工作提供有利条件和保障，承德民族师专加强对派出师生的专业教育、纪律教育、艰苦朴素教育，保证顶岗实习工作的顺利进行。

2009年，承德民族师专专升本通过国家专家组评估验收，为教育部批准承德师专升格为承德市属首所本科院校奠定了良好基础。

2010年3月18日，教育部向省政府下发《关于同意在承德民族师范高等专科学校基础上建立河北民族师范学院的通知》。通知指出：根据高等教育法和普通本科学校设置暂行规定以及全国高等学校设置评议委员会五届四次会议的评议结果。经研究，同意在承德民族师范高等专科学校基础上建立河北民族师范学院，学校代码为10098，同时撤销承德民族师范高等专科学校的建制。（1）河北民族师范学院系本科层次的普通高等学校，应逐步过渡到以实施本科教育为主。（2）该校由河北省领导和管理，学校发展所需经费由河北省安排解决。（3）该校全日制在校生规模暂定为8000人。（4）该校要进一步加强教师教育，把培养基础教育、中等职业教育教师作为学校的主要任务。（5）河北省承诺到2015年共投入1.2亿元（承德市政府财政投入9000万元，学校自筹3000万元）学校建设经费，须落实到位。（6）该校现有专业结构调整和增设本科专业，应按教育部有关规定办理。2010年，首批设置的本科专业为6个，即汉语言文学、数学与应用数学、英语、音乐学、美术学、物理学。（7）教育部将适时对学校办学情况进行评估。河北省要加强对该校的领导，加快学校的总体规划和建设，落实有关投入，紧密结合地方经济和社会发展需要，加强学科建设和师资队伍建设，努力提高教育质量和办学效益，为河北和少数民族地区的经济发展和社会进步做出更大贡献。7月3日，河北民族师范学院举行揭牌仪式。

年内，河北民族师院着眼满族文化研究，在清史研究、避暑山庄文化、纳兰性德研究等领域进入全国领先地位。其中，承德清音会被确定为国家非物质文化遗产。

2012年11月下旬，河北民族师范学院音乐系聘请我国著名男高音歌唱家戴玉强为客座教授。在交流探讨中，戴玉强对声乐专业的招生、培养、提高，以及声乐教学、舞台表演等方面提出了建设性意见。

2013年3月25日，河北民族师范学院新增3个本科专业。至此，该校已有27个本科专业，分属教育学、理学、工学、文学、法学、历史学、艺术学、管理学8个学科门类。

4月上旬，河北民族师范学院植物学、凝聚态物理学科被评为河北省高校省级重点发展学科，实现了该校省级重点学科“零的突破”。4月中旬，河北民族师范学院坚持“五个结合”，扎实开展“中国梦”学习教育活动。⑴把“我的中国梦”主题教育活动与学习宣传党的十八大精神相结合，引导广大师生把实现伟大中国梦的满腔热情转化为刻苦学习、勤奋工作、报效祖国的实际行动。⑵把“我的中国梦”主题教育活动与丰富多彩的社会实践活动相结合，通过“体验省情、服务群众”“三下乡”社会实践活动等平台，引领广大师生深入农村社区城镇街道、深入工矿企业一线，深化对中国梦内涵的理解把握，并梳理出“百姓梦想”。⑶把“我的中国梦”主题教育活动与校园文化建设相结合，通过举办“我的中国梦”征文比赛等多种形式主题教育活动，在师生中深入开展社会主义核心价值体系学习教育，培育中国特色社会主义大学精神。⑷把“我的中国梦”主题教育活动与“善行河北、积善承德、立德树人”主题道德实践活动相结合，通过培树先进典型、道德模范，感召广大师生，用中国梦凝聚强大精神力量，在实现中国梦、教育梦、师院梦的征程中成长成才、建功立业。⑸把“我的中国梦”主题教育活动与学院“十二五”规划期间建设合格本科学院的各项工作相结合，做到两促进、两不误。

4月下旬，挂靠在河北民族师范学院的承德市国学研究会，在河北省传统文化教育学会工作会议上，荣获“河北省传统文化教育先进单位”荣誉称号。

4月21—22日，河北民族师范学院首期升本的汉语言文学、英语等6个专业被批准为学士学位授权专业。5月下旬，河北民族师范学院申报的“民族关系研究基地”被列入国家民委公布的第二批人文社会科学重点研究基地名单，被批准为国家民委8个人文社会科学重点研究基地（培育）之一。

6月8日，河北民族师范学院接待中央民族大学校长、教授、博士生导师陈理的考察，就该学院学科专业建设、科研项目申报、本科生培养、师资和管理队伍建设等方面的帮扶支援进行讨论商洽。6月中旬，河北民族师范学院被河北省文化厅评选为16个首批“河北省非物质文化遗产研究基地”之一，成为承德市首个省级非物质文化遗产研究基地。

6月11日，河北民族师范学院与双滦区人民政府举行战略合作签约仪式，双方签订教育合作项目协议。根据协议，双滦区教体局为学院提供实习基地、教科研项目实验基地和样本采集区。学院选派毕业生到双滦区顶岗实习，利用科研团队、设备和资源等方面优势，帮助提升中小学教师的教学和科研能力。双滦区选派骨干教师为学院的教法课程进行讲座或授课，学院为双滦区中小学教师开展各种形式培训，选派音、体、美、心理等专业师生到双滦区开展指导社团活动等志愿服务。

9月23日，市委宣传部、市委教育工委邀请中国科学院研究生院教授张瑜，在河北民族师范学院为承德市高校师生作“开学第一课”专场报告。张瑜系中国科学技术大学近代力学系首届毕业生，师从教授钱学森。近年来，教授张瑜为弘扬钱学森精神，深入各地高校作报告200余场，广受好评。

河北民族师范学院实施“四项工程”提高学生就业率。该学院针对近年来毕业生就业压力大的问题，实施“招聘会工程”“基层就业和自主创业教育工程”“落实特岗教师计划、三支一扶计划、应征入伍工程”“专升本、考研工程”，使近几年毕业生就业率稳步提升。①实施招聘会工程，搭建用人单位与毕业生双向选择的平台。②实施基层就业和自主创业教育工程，引导学生树立正确的择业观，广泛挖掘自主创业渠道，注重后期跟踪指导，积极鼓励毕业生自主创业和灵活就业。建立实习实训基地157个，就业基地60个，以实习带就业，实现学生实习与就业的“无缝连接”。③落实特岗教师、三支一扶、应征入伍、到村任职、服务西部等计划，为学生提供相关信息，为学生进行义务辅导，使录取率逐年提升。2012届，毕业生中257人考取特岗教师。④实施专升本、考研工程。加强引导，在教师、机构、经费、场地等方面给予学生考试充分保障。2013届毕业生中，601人考取专接本。由于业绩显著，2012年12月，该学院被省教育厅评为“河北省示范性就业指导中心”。

10月下旬，河北民族师范学院学报在第五届全国高等学校文科学报评优活动中，再次荣获“全国高校优秀社科期刊奖”，学报特色栏目“避暑山庄学”继“纳兰性德研究”之后，荣获“全国高校社科期刊特色栏目奖”。11月11—13日，河北民族师范学院承办了河北省第三届大学生人文知识竞赛，该院两支代表队分获第一名、第二名。12月20日，河北民族师范学院聘请我国著名男高音歌唱家戴玉强到校讲学。戴玉强结合自身从艺之路的心得体会，就发声技巧、方法和注意事项进行重点讲解，并与师生交流互动。通过组织和参与以上活动，不仅提高了学校知名度，而且进一步起到了师范院校的龙头带动作用。

2014年3月13日，国家民委与河北省人民政府举行共建河北民族师范学院签约仪式。国家民委将加强对该学院的宏观指导，对学校的改革、发展、建设等方面给予更多关注和扶持，将该学院学科专业建设纳入委属院校学科专业发展规划，指定中央民族大学对口支持该学院，支持该学院承担国家民委重点科研项目。河北省人民政府把该学院改革发展纳入全省经济和社会发展总体规划，将其列为省重点扶持高校。

10月23日，市政府下发《关于支持河北民族师范学院转型发展的意见》。(1)强化政策落实。加强对该校的组织领导，每年定期听取工作汇报，研究解决该校建设发展中的重大问题，制定促进学校发展的具体措施。积极支持学校参与国家民委安排的有关人才培养、科学研究、社会服务等活动，为促进学校加快发展创造良好条件。(2)加大投入力度。进一步加大学校的基础建设投入力度，改善办学条件，积极筹措专项资金，确保生均拨款标准不低于12000元，并逐步提高生均经费标准。积极争取中央财政支持，完善相关激励措施，健全省内重点高校、科研机构对口帮扶工作机制，激励和支持省内高校优秀教师到该校从事教学科研工作。(3)加强师资队伍建设。按照河北省高等学校机构编制标准，及时核定、调整该校编制，优化师资队伍结构，在职称评定、教师培养、人才引进等方面给予必要的倾斜，并为该校优秀青年教师和后备干部到省内外挂职锻炼，交流学习和培训提供支持，帮助学校建设一支高素质的师资队伍，提高其人才培养能力和水平。(4)加强重点学科专业建设。加强对该校省级重点学科、重点专业和特色专业的建设扶持力度，在科研立项、重点实验室、重点基础建设等方面给予适当的倾斜支持，提升其服务民族区域发展的能力。河北民族师范学院要发扬自力更生、艰苦奋斗的精神，抢抓机遇，深化改革，突出办学特色，不断加快发展，为促进民族高等教育发展、推动民族地区科学发展做出应有贡献。（5）加强工作领导，强化组织保障。市政府成立河北民族师范学院转型发展工作领导小组，定期听取工作汇报，研究解决转型发展中的重大问题。学校成立专门工作机构，具体负责转型发展工作。（6）推进委省共建，形成转型合力。进一步加强与国家民委、省政府的联系沟通，积极争取上级政策、项目和资金支持。支持学院加大外联力度，与中央民族大学等有关部（委）属院校在师资队伍、人才培养、科研项目等方面，开展全方位、深层次、多样化的合作，健全对口帮扶机制，实现借力发展。（7）加大多元投入，强化资金支持。大力争取中央和省转型发展专项资金支持，在确保生均拨款等正常资金投入的基础上，市财政进一步加强资金筹措，加大倾斜支持力度。建立学校转型发展专项资金，从2015年起，连续5年，每年预算列支1000万元，用于该校师资队伍、实习实训平台、课程体系及课程标准等建设。改善办学条件，拓展资金投入渠道，鼓励和支持县（区）政府、社会各界、行业企业对该校捐资助教，对资助该校办学、参与转型发展的行业企业，给予税收减免优惠，为行业企业参与合作育人提供政策性保障。（8）完善保障措施，推动加快转型。发挥政府主导作用，积极为学校转型发展搭建平台。各县（区）政府、市直有关部门、行业企业、科研院所要积极参加该校转型发展，广泛深入开展产教融合、校地互动、教育、组织、编制、发改、人社、财政、工信、规划、国土等部门，在资金、人才引进、项目立项、干部挂职、职称评聘、实训场地等方面制定和完善相关优惠政策，大力支持推动学校转型发展，为促进高等教育事业创造良好环境。

2015年1月上旬，河北民族师范学院举行搏强奖学金颁奖典礼，表彰该学院获得首届“搏强十佳教师、十佳大学生、搏强励志奖学金”的师生。搏强奖助学金是由河北搏强塑料制品有限公司于2014年3月设立，每年出资20万元为品学兼优和家庭困难学生以及中青年骨干教师颁发证书和奖金。

4月下旬，河北民族师范学院被列入全省10所普通本科高校向应用技术类型高校转型发展试点学校名单，省财政将设立专项补助资金用于支持试点学校转型发展。

5月7日，河北民族师范学院成立文化传播有限公司。

5月下旬，河北民族师范学院与北京和晟融传媒科技有限公司举行合作签约暨授牌仪式。10月13日，与北京印刷学院签署全面战略合作框架协议。两校将在人才培养、科学研究、师资队伍建设以及双方感兴趣的领域开展广泛合作、共赢发展，实现优势互补、互惠互利、共同发展的目标。

7月22—24日，河北民族师范学院特邀合肥学院党委书记蔡敬民、黑龙江工程学院教务处处长叶树江、黔南民族师范学院党委书记石培新、常熟理工学院发展规划处处长顾永安4名专家，以专题讲座形式作高校转型发展培训。

9月中旬，河北民族师范学院旅游管理系承德文化旅游规划研究所被认定为国家旅游规划资质丙级单位，成为河北省第六家拥有丙级旅游规划设计资质的单位。

9月17日，河北民族师范学院与承德市东园林小学、承德市桥东小学、承德市第四幼儿园举行实习实训基地签约挂牌仪式。

11月中旬，河北民族师范学院被确立为本科高校转型发展联盟副理事长单位，该联盟将开展应用技术大学办学模式与人才培养模式研究，组织教育教学改革和经验交流等活动。

12月上旬，河北民族师范学院科研团队的“特色文化创意产品关键技术研发及示范应用”项目被科技部列入2015年国家科技支撑计划36个项目立项之一，项目编号2015BAH43F00，批准经费363万元。国家科技支撑计划项目是国家三大主体科技计划之一。

12月22日，在委省共建1周年推进会暨战略合作签约仪式上，河北民族师范学院就学科建设与研究生培养、专业建设与人才培养、学科研究、队伍建设四方面，与中南民族大学签署全面战略合作协议，与教育部学校规划建设发展中心签署战略合作协议。教育部学校规划建设发展中心将河北民族师范学院作为“高等学校产教融合创新实验项目”基地学校，为学校发展提供智力支持和资源服务。

2015年，河北民族师范学院招收50名农村小学全科教师免费培养生。这项工作是免费为贫穷艰苦地区农村小学和教学点培养小学全科教师，按照“从本县招生、回本县就业”的原则，培养学历为专科，学制5年，毕业后需要在乡镇（不含县级政府所在镇）及以下小学或教学点从事小学教育6年以上方可调动。招生对象为初中优秀应届毕业生，且身体健康、相貌端庄，无身体残疾，具有较好的语言表达能力。小学全科免费师范生在校学习期间免除学费，免缴住宿费，并补助生活费。

10月28日，河北民族师范学院与大连民族大学签署“战略合作2015—2018实施协议”。双方在专家指导、学科建设与研究培养、青年教师教学培养、学生交换培养与交流4个方面达成协议。大连民族大学选派专家对河北民族师院相关专业进行指导，河北民族师范学院3名教师被大连民族大学遴选为该校硕士学位研究生导师。

第二节 教师继续教育

一、承德地区教师继续教育

1989年4月，地教委召开师训工作会议，要求各学校组织好自学函授、计划培训，一面抓学历提高，一面抓能力提高，重在提高实际教学水平，以教学能力提高促进学历达标。地区教育学院和地县师范（进修学校）要把初中的教育管理和六大学科作为主要培训任务。

1990年，地教委召开全区师训经验交流会，推广了兴隆县半壁山、六道河两个中心校典型经验。兴隆经验之一，是把师训工作好坏作为考评校长政绩的重要内容，把教师评职、晋级、评模与参加学历进修和能力培训联系起来，以保证全年教师培训任务的基本完成。

承德师范、平泉师范两所师范学校在教师培训中，加强思想教育、实行量化管理、强化基本功训练，充分利用专家、教授、优秀教师的音像资料进行师资培训。

1992年，承德地区将教师学历达标培训的重点放在初中，共招生录取2100人进行学历达标培训。

二、承德市教师继续教育（地、市合并前）

1989年，承德市的教师进修学校为独立学校，对中小学学历不达标教师进行学历达标教育，教师继续教育主要通过教师“专业考试”。

1990年，市教委分别到大连、上海、北京、天津等地参观学习，深入承德县偏僻山村进行调查，在3区召开座谈会，向2000多人发调查表，在此基础上出台了《关于开展小学教师继续教育的意见、继续教育管理办法》。

1991年11月4日，承德市教师进修学校并入承德大学，在承德大学内设培训部，其职能主要是培训教师和教育行政干部，以提高其政治、业务素质。年内，有230名中小学教师参加“专业考试”，187人及格，及格率为66.78%。对初中不达标教师实行全员培训，举办考前辅导班，举办新教师岗前培训和小学骨干教师培训班。

三、提高教师学历合格率

1993年，承德市教育学院通过省教委的评估检查。年底，全市共有小学专任教师15372人，学历合格13054人，合格率84.92%。其中，前三名分别是市直属（96.24%）、双桥区（93.38%）、围场县（88.52%）；合格率增长最快的前三名是宽城县(6.76%)、兴隆县(4.06%)、营子区(3.80%)。全市共有初中专任教师8820人，学历合格4497人，合格率50.93%。其中，前三名分别是市直属(88.98%)、营子区(73.42%)、双滦区(72.24%)；合格率增长最快的前三名是承德县（6.90%）、营子区（6.60%）、双桥区（6.51%）。

1994年5月13日，市教委决定重点抓好新教师培训和小学骨干教师培训的继续教育工作，培训形式为集中培训和分散实践培训。培训院校重点抓好教学，本着理论与实践相结合，讲授与实践相结合，系统教材与专题讲座相结合，面授、自学与参观考察相结合的原则，保证培训质量。年内，承德市上半年成人自学考试报名10345人，计20777科次；下半年报名10756人，计21939科次；自学考试毕业728人。

1995年2月13日，市委、市政府在《关于实施中国教育改革和发展纲要的意见》中，提出全市到2000年的教师队伍建设目标：小学、初中、普通高中教师学历合格率分别达到95%、80%、70%。其中，市区和县城小学教师中取得专科以上学历的占到20%左右，中专学校教师符合任职资格标准的达到90%以上，其他职业学校和技工学校教师符合任职资格标准的达到70%以上。

10月12日，市教委印发《承德市初中教师三沟通培训教学管理和学籍管理办法》。9月15日，承德民族师范学校在内部中层建制中，增设教师继续教育培训部，承德市教师进修学校的职能划归承德民族师范学校，实行一套人马、两块牌子。

1996年8月1日，市教委印发通知，凡按“三沟通”培训教学计划，有六门（含六门）课程合格的（不含地方规定课程和考查课），均符合发放教师专业合格证书条件，不符合条件者，其单科成绩合格的，颁发单科合格证明。对取得初中教师专业合格证书的教师，按规定享受相应待遇。

1997年1月30日，市教委印发《关于进一步严肃初中教师“三沟通”培训结业考试考风考纪有关问题的通知》。要求各分考区的教育行政部门领导要充分重视考试的领导组织工作；指出每次考试将向各分考区下达抓违纪作弊的指标；实行奖惩制度；规定考生违纪作弊累计达三次开除学籍；严格执行对违纪考生处理暂行规定；省市教委将在适当学期采取派巡视员监考的方法进行抽样检查，对及格率相差悬殊的，将采取相应措施。

11月28日，市教委对兴隆县教师进修学校校长张山等5名优秀校长和滦平县教师进修学校教师张丽梅等6名教学能手进行通报表扬。

1998年，承德市教委成立承德市中小学教师继续教育工作领导小组。

2000年9月13日，市教委印发《承德市市级中小学幼儿园骨干教师培训方案（试行）》，对市级中小学幼儿园骨干教师培训的目标、任务、培训规划、培训形式、组织管理、经费等方面做出具体安排。

9月25日，市教委印发通知，将教师进修学校办学条件达标建设和中小学骨干教师培训经费保障纳入“普九”复查内容，要求各县（区）高度重视这两项工作，与“普九”迎检统筹安排，切实落实好中小学骨干教师培训经费，搞好教师进修学校达标建设。

10月30日，兴隆县教师进修学校被省教育厅确定为河北省办学条件达标教师进修学校。年内，承德市中小学教师大专自考培训两期2605人，中学教师专升本报考17835科次，实考11630科次，及格10471科次，及格率为90.03%。小学专任教师学历合格率由上年的89.03%提高到90.05%，初中专任教师学历合格率由1999年的67.93%提高到70.49%。

2001年12月15日，市政府在贯彻《国务院关于基础教育改革与发展的决定的实施意见》中，要求进一步提高中小学教师队伍整体素质，下大力组织实施小学教师“五项达标继续教育工程”和“骨干教师培训工程”，全面推行中小学教师继续教育证书制度和中小学教师信息技术等级证书制度，进一步提高广大教师实施素质教育的能力，确保市、县（区）级骨干教师培训资金和中小学教师人均30元培训费的落实。到2005年，小学具有专科以上教师比例达到30%以上，普通高中教师学历合格率达到80%以上，并按专业对口、学用一致原则，有一定数量的中青年骨干教师接受研究生教育。在小学、初中任教的40岁以下的男教师、35岁以下的女教师和30岁以下的普通高中教师，到2010年，要分别取得所学专业的专科、本科和教育硕士学历。紧密结合基础教育课程改革，在全面加强中小学教师继续教育的同时，在全市中小学教师中实施“名师工程”，以加快全市骨干教师队伍的建设步伐。加强校长和管理队伍建设，学校校长作为实施素质教育的具体组织者，要率先转变教育观念，形成符合素质教育工作要求的教育思想。继续巩固和完善中小学校长岗位培训和持证上岗制度，进一步完善校长选拔和任用制度，鼓励优秀校长到薄弱校任职。到2010年，省级示范性高中校长80%以上要接受研究生教育。

2002年5月9日，市教育局印发《关于加强中小学幼儿园教师继续教育工作的意见》和《关于加强和改进中小学教师培养培训工作的通知》。要求各单位要明确教师继续教育的艰巨任务，根据管、训、用一体化的原则，明确具体分管的股室，采取切实可行的措施，解决推进教师继续教育工作中存在的问题。通知指出，非学历教育是中小学教师继续教育的主要任务，要抓好培训者的培训和中小学骨干教师培训，扎扎实实地搞好面向全体教师的信息技术教育培训和职业道德教育。县进修学校是开展中小学教师继续教育培训工作的重要基地。积极争取地方政府加大对中小学教师继续教育工程投入的力度，落实好省里关于中小学教师培训的各项规定，尤其是应解决好各级骨干教师培训经费。

8月13日，市教育局成立承德市中小学教师教育中心，中心的主要职责是在市教育局领导下，统筹负责全市中小学教师教育的组织、管理、协调等项工作。11月10日，印发关于《在教师教育工作中加强英语教育工作的意见》，要求在全体中小幼教师中进行英语教师专业技能等级测试和非英语教师语言应用能力测试。各县（区）教育部门要大力加强县教师进修学校建设，在2001年年底之前，在县教师进修学校全部配齐语音室和英语教师、教研员，积极组织英语教师、教研员参加省级培训，强化县教师进修学校在英语教育培训中的作用，促进全市中小幼教师全员英语培训工作的顺利开展。

2002年7月30日，市教育局印发通知，决定从2002年起，高等师范教育本科自学考试培训招生范围扩大到在职中小学教师，培养对象为具有专科学历的中小学教师。11月8日，市教育局成立承德市中小学教师教育工作领导小组，同时撤销1998年成立的承德市中小学教师继续教育工作领导小组。12月3日，转发省教育厅《关于在职中小学教师接受非师范类学历教育有关问题的意见》。年内，市教育局制定全市教育系统干部教师开展以德治教活动的意见，实施“名师工程”，健全师德监督机制，开展“十大杰出青年教师”和优秀青年教师评选活动，加强教师队伍建设。各县（区）和学校分别对全体教师进行新课程标准培训，对非英语教师进行英语全员培训，对全体教师进行现代信息技术教育培训，同时把普通话水平作为教师资格认定的必备条件，进行严格的测试。

2004年，市教育局中小学教研室采取上研究课、说课、评课、教研员进行理论讲座等形式，理论联系实际，坚持把“新课标培训”做实、做活。完成新任校长任职资格、中小学校长“九五”提高扫尾培训和“十五”提高培训，举办中小学骨干校长高级研修班。全市小学、初中、高中教师学历达标率分别达到99.65%、95.65%和76.5%，小学教师专科率达到50.45%，初中教师本科率达到21.62%。全市各县教师培训基地和培训费得到进一步改善和落实，有7个县教师进修学校达到或接近省定标准，有6个县（区）落实每人每年30元教师培训费。

四、构建终身教育体系

2004年6月4日，市委、市政府在《关于进一步推进教育改革与发展的决定》中提出：加强教师教育培训工作，构建终身教育体系。各县（区）教师进修学校要达到省定标准，市、县（区）财政在安排预算时，要将当年市、县教师集中培训经费（每人每年30元）纳入预算，教师培训费要做到专款专用，严禁挪用。以校本培训为主，实施“教师素质提高工程”，开展教师全员培训和继续教育，教师每年接受继续教育的时间不少于96学时，积极鼓励支持在职教师参加研究生学历教育。

8月16日，市教育局印发《关于加强县级教师进修学校建设的几点意见》。其中，要求继续坚持将教师进修学校建设纳入全省“普九”复查内容，凡在“普九”复查中教师进修学校不达标的县，给予回访。县级教师进修学校建设按照河北省县级教师进修学校基本实现办学条件现代化标准执行。

2005年，市教育局为加强全市中小学教师队伍建设，进一步提高中小学教师专业化水平，决定表彰一批“教育标兵”，评选一批省级中小学骨干教师，开展评选承德市师德标兵和师德先进个人、教师教育工作先进单位和先进个人、“承德市十大杰出青年教师”活动，在全市教师队伍中开展教师职业道德修养和新时期师德精神颂歌的学习活动，组织全市中小学教师职业道德和中小学教师心理健康教育考核。

2005年6月13日，市委、市政府印发《关于加强教育工作的实施意见》，提出实施教师素质提高工程。要求市、县（区）要逐年补充教师、更新教师队伍年龄结构，提高整体素质。严格实行教师资格准入制度，凡未取得教师资格证书者一律不得进入教师队伍。对已取得教师资格的教师，实行培训后的资格再认定。积极探索建立教师资格定期考核考试制度。从2005年开始，新补充的小学教师、3个区新补充的初中教师，要分别具备专科、本科学历；今后新补充的高中教师，达到研究生学历、硕士学位者要占有一定的比例。按照学以致用的原则，开展以师德教育、“新理念、新课程、新技术”和心理健康教育为内容的中小学教师研训一体化全员培训工作，加强国家、省、市、县（区）级中小学骨干教师培训，大幅度提高教师的素质能力。充分发挥名师的示范带动作用，加大对特级教师、学科带头人、教学标兵的管理力度，为他们开展教研工作创造必备的条件，带动一批青年教师骨干。聘请市外的名师和专家，组建高中教学专家顾问团，对全市高中教学工作进行指导。

5月26日，市教育局印发《中小学教师教育技术能力标准（试行）》。要求各县（区）教育局及市中小学教师继续教育中心，认真做好中小学教师教育技术能力提高培训工作，全面提高广大中小学教师实施素质教育的能力水平。5月27日，市教育局开展培养具有研究生同等学力中学教师招生工作。5月31日，市教育局印发关于开展中小学教师师德教育培训的通知，要求把教师职业道德修养作为市级培训主课程，将全国优秀教师师德报告团报告会专辑等作为师德教育活动学习辅导材料，将教师师德培训考核与“两评四考”（对校长自身素质、工作实绩进行评议；对教师师德、专业素质、教学过程、教学实绩进行考核）紧密结合起来，扎实推进全市教师的师德教育工作。

下半年，省教育厅开展县级教师培训示范机构评估认定工作。

11月30日，市教育局开展校长提高培训“教育科研”和“教育评价”专题统一测试工作，测试对象为全市在职中小学正副校级干部，年龄男55周岁、女50周岁以下者。12月25日，印发《关于开展中小学实验教师、图书馆（室）管理人员职业技能培训的通知》，省级培训主要面向市级骨干教师，市级培训主要面向县级骨干教师，县级培训主要负责本县（区）的全员培训。参加省、市级培训并经考核合格者，不再参加县级培训。

年内，全市11个县（区）已全部由财政列支每名教师每年30元的培训费，并争取到县级教师培训基地建设省级补助资金70万元。组织新任校长任职资格培训、股级教育干部培训、中小学校长“十五”提高培训、市级骨干教师培训。充分利用省级培训基地，培训了全市农村中小学音乐美术教师。承德医学院附属医院教授高慧、承德民族师专副教授申玉旺、平泉一中物理教师杨福、承德师专附中教务处副主任刘魁红、兴隆教师进修学校校长陈平、承德石油高专教授苏海清获市委、市政府颁发的第二届“金龙杯”振兴承德贡献奖。承德旅游职业学院教师潘桂云被市委、市政府命名表彰为首届“承德市十大女杰”。

2007年5月21日，市教育印发通知，决定进一步加强以成人高等教育形式培养本科学历小学教师工作。年内，对全市287名正职校长进行提高培训，加强了中小学骨干教师的培养和培训。市教育局“十五”干训工作受到省教育厅表彰。

2009年1月5日，市教育局印发《继续开展高等学校教师教育专业学生顶岗实习工作的通知》，进一步促进教师队伍建设。实施名师培养工程，全市评选、奖励176名首届中小学教学名师，评选表彰40名师德标兵。广泛深入开展师德建设年活动，建立健全师德师风建设长效机制。

2009年，市教育局加强教育系统三支队伍的培训。（1）抓校长队伍培训。在全市推广滦平县校长管理体制改革经验，强化教育行政部门的管理力度。增设专项经费，从学区建设中因学校撤并调整下来的中小学校长中，选派一批有发展潜力的干部到外地挂职培训或进修学习。（2）抓教师队伍培训。提高教师培训经费，由原来每人每年30元增加到100元。组织多层次、多形式、多内容的教师培训，促进教师专业素质成长。（3）抓教研队伍培训。按照“三级指导，三抓到校”（县、学区、学校三级）的教研工作思路，组织开展多种形式的培训、学习和交流活动，提升教研队伍的理论素养和专业水平。

2010年，市教育局继续开展了中小学“后勤工作管理与创新”的校长提高培训工作、校长任职资格培训、中小学骨干校长高级研修培训、教育行政干部培训工作，组织部分县（区）教育局长和校长参加国家和省级培训，制定出农村教师培训方案和今后五年培训规划。启动骨干教师培养工程，从2010年开始，对选拔出的骨干教师培养对象实行三年一轮的持续跟踪培养，分批次、分学段、分学科对市级骨干教师培养集中培训。承德县、丰宁县、围场等县以组织校长高级研修班、开办学术论坛、聘请学者专家讲座、建立名师工作站、外出学习考察等多种形式，更新校长教师观念、提升理论素养。6月20日，市教育局印发《关于建设中小学教师专业发展学校促进教师专业发展的通知》，要求各级各类学校要根据自身实际制定切实可行的教师专业发展学校建设方案，建立领导机构，扎实开展工作。

2011年3月31日，市教育局制定印发《承德市中小学教师学历提升实施方案》，学历提升目标是：到2015年，力争使全市中小学教师的学历层次实现新突破，使新补充的中小学教师本科学历达到100%，新补充的高中教师研究生或同等学历的不少于50%；小学教师本科学历达到50%，初中教师本科以上学历达到85%，高中教师研究生或同等学力达到5%。

年内，市教育局完善教师流动机制，选派

200名教师参加支教活动，全市支教教师总数超过1400名，促进了区域内教师的合理流动。中等职业学校专业师资队伍实行动态管理，推行“15%空编运行”政策，指导中职学校招聘32名实践技能较强的专业教师，学校自主招聘专业教师总数达到88人。

2012年6月11日，市教育局、财政局印发《承德市中小学教学名师评选、使用和管理办法》。市教育局成立承德市中小学教学名师评审工作领导小组、承德市中小学教学名师评审委员会，各县（区）成立相应的推荐评审委员会，认真按照程序进行推荐评审。中小学教学名师评选，每3年进行一次，实行定额控制，指标由市教育局按各县（区）教师人数及学科设置情况统一掌握使用。中小学教学名师的管理和待遇为：教学名师实行动态管理，不搞终身制，每届任期3年，任期结束称号自行取消。中小学教学名师在任期内，由教育行政部门对其履行职责情况进行考核，考核合格者，每年教师节由教育行政部门给予奖励，所需资金由同级财政解决。

市教育局为进一步加强对中小学名师队伍的管理，充分发挥其在教育教学中的示范引领和辐射带动作用，推动全市中小学教师队伍素质的整体提高，6月21日，制定印发《中小学名师年度考核方案（试行）》。考核对象为全市在职在岗的中小学（幼儿园）特级教师、省级学科名师、市级教学名师及市级骨干教师。考核原则为导向性原则、发展性原则、多元性原则。考核内容包括师德修养、教育教学情况、教育科研成果、示范引领作用发挥情况。

7月18日，市教育局在河北民族师范学院举办承德市中等职业学校幼教专业教师技能强化培训班。该班宗旨是加强幼儿教育政策法规教育，提高教师现代幼教理论水平，学习国内外先进幼教教学经验，结合教学案例与现场课堂提高实践教学与管理水平。12月4—7日，在承德县举行承德市中小学名师高级研修和骨干教师培训对象跟进培训，邀请北京人大附中副校长、语文特级教师肖远骑，省教育厅师教处处长、教育博士智学作专题报告，围绕高效课堂教学设计、实施与反思，安排承德市张宝童、万黎明和金燕勇等特级教师举办讲座、上示范课，通过作课、说课、评课、分组研讨交流等形式提升培训效果，达到整合名师资源、示范引领、共同进步的效果。

9月，市教育局印发《关于加强教师队伍建设的意见》。总体目标是：到2020年，形成一支师德高尚、业务精湛、结构合理、充满活力的高素质专业化教师队伍。重点任务是：幼儿园教师队伍建设以补足配齐为重点，中小学教师队伍建设以农村教师为重点。意见要求加强教师思想政治教育和师德建设，大力提高教师专业化水平，完善教师专业发展标准体系。建立教师工作定期督导检查制度，把教师队伍建设情况作为教育督导的重要内容，并公告督导结果，推动各项政策措施落实到位。把教师队伍建设情况作为各县（区）各有关部门政绩考核、各级各类学校办学水平评估的重要内容，作为评优评先、表彰奖励的重要依据。

11月7日，市教育局印发《承德市中小学教师师德考核办法》。考核原则为民主性原则、公正性原则、教育与惩戒相结合原则。考核对象为普通中小学、幼儿园的在职教师（含教学管理人员及其他相关人员）。考核内容与标准：政治素养（15分）、职业精神（15分）、关爱学生（20分）、教书育人（15分）、为人师表（20分）、终身学习（15分）。考核方法为每年度考核一次。考核评价实行100分制，采取自评、教师互评、家长及学生评价（采取问卷调查等方式）、学校考评等相结合的办法进行。

年内，承德市建立培训工作信息员队伍，搭建起工作信息交流的有效平台，增强培训工作的针对性和时效性。以各县教师进修学校为重点，加强教师培训机构建设，围场和宽城两县的教师进修学校被评为省级示范性教师培训机构。完善教师培训体系，将幼教、特教和职教师资培训纳入全市教师培训体系，统筹安排，促进培训的规范化。举办机械类和学前教育专业骨干教师市级培训；组织开展市级中职学校教师技能大赛信息化教学单项比赛。与北京教育学院和团市委合作，分别组织普通高中教学骨干培训班和希望小学语文、数学、外语教师培训班。举办市级初中骨干教师培养对象跟进培训班和市级中小学骨干教师培养对象培训班。组织全市教育行政干部、中职学校校长国家中长期教育改革和发展规划纲要的远程培训学习。创新培训模式，依托“全国中小学教师继续教育网”，分学段、分层次、分学科启动中小学教师素质提高全员培训。

12月中旬，市教育局召开全市“十一五”教育干部培训工作总结暨表彰大会。会议对“十一五”干训工作做出科学总结，肯定成绩、剖析问题，全面部署“十二五”规划期间各项目标任务，提出具体要求。

12月底，承德市在省内率先实施中小学教师资格定期注册制度。市教育局成立承德市中小学和幼儿园教师资格考试改革和定期注册试点工作领导小组，领导小组办公室设在市教育局师教科，负责制定实施方案和日常工作管理及政策宣传工作，市中小学教师继续教育中心、各县（区）教师进修学校或教育行政部门主管股室负责具体实施工作。教师资格定期注册有效期为五年，承德市首次注册对象为公办中小学、幼儿园在编在岗教师（含特殊教育学校教师和特岗教师，不含中等职业学校和民办学校教师，以后将逐步扩大到所有在岗教师）。

河北民族师范学院改革探索“幼师国培”模式，增强培训工作实效性。学院在总结经验、征求学员意见基础上，大胆进行三方面改革，受到学员欢迎。⑴聘请一线教师授课，大幅提高授课专家中一线特级教师、园长的比例，注重增加实践与理论结合紧密的环节，加强培训者与学员的交流互动。⑵建立参与式、对话式培训模式，坚持以培训现场为平台，以培训对象为主体，通过主题沙龙、即时诊断式培训、课例、课案的微格研讨等，增强学员与专家的对话沟通。⑶创新“动态延伸式”培训思路，将“培训前学员的准备”和“集中培训结束后学员的后续性、跟踪性管理”纳入培训全过程。

年内，全市培训2200名中小学校校长、幼儿园园长和管理人员，培养选拔30名市级骨干校长、20名省级骨干校长和15名市级名校长。全市小学、初中和高中本科学历比例分别达到42%、70%和96.5%。全市县级以上骨干教师700人、学科名师200人、特级教师60人，农村教师中特级教师、省市级教学名师和骨干教师所占比例达到20%。

年内，确定从5个方面狠抓教师培训工作：全员素质提高培训、骨干教师培养、学前师资培训、高中教师新课改培训、继续开展送教下乡活动。组建名师讲师团，加强对各县（区）偏远学区的送教工作，形成优质教师资源共享机制。

2013年5月下旬，承德市正式启动师资建设“3452”工程（聘请3名以上外埠知名专家、优秀校长或教师来承讲学，选派40名以上校长到先进地区知名学校挂职锻炼，选派50名以上教师到市外名校跟岗学习，选择20所以上中小学与市外知名学校开展合作）。外派校长挂职，时间为一个学期，外派教师挂职，时间为1～2个月，挂职学习形式为全脱产。市教育局负责挂职学校的选定和外派人员的日常管理、协调派驻学校与挂职人员的关系，县（区）教育局负责外派挂职人员的推荐及相关费用保障。

5月16日，市教育局印发《承德市中小学名师梯队建设工程实施方案》。实施中小学名师梯队建设工程的目的是重点培养一批师德素养高、教学业绩优、发展潜力大、创新能力强，且在市内、市外具有一定知名度的教师。通过实行培养分层次、评选分梯队、认定有期限、管理有制度的名师培养方式，让每位教师都拥有机会，让每位教师都能找准定位，让每位教师都能持续发展，激发教师的个人潜能，形成积极向上、奋发有为、有序竞争的教师专业发展格局，激活全市教师队伍整体素质不断提升，努力造就一支适应承德市教育发展需要的教师队伍。名师梯队结构层次为：教学能手、骨干教师、学科带头人、教学名师、教育专家。遴选范围及条件是：全市普通中小学、特殊教育学校、幼儿园在职一线教师（含教学管理人员，需兼课）及教研（研训）人员。教学能手、骨干教师、学科带头人、教学名师占全部教师的比例分别为30%、15%、5%和1%左右，教育专家无固定比例。

6月26日，市教育局印发《承德市中小学骨干校长培养工程实施方案》。中小学骨干校长实行定额控制，按照全市中小学校长总数的20%确定骨干校长培养人选，每年确定一批，连续3年，每批进行为期两年的重点培养。到2015年，经考核、评选，认定100名市级中小学骨干校长。

9月3日，市教育局在县（区）教育行政部门和直属学校推荐基础上，确定46名校长、50名教师为首批外出挂职研修培训对象，分别到北京、天津、山东、江苏、浙江5个外省市挂职研修。其挂职研修形式是：挂职研修校长到当地名校担任校长助理，全程参与学校日常管理，学习借鉴名校先进的管理理念、精湛的管理艺术和教学经验，参加当地教育行政部门和教育科研部门组织的教育培训和教育教学活动。挂职研修教师到当地名校担任见习教师，由挂职学校指派一名导师，指导其学习先进的教育教学理念方法、课堂教学改革经验，参加当地教研活动。第一批挂职研修的时间为：校长挂职研修时间是2012年9月中旬至12月下旬，3个月时间；教师学习时间是2012年9月中旬至10月下旬，一个月时间。挂职研修费用本着公务费用市政府承担，培训费用谁受益谁承担的原则，市政府负责挂职工作的公用费用和挂职人员的部分生活补贴，补助校长、教师每人每天生活费60元，县（区）负责派出人员的培训和差旅费用，校长挂职培训费为每人10000元，教师挂职培训费为每人5000元。

市教育局统一对挂职研修人员进行管理。⑴派驻专职管理人员。市教育局确定一名局领导统筹管理挂职学习的各项全面工作，在外派挂职的每个市成立挂职人员管理领导小组，确定临时负责人，全权负责对派驻市挂职人员的日常管理工作，聘请派驻市教育行政部门一名管理人员，负责对挂职校长和教师的日常管理，处理相关事宜。⑵加强挂职研修人员的考核。由挂职学校负责对挂职研修校长、教师进行培训考核评价，考核评价表在挂职结束后反馈给市教育局，由挂职人员在挂职培训结束后，向市教育局提交挂职学习报告（包括学习概况、收获、体会和结合本地区或本学校实际的建议措施）。⑶建立挂职研修人员档案。市教育局建立挂职人员信息库，为每名挂职人员建档，将挂职人员有关信息、挂职培训考核、学习报告及以后交流合作情况等记录档案，作为以后校长教师使用、评选的依据。9月13日，举行第一期校长及教师高级研修班开学典礼。

10月23日，市教育局印发《承德市中小学教师集中培训后续实践研修与跟踪指导工作方案》。主要内容：⑴参训教师岗位实践研修。中小学教师在参加集中培训后，应结合培训内容，在集中培训结束后3个月内完成以下实践研修任务，并经跟踪指导团队考核合格后，集中培训方可结业。①写一篇培训学习总结与体会，并在校内交流；②在校内出示一节示范课或组织一次与培训内容相关的教研活动；③完成一则教育教学反思案例；④按培训班计划要求完成其他在岗研修任务。⑵名师团队跟踪指导。跟踪指导与实践研修阶段紧密相连，集中培训结束后，各县（区）要尽快组织参训教师开展一次集中研讨活动，引导教师对培训课程和内容进行回顾反思，针对不同个体提出研修建议和方案，有针对性地跟踪指导。

10月26—30日，市教育局举办市级初中物理、化学、历史骨干教师培养对象第三期跟进培训班，培训聘请中国教育科学研究院基础教育研究中心主任、博士生导师陈如平，中国教育科学研究院副研究员、博士后杨宝山，北京师范大学教授刘克文，北京第十一学校特级教师魏勇分别做讲座。10月29日至11月4日，在宽城县教师进修学校举办承德市初中骨干班主任培训班，特邀衡水市教育局教研室副主任、全国教育系统劳动模范陈春芝，河北师范大学教授、博士蔡辰梅，省教科所义务教育研究室副主任李学红等专家作专题讲座。

10月30日，市教育局印发《承德市“中小学名师工作室”管理办法（试行）》。中小学名师工作室的性质是：在市教育局领导下，以名优教师姓名及其专业特色命名的学习共同体，由同一学科领域优秀教师共同组成，集体组织开展学科教研活动，探究学科教学规律和学生学习规律，改进教育教学方法，提高教育教学工作效率。名师工作室以名师为引领，以学科为纽带，以先进的教育思想为指导，以解决教育教学实践中存在的真实问题为目的，旨在搭建促进广大教师专业成长以及名师自我提升的发展平台，打造一支业务精良、影响广泛的高层次教师队伍。名师工作室原则上以特级教师、省市级名师、学科带头人为核心成立五人左右的“工作团队”，采取个人申报、单位推荐、市教育局审批方式组建，并评定一人为名师工作室主持人，名师工作室设在主持人所在单位。每个工作室在全市范围内遴选10名左右青年骨干教师为培养学员，培养学员采取核心团队成员自主选择和基层学校教师自愿报名或学校推荐“双向选择”的方式确定，根据培养学员的实际分别制定明确具体的培养规划，3年出徒。

10月8—12日，市教育局举办承德市中小学骨干校长培养工程启动仪式和第一期骨干校长培养对象研修班。第一批骨干校长培养对象研修班进行第一阶段集中面授，邀请中国教育科学研究院基础教育研究中心主任陈如平、北京师范大学博士生导师毛亚庆、石家庄一中校长田运隆等国内著名专家、校长举办专题讲座。参加培养工程学习并考核合格的校长，被授予“承德市中小学骨干校长”称号，并成为“河北省中小学骨干校长”人选。

10月24日，通过学校申报，县（区）教育局推选，市教育干部培训中心审核，市教育局研究确定河北民族师院附属中学、承德市民族中学、承德市南营子小学、双滦区实验小学、鹰手营子矿区滨河路小学、围场满族蒙古族自治县第二中学、围场满族蒙古族自治县木兰实验小学、兴隆县六道河中学、兴隆县北水泉逸夫实验小学、承德县第二小学、承德县第二中学、隆化县韩麻营镇十八里汰中心小学、隆化县第二中学、平泉县城西小学、平泉县黄土梁子初级中学、滦平县第一小学、滦平县第二中学、丰宁县第三中学、丰宁县实验小学、宽城县第二中学20所学校为承德市中小学校长培训实践基地。

年内，全市8所县教师进修学校全部通过省级检查评估，围场县、宽城县、丰宁县教师进修学校被省教育厅命名为“河北省示范性教师进修学校”。宽城满族自治县教师进修学校被教育部认定为“国家示范性县级教师培训机构”。组织开展数字化校园领导力建设研修活动，部分局长、校长参加全国“中小学信息技术创新与实践活动”，考察山东芝罘区教育信息化的建设、应用情况。

年内，市教育局制定下发《承德市中小学名师梯队建设工程实施方案》，实行培养分层次、评选分梯队、认定有期限、管理有制度的名师培养方式，发挥名师、骨干教师的示范辐射作用。实施以农村教师为重点的骨干教师培养工程，制定和实施岗位及跟进培训方案。在全市组织开展中学骨干班主任培训、初中骨干教师培养对象跟进培训、幼儿园骨干教师培养对象培训。

2014年3月19日，市教育局在宽城县举行“国培计划（2013）”示范性远程培训项目——网络研修与校本研修整合培训项目学科专家送教送培指导活动。国培专家、北京市小学数学特级教师田立莉展示了差异教学。暑假，在承德护理职业学院举办第二期中小学、幼儿园教师心理咨询师资格培训班，对全市中小学、幼儿园教师进行专业的心理学培训与指导。

4 月下旬，市教育局召开第一期、第二期外派挂职研修校长教师代表座谈会，校长、教师代表就在潍坊、杭州、南京 3 地挂职研修和跟岗培训经历，畅谈学习体会和收获，并对下一批外派研修工作提出意见建议。

6 月 22 日，印发《承德市教育局关于推进县域内义务教育学校教师校长交流工作的指导意见》。《意见》规定，县（区）教育行政部门所属的义务教育阶段公办学校参加交流，交流对象为在同一公办学校连续任职或任教达到一定年限的校长和教师，其中校长任职一般不超过两届，教师任教一般最长不超过 9 年；对没有达到交流时间或可不纳入交流范围的教师，本人申请要求交流的，经学校同意并报教育行政部门批准也可纳入交流对象范围；超过 50 周岁的男教师、超过 45 周岁的女教师（具有高级职称且选择延迟退休的女教师为 50 周岁），可不纳入交流范围；承担学校特色课程的领衔教师、承担学校重大教科研项目的教师，经县级教育行政部门同意，可暂不纳入交流，但延长时间一般至多不得超过 3 年。交流方式主要是：校级领导挂职指导或学习提高；农村学校间、学区间教师主要是结合农村学区管理体制改革，逐步实现县域内农村学校间、学区间教师定期交流；城区学校（含县城）主要是城区优质学校与薄弱学校间，采取联合校、办学共同体等方式对口协作交流。城区学校教师到农村学校支教，服务时间应不少于 3 年。从 2017 年起，义务教育学校教师和校长，在任职、评选特级教师、市级以上优秀教师、优秀教育工作者以及骨干教师时，必须具有异校交流的工作经历。

8 月 8 日，《承德教育信息》第十二期刊发滦平县成立教育研训中心，强力推进教师研训一体化工作的经验作法。滦平县在推进县域教育改革发展过程中，始终将教师队伍建设作为抓手和关键，以此来提高教育教学质量，增强学校的内涵发展能力。尤其是近年来，围绕提升教师队伍整体素质、促进教师专业化发展，该县主动适应教育改革的趋势，勇于创新体制机制，大胆探索和尝试，成立滦平县教育研训中心。中心进入实质性运转阶段以来，在推动研训一体化、加快教师专业成长、指导基层教学实践等方面，越来越发挥出强大功能，取得明显成效。

11 月上旬，启动承德市第三期校长教师外派挂职研修活动。市教育局组织 49 名校长、50 名教师外派到北京师范大学附属学校、山东潍坊、江苏南京、浙江杭州的名校进行第三期校长教师挂职研修。校长挂职时间为 1 个月，教师挂职为 15 天。

11 月 19 日，市教育局印发《承德市中小学学科教学能手评选办法（试行）》《承德市中小学骨干教师评选办法（试行）》《承德市中小学学科带头人评选办法（试行）》，完善和加强教师队伍建设与管理工作。

12 月 16—21 日，承德市教育干部培训中心举办中小学校长任职资格面授培训班。培训中心围绕新任校长的所需所求开展前期调研，精心设计课程，邀请教育部国培专家、吉林省特级教师、长春外国语学校党委书记、教授黄宝国，北京教育学院教授谢志东，兴隆县六道河中学校长贾利民等知名专家学者、优秀校长授课。召开培训座谈会，就课程设置、培训内容、形式以及后勤保障等方面进行深入交流。发放评价表，征询学员对培训质量、管理和后勤服务等方面意见。下一阶段，学员将通过在岗自学、综合实践、撰写论文以及实践报告等形式继续学习。

截至 2014 年 12 月底，全市市级中小学教学能手 1708 人、市级中小学骨干 217 人、市级中小学学科带头人教师823人，认定合格教师2748人，认定不合格教师268人。对考核合格教师予以通报，并重新颁发相应层次荣誉证书，原荣誉证书自通报下发之日起作废。

年内，以“优化资源、提升效率”为目标，积极推进对县（区）教师进修学校、教研室等教师培训资源进行优化整合,成立县教育研训中心，提高培训资源的利用率和培训的实效性。

2015年1月21日，市教育局召开第三期挂职研修校长教师学习交流座谈会，赴先进地区挂职研修的校长和教师共99人参加此次座谈会，其中9名校长、教师代表发言，畅谈了自己的心得体会，并就所学经验对今后学校管理、教育教学、学校文化建设、学校内涵发展等方面的影响和思路做了充分交流。5月5日，启动第四期校长和教师挂职研修工作，共选派50名校长、52名教师到山东潍坊、浙江杭州挂职研修，校长挂职研修时间为5月10日—30日，教师挂职研修时间为5月10日—24日。

为贯彻落实省教育厅、财政厅等四部门联合下发的《关于推进县级教师发展中心建设的意见》精神，结合承德实际。7月13日，市教育局制发《关于加快推进县级教师发展中心建设的意见》，要求各县（区）将现有县级教师进修学校、教研室、仪器站、电教馆（站）进行实质性合并，成立教师发展中心。

2015年9月9日，市教育局和承德日报社联合举办的隆泉米业总冠名的2015“寻找山城最美教师”大型公益活动颁奖典礼在市青少年宫举行。该次公益活动的候选教师由各县（区）教育部门和市直学校推荐,先进事迹在《承德日报》刊发，采用承德日报社官方微信平台公开投票评选、评委综合审议相结合的方式，最终，李金满、刘志付等10名教师获“山城最美教师”提名奖，唐福德、朱百川等10名教师获“山城最美教师”奖，于贵勤、马笑冰、李广、贾利民获“山城最美教师”特别奖。

9月25日，《承德教育信息》专刊刊发《兴隆县以“一室一站”为抓手和平台，引领校长和教师队伍专业成长的做法》。该县借助人缘、地缘优势，搭平台、引资源、建机制，把校长教师“两支队伍”作为教育事业改革和发展的关键来抓，充分发挥马骏名校长工作室、吴正宪小学数学教师工作站的辐射带动作用，持之以恒、久久为功，在加强队伍建设、加快专业发展、提高教育质量方面收到显著成效。

市教育局为充分发挥城区优质教育资源的辐射带动作用，通过教学示范和专业支持，提高乡镇教师落实课程标准的践行能力，促进城乡教育均衡发展，11月17日—20日，市教育局小学教研室组织开展送教下乡活动。本轮送教单位为围场县、隆化县、滦平县，在每县活动1天，由每县分别确定4个活动场地，由市教育局教研部门培训过的优秀教师分别作小学语文、数学、英语、思品4个学科示范课。

11月20日，省教育厅公布河北省中小学幼儿园教师省级培训专家团队成员名单，承德市有25名教师入选专家团队。

年内，围场县哈里哈乡莫里莫村幼儿园教师李广获得首届“启功教师奖”提名奖，宽城县峪耳崖小学校长马笑冰被中国教育报刊社评选为“党和人民满意的好老师”。《河北日报》报道了丰宁县土城学区马家窝铺教学点教师朱百川、隆化县旧屯中心小学尖沟门教学点教师寇凤林的先进事迹，其中朱百川的事迹在《河北日报》头版刊发。

年内，双滦区举办第十二期教育论坛暨中小学教师全员培训活动，3名师德标兵分别作典型发言;河北民族师范学院初等教育系党支部书记、国家二级心理咨询师、教授勾晓铭以《教师的幸福感》为主题，指导教师学会自我疏导与情绪调适；由教研员及部分学科带头人进行“生本课堂”、教材教法等方面的培训。营子区集中举办全区教育干部培训班，分别围绕“推动营子教育实现跨越发展”“构建高效课堂”（教师首先展示学习目标和教学流程，采用预习案和学习案，先学后教，小组合作探究，当堂达标，取得较好的教学效果）、“新形势下抓好党建、宣传、财务工作”和“教育督导”等主题，对全区教育系统干部做系统培训。围场县举办第二届校长论坛，通过学习王宝寨、蔡礼旭的传统文化讲座，撰写论文，评选出优秀论文，并组织开展现场互动交流。兴隆县利用暑假时间，组织开展全县教师全员培训，培训内容包括教材教法、规范汉字书写、体育专项、英特尔未来教育核心课程、幼儿园教育以及新入职教师培训。丰宁县教体局与北京市教科院、石家庄市教育局联合对全县初中和小学的教育干部、班主任和部分学科教师进行培训，聘请天津市教科院红桥分院常务副院长徐长青作了题为《如何上好一堂课》专题讲座。滦平县开展中华传统文化教育培训活动，聘请内蒙古赤峰市百禾童子园创始人张凯、赤峰市碾房小学校长刘忠政、保定市望都县教育局副局长王宝寨等6位专家，分别以《传统文化进校园势在必行》《根植传统文化沃土，创造现代书香校园》和《让传统文化融入学校教育》等内容为主题，对全县教育工作者进行培训。高新区组织开展教师专业成长培训活动，依托北京师范大学附属学校优势，邀请北师大基础教育合作办学平台专家、总学监吴年翔、王玮光，结合教育教学实际案例，分别作了《今天我们怎样做老师》《教学·教研·教改——中小学教师提高教学素养的三级跳》主题报告。

五、语言文字规范化

1998年，省教委、河北省语言文字工作委员会发文规定：普通话不合格的高校毕业生，必须进行补课和补考，补考合格后方可发毕业证书。

2003年9月24日，承德市鹰手营子矿区被省教育厅、省语言文字工作委员会授予“中小学普及普通话达标工作先进县”称号。

9月5日，市教育局、市语言文字工作委员会（简称“市语委”）联合印发《关于实行教师持普通话等级证书上岗制度的通知》。⑴明确持证上岗的实施范围：高等学校（含国家部委属普通高校和成人高校）、中等专业学校（含成人中专）、职业中学（含职教中心、职业中专）、普通中小学、幼儿园及各级各类民办教育机构中，1954年1月1日以后出生的教职员。⑵规定对方言复杂地区教师的特殊政策：在2005年9月30日前，1954年1月1日至1963年12月31日之间出生的方言复杂地区学校的在职教职员，达标要求可暂时放宽到三级甲等，其中语文教师可暂时放宽到二级乙等，兼任语文课的教师视为语文教师。上述放宽要求的有关人员，2005年10月1日后进行复测，普通话水平必须达到国家和省规定的相应等级。

2003年，市教育局、市语委在滦平县召开《承德市语言文字工作会议》，落实学校推普达标和城镇用语用字规范化责任制。

2005年3月21日，市语委决定，对专业院校各专业在校生进行普通话水平等级培训测试，严格执行“普通话不合格的毕业生缓发毕业证”的规定。

2005年，市教育局、市语委召开全市语言文字工作会议，启动二类和三类城市语言文字评估达标工作，调整普通话培训测试中心的设置，对1460名大中专院校学生和社会人员开展普通话培训测试工作。

2006年，市政府先后3次召开会议，对二类城市语言文字达标迎检工作进行具体部署。市政府与3个区政府、市语委成员单位签订二类城市语言文字达标迎检工作目标责任书。语言文字的综合管理、普及普通话及规范社会用字等项工作全面启动，完成普通话培训测试人员7584人。

2007年，承德市年初顺利通过省二类城市语言文字工作评估组对承德市语言文字工作进行的达标评估。年内，启动了三类城市语言文字达标验收工作。

2010年4月21日，全市各级各类学校开展“语言文字规范化示范性”创建活动。

2012年7月中旬，平泉县回民中学被教育部语言文字应用与管理司评为“国家级规范汉字书写教育特色学校”。

2013年，第十六届全国推广普通话宣传周（简称“推普周”）滦平县宣传活动开幕式暨语言资源有声数据库建设正式启动。会议宣读滦平县打造普通话文化工作方案，介绍滦平语言资源数据库建设情况，省电台和省教育厅分别向该县捐赠光盘和河北版普通话水平测试指导用书。教育部语言文字应用管理司副司长彭兴颀、省委教育工委副书记韩俊兰出席会议。

9月21日，全国第十七届推广普通话宣传周重点活动启动仪式在滦平县举行。教育部副部长、国家语委主任、全国“推普周”领导小组副组长李卫红，副省长、省语委主任许宁出席会议并讲话，教育部语言文字应用管理司司长姚喜双出席会议，省委教育工委书记、教育厅厅长、省语委副主任刘教民主持会议。与会人员观看该县打造普通话文化、建设普通话体验区宣传片，实地考察金山岭景区3个普通话体验点、金山生态园和金山岭游客中心普通话模拟测试点。

2013年，“中国汉字听写大会”座谈会在滦平县召开。教育部副部长、国家语委主任李卫红，教育部语言文字应用管理司司长姚喜双，省教育厅副厅长杨勇，国家语委咨询委员、原国家语委副主任傅永和，中央电视台科教频道副总监梁红，中央电视台新闻中心播音部主任李瑞英，“中国汉字听写大会”总导演关正文出席座谈会。李卫红一行还参观了滦平县师生书法大赛作品展和“中国汉字听写大会”模拟展示，并赴金沟屯镇就普通话体验区建设进展情况进行实地调研。

2015年，市教育局、市语委、承德广播电视台，《承德广播电视报》、承德新闻网共同举办承德市“红星美凯龙杯”中小学汉字听写大赛初中组比赛暨第三届“中国汉字听写大会”河北省选拔赛承德赛区比赛。承德市民族中学获得团体一等奖，隆化第二中学等代表队分获团体二、三等奖。

第三节 教师队伍管理

一、承德地区教师队伍管理

1989年6月开始，地教委对中小学进行五项督导检查，重点督察民师（民办教师，下同）工资拖欠和由学生负担农村教育费附加征收等问题，督促各县进行整改，使全区民师工资拖欠累计减少到4.97万元。年内，农村民师工资全区统一由乡镇负责发放。地教委制定了民师管理意见，并对民办教师队伍进行调整。

1990年，承德地区首次开展专业技术职称评聘工作。其中，高职占教师总数的2.03%，中职占教师总数的20.3%，助理占教师总数的46.8%，初职占教师总数的30.7%。

1992年，承德地区制定和完善稳定教师队伍的制约机制和激励机制。⑴落实提高教师工资标准的10%政策；⑵落实教龄津贴和中小学教师退休享受100%工资待遇政策；⑶为偏远贫困山区乡（镇）教师浮动1～2级工资；⑷按照“分级办学，分级管理”的原则，明确谁办学谁负责筹建教师住房的规定；⑸落实对在县城以下任教10年以上的现任中小学教师的子女，报考地属中专的，录取时照顾20分，报考中技和其他中专的，录取时照顾10分政策；⑹从每年地区下达的千分之一点五的农转非指标中划出10%，专门用于解决中小学教师家属农转非；⑺逐步建立中小学教师奖励基金，每年对优秀教师进行奖励。加强教育行政部门的管理职能，中小学教师的配备、调动、调整，由县教育部门统一管理。师范院校毕业生见习期满5年方可流动，未经县教育行政部门批准，任何机关、单位均不得抽调中小学教师改做其他工作。对新任校长实行“先培训，后上岗”，并有一定的试用期。对办学思想端正，教育质量高、有突出贡献的校长给予重奖，对政治业务素质低，不能胜任工作的校长及时调整。

1993年5月，由地教委主要领导带队，组成4个调查组，分赴全区7个县，深入21个乡镇，55所中小学，采取听汇报、个别走访、座谈、查阅账目等方法，现场调查教师经济待遇落实情况。调查发现，截至4月30日，全区拖欠教师工资1394.8万元，其中拖欠公办教师工资1198.9万元、拖欠民办教师工资195.9万元。拖欠教师个人工资时间最长达26个月，拖欠教师个人工资最高金额2200多元。在7个县中，只有兴隆县基本不拖欠教师工资。全区182个乡镇有152个乡镇拖欠教师工资，占乡镇总数的83.5%。分析拖欠教师工资的主要原因：⑴拖欠公办教师的主要原因是教育经费包干到乡，有些乡财政入不敷出，县里的补贴有时又不到位所致；⑵拖欠民办教师工资的主要原因是农村教育费附加征收不到位，管理不好，有挪用现象。全区农村教育费附加征收到位仅达63%；⑶拖欠教师工资与当地乡镇政府领导对教育的重视程度有关。地教委就该问题向行署做了报告，提出了解决拖欠教师工资的主要对策：⑴实行教师工资由县财政统筹，县财政直接拨付给县教委，教委拨付给中心校，按人头发放；⑵整顿教师队伍，压缩代课教师；⑶呼吁国家、省、地拨出专款，资助老、少、边、穷县（区）发展义务教育。

二、承德市教师队伍管理（地、市合并前）

1992年3月27日，市教委、人事局、计委印发《关于从优秀民办教师中选招公办教师的通知》，要求凡符合规定选招条件者均可报名参加考试；对具有高中毕业学历，并在补学教育学和心理学合格后的小学教师，可视为具有小学教师合格学历，按中专学历对待；选招公办教师的计划指标由市教委统一掌握使用。

9月28日，市教委印发《关于调整民办教师队伍，加强民办教师管理的通知》，要求各县（区）建立以主管部门行政领导为主，并有相应专业技术人员参加的考评组织；制定符合本单位情况的民办教师队伍整顿办法和计划；组织县（区）教育、人事、计划、监察等部门，对民办教师整顿进行自查；10月之前，对县（区）民师调整整顿工作进行检查验收。

三、落实教师待遇

1993年7月，承德地市合并后，承德市共接收师范类院校毕业生1636人。按照毕业生服从和服务于经济建设和改革开放对人才需求的原则，面向基层和生产第一线，师范类毕业生全部分配到全市各级各类学校教育教学第一线。

1995年2月13日，市委、市政府决定，从1995年起，中小学教师工资纳入财政全额预算，不留缺口，公办教师工资实行全县统筹，民办教师工资中属政府支付部分由县财政拨付，不得在农村教育费附加中支付，属集体支付部分从农村教育费附加中支付，实行乡征县管，统一发放。

1996年5月16日，市政府向省政府提交《关于隆化县欠发教师工资调查结果及解决意见的报告》。（1）报告了该县欠发教师工资的基本情况。隆化县是国务院重点扶持的贫困县，近年来虽然财政收入增长速度较快，但财政供养人员增加也较快，全县从1992—1995年，累计欠发公教人员工资和补贴2008万元，其中拖欠教师工资953万元。（2）报告了该县欠发工资的基本原因。经济欠发达；个人部分支出增长大于财政收入增长；“分灶吃饭”的财政体制，加重了县财政负担。(3)报告了解决拖欠教师工资问题的途径和对策。教师节前，乡镇欠发部分解决40%；各乡镇财政超收部分首先用解决拖欠教师工资；按省里关于发了四项基本工资即不算欠发工资的要求，列入“财政自立工程”，分步加以解决；继续完善县、乡两级财政管理体制，力争在三年内消灭所有欠账。

10月7日，市政府办公室印发《关于确保教师工资按时发放的通知》，要求各县（区）政府把教师工资发放工作当作事关稳定的大事来抓，建立教师工资发放情况月报制度，每个月的5日之前，各县（区）要将上月教师工资的发放情况经县（区）教委和财政局会签之后分别上报市教委和市财政局，市教委和财政局经过会签后，10日之前，上报省教委和市政府。

1997年1月8日，承德市人事局、计划委员会、教育委员会联合印发《民师转工指标，一次性分配到各县（区）》。

1997年承德市民办教师转工及农转非指标分配情况表

表9—1　　单位：个

单　位	民师转工及农转非指标
平泉县	183
宽城县	80
兴隆县	114
承德县	156
围场县	82
隆化县	83
滦平县	75
丰宁县	32
三　区	6
合　计	811

10月16日，承德市人事局、财政局、计委、教委印发《关于解决民师问题的方案》。⑴承德市现有在册民师1320人，他们是全市中小学教师队伍中的一支重要力量，为承德市的教育事业做出过重要贡献。各县（区）要认真贯彻省关于解决民办教师问题的方针意见，争取到1999年年底，以前全面解决民办教师问题。⑵做好一年一度的民办教师转工和民办教师招生工作，各县（区）要严格按照省、市文件精神，认真组织，周密实施，按要求保质保量地完成此项工作。⑶各县（区）要按照省文件精神认真做好对现有民办教师的清理整顿工作，清理辞退的范围是：经考核素质太差不能胜任教学的民办教师；1986年年底，以后任教，没在省、市、县三级教育行政部门备案的民办教师；经核定严重超编的乡镇的民办教师。⑷对被辞退的民办教师，各县（区）依照年老病残民办教师生活补助费实施办法的规定，发给一次性生活补助费，并可根据需要优先安排他们到乡镇企业或其他具体单位工作。⑸各县（区）要尽快落实省文件《关于"依法提高民办教师待遇"和"实行民办教师退休和离岗退养制度"的规定》，使民办教师的待遇真正得到落实。

年内，承德市教育系统共有知识分子32457人。其中，具有高级职称的606人，中级职称的7964人，初级职称的17703人，无职称的6184人。市教委机关及直属小学、幼儿园现有知识分子536人，其中具有高级职称的24人，中级职称的163人，初级职称的142人，无职称的207人。

1998年，承德市年内完成教师康居工程2万平方米，进一步稳定了教师队伍。

2001年12月15日，市政府在贯彻国务院《关于基础教育改革与发展的决定的实施意见》中，要求进一步深化中小学人事制度改革，全面实施教师资格证制度，严格教师任职资格条件，面向社会公开认定教师资格，优先聘用师范院校毕业生到义务教育学校任教。新聘用中小学教师要坚持“公开、公正、择优”的原则，被聘用教师必须持有教师资格证书和入职培训合格证书。严格执行教师资格准入制度，由县级以上教育行政部门负责认定。市县乡机构改革分流人员，只有取得相应教师资格后方可进入教师队伍。县（区）级以上教育行政部门负责本行政区内的中小学教师招聘录用、调配、辞退、职务评聘、培养培训和考核管理职能。中小学教师专业技术职务评聘工作在人事（职改）部门的统一管理下进行，由教育行政部门按照管理权限组织实施。

改革中小学校长的选拔、任用和管理体制，归口教育行政部门管理。示范性普通高中（重点中学）、教师进修学校、职教中心的校长，由市县级教育行政部门提名、考核或参与考核，按干部管理权限任用和聘任，其他中小学的正、副校长均由市县级教育行政部门选拔、任用或聘任。积极实行校长任期制，推行校长职级制。到2002年年底，全市中小学要全部实现由教育行政部门归口管理。

确保农村中小学教师工资按时足额发放，不断提高教师待遇。从2002年起，各县（区）农村中小学教师工资一律将管理权上收到县（区），原乡、镇财政收入中用于农村中小学教职工工资发放的部分要相应划拨上缴到县级财政，并按规定设立“工资基金专户”。财政安排的教师工资性支出，由财政部门通过银行直接拨入教师在银行开设的个人工资账户。农村中小学教职工工资上收到县后，要按县域范围内的同一工资标准同时发放，不得出现两种待遇。对因挪用挤占教师工资基金而不能保证教师工资按时发放的县（区），经查实，要停止省、市财政转移支付，扣回转移支付资金，追究主要领导的责任。

2002年8月20日，市政府印发《关于完善农村义务教育管理体制的实施意见》。调整优化本级财政支出结构，不断增加教育经费预算，合理安排使用上级转移支付资金，农村中小学教职工工资由县（区）政府统一管理，县级财政统一发放，并做到县域工资项目和标准统一，工资发放时间统一，不再出现新的拖欠。各县（区）政府负责清理历年拖欠的农村中小学教职工工资。健全以县（区）教育行政部门为主的教育人事管理体制，负责对农村中小学校长、教职工队伍的建设和管理。

年内，全市11个县（区）编制内农村中小学教师工资全部由县级财政统一管理和发放，中小学教职工和校长全部由教育行政部门管理。除宽城、丰宁两县工资专户设在县教育局外，其余各县（区）教师工资发放专户均设在县财政局，教师工资按实际执行标准实现了足额发放。

四、教师队伍管理体制改革

2003年，市教育局组织县（区）和直属院校参加东北师大、河北师范类毕业生就业招聘洽谈会，为全市引进42名省外全日制本科毕业生。

2004年，市教育局在全市中小学推行“两评四考”的考核管理机制。在吸收外地先进经验的基础上，逐步对中小学和职教中心校长、教师实行“两评四考”的考核管理办法，即对学校领导班子成员进行“两评”，一评自身素质，二评工作实绩；对教职工进行“四考”，即师德考核、专业素质考核、教学过程考核、教学实绩考核。市教育局成立承德市教师队伍考核管理工作领导机构，制定了实施方案或细则。全市30706名初中和小学教师参加“四考”，并在高中和幼儿园进行考核试点。通过对教师进行“四考”，在全体教师中引起强烈反响，教师普遍增强了危机感和紧迫感，比贡献、比学习的氛围十分浓厚，这项考核对教师队伍建设产生的促进作用日益显现。

6月4日，市委、市政府在《关于进一步推进教育改革与发展的决定》中提出，各县（区）要落实国家和省规定的对农村地区、边远地区、贫困地区中小学津贴、补贴，有条件的地方要在县城集中筹建教师公寓，对在农村偏远地区任教的中小学教师提供优惠住房。县（区）建立健全城镇中小学教师到乡村任教服务期制度，服务期限一般在两年以上。市、县教育行政部门要建立区域内城市和县镇学校教师到乡村学校定期交流制度。提高乡村中小学中、高级教师职务岗位聘任比例。全面加强教师队伍建设，稳步推行教职工全员聘任制。

10月13日，承德市人事局、教育局、财政局联合印发《关于落实调整退休和离岗退养民办教师工资福利待遇的通知》。⑴各单位及时足额发放退休和离岗退养民办教师退休生活费，对符合转工条件而没有转工的退休和离岗退养人员，根据本人退休（离岗）前所评聘（任命）的专业技术职务，参照同等条件的公办教师确定退休费，按照文件规定的退休费比例及时足额发放。⑵退休人员按照国家和省规定增加退休费时，退休和离岗退养民办教师参照同等条件的退休公办教师的标准，根据文件规定的比例折算后相应增加。⑶医疗费用按照村民医疗费有关规定和政策执行。⑷退休和离岗退养民办教师的生活费开支渠道与退休公办教师相同，全部由县统一支付，实行银行发放。

2005年，“两评四考”取得阶段性成果。各县（区）和有关学校在市教育局的统一部署下，建立组织机构，制定考核方案与实施细则，积极宣传发动并组织培训学习，认真组织考试、考核等项活动，“两评四考”工作全面开展起来。全市共有33541名中小学教职工参加“四考”，有1200多名中小学校长和行政领导参加“两评”考核。34所高中、3643名高中专任教师参加由市教育局统一组织的专业素质考试。

2006年，教师队伍“两评四考”工作全面推开，全市有34400名校长教师参加“两评四考”，为教育系统人事制度改革奠定基础，激发校长、教师队伍内部活力，形成崇尚学习、赶超先进的良好氛围。

年内，全市开展清理教育系统公办学校在编不在岗人员工作，全市共清理教育系统在编不在岗人员312名，处理312名。

市教育局组织高校毕业生到农村开展“三支一扶”（支教、支农、支医和扶贫工作）活动，全市共收集支教毕业生岗位61个，33名支教毕业生经过上岗培训，全部到达全市各基层乡镇任教。

2007年，各县（区）和学校在校长选拔任用和师资整合配置及支援农村师资队伍建设中综合运用第一轮“两评四考”结果，激发教师队伍的内部活力，促进全市学校管理和教育教学水平的提高。把名校长培养作为推进学校可持续发展的重要性因素来抓，通过多种形式的培训和选拔、任用机制的改革创新，营造名校长脱颖而出的政策环境。增加教研室编制，把教师整体素质的提高作为实施素质教育的关键，坚持办学以教师为本，实施教学名师工程，以名师带动和激励教师队伍整体素质的提升。

市教育局加强教育系统流动人员人事档案管理工作，加大外联力度，教育人才交流工作有序开展。

2008年3月5日，市教育局印发《关于加快承德市中小学教师住房建设工作的通知》，要求各县（区）进一步加快中小学教师住房建设，稳定教师队伍。按照省教育厅“三年攻坚，两年收尾”的整体要求，全市中小学教师住房建设工作与学区建设同步进行，争取在2009年年底基本完成总体目标。

年内，市教育局把抓班子、带队伍作为做好工作的重要性因素来抓。加强局领导班子自身建设，创新教育局党组理论学习方式，将理论学习与研究工作紧密结合，促使干部研究形势、思考问题。加强民主集中制，提高领导班子的决策水平和执政能力。落实党风廉政建设责任制，坚持廉洁从政。全面加强局机关干部队伍建设，转变作风、规范程序、提高效率。

2009年，承德市首次实施农村义务教育阶段学校教师特设岗位计划。特设岗位教师（简称“特岗教师”）分别由市、县教育和人事部门对报名教师进行文化基础和业务实践考试，择优录用。教师特岗期间，由国家和省拨付工资补贴。对3年服务期满且3个学年度考核合格及以上等次的特岗教师，可以聘用为编制内教师，列入编制后，由县（区）财政发放工资。特岗教师入编后，由省教育行政部门统一发放教育部制定的特岗教师服务证书，凭此证书享受国家、省高校毕业生服务基层项目现行优惠政策。

年内，市教育局制定《关于落实义务教育学校绩效工资的实施办法》，以绩效考核为重点，推进义务教育学校实施绩效工资制度。

2011年4月11日，市教育局印发《关于进一步做好义务教育学校奖励性绩效工资分配工作的通知》，要求各县（区）教育局和义务教育学校要高度重视此项工作，进一步完善义务教育学校教职工绩效考核制度和奖励性绩效工资分配方案，及时总结经验和查找不足，使奖励性绩效工资分配工作更加科学、规范。

市政府印发通知，决定从7月1日起，承德市普通中小学校（含中学、小学、特殊教育学校和教育部门主管的幼儿园）补充新任教师均参加公开招聘，不再以其他方式补充师资。凡新进入教师队伍的教师全部进行统一考试，实行面向社会公开招聘教师机制，实现教师“凡进必考”，正式结束了多年的教师分配制度。

10月19日，市国资委、市教育局、市财政局、市人社局联合印发《关于妥善解决国有企业职教幼教退休教师待遇问题的通知》。

7月10日，市政府办公室转发市教育局、财政局、人力资源和社会保障局《关于为农村原民办代课教师发放教龄补助实施方案的通知》。其发放范围为：凡现为河北省户籍、2003年年底以前曾在农村公办中小学（含幼儿园）教师岗位上工作满3年以上（含3年）、离开教师岗位后再没有被企事业单位录用的原民办教师或代课教师、并达到60周岁的，从到龄次月起享受教龄补贴（因刑事犯罪或违反国家政策、规定被开除或辞退的原民办、代课教师不享受教龄补贴）。教龄补助标准为：每个教龄每月20元，任教年限不满1年的按1年计算，并根据经济社会发展情况，适时调整教龄补贴标准。发放教龄补助所需资金，省财政直管县按照省、县5∶5的比例分担；非省财政直管县及市辖区按照省、设区市、县（市、区）2.5∶2.5∶5的比例分担。教龄补助执行时间为：从2012年1月1日执行。截至9月末，承德市共有31119人向有关部门递交个人申请，其中60周岁以上10075人。年底前，承德市已完成60岁以上人员教龄补助审核批准工作，并根据批准的结果完成首批人员发放教龄补助工作。

市教育局严把教师职业入口关，拓宽教师来源渠道，逐步形成“国标、省考、县聘、校用”的中小学和幼儿园教师准入和管理制度。

中小学和幼儿园教师资格考试进行改革试点，主要内容是：由教育部制定教师专业标准、教师资格考试标准和教师资格考试大纲，并负责命题工作，统一考试时间，规范考试科目，全面考察教师资格申请人身心素质和教育教学能力，由省级统一组织考试。

2012年，全市免费师范生共10名，通过双向选择在其他地市就业的4名、回承德就业6名。

12月11日，承德市中小学教师资格首次定期注册工作开始，分4个阶段进行：2012年12月10日—19日为宣传发动阶段；2012年12月20日—2013年1月5日为网上申报阶段；2013年1月6日—15日为现场确认阶段；2013年1月16日—30日为认定注册阶段。

年内，市教育局认真贯彻落实市政府《关于加强中小学教师队伍和校长队伍建设的意见》，进一步理顺中小学校长考核、任免管理体制，加大校长公开选拔和实施聘任制的力度，全市已有80%的学校校长归口管理，60%的学校校长实行公开选拔。进一步优化教师队伍结构，在继续推行“退一补一”“换岗补充”“特岗招聘”和职业学校“空编运行”4 项政策的同时，对全市中小学教师进行重新核编，面向社会公开招聘教师 124 名，招聘特岗教师 581 名，全市安置留用服务期满的首批特岗教师 933 人。

2013 年 1 月 19—20 日，全市中小学和幼儿园教师资格面试在河北民族师范学院进行。全市中小学和幼儿园教师资格面试报名 529 人，现场确认审核通过 517 人。其中，幼儿园 21 人，小学 416 人（8 个学科），中学 63 人（12 个学科），中职 17 人（9 个学科）。设 14 个考场，聘请面试考官 42 人。按照候考、抽题、备课、试讲、答辩的步骤进行，做到客观公正，确保国家级考试的严肃性。

5 月 18—19 日，举行全市中小学和幼儿园教师资格面试。面试组织程序严格按照国考标准进行，利用教育部研发的“中小学和幼儿园教师资格考试面试测评系统”实行网络管理。通过省教育厅统计核准，全市该次面试的通过率为 68.5%。

年内，原农村民办代课教师教龄补助发放工作基本完成，承德市成为全省第一个完成此项工作的地市。

2015 年 1 月 15 日，市教育局、财政局、审计局、人社局联合印发《关于建立中小学校教师超课时酬金制度和提高普通高中班主任津贴标准的实施办法》。普通高中超课时酬金的发放标准为，超课时上课每课时 40 元，早晚自习每课时 20 元。将目前实行的普通高中班主任津贴 18 元标准提高到 400 元标准，超过 50 人的班级可再适当增加。超课时酬金和班主任津贴纳入绩效工资，进行绩效考核。所需资金分别由各级财政予以保障，纳入同级财政预算。该两项资金 2014 年度欠发部分参照办该法予以补发。

承德市自 2009 年实施“特岗教师计划”以来，截至 2015 年年底，已累计按照省下达的计划择优录用特岗教师 5271 人。详见下表：

2 月 15 日，市政府办公室印发《关于切实

2009—2015 年承德市农村义务教育阶段学校教师国家特设岗位择优录用人数情况表

表 9—2 单位：人

县 区	2009 年	2010 年	2011 年	2012 年	2013 年	2014 年	2015 年	合计
丰宁县	190	60	80	80	100	140	130	780
围场县	112	163	157	120	120	148	118	938
隆化县	79	81	148	80	120	100	155	763
宽城县	135	87	88	106	108	160	140	824
平泉县	121	244	260	16	50	20	—	711
兴隆县	—	—	—		50	50	70	170
滦平县	175	100	—	100	150	75	100	700
承德县	—	—	—	80	100	140	—	320
营子区	—	—	—	—	—	—	65	65
总 计	812	735	733	582	798	833	778	5271

做好教师队伍稳定工作的通知》。要求各县（区）人民政府和市直有关部门，要高度重视教师队伍稳定，克服麻痹松懈思想，切实做好教师稳定工作。认真抓好政策宣传和落实工作，积极主动做好教师队伍的思想政治和教育引导工作，坚决落实各项教师待遇，切实维护教师合法权益。建立教育队伍稳定工作长效机制，严格落实教师队伍稳定工作责任，定期分析教育队伍现状，确保全市教育系统整体稳定。

5月18日，中共承德市委组织部、人社局印发通知，“党政机关、人民团体中的正、副处级及相应职务层次的女干部和具有高级职称的女性专业技术人员，年满60周岁退休”。“上述女干部和具有高级职称的女性专业技术人员如本人申请，可以在年满55周岁时自愿退休”。该通知自3月1日起执行。

7月下旬，承德市以政府购买服务方式（对单位缺编聘用人员，由政府相关部门统一组织，通过一定考试考核程序，向社会公开招聘录用工作人员，并由政府核拨相应经费补助），面向社会为承德市第十六中学和桥东小学公开招聘教师16名，岗位为小学语文、小学数学、小学思品等专任教师；为承德体育运动学校招聘教师12名，岗位为高中语文、高中数学、高中英语等专任教师。招聘要求报考者年龄在18周岁至35周岁，应届普通高校全日制毕业生不受年龄限制。具有与应聘职位要求相符的普通话等级证书，与应聘岗位学科、层次相应的教师资格证书等。采取网上统一报名方式，每人限报一个岗位。招聘人员实行“政府购买”、合同式管理模式。

隆化县抓住落实连片特困地区乡村教师生活补助发放的有利契机，科学制定补助标准，促进教师合理流动，推动县域教育均衡发展。该县在充分调研基础上，综合考虑学校所在地距县城距离、是否公路沿线、是否乡镇所在地、学校基础条件、村小与教学点、寄宿制、偏僻程度以及分配教师难度等因素，研究制定了隆化县农村学校教师生活补助发放档次划分及参照标准。中心小学层面共分23个档次，距县城45千米的中心小学为全县平均水平，即人均400元，最低一档是距县城4公里的闹海营中心小学人均40元，最高一档是距县城110千米、最偏僻的漠河沟中心小学人均1200元；中心小学内部再分若干个档次，根据艰苦偏远程度，适当拉大与中心小学距离。全县最高标准为漠河沟中心小学小庙子教学点教师月补助1600元。经计算，仅生活补助一项，较偏远的村小教师一年的收入要比城区教师多1万余元，这对广大乡村教师安心从教、吸引优秀青年教师到艰苦偏远学校任教，具有积极作用。仅2014年，隆化县就已从乡镇中学、中心小学分流下派130余名教师到偏远山区学校和教学点任教。

年内，全市共交流校长、教师1891人。落实农村教师生活补贴政策，全市发放乡村教师生活补助9300万元，享受补助教师1.98万人。

从本年度起，全市开始实施义务教育阶段教师技术职称统一政策，将小学和初中技术职称统一为高级、一级、二级、三级4个档次。该政策的实施明显有利于提高义务教育阶段小学教师的技术职称级别。但随着政策实施的不断深入，有些问题也已凸显。⑴市本级初中现有一级技术职称待评副高级职称人数明显居多，如师院附中现有一级待评副高级职称的人数高达129人，接近全体教师总人数的50%，有待进一步提高副高级教师职称评聘比例。⑵出现了同是承担义务教育职责任务的小学阶段教师的技术职称明显低于初中阶段教师技术职称整体水平的新问题，特别是小学高级技术职称比例太低，而具有二级初级职称的人数比例又太高的问题更为突出。如承德市实验小学教师系列具有副高级职称的人数只有14人，才占教师职称系列总人数的8.3%，仅是市本级初中阶段副高级职称平均比例的五分之一，而现有二级待评一级技术职称的初级教师人数又多达47人，已高出同级初中阶段初级教师技术职称平均待评一级职称人数5%的9.4倍，桥东小学二级教师技术职称比例则高达68.6%，高出初中同级别教师职称平均百分比的13.6倍。由此可见，现在义务教育阶段小学和初中教师职称的评定只能说是在称谓上得到了统一，但还没有从评定比例的实质意义上达到根本的统一，急需由教育与人社部门共同予以研究解决中小学教师中高级技术职称评聘明显不均衡的问题，并应在新分配评定义务教育阶段教师高中级技术职称名额时向小学予以倾斜，或按义务教育阶段同比例分配指标。

2015年市教育局直属义务教育阶段部分学校教师技术职称统一以后的情况表

表9—3

学校名称	教师人数（人）	副高职称人数（人）	占比（%）	一级职称人数（人）	占比（%）	二级职称人数（人）	占比（%）	三级职称人数（人）	占比（%）
师院附中	271	102	37.6	129	47.6	17	6.2	1	0.3
第十六中	52	27	51.9	23	44.2	2	3.8	—	—
实验小学	167	14	8.3	104	62.2	47	28.1	2	1.1
桥东小学	51	5	9	11	21.5	35	68.6	—	—

说明：从市直属义务教育阶段学校教师技术职称统一以后情况看，初中主要是副高级职称待评人数较多；小学的主要问题是副高级职称比例太低，而待评一级职称比例又较高，同为义务教育阶段小学、初中技术职称比例明显不均衡，应予以研究解决。

第十章 教育信息化与教育技术装备

在各级各类学校实施“三通”（宽带网络校校通、优质资源班班通、网络学习空间人人通）工程，普及信息技术教育，建设现代远程教育网络终端。实施中小学教师信息技术应用能力提升工程，推进信息技术与教育教学深度融合。开发数字化教育资源，构建全市教育教学资源服务平台，实现优质教育资源共享，促进优质教育资源的普及应用。

推进实验室和教育技术装备标准化建设，推进实验室、图书馆（室）管理科学化、制度化建设。普及实验教学。

第一节 教育信息化建设

一、普及信息技术教育

1990年，市教委电教馆制作的教学专题片《小白兔》《小珊迪》在中央教育电视台播出，小学自然常识教学系列片《安全用电》通过中央音像教材出版社鉴定，在全国发行，地理专题片《丹霞地貌》通过省教委审查，作为各地教材报送中央教育电视台。双桥区完成电教器材装备任务，成为全省少数超额完成任务的县（区）之一，承德市二中、承德县一中两所省重点中学在全省重点中学实验室验收中达到合格标准。

1991年，地教委在全国电教综合实验县平泉县建成全地区首个卫星地面站。

1992年，地教委制定全区发展电化教育的“八五”计划，并在全国电教综合实验县平泉县建成全地区首家教育电视台。

1993年，承德地市合并后录制的九年义务教育小学数学投影片1～2册，在河北教育出版社发行，3～6册通过省级审定；录制的8集《中学语法讲座》，由中国教育电视台播出；代省录制6节小学数学指导录像片。

1994年，市教委录制的《语音及语言教学讲座》在中国教育电视台播出。平泉师范、承德市二中列入全省小学电教试点校。继平泉后，丰宁、兴隆县建起教育电视台。

1995年2月13日，市委、市政府在印发的《关于实施中国教育改革和发展纲要的意见》中，提出全市到2000年的教育信息化目标：尽快建立承德教育电视台。各县（区）从实际出发，因地制宜地建立教育电视台（收转台）或采取与县（区）电视台共用一个频道的办法，定时转播教育电视节目，使市区和县城附近的各类大中小学校，能直接收看教育电视节目。4月6日，市教委印发《关于在市、县（区）、校之间建立教育管理计算机网络体系的通知》。

1998年，承德市开展多学科、多层次的电化教育研究和应用，平泉县城西小学被国家教委命名为“全国千所现代教育技术实验学校”。

1999年4月25日，市教委印发《中小学计算机教育达标学校与实验学校评估验收暂行标准》。遴选出一批设备条件较好、师资力量较强、有一定计算机教育教学经验的学校，作为市级计算机教育实验学校。平泉县城西小学作为全国现代技术教育实验校，承担了国家级重点项目专题试验。

2000年3月10日，市教委印发中《小学校园网建设规范（试行）》，确定承德第一中学、承德市第二中学、承德存瑞中学、承德民族师专附中、承德市民族中学、围场县民族中学、丰宁县第一中学、丰宁县第二中学、承德市第六中学、承德市第三中学、承德市实验小学、平泉县城西小学、丰宁县第一小学等15所学校为承德市首批建网学校。市电教馆深入各县（区）培训现代教育技术骨干教师，聘请北京广播学院教授为电视节目制作队伍讲座，进一步提高了现代教育技术骨干教师水平。

2001年12月15日，市政府在贯彻国务院《关于基础教育改革与发展的决定的实施意见》中指出，要大力普及信息技术和外语教学。2003年底前，全部初中和大部分乡、镇的中心小学开设信息技术教育课程；2005年年底以前，全市90%以上的中小学普及信息技术教育，实现“校校通”，全面提高中小学生的信息技术素质。各县（区）要把普及信息技术教育列为一把手工程，加强组织领导，优先保障经费投入，每年可视情况从农村教育费附加中提取一定比例信息技术教育资金，用于普及中小学信息技术教育。为学校配备校园网系统和语音学习系统。支持学校开展信息技术教育研究、开发教育软件、建设信息技术教育资源库。积极鼓励企业和社会各界对中小学信息技术教育的投入。

2002年6月27日，市教委印发《关于实施英特尔未来教育项目有关问题的通知》。指出英特尔未来教育项目是英特尔公司为推动计算机和互联网技术在课堂上的有效应用而设计的一个全球性培训项目，教师要把计算机和互联网作为教和学的工具。到2003年年底以前，50岁以下的在职教师都要通过考核并获得省教育厅颁发的河北省中小学教师信息技术教育等级考试一级合格证书。

8月25日，市教委与市质量技术监督局联合成立承德市中小学计算机教室和校园网评估验收工作专业委员会，制定中小学计算机教室及校园网评估验收标准，联合对全市中小学计算机教室和校园网进行评估验收。11月16日，市教委成立承德市教育信息中心，具体职责：⑴在市教委的领导下，按照省教育厅和省教育信息中心的要求，负责制定全市教育信息化建设近期及长期发展计划，制定完善的信息化工作管理制度和运行机制；⑵负责承德市教育信息网站建设与管理工作，并负责审查全市各入网单位在教育信息网上发布的信息；⑶承担与省教育信息中心的联络工作。

年内，市教委举办4期中小学校长、主任信息技术教育培训班，进行全市小学数学和中学语文电教优质课评比、电教论文评比、优秀CAI课件以及优秀教案评比工作，组织全市520名中小学教师参加英特尔未来教育项目培训，使参训教师进一步掌握如何将技术与课堂内容相整合及开展信息技术应用研究活动的方式方法，提高了运用计算机和互联网技术在课堂上的应用能力。有15所学校完成中小学校园网建设，并经验收合格进入运行阶段。

年内，全市中小学信息技术教育开课情况：县城以上22所高中学校全部开课，初中28所学校已开课27所，小学34所学校开课32所；县城以下15所高中开课12所，初中245所开课145所，小学1721所开课150所。全市建微机室403个，校园网22个，配备微机总数11321台。隆化县被省教育厅确定为全省第一批省级信息技术教育示范区，滦平县第一中学、承德民族师专附属中学、丰宁县第一中学、承德市第二中学、承德市实验小学、隆化县隆化镇第二小学6所学校被省教育厅确定为全省第一批省级信息技术教育示范学校。

2002年3月1日，市教育局印发《关于对电教教材统一管理学校实行年审制度》的通知，要求进一步加强电教教材的配备和管理。5月9日，印发《承德市中小学现代教育技术实验学校标准》。

二、现代远程教育网络建设

2002年3月28日，市教育局印发《关于现代远程教育网络终端建设工作的通知》。⑴建立承德市远程教育终端建设领导小组，加强对此项工作的领导，协调各方面的工作。各县（区）也要成立相应的机构，负责该县（区）远程教育终端建设工作。⑵将承德市500所学校终端建设任务分配到各县（区），各县（区）及时将自己的任务指标落实到各级各类学校，要注意抓好农村偏远山区的典型学校，保证教育信息和教学资源能为这些学校服务。⑶国家、省、市、县级现代教育技术实验学校，要充分发挥环境、人才、设备等方面的优势，在远程教育终端建设工作中起骨干带头作用。⑷县（区）自行建立的教育资源中心，要与该县（区）教育信息中心合并建设，以避免重复建设造成投资浪费。12月18日，省教育厅下发《同意市教育局建立教育网站的批复》。

年内，全市已有30所学校建起校园网，丰宁、平泉、围场等县（区）现代远程教育网络终端建设进展顺利，全市已有120所中小学现代远程教育网络终端设备安装完毕。市教育局两个办公楼已完成市教育信息骨干网局域网安装，市教育局和市教育信息中心实现专线联通，与三区两县实现DDN专线联通。承德市被中央教科所信息中心确定为教育部重点课题“网络教育与传统教育的优势互补”实验区，承担了子课题的研究和实验工作。

2003年11月25日，市教育局启用承德市教育信息网，决定从2003年12月1日起，市教育局下发的各类文件、通知、教育内部数据传输、各县（区）报表上传数据等业务，统一实行网络传送。到2004年3月31日，全市将启用网络办公系统，实现网上办公。

年内，全市开展了“中小学教师多媒体课件”与“多种教学媒体综合运用优质观摩课光盘”制作评比活动，进行2003年实验教学CAI课件评选活动。全市中心小学以上学校有422所开设了信息技术教育课，占中心小学总数的75%。全市除兴隆、平泉外，其他县（区）已与市教育骨干网连通。承德市的“中小学素质教育中多种媒体综合运用实验研究”被确定为“十五”部级课题，中央教科所确定承德市为课题研究实验区。

2004年6月4日，市委、市政府在《关于进一步推进教育改革与发展的决定》中，对信息技术教育提出新的规划目标：到2005年，全市中心小学以上的学校全部开设信息技术教育课，到2010年，全市各级各类学校普及信息技术教育课。全面推进中小学现代远程教育工程，实施远程教育及“校校通”工程，实现优质教育资源共享。建立健全各种保障体制，切实加强对全体教师进行信息技术教育的专业培训。积极争取国家农村中小学远程教育试点项目，落实配套资金。各级政府要坚持以地方投入为主，多渠道筹措经费，市、县（区）设立农村中小学现代远程教育专项资金。逐步建立健全现代远程教育资源开发体系，实施中小学现代远程教育工程，与各类教育发展规划和中小学布局调整相结合。整合农村各类资源，发挥农村学校作为当地文化中心和信息传播中心的作用，为“三教统筹”、农村科技推广和农村党员干部现代远程教育服务。

年内，承德市实施国家农村现代远程教育试点项目。试点项目分“三种模式”：建立教学光盘播放点、卫星教学收视点、计算机教室。三种模式共配备422个教学点，494所完全小学，184所乡镇初中。资金总投入3677万元，其中国家和省配套资金2029万元、市政府配套资金117.3万元、各县（区）政府配套资金1530.7万元。该试点项目将使全市1927所学校、36万多名学生和近3万名教师能够享用国家和省的先进教育资源，为教育科研和学生自主学习提供先进的信息平台。

全市依托市远程教育中转站，实现了市教育局和八县三区的网络全部联通。八县三区全部完成教育信息中心建设，各县（区）中心小学以上学校全部完成河北远程教育网络终端建设工作。全市共建设卫星接收小站430所，所有学校都能够通过不同方式对信息中心进行访问，以全新的方式接受教育信息。

2005年6月13日，市委、市政府下发文件，要求加快全市教育信息化进程，以教育信息化推进教育现代化。继续完善与优化网络基础环境，充分发挥国家远程教育网络等现有网络资源的作用，大力开展网络信息技术在教育领域的应用探索，建设六大应用平台（信息发布平台、办公管理平台、教学资源平台、教学研究平台、信息交流与服务平台、视频会议平台），开展学科教师信息技术应用培训，建立硬件软件及信息系统安全保障制度和咨询、服务、技术支持、后勤保障体系。

2006年，市教育局调整农村远程教育工程与地面卫星接收站的整体布局，重点做好“两网”（移动和联通）兼容卫星数据终端的系统升级调试工作。高质量完成县（区）级教育视频会议系统建设工程，开通7个县（区）的视频会议系统。全市通过建立教育资源库，拓展应用空间，培训教师，强化信息技术教育与学科教学整合等多种措施，加强远程教育设备的应用探索，提高了远程教育系统的利用效率，得到省教育厅的充分肯定。9月，省教育厅在丰宁召开全省远程教育应用现场会，推广承德市远程教育应用工作经验。

2007年，承德市顺利完成700多个教育卫星接收小站的转星调试工作，组织全市农村中小学参加“全省远程教育应用年”活动，提高了项目学校农村中小学现代远程教育工程教育教学的应用水平。组织中小学教师参加省、市举办的多媒体软件大奖赛、优质课评比，均获得了较好成绩。

2008年下半年，市教育局为进一步推动全市现代教育技术工作的深入开展，规范市级现代教育技术实验学校的管理，更好地发挥示范、带头和辐射作用，对2007年以前命名创建的市级现代教育技术实验学校依据新标准进行评估验收。

2010年，围场县教育城域网建设全面完成并投入使用后，把工作重心从硬件建设向发挥教育城域网应用效益上转移。（1）抓“校校通”工程建设。全县66所规模以上中小学实现全部网络连通。（2）抓教育资源库建设。以课程为核心，按照新课程标准，建立起教师备课系统、学生自主学习系统、题库系统、多媒体素材系统等。（3）抓教育网站建设。建立学科QQ群15个、中小学教研群15个、教研员个人网站22个。（4）抓教师应用能力建设。采取脱产学习、校本研修等方式，先后对学校网管员、计算机教师以及其他学科教师进行专业培训、应用培训。积极开展网络与课程整合评优课、骨干教师网上讲课和评课等活动。（5）抓教育电子政务平台建设。该县教育教学平台设有办公OA、视频会议、网络教研、教师培训、学校监控查阅等16个版块功能，通过平台的功能进行网上办公，召开视频会议等，进一步提高了工作效率和教育教学管理的现代化、信息化水平。

营子区新建成84个电子白板教室，在全市率先实现中小学电子白板“班班通”，并广泛应用电子白板，不断提高课堂教学效率。（1）聘请专家就交互式电子白板环境下学习目标、活动设计及媒体高级功能运用，做系列专题讲座，邀请软件技术工程师开展全员操作培训。（2）组织召开电子白板使用经验交流会，举行电子白板教学优质课展示活动，帮助教师在教学实践中熟练应用白板技术，找准电子白板技术与学科整合的切入点。（3）将电子白板运用纳入课堂教学评价指标体系，发挥导向作用。电子白板的有效应用，促进了课堂师生互动、生生互动，教学效果明显增强。

2011 年 6 月 1 日，市教育局为推动全市中小学教育信息化进程，进一步提升中小学教师信息技术与学科整合的创新实践能力，促进基础教育课程标准的全面实施，举办了“2011 年承德市信息技术与学科整合优质课评选活动”。

7 月 8 日，承德市积极组队参加河北省及全国 NOC 大赛，均取得优异成绩。NOC 是“全国中小学信息技术创新与实践活动”英文缩写，是教育部关心下一代工作委员会、中央电教馆和中国发明协会共同主办的一项全国性综合比赛活动，2002 年，在人民大会堂启动。2007 年，国家科学技术奖励工作办公室批准设立“恩欧希教育信息化发明创新奖”。

2012 年，滦平县建成“千兆进校园、百兆到桌面”的标准化城域网，实现了全市推进教育信息化的新突破。滦平县投入资金 8600 万元新建多媒体教室 1214 个，50% 的以上班级已实现“班班通”。教育城域网的投入使用，使全县 50 所学校间数据、语音、图像、视频等信息传输畅通无阻。该县还可依托这一载体构建网络视频会议系统、媒体资源中心、精品课网络录播系统、资源点播系统、对外交流渠道等等，切实提升教育信息化水平。

2013 年 12 月 20 日，为进一步完善“三通”“两平台”（宽带网络校校通、优质资源班班通、网络学习空间人人通”，建设教育资源公共服务平台和教育管理公共服务平台）建设，全面推进教育信息化的应用，提高全市中小学现代化水平，市教育局举办“全市推进教育信息化应用骨干校长培训班”。

12 月下旬，平泉县制定平泉县教育城域网建设工作意见，采取“以租代建”（社会投资建设、政府租用）方式，加快建设教育城域网，全县云教育资源分享平台框架体系基本搭建，规模以上中小学真正实现了“千兆进校园，百兆到桌面”目标。

年底，承德市实现了农村教学点数字教育资源全覆盖，为每个教学点配备 1 个价值 8000 余元的多媒体教室（包括 1 台 42 英寸触控电视电脑一体机、推拉黑板），预装小学数字教育教学资源，所配设备和资源能够帮助教学点开好国家规定课程，提高教育教学质量，有利于促进义务教育均衡发展。全市 8 个县共 666 个教学点（承德县 75 个、丰宁 100 个、宽城 56 个、隆化 197 个、滦平 49 个、平泉 117 个、兴隆 59 个、围场 13 个）安装了该设备。

年内，全市基础网络光纤“校校通”达到 75%，约 40% 的班级配备电子白板（或触控一体机），32% 的中小学实现校内光纤“班班通”。

2014 年 3 月 17 日，市教育局决定开展新一轮现代教育技术实验示范学校评估认定工作。

12 月 2 日，市教育局开展“一师一优课、一课一名师”活动，利用国家、省、市教育资源公共服务平台进行网上注册报名、网上“晒课”和评选“优课”，实行教育资源共享。教师所提交的网上“晒课”内容包括一堂完整课堂教学的教学设计、所用课件及相关资源（或资源链接）、课堂实录、评测练习（非学术性课程不要求）和专家点评（“晒课”不作要求，各级“优课”必选）。教学内容须符合课程标准要求，体现学科特点和信息技术应用的融合性，突出展现数字教育资源的课堂应用及如何利用信息技术和数字教育资源创新教学方法、有效解决教育教学的重难点等课堂教学内容。

2015 年，承德市坚持以教育信息化带动教育现代化，90% 的县（区）实现基础光纤“校校通”。在全市 12 个县（区）中有 11 个县（区）建成了局域网，约 60% 的中小学实现校内光纤“班班通”，建成比较标准的校园网。全市中小学约 80% 以上的班级配备电子白板（或触控一体机），实现优质资源“班班通”，有5个县（区）覆盖率达到了100%。全市共有11个县（区）的501所学校完成“蜂窝行动”项目（教育部关心下一代基金会以免费的形式向全国10000所中小学捐赠中小学“门户网站”及“网络学习空间人人通”平台）培训安装工作，建设学校门户网站501个，开通教师个人自主空间1.8万个，学生个人自主空间22.1万个，全市中小学门户网站建设任务基本完成。全市“一师一优课、一课一名师”晒课活动，网上注册教师11000多名，晒课5000多节，共评选市级优质课400余节，推荐省级优质课120节。

第二节 教育技术装备

一、实验室建设和教育技术设施装备

1989年，承德地区新建教学仪器实验室41个，新装备和补充仪器学校181所，自制教具3200多件。

1990年，承德地区筹措仪器装备费百万元，装备三类完全小学504所、重点初中10所，有5所重点高中在省教学仪器联查中达合格水平，全地区仪器实验室达标率91%，隆化、丰宁两县被河北省评为仪器实验室建设先进县。

市教委电教馆组织全市物理教师实验考核、北戴河生物标本采集、自制教具评选活动，进一步调动了教师用教具、制教具、做实验的积极性。全市购置教学仪器17000多台（件），购置文体器材1269件，购置图书21400册，用款26.27万元，并自制教具9747件。头道牌楼小学电教楼9月投入使用。

1991年，承德地区投资155.3万元装备三、四类中小学校1377所，购置文体器材124941件；投资43.4万元购置图书资料320848册。年底前，各县都实现了中小学校园仪器实验室全覆盖，成为全省率先实现中小学校园仪器实验室全覆盖的地区。

12月4日，市教委印发《中小学图书馆（室）规程》。

1992年，承德地区新添置教学仪器6.3万件、文体器材7.5万件，新购置图书21.8万册。9所省级重点中学的仪器装备、实验室管理通过省教委验收。

承德市新购置教学仪器13779件，文体器材923件，发动各学校自制教具1000余件。承德市二中的仪器装备、实验室管理通过省教委验收。

1993年，承德地市合并后，市教委召开首次全市教学仪器工作会议，会议内容是加强对中小学教学仪器的配备和管理，在全市开展自制教具活动。年内，全市新添教学仪器83715件，新购置图书198186册，新购文体器材28633件，77%的中学、86%的小学的仪器装备达到河北省原定标准。

1994年1月14日，市教委印发《中小学实验室规章制度》，要求各中学、乡镇中心小学都要把制度的有关内容镶入镜框，在实验室、仪器室、药品室和实验员办公室内悬挂。各中学要悬挂全部11项制度，各乡镇中心小学可只挂学生实验守则、实验室规则两项制度，把制度的落实情况作为评价学校管理工作的重要依据。4月，全市开展优秀实验课暨摄像技术评比活动，推动全市实验教学工作的开展。9月10日，印发《承德市实验室工作示范学校条件（试行）》，对全市申报的实验室工作示范学校进行验收，达到各项标准即确定为承德市实验室工作示范学校，并挂牌予以表彰。

1995年，市教委印发《承德市实验教学普及县规划》。

1996年3月6日，市教委印发《关于加强教学仪器设备配备的意见》，要求各县（区）采取多种途径筹措资金，国家级贫困县要从义务教

育补助专款和世行贷款中提取不少于10%的比例用于“普九”仪器设备达标。7月25日，印发《关于进一步加强中小学实验室规范化管理的通知》，要求全市高中、初中、中心小学及有条件的村办学校、职业中学、师范等学校，要统一到市仪器站订购实验室规章制度（中学11种、小学4种）、科学家名言、肖像、实验室管理和实验室手册、表格（9种）等。要求实验室规章制度，科学家名言、肖像必须入镜上墙。

11月27日，市教委印发通知，决定在兴隆、隆化、平泉、营子矿区4个县（区）继续进行初中中考加试物理、化学实验操作。

二、普及实验教学

1997年2月下旬，双桥区接受省市普及实验教学验收组的评估验收，评估组对区域内6所中学、8所小学进行评估后，认为双桥区基本上达到了河北省实验教学普及区标准。

1998年，承德市各县（区）以“普九”为契机，狠抓仪器、电教、图书和音、体、美、卫器材的配备及管理和使用。年内，双滦区、兴隆县顺利通过省普及实验教学示范县（区）验收。

1999年3月2日，市教委命名丰宁胡麻营乡中、黑山嘴中学、塔黄旗小学、黑山嘴小学，营子区承德市第七中学、兴隆县孤山子乡中、平安堡中学、东区小学、平泉县台头山乡中、小寺沟中学10所学校为“承德市普及实验教学示范校”。

10月19日，市教委印发《关于进一步加强中小学教育技术装备工作的意见》。⑴在机构改革中要以有利于教育事业的改革和发展，有利于教育技术装备工作健康持续发展为出发点，加强而不是削弱各级教育技术装备管理机构的建设。⑵完成“普九”和“普实”（普及实验教学）的县（区），工作重点要放在实践教学的开展上，进一步完善和加强实验操作考试和考察，提高学生的动手能力，全力推动素质教育。⑶明确教育技术装备部门是各级各类学校现代化教育技术装备的规划、配备和管理工作的主管部门，其他任何单位和个人不能以任何借口向学校推销计算机及各种网络。⑷各相关学校要全力培训中小学实验员和理化生实验教师，落实实验员和理化生教师劳保待遇。⑸教育装备部门要切实重视学校图书的供应、配备和图书馆建设管理工作，把好图书配备关，改善图书馆藏书结构，提高藏书质量和借阅率。⑹市、县（区）两级教育装备部门要加强学具管理工作，做好指导和规范学具的鉴定、生产、配备工作。年内，隆化、宽城、丰宁、承德县顺利通过河北省普及实验教学示范县验收。

2000年3月7日，市教委印发《初中毕业与升学物理、化学和生物实验操作考试指导意见》。意见提出，从2000年开始，在初中毕业考试中对学生进行物理、化学实验操作考试，对初二年级学生（四年制初三年级）进行生物实验操作考试。物理、化学实验操作考试成绩不再计入中考总成绩，而是作为毕业成绩和升学资格。物理、化学实验操作成绩及格者（满分30分，及格18分），才能升入高一级学校。

年内，围场县和滦平县顺利通过省“普实”验收，至此，全市八县三区全部通过省普及实验教学县（区）验收。

2001年3月23日，市教委印发《关于进一步做好实验教学普及县复查工作的通知》。（1）凡列入当年“普九”复查的县（区）、学校，必须认真、实事求是地填写复查情况表。（2）各县（区）要先自查，写出自查总结，连同申请复查的报告报市教委仪器站。（3）各县（区）、学校要严格按“普实”复查新标准进行准备。仪器设备查漏补缺，管理上档次、上水平，尤其要下力量抓好中小学自然、理、化、生的实验教学和实践教学工作，充分发挥教学仪器的育人效益，推动素质教育向前发展。

4月17日，市教委印发《关于对中小学图书馆（室）工作进行评估验收的通知》。年内，全市共有427所中小学图书馆实行了“中图法”（中国图书分类管理办法）管理。

12月15日，市政府在贯彻国务院《关于基础教育改革与发展的决定的实施意见》中，要求各级人民政府和教育行政部门要切实重视普及中小学常规实验教学和实践教学工作，实施“中小学教育技术装备设施上档升类工程”，加强现代化教育技术装备建设和常规教育技术装备的上档升类。增加经费投入，加快中小学图书馆（室）和体育、艺术、劳动技术等教育设施建设。各级教育行政部门要强化管理，搞好师资培训，充分发挥教学仪器设备和图书的使用效益。年内，全市共有53所中小学实验室上档升级。

2002年12月5日，兴隆县召开全县“学校图书管理和使用现场会”。与会人员参观县一小、二小和兴隆镇小东区小学、大友小学等7所学校，重点参观相关学校多种形式开展的科普教育读书活动的展板、图片、学生制作和心得笔记等丰富多彩的内容，充分展示了学校图书在素质教育中发挥的重要作用。

2003年2月20日，市教育局印发《初中毕业与升学物理、化学和生物实验操作考试指导意见》。2003年的实验操作考试实行毕业与升学考试两考合一，考试分数分别计入毕业和升学成绩。3月24日，印发《中小学素质教育中多种媒体综合运用实验研究指导纲要（试行)》和《小学素质教育中多种媒体综合运用实验研究课题方案》。重点强调承德市作为中央教科所教育科技开发中心批准的中小学素质教育多媒体综合运用实验研究课题的实验区，应切实做好中小学素质教育多种媒体综合运用实验研究工作。

2004年，市教育局加强对中小学教学仪器的科学化、规范化、精细化管理，全市90%的学校实行了仪器架盘化管理。

2006年，在河北省第八届优秀自制教具评选活动中，承德市第七中学初中英语学科教师李仲林、承德师专附中初中物理教师王敬龙和郑冰的教具荣获二等奖，滦平一中被评为河北省自制教具模范学校，滦平一中教师孙娜被评为河北省自制教具能手。

2010年，承德市教育技术装备现代化水平稳步提升，完成20所初中、50所小学的规范化、标准化实验室建设任务。

2011年，总书记胡锦涛和总理温家宝关心的围场御道口小学、兴隆六道河初中规范化实验室建设项目，已基本完工，并相继投入使用。

2012年，市教育局为了提高教学仪器图书利用率和学生实践技能水平，先后举办承德市中学生物探究性实验课和创新实验设计评选暨参加河北省生物探究性实验课和创新实验设计评选活动。在全市中小学校开展“阅·知·行”读书活动。年内，在标准化小学和初中就读学生比率分别达到75%、88%。

2013年3月7日，市教育局在全市开展中小学标准化图书馆（室）创建活动。任务目标：到2016年年底，各县（区）标准化图书馆（室）比例达到60%以上，到2020年达到90%。5月24日，市教育局在全市中小学开展“我的中国梦”读书活动，市教育局聘请有关专家对各单位选送的作品进行评比，颁发荣誉证书，并从获奖作品中选出10项作品，参加省教育厅举办的河北省中小学“我的中国梦”读书活动评选。

年内，关注教学点，强“末梢”，补“短板”。市教育局总结推广丰宁县实施教学点标准化建设工程的经验做法，组织实施全市733个教学点的“教学点数字教育资源全覆盖”项目。平泉县教体局荣获“河北省中小学图书馆（室）工作先进集体”称号。

2014年3月27日，市教育局在全市中小学开展“快乐阅读，放飞梦想”读书活动。7月2日，组织开展海峡两岸文化创意交流幼儿美术教育及创造力培养专题报告会，邀请幼儿DIY创始人、台湾知名教授张才洪和唐山市第一幼儿园园长幺丹艳进行经验交流分享。4月14—18日，河北省教育技术装备管理中心验收组一行，对承德市2013年申报“河北省中小学一级图书馆”的38

所中小学进行检查验收，初步认定38所中小学校的图书馆均达到“省中小学一级图书馆”标准。

8月7日，省教育厅公布被评定为河北省中小学一级图书馆的学校：承德市滦平县第二中学、第三中学、第八中学、第二小学、红旗中心校明德小学、大屯中心校兴州明德小学；宽城县第二小学；双滦区实验小学、承德市第三中学；隆化县十八里汰小学、张吉营中学、存瑞小学、第三中学、郭家屯中学、唐三营中心小学、韩家店乡中心小学、步古沟满族中学；鹰手营子矿区滨河路小学、承德市第七中学；承德县城西学校、下板城镇第二小学；围场县第一小学、御道口小学、木兰实验小学、四合永小学、围场镇中学；平泉县河北蒙古族高级中学；丰宁县第二小学、第四小学、第二中学、第三中学、五道营中心校、大滩小学、窄岭实验小学、上官营小学、波罗诺小学、平安堡中学。

2015年，承德市在河北省中小学“读书伴我成长”读书活动中，5名师生获得一等奖，14名师生获得二等奖，14名师生获得三等奖。其中，承德市平泉县小寺沟中学李春辉的《与书结缘，梦圆杏坛》荣获教师征文一等奖；平泉县第一中学宫立敏的《那一缕书香》、丰宁县三中刘诗怡的《书香作伴》、承德市实验小学祝言溪的《读书让我扬帆起航》、隆化县张吉营中学任飞扬的《一缕书香伴我行》、营子区逸夫实验小学栗文江的《书香伴我行》荣获学生征文一等奖。

承德市民族中学王东蕊的《燃烧和灭火》、河北民族师院附中王敬龙的《惯性实验改进》和辛云平的“验证植物呼吸作用产生二氧化碳”、承德市第一幼儿园王琨的《魔幻世界》荣获河北省实验教学说课活动一等奖；河北民族师范学院附属中学物理教师王敬龙在市、省两级层层选拔的基础上，11月上旬代表河北省参加由教育部基础教育二司主办、中国教育装备行业协会承办的第三届全国中小学实验教学说课活动，荣获一等奖，这也是承德市教师第一次获该殊荣。

第十一章 行政管理

依法治教，建设校园安全防控体系。建立教育投入新机制，改革教育经费管理办法。严肃中考、高考考风考纪。实行教育费附加专项督导，建立完善督政、督教、督学制度。发展校办产业，建设劳动实践基地。开展对外人文交流，融入京津冀协同发展战略。

第一节 依法治教和校园安全

一、依法治教

1989年，地教委积极开展义务教育法宣传和落实活动。从4月起，发动全区各县校利用广播、板报、文艺演出等多种形式宣传义务教育法，让广大学生家长认识接受义务教育是每个公民义不容辞的责任，并开展“查流失人数、查流失原因、查流失去向、查动员返校人数”的“四查”活动，促使1068名中小学生重新返校学习。

1993年2月13日，市教委印发《关于严格依法治教切实保障中小学正常教学秩序的通知》，要求县（区）教育行政部门和各学校按照文件精神进行一次认真地检查，对无故停课、体罚学生造成学生流失、乱摊派以及扰乱学校正常教学秩序的现象，坚决地予以制止和纠正，对情节严重的要依法追究其法律责任。

1995年，市教委为进一步落实《中华人民共和国义务教育法》，深入营子区一所初中学校逐人调查学生辍学原因。调查结果是：85%的辍学生都是因自身厌学而辍学。此事引起市教委高度重视，要求各县（区）教育行政部门和义务教育阶段学校都应多在招得进、学得好、留得住、用得上方面下功夫。

1997年12月9日，市教委成立预防学生违法犯罪领导工作小组，印发《预防学生违法犯罪工作规则》。各县（区）教育行政部门和学校要建立组织，制定规划，明确责任，抓好落实，将学生违法犯罪减到最低限度，为承德市预防青少年违法犯罪工作，加强社会主义精神文明建设做出更多贡献。

1998年，市人大、市政府组织审计、财政、计划、教育等部门对八县三区教育经费的拨付和城乡教育费附加的征收、管理和使用情况进行审计，对发现的问题及时进行了纠正和查办，有效地制止个别县（区）非法扣留、挪用教育经费的问题。教育、纪检、监察等部门为解决群众反映的中小学乱收费问题，共同召开纠正教育行业不正之风动员大会，出台治理乱收费的处理办法，同各县（区）和市直学校签订制止乱收费责任书。市、县两级教育监察部门加强检查力度，对个别顶风违纪的学校负责人进行严肃处理，收到一定效果。滦平等县为解决学生流失现象和提高普及率，成立了教育法庭，加大执法力度，使学生辍学现象得到有效的控制。

2000年，承德市综治办、市教委为进一步加强学校法制教育，提高学生的法制观念，增强学生遵纪守法意识，预防减少在校学生违法犯罪，保证学校教育教学秩序的稳定，决定从全市政法系统选派优秀人员到学校任兼职法制教育副校长和辅导员，完善中小学法制教育机制。市区和县城所有普通中小学、职业学校、乡镇中心小学必须全部聘任兼职法制教育副校长，村小学可以根据实际情况聘任法制教育辅导员。法制教育副校长和辅导员的主要任务是：协助学校主要领导加强对法制教育的领导、制定法制教育计划，并组织落实；负责对学校法制教育工作人员的培训，提高其业务素质；定期做好法制教育宣传报道，提高在校学生的法律意识和自我保护能力；完善各项规章制度，扎实推进平安校园和依法治校创建活动，保障学校稳定有序的教学和生活环境。

2003年4月8日，市委教育工委、市教育局印发《关于全面推进依法治校的决定》。决定要求各级各类学校要充分认识全面推进依法治校的重要性和紧迫性，坚持依法治校的基本原则，加强教育普法工作。制定和完善学校章程及各项管理制度，依法规范和行使学校办学自主权，依法规范学校管理，加强学校的安全防范工作。依法保障教职工参与学校的民主管理和监督，建立事故责任追究制度，创造依法治校的外部环境，建立依法治校激励机制，切实加强依法治校工作的领导。

3月3日，市教育局印发《依法治校工作考核评估标准（试行），开展依法治校试点工作》。

6月23日，市教育局与市司法局、综治办、团市委联合印发《关于加强青少年学生法制教育工作的若干意见》。⑴全市中小学、中等专业学校、职业学校、社会力量举办的学校，从2003年秋季新学年开始，全部开设法制教育课。各级各类学校必须把法制教育列入教学计划，真正做到计划、课时、教材、教师“四落实”。⑵中小学法制教育课所用教材由省统一推荐，严禁各县（区）中小学自行编写、征订、发行、使用未经省教育厅、省法制宣传教育领导小组办公室审定和推荐的法制课教材。各级教育行政部门和各级各类学校切实做好法制课师资的引进、培养、培训工作，保证按期开课。⑶各部门要按各自的分工和职责，全力做好青少年的法制教育工作，各县（区）要创造条件加强青少年法制教育建设。⑷各县（区）教育行政部门和学校，要设立专门的法制教育工作机构或明确具体负责该项工作的股室，由专人负责法制教育工作的组织协调工作，设立专门经费用于推动法制教育工作的开展。⑸要把法制教育纳入学校教育质量和学生综合素质评估体系，逐步建立青少年学生法律素质测评，法制课评价制度，开展督导评估工作，把学生学法和遵纪守法的情况纳入学生升学、招生、招工、参军等考核内容。

2005年5月—6月，市人大常委会对全市义务教育工作进行执法检查，以义务教育法等法律法规为依据，重点检查各级政府及其执法主体、相关执法部门贯彻实施教育法律法规的情况。

市教育局在全市中小学开展“依法治校示范校”评估活动，评估主要内容是各校是否根据各学段学生的身心特点和思想实际，深入开展心理健康教育、传统美德教育，培养学生良好的道德品质、遵纪守法的法制意识和文明的行为习惯。

2007年，宽城、围场、兴隆、双滦4个县（区）通过依法治校达标县验收。

2011年12月30日，市教育局印发《依法治校示范校创建活动实施方案》。总体目标是：通过深入扎实的法制宣传教育和法治实践，树立社会主义法治理念，提高青少年学生的法律意识和法律素质；树立依法行政理念，提高依法治校水平；树立教育管理创新理念，提高全市教育系统法制化管理水平。总体要求是：大力开展宪法的学习宣传和社会主义法治理念教育；大力开展促进经济社会发展、维护社会和谐稳定方面的法律法规宣传教育；大力开展法制文化建设。

2013年，双滦区实验中学、隆化县蓝旗中学、围场县第二中学和第一小学4所学校顺利通过首批“省级依法治校示范校”复查验收。承德县安匠初中等8所学校全部高质量通过第五批省级“依法治校示范校”的检查验收。

2014年，市教育局印发《深入开展依法治校专项行动实施方案》，开展依法治校专项行动和依法治校示范校达标创建活动，实现学校治理有法可依。围场县木兰实验小学等8所学校通过河北省“第二批依法治校示范校”复查验收。

2015年3月11日，市政府开展职业教育执法检查自查工作。5月21日—22日，市教育局、司法局、法宣办在承德广播电视大学共同举办全市教育系统法治培训班。

二、校园安全防控体系建设

1991年4月10日，市教委印发《中小学安全须知》，要求各县（区）4月底前将中小学安全通知及时发到乡镇和中小学，并根据精神集中几天时间组织学习。8月底前，由市里出题组织一次学习考试。参加人员为县（区）教育局局长、副局长、股长，分管教育工作的乡镇长、乡镇政府教育助理，以及中小学校正副校长、教务主任和总务主任。

1994年10月5日，市教委转发国家教委、林业部《关于严禁中小学生参加扑救山林火灾的紧急通知》，要求各县（区）采取必要的防范措施，严格落实通知精神，确保广大师生的安全。

1996年6月26日，市教委印发关于宽城县发生特大交通事故造成8名学生死亡的通报。6月25日凌晨5时许，宽城县峪耳崖镇葫芦峪村12名学生（11名小学生、1名中学生），搭乘宽城县劳动服务公司一辆双排座汽车到山家湾子中心小学参加小学毕业升初中模拟考试，车行至葫芦峪村山梁拐弯处，翻下山坡，5名学生当场身亡，其他学生到医院后，经抢救无效又死亡3人，共造成8名学生死亡、2人重伤、2人轻伤的情况。要求各级教育行政部门和学校汲取惨痛教训，对学生安全问题引起高度重视。一把手亲自抓中小学生安全教育问题，加强基层学校工作，将责任层层落实到人，坚决杜绝该类事件发生。

12月15日晚8时40分，隆化县第一中学学生宿舍发生失火，烧毁房屋12间及150名学生的床铺、行李、衣物和生活用品，直接经济损失达15万元，但没有造成人员伤亡。

年内，市教委将社会治安综合治理工作列入党委重要议事日程，健全组织机构，强化对全市教育系统治安综合治理的指导。

1999年5月16日，市教委印发《关于加强中小学生安全教育的通知》，要求各县（区）教育部门、各学校“有针对性、有重点地抓住较为典型的伤亡事故案例，开展丰富多彩的宣传教育活动，努力降低事故率”，在安全教育工作中要有针对性地抓好季节性的安全教育。春季开展文体活动较多，要防止摔伤、碰伤事故的发生；夏季天气炎热，要防止淹溺、食物中毒事故的发生；秋季学生采摘果品、上山砍柴，要防止坠跌等意外事故的发生；冬季冰雪天气，学生骑车上下学、滑冰等，要防止交通事故、冰塌事故和煤气中毒事故的发生。各校要在学期初和学期末分别进行一次安全教育，并结合该校情况，做好日常的安全教育工作，防止事故发生。各校要努力做好学生保险工作，加强医务室的建设。

6月11日，市教委印发《关于学校治安综合治理工作的实施意见》，要求各县（区）教育行政部门和学校成立或完善安全治理工作领导小组，校长、书记为第一责任人，明确谁主管谁负责的原则，建立工作制度。各县（区）、学校在确保集中整治专项斗争取得实效的基础上，把加强学校法制教育、预防学生违法犯罪作为长期工作，常抓不懈，全面落实市教委制定的预防学生违法犯罪规则。完善各项制度，重点做好“后进生”的转化工作，减少学生流失，严防敌对势力和宗教势力的渗透，防止因热点问题引发事端。加强信息反馈工作，坚持请示报告制度。把学校治安综合治理工作与创建安全校园相结合。全面加强校园文明建设，对照评估方案，开展自查自评，学校综合治理不达标的，将取消参评资格。

2001年5月8日，市政府办公室印发《关于规范学生平安保险代办业务有关问题的通知》。⑴指出保险公司办理学生平安保险是一件有益的工作，但必须坚持自愿投保的原则，不允许任何单位和个人用行政手段强制学生投保。⑵要求保险公司不得委托学校作为保险兼业代理人代理学生平安保险，但可以同校方协商选定一名学校工作人员作为兼职代办员（签订兼职代理合同），委托代办学生平安保险业务。⑶要求学校兼职代办员只能代办合同中规定的学生保险及附加险，不得外出展业，并接受保险公司的有关业务培训。⑷要求保险公司按规定支付有关代办业务的手续费。⑸要求各方面都要加强对学生的安全教育工作，落实好各项安全防范措施，为学生的安全、健康成长创造一个良好的环境。

4月14日，市教委召开各县（区）教育局长和市直学校安全工作会议，传达河北省学校安全工作会议精神。市教委主要领导强调要抓好五方面工作：⑴全市各级教育行政部门、各级各类学校领导要狠抓责任落实，坚决遏制住各种刑事犯罪案件和重大安全事故的发生。⑵把安全稳定的各项措施落到实处，建立健全定期检查和日常防范相结合的安全稳定管理制度，以及安全工作信息报送、大型活动申报、危险品管理、值班、防火防灾和矛盾排查等规章制度。⑶要加强仪器室、实验室、图书室、宿舍、会议室等人群相对集中地场所管理，把及时消除农村中小学危房作为当前突出解决的问题限期维修加固或立即拆除。⑷深入开展矛盾纠纷排查调处工作，在全系统迅速开展矛盾纠纷、群体性事件隐患的集中排查调处活动。⑸加强值班和信息反馈工作，重大节日和敏感期间干部要实行24小时全天候值班，同时领导干部要亲自在单位带班，不准出现空岗，要建立一套完善的信息收集、处理和报送制度。

2002年6月25日，市教育局印发关于加强学校食品卫生安全管理工作的紧急通知。10月8日，市教育局与市卫生局联合转印《关于加强学校食物中毒预防与控制工作的紧急通知》，要求结合本校实际情况，进行全面彻底的清理整顿，确保广大师生的身心健康。要求该次检查与整顿不能走过场，不能留死角，不能敷衍了事，发现问题及时予以解决。

10月9日，市教育局与承德市综治办、公安局、司法局、文化局、建设局、新闻出版局、工商局、团市委联合印发《关于开展集中整治校园及周边治安秩序专项行动的通知》，决定利用为期一个月的时间，开展集中整治校园及周边治安秩序专项行动，大力整治校园及周边交通、经营、卫生、文化等环境。

年内，市教育局印发《学生伤害事故处理办法》《关于坚决遏制中小学校楼梯间拥挤伤亡事故的紧急通知》《关于进一步做好中小学安全工作的通知》。

市教育局与承德市卫生局联合印发《学校食堂与学生集体用餐管理规定》，要求各级教育、卫生行政部门和各级各类学校要高度重视此项工作，切实加强组织领导，保证管理规定的全面贯彻实施。各级各类学校要建立以主管校长为组长，有关部门共同参加的学校食品卫生安全工作领导小组，明确职责，建立健全检查监督制度和责任追究制度，保证各项管理工作落到实处。各级教育、卫生行政部门和各级各类学校要建立健全重大事件报告制度，加强信息反馈。

2003年5月16日，市委教育工委、市教育局为进一步做好防控“非典”工作，确保广大师生身体健康和生命安全，印发《关于调整、取消中小学有关考试等工作的通知》：⑴中小学可以取消本学期期末考试，其他应届毕业生的毕业成绩按上学期期末考试成绩计算（初中应届毕业生语文、数学、外语的毕业成绩，按中考成绩计算，已经组织完体育考试的，其成绩可计入毕业成绩）。⑵原定6月21—22日的中考文化课统一考试适当推迟，具体时间另行通知。中考文化课考试科目由语文、数学、外语、理科综合、文科综合5门，减少为语文、数学、外语3门。⑶市教育局为全市初中毕业生开办“电视课堂”（名师教学录像片），各县（区）也要积极创造条件，为广大中小学生开设空中课堂（网络教学），并组织好收看（听），尽量减小因停课给学生学习造成的影响。各级教育行政部门和中小学、幼儿园要进一步充分认识中小学防控非典工作的重要性、长期性和紧迫性，克服厌战情绪，采取更加坚决、有力的措施，继续把中小学校的“非典”防控工作抓紧、抓实、抓好。

承德市教育系统高度重视非典防控工作。市教育局要求全市教育系统，以防控为主，兼顾教学，采取果断措施，预防和控制波及全国性的非典疫情，确保广大师生员工的健康与安全，切实维护全市教育系统稳定及教育教学工作的正常开展。印发关于预防和控制“非典”型肺炎的预案、关于非典型肺炎疫区封锁及密切接触者隔离观察管理办法的实施方案。多次召开驻市各大中专院校主要负责人会议，不断强化责任。建立“四个体系”：即指挥体系、应急体系、信息体系、责任体系；坚持“五项制度”：即门卫管理制度、卫生消毒制度、晨检制度、联保制度、隔离制度；落实“九项措施”：即广泛开展宣传教育，取消一切大型集体活动，加强对学生的管理，加强对教职员工的管理，明察暗访强化督查，对医务人员进行培训，成立医疗诊断技术组，加强对学校的安全管理，大力治理学校周边环境。年内，全市教育系统发生的“非典”病例为2例（确诊2例），占全市发病总数的11.1%，占全省学生发病总数的3.7%，占全省疫情学校总数的5.4%，从总体上讲，全市学校疫情较为平稳。市教育局被评为全市防“非典”先进单位。

2004年7月28日，市教育局印发《关于禁止中小学生进入网吧的通知》，要求各级教育行政部门和学校积极行动起来，切实做好禁止中小学生进入网吧工作，以确保全市中小学生度过一个健康安全文明的暑假。10月，开展全市学校幼儿园及周边治安秩序专项整治行动，查封校园周边200米内网吧20余家，处理容纳未成年人上网的网吧70余家，清理校园周边50米以内商业网点150余户，取缔无照经营商贩60余个，查获不健康光盘1500余张，口袋书3000余册。11月15日，市教育局印发《承德市学校安全工作目标管理考核办法（试行）》，进一步加强学校安全工作，健全学校安全工作管理制度，推动了全市学校安全工作的开展。

2005年4月15日，市政府办公室印发《关于进一步加强学校安全工作的通知》，要求各级政府、各有关部门和学校幼儿园要站在践行“三个代表”重要思想的高度做好学校安全工作，要切实加强对学校安全工作的领导，把学校安全工作列入重要议事日程，时刻保持高度警惕，狠抓各项防范措施的落实，真正做到认识到位、措施到位，确保全市教育系统和师生员工的生命财产安全，为广大师生创造一个良好的工作学习环境。加大对责任事故的查处力度，对造成师生人身伤亡的事故，要一查到底，按照“四不放过”（事故原因未查清不放过、事故责任人未受到处理不放过、事故责任人和周围群众没有受到教育不放过、事故制订切实可行的整改措施没有落实不放过）的原则，认真总结教训，严肃处理有关责任人。

2006年9月28日，市教育局、市综治办、市公安局联合印发通知，在全市开展创建安全文明校园活动。

2007年，市委教育工委、市教育局加大学校安全稳定工作力度，强化依法治教和依法治校意识，提高教育管理和学校管理的水平。层层落实学校安全稳定责任制和责任追究制，完善和制定信息报告等一系列学校安全稳定工作制度，开展创建“平安校园”活动，建立和健全各项安全规章制度和应急预案。对学校师生的食宿和交通进行专项检查评估，维护全市教育系统的安全稳定局面。

2008年，市教育局针对奥运安保的特殊形势，把学校安全稳定作为事关社会安全稳定的政治任务，严格要求，落实责任，从规范学校管理入手，制定学校安全管理规范，加强安全隐患排查。全年组织10多次各种形式的安全检查，连续下发学校安全通报，建立学校安全隐患台账，细化责任，限期整改，定期复查，确保教育系统的安全稳定。年内，全市圆满完成了奥运安保的各项任务，没有发生学校重大安全稳定事故，市教育局被市委、市政府评为先进单位。承德市第七中学、鹰手营子矿区逸夫实验小学12月26日被共青团河北省委、河北省综治办、河北省司法厅、省教育厅、河北省少工委命名为河北省“青少年法制安全教育”试点校园。

2009年，市教育局以国庆60周年安保、甲流防控为重点，确保学校安全稳定。各级各类学校成立安全稳定工作办公室，在全省率先制发承德市学校安全稳定工作管理规范，建立责任追究、安全预警、应急处理和整改督办机制。实行领导干部“包点包案保稳定”及“接访、约访和下访”制度，开展6次安全大检查，对发现的安全隐患实行下单督办。妥善处理涉及民师待遇落实、经济纠纷、学校周边环境治理等教育上访案件，圆满完成国庆期间安保任务，全市未发生学校安全稳定责任事故。部分学校出现甲型H1N1流感疫情后，按照“高度重视、沉着应对、有效防控、依法科学处置”的方针，集中人力、物力，全力抓好流感疫情的预防、控制和救治工作。积极主动处置学校的突发疫情，建立晨午检制度、疫情日报制度等学校疫情联防联控工作机制，有效地控制疫情的蔓延和扩散。

2010年，市财政划拨100余万元专项资金在市直中小学、幼儿园校内重点部位安装监控设备，购置警械。积极争取为市直学校配备保安员。加强学校内部安保力量，抽调教师组建校内护卫队，在市直学校、幼儿园成立保卫处，充实专职保卫人员。

2011年，市政府成立全市学校安全稳定工作领导小组，制定了学校安全稳定工作议事规则。12月2日，市政府办公室印发《关于开展校车和接送学生车辆集中整治行动实施方案》，市教育局、交通局、交警支队联合对校车和接送学生车辆进行整治。市政府从教育、交通、公安交警抽调人员，成立11个专项督导组，每组由一名副处级领导带队，从12月1日起，分赴各县（区）进行检查督导。检查督导内容：(1) 摸清全市校车和家长租用接送学生车辆数量、资质等情况和学生上下学实际乘车需求，做到底数清、情况明。(2) 各县（区）教育局是否把学生交通安全作为学校安全工作重要指标，纳入年度综合考核体系，加大权重。各学校密切家校联系，与家长签订学生交通安全责任书，教育学生和家长不乘坐超员、拼装车、“三无车辆”（无教育部门资质证，无交通部门行驶证，无学校许可证）。严格执行学生上下学交接制度，实行班主任和家长面对面交接或书面签字制度，规范管理程序。(3) 充分发挥学校安全教育主渠道作用，通过主题班队会、讲座报告、校园广播、签订责任书等多种形式，教育引导学生及家长重视交通安全。在承德电视台刊播游走字幕，引起社会关注支持。通过专项整治，进一步完善了校车、集中接送学生车辆和驾驶人安全管理制度，做到责任落实、管理规范、措施有力；校园周边交通安全设施更加完善，交通环境进一步改善，道路交通隐患得到排查整治；校车各类交通违法行为得到遏制，杜绝无牌无证、假牌假证、套牌套证、安全性能不良及报废车辆为校车上路行驶；校车驾驶员、学生、教师和家长的交通安全意识得到明显增强，确保不发生涉及校车的交通安全事故。

各县（区）采取不同形式加强学校安全工作。其中，围场县通过“四个一”做好学生暑期安全工作。(1) 各校开展一次安全知识讲座。重点加强对学生进行防溺水、防食物中毒、防火灾、防触电、防交通事故、防山洪、防雷击等方面的知识教育，提高中小学生自我保护能力。(2) 致家长一封信。要求家长每天抽出一定时间与孩子交流，培养亲子情感，创造和谐家庭氛围，教育引导孩子不做危险游戏，远离网吧和营业性歌舞厅等场所。（3）选一名安全监督员。各班学生以社区或村为单位，选一名安全监督员，每周向班主任反馈情况，班主任按时向学校值班领导汇报，发现问题，及时处理。（4）开通一部学校值班电话。学生、家长、教师有问题可随时向学校汇报。学校安排24小时专人值守。

双滦区采取五条措施打造“安全校车”。（1）区教体局加强与承德交警三大队的合作，联合召开全区教育系统交通安全工作会议，印发校车交通安全管理规定、双滦区关于开展接送学生车辆整治活动等文件。（2）对辖区内所有校车实施备案，查验车辆手续、司乘人员资质以及是否专车专用。（3）对学生家长租用接送孩子车辆进行摸排统计，掌握车辆型号、牌号、定员、乘坐学生数、行驶路线、客运资质、司机姓名、驾龄等基本情况。（4）加强交通安全教育，采取多种形式开展交通安全宣传，做到计划、教材、课时、师资、考核“五落实”。（5）组建督导组对学生乘坐车辆情况开展专项检查，加大整治力度。

《新安全》杂志2011年第五期全文刊登隆化县教育体育局制定的《隆化县中小学、幼儿园安全管理工作规程》，加以宣传推广。

2012年，市教育局安全稳定工作按照“强化责任，深入治理，健全机制，确保稳定”的思路，重点突出抓好五个方面的工作。（1）抓责任落实，促岗位管理，签订“四项责任书”：安稳工作目标管理责任书、社会管理综合治理责任书、消防安全责任书、处理和防范邪教问题责任书。（2）深入开展“四个专项”行动：交通安全专项治理行动、饮食卫生安全专项治理行动、消防安全隐患排查治理行动、校舍设施安全专项整治行动。（3）建立“四项机制”：预警机制、安全隐患限期整改督办机制、应急处理机制、责任追究机制。（4）制定“四项制度”：信访工作接待制度、领导干部公开接访制度、领导干部包案包片包点制度、矛盾纠纷排查化解制度。全市教育系统整体形势稳定，没有出现大的责任事故和不稳定因素。

9月26日，市教育局为进一步加强机关网络安全，切实防止窃密、泄密等情况发生，印发《关于进一步加强网络安全工作的通知》，要求加强对涉密计算机的管理，严禁接入互联网，要与网络物理隔离，要配备专用移动储存介质，杜绝涉密移动储存介质与其他联网计算机交叉使用。在教育信息网发布信息，必须经局办公室和主管领导审核。

市直和各县（区）学校采取不同形式加强学校安全工作。承德市实验小学在春季开学第一天，与市交警支队一大队配合，开展交通安全主题教育。通过支队领导讲解交通安全知识、全体少先队员庄严宣誓、观看交通安全教育片、开展“我守交通法规我签名”等形式，使“开学第一课”取得良好效果。

兴隆县三措并举做好学校安全工作。（1）强化责任。构建安全工作责任网络，明确各校（园）安全工作第一责任人、直接责任人、具体责任人，做到安全责任到边到底、不留死角，严格实行问责制和责任追究制。（2）加强排查。以“学校过程性督导”为平台，对全县学校的校舍、食品、交通等进行拉网式排查，共查访98所学校（园）和3所民办校(园),关闭停用D级危房6栋。（3）广泛宣传。通过电台、电视台、报纸等媒介，利用周会、国旗下讲话、宣传栏等形式开展“安全文化进校园”活动。

承德县通过“三个加强”认真落实全市学校安全稳定工作会议精神。（1）加强接送学生车辆专项治理。县教育局联合公安局、交通运输局制定实施方案，在全县范围集中开展校车和接送学生车辆专项整治行动。（2）加强饮食卫生和传染病防控工作。县教育局与卫生部门联合制发关于进一步加强学校春季传染病防控工作的紧急通知，加强传染病防控体系建设，细化学生晨午检、饮食卫生等各项制度措施。（3）加强消防安全隐患排查系列工作，组织全县各学校制定各类紧急预案，举行火灾逃生紧急疏散演练活动。

丰宁县与交通、公安部门协调配合，出台“六项规定”，确保学生交通安全。（1）在校门口设立交通安全警示标识。（2）每天（寄宿学生每周）对离返校学生做好登记。（3）做好接送学生车辆管理，杜绝学生乘坐超员车、报废车、农用车、“黑车”上下学。（4）定期对学生家长进行宣传教育，自觉遵守交通秩序，确保接送平安。（5）接送学生车辆的司机限期到交管部门检测登记备案，无相关证件的不许学生乘坐。（6）中小学实行错时休双休日，缓解交通压力。

隆化县多措并举推进中小学食堂管理改革。（1）改革经营模式。按照“统一管理、统一经营、统一核算、单独建账”原则，取消中小学食堂承包制，将食堂经营权收归学校。坚持成本核算，提高伙食质量，搞好营养配餐，把饭菜价格降到最低水平，真正把实惠还给学生。（2）完善管理机制。明确校长负总责，层层落实责任制，食堂管理员、会计、保管、后勤主任等各司其职，做到钱、账、物分开。（3）建立食堂大宗商品定点采购制度。由学校选择实力强、有信誉的商家，审定资质后确定为学校食堂定点供货点，从源头控制“三无”产品进入食堂，确保食品质优、价廉、安全。（4）强化监督检查。组织相关部门加大抽查检查力度的同时，各校还建立食堂管委会，加强内部监管，提高食堂服务质量和水平。

双桥等县（区）提早做好学校防汛工作。（1）落实责任。各校成立防汛工作领导小组，制定切实可行的防汛防灾工作方案，逐级签订责任状，严格执行24小时无缝值班制。（2）加强教育。学校利用校会、班会（团队会）、安全教育课、致学生家长一封信等形式，做好防洪、防溺水等方面安全教育。（3）强化自查。对学校重点部位及周边环境、防汛物资储备等进行“地毯式”排查，按照即查即改原则，及时除险加固，彻底消除隐患，确保汛期安全。

平泉县采取有力措施消除校园安全隐患。（1）落实一把手负责制和“一岗双责”（党政干部既应对分管其他工作负责，又应对校园安全工作负责）责任制。细化安全责任，明确学校领导、教师安全工作岗位责任。（2）按照全面布控、不留死角的要求，学校配齐监控和照明设施，消除校园内监控照明盲区盲点，安排人员加强重点时间、地段的值守巡逻。（3）各校开展安全隐患全面摸排，每周排查一次管制刀具，与食安办、食药监局等部门联合，开展食品安全隐患专项排查。（4）清除校舍隐患。共检查出各校存在重大安全隐患12处。其中，有危房学校5所，危房教室全部停用，对学生进行妥善安置。针对校园周边存在的加油站、停车场、尾矿库等安全隐患，及时联系协调综治、安监等相关部门加以解决。

承德石油高专将2012年确定为“校园安全年”，把学校安全工作放在重中之重地位，收到明显成效。（1）领导重视到位。党委书记、校长亲自召开班子会研究部署，安稳工作做到有计划、有落实、有检查、有验收、有评比、有总结。年内投入资金300多万元购置和更新安保设施。（2）规章制度细化。建立规章制度、管理规定、岗位职责、应急预案等近70项、100多万字，涵盖学生教育体系、安全责任体系、评价体系等。（3）管理措施过硬。注重细节，从小事抓起，保障全覆盖、不留死角。开展安全教育进课堂，组织火灾逃生、操作灭火器等实战演练，强化学生自救意识和能力。（4）加强队伍建设。学校与每位员工签订目标管理责任书，强化业务培训，严格落实奖惩。（5）强化协调联动。对外以警校共建、校村共建等形式，与驻地派出所、村联系沟通，争取支持。对内与各系部签状，设计中层科室规定动作，与年终考评挂钩，形成全员抓安全、人人有责任的良好氛围。省教育厅检查组对该校安全稳定工作给予充分肯定，认为该校安稳工作“领导重视、制度健全、措施到位，素质优良、协调有方、成效显著”。

2013年1月7日，宽城县峪耳崖小学举行承德市首批“毒品预防教育示范学校”荣誉称号授牌仪式，全市共有15所学校被命名为“毒品预防教育示范学校”。6月20日，市教育局会同市禁毒委办公室在承德护理职业学院举行“手拉手远离毒品、齐参与拒绝毒品进校园”活动，活动包括禁毒知识讲座、观看禁毒宣传展板和实物辨识讲解等内容。

6月19日，市教育局转发《中小学校岗位安全工作指南》。

7月中旬，市教育局会同市地震局、市科协在承德一中举行“防震减灾科普示范学校”授牌仪式，首批13家市级防震减灾科普示范学校通过认定并被授牌。

9月16日，市教育局与市公安局联合印发《关于校车和接送学生车辆安全管理工作的通知》，要求严格落实校车条例规定，健全校车管理制度和工作机制，严格校车驾驶资格审批和标牌核发，强化对用于接送接受义务教育阶段的学生和幼儿园幼儿上下学的7座以上的载客汽车（统称“接送学生车辆”）的管理。按照“既保证安全、又不让学生无车可乘”的原则，积极推广保定易县管理模式。广泛开展“礼让校车、从我做起”“文明交通，从礼让校车开始”等系列主题宣传活动，积极倡导全社会自觉礼让校车，努力营造关爱学生、礼让校车的氛围。交管部门采取各种形式组织民警深入学校特别是农村地区，向社会、学校和广大学生公布举报电话，加强对校车和接送学生车辆安全的监督管理。教育部门要组织学校开展校车交通安全教育，对车辆驾驶人、随车照管人员开展面对面的宣传教育，编写校车交通安全手册，制作安全须知，提醒广大学生乘坐校车需要注意的安全事项。制定学生儿童搭乘接送学生车辆的安全守则和应急防护知识，教育学生儿童认真学习遵守，定期组织演练。

11月17日，市教育局组织全市中小学（含幼儿园及中等职业学校）教师和管理人员进行法律法规知识考试，全市共有36218名中小学教师及管理人员参加考试。12月25日，市委教育工委、市教育局印发《承德市教育系统深化安全生产承诺制工作实施方案》，工作目标为：全面建立“承诺制度工作”体系，进一步规范制度建设；督促学校完善安全自我约束机制，进一步增强主体责任意识；完善和规范“三项制度”（安全生产责任制、管理制度、操作规程），进一步提高安全工作管理水平；层层逐项落实承诺内容，进一步巩固学校安全工作基础，有效防范各类生产安全事故。承诺范围：包括全市各级各类学校（含幼儿园）；承诺内容：围绕学校安全标准化建设、法人主体责任、安全生产“三项制度”、隐患排查治理4个方面；承诺期限：2014年1月1日至2015年12月31日。

年内，市教育局扎实做好全市教育系统各项安全稳定工作。⑴高度重视，将学校安全稳定工作作为头等大事抓紧抓好。首先通过调查统计基础建设情况，全面摸排安全隐患，建立台账，做到底数清，情况明。⑵在掌握情况的基础上，认真梳理，逐项制定整改措施，实行挂账督办，办结销号制度，确保整改到位。⑶建立学校“三级包保”：市教育局领导包县（区），县（区）教育局领导包学校，学校领导包班级）责任制，强化安全责任，落实“一岗双责”，建立起全覆盖、无缝隙的责任体系，形成一级抓一级，层层抓落实的格局。⑷前瞻谋划部署，加大隐患排查整改力度，做出分析预警，深入持久地开展学校安全大检查。指导各大中专院校掌握学生思想动态，做好教育系统信访稳定工作。⑸加强督导检查。制定学校督导工作方案，成立10个市级学校安全督导检查组，深入分包县（区）和驻市学校开展督查。⑹加强“三防”（人防、物防和技防）建设。经过努力争取，由财政拨款，为市直15所中小学校和幼儿园配备38名专业保安，进一步提升了学校（园）安保专业化水平和防范能力。

2014年，承德县通过“七定”做好接送学生车辆监管工作。（1）定车辆。学校每学期初摸排学生乘坐车辆信息，会同公安交警部门审验后，对合格车辆进行登记造册，并核发统一的接送学生车辆标识。（2）定路线。根据乘车学生家庭住址及道路情况，确定每车次行驶路线，制定出行驶路线图，不得随意变更路线。（3）定趟数。根据每车乘车学生总数和该车辆核载人数，在不超员情况下确定该车每次上下学时的行驶趟数，避免超员超速行驶。（4）定人员。先确定每车接送学生的总人数，制定学生乘车卡，确定每车次乘车学生人员，明确每车次的乘车小组长，核准人数，维持乘车秩序。（5）定车位。按照每车次的定员学生，确定每个人的固定乘坐位置，编排座次表。同时接送学生车辆必须到指定地点停车，避免发生车辆“倒包”。（6）定时间。根据路途远近确定车辆每趟合理往返时间，乘车途中时间相对固定，避免超速行驶。（7）定程序。放学时，值班领导和教师组织学生排队上车，司机签字后发车；上学时，下车必须由司机打开车门，组织学生依次下车排队，交接完毕后司机签字方可离校。

6月下旬，丰宁县政府召开“加大投入确保学校安全稳定”专题会议，提出十项具体措施，强化学校安全工作。⑴投入580万元购置校车20辆，解决义务教育阶段住宿生双休日和节假日交通问题。县教体局成立校车管理办公室，全面负责校车运行与管理。⑵为全县学校招录121名学校保安并购置警用设备，相关费用列入县财政预算。⑶把学校用水列入“人饮工程”（农村安全饮用水改造工程）项目，检测不合格的由水务局负责解决。⑷公安局负责为全县学校和152个教学点安装校园监控系统，全县联网，教体局设监控平台。⑸为全县所有学校按要求配齐灭火器。⑹在学校设立警务室，统一安排包校民警定期到学校警务室办公。⑺交通部门安排交警上下学期间到县城学校校门执勤。⑻城管部门牵头彻底清理校园周边小摊小贩，确保不反弹。⑼为学校配设兼职校医，负责学校师生日常保健、卫生常识宣传等工作。⑽对民办幼儿园进行评估认定，合格的发证并规范管理，不合格的限期整改，仍不达标的一律关停。

围场县开展“三进校园”活动，普及反邪教知识。（1）反邪教组织进校园。引导各中学、中等职业学校成立以学生干部、优秀学生代表为成员的反邪教协会，积极宣传反邪教理念，净化校园环境。（2）反邪教知识进校园。集中印制中学生反邪教警示教育读本、反邪教知识学生读本等资料下发至各学校，联合县防范办，协助学校每学期定期举办反邪教警示教育讲座，让广大青少年真正“入耳、入脑、入心”，增强反邪教意识。（3）反邪教活动进校园。在中小学校开展“无邪教渗透、无邪教宣传品”以及观看警示教育录像、召开主题班会、举办知识竞赛等活动，进一步提高广大师生自觉抵制邪教的能力。

2014年3月5日，市教育局印发《关于在全市各级各类学校禁烟有关事项的通知》

9月上旬，市综治办、公安、城管、工商和教育五部门联合制发《承德市集中清查收缴管制刀具和危险物品器械专项行动实施方案》，在全市开展管制刀具和危险物品器械集中清查收缴专项行动。专项行动分为宣传发动、清查收缴、督导检查和巩固深化4个阶段，每年的3月、9月作为集中清缴月，形成长效机制。

11月4日，市食品药品监督管理局、市教育局印发《关于加强校园及其周边食品安全工作的通知》，要求各级教育部门要监督指导和督促学校严格规范和落实各项管理制度，建立学校校长为第一责任人的食品安全责任制，明确专兼职食品安全管理人员，强化日常规范管理，有效防控各类食品安全风险，坚决杜绝学校群体性食物中毒事件和其他食源性疾病的发生。凡中小学周边的校产房一律不得租赁给经营者从事食品经营活动，已经租赁的，到期后不再续租。中小学食堂原则上不得对外承包，已经承包的，到期后收回，由学校统一管理。要求各级食品安全监管部门要加强对校园及其周边食品安全日常监督巡查，严格按照省通知要求落实监管责任。中小学校周边原则上不再办理食品流通许可证，现有许可证到期后一般不再延续。对未办食品流通许可证经营儿童食品的，严格依法取缔。要联合城管等部门，对中小学校门200米范围内的固定食品摊贩、流动食品摊贩进行清理，不得摆摊设点。

12月中旬，市教育局推荐的两部消防安全教育课件作品，均被教育部基础教育一司、公安部消防局评选为全国消防安全教育课优质课件，全省仅3个作品获该荣誉。

12月18日，市委教育工委、市教育局研究制定出《承德市教育系统突发公共事件应急预案（试行）》，同时废止2008年6月制定的承德市教育系统突发安全事件应急预案。

年内，认真贯彻国家、省、市有关会议和文件要求，确保教育系统安全稳定。以平安和谐校园创建为总抓手，加强“三防建设”（人防、物防、技防），健全制度体系，健全研判预警、排查整改、“三级包保”等各项规章制度，健全完善安全稳定责任体系。按照“四不两直”（不发通知、不打招呼、不听汇报、不用陪同接待、直奔基层、直插现场）要求，变安排部署式为突查暗访式，开展随机突查暗访活动，形成检查机制，实现常态化。发挥市校园及周边治安综合治理专项工作组牵头单位作用，调动发挥各职能部门作用，组织开展防溺水、清缴危险物品、校车整治等专项治理行动，成效显著，职责范围内没有发生较大及以上安全稳定责任事故，没有发生影响社会稳定的事件，全市教育系统总体呈现安全、和谐、稳定的良好局面。

2015年7月17日，市教育局、公安局印发《关于进一步加快推进校园警务室和“一键报警”装置建设的通知》，市政府教育督导室2015年秋季开学以后，针对各县（区）设置校园警务室、安装“一键警报”装置两项建设工作进行一轮专项督导，并制发通报。

7月28日，市教育局主要负责与局机关各科室馆站、市直中小学、幼儿园和民办学校的主要负责人就学校安全稳定工作开展谈心对话活动。

年内，全市学校安全稳定工作取得了新的成效。（1）强基础能力。全市有7个县以政府购买服务方式，为规模以上学校配备专业保安人员711名，全市规模以上学校视频监控系统安装率达100%，规范建设警卫室的学校达51%，安装使用“一键报警”设备的学校达78%。（2）建制度机制。进一步健全完善一岗双责、三级包保、排查整改、研判预警、应急处置、信息报告等制度体系。（3）抓教育培训。深入各县（区）开展学校安全管理专题培训，举办培训讲座。（4）抓专项整治。强力推动预防溺水、管制刀具集中清缴、道路交通、食品卫生、校园周边治安秩序等专项整治行动，未发生学生溺水死亡、学生校内因管制刀具致伤致死事故。（5）抓信访化解。坚持运用法治思维和方式，化解矛盾纠纷，处置群体性事件，解决历史遗留信访积案。

第二节　教育经费管理

一、建立投入新机制

1993年12月13日，市教委印发《关于取消向学生收取不合理费用的决定》。（1）取消学龄前儿童入学报名费、小学升入初中报名费、中小学生试卷费、中小学各种竞赛费、中小学讲义和资料费、中小学早晚自习费、中小学留级费、中小学补课费、专业兴趣班和课后延长班费、中小学转学手续费、中小学间餐费和冷饮费、学生军训费、勤工俭学费、中小学班费、中小学公务押金、对学生的各种罚款、义务教育保证金（已收取的按原规定逐年退还)等17项中小学收费项目。(2)严格控制各种代收费项目，坚决制止任何部门和单位向中小学摊派行政性、事业性费用和乱罚款，坚决制止在学校强制或变相强制推销出版物、学生资料、练习册和各种产品，严禁提供各种经营性服务和搭车收费。(3)大中专院校严格执行省财政厅、省物价局、省教委关于取消向学生收取不合理费用的规定。(4)收足管好经省批准允许的收费项目和资金。

1994年4月10日，市政府印发《关于教育费附加征收问题的通知》。(1)一季度按2%附加率征收入库的，要及时按3%补缴入库；(2)税务机关可按3%提取管理费，主要用于票据印刷等开支，由各级财政在年度终按实际入库数予以拨付。

1995年2月13日，市委、市政府印《发关于多渠道增加教育投入的决定》。(1)保证国家财政拨款。保证“三个增长”(公共财政预算内教育经费增长高于财政经常性收入增长，生均公共财政预算教育事业费支出实现逐年增长，生均公共财政预算内公用经费支出实现逐年增长)，20世纪末使财政性教育支出占国民生产总值的比例力争达到4%。进一步改革教育经费管理体制，实行事权统一，从1995年起，教育经费实行预算单列，做到人头费、公用经费分开列支。自1995年起，市财政设立九年义务教育和重点中学建设补助专款，各县(区)也要大体按人口人均1元的幅度设立此项基金，从财政拨款中列支，主要用于贫困乡村的九年义务教育中小学校舍达标建设。(2)征集城乡教育费附加。城市教育费附加按单位和个人的增值税、营业税、消费税3%计征，过去漏征的个体工商户要全额征收，分别由市、县(区)国税局、地税局征收，交由市、县(区)财政局管理。农村教育费附加，实行乡征县(区)管，按当年农民人均实际纯收入不低于1.5%的比例计征(包括在农民负担的5%之内)，由各乡镇在每年12月底前足额征齐，交由县(区)教育部门统一管理使用。(3)开征义务教育费。①凡新征土地或土地有偿转让者(包括机关、部队、企事业单位及个人)按土地不同等级，每亩按1000～2000元缴纳，由市、县(区)土地局代征。②城镇住宅建设和其他非生产性建设，按每平方米5元计征。小区开发(引进新技术开发除外)，视情况，经政府批准可适当加收，由市、县(区)承建部门在审批开工时代征。③宾馆、营业性招待服务单位，市区按全年营业额的3%征收，县以下按全年营业额的5%征收，由地方税务局征集营业税时一并收缴。④凡属本市管理有营业收入的汽车(环卫车辆除外)，2吨以上卡车和25座以上客车，每车300元，2吨以下卡车和24座以下客车每台150元，由公安局交警大队每年车辆年检时计征。⑤外地集体和个人在本市从事建筑业者按承揽工程1%征集，由承建部门开工审批时代征。⑥凡进入避暑山庄(年票除外)、普宁寺、普陀宗乘之庙、磬锤峰索道游览观光者，每游览点在规定票价外加收1元，由文物局、民族宗教事务局、乡镇企业局代征，每年一次性拨付到市教育基金征集办公室。⑦凡进入本市双桥区入户者，由公安局按规定收缴义务教育费，其中三分之一以上交给市教育基金征集办公室。⑧凡以盈利为目的的社会力量办学，每班每学期缴纳学费额的5%，由社会力量办学管理办公室代征。⑨凡有固定收入的在职职工、干部(停产半停产职工、离退休干部和欠发工资者除外)，每人每年按基本工资加工龄的年工资总额1%缴纳，由各主管单位每年5月、10月分两次扣除。⑩凡新建住宅小区和旧城改造，都要同时将学校纳入总体建设规划，统建适当规模的中、小学、幼儿园，建成后无偿交归教育部门使用。⑪今后市区、县城兴建综合开发区和居民住宅区，必须同步配套兴建中小学及幼儿园，由承建部门负责规划落实，建设资金不足时，经政府批准可以在市区、县城中小学学生中收缴一次性学校建设费。⑫动员和鼓励社会各界、港澳台同胞向教育捐助和赠送，由教育部门直接接受。对个人通过多种途径争取的境内外资助，给予表彰和一定数额的奖励。（4）大力发展校办产业。

5月31日，市政府成立承德市教育基金会，下设征集办公室，挂靠在市教委，具体负责各项教育基金的征集管理及日常工作。要求各县(区)也要参照市的做法,尽快建立本县（区)、乡（镇）教育基金委员会和办公室，切实将多渠道增加教育投入工作落到实处。10月31日，承德市教育基金委员会印发《关于市直及省属以上驻市各单位职工干部缴纳义务教育费情况的通报》，要求没有缴纳义务教育费的单位积极做好本单位及市属各部门群众工作，年底前缴齐义务教育费。

承德市在省教育厅对各地市1995年度教育工作考核中的结果：生均校舍面积：小学2.76平方米，排名第五；初中4.25平方米，排名第七。教育经费“四个增长”：教育财政拨款的增长高于财政经常性收入的增长5.20%，排名第四；教育经费支出占财政支出总额的比例增长5.60%，排名第三；生均经费与1994年比增长23.6%，排名第一；生均公用经费与1994年比增长106.3%，排名第二。农村教育费附加人均额占人均收入0.51%，排名十一。

1999年，承德市改善办学条件总投资7463.9万元。其中，国家专项投资1113.6万元，教育经费补充3002.7万元，各种教育附加1391.6万元，县级教育事业费投入147.2万元，群众集资1808.8万元（占总投资的24%)，共新建中小学696.4万平方米，改扩建校舍305万平方米，添置1333.5万元的教学仪器和图书。

2000年2月29日，承德市《教育简报》在2000年第3期刊发隆化县农村教育费附加征收使用办法。⑴征收渠道。由乡（镇）政府将教育费附加与“三提五统”（村三项提留：公积金、公益金、管理费；乡镇五项统筹：教育附加、计划生育费、民兵训练费、民政优抚费、民办交通费）一起组织征收，要求各学校积极配合，动员师生协助征收。⑵征收标准和时间。征收标准仍按各乡（镇）上年人均纯收入的1.5%计征，年内受灾的乡（镇)，按县农经局批准减免的幅度进行减免。一律使用征收“三提五统”的统一票据。有学生户和无学生户征收标准一致，不准随意提降标准。年底前全部征齐，将上缴部分上缴县教育基金征集办公室。⑶管理和使用。各乡(镇）农村教育费附加征收总额的43%上缴到县教育基金办公室，由县财政设立专户储存，按预算外资金管理,统筹安排使用,原则上用于偿还各乡(镇)“普九”期间的各项欠款。乡（镇）留用部分由乡镇财政设立专户储存，按预算外资金管理，学校提出使用意见，乡镇政府批准后方可支出，坚决杜绝先支后批和坐收坐支现象发生。⑷保障措施。把此项工作作为一把手工程，将任务层层分解，一级抓一级，一抓到底。将农村教育费附加征收工作纳入县委、县政府对乡（镇）财政收入目标管理范围，财政、教育、审计等有关部门年终将对各乡（镇）进行考核。

2001年12月15日,市政府在贯彻国务院《关于基础教育改革与发展的决定的实施意见》中提出，要切实保障基础教育经费投入。⑴依法建立和完善以财政拨款为主的教育经费投入机制。各级人民政府在安排年度预算时，必须按照中华人民共和国教育法的规定，确保财政对教育经费拨款的“三个增长”，尤其是要保证生均公用经费的逐年增长。逐步提高各级财政支出中教育经费所占的比例。各级财政对预算执行中的超收部分，尽量安排一定的比例用于教育。切实加强城市和农村教育费附加的征收和管理。⑵确保税费改革试点县的教育发展。实行农村税费改革试点的县（区），要把农村税费改革与促进农村基础教育健康发展结合起来，对因税费改革而减少的教育经费，财政部门要在改革后的财政预算和转移支付资金中优先安排，确保试点县（区）农村基础教育投入不低于农村税费改革前的水平。实行“一费制”（一次性统一向学生收取经严格核定的杂费、课本和作业本费）收费改革的试点县要积极稳妥地做好试点工作。⑶合理安排农村中小学正常运转所需经费。市财政、教育等部门要根据不同县（区）农村中小学公用经费支出情况，合理确定该县（区）经费的基本标准和定额，做到公用经费逐年提高。到2005年，全市中小学包括学杂费和财政预算内公用经费在内的生均公用经费要接近全省平均水平。⑷加强中小学收费的管理和使用。城市市区中小学收取的学杂费上缴财政专户储存后，要及时足额将经费划拨学校使用，对中小学收费收入按承德市综合财政预算管理办法纳入综合财政预算管理，任何部门和单位不得以任何借口挤占、挪用、平调。农村中小学收费不纳入财政专户储存，应由乡、镇中心校统一管理，分校使用。⑸进一步拓宽基础教育筹资渠道。⑹减免有关规费，支持中小学建设。

年内，全市各县（区）加大对教育的财政投入，组织实施“国家贫困地区义务教育工程”项目和世行贷款“贫三”项目（世界银行贷款第三个贫困地区基础教育发展项目），积极引进外资，改善办学条件。承德市世界银行贷款“贫三”项目选在丰宁、宽城、隆化、滦平4个县实施，经历五年运行，共引进资金270万美元，至2001年7月全部完成。承德市代表河北省接受了世行贷款“贫三”项目专家组的检查验收。

2002年8月20日，市政府印发《关于完善农村义务教育管理体制的实施意见》，对建立义务教育经费保障机制，保障农村义务教育投入提出明确要求。县、乡两级人民政府要按照省政府核定的农村中小学公用经费标准和定额，统筹安排，足额落实农村中小学所需公用经费，确保农村中小学建设和发展所需要资金，确保农村中小学危房改造所需的经费和学校安全。县（区）政府要统筹安排农村中小学购置教学仪器设备和图书资料所需经费，不断推进专用教室、仪器设备上档升类。不断加强农村中小学信息技术、英语、体育、艺术、劳技等教育设施设备建设，加快教育现代化步伐。要继续用足用好政策规定，依法加强教育投入。继续发挥财政主渠道作用，依法确保财政的“三个增长”，继续依法征足用好城市教育费附加专款，按规定用于校舍维修及设备购置，不得出现漏征和挪用现象。

8月13日，市教育局、物价局、财政局联合印发《关于切实做好农村贫困地区义务教育阶段“一费制”试行工作的通知》。实施范围：从2002年秋季新学年开始起，凡列入承德市“一费制”试点县县城以下的农村义务教育阶段中小学收费全部试行“一费制”，其他学校仍按原标准收费。“一费制”收费标准：小学收费标准每生每学年184元，其中包括教科书费、课堂作业本费、电教教材费、取暖费、原收杂费及寄宿制学生住宿费等；初中收费标准每生每学年312元，包括教科书费、课堂作业本费、电教教材费、取暖费、原收杂费等，寄宿制学生住宿费另收。9月秋季新学期起，丰宁、平泉、围场、承德县4个国家和省扶贫开发重点县的农村义务教育阶段的中小学收费全部启动“一费制”，宽城、滦平、隆化县的前期准备工作已经全部到位。

9月5日，承德市物价局、财政局、教育局印发《关于教育收费实行公示制度的通知》。

2003年12月16日，市政府召开第十七届人民政府常务会议，听取市教育局关于全省农村教育工作会议精神及贯彻意见，并形成会议纪要。会议同意落实省政府“从城市建设维护税总额中至少提取7%～10%用于中小学校舍维修”的规定，但鉴于年内的城建项目有的已预支下一年的资金，决定2004年由财政局安排市区小学改制资金100万元，从2005年起，按要求比例列入预算。要求各县（区）对教育系统预算外资金征收的项目建设资金要全部归还教育使用。

7月3日，市教育局印发《关于免收义务教育阶段孤儿学生杂费课本费的通知》。

2004年6月4日，市委、市政府印发《关于进一步推进教育改革与发展的决定》，要求坚持政府办教育，充分发挥各级财政投入主体作用，严格落实国家有关教育发展的各项政策，切实增加教育投入。足额征收、合理使用城市教育费附加，保证专款专用。在城市建设维护税中提取 7% ～ 10% 用于中小学基础设施建设，新增扶贫资金要支持乡村发展教育事业，县级财政要从农村税费改革专项转移支付资金中安排不少于 20% 比例资金作为专项经费，用于中小学危房改造和布局调整，企业要按照职工工资总额的 1.5% ～ 2.5% 足额提取职工教育专项经费用于职工教育。多渠道筹措教育资金，建立社会投资、出资和捐资办学的有效激励机制。

2005 年 6 月 13 日，市委、市政府印发《关于贯彻落实省委省人民政府加强教育工作决定的实施意见》。⑴确保教育投入做到“三个增长”。⑵农村中小学编制内教职工工资全额纳入财政预算，按规定标准按时足额发放，不再发生新的拖欠，并认真清理、积极创造条件逐步补发历年拖欠的教师工资。⑶市、县（区）农村税费改革专项转移支付资金，确保不低于 20% 的比例用于中小学危房改造、布局调整和设备购置。⑷从 2005 年起，在偏远山区、坝上工作的教师职务工资每五年上浮一档，调离后不再享受。⑸从城市维护建设税收入中至少提取 7% ～ 10% 用于中小学基础设施建设。⑹市、县(区)在安排预算时，要将当年市、县（区）教师集中培训人员的培训费（每人每年 30 元）纳入预算。⑺按可比口径计算当年达不到教育经费“三个增长”，或不能按规定拨付公用经费，或截留挪用教育经费的县（区），对其党政主要领导和有关责任人给予通报批评，对情节严重的，给予党纪和政纪处分。⑻市、县（区）财政要设立教育专项资金专户，统筹管理教育费用。在财政部门监督下，建立县(区)级教育集中支付分中心，中小学公用经费和专项经费实行集中管理，专款专用。

二、改革管理办法

市教育局为了规范全市教育系统会计基础工作，保证会计资料真实、准确、完整和提高工作效率，决定自 2005 年起，全市教育系统凡财务独立核算单位，要逐步实行会计电算化，凡是目前尚未实行会计电算化的县（区）教育局及直属学校，要积极创造条件，加快实行会计电算化的步伐，争取在两年内完成。已经实行会计电算化的县（区）教育局及直属学校，要继续完善电算化工作。各县（区）教育局要加大所属学校推进会计电算化的工作力度，逐步在全市教育系统全面实行会计电算化。

市教育局、市财政局转发省教育厅、省财政厅《河北省中小学危房改造和布局调整专项资金管理办法》《河北省中小学危房改造和布局调整资金绩效评价暂行办法》《关于开展对 2003—2004 年度中小学危房改造和布局调整工程进行绩效评价工作的通知》。市教育局、财政局下发文件，要求各县（区）对 2003—2004 年中小学危房改造和布局调整工程专项资金应以项目校为单位建立辅助账在县（区）教育局备案。

年内，双桥区、双滦区、营子区、丰宁县、宽城县已基本具备教育集中支付分中心的一半职能，财政拨款全部由县（区）教育局统一拨付，各项专款教育局统一管理，统一使用。下一步工作是撤销学校的财务机构，选调优秀的财务工作者，建立教育集中支付分中心财务机制。其他县（区）都制定了教育集中支付分中心建设方案。

年内，全市共争取各种项目资金 7655 万元（其中“两免一补”资金 2424 万元），市、县、乡财政用于学校建设的投资 2500 万元。

年内，各县（区）对教育的投入基本实现“三个增长”，教师工资全部做到按时足额发放。围场、宽城、承德县财政列支的农村中小学生均公用经费达到或接近省定上限标准，所有县（区）财政都单独列支每名教师每年 30 元的培训费。各县（区）均按比例拨付“两免一补”配套资金，均未出现提取截留学校政策性收费的现象。实施了贫困学生的“两免一补”工程，全市共投入资金

2665万元，资助贫困生208914人次，享受“两免”的人数占农村中小学人数的28.8%。“两免一补”资金投入增幅达65.9个百分点。

2006年12月4日，市教育局印发《关于加快县级教育集中支付分中心建设实行校财局管的通知》，要求尚未建成县级教育集中支付分中心的县（区），要进一步提高认识，积极协调财政部门，加快教育集中支付分中心建设，力争在年底以前完成，市教育局将把各县（区）教育集中支付分中心建设情况作为评选教育先进县（区）的重要条件。

2007年，各县（区）全部建立起教育集中支付分中心，农村义务教育阶段学校实行经费预算管理。农村义务教育阶段经费保障机制的各项政策得到较好落实：⑴自春季开学起，全部免除农村义务教育阶段学生杂费。全市列入预算资金7638.6万元，32.7万名中小学生受益。⑵提高生均公用经费标准。安排农村义务教育阶段中小学公用经费3513.6万元，预算内小学生均公用经费达到89元，初中达到138元。⑶对贫困生免费提供教科书和补助贫困寄宿生生活费。全市免费提供教科书折合资金1943.2万元，享受免教科书人数31.9万人。全市安排资金807万元，用于补助义务教育阶段贫困寄宿生生活费，资助1.86万人，占义务教育阶段全部寄宿生的24.53%。⑷巩固和完善农村中小学教师工资保障机制。各县（区）农村中小学教师工资做到全部由县财政统筹，统一项目、统一标准、统一时间、银行化发放，按现行标准无新的拖欠。各县（区）还安排1000万元用于偿还陈欠教师工资。教育部检查组对承德市农村义务教育阶段经费保障工作进行抽查并给予充分肯定和表扬，省以“以奖代补”（将文教行政专项经费中的一部分和奖励经费统筹管理，以奖励的方式进行分配）的形式奖励承德市540万元。12月，中央电视台新闻联播节目播发了丰宁县落实农村义务教育经费保障机制的经验做法。

建立健全对普通本科高校、高等职业学校和中等职业学校学生资助体系，以国家奖学金、国家励志奖学金、国家助学金的形式，筹集资金，奖励、资助优秀和家庭困难大学生。

6月22日，市政府成立农村初中校舍改造工程领导小组。

2008年2月26日和3月5日，市教育局、财政局分别印发《关于落实大中专院校学生食堂补贴措施的通知》和《关于进一步做好学生食堂工作保证高校稳定的通知》。

10月8日，市财政局、教育局、农业局、林业局、审计局、监察局联合印发关于做好清理核实农村义务教育“普九”债务工作有关问题的通知。《河北省教育信息快报》（2008年第44期）刊发了承德市政府《化解农村义务教育历史债务》的经验作法。

2008年，承德市教育部门积极争取财政、规划、人事、国土等部门支持，解决了承德一中、存瑞中学、师专附中等学校建设资金缺口问题，制定了双桥区学校布局调整二期规划。

2009年5月12日，市教育局为进一步加强对基础教育专项资金的管理，努力提高资金使用效益，决定建立教育支付分中心市级监控平台。

2009年，全市的农村初中校舍改造工程，投资完成率84.48%，设备购置资金完成率77.28%，排名均位居全省第一位；项目学校完工率42.44%（其中已验收14所，已审计交付使用13所），位居全省第二位；土建面积完工率37.67%，全省排名第四位。

2010年，承德市全面落实各项免费政策和公用经费保障政策，不断提高保障水平。落实农村中小学公用经费19351万元，生均公用经费标准达到小学550元、初中750元，均比省定标准高出195元。为农村全部和城市义务教育阶段贫困学生免除教科书费3778.247万元，惠及学生65.97万人。与市财政局、发改委、人力资源和社会保障局联合下发《关于中等职业学校家庭经济困难和涉农专业学生免除学费的实施方案》，进一步完善资助机制，规范资助行为。争取不同教育段学生资助奖励项目总资金1.13亿元，惠及学生9.25多万人。坚持用校舍安全工程整合各类教育工程项目。

2011年3月1日，市财政局、教育局印发《关于进一步加强农村义务教育保障机制改革资金管理的若干意见》，要求切实落实各级政府和部门的经费分担及管理责任，建立健全上下级之间经费投入的约束反馈机制，划分并落实部门、学校之间的经费管理责任。在预算安排环节上，除足额安排本级应承担经费外，还要对下一级财政部门应承担的经费数额作出规定，县级财政部门要将本级人代会审议通过的保障机制资金年初预算安排情况，抄报上一级财政部门备案。在预算执行环节上，县级财政、教育部门要将下达保障机制资金的预算指标文件抄送上级财政、教育部门，监控下一级的预算安排和预算执行。完善预算执行报表体系，及时快速反应预算执行进度，并逐步建立年初公示预算，年终公示执行结果的制度。

年内，全市农村义务教育经费保障机制总体预算安排资金22893万元，实际落实资金26690万元。其中，公用经费预算安排资金16767万元，实际落实资金19464万元（上级补助15742万元、市级安排693万元、县级安排3029万元）；中小学校舍维修改造预算安排资金4606万元，实际落实资金4716万元（上级补助2980万元、县级安排1736万元）；补助家庭困难寄宿生生活费预算安排资金1520万元，实际落实资金2510万元（上级补助1923万元、县级补助587万元）。按照上级文件要求，中央级的资金在“中央专项资金特设专户”实行财政直接支付。省、市、县所有新机制改革资金，纳入县财政设立的“农村义务教育经费保障机制改革财政资金专户”管理，严格执行财政直接支付制度。县级财政部门收到上级改革专项资金预算文件后，及时将资金拨付至财政专户，再由财政专户拨付至教育支付分中心，教育支付分中心按照学校支付进度，及时办理报账，保证学校正常运转。

加强农村中小学财务管理，严格按照预算和相关制度规定办理各项支出业务，推行农村中小学财务公开制度，确保资金分配、使用的及时、规范、安全和有效。

强化预算编制及落实工作。各县（区）按照“以收定支，收支平衡”的预算原则和“保工资、保运转、保安全”的要求，以基层学校为基本编制单位，科学做好预算的编制工作。县级财政部门及时将预算批复到县级教育支付中心或各个预算学校。县级配套资金及时、足额纳入到年初的财政预算，并全部落到实处。

双桥区实行“五规范”的办法加强教育集中支付中心建设。该中心自2010年1月成立以来，建立健全各项规章制度，严格管理运行程序，围绕财务管理“五规范”目标，确保教育资金运行安全。（1）规范拨付制度，使教育财政由隐蔽化走向公开化，由模糊化走向明晰化。（2）规范专项经费及时划转，教育集中支付分中心按教育、财政批准的资金投向，对教育专项经费实行专款使用。（3）规范收费管理，严格执行“收支两条线”管理规定，杜绝学校乱收费现象发生。（4）规范教育经费支出管理，教育集中支付分中心对各校的支出票据严格把关，杜绝不合理支出现象，使各校经费使用更加科学、合理；（5）规范物资采购管理，严把政府采购关，全面落实政府采购制度，保证学校所购物品质量，保障教育教学工作正常有序进行。

11月14日，市财政局、教育局联合印发《关于土地出让收益计提教育资金管理办法》。从2011年1月1日起，各县（区）财政部门统一按季度从土地出让收益中按10%比例计提教育资金，在2011年政府收支分类科目中，增设“103014804教育资金收入”科目，反映从土地出让收益中计提的教育资金，并在地方国库中实行分类核算。

12月28日，市财政局、教育局联合印发《农村中小学校舍维修改造专项资金管理办法》。各县（区）年度校舍维修改造计划于每年3月10日前报市教育局、财政局审批，审批后由市统一报省备案，审批的具体实施项目在市教育局规划财务科公用信箱发布。

12月18日，省政府公布《关于修改河北省地方教育费附加征收使用管理规定的决定》，将第九条修改为："地方教育附加属专项资金，应当专项用于教育事业发展，包括义务教育、学前教育、高中和职业教育发展等支出，不得用发放教职工工资福利和奖金，任何单位和个人不得挤占、截留和挪用"。

12月22日，省教育厅、统计局、财政厅发布公告：年度内，在"财政预算内教育拨款的增长要高于财政经常性收入的增长"项，全省仅唐山、秦皇岛已经达到法定增长要求；在"全省普通高中生均预算内事业费支出"项，除张家口、承德市外，其他市均已达到法定增长要求；在"全省普通高中生均预算内公用经费支出"项，除邢台、张家口、承德市外，其他市均已达到法定增长要求；在"职业高中生均预算内公用经费支出"项，除秦皇岛、邢台、张家口、承德市外，其他市均已达到法定增长要求；在"预算内教育经费占财政支出比例情况（含城市教育费附加）"项，除唐山增长3.84个百分点外，其他各市均没有达到法定增长要求。

2013年，承德县教育局采取"四个规范"营造良好学校财务管理环境。（1）规范收入管理。要求各校将各项收费、往来款项全部上缴集中支付分中心实施统一管理。实行学校收费公示制，通过公示栏、公开信等形式，及时公布收费项目、标准和范围。县教育局成立专项督导组，检查学校收费情况。（2）规范经费使用。要求各校严格预算执行，严控支出结构，杜绝不合理开支，避免铺张浪费，实现资金效益最大化。（3）规范账务处理。统一开设银行账户，分校核算；使用统一财务软件，按统一会计科目核算，规定统一时间结账。保证报表及时性和数据准确性，促进会计基础工作规范化，杜绝发生白条入账现象。（4）规范权力运行。严格实行学校财务管理"三人会签"制度，大额资金使用由校领导集体讨论决定。建立学校财务管理内控制度，规范和明确审批人员、报账员、财物保管员的职责权限，做到相互监督。

承德正桥公司公海波等13名捐资助教承德市相关县（区）学校被省教育厅表彰为2012—2013年度捐资助学先进个人。

2012—2013年度省教育厅表彰捐资助学先进个人情况表

表11—1

姓名	性别	所在单位	所在地区	捐款金额（万元）	受助单位
公海波	男	承德正桥公司	本省	14	承德县下板城学区中心校
飞　龙	男	北京正安房地产有限公司	北京	8	隆化步古沟中学、西阿超中心小学
杜立臣	男	北京个体	北京	20	隆化县隆化镇下洼子学校
迟　权	男	北京北农酒店有限公司	北京	6	围场县半截塔中学
邱海山	男	中京保安服务有限公司	北京	6	围场县半截塔中学

续表 11—1

姓名	性别	所在单位	所在地区	捐款金额（万元）	受助单位
郭景龙	男	秦皇岛市中国银行	本省	10.28	围场县五道川小学富城子幼儿园
孙　峰	男	河北泰丰房地产开发公司	本省	29.3	围场镇中学
刘景明	男	围场县鑫达商贸有限公司	本省	10	围场一中
武佩玲	女	天津市退休干部	天津	13.75	兴隆县挂兰峪南天门小学
黄允备	男	浙江省民营企业家	外省	10	兴隆县特殊教育学校
关真龙	男	北京市民营企业家	北京	12	兴隆县二道河小学
王建国	男	北京律师事务所	北京	37.4	兴隆县六道河中心小学
张学良	男	北京宝德森建筑公司	北京	45	滦平县安纯沟门中心校

2014 年 3 月 6 日，市政府在《关于扎实推进县域义务教育均衡发展的实施意见》中，提出要提高投入保障能力的具体要求。（1）落实教育投入政策。落实义务教育经费“三个增长”政策，落实新增教育经费主要用于农村义务教育的要求，落实财政教育支出达到财政经费支出的 22% 以上标准，落实城镇教育费附加征收政策，落实农村税费改革转移支付资金的 20% 以上用于教育、城建维护建设税 10% 用于教育、土地出让金净收益 10% 用于教育和财政超收部分按年初预算同比例用于教育等政策。项目建设实行政府“交钥匙”工程，防止学校出现新的欠账。（2）提高各县公用经费标准。2016 年前，各县小学、初中生均公用经费标准在目前小学 645 元、初中 845 元的基础上，分别提高到 800 元和 1000 元。农村不满 100 人的村小、教学点，以 100 人为基数安排生均公用经费。（3）提高教师培训经费。落实承市政字〔2010〕97 号文件提出的逐步提高教师培训经费要求，教师培训经费 2014 年达到人均 400 元，2015 年达到人均 500 元，并保证专款专用。（4）改善农村教师待遇。2016 年前，落实教育部、财政部关于对在连片特困地区工作的乡村教师给予生活补助的通知精神，给予村小、教学点（县城及乡镇所在地除外）工作的教师每月 500～1000 元不等的梯级生活补助（按 10 个工作月）。建设农村艰苦边远地区教师周转宿舍。提高班主任津贴，2016 年前，将义务教育阶段学校的班主任津贴平均提高到每月 300 元。落实市级教学名师每年 3000 元的政府特殊津贴待遇。设立专项资金，专门用于对年度优秀教师的专项奖励。（5）建立奖励机制。市政府将建立义务教育均衡发展的奖励机制，从 2014 年起每年拿出 200 万元专门用于对义务教育均衡发展工作优秀的县（区）予以奖励。各县（区）也要建立激励机制，对推进义务教育均衡发展贡献突出的先进单位、优秀校长和教师给予表彰奖励。

2015年7月，承德市生源地信用助学贷款工作启动。申请生源地助学贷款的学生家庭必须是无不良信用记录、经济困难的家庭。生源地信用助学贷款对象是全日制普通本专科学生，贷款额度为每人每年不超过8000元；全日制研究生每人每年不超过12000元。贷款期限原则上按全日制本专科学制加10年确定，最长不超过14年。

年内，承德市进一步加大教育投入，加强教育经费管理工作。⑴继续落实农村义务教育阶段中小学公用经费30756万元，农村小学和初中生均公用经费分别达到每生每年870元和1070元，均超出省定标准185元。落实城市区义务教育阶段中小学免杂费资金1128万元，城市小学和初中生均免杂费分别达到每生每年282元和357元，均超出省定标准27元。按照非连片困难县平均每人每月300元，连片困难县平均每人每月400元的标准，向农村教师发放生活补助，鼓励和吸引优秀教师到边远困难地区从教。⑵资助各级各类学生达110万人次，总资金3亿元。但是，承德教育投入与经济发达地区相比仍显不足：全省2014年教育经费中的公用财政教育支出下降的市有承德市（-3.63%）和廊坊市；公用财政教育支出增长低于财政经常性收入增长的市也包括承德市（-5.70%）等6市。

第三节 招生与考试

一、承德地区招生与考试

1989年，承德地区在全国招生指标减少情况下，参加高考人数比1988年减少600人，但大专以上录取人数仍达1181人，上线率与录取率均与上年持平。

1990年，承德地区大中专招生报考人数22818人；普通高考录取1408人，录取率为23.88%；中考录取913人，录取率为5.93%。自学考试36089科次。民办教师转工考试录取50人。

1991年，承德地区改革中考招生制度，实行中考志愿分报的办法，解决中专学苗素质偏高而高中学苗素质偏低的问题。年内，全区高考报名6222人，录取考生1570人，录取总数比1990年增加117人；中专报名15914人，录取考生1128人，比1990年增加133人；成人高考报名1368人，录取400人，与1990年持平；自学考试报名8522人，20399科次。

1992年，承德地区为加快培养乡镇企业管理人才，地区招生委员会办公室（简称“招生办”，下同）与地直有关部门积极配合，改革制定关于区属学校扩大招生的意见。经地委、行署批准，从暑假后起，在地委党校、地区电大、师专、财校、农校、经管校、平泉师范等7所大中专院校和丰宁、兴隆、围场、隆化4所职教中心增开31个专业，扩招收学生2235人。

二、承德市招生与考试（地、市合并前）

1989年5月16日，承德市招生委员会决定成立承德市中小学招生办公室，办公室设在市教委普教科。年内高考录取率为31.47%。

1990年，承德市高考报名1905人，其中应届毕业生1468人、往届生392人、民师11人、农职中对口招生34人，上省属大专以上分数线的248人，占考生总数的13.33%。实际录取602人，高考录取率为31.6%。

1991年11月18日，市教委印发《普通高中毕业会考实施方案》，要求教育行政部门加强教学管理，学校严格执行教学计划，不得随意增加会考学科课时，教育学生正确对待会考，充分重视会考的导向作用，引导学生德智体全面发展，禁止为应付会考而组织各种形式的模拟考试及编写复习资料、练习册等。

1992年，承德市共有2004名高中毕业生参加高考，录取728人，录取率为36.32%；参加成人大中专考试548人，182人被录取，录取率为33.21%;参加自学考试13584人，毕业159人。

三、严肃考风考纪

1993年，地市合并后，承德市共有7638名应往届毕业生参加高考，录取到各类大中专学校的公助生、委培生、甲种自费生、乙种自费生、委培自费生共2520人，录取率为33%。其中，中专报名人数为18159人，录取到省部属、市属中专公助生、定向生、委培生、捐资助教生共计2597人。全市普通高中高一、高二年级在校生参加高中会考报名人数9538人，参考科次29588个。组织5015名考生参加理化生实验考查。自学考试报名人数21259人，45250科次，开考47个专业，毕业606人。全市有1241人参加全国成人高考，录取522人，录取率为42%。

12月13日，市政府召开市长办公会，决定今后除职教中心招生外，各种大中专的招生工作都由招生办统一负责。从1994年起，市属农、财、卫3所学校可以招收部分高中生，适当减少招收初中生的比例，以减轻对基础教育的冲击。

1998年，市教委认真执行“四公开、两监督”(公开招生政策、招生计划、录取办法和录取结果，接受社会监督和纪检监察部门的监督）制度，狠抓考风考纪，严肃处理违纪问题，确保国家统一考试的严肃性和公正性，提高招生考试工作的信誉和质量。

2000年，高考音、体、美专业测试实行分级管理，高考试行建立电子档案，文科网上录取。初中毕业和升学考试分离，科目分值进行调整，简化中考考务管理，取消统一体检，简化档案。普通高中录取放在第一批次进行，并通过高中学籍与毕业会考考籍挂钩的办法，强化对高中学籍的管理，控制重点高中大班额现象。

2001年3月31日至4月1日，首次组织春季普通高校对口招收中等职业学校毕业生考试，变一年一次高考为一年两次高考。

5月上旬，承德市改革中考制度。⑴对市区直属重点高中招生实行收费并轨改革，收费标准按物价部门批准的收费标准执行，承德二中继续招收“希望班”。⑵为有利于高等教育与中等教育的衔接，构建普通教育与职业教育相融通的立交桥，大力发展中等职业教育，缓解就业压力，扩大普通中专学校招收初中毕业生“3+2”高职班招生范围和招生规模。⑶根据普通中专班实行“注册招生”改革，考生可凭初中毕业证、升学考试成绩或学校出具的毕业考试成绩，直接到职业普通中专学校报名并办理有关手续，也可由中学集体办理报名手续，不再到市招生部门办理审批手续。⑷取消中专招生建档线，中专招生不划建档线。凡报考普通中专的考生全部建档，从高分到低分按计划择优录取。⑸继续加强考务工作的现代化管理，中专报名实行微机摄像、中考报名、考试、登分、录取全过程的计算机管理。

2002年6月29日，市政府办公室印发《关于保证高考用电和为全市考生创造良好的考试环境的通知》，要求高考以前，市、县两级电力部门要对市、县高考考点的电力设施进行全面检查、维修，消除隐患，确保7月7—8日考试用电，同时对各考点的备用电源设备予以指导。高考期间，市区和各县（区）政府所在居民区及考点附近有噪音的施工单位一律暂停施工，歌舞厅、卡拉OK厅暂停营业。市、县（区）两级卫生防疫部门要加强对住宿考生饮食餐点及考点附近饮食摊的卫生监督，防止食物中毒和食源传染病的发生。

2003年5月7日，市教育局印发《关于招生考试监察工作的意见和进一步做好普通高考优惠照顾加分申报工作的通知》，要求各县（区）和直属院校加强领导，落实责任，加大各类招生考试监督管理及舞弊案件的查处力度，抓好对群众反映强烈问题的专项治理，按规定做好各类优惠照顾加分考生的公开、公示工作，广泛接受群众监督。贯彻招生工作“公平、公正、公开”的原则，严肃招生纪律，维护广大考生的切身利益，维护招生工作的良好信誉。

2010年5月28日，“承德市考务平台”系统工程调试工作完成。

2012年6月15日，全市中考报名考生29765人，比2011年减少804人。为确保完成中考“安全无事故、准确无差错”目标任务，市教育局与各县（区）教育局签订责任书，选派科级干部担任巡视员，共抽调2700余名优秀骨干教师担任主监考。

10月上旬，承德市共有12492名考生参加成人考试，设7个考点、423个考场。为确保全市成人高考安全、平稳、顺利进行，为考生提供公平竞争环境，市招办采取多项举措，保障工作的顺利开展。（1）市招委、市教育局组织召开成人考试各相关部门和考点负责人联席会议。公安、保密、无线电管理、供电等各相关部门各司其职。（2）狠抓试卷安全。试卷保管、取送、收发各环节加强安保，考点设置试卷流转安全通道，市招办试卷保密室全程监控录像，实行视频回放。（3）抓好考务培训工作。通过考务培训会，使考务和监考人员学透细则、掌握处理问题方法。（4）加大对替考和利用通信工具作弊的防范力度。每考场配备金属探测仪、手机屏蔽仪、二代身份证识别器。（5）严格规定考场内禁带物品。禁止考生将手机、手表带入考场，考场内统一配备电子挂钟。（6）纪检部门全程监督巡视。市纪委、市招委抽调纪检干部驻点监督巡视，加大对考试全过程的监督检查力度，严肃查处各种违纪舞弊行为。

2013年1月9日，市教育局、发改委、公安局、人力资源和社会保障局联合印发《关于做好进城务工人员随迁子女接受义务教育后在当地参加升学考试工作的实施方案》。基本原则是：坚持有利于教育公平的原则，保障随迁子女公平接受教育的权利和升学机会；坚持有利于促进人口合理有序流动的原则，最大限度地满足进城务工人员随迁子女升学考试需求，积极稳妥地推进随迁子女升学考试工作。具体办法是：⑴中考。在承德市接受初中教育，不考虑就读年限，只要具有承德市初中学籍，就可在就读的学校参加中考报名。流入承德市的随迁子女享受与当地常住户籍人口子女同等升学待遇，流出承德市的随迁子女无法在流入地参加中考，需要回承德市参加考试的，可持外地学籍证明、户口证明到户籍所在县（区）的招生办公室报名参加中考，与本地考生享受同等升学待遇。⑵高考。流入承德市的随迁子女在父母经常居住地接受高中段教育，至毕业时具有两年以上连续就学记录，同时提供家长就业失业登记证、居住证和高中段学籍证明，即可在承德市参加高考，具体报名、审核、录取办法执行省招生委员会有关政策。流出承德市的随迁子女无法在流入地参加高考需回承德市参加考试的，可按河北省有关规定回承德市报名参加高考。⑶流入承德市的随迁子女在承德市报名参加高考后，享受省定流入河北省考生同等的招生录取待遇。

2013年，承德市普通高考报名人数为21948人。其中，报名参加普通高考的有20531人，参加对口招生的有1362人，参加单独招生（含体育单招）的有55人。高考报名人数比2012年增加1275人。报考文史类的考生（含艺术文、体育文）增加661人，报考理工类的考生（含艺术理、体育理）增加682人，报考艺术类的考生减少474人。所有参加高考报名的考生都要采集指纹信息。

2013年1月5—7日，全国研究生招生考试统一进行，承德市共有1425人报名，比2012年增加400余人，其中参加全国统考1377人、管理类联考28人、法硕联考20人。考试在标准化考点内进行，除视频监控外，每个考场还配备钟表和金属探测器，每个考生入场前都必须使用金属探测器接受安全检查，每个考点还配备一定数量的指纹识别设备和二代身份证识别器，市无线电管理部门、公安部门组成无线信号监测组，使用专用设备，侦测考点内及周边可疑信号，打击利用无线通信设备扰乱考试的违法行为。

3月14日，市教育局召开国家教育考试标准化考点建设工作会议。会议通报全市标准化考点总体建设和管理使用情况，组织学习承德市国家教育考试标准化考点设备管理使用办法（暂行），对下一阶段标准化考点建设做出具体安排部署。要求各县（区）在5月前完成所有标准化考点的建设和完善工作，10月通过标准化考点验收。高考前，市直考区4个标准化考点、321个考场建设完成。至此，市区国家教育考试全部在标准化考点进行。

2014年1月上旬，承德市全面完成国家教育考试标准化考点建设工作。自2008年以来，全市共投入资金2067.8万元。其中，国家援助702.2万元，省级财政137.9万元，市级财政202万元，县（区）财政709.4万元，考点投入235.4万个。共建设完成标准化考点25个、考场1566个。全市所有国家级教育考试工作全部在标准化考点进行。各考点考务办公室、试卷保管室、试卷分发（回收）室、特殊问题处理室、校园通道及甬路、待考区等特殊部位基本实现视频监控全覆盖。各考点都安装了语音播放系统，配备了钟表、金属探测器、身份证识别仪、手机信号屏蔽仪等设备设施。教育部、省、市各级考务指挥中心对各考点、考场情况可随时进行网上巡查和监督。

2014年，承德市中考考生报名总数24553人，比2013年减少3212人。

至6月8日下午，承德市2014年高考考试工作全部结束，经过3000多名考务工作人员的共同努力，圆满实现了“平安高考”目标任务。(1)领导高度重视。市、县（区）政府主管领导多次召开会议研究部署高考考试工作。考前和考试过程中，市、县（区）政府主管领导实地到市考务指挥中心、县（区）试卷保密室和考点检查指导各项工作落实情况。特别对试卷安全保密、考生应试安全工作提出明确具体要求，保障考试顺利实施。(2)明确考试责任。考前由市招委主任和区县招委主任、市教育局局长和县（区）教育局局长、县（区）教育局局长和考点主考、考点主考和涉考工作人员层层签订责任书，做到考试工作职责清晰、任务明确。(3)部门协调联动。宣传、保密、公安、无线电、交通、卫生、环保、住建、供电、食品药品监督等部门通力合作、密切配合，形成全社会关心、支持高考的良好局面，共同为考生创造安全、温馨、舒适的考试环境。(4)人防技防结合。考试严把用人关，严格实行回避制度，建立一支政策性强、守纪律、工作认真负责的考试工作人员队伍。考试全部在标准化考点进行，所有考场实行全程视频监控。各县（区）继续互派视频监考员。考生和考试工作人员进入考试场所进行安检，对疑似有问题考生进行身份证和指纹比对。确保考试公平、公正。(5)实行三级培训。面对高考考试任务重、环节多、事故频发的特点，考前实行市、县（区）、考点三级严格培训制度。培训内容包括：法律、法规教育、职业道德教育、考试规则教育等多项内容。所有考试人员做到不参加培训不准上岗，不明确职责不准上岗，不掌握规则和程序不准上岗，杜绝考务工作出现失误现象。

2015年，承德市8个县全部列入全国高校农村学生单独招生实施区域。农村学生单独招生对象，主要招收偏远、贫困、民族等地区县及县以下高中勤奋好学、成绩优良的优秀农村学生，考生及其父母或法定监护人户籍地须在承德市实施区域的农村，本人须具有当地连续3年以上户籍，在当地高中连续3年学籍并实际就读，符合当年统一高考报名条件。

2015年，全市高考报名人数为22552人，较2014年增加49人。其中，报名参加普通高考的20093人，参加对口招生的2135人，只参加单独招生(含体育单招)的324人。按考生类型划分，应届考生20950人，往届考生1602人。按报考科类统计，文史类考生6239人，理工类考生10714人，艺术类考生2508人，体育类考生632人。参加普通高考的考生减少449人，参加对口招生的考生减少 270 人，参加单独招生（含体育单招）的考生增加 228 人。应届考生较 2014 年增加 488 人，往届考生减少 439 人。文史类考生减少 779 人，理工类考生增加 592 人，考艺术类考生减少 235 人，体育类考生减少 27 人。

2015 年，通过“国家专项计划”（由中央部门高校和省属重点高校安排部分招生名额，面向集中连片特殊困难县、所有国家级扶贫开发重点县以及重点高校录取比例相对较低的省份招生。），围场卉原中学 3 名考生被北大文科录取，分别来自承德县一中、滦平一中和平泉一中的 4 名学生被清华理科录取，围场卉原中学 1 人通过自主招生被北大文科录取。

2015 年，全市普通高考文史、理工类参考人数 14127 人，比 2014 年减少 1241 人，本科一次上线 11593 人，上线率达到 82.06%，比 2014 年提高 2.68 个百分点。其中，一本上线 2036 人，比 2014 年增加 486 人，上线率 14.41%，比 2014 年提高 4.32 个百分点；二本以上上线 5654 人，比 2014 年增加 627 人，上线率 40.02%，比 2014 年提高 7.31 个百分点。应届文史、理工类参考人数 13015 人，比 2014 年减少 760 人，本科一次上线 10594 人，上线率达到 81.40%，比 2014 年提高 3.37 个百分点。

2015 年高考成绩呈现 3 个特点：⑴所有省级示范性高中应届文史、理工成绩均大幅提高。全市 12 所省级示范性高中，二本以上上线人数同比平均增长 19.89%。⑵贡献“大户”继续增多。从应届文史理工二本以上上线的绝对数看，排在前五名的学校依次是平泉一中、承德县一中、承德市一中、丰宁一中、围场卉原中学，上线人数分别达到 669 人、550 人、547 人、493 人和 480 人。此外，滦平一中和围场一中也分别达到 445 人和 428 人。若从应届文史理工二本以上上线率看，排在前五名的学校依次是：承德县一中为 50.78%、承德市一中为 50.70%、围场卉原中学为 47.20%、平泉一中为 45.45%、滦平一中为 41.55%。承德市二中和丰宁一中也分别达到了 40.44% 和 39.98%。⑶增加了新的增长点。首次参加高考的鹰城一中参考人数只有 271 人，一本、二本以上上线分别达到 60 人和 125 人，上线率分别为 22.14% 和 46.13%。河北蒙中通过特色办学，民族交换生的数量达到 120 人，全部达到二本以上上线要求。全市文科状元被围场卉原中学的刘路摘取，总分为 671 分；获取理科状元的是平泉一中的王思远，总分为 696 分。

承德市高考成绩稳步上升的因素主要有四点：（1）几年来，市县两级党委、政府对教育的重视程度不断增强，正确的用人导向、投入导向基本形成。市、县两级教育行政部门指导有力，政策得当，监察、财政等部门积极保障，环境宽松。全市上下抓高考、抓质量，你争我赶、优胜劣汰和不甘人后、事争一流的氛围基本形成。（2）学校管理更加严细、科学。通过实施扁平化管理，加大了工作落实力度；通过校本教研，教学的有效性明显增强；通过建立健全内部激励机制，教师的工作积极性不断提高；通过由外延发展向内涵发展的转型，实现了管理升级。（3）课程改革力度持续增强。“以改课推进课改，靠课改提高质量”的课程改革思路得到较好贯彻落实，向改革要质量基本形成共识。改革的自觉性明显增强，改革的效果逐渐显现，如承德县一中、围场卉原中学和鹰城一中的改革模式，在提高自身的同时，也在全市得到认可和推广。（4）高考备考工作周密、高效。邀请省内优秀一线教师和教研专家来承德对备考工作进行有效的指导；组织模拟考试，对备考中存在的问题进行有针对性的分析；开展毕业年级集体备课，用集体智慧解决备考难题；进行蹲点式教学视导，对学校备考工作诊断把脉。

第四节 教育督导

一、督导机构

1988年，承德地区、承德市教育委员会均成立教育督导室。1989年，各县（区）教育委员会都相应的设立教育督导机构，分别配置督导人员2～3人，主要负责对下级教育机构、学校的教育工作进行监督检查指导。

1991年4月26日，国家教委发布第15号令《教育督导暂行规定》，明确教育督导的任务是：对下级人民政府的教育工作、下级教育行政部门和学校的工作进行监督、检查、评估、指导，保证国家有关教育的方针、政策、法规的贯彻执行和教育目标的实现。规定“地方县以上均设教育督导机构”“行使教育督导职权的机构应设相应的专职督学”。

1992年，承德地区行政公署在印发《关于深化教育改革加强基础教育的决定》中，要求加强督导队伍建设，发挥督导室的监督作用，在地区设立处级督学，在县设立科级督学。

1993年，承德地、市合并后，成立新的市教委设教育督导室。年内，滦平县率先在全市成立县政府教育督导室。1994年，各县（区）教育督导室由于机构改革、行政事业分离及评聘职称原因开始萎缩，多数县教育督导室与教育股合并，仅剩承德县、隆化县和丰宁县教育督导室独立建制。

1996年10月13日，市教委明确副处级督学为领导班子成员，列席党委会，分管教育督导工作，督导室被确定为行政科室。

11月6日，市教委印发《关于加强教育督导队伍建设的几点意见和督导行为准则》，要求各县（区）按文件要求和本县（区）实际情况设置督导机构并配备工作人员，在推进“两基”（基本实施九年义务教育和基本扫除青壮年文盲）、落实“两全”（全面贯彻党的教育方针，全面提高教育质量）和教育科学管理中发挥重要作用。

1997年 6月19日，市教委印发《关于加强教育督导工作的几点意见》，进一步明确加强教育督导工作的必要性，重申教育督导督政、督教、督学及对教育工作重点、难点、热点问题进行专项督导的工作任务，明确教育督导的职责、教育督导人员的职权、教育督导的范围、督学的基本条件、教育督导机构及人员编制、督学的行为准则等，使教育督导制度更加明确和完善。市教育督导室加大对县（区）督导机构及督学配备的督导力度，督促设立县（区）人民政府教育督导室。

1998年5月7日，市教委向市政府提交《关于建立市、县（区）人民政府教育督导室的报告》，各县（区）开始纷纷建立县（区）人民政府教育督导室，并逐步配备正科级或副科级督学1～2名。

2000年，承德市已建立教育督导机构11个（政府教育督导室8个），专职教育督导人员33人，兼职督学38人。

9月28日，市政府印发《承德市县（区）政府教育工作评估方案及奖惩办法（试行）》《承德市乡（镇）政府教育工作评估方案及奖惩办法（试行）》。10月10日，市教委印发《承德市县（区）教育行政部门教育工作评估方案及奖惩办法（试行）》《承德市普通初级中学评估方案及奖惩办法（试行）》。

对县（区）教育行政部门教育工作评估内容主要包括教育方向、教育管理、教育水平等3个方面，各项指标累计1000分，另有调控指标加减分值，900分以上为优秀等级，700～899分为良好等级，600～699分为合格等级，低于600分为不合格等级，没有通过省“普九”三年复检的视为不合格等级。每年评估一次，评估结果分别通报给各县（区），作为对各县（区）教育行政部门年终考核的重要依据。获得优秀等级的县（区）教育行政部门，由市教委授予“xxx年教育工作优胜单位”荣誉称号，达不到“优秀”或“良好”等级的，年终全面工作考核时，建议县（区）政府不予评为“政绩突出”。

普通初级中学评估内容主要包括办学条件、学校管理、教育质量三大部分，每部分分为若干项具体指标。评估结果作为对各学校及学校领导干部年终考核及评优、评先进的主要依据，凡评估结果达不到优秀等级的学校集体及领导，一年内不得评优或申报先进，凡连续两年被评为不合格等级的学校，教育行政和组织部门要采取组织措施予以解决。

2001年4月29日，承德市政府教育督导室挂牌成立。

2002年年初，市编委下发的《市教育局机构改革“三定方案”》中规定：“市人民政府教育督导室设在市教育局，与市教育局合署办公，下设办公室，主要负责全市的督政、督教、督学工作”，明确市教育局督学领导职数为2名。

8月20日，市政府在关于完善农村义务教育管理体制的实施意见中，要求“市、县（区）要建立‘市、县（区）人民政府教育督导室’，主要任务是代表同级人民政府对下级人民政府、有关部门的教育工作及各级各类学校的工作进行全面的监督、检查、指导、评估”。3月20日，市政府教育督导室向各县（区）下发《关于加快县（区）人民政府教育督导室建设》的催办函，向尚未成立政府教育督导室的隆化、平泉、兴隆、双桥四个县（区）下发督导书。至年底，全市11个县（区）都成立了政府教育督导室。

二、督导制度

2003年4月3日，市教育局和市政府教育督导室联合下发《关于建立初中阶段控辍保学报告跟踪制度和等级通报制度的通知》。报告跟踪制度分为月报告、学期报告和学年报告三种形式。其中，月报告是由各乡镇中心校及县（区）直属初中，每月15日前将上月的初中控辍保学情况向县（区）教育督导室做一次月汇报。学期报告是由各乡镇中心校及县（区）直属初中，每上半年开学后的3月15日前将上学期的初中控辍保学情况，向县（区）教育督导室做一次半学年阶段汇报，再由县（区）教育督导室抽查核实后，向市教育督导室做一次学期综合汇报。学年报告是由各乡镇中心校及县（区）直属初中，每年9月15日前将上学年的初中控辍保学情况，向县（区）教育督导室做一次学年综合汇报，再由县（区）教育督导室抽查核实后，向市教育督导室做一次学年综合汇报。控辍保学等级通报分为“最佳工作等级”（初中入学率、巩固率均达100%）、“基本达标工作等级”（初中入学率、巩固率均达到省定’普九’复查标准）、“末位工作等级”县（区）初中控辍保学工作末位的乡镇学校）。被通报范围包括县(区)、乡镇、村和学校、班。县(区)、乡镇、学校上报到市通报，村和班由县（区）直接通报后报市里备案。

10月24日，市政府办公室印发《承德市教育督导规定》，规定明确，教育督导的对象是本级人民政府的有关部门、下级人民政府及其教育行政等有关部门、本级及其下级人民政府管辖的各级各类学校和其他教育教学机构。市、县（区）人民政府教育督导机构实行督学负责制，主任督学、副主任督学由同级人民政府任免，其他教育督导人员由教育部门任免。同日，印发《承德市县（区）政府教育工作评估方案及奖惩办法》《承德市乡（镇）政府教育工作评估方案及奖惩办法》，从即日起执行。办法规定：由市、县（区）政府教育督导室每年底对辖区督导对象组织评估一次，并将评估结果报市、县（区）政府和目标考核办公室，作为市、县（区）对县（区）、乡（镇）年终考核的重要依据。评估结果分为优秀、良好、合格、不合格4个等级。凡是获优秀等级的县（区）、乡（镇）政府，由市、县（区）政府授予

“××× 年优先发展教育先进县（区）、乡（镇）”荣誉称号；对“普九”巩固提高工作没有顺利通过省三年复检的县（区）及因校舍倒塌等不安全问题造成师生伤亡事故的乡镇，教育评估视为不合格等级；对没有实现教育经费财政拨款“三个增长”、截留挪用城市教育费附加、截留挪用小学、初中杂费的县（区），教育评估不得评优秀等级；对因校舍倒塌造成师生伤亡事故的县（区）和当年初中入学率、巩固率达不到省定标准的乡（镇），取消当年评良好以上等级资格；对县（区）和乡（镇）政府教育工作评估达不到良好以上等级的，建议年终全面工作考核时不予评为“政绩突出”，乡（镇）主要领导和有关领导年内不得评先、评优和提拔重用。

11 月，市教育局按照省教育厅初中、小学办学水平等级标准，对全市初中、小学开展办学水平等级评估。11 月 20 日，市教育局印发《承德市重点普通高级中学评估方案和奖惩（试行）办法》。评估内容主要包括办学条件、学校管理、教学质量三部分，每部分分为若干 A 级指标和 B 级指标。评估分值为每部分 500 分，各部分总分值 1500 分，另有调控分值，上不封顶，下不保底。评估结果分为最佳、优秀、良好、合格、不合格五个等级。总分值达到 1425 分以上且各部分分值均达到 475 分以上为最佳等级，总分值达到 1200 ～ 1424 分且各部分分值均达到 400 分以上为优秀等级，总分值达到 900 ～ 1199 分且各部分分值均达到 300 分以上为良好等级，总分值达到 750 ～ 899 分且各部分分值均达到 250 分以上为合格等级，总分值在 749 分以下且有一部分分值达不到 250 分的为不合格等级。评估方案从 2002 年开始试行，每年高考录取结束后至 11 月底前，由市教育督导室会同基教科和教研室等有关科室进行评估或核查，12 月底之前分别将评估结果通报给学校，同时抄送当地人民政府、组织人事和教育行政部门。本评估结果将作为对各学校及学校领导年度考核、评优评先和干部使用的重要依据。评估结果获得最佳优秀等级的学校，由市教育局授予“××× 年优秀学校”荣誉称号，评估等级没有达到良好以上等级的学校及其主要领导和相关人员，年内不得申报先进，不得评优，连续两年被评为不合格等级的学校，由市教育督导和教育行政部门建议有关组织人事部门采取组织措施予以解决。

2004 年 2 月 6 日，《河北教育督导》第一期的编者按写道：承德市政府出台的《承德市教育督导规定》，揭开了地方政府制定教育督导规范化文件的新篇章，对全省地方教育督导制度建设具有积极的示范作用。

6 月 4 日，市委、市政府在《关于进一步推进教育改革与发展的决定中规定》，建立健全县（区）教育工作督导评估制度，充实、完善各级政府教育督导机构，配备相应级别的督学，强化监督职能。以贯彻落实“以县为主”农村义务教育管理体制和“两基”巩固提高工作为重点，对下级政府、教育部门、学校和同级有关部门进行监督检查、评估指导。建立对县、乡两级人民政府教育工作的督导评估机制，重点督促县乡政府认真履行教育职责，将督导评估结果作为考核领导干部政绩的重要内容和进行表彰奖励或责任追究的重要依据。在教育内部对资金投入使用情况、办学行为、效益，特别是教育教学质量等建立有效的评价与监控机制，实行督导评估结果通报制度。

2005 年 6 月 2 日，省政府印发《关于建立对县级人民政府教育工作督导评估制度的通知》，要求督导评估从 2006 年开始，市级督导评估每年进行一次，省级督导评估每 4 年一轮，按规划分年度进行。

2012 年 7 月 29 至 8 月 1 日，省教育督导工作会议在丰宁县召开，会议上，丰宁县以《发挥督导室作用、建立“督考合一”（督导和考核一并进行）工作体制和运行机制》为题作经验介绍。

2013 年 4 月 17 日，市教育局印发《县域教育均衡发展督导评估暂行办法》，要求各县（区）按照与省政府签订实现县域教育均衡发展责任书的时间，做好达标规划和年度自查自评工作。县域教育均衡发展督导评估先由市政府教育督导室复核合格后，报省政府教育督导室评估验收，再报国家教育督导团审核认定。

2014年4月22日，承德市政府教育督导委员会成立。市教育督导委员会组成人员为：由市政府分管教育工作副市长任主任，市教育局局长任副主任，市发改委、市科技局、市公安局、市人大教科文卫委员会、市人社局、市住建局、市卫生局、市审计局等部门相关局副局长和市政府督学为委员。市政府教育督导委员会办公室（简称“市政府教育督导室”，下同）设在市教育局，承担督导委员会日常工作。

7月11日，市教育局印发《中等职业教育督导评估办法》。

9月30日，市政府教育督导室印发《中小学校责任督学挂牌督导办法》，要求各县（区）人民政府教育督导室要为县区域内每一所中小学校、直属幼儿园设置1名责任督学，按1人负责5所左右学校的标准配备，并按规定对学校进行经常性督导。责任督学标牌由教育督导部门按统一规格制作，标牌上标明责任督学的姓名、照片、联系方式和督导事项。责任督学由同级政府教育督导室统一聘任，颁发督学证，实行注册登记，直接管理。主要从在职和退休的校长、教师、教研人员和行政人员中遴选，专兼结合，兼顾幼儿园、小学、初中和高中各个学段。市直属学校的责任督学由市教育督导室聘任。至年底，承德市基本健全了市、县（区）、学区总校、各中小学四级教育督导网络。

10月27日，市政府办公室印发《承德市县域义务教育均衡发展工作考评办法》，要求市政府教育督导室、市教育局对各县（区）贯彻落实情况，及时组织专项考评，确保承德市如期实现县域义务教育均衡发展的各项目标任务。

三、督政、督教、督学

1990年，地教委制定承德地区普通中小学督导评估方案，对部分中小学校进行试评估。市教委督导室组织对各学校进行德育检查。制定《承德市中学生政治思想品德评估标准》。

1993年开始，市教委对各县（区）普及初等义务教育（普及小学教育）工作进行评估验收，对全市初中生流失等项工作进行了督导检查。1994年起，市教委教育督导室对各县（区）进行市级“普九”复查，并报请省政府验收。1995年起，市教委教育督导室重点对各县（区）“两基”工作进行督导检查。

2000年，市教育督导室对全市普通初级中学进行等级评估，并对中小学生流失、薄弱校建设、减轻中小学生课业负担和中小学乱收费等4方面进行专项督导。年底，市教育督导室对各县（区）政府和教育局的教育工作进行督导评估。评估结果是：丰宁县、承德县政府为优秀等级，报由市政府予以表彰；丰宁、平泉、宽城、双滦和营子区教育局为优秀等级，报由市教育局予以表彰。各县（区）政府也授权县（区）教育督导室对乡镇政府和学校教育工作进行督导评估。

2001年2月16日，市政府教育督导室印发《对各县（区）政府及教育局2000年教育工作评估情况的通报》。通报指出，教育督导“丰宁模式”正在各县（区）逐步推开，全市教育结构和学校布局调整力度不断加大，“普九”成果进一步巩固，教师工资发放基本得到保证，各县（区）已开始重视发挥教育督导作用。但是，有的县（区）政府对教育投入仍有不到位现象，办学体制改革步子小，初中学生的辍学率有反弹现象，教学实验装备数量不足。

年内，教育督导室会同教育科、教研室、人事科、计财科、仪器站等科室，用7个多月时间对全市各县（区）申报市级示范校的54所小学进行全面评估，确定其中19所学校为市级示范校。

市教育局和市政府教育督导室为从根本上巩固“普九”成果，加强农村初中的控辍保学工作，创造性地实行了初中控辍保学报告制度和通报制度，使全市206个乡镇中的134个乡镇辍学率控制在3%以下。该做法引起国家教育督导团的重视，国家教育督导团工作通讯第四期(总第86期)以承德市多措并举控辍保学为题刊发。

2002年5月，市教育督导室对各县（区）的职业教育进行专项督导检查。

7月29日至8月1日，省教育厅在围场县召开全省教育督导工作研讨会，承德市在大会上介绍了对落实“以县为主”教育管理体制开展教育专项督导的经验作法。年内，全市 11个县(区)全部成立了政府教育督导室，8个县（区）在教育局配备了科级或副科级专职督学，4个县（区）配备了乡镇兼职督学，为教育督导工作提供了组织保障。

2003年，市政府教育督导室在防“非典”特殊时期，实行“普九”月报告制度，认真指导督促兴隆县、营子区顺利通过省“普九”三年复检，其中兴隆县被省政府表彰为“普九”巩固提高先进县。《河北教育督导》第四期向全省印发《承德市防非典期间实行“普九”迎复检月报告制度》的经验做法。

2004年，督促指导7个县（区）顺利通过省“普九”三年复检，其中，丰宁县、宽城县、平泉县被省政府表彰为“普九”巩固提高工作先进县。督促指导兴隆县第一小学、平泉县城西小学、围场县新拨实验小学分别通过省级示范小学验收。

2005年11月17—24日，市政府教育督导室会同市委督查室、市政府督查室、市财政局，对各县（区）《落实市委市政府关于落实省教育工作决定的实施意见》情况进行检查，重点对完善投入机制和落实教育投入政策、落实理顺教育管理体制、实施各项重点教育工程与解决教育热点问题、落实保障措施及各部门发挥作用等四方面情况分条分项进行检查，并将检查结果向市委、市政府作专门汇报，同时通报到各县（区）。

2009年，市政府教育督导室5月下旬至6月份，组织市教育局相关科室及各县（区）督导室主任，采取听总体汇报、查阅财政预算、支付中心账目等相关资料，深入乡镇学校实地座谈查看，对各县（区）政府落实市政府《加快基础教育发展全面提高教育质量的决定》情况开展检查督导，重点对推进义务教育均衡发展情况、学校管理水平提升情况、教师队伍建设情况、教育经费落实情况进行督查。

2010年，市政府教育督导室对各县（区）校安工程、教师队伍建设、重点工程项目等开展全方位检查督导，按照“突出重点，有所侧重”的原则，在原有“一票否决”项目基础上，对每个县（区）侧重督导1～2项教育重点工作。

2011年，市政府教育督导室对全市中小学、幼儿园开展综合督导评估。评估范围包括全市普通高中、职教中心、初中、小学、国办幼儿园，其中市属学校、幼儿园由市政府教育督导室直接负责组织实施督导评估。评估定级分为标准化学校、特色化学校、规范化学校、合格学校、不合格学校等五个等次。评估结束后，由市政府教育督导室形成督导评估报告，报送市政府、省教育厅，并通报全市。

2012年，市政府教育督导室围绕学前三年行动计划、义务教育均衡发展、校安工程等重点工作，开展专项督导、过程性督导等多种形式的督导，推动工作的落实。全市全面实施督学责任区制度，共建成54个督学责任区，聘任兼职督学100人，实现“纵向到底、横向到边”的全覆盖督导。

2013年，构建起覆盖全市各级各类学校的市、县责任区教育督导网络体系，共建立4个市级、60个县（区）级督学责任区，研究制定了承德市中小学校督学挂牌督导实施办法。12月开始，全市责任督学对所负责学校的管理和教育教学工作等进行经常性挂牌督导。年底开始，市教育局、市政府教育督导室在全市中小学开展市级素质教育示范学校评选工作。至2014年12月，评选出首批市级素质教育示范学校40所。同时，对此前已被授予省级素质教育示范校称号的18所中小学认定为市级素质教育示范校。至此，全市共有首批市级中小学素质教育示范校58所。

2015年，市政府教育督导室开展责任督学挂牌督导创新县评选活动。3月10—11日，围绕开学条件保障、学校安全工作、教师队伍建设、推进新学期重点工作、遵守中央八项规定、规范办学行为等方面，随机对双桥区、承德县、隆化县的部分学校进行了实地抽查督导。年内，督促指导5所中小学通过省级素质教育示范校验收，省级素质教育示范校已累计达到23所。督促指导双桥区顺利通过省政府普及高中阶段教育评估验收，使全市高中阶段教育实现了全面普及。

四、教育费附加征收专项督导

1994年4月10日、1997年2月25日、1997年8月5日，市政府先后印发《关于教育费附加征收问题的通知》《关于教育费附加管理使用中有关问题的通知》《关于加强城市教育费附加征收与管理工作的通知》3份文件，明确提出“城市教育费附加收入是教育事业资金投入的主要来源之一，是保证教育事业资金落实的重要措施”。要求相关部门必须“依照征税及征收比率足额征收，全额缴库”。由于缺乏横向相关部门的沟通与监督，直至2000年，全市教育费附加征收到位资金金额一直较少，始终没有突破2000万元。

2001年1月2—12日，市教委会同国税、地税、财政等部门，对全市及各县（区）的教育费附加征收到位情况进行了首次检查摸底，厘清全市及各县(区)每年征收教育费附加的“三税”(增值税、消费税、营业税）基数、应征数额、欠征数额、征收到位率等情况。发现市直和多数县（区）教育费附加和地方教育附加普遍存在着征收严重不到位问题，特别是国税增值部分的教育费附加和地方教育费漏征现象比较明显。市直及各县（区）2000年的“三税”（增值税、消费税、营业税）总额为65922万元，按照国家和省规定的城市教育费附加和地方教育费附加应征3.5%的征收比率，应由地税部门统一征收教育费附加和地方教育附加2307万元，但实际征收1377万元，欠征930万元，征收到位率仅59.68%，有9个县（区）征收到位率不足50%，只有丰宁县的征收到位率达到了97.51%。鉴于该种情况，市教委向市政府作了汇报，分析了欠征原因，提出3点建议：⑴应由税务部门积极推广丰宁县地税局“层层签订目标责任制，与奖惩挂钩，变软指标为硬任务”的成功做法，切实用足用好国家教育投入政策，尽快走出一条经济欠发达地区也可以适度超前发展教育的路子。⑵建议进一步完善教育费附加和地方教育附加征收使用的监督机制，各级税务、财政、教育部门应每年初分别将上年度教育费附加的征收和使用情况分别报送当地政府，接受政府的监督。⑶市、县政府教育督导室等有关部门应每年对教育费附加的征收和管理使用情况进行专项督导，及时将“三税”征税基数、应征、实征、欠征教育费附加和征收到位等情况向当地政府反馈情况，并予以通报。建议即得到了市政府的同意和支持，从此，开始了每年的教育费附加征收专项督导工作。全市2001年城市教育费附加和地方教育附加实际征收金额达到1734万元，比2000年增加357万元，征收到位率达到62.93%，比2000年提高2.52个百分点。

2002年6月3日，市政府教育督导室与市地税局联合印发《关于2001年城市教育费附加征收情况》的通报，总结和肯定了丰宁县地税局教育费附加征收的经验作法。丰宁县地税局每年初同步下达正税和教育费附加的征收任务指标，平时同步加大稽查力度，年底兑现奖惩，使教育费附加征收到位率一直保持在90%以上。

年内，为了促使教育费附加与“三税”同步进行征收，市政府教育督导室每个季度通过电话向市、县（区）国税、地税了解各县（区）“三税”征收基数和教育费附加实际征收到位金额，计算出应征收到位金额、欠征金额和实际征收到位百分比，及时与市教育、财政、地税局等部门进行沟通，共同督促各县（区）教育费附加征收部门及时查漏补缺，进行同步征收。年内，全市的城市教育费附加和地方教育附加征收金额首次突破2000万元关卡，达到2476万元，比2001年增加742万元，征收到位率达到76.48%，比2001年提高13.55个百分点。征收到位率超过90%的县由上年的丰宁一个县，增加到丰宁、隆化、承德县3个县。征收到位率不足50%的县（区）已由2001年的6个县（区）下降到营子一个区，特别是承德县、兴隆县、宽城县征收到位总金额均比2001年翻了一番。

2003年5月29日，《河北教育督导》刊发承德市加大教育专项督导力度，城市教育费附加征收效果明显的经验作法。年内，市政府教育督导室被省教育厅表彰为“全省教育督导先进单位”，孙国昌督学被教育部和省教育厅分别授予“全国教育督导先进工作者”和“全省教育督导先进工作者”称号。

2004年12月3日，市政府教育督导室向当年征收教育费附加到位率偏低的双滦区地税局下发教育督导书，要求务于当年12月下旬之前，按“三税”总额应征比率足额征齐全年城市教育费附加和地方教育附加。年末，双滦区在全市教育费附加征收到位率排名中，由2003年度的第5名跃居为当年的第2名。年内，全市教育费附加和地方教育附加征收到位率由2003年的89.4%提高到98.7%，提高9.3个百分点，征收到位率位居全省第一名。市政府教育督导室在全省教育督导大会上发言，介绍了承德市《加大专项督导力度，努力解决教育难点重点问题》的经验作法。

2005年，教育费附加和地方教育附加的征收到位率达到98.55%，继续位居全省之道。有7个县（区）的征收到位率达到98%以上，有5个县（区）超过100%（含清陈欠）。征收总金额由2004年的7210万元提高到10532万元，提高46个百分点，首次突破亿元大关。教育部网站、《国家教育督导期刊》《中国教育报》《承德日报》分别刊发了承德市教育费附加专项督导的经验作法。省教育厅领导高度评价说：“承德市教育费附加征收到位率是全省最高的，市政府教育督导室立下了汗马功劳，为全省带了好头。特别是孙国昌督学是个非常值得表扬的，经过几年的连续努力，把全市教育费附加征收到位率提高到95%以上。”

2006年3月3日，市政府教育督导室、地方税务局、市财政局联合向各县（区）政府和有关部门印发上年度的教育费附加和地方教育附加征收情况通报，同时抄报省政府教育督导室、省地税局、省财政厅、省教育厅和市委市政府相关领导。市政府决定，授予市地方税务局、市财政局、市教育局、市政府教育督导室和教育费附加征收到位率连续3年达98%以上的丰宁县地方税务局“教育费附加征收工作突出贡献奖”称号，授予2005年教育费附加和地方教育附加征收到位率达到95%以上的围场、宽城、兴隆、平泉、隆化、承德县地方税务局、市地方税务局征收分局和双桥区、开发区、双滦区3区的地方税务局“2005年教育费附加征收工作先进单位”称号，并颁发奖牌。授予孙国昌、王铮、白云生、张树民、李忠诚、宋寿昌、郭军斌7人“教育费附加征收工作突出贡献奖”称号，授予白云霞、刘伟、栾志宏、杜广、樊文广、岳长林、郭耀东等18人“教育费附加征收先进工作者”称号，给予通报表彰，并颁发证书。4月7日，省教育厅主办的河北教育财务工作简报以《开展专项督导，促进教育费附加征收》为主标题，以《承德市教育费附加征收到位率位居全省前列》为副标题，刊发了承德市教育费附加专项督导的经验做法，指出“承德市在财力紧张的情况下，千方百计筹措资金，支持教育优先发展，特别是在征收教育费附加和地方教育附加方面，承德市走出了一条‘专项督查+政府通报’的路子”。年内，市政府教育督导室继续每个季度进行检查测算和电话沟通督导，将12月作为清欠攻坚月，反复对征收大户进行重点督导。市地税局主要领导经常过问，分管领导多次进行研究调度，派出检查督导组，对全市各县（区）教育费附加征收工作进行检查督导。市国税局为市政府教育督导室及时提供增值税和消费税征收信息，在代开增值税发票的同时代征教育附加费。征收到位率达98%以上的县（区）由2004年度的6个增加到9个，连续两年达98%以上的县（区）有平泉、兴隆、宽城、承德县，丰宁县连续四年保持在98%以上。

2007年，各县（区）征收到位率均都达到96%以上，2001—2007年6年累计将全市教育费附加和地方教育附加的征收到位率提高了37.21个百分点（含清陈欠），将全市教育费附加和地方教育附加年征收到位总金额提高了10.12倍，实现了对教育费附加和地方教育费应收尽收进行专项督导的总体目标。详见以下图示：

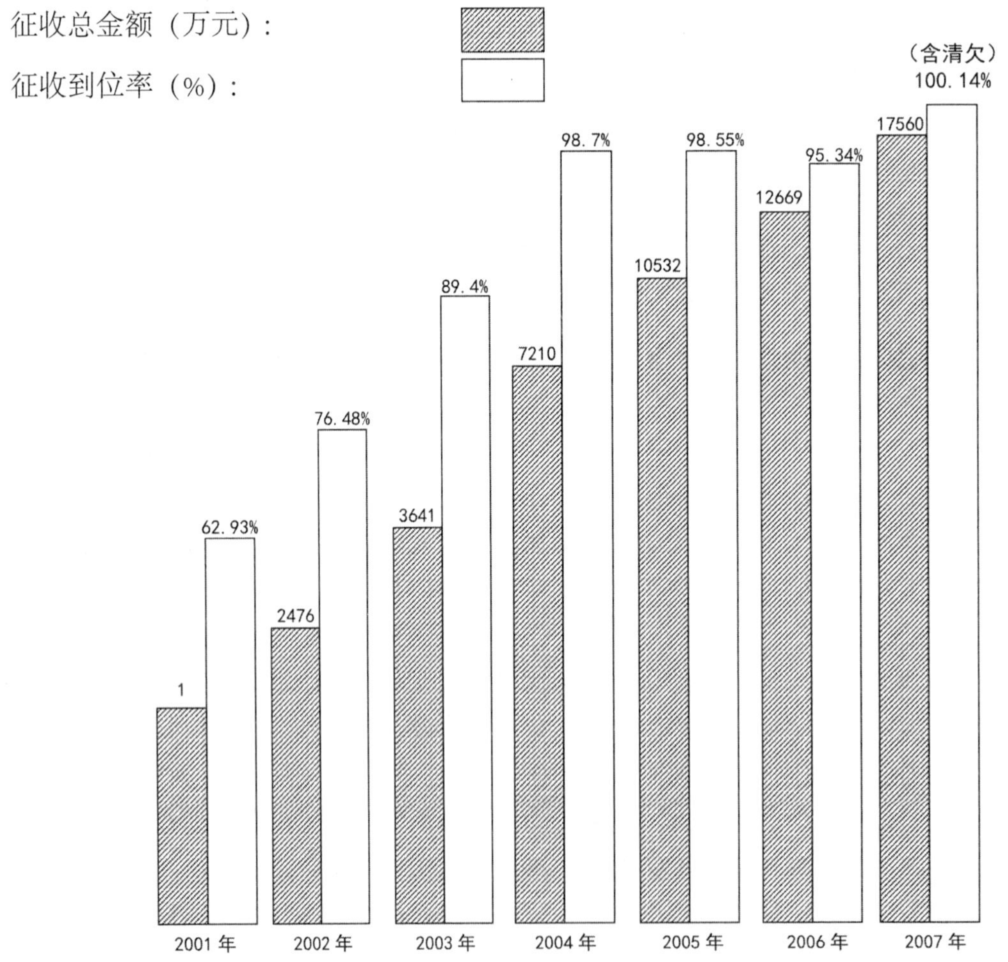

图11—1　　**2001—2007承德市年教育费附加征收专项督导效益示意图**

2008年4月5日，教育部网站刊发《河北省承德市教育费附加平均征收到位率达100%》的新闻报道。4月24日，省教育厅主办的《教育信息快报》刊发“承德教育专项督导大见成效，教育费附加平均征收到位率达100%，六年征收到位率提高37%”的做法。5月5日，时任副省长龙庄伟在该期《河北省教育信息快报》上作出“请将该期快报送各市主管市长参阅”的批示。5月23日，《市政府信息》2008第79期刊发了承德市教育费附加平均征收到位率达到100%的专项督导作法。7月10日，市政府教育督导室在潍坊全国教育督导大会上，介绍了“强化教育费附加征收专项督导，用足用好国家教育投入政策”的经验做法，多家省、市教育网站予以转载。年内，全市教育费附加和地方教育附加征收总金额达到15624万元，比2007年增加2424万元，征收到位率达到102.72%（含清陈欠），连续5年位居全省首位。2009年，征收到位率达到104.61%，恢复了全省教育费附加征收领先地位。2011年，征收到位率达到101.09%，继续位居全省首位。2012年，征收到位率降到91.58%，再次退出全省领先地位。2015年，征收到位率虽然回升到99%，但继续出现新的欠征386万元，4年累计欠征5772万元。

从承德市15年来的教育费附加征收和专项督导总体情况看，市政府、承德市政府教育督导室、地税、财政、教育等部门为承德市的教育投入工作做出了重要贡献，在全省全国探索出了一条“教育费附加征收工作‘专项督查+政府通报’的新路子”。但是2012年后，教育费附加和地方教育附加征收出现下滑情况。对此，应引起市级领导和相关部门高度重视，共同加大教育费附加和地方教育附加的征收、清欠、督导和奖惩工作力度，按国家规定做到应收尽收，切实用好用足国家教育费附加征收政策，共同为增加承德市教育投入而努力。

2008—2015年承德市教育费附加与地方教育附加征收到位情况表

表11—2

年度（年）	应征收金额（万元）	实征收金额（万元）	欠征收金额（万元）	征收到位率（%）
2008	20281	20832	+551	102.72
2009	19975	18551	-1424	92.87
2010	27249.8	28507	+1257.2	104.61
2011	38361	38778	+417.3	101.09
2012	43299	39654	-3644	91.58
2013	44232	43314.5	-917.4	97.92
2014	42759.8	41932.9	-826.9	98.1
2015	36556.9	36170.6	-386.3	99

附：承德市政府教育督导室在山东潍坊全国教育督导大会上的发言

强化教育费附加征收专项督导
用足用好国家教育投入政策

（2008年7月10日）

承德市地处河北省东北部，全市辖八县三区，面积3.95万平方公里，占全省面积的1/5。人口361万人，其中少数民族人口133万人，总人口占全省人口的1/20。2007年农民人均纯收入3285元，在全省占第10位，属经济欠发达地区。所辖8个县中有7个县是国家和省扶贫开发重点县。20世纪末，承德市基本完成“普九”攻坚任务，解决了农村学生“上学难”问题，但人民群众对优质教育资源的需求日益强烈。为满足广大人民群众“上好学”的愿望，承德市21世纪初开始进行打破行政区划，以学区替代原乡镇中心校的管理体制改革。改革过程中，整合教育资源，建设标准化学校，又需要大量的资金投入。而承德市绝大部分县（区）都是吃饭财政，如何在争取上级支持的同时，挖掘自身潜力，拓宽学校建设资金来源渠道，已成为我们面临的重要课题。通过学习和调研，我们认识到，在承德市增加教育投入，首先要用足用好国家相关的教育投入政策，而在落实国家教育投入政策上我们确有相当大的潜力可挖。调查数据显示，承德市2001年的教育费附加征收到位率仅为62.93%，11个县（区）有9个县（区）征收到位率不足60%。依法足额征收教育费附加和地方教育附加不仅是进一步贯彻落实教育法和国务院相关规定的需要，而且应作为我们经济欠发达地区不断增加教育投入和确保教育优先发展的重要举措。为此，我们把依法足额征收、合理使用于教育费附加列为督导室重点工作之一。

经过几年的努力，取得了明显成效。2007年，全市教育费附加和地方教育附加征收到位率达到100.14%（含清陈欠），比2001年提高37.21个百分点，到位资金从2001年的1734万元提高到17560万元，提高10.1倍，全市11个县（区）有10个县（区）征收到位率达到98%以上。教育督导室两次被市政府评为先进工作单位，两次被市政府授予教育费附加征收突出贡献奖。省教育厅对承德市加强教育费附加征收工作专项督导的做法给予了充分的肯定，并专门发了简报，在全省予以推广。我们开展教育费附加征收专项督导的具体做法是：

一、熟悉政策，依法督导。要做好对教育费附加征收的专项督导工作，必须熟悉国家关于教育费附加征收的相关政策，坚持依法督导。我们反复学习了国务院、河北省出台的有关教育费附加征收的各项政策，其中主要有五项政策作为专项督导的规范性依据。⑴教育费附加的征收及比例，应按照国务院规定由地税部门负责，按照“三税”（增值税、消费税、营业税）总额3%的比例同步足额征收，国税也可代征收；⑵涉外企业（外商或港澳台独资、合资、引资企业）暂不征收教育费附加，因此，在计算教育费附加征收基数时，应从增值税和营业税中将其涉外资金部分减去；⑶增值税中的“免、抵、调、退”资金不免征教育费附加，在计算教育费附加征收基数时，应按实际完成的增值税金额计算，不应将“免、抵、调、退”扣除；⑷按照国家规定省级人民政府可以根据需要，决定开征一定比例的地方教育附加。河北省规定征收的地方教育费附加征收比例为“三税”的1%（后提高到3%），主要由省统一管理和分配使用（各市、县按国家规定3%比例征收的教育费附加则全部归各市、县自行按规定安排使用，省规定的教育附加缴省统一安排使用）；(5)教育费附加和地方教育附加均属规费收入，与税收不同。税收缴纳不足时可以依据税法起诉与处罚。而教育费附加缴纳不足时却不能依税法起诉与处罚，应按照行政处罚法予以处罚。因此，在实际工作中我们主要采取通过行政干预的做法，重点督促各县（区）税务部门实行税费征收同步下达任务指标，同步奖惩，同步实行执法过错追究制，并将其列入对县（区）政府和地税部门年度工作考核指标，使“软任务”变成“硬指标”，有效地防止了重税轻费现象的发生。

二、摸清底数，强化沟通。教育费附加征收以增值税、消费税、营业税“三税”总额为基数，要做到教育费附加应收尽收，必须清楚了解国税、地税征收“三税”的征收基数。因涉及国税、地税、财政等多个部门，必须强化相互的沟通工作，实现信息共享，形成征收的合力。在这项工作中，市、县地税部门是征收教育费附加的主体，特别是县（区）以下地税部门是征收教育费附加的关键主体，而财政、教育部门特别是政府教育督导部门应变被动为主动，积极承担起教育费附加征收工作的监测和督导职责。我们坚持每季度和年度末共5次向各国地税征收局了解“三税”征收情况，然后进行核查测算。 基本工作程序是：（1）先从市、县（区）国税统计部门查清包括“免、抵、调、退”资金在内的增值税及其涉外资金、消费税总额，再从市地税、税政“三科”或计统部门查清营业税实际完成总额及涉外资金、教育费附加和地方教育附加征收到位资金。（2）从查清的“三税”总额中剔除涉外资金后，计算出应征教育费附加和地方教育附加的“三税”合计总额，作为征收教育费附加和地方教育附加的征收基数，再根据“三税”合计总额和已征收到位的教育费附加及地方教育附加资金情况，分别计算出全市及各县（区）教育费附加和地方教育附加应征数、欠征数、征收到位率和排名情况。（3）在核清“三税”基数、教育费附加征收数、欠征数及到位率后，将测算数据列表分别反馈给市地税局、市财政局、市教育局，使相关部门及时了解掌握全市及各县（区）教育费附加征收情况，以便有针对性地及时对各县（区）进行督导，为做到应收尽收打好基础。

三、定期通报，重点督导。在教育费附加征收专项督导中，我们建立了定期通报制度，由一名副处级督学具体负责教育费附加和地方教育附加征收的专项督导工作。督导室与市地税局、市财政局每季度对欠征教育费附加较多的县（区）政府、税务部门进行重点过程性督导，不搞年底一次性算总账，随时发现问题，随时督促解决。几年来，我们在过程性督导中一直都把杜绝出现大幅度教育费附加欠征现象作为督导的重点，在这里主要把握两点：(1)由国税负责征收的增值税和消费税部分是“三税”总额的重头戏，地税部门在征收教育费附加时如不及时了解和同步征收则极易出现大幅度滞征和欠征问题，督导部门应主动了解，随时注意沟通或由地税部门委托国税在征税时同时代征零散客户的教育费附加，尽量减少教育费附加征收的流失；(2)税收大县和税收大企业最易出现教育费附加大额欠征问题。从征收教育费附加入库数据表面上看，他们常被看作是征收教育费附加到位资金最多的大户，但用征收到位率衡量，他们欠征几百万乃至上千万又是常事。因此，我们一直将其作为重点，及时进行监测与督导。每年初由督导室对上年度全市及各县（区）教育费附加和地方教育附加征收情况进行分析，并写成通报材料，分别提请市教育局、市地税局、市财政局主要领导会签，报主管市长审阅会签后向全市通报。通报内容包括：全市及各县（区）教育费附加及地方教育附加征收总额、欠征数额、征收到位率，全市列表排队；分别指出各征收局的主要经验，存在问题；并对下一步工作提出明确要求。因通报内容具体翔实且上报至市委市政府主要领导，下发至各县（区）政府及税务等相关部门，从而有力地激发了先进，鞭策了后进，促使各级税务部门之间形成了比学赶超的工作机制和氛围。做到了教育费附加征收与正税“同部署、同检查、同奖惩”，使教育费附加征收到位率连续几年不断提高。

四、表彰激励，典型引导。为解决教育费附加征收征好征坏一个样，积极性难以调动问题，在专项督导中，我们建立了表彰奖励制度。2004年以来，市教育督导室每年都提请市政府对市、县（区）教育费附加征收先进单位和先进个人进行通报表彰。分别授予征收到位率连续三年达到98%以上的县（区）征收部门和个人“教育费附加征收工作突出贡献奖”。对当年征收到位率达到98%的授予“教育费附加征收先进单位”“先进工作者”称号，由市政府发表彰通报，颁发奖牌和荣誉证书，充分调动了税务部门教育费附加征收的积极性。承德市丰宁县地税局在教育费附加征收中连续多年到位率在98%以上，我们教育督导室全面总结了丰宁县的征收做法和经验，在全市推广。用丰宁的经验指导其他县（区）不断加大征收力度。通过典型示范、典型引导，实现了由个别先进到整体推进。通过开展教育费附加征收的专项督导，为全市教育改革与发展筹措了大量资金。教育费附加已成为承德市中小学布局调整，学区建设的主要资金来源之一，保障全市办学条件改善和学区建设工程的顺利实施，进而推进了义务教育的均衡发展。到2007年底，全市已建成学区56个，建成标准化初中80所，建成标准化小学195所，建设农村规范化幼儿园623所。通过学区建设工程的顺利实施，全市义务教育城乡之间，学校之间的差距逐步缩小，广大农村学生正逐步享受到与城市孩子一样的优质教育。由学有所教到学有优教、办好让人民满意教育的目标正逐步实现。

第五节 勤工俭学

一、承德地区勤工俭学工作

1989年，行署专门召开会议，研究贯彻国务院和省政府有关勤工俭学文件精神。地区财政局划拨勤工俭学周转金30万元，地区税务、工商等部门制定勤工俭学优惠政策，各县积极划拨校田校山，上大型项目。加大对兴隆硫酸厂和火碱厂、存瑞中学电控开关厂、平泉铅塑电线厂、宽城职中烧酒厂等20多个校办企业的支持力度，提高平泉师范千斤顶配件厂、平泉瓶盖厂和纸箱厂等老企业的效益。年内，除宽城、滦平外，其他县勤工俭学收入均达百万元以上。全地区勤工俭学总收入达927万元，比1988年增长10个百分点。

1990年，推广丰宁县勤工俭学与职业教育密切结合、平泉县学生分户小饲养、隆化县宝山营和白杨沟适合山区特色发展勤工俭学等经验做法，年内纯收入突破千万元大关，丰宁和平泉县收入超过双百万元。

1992年，全区新建校办企业50余个，勤工俭学纯收入1914万元，比1991年增长41.5%，创历史最高水平，其中用于改善办学条件937万元。

二、承德市勤工俭学工作（地、市合并前）

1990年，承德市共有518所学校开展勤工俭学，占总校数的82%。其中，校办工厂55个，学农基地171处，土地1963亩，林果235800株。承德县二中服装厂、承德县一职中养殖场、新华路小学印刷烫蜡厂、市职业高中服装厂和收音笔厂、双塔山三中铸造厂成为勤工俭学样板厂（场）。市职业高中收音笔厂获河北省科委先进科技成果银质奖。

1992年，市教委成立校办企业公司，兴办经济实体，并将各学校人员分成两条战线，一部分抓教学，一部分抓校办企业，搞创收。全市有40%的学校建有固定的校办产业和勤工俭学项目，勤工俭学产值达2000万元，创利润400万元。

三、发展校办产业

1993年，承德地、市合并后，全市有96%的中小学开展勤工俭学，全年完成勤工俭学总产值15100万元，创利润3241万元。

1994年5月28日，承德市市长签发《关于进一步发展校办产业的规定》的承德市人民政府令。年内，全市完成勤工俭学总产值16720万元，创利润3300万元。

1995年2月13日，市委、市政府在《关于多渠道增加教育投入的决定》中，将大力发展校办产业作为多渠道增加教育投入的四条主渠道之一，要求积极兴办校办产业，条件具备的地方，划拨一定数量的企业、山林或土地给当地学校经营，工商税务等部门给予支持，对校办企业继续实行税收贷款方面的优惠政策和返还政策。

1998年，平泉师范的千斤顶厂与韩国合资生产经营，打破校办企业单一化的发展模式。

1999年，各县（区）职教中心全部建起一至两个主导企业，全年新增校办企业15家，校办三产增加112家，新引进项目9个，引进资金364万元。重点对丰宁二建、丰宁和滦平印刷厂、平师相一责任有限公司、隆化职教中心标志牌厂等支柱校办企业进行管理改革，实行校方控股试点。全市实现勤工俭学利润4800万元，有效地解决了教育资金投入不足的困难。

2000年，承德市把发展校园经济作为勤工俭学工作的重点来抓。年内，有8个乡镇、1所学校的校园经济工作达到省级校园经济示范乡、校标准。全市各校兴建起4家建筑公司、10家印刷厂、12家服装厂，各种勤工俭学总产值2.66亿元，利润近4000万元。全市新划拨勤工俭学土地1150亩，嫁接梨枣近6万株，嫁接大扁1000多株，种植药材3700亩，引进资金170万元，安排教师子女就业336人。全市纯收入在20万元以上的学校21所，超50万元收入的8所，超百万元收入的3所，校办产业创外汇近20万美元。

2002年，承德市不失时机调整勤工俭学产业结构，积极发展校园经济和开发教育市场，挖掘新的经济增长点。积极探索学校后勤社会化与勤工俭学的有机结合，增强校办企业的活力。10月，在丰宁召开全市勤工俭学现场会，对今后如何发展校办产业进行研究和探讨。

四、劳动实践基地建设

2006年，承德市劳动基地建设得到快速发展，每县都确定了农村学校劳动实践场所建设试点乡镇，全市落实劳动实践基地2万余亩。隆化县为农村学校划拨土地2000多亩，建立劳动实践基地298个，受到省教育厅的表扬。各学校栽种树木，开发种植、养殖项目，培养学生热爱集体、热爱劳动的优良品质，产生了良好的社会和经济效益。丰宁大兰营小学的奶牛场先后出栏奶牛27头，年获利6万余元，带动67户村民搞起奶牛养殖业。兴隆陡子峪中心校引进19种谷类、干鲜果类优质品种和先进技术，推广到全乡，有力地促进了乡镇经济发展。

2007年，全市开展劳动实践基地示范乡镇、示范校建设工作，劳动实践基地总面积达49394亩。

2013年，市教育局认真研究分析新形势下教育管理出现的新情况，加强学校后勤保障体系建设，推动勤工俭学办公室的职能转变，决定成立学校后勤管理办公室。学校后勤管理办公室负责学校后勤工作和勤工俭学工作，负责对全市学校后勤工作和勤工俭学工作的宏观指导、规划协调、培养培训、检查评估、学习交流和表彰奖励工作。年内，平泉、隆化、滦平等县完成了勤工俭学办公室的职能转变。在全市推广平泉和丰宁等县（区）的中小学劳动实践基地建设经验做法。

第六节 对外交流

一、对外人文交流

1992年，地教委组团赴泰国考察全民教育，去南方考察校办企业及市场形势，到衡水、石家庄等地考察学校管理。

1994年，承德市积极引进资金，在围场县建起邵逸夫学校，在滦平县建起柏宁顿中学，在其他县建起13所希望小学。

1997年，承德市深入贯彻实施“对外开放”战略，积极创造条件、扩大视野，教育对内对外开放收到一定成效，全市共引进市外资金618万元用于教育。

1998年，先后派出部分校长赴美国和韩国考察职业技术教育和基础教育，赴陕西、四川等地参观考察职业教育，请北京东城区教育活动中心的专家和部分高中教师到承德进行业务培训。承德市承办了教育部和联合国儿童基金会在承德市召开的“早期儿童发展项目工作经验交流现场会”，11省市的代表听取承德市发展农村学前教育的经验，参观平泉、兴隆两县的农村学前教育。接待美籍爱国华侨、著名社会活动家陈志昆来承德市考察教育项目。承德师专、市职教中心、实验小学、一幼等院校先后接待美国、英国、荷兰等国家35批次、1000余人的参观团，多层次、多侧面的扩大承德市教育在国内外的影响。

1999年，承德市派出人员赴美国、加拿大考察“义务教育工程项目”管理，赴昆明等地考察中考信息管理工作，赴上海等地考察教育督导工作，赴唐山等地区考察成人教育工作，赴广西南宁参加全国目标教学研讨会，组织重点中学校长参加在云南昆明举办的重点学校培训班。聘请山东、河南等地及北京东城区教育培训中心的部分知名专家来承德举办大规模专题讲座及开展学术交流。接待澳门教育界高层人士访问团到承德参观考察。年内，共引进和利用市外资金及国外友好人士和团体赠款折合人民币1562万元。

2001年6月17日—21日，市教委邀请韩国京畿道高阳市教育代表团对承德一中、承德市实验小学和承德民族师专附中三所学校进行访问，并签署承德市教育委员会与高阳市教育厅友好委托协议。

2007年3月12日，承德一中校际交流代表团访问日本，与日本柏市立柏高中洽谈有关参加2008年承德一中新校区落成庆祝仪式和帮助承德一中组建本校学生乐队等事宜。年内，市教育局派人随省教育厅考察团赴澳大利亚、新西兰考察，主要是考察两国教育技术装备的管理体制和运作模式等项工作。8月，市教育局派人随省教育厅代表团出访英国、法国，主要任务是考察英、法两国高等教育资金的筹集运作和管理经验，了解英、法两国教育经费管理体制及分担比例等项工作。10月，承德一中随河北省中小学校长考察团出访韩国，主要任务是增进中韩两国教育交流，加强汉语国际推广工作，完成国家汉办委与韩国釜山中小学开展教育合作与交流进行友好洽谈，推动此项工作的进一步开展。12月，承德市实验小学随教育部代表团赴港参加“华夏园丁大联欢”交流活动，亲身感受回归祖国10年的香港特别行政区中西荟萃兼容并包的社会文化，加强内地与港及海外华人教师的交流与合作。

2009年7月7日，省教育厅向承德市政府发来感谢信，对承德市在甲型流感发生的特殊时期接待美国“汉语桥美国中小学校长访华团”，并给对方留下深刻而美好的印象，表示感谢，希望与承德市进一步加强合作，共同为河北经济和社会发展做出贡献。

2011年，市教育局认真做好援疆工作，按照对口选派援疆干部和人才的有关要求，严格把关人选报名、推荐、审查等各个环节，选派2名教师奔赴新疆农二师33团中学任教。同时，妥善安排新疆对口支援学校的3名教师来承跟岗学习，为他们创造良好的学习、生活条件，解决其后顾之忧。截至2011年，全市教育系统共有4名教师在新疆参加援教工作。

10月29日，中国人民解放军军事科学院百科部原部长贺捷生将军向围场县先任学校捐赠电脑、图书等文体用品，总价值551000元。中央纪委委员、财政部原纪检组组长、中国资产评估协会会长贺邦靖代表财政部中国资产评估协会和8家资产评估有限公司向先任学校捐款115万元资金。

2012年，市教育局选派2名优秀教师赴新疆巴州尉犁县进行为期3年的支教，选派8名省市骨干教师组成讲师团到新疆生产建设兵团农二师33团对口学校进行为期1个月的交流。接待了4批48名新疆中小学教师到承德交流学习。2月，承德一中与新疆尉犁县第一中学结成手拉手学校，开展交流合作。承德一中接收尉犁一中12名高一学生到校就读，学习时间将持续至高二年级结束。

3月26日，市教育局召开新疆到承德学习交流人员座谈会，市领导出席座谈会并作重要讲话，到承德市考察和慰问到承德学习人员的新疆生产建设兵团农二师33团团长黄学东一行参加座谈会。市领导在讲话中说，希望在承学习的所有教师都要有理想、有热情。在承期间抓紧时间多看、多学习、多了解，回到新疆后，带给孩子们更多的知识。要秉承堪为人师的情怀，在孩子们的心中埋下高尚的种子，让孩子们更加健康、快乐地成长，成为建设新疆的新生力量。

3月，美国费尔蒙特中学代表团访问承德二中，双方达成初步合作意向。美国费尔蒙特中学是承德二中继英国邦帝兰德高中之后建立的第二所国外友好学校。

4月，市教育局积极创新形式提高援疆工作实效。（1）方式上变单向选派教师赴新疆任教，改为双向交流，既派出本市赴新疆教师支教又接待新疆教师来承观摩学习，实现双向互动。（2）内容上变单一为多元，由单一学科教学交流，拓展到学校管理、学校文化、教育科研、优质资源共享等领域。（3）人数上逐渐扩大。经过与受援单位沟通，缩短个体交流周期，采取分批次做法，增加交流机会，扩大参与面。当年接受首批12名新疆教师来承，分至河北民族师院附中、市实验小学、市民族中学和南营子小学4所市区学校跟岗学习。承德市由8名骨干教师组成的援疆教师讲师团，通过上示范课、专题讲座、参与教研活动等形式，增强交流的实效性。（4）人员方面由教师拓展到师生。

6月25日至7月6日，美国格罗顿中学师生参观团到承德三中、中营子小学进行参观交流。7月4日，滦平县教体育局邀请北京市名校长、第三工作室成员、国务院参事、中国教育学会副会长李烈，教育学博士、北京教育学院教授季平等一行15人，到滦平县开展集中研讨交流暨全县校（园）长培训活动，对校园文化建设和学校管理工作提出指导性意见。9月，多米尼克国驻中国大使馆向承德护理职业学院发出外交照会，表彰该学院教师张凤军在援助多米尼克国医疗队担任英语翻译期间的优异业绩。

二、融入京津冀协同发展战略

2013年12月25日，承德市委、市政府为全面落实好承德市与北京师范大学战略合作框架协议，推动承德市科学发展、绿色崛起，决定成立承德市与北京师范大学战略合作领导小组，领导小组办公室设在市商务局。市教育局是领导小组成员之一，职责是协助开发区、配合北师大做好中国基础教育质量评价与提升协同创新中心承德基地建设工作；配合北京师范大学承德附属学校教师招聘和学校招生工作；负责北京师范大学开发区幼儿园建设推进工作；负责教育管理人员、校长、教研员培训和教师研究生学历培训计划制订工作；负责北京师范大学师范生来承德实习安排工作。

年内，市教育局先后组织教研员、教学管理干部、一线教师赴山东、广东等地，参加全国生本教育理论与实践研习班，学习高效课堂建设经验，更新教育理念。多次邀请广东、山东、江苏、重庆等省市的40余名专家和生本教育实践者到承德指导，共培训5000余人次。

2014年9月19日，兴隆县六道河中学与天津南开中学签订友好学校合作协议。两校将在教育教学、学校管理、文化建设、教学研究、师生互访等方面开展深度交流与合作。11月11日—14日，兴隆县教育局组织中小学校长赴辽宁省盘锦市学习考察，先后观摩盘锦市高级中学、盘锦市大洼县新兴中学、大洼县小学等6所学校的升旗仪式、大课间活动、教研组备课、课堂教学和主题班会，参观学校校容校貌和文化建设，围绕学校德育、教学等方面进行了深入交流。11月，营子区教体局组织小学校长和学科负责人到杭州采荷二小、采荷三小，采取听课、座谈、参与教研活动等方式进行参观学习，返回后通过撰写收获反思、网上交流、举办公开课等做法，发挥“二次培训”作用。12月18日—19日，市教育局组织各县（区）副局长、教研室主任、部分县城小学与初中、市直属小学的校长和语文骨干教师赴山东省潍坊市考察语文主题学习。

2015年 3月11日，中国青少年基金会“希望工程·同e堂课”全国首批试点项目落户滦平县，项目总投资145万元，其中，中国青基会出资110万元，为虎什哈中心校全部小学教室安装多媒体教学设备，开展为期两年的“影子教师”培训工程（跟着名师、备课，听课、学习、如影随形）。7月4日，中国下一代教育基金会联合潍坊德勤育英软件科技有限公司为承德捐赠“数字课本”，围场县、双桥区和隆化县接受捐赠。9月16日—17日，市教育局与天津市河西区教育局签订协同发展友好合作协议。根据协议，双方在局机关干部交流、校长教师交流、学生交流、学校管理和教育教学合作交流、资源共享、校际间合作、建立德育教育基地、职业教育合作、高校间交流合作等9个方面，取长补短，优势互补，相互促进。

2015年9月27日，港澳教育界国庆访问团到承德市参观访问。10月，中国扶贫基金会在隆化县实施“爱心厨房”项目，为该县旧屯中心小学、太平庄中心小学等10所山区小学捐赠价值50余万元的电磁灶、蒸饭车、大容量消毒柜、储物柜、冰柜等“爱心厨房”设施设备。

10月26日—30日，市教育局与北京师范大学合作举办的第一期县（区）教育局长研修班成功举行。研修班为期5天，共40课时。研修班邀请北京大学教授、北京师范大学教授、中国教育科学研究院研究员、北京市海淀区教育科学研究所所长、教育部基础教育教材发展中心课程处处长、北京市门头沟区教委主任等9名专家，分别围绕未来五年教育发展趋势、当前基础教育课程改革的任务与趋势、特色学校创建与管理者能力提升、中小学现代学校制度建设等主题，开展针对性的高端专题培训。每名学员撰写了研修报告，辑成承德市教育系统干部学习心得文集，优秀研修报告还将陆续在承德教育研究、承德教育信息网上发表。

市教育局与北京师范大学合作，共同举办第一期校长高级研修班，开展对校长的专业培训。12月，北京第二外国语学院助学助教基地在承德县安匠初级中学挂牌，北二外老教授团队与该校建立起长期帮扶关系。

3月17日，双桥区举行中国人民大学教育学院实验学校揭牌仪式，双方的合作正式全面启动，将承德市民族小学建设为中国人民大学教育学院实验学校，由中国人民大学教育学院为民族小学提供办学指导、教育管理、教学研究、课堂教学改革、学校特色建设、教师培训等方面的全方位支持。3月21日—22日，市教育局组织骨干教师参加北京师范大学举办的小学语文名师高效课堂、翻转课堂与微课程教学观摩活动，观摩台湾著名儿童文学研究专家何绮华、著名特级教师魏星等5名名教师现场作课及课后专题讲座。

9月12日，"丰宁助教"活动结业式暨总结表彰大会在丰宁县举行，会议总结了3年来"丰宁助教"活动取得的优异成果。该活动由民进北京101中学支部、民建北京海淀文教二支部发起，经民进北京市委、民建北京市委与丰宁县教育局协商，确定为期3年的以教师培训、两地教师传帮带和现场教学为主要形式的支教计划。3年来，采取"请进来、走出去"方式，先后开展了校长、教导主任、学科骨干教师集中培训，年度优秀教师重点培训，北京专家、名师50余人次到承德执教，参培受益教师达1200余人次。12月4日—8日，滦平县组织教研员、中小学教学副校长、教务主任共76人，赴北京师范大学参加中小学教学管理干部高级研训班。11月，滦平县组织中小学教育管理干部38人赴山东滨州参加"新德育"行动研究专题培训。12月17日—20日，组织德育管理干部、班主任共76人，赴国家行政教育学院接受体验式培训，以北京师范大学博士朱洪秋为核心的"新德育"培训团队采取情境体验、现场讲座、经验分享、互动访谈等方式开展了培训。

年内，市教育局专门成立对接京津跑办工作领导小组，下设北京联络组和天津联络组，每月召开专题会议，研究调度工作。与天津市河西区教育局签订协同发展友好合作协议，与北师大签订"承德市教育系统素质提升工程"协议。河北民族师范学院抓住"委省共建"机遇，开展与中央民族大学合作交流，与北京印刷学院签署全面战略合作框架协议。

第十二章 党建与行风建设

持续开展党性党风教育，建设党风廉政防控体系。持续开展治理“三乱”工作，建立治理“三乱”工作长效机制，强化教师职业道德建设。

第一节 党建

一、党性党风教育

1997年，市教委党委着重从四方面抓党建和机关廉政建设工作。(1)坚持以中共十四届六中全会精神为指导，用邓小平理论武装广大党员干部、教师的头脑，努力加强各级党组织的思想建设、组织建设、作风建设工作。围绕香港回归和中共十五大的召开在全系统深入开展爱国主义教育，学习贯彻中共十五大精神，在实施“开放带动”和“科教兴市”战略中，充分发挥基层党组织的战斗堡垒作用和党员的先锋模范作用，保证年初制定的各项任务的完成，党建工作迈上新台阶。谋划承德市教育发展大计，对“普九”“素质教育”“三教统筹”“科教兴市”等重点工作，提出新思路，探索新途径，以思想的进一步解放，实现工作的新突破。规范党务行为，建立和实行党建工作责任制，按分管科室建支部，充分发挥党支部应有的作用。完善和健全党内各项制度，坚持开展“三会一课”(党小组会、支部委员会、支部党员大会，党课)活动。加强党风廉政建设，树立行业新风。(2)进行系统工作作风整顿。整顿重点是：突出解决精神不振、悲观畏难、责任心不强、进取精神差、自我加压不够、工作不奋力、在岗不干事、在岗不谋事等问题；突出解决权力意识重、服务意识差、“门难进、脸难看、事难办”，弄权谋私，吃拿卡要，冷、横、硬、冲，推诿扯皮，效率低下的问题；重点解决只顾部门、不顾全局，有令不行、有禁不止，管理不严，纪律松散，晚来早走，随意缺勤，上班炒股、打麻将、办私事等问题；重点解决为政不廉、铺张浪费、乱罚款、乱摊派、乱集资、乱支乱用预算外资金，工作秩序混乱，办公环境脏、乱、差等问题。(3)在教委机关开展“讲、创、建”(讲学习、争创党员先锋、建立规章制度)活动。主要任务是：加强学习，强化教育，努力提高机关干部队伍的思想政治素质；大力加强领导班子建设，努力造就好班子、强班子；积极推进机构改革和干部人事制度改革；下大力解决群众最不满意，意见最集中的问题，进一步密切党群、干群关系；健全完善机关工作制度，努力实现机关工作规范化、制度化、公开化；加强机关党的建设，充分发挥机关党组织保障监督作用。(4)认真开展纠风减负工作，重点做好清理中小学乱收费的专项治理。

1998年，市教委党委以“双学”(学习建设有中国特色社会主义理论、学习党章)活动为载体，对广大党员进行党性党风教育，加强党风廉政建设，加强行风建设。市教委会同物价局、纪检委共同召开纠正行业不正之风动员大会，出台治理乱收费的处理办法，同各县(区)、市直各学校签订制止乱收费责任书，重申中小学校不准代办学生保险的规定。

1999年，全市教育系统对广大党员进行“双基两史”（基本国情与基本路线，中国近代史和中国现代史）教育、“三讲”（讲学习，讲政治，讲正气）教育，把学习邓小平理论同开展揭批邪教活动相结合，制定“创建三讲文明机关”和“带着感情做好群众工作”的实施方案。围场县教育局从认真落实教育系统“社会服务承诺”制度，确定各级学校校长为治理乱收费的第一责任人，认真落实“一证一卡三统一”（收费许可证，收费卡，统一收费项目、统一收费标准、统一使用财政收费票据）的收费制度和学校管理“七公开”制度，严管财务纪律，严格代收费管理。年内，市教委规定各级各类学校停止向学生收取任何形式的集资费用，取消义务教育阶段中小学校的早自习，不得以上晚自习的名义向学生收取费用。

2000年，市教委党委集中开展“三讲”教育，全面落实整改方案，不断提高班子的凝聚力和战斗力。在“三讲”教育中，始终把学习放在首位，坚持集中学习与自学相结合，通读和重点精读规定的学习篇目，进行集中讨论，坚持开门“三讲”。领导班子对群众提出的意见进行深刻剖析，认真整改，满意度测评达到93.2%。在“三讲”教育基础上，完善政治学习制度，考勤制度，党建工作目标责任管理制度，落实公务员管理规范，对部分科长实行易岗交流，公开选拔部分主任科员，在承德广播电视大学和平泉民族师范进行科级干部公开选拔和竞争上岗试点，提高了工作质量和效率。

2001年，全市教育系统各级党组织以“学、论、转、促”（学习、讨论、转作风、促发展）活动为载体，树立“三种意识”（全局意识、合作意识、协作意识），力求达到“三力”（增强凝聚力、树立感召力、提高战斗力）。组织全市各级各类学校开展“校园拒绝邪教”活动，对广大青少年学生进行崇尚科学、反对邪教的教育，大张旗鼓地传播科学知识。

2002年，中共承德市委教育工委（简称“市委教育工委”）召开全市教育系统（包括驻市省属高校）学习十六大精神座谈会，按照十六大报告中提出的“发展要有新思路，改革要有新突破，开放要有新局面，各项工作要有新举措”的精神，结合实际，对全市教育进行宏观思考和战略研究，积极推动教育思想、工作思路、管理机制和教学方法的创新。年内，市教育工委组织全市教育系统干部教师开展“以德治教”学习教育活动，开展签订公开承诺活动。市教育局聘请13名教育行风建设监督员，全市聘请329名行风建设监督员。

2003年，市委教育工委、市教育局在全市教育系统深入开展以“树正气、讲团结、求发展”为主题的学习教育活动。印发《关于认真学习“三个代表”重要思想的安排意见》。

年内，开展党风廉政教育，通过讲党课、专题报告、廉政假日活动、到警示教育基地直接听取部分服刑人员犯罪教训介绍等多种形式，教育广大党员和党员领导干部树立正确的权力观、地位观、利益观。在全体党员干部中开展“六个一”活动，即看一部警示教育片，读一本书（以案为鉴，警钟长鸣——李真案件警示录），召开一次讨论会，重温一次纪律规定，开展一次党纪政纪条规知识测试，撰写一篇心得体会文章。明确党风廉政建设一把手负总责，分管领导各负其责，一级负责一级，哪一级出问题，追究哪一级领导的责任。通过新闻媒体、政务公开和校务公开等形式向社会公开承诺行风建设目标。采取召开学生家长座谈会、实行学校开放日、校长接待日、进行街头宣传、橱窗宣传等形式，广泛宣传行风建设，征求各方意见。实行市局领导班子成员包县（区）、包市直学校督导制度，把行风承诺内容细化为13项，分解到有关领导及所分管部门并纳入年度考核目标。

2004年1月29日，市教育局党组印发《市教育局机关思想作风纪律教育整顿实施方案》。总体要求是要做到“三结合”（与深入学习贯彻十六届三中全会精神及“三个代表”重要思想相结合、与实现2004年全市教育工作目标及本科室年度目标相结合、与健全机关党委及加强机关党建工作相结合）。目标是强化“六种意识”：不断强化坚持党性原则，言行一致，令行禁止，自觉与党中央保持高度一致的政治意识；不断强化与时俱进，开拓创新，顽强拼搏的进取意识；不断强化恪尽职守，遵章守纪，爱岗敬业的责任意识；不断强化求同存异，齐心协力谋发展的团结意识；不断强化立党为公，勤政为民，服务基层的公仆意识；不断强化“两个务必”（务必使同志们继续地保持谦虚、谨慎、不骄、不躁的作风，务必使同志们继续地保持艰苦奋斗的作风），克勤克俭，大公无私的廉政意识，实现“四新”目标（通过整顿，使整个机关精神面貌有新的改观；凝聚力，战斗力有新的增强；工作效率、服务质量有新的提高；组织纪律、机关文明建设有新的起色）。主要任务是：重点搞好“六查六看”，着力解决五个方面问题。“六查六看”（一查思想观念，看改革创新意识强不强；二查理论学习，看制度落实和学习效果如何；三查公仆意识，看为基层、为群众解难题办实事的成效好不好；四查精神状态，看奋发有为、真抓实干的劲头足不足；五查组织观念，看顾全大局、坚持原则、团结协作的责任意识强不强；六查纪律约束，看遵章守纪、廉洁自律的表现怎么样）。解决五方面的问题（解决开拓创新意识不强，不想事，不谋事，工作只是应付，没有突破的问题；解决一些精神状态不佳，工作无所用心，出工不出力，出力不出活，办事效率低的问题；解决一些组织纪律松弛，长期旷工，经常迟到早退，自律意识不强的问题；解决个别科室人员不团结，缺乏全局观念，合力不强的问题；解决机关制度不完善，管理不规范的问题）。

4月30日，市委教育工委、市教育局印发《关于进一步优化教育发展环境加强行风建设的意见》。5月10日，印发《关于在全市教育系统开展“强一流素质、树一流形象、创一流业绩、办一流教育”创建活动的实施意见》。

2005年，市委教育工委在全市教育系统组织开展保持共产党员先进性教育活动。市教育局先进性教育活动领导小组精心筹划，针对参学人员不同情况，实行能参加集中活动的党员全员学，能参加分散活动的党员灵活学，流动党员跟踪学的“三学”方法。与党员建立起长期稳定的促学帮学关系，使学习教育贴近党员实际，增强学习效果和质量。在分析评议阶段，通过“自己找，群众提，上级点，相互帮”等方式，党员干部带头自查，党员之间互相查，党性分析自觉查，诚请群众帮助查，梳理出各自存在的突出问题，然后撰写出高质量的党性分析材料。各级党组织将整改问题认真梳理，分类归口，分级负责，建立责任制、公示制、限时制等制度，对存在的问题，特别是群众普遍关心、反映强烈的突出问题，做到能改的马上改，不能马上改的确定整改期限。以实施“紫塞先锋”工程活动为载体，强化党员的服务意识，制定和完善具有针对性、操作性、时代性强的各项工作制度，形成科学的长效机制，从制度和机制上巩固先进性教育活动成果，让党员受教育，群众得实惠。积极开展行政权力公开透明运行工作。完成各项行政权力清理工作，编制出市教育局职权目录和流程图。

2006年，市委教育工委、市教育局在全市教育系统中开展以“学讲话、知荣辱、树新风、促和谐”为主题的社会主义荣辱观教育实践活动。各级各类学校充分利用闭路电视、广播电台、校报、宣传栏、校园网等阵地，进行宣传动员，用新童谣、新三字经、新京剧等生动活泼的宣传形式开展丰富多彩的校园文化活动，围绕“八荣八耻”开展“六个一”活动，即开展一次以“八荣八耻”为内容的“国旗下讲话”教育活动，举办一次以“八荣八耻”为内容的主题班会和过一次组织生活，每个教室、教研室（组）张贴一张“八荣八耻”座右铭或宣传画，设计好一个“八荣八耻”主题教育网页，中小学生写一篇树立社会主义荣辱观作文和给家长写一封信，形成学习贯彻社会主义荣辱观的强大声势。举办了全市教育系统“知荣明耻，争做文明师生”演讲比赛。加强机关效能建设，按照新要求重新细化行政权力公开审批事项流程图，修订机关工作制度。加大治理教育乱收费工作力度，大力推行“阳光收费”工程，教育行政部门和各级各类学校通过新闻媒体及橱窗等形式，向社会公开承诺，并设立举报箱、公布咨询、举报电话。承德一中等10所学校的校长先后走进承德人民广播电台百姓热线直播间，对群众反映的意见和投诉进行认真解答，按责任分工逐条落实。全市开展万名学生及家长评议百所学校活动，全市乡镇以上学校全部参加评议活动，其中，驻市高校、市属大中专院校、中小学、幼儿园和各县一中纳入市级评议，全市5万名学生及家长参加对330所学校的评议活动，省教育厅肯定了承德市学生及家长评议学校的做法。

2007年，市委教育工委、市教育局印发关于认真学习宣传贯彻中共十七大精神的通知，以解放思想大讨论活动为载体，结合总结当年工作、谋划下年思路，开展“三讲（领导宣讲、典型报告、骨干演讲）、三访（访学校、访学生、访家长）、三看（跳出承德看教育、跳出教育看教育、站在全局看教育）、三定（定工作目标、定工作思路、定发展举措）”的学习宣传中共十七大精神活动。11月12日，市委教育工委印发《关于加强民办中等以上学校党的建设工作的通知》，制定加强民办学校党建工作的具体办法，加强民办中等以上学校党的建设工作。加强机关效能建设，转变机关工作作风。充分发挥效能督察小组的作用，不定期进行机关效能检查。制定完善接待制度、会议制度、服务承诺制度、违诺追究制度、首问责任制度，确保行政权力公开透明运行。

2009年，市委教育工委、市教育局认真组织全系统学习践行科学发展观活动。以“三学三讲三记”和“四个征集”为主要载体，深入开展多种形式的学习调研活动，对照科学发展观要求，认真查找承德教育发展存在的问题，制定整改落实措施。坚持用科学发展观统一思想、指导工作，理清并明确承德教育科学发展的思路、目标和举措，解决一些影响和制约承德市教育科学发展的突出问题。加强调研工作，通过蹲点调研、领导恳谈日、做一天学生、万名教师大家访等活动，深入基层开展调查研究，广泛听取群众意见，寻找破解难题、推动教育科学发展的途径和办法，提高机关干部指导工作、科学决策的能力和水平。

二、党风廉政惩防体系建设

市委教育工委加大工作力度，加快建立党风廉政惩防体系、廉政风险监控机制、党风廉政责任制、反腐倡廉教育机制和领导干部廉洁自律的监督机制。规范机关管理，严格落实“十个严禁”（严禁违反规定程序选拔任用干部，严禁私自干预下级或原任职单位干部任用，严禁在干部考察中隐瞒或歪曲事实真相，严禁在干部档案上弄虚作假，严禁跑风漏气，严禁突击提拔调整干部，严禁封官许愿、任人唯亲、营私舞弊，严禁采取跑官要官、说情打招呼等手段为本人或他人谋取职位，严禁搞拉票等非组织活动，严禁超职数配备、超机构规格提拔干部或违规提高干部职级待遇），健全完善干部作风建设长效机制，严肃机关工作纪律，规范局机关会议、培训、检查、机关科室收费等管理。深入推进机关效能、电子政务和文化建设，提升服务水平，开展以“为基层学校解难题，为学生家长送服务”为主题的“两为”活动。成立学生资助管理中心，出台承德市社会力量资助贫困生管理办法，建立教育惠民信息服务中心，探索教育服务新模式。

全市教育系统认真开展“四大一推一建”（大讨论、大培训、大谋划、大开放，推进三年大变样，建设环京津旅游城市）活动。

2010年，市委教育工委、市教育局严格落实党风廉政建设“一岗双责”要求，加强党风廉政长效机制建设。坚持以“履职尽责、规范权力”为主题，突出抓好干部作风建设长效机制工作，扎实推进行政权力运行监控机制建设。确定出105个行政权力动态行使过程中可能出现的风险点和防范措施，制定明岗定责、明权定责目录，制作科室职位说明书和工作流程图。到2010年，基本健全各学校惩治和预防腐败体系制度建设框架。到2011年，建成科学规范、统一完善的教育系统惩治和预防腐败制度体系，形成用制度管权、管事、管人，从源头上遏制腐败的长效机制。

从5月开始，全市教育系统开展创先争优活动。结合教育系统特点，以“学纲要，促发展，创先争优上水平”为主题，按教育行政部门、大中专院校、中小学幼儿园和民办学校4个层面创新载体、分类指导。在基层党组织和党员中深入开展“百面红旗千颗星”“全面对标，争旗夺星”“走在前、作表率、争一流、当先锋”活动。12月，举行“播种希望”全市教育系统创先争优专场文艺演出。以创先争优为契机，规范九所民办学校基层党组织建设，直属学校党支部发展新党员12名，发展预备党员18名，为党组织增添新鲜血液。

2011年，市委教育工委、市教育局深入开展教育系统创先争优活动，实施教育系统百千万工程（百名干部下基层，千名校长入课堂，万名教师进家庭），全市4.3万名教职工全部参加到活动当中，参与率100%。组织全系统所有基层党组织和党员，结合职责范围和岗位特点，对标纲要，自觉认领自身承担的改革发展责任，公开承诺，接受社会监督。全系统共设“先锋旗”518面，“星”（读书星、德育星、教学星、管理星等）6316颗，分层级建立先锋团队，开展“夺旗争星”活动。

市教育局组织机关全体党员干部开展加强学习型党组织建设暨反腐倡廉专题教育活动，观看《大力推进学习型党组织建设》《背叛与忏悔》《教育部工程建设领域突出问题专项治理警示教育片》3部宣传教育片。邀请市纪委、市审计局为驻市大中专院校中层以上干部和市直中小学幼儿园书记、校（园）长作清正廉洁辅导讲座。

2012年4月9日，印发《领导干部大接访工作实施方案》。(1)制定领导干部接访日安排表；(2)主要领导每月第一个星期的星期一为接待日，安排一天时间接待来访群众，每两个月安排一次下访，帮助基层解决信访工作中的难题；对重大紧急案件，要及时约访，亲自解决群众反映强烈的重点难点问题。(3)要解决问题，“事事有回音，件件有着落”。

4月，市委教育工委、市教育局在创先争优活动中开展“三抓、三促、三好”活动。紧紧围绕“强班子、促发展、惠民生、保稳定”主题，以“三抓”（抓支部书记、抓党员队伍、抓组织活动）、“三促”（促进校风、教风、学风建设）、“三好”（实现“一个好的精神状态、一个好的工作作风、一个好的工作业绩”目标）活动为抓手，深入推进“百千万工程”和“紫塞育人先锋团队”创建活动，按照“抓落实、全覆盖、求实效、受欢迎”的工作要求，着力解决基层党组织建设中的突出问题，充分发挥基层党组织推动发展、服务群众、凝聚人心、促进和谐的作用。主要方法步骤：调查摸底，分类指导，全面发动；健全组织，理顺关系，搞好培训；整改提高，进位升级，巩固成果。

5月18日，市教育局主要领导带领相关科室人员专程到市教育局“加强基层建设年活动”帮扶村——隆化县偏坡营乡白银沟村，看望慰问驻村工作组成员，实地了解帮扶项目建设和进展情况，深入幼儿园调研指导，并与部分乡村干部、党员和群众代表进行座谈。局主要领导强调：(1)把走访群众、了解村情贯穿整个活动始终，让群众真正知道惠在何处、惠从何来。要研究吃透政策，确保既定的各件实事落实到位。(2)宣传好政策、利用好政策。工作组要搞好协调，发挥外联作用，引导村民投身发展。要发挥致富典型引领辐射带动作用。帮助村规划和扶植种植、养殖项目，培育出2～3个支柱产业，形成一村一品或一村多品的良性发展态势。（3）抓重点、办实事、惠民生。重点做好基础设施和公益事业，尤其是十件规定项目要件件落地，尽快开工。在谋划好项目前提下，协调相关部门，积极争取资金支持。（4）工作组要尽职尽责，严格遵守“加强基层建设年活动”各项要求，做到守纪律、树形象，建设一支“永不走”的工作队。市教育局要把帮扶村作为一个长期联系点，作为了解熟悉农村的窗口和机关党员干部教育基地。

5月31日，市委教育工委、市教育局印发《关于深入推进权力运行监控机制建设的实施方案》。方案要求各学校要全力推进权力运行监控机制建设，重点突出对招生、基建、采购、财务（收费、经费使用）和“三重一大”（重大事项决策、重要干部任免、重要项目安排、大额度资金的使用）事项等重点领域和关键环节的监控。

7月30日，市委教育工委印发《关于机关党组织整改提高晋位升级工作的实施方案》，按照“巩固先进、推动一般、整顿后进、全面提升”的目标要求，突出抓好制定具体工作方案、落实工作责任、集中整改提高、努力晋位升级等主要步骤和关键环节，高质量、高效率地做好机关党组织整改提高的晋位升级工作。8月13日，市教育局召开民主评议政风行风会议，对市招生委员会办公室严肃各项考试考风考纪，转变职能，改进作风，落实整改，改善服务，提高办事效率，办让群众满意的招生考试，为“优化发展环境”做出应有贡献进行评议。

2013年3月29日，市教育局举办深入学习贯彻中共十八大精神专题讲座，开展“解放思想、改革开放、创新驱动、科学发展”大讨论活动，广泛征集意见和建议。（1）开展学习对标。各科室结合业务工作，深度学习理论知识，开拓思路，更新观念；立足工作实际，瞄准本领域先进地区，确定比学赶超标杆，找差距、查根源、定措施。（2）开辟交流阵地。在承德教育信息网开办大讨论专栏，报道活动动态，刊发心得体会，推介教育改革创新的好做法、好经验。在《承德教育信息》以署名文章、人物访谈等形式，推出“大家谈”系列专题，达到相互交流、浓厚氛围的目的。（3）开展宣讲活动。组织教育系统各级领导干部深入基层宣讲中共十八大对教育的新要求、省市委决策部署、承德教育面临的机遇和挑战，进一步统一思想、凝聚合力。（4）培育先进典型。挖掘选树在大讨论活动和加快教育改革中涌现出的模范人物、典型经验，采取多侧面、深层次的宣传报道，发挥先进典型的示范引领和辐射带动作用。（5）举行建议征集。围绕“走承德特色教育发展之路”“办好人民满意教育”主题，深入开展“我为承德教育发展献一策”活动，通过网络收集、信函反馈等渠道，问计于民，广集众智，为教育科学决策提供参考。

加强党风廉政建设，落实“一岗双责”要求，聚焦“四风”（形式主义、官僚主义、享乐主义、奢靡之风）问题，开展教育系统“吃空饷”“小金库”治理，清理办公用房。加强高校思想建设，深入高校开展大学生思想政治教育工作专题调研，指导各高校以“中国梦”主题教育活动、“体验省情、服务群众”社会实践活动等为载体，加强和改进大学生思想政治工作。组织开展“高雅艺术进高校”活动，指导各高校组建学生社团，开展丰富多彩、寓教于乐的活动。

2013年11月18—22日，市委教育工委按照对全市教育系统开展党的群众路线教育实践活动进行前期谋划、预热升温的要求，由局领导带队分别深入到丰宁县、驻市大中专院校、市直中小学和幼儿园，对第二批党的群众路线教育实践活动进行前期摸底调研。调研组通过召开座谈会、个别座谈等方式，广泛征求各级各类学校的校长、中层干部、一线教师、离退休老、学生家长的意见建议，找准找实问题，结合各级各类学校的教育教学实际，精心设计务实管用的活动载体，不等不靠、立改立行，发动群众广泛参与，形成浓厚的活动氛围，确保教育实践活动不空、不偏、不走过场，取得实际成效。

2014年，全市教育系统开展党的群众路线教育实践和“学转促”（学讲话、转作风、促落实）活动。

2月24日，市委教育工委、市教育局党组组织召开局机关和直属学校党的群众路线教育实践活动动员大会，印发《开展党的群众路线教育实践活动实施方案》。要求局机关和各学校要紧紧扭住反对“四风”（形式主义、官僚主义、享乐主义和奢靡之风）这个重点不放，切实解决市委提出的0个普遍性问题：⑴信念动摇，不注重理论学习，组织观念淡薄、纪律松弛、政治意识不强，不信马列信鬼神，用江湖义气代替党性原则。⑵急功近利，只注重短期显绩，搞形象工程、政绩工程，换一届领导变一套思路，弄虚作假，哄骗上级，糊弄群众，执行政策作选择、打折扣、搞变通。⑶漠视群众，对群众没有感情，把群众问题当作负担，甚至不愿接触群众怕惹麻烦，落实惠民政策缩水走样，门难进、脸难看、事难办。⑷作风漂浮，不用心干事，不真心干事，不专心干事，心浮气躁，脱离实际，搞花架子，好大喜功，热衷迎来送往，不能静下心来深入基层、研究问题。⑸吃拿卡要，乱收费、乱罚款、乱摊派，借办事之机吃回扣、拿红包，随意设卡设障，不给好处慢办事、不办事，给了好处快办事、乱办事。⑹慵懒散拖，不思进取，得过且过，不敢担当，不愿负责，不讲效率，不讲标准，不讲效果，只求过得去，不求过得硬，甚至长期不在岗，吃空饷。⑺蛮横霸道，家长做派，独断专行，不按照民主集中制办事，摆不正自己的位置，把分工当作分家，对群众态度恶劣，随意训斥。⑻特权思想，官本位意识根深蒂固，总想用自己手中的权力搞特殊化。⑼以权谋私，搞权钱交易，权色交易，权权交易，插手工程项目，与民争利，借各种名目敛财。⑽奢靡腐化，贪图享乐，违反领导干部工作生活待遇规定，“三公”（因公出国〈境〉经费、公务车购置及运行费、公务招待产生的消费）经费严重超支。

4月2日，市委宣传部主要领导到市教育局调研，对全市教育系统党的建设、大学生思想政治教育、中小学德育、安全稳定等工作给予充分肯定，并就做好今后工作提出明确要求：⑴要扎实开展好第二批党的群众路线教育实践活动，聚焦问题，从群众最不满意的地方改起，确保取得实效。⑵要围绕办人民满意教育，加强干部和教职工队伍建设，认真贯彻党的教育方针，“教书”与“育人”并重。⑶进一步加强学校管理。教育系统面广、人多，要站在维护社会安全稳定的高度开展工作，确保教育系统安全和谐稳定。

年内，市委教育工委、市教育局进一步加强教育系统党建工作和党风廉政建设工作。印发《关于落实党风廉政建设党委主体责任的意见》和《关于落实党风廉政建设纪委监督责任的实施意见》。强化党组主体责任和纪检部门监督责任，严格落实“一岗双责”（一个单位的领导干部应当对这个单位的业务工作和党风廉政建设负双重责任）制度。印发市教育局党组党风廉政建设和反腐败工作任务责任分解，对8个方面的45项反腐倡廉工作任务逐一分解到每位局领导和相关科室。严格落实“一为主、两报告”（查办案件以上级纪委为主，线索处理和案件查办在向同级党委报告的同时，必须向上级纪委报告）制度，加大对教育系统违法违纪的监督执纪问责。

2015年1月，在全市教育系统开展“中国梦·赶考行”宣传教育活动。3月，开展基层蹲点调研和“走亲连心”活动、向塞罕坝机械林场先进群体学习活动。6月，市委教育工委、市教育局印发《关于培育和践行社会主义核心价值观的实施意见》，要求要把核心价值观融入课堂教学、融入学校文化建设、融入社会实践、融入媒体传播、融入家庭教育、融入学校管理、融入教师队伍建设。10 月，在全市教育系统领导干部中深入开展“解放思想、抢抓机遇、奋发作为、协同发展”大讨论活动。

年内，认真落实党风廉政建设主体责任、监督责任，将党风廉政建设与教育事业发展同部署、同落实、同检查、同考核。明确党组 20 项主体责任、纪委 9 项监督责任和 12 项保障措施。按照“一岗双责”要求，将反腐倡廉工作任务逐一分解到每位局领导和相关科室，与直属学校签订党风廉政建设责任书。紧紧盯住重要时间节点加大检查力度，坚决反对“四风”，逐步形成逐级负责、各负其责、一岗双责的党风廉政建设推进模式，构建党风廉政建设分级管理、分块管理、分层管理的有机管理体系。

第二节 行风建设

一、治理“三乱”

1990 年 4 月，地教委为加强党团建设工作，成立机关党委，部分地直学校成立业余党校和团委。全区电大系统召开思想政治工作经验交流会。各县、校组织广大教职工认真学习江泽民“五四”讲话，弘扬爱国主义精神，忠诚于人民的教育事业。全区利用鸦片战争 150 周年、火烧圆明园 90 周年、抗日战争胜利 45 周年之际，引进、复制《林则徐》《甲午风云》等十几部电影电视片，广泛开展爱国主义教育活动。

1991 年，地教委年初认真进行思想作风和纪律整顿，在委内科室之间进行异岗交流，调整面占机关干部总数的 24%。代地委起草了《关于加强中小学党组织建设的通知》，向各县发出关于大中小学教职工学习社会主义理论的通知。4—6 月，组织机关干部认真学习教育相关法规和公务员行为规范，激发和调动广大教育工作者积极性。

1989 年，市教委党委印发《关于整顿纪律的安排意见》，稳定教育秩序。整顿纪律的目的是在全系统党组织和党员中开展一次纪律教育，解决少数党组织涣散和部分党员的党性不强、组织纪律观念淡薄及不廉洁问题。整顿的重点依次是：党委（党组）成员、教委机关党员和基层党组织班子成员、一般党员。整顿方法分为学习教育、查摆存在问题、查找原因、堵漏建制 4 个阶段进行。

1990 年 3 月 25 日，市教委机关党委印发《关于干部学习马克思主义哲学的安排意见》。学习对象为教委机关干部和学校校级领导干部；学习内容为中宣部编印的马克思主义哲学纲要、毛泽东的实践论和矛盾论、关于正确处理两类不同性质矛盾的问题等哲学著作。3 月底，印发《关于基层党组织工作目标管理的暂行办法（试行）。》工作目标内容分为执行党的政策、党组织的作用、党员管理教育、发展党员、精神文明建设等五方面，由教委机关党委负责考核，每年年终考核一次。年内，印发《关于在全市中小学认真做好纠正行业不正之风工作的通知》，全市中小学开展纠正行业不正之风工作。

1992 年，地教委年初用 4 个月时间，通过集中辅导、分散自学和分层交流心得体会的形式，对教委机关的党员干部进行系统的党史、党建理论教育，提高广大党员干部执行党的基本路线的自觉性。中共十四大召开后，地教委机关召开大会，以党支部为单位原原本本学习文件，领会精神，联系实际，解答问题。对教委机关人员进行国家公务人员行为规范、涉外经济知识、思想政治、继续教育四方面的培训和考核，提高机关工作人员政治和业务素质。

1993 年，地、市合并后，市教委加强干部队伍建设，坚决制止学校乱收费现象。（1）组织各级教育行政干部认真学习和贯彻中共承德市委关于加强党风和廉政建设会议精神，搞好自查自纠，整章建制，切实把加强党风和廉政建设、反对腐败当作大事来抓，不断提高干部素质。组织各级干部深入基层，调查研究，增强服务意识，为基层办实事。（2）对学校乱收费问题进行清理整顿。把清理学校乱收费作为开展反腐败斗争的一项重要内容来抓，建立清理学校乱收费领导小组，印发《关于集中清理和纠正乱收费问题的安排意见》，下发关于取消向学生收取不合理费用的决定。决定取消学龄前儿童入学报名费、小学升入初中报名费、中小学生试卷费、中小学各种竞赛费、中小学讲义费资料费、中小学早晚自习费、中小学留级费、中小学补课费、专业兴趣班和课后延长班费、中小学转学手续费、中小学间餐费和冷饮费、学生军训费、勤工俭学费、中小学班费、中小学公物押金、对学生的各种罚款、义务教育保证金（已收取的保证金按规定逐年退还）17 项不合理收费。

1994 年，市教委党委印发《加强班子自身建设的规定》，落实承德市清理“三乱”（乱收费、乱集资、乱摊派）领导小组关于集中清理和纠正乱收费、乱摊派、乱罚款不正之风的实施意见。⑴认真学习文件，搞好宣传发动，提高对清理和纠正乱收费问题的认识，下发关于集中清理和纠正乱收费的安排意见。⑵认真开展自查自纠，做好申报登记、汇总工作。⑶广泛听取各方面意见，集中力量解决重点问题，市教委开设两部举报电话，建立举报登记簿，及时受理群众举报。

1995 年 4 月 24 日，市教委、监察局、财政局、物价局联合成立承德市清理中小学乱收费工作领导小组，办公室设在市教委党委办公室。年内，承德市教委、物价局、财政局联合印发《承德市中小学校学杂费征收标准》，强调各个学校要严格执行，凡未经省以上物价、财政等部门批准的不得自定收费项目，不得擅自提高收费标准和扩大收费范围。

1996 年，市教委党委以邓小平建设有中国特色的社会主义理论和党的基本路线为指导，全面贯彻中共十四届五中、六中全会精神，坚决执行中纪委、省纪委和市纪委的工作部署，紧密结合本单位实际，突出重点，加大工作力度，把党风建设当作头等大事来抓，推动和促进了市教委机关和全市教育系统的党风廉政建设。

1 月 15 至 3 月 5 日，市教委开展“奋力拼搏、强力突破”大讨论活动。⑴召开党委会，统一班子思想，提高对大讨论的认识，制定市教委机关开展大讨论的安排意见。⑵结合实际查问题、找差距。存在主要问题是：思想不够解放，观念更新慢，对全市教育的大发展、大突破思想上准备不足，满足现状，工作得过且过，安于现状的思想较为严重；中心意识、机遇意识和争先意识不强；有些干部事业心、责任感不强；个别科室、个别人服务意识差，存在门难进、脸难看、事难办的衙门作风；机关管理、干部的思想教育比较薄弱，个别人纪律松散，效率不高;班子的合力、凝聚力有待增强。⑶总结过去，谋划长远，制定全市教育实现突破的新思路。

5 月 27 日，市教委制定关于在教委机关深入开展“三学、三查、三克服、一坚持”活动的实施方案。要求机关全体工作人员深入开展三学（学理论、学党章、学孔繁森）、三查（查世界观、人生观、价值观）、三克服（克服个人主义、拜金主义、享乐主义）、一坚持（坚持全心全意为人民服务的宗旨）活动。

6 月 6 日，市教委决定用三年时间在市教委机关和市属学校实施“形象工程”，印发《关于实施“形象工程”的方案》。要求全体教育工作者要树立勤政、廉政形象，进一步密切党群、干群关系，充分调动广大干部、教师的积极性，确保科教兴市战略的顺利实施。

7 月 24 日，市教委印发《关于在全市深入开展治理中小学乱收费工作的实施意见》，要求进一步提高认识，统一思想，坚决纠正行业不正之风。加大力度，标本兼治，力求治理工作有新的突破。切实加强对治理工作的领导，逐级签订责任书，实行一把手负责制，一级抓一级，常抓不懈，抓出成效。严肃执行现行收费政策，不开口子，不搞变通，对自立收费项目、提高收费标准、顶风违纪、我行我素的要严肃处理。

2015 年 12 月 30 日，市教育局印发《关于对某中学部分教师参与有偿补课处理情况的通报》，根据违纪违规事实和有关规定，由学校分别对相关违规教师给予记过、警告处分，责令违规教师清退所收费用，取消 4 名教师处分期内评先、评优、职称评聘以及各种荣誉称号的参选资格。市教育局对学校领导进行严肃问责，责令学校分管教育教学和初一年级工作的副校长写出深刻检查，对学校主要领导、分管领导和纪委书记进行诫勉谈话，对学校进行全市通报批评，取消学校年度所有评优、评先资格。

年内，市、县两级教育纪检监察部门共收到教育乱收费举报案件 65 件，因教育乱收费诫勉谈话 5 人，约谈 2 人，批评教育 7 人。共查出违规收费 49.88 万元，罚没 44.93 万元，清退 2.39 万元。

2015 年第一季度，驻市教育局纪检组共收到涉及教育行风问题的投诉举报案件 29 件。其中，教育部批转 3 件，省教育厅纪检组（含省教育厅教育收费网络监督平台）批转 9 件，市纪委批转 9 件，驻局纪检组直接收到 8 件。从信访内容看，反映教育乱收费问题 8 件，占 27.6%；反映学校集体补课问题 7 件，占 24.1%；反映教师有偿补课问题 7 件，占 24.1%；反映领导干部廉洁自律问题 5 件，占 17.2%；反映师德问题 1 件，占 3.5%；反映违反财经纪律问题 1 件，占 3.5%。行风信访反映问题特点是：教育乱收费、学校集体补课、教师有偿家教等问题依然是群众投诉的重点，占信访总数的 76%，学校领导干部廉洁自律问题也受到群众的关注。

县（区）和市属学校 2015 年第一季度行风信访举报情况表

表 12—1　　　　单位：件

县（区）名称	信访数量	教育部	省教育厅	市纪委	市教育局
平泉县	3	2		—	1
兴隆县	3	—	2	—	1
承德县	3	—	3	—	—
双桥区	2	—	—	2	—
双滦区	2	—	—	1	1
丰宁县	1	—	1	—	—
隆化县	1	—	—		1
高新区	1	—	—	1	—
存瑞中学	3	—	—	1	2
承德一中	2	—	2	—	—
高新区一中	2	—	—	2	
师院附中	2	—	—	1	1
护理学院	1	1	—	—	—
实验小学	1	—	—	1	—
市十六中	1	—	—	—	1
市第二中学	1	—	1	—	—

说明：未列出的县（区）和市直属院校为 0 举报

2015年第二、三季度，驻市教育局纪检组共收到涉及教育行风问题的投诉举报34件。其中，教育厅纪检组（含省教育厅教育收费网络监督平台）批转7件，市纪委批转8件，驻局纪检组直接收到19件。从信访内容看，反映学校办学不规范问题9件，占26.5%；反映教师有偿补课等师德师风问题8件，占23.5%；反映超范围征订教辅问题6件，占17.7%；反映领导干部廉洁自律问题5件，占14.7%；反映教育乱收费问题3件，占8.8%；反映其他问题3件，占8.8%。行风信访反映问题特点是：教育乱收费问题呈下降趋势，但办学行为、教辅征订、教师有偿家教等问题仍是群众投诉的重点，占信访总数的67.7%。

承德市各县（区）和市属学校2015年第二、三季度行风信访举报情况表

表12—2　　　　单位：件

县（区）名称	信访数量	省教育厅	市纪委	市教育局
平泉县	4	2	—	2
兴隆县	4	1	—	3
双桥区	4	—	1	3
双滦区	4	1	1	2
隆化县	2	—	—	2
围场县	1	1	—	—
围场县	—	—	—	—
滦平县	1	—	—	1
承德县	1	—	—	1
高新区	2	—	1	1
高新区	2	—	1	1
民族师院	1	—	—	1
高新区一中	1	—	1	—
承德一中	2	—	—	2
师院附中	1	—	1	—
护理学院	1	1	—	—
实验小学	1	—	1	—
承德市二中	1	1	—	—
市民办中专	3	—	2	1
合　计	34	7	8	19

说明：未列出的县（区）和市直属院校为0举报

二、教师职业道德建设

2003年，市教育局制定规范教师职业道德的“八项规定”：严禁有违背党和国家方针政策的言行，严禁违规组织教学活动，严禁讽刺、挖苦、歧视、体罚或变相体罚学生，严禁从事有偿家教和违规补课，严禁以教谋私，严禁违反工作纪律，严禁在教学和其他活动中弄虚作假，严禁参与违法违规违纪活动。建立健全监督机制，开展学校评教师，家长评教师，学生评教师活动，对违反规定的严肃查处。持续治理教育乱收费现象，实行对乱收费责任人处理的“追、免、待”（追究责任、免职、待岗）的责任追究制度。

2003年，承德市在广大教职工中开展以“三爱”（爱教育、爱学校、爱学生），“三全”（全面贯彻党的教育方针、全面推进素质教育、全面提高教育质量），“三让”（让社会满意、让家长放心、让学生成才）为主要内容的师德教育活动。在全市教职工中重点开展了“教学标兵”“师德标兵”“管理标兵”三大标兵评比活动。教师节期间，表彰了365名“三大标兵”、100名“三育人”先进个人和10名“十佳”、20名优秀少先队辅导员。

2011年9月，市教育局在全市中小学开展签订师德责任书活动，师德责任书从9个方面对教师从教行为提出明确具体要求，在全市中小学、幼儿园范围内，所有教师必须签订师德责任书后方可上岗。各学校将师德师风建设作为教师年度目标管理考核的重要内容，对教师进行考核，建立师德师风责任追究制，对袒护、包庇违反师德师风建设规定的人和事严格问责。进一步完善承德市师德评价和管理机制，建立起教师自评、同事互评、家长及学生评价、学校考评等多元化师德评价方式和“失德处理”“一票否决”等师德管理办法，努力把师德师风建设各项措施落到实处，在全市广大中小学教师中引起强烈反响。

12月，市教育局召开教育系统行风监督员座谈会，市教育局领导向监督员介绍全市教育工作开展情况，围绕教育事业发展和存在问题倾听意见和建议。与会行风监督员结合自身和身边人的感受，对承德市教育发展成绩给予肯定，并提出中肯的意见建议。市教育局表示将认真研究吸纳，抓好整改落实，推动新的一年工作再上新台阶。

2012年4月26日，市委教育工委、市教育局印发《教育收费治理工作暂行办法（试行）》。办法提出治理教育乱收费的原则是：坚持“属地管理、分级负责”“谁主管、谁负责”“实事求是、有错必纠”。

2013年1月，市教育局将师德列入教师年度考核，实行“一票否决”制度，将师德考核结果记入教师个人档案，作为教师资格定期注册、业绩考核、职称评审、岗位聘用、评优奖励的首要内容。将师德建设作为对各县（区）、各学校工作考核和办学水平评估的重要指标。

3月，市教育局突出“五个重点”，强力推进行风建设。（1）规范义务教育阶段学校办学行为。严禁学校占用学生法定休息时间组织集体补课，严禁学校举办或与校外机构合作举办有偿课外班。（2）规范教师从教行为。严禁公办中小学教师组织或参与有偿补课，严禁向学生或家长索要礼品财物，严禁体罚打骂学生。（3）规范学校服务性收费和代收费行为。严禁违规、超范围、超标准收费，严禁强制或变相强制提供服务并收费，严禁超范围强制推销和购买教辅材料。（4）规范中小学校招生行为。完善招生信息发布制度，杜绝招生过程中的谋私谋利行为。坚持“就近划片、免试入学”原则，划定义务教育阶段学校招生范围，禁止跨区域招生和收费。公办普通高中择校生比例要控制在本校高中招收公助生计划数的20%以下。公办省级示范性高中公助生指标全部分配到校。（5）规范机关干部从政行为。严明工作纪律，严禁推脱敷衍、吃拿卡要、奢侈浪费、懒虚浮软散等不干事、不作为、乱作为行为。

2014年9月19日，举办廉政教育辅导讲座，邀请市纪委领导作“坚决反对四风，严明纪律规定，争当遵章守纪的表率”专题报告。9月27日，召开全市中小学教师师德培训会议，特邀知名教育专家、人大附中肖远骑校长做师德师风专题报告会。

第十三章 人 物

第一节 传略和简介

一、王宏义

王宏义（1939—2015），男，汉族，大学学历，中共党员，高级讲师，河北省滦平县人。1962年7月毕业于河北北京师范学院。1962年8月在滦平中学任教师。1970年2月至1979年5月入狱。1979年5月平反，恢复公职，回滦平中学任教。1980年9月至1986年12月在承德一中先后任高中物理教师、教研组长、教导处副主任。1986年12月至1991年8月在承德地区师范学校先后任教导处主任、副校长等职务。1991年8月至1999年11月在承德一中先后任党总支书记、党委书记、校长兼任党委书记。1999年11月在河北承德第一中学退休。2015年2月，因病去世。

1980年9月至1986年12月，在承德一中工作期间，一心扑在教学上，他倡导和坚持的教师主导和学生主体的教学原则，在以后承德一中物理教研组的教学活动中一直坚持下来，许多经验做法得以传承，他也成为教学骨干。1986年，他主抓高三毕业班工作，高考成绩在全省159所重点中学中名列前茅。1986年12月，他被调任承德地区师范学校教导处主任，后任副校长，始终没有放弃课堂教学。为了提高师范教学质量，整章建制，开展教学比武，整顿教学秩序，为承德师范学校进入全国100所示范性师范学校奠定了坚实基础。

1991年8月，王宏义任承德一中党总支书记，继而任党委书记、校长兼党委书记，领导承德一中全面工作。担任学校领导职务之后，王宏义深感责任重大，以坚定的党性原则认真履行他在党旗下的铮铮誓言。他常说的一句话就是“作为一名人民教师，绝不能误人子弟，这是本分。”他认真贯彻党的教育方针，端正办学思想，明确办学目标。提出了“以教学为中心，坚持德育为首，坚持全面发展，坚持面向全体”的指导思想，明确提出要把承德一中建成“四个一流”的建设目标。他还着手积极改善办学条件，严肃校风校纪，调动教职工积极性，争取政府和社会支持，举办家长学校，开拓勤工俭学以弥补教学经费不足等等，学校各方面工作取得长足发展。在他的带领下，经过全校教职工的共同努力，为这所百年老校的长足发展奠定了精神、文化和丰厚的物质基础，也为承德的经济和社会发展培养了大批人才和建设者。学校先后荣获省、市文明单位，省先进集体，连续多年被评为全市高中教学效益第一名。他本人先后被评为全国优秀教育工作者、地区先进教育工作者、市教育系统优秀共产党员，多次获得政府嘉奖。

二、程启乾

程启乾（1917—2006），原名程亚平，汉族，大学肄业，生于河南开封，原籍河北省交河县司官屯。1957年加入民主同盟会，市政协委员。

1983年9月在承德市第二中学离休。2006年6月，因病去世。

1938年10月至1939年11月在国立云南大学读书，之后曾任云南省教育厅戏剧乐歌宣传队队员、云南宜良中学教员、昆明航空学校大鹏剧社演员、云南蒙自中学训导主任、教务主任，云南省教育厅戏剧队特约演员、北京市临时第二中学教员、天津民国日报社资料室实习编辑、天津私立耀华中学男生部训育主任兼语文教员。

程启乾1949年9月参加工作，经北京西单区政府介绍到沈阳东北教育部实验学校师资部学习，1950年2月大学本科毕业。1950年3月至1952年8月在热河省平泉初级师范工作。1952年9月调入承德二中从事教学工作，先后担任语文教师、语文教研组长等职务。1978年秋，河北省教育厅在邯郸召开全省语文教学研究会，程启乾作为学校语文组长代表承德市出席会议，并在大会上作了题为《改革语文教学，努力实现语文教学科学化》的发言，得到与会者的肯定，省教育厅将发言稿翻印300份，发给与会者学习。1983年9月离休。1986年5月19日经省委批准享受地专级政治生活待遇。

程启乾多年担任学校语文教学工作，由于贡献突出，多次获市委、市政府、市委老干部局、省教委奖励。2002年7月被评为河北省关心下一代先进工作者。

程启乾离休之后，仍心系学校，关心学校的发展，先后与北京市广渠门中学、民进中央秘书长陈益群、旅美华人王光富建立友好联系，为学校的发展做出很大贡献。在程启乾的帮助下，承德二中与北京市广渠门中学“宏志班”建立友好联系，学习“宏志班”办学经验，1996年在河北省内第一个创办了高中“希望班”，向那些品学兼优但无力上高中深造的穷孩子敞开了大门。至2014年学校已连续19年招收希望生5000余人，学校每学年为每名学生提供学杂费、书本费、校服费等各种学习费用3000余元，学校的做法受到社会各界的广泛关注，中国教育电视台、河北电视台、《中国教育报》《河北日报》《燕赵都市报》等各级新闻媒体均予以高度评价。全国人大原副委员长、著名教育家雷洁琼闻知学校情况，欣然为二中题写了校名，代表了老一辈教育家和社会各界对二中教育、教学工作的厚爱与支持。

在中华人民共和国成立之初，程启乾就到承德二中（原热河省工农速成中学）任教，是承德二中建校元老之一。培养了大批优秀毕业生，为承德二中和承德教育的发展做出了突出贡献。

三、何家庚

何家庚（1945—2010），女，中学高级教师，汉族，天津市和平区人，大学本科，中共党员。1996年11月被河北省人民政府授予特级教师称号。2004年8月在承德市第二中学退休。2010年10月，因病去世。

何家庚1964年9月至1968年9月在天津师院外语系学习。1968年9月至1973年1月在承德市第九中学工作。1973年1月至1987年7月在承德市第八中学工作。1984年12月加入中国共产党。1987年8月调入承德二中工作，2000年4月经原市教育委员会、市人事局批准按高级专家延长退休年龄，何家庚退休时间延迟到2004年8月。

何家庚专业知识扎实，教法灵活，积极参加英语课文整体教学的教改实验活动，探索总结出课文引入的7种技巧，对提高学生的英语成绩起到很大的促进作用，所带的1992届、1995届两届毕业班高考英语平均分、优秀率均获全市11所重点学校第二名；在全国中学生奥林匹克竞赛中，辅导的学生获全国一等奖2人、二等奖1人、三等奖3人、优胜奖4人以及市级一等奖2人、二等奖1人、三等奖1人。

何家庚始终工作在教学一线，做了24年班主任、4年年级组长，始终把教书育人作为自己的本职，多次捐助生活困难的学生，经常带病坚持工作，从未耽误学生一节课，所带班级年年被学校评为优秀班级，1989 届高三文班被团市委评为“助人为乐先进团支部”，1992 届高三（1）班连续 3 年被团市委授予“先进团支部”称号。

何家庚因工作成绩突出，1984 年获承德市教育系统先进工作者；1985 年 8 月、1986 年 8 月、1987 年 8 月，连续 3 年分别被河北省人民政府、承德市人民政府授予省、市“园丁奖”。1986 年、1987 年连续两年被评为承德市优秀知识分子。1988 年 6 月被评为承德市先进工作者。1989 年 9 月被原河北省教育委员会授予河北省优秀教师称号。1990 年获承德市中小学模范班主任称号；1991 年被评为全国优秀教师。1992 年被评为河北省劳动模范。1993 年被评为河北省“三育人”标兵。何家庚多次获得承德市人事局嘉奖、承德市“三育人”标兵、承德市教育系统先进工作者、校级优秀教师、优秀共产党员等荣誉称号。

四、张继先

张继先（1933—2009），河北省承德市人，汉族，大学专科，特级教师，中共党员。1993 年 3 月在承德市第二中学退休。2009 年 10 月，因病去世。

1952 年 1 月至 1952 年 8 月在承德师专数学速成班学习。1952 年 8 月毕业于热河省承德师范学校，并在热河省北票中学参加工作。1955 年 8 月调入承德二中（原热河工农速成中学）工作。1958 年 9 月被错划为“右派”。1979 年 2 月经中共承德市委批准“承市发〔1979〕复 33 号”为其平反，恢复政治名誉。1979 年 1 月因工作成绩特别突出获晋升工资一级。1984 年 7 月加入中国共产党。1985 年分别获承德市园丁奖、河北省园丁奖，记三等功。1985 年 2 月被市教育局评为市教育系统先进工作者。1987 年被评为承德市优秀共产党员。1990 年 6 月被河北省人民政府评为特级教师，是承德二中首批特级教师。

张继先从 1955—1993 年在承德二中工作了 38 年，先后担任班主任、数学教研组组长、工会主席等工作。张继先教学经验丰富，教学功底深厚，因倡导“强化图形教学”而形成了独特的教学风格，尤其在几何方面有很深的造诣，被誉为“几何张”。1986 届高考所教的文科班几何成绩全部满分。1988 年在全国数学竞赛中总成绩全市第一，其中学生王健获省一等奖、全国金牌奖。

张继先任教研组组长期间，始终带领并指导组内教师进行教改试验，亲自上示范课，积极开展教研活动，教学质量逐年提高，连续多年被评为市、校先进教研组。曾多次为承德地、市初高中教师讲授与辅导几何基础知识，介绍教学经验。1987 年辅导的市县初中数学教师在过关考核中成绩居各科之首。1980 年为承德地区各县高中教师讲集合基础知识受到欢迎，为提高承德地市青年教师的业务水平做出了贡献。同时，在培养青年教师方面做了大量卓有成效的工作，指导的多名数学青年教师分获河北省青年教师数学课堂大赛一等奖，成为承德市的教学名师、教学骨干。担任工会主席期间，关心学校发展，为学校出谋划策，排忧解难；热情为教师服务，是领导和群众的纽带与桥梁，受到广大教职工的拥护与爱戴。

五、郭福义

郭福义（1954—2012），满族，承德市承德县上谷乡大郭杖子村人，大专毕业，中共党员，曾任上谷乡中心校校长。2012 年 9 月郭福义因病去世，享年 59 岁。

加强自身修养，做好努力提升教师和领导形象的推动者。多年来，郭福义校长严格要求自己，忠诚党的教育事业，认真执行党的方针政策，为人师表，认真履行领导职责，廉洁自律，待人亲切，脚踏实地、埋头苦干，充分发挥先锋模范作用，在平凡的岗位上做出不平凡的成绩。政治思想上他严格要求自己，有较强的责任心和严谨的工作态度，模范地遵守学校的各项规章制度，积极组织好各级各类学习和培训，认真做好上传下达，努力工作，积极为学校工作献计献策。

以恪尽职守，与时俱进，做学校发展的领跑者。在他带领下，上谷学区小学以“创山区名校”“做农村名师”“办群众满意的教育”“诚实守信，学会感恩，培养学生良好的、自觉的行为习惯”为目标，努力提高教育教学质量，创造性地开展学校教育教学工作，在素质教育的发展道路上越走越宽。

以优异的成绩，做好学校发展的奠基者。郭福义担任中心校长以来，上谷中心校各项工作开展有序，并屡创佳绩：大胆创新、勇于实践，做好校本教研和教育科研；代表镇参加活动取得优异成绩；教育教学质量稳步上升，近年来教学成绩一直保持镇前列；教科研领域也是鲜花绽放，教师撰写的论文、教学设计等多次获奖。

曾获荣誉：1984年荣获承德市颁发“市级园丁”称号，1985年被河北省评为“省级园丁”荣记一等功，1995年被承德县教育局评为“德育先进工作者”，1996年被承德县政府评为“综合治理先进个人”，1997年被承德县委、县政府评为“先进个人”荣立三等功，1998年被承德县委、县政府评为“县级优秀党员”，1999年被承德县政府评为“综合治理先进个人”“县级优秀党员”，2000年在“普九”迎国检工作中被评为“先进个人”，2001年、2002年被承德县政府评为“县级优秀党员”，2003年被承德县政府评为“中共承德县优秀党员”，同年被承德县教育局评为“突出贡献先进个人”。

1982年独立研究“小学应用题教学”并做专题论文，荣获县级奖励。1983—1985年独立研究“分数应用题教学”做县级公开课，受到一致好评。1989—1990年参与《小学数学概念教学》《分数应用题对应训练》《自然小制作》的研究，并获论文二等奖。1990—1991年参与《几何概念教学》《计算能力培养》的研究，并获得论文一等奖。1991—1992年参与《浅谈分数概念教学》研究，并获得论文二等奖。

六、任宸

任宸（1925—2001），男，汉族，辽宁省凌源县（今凌源市）人，高中学历，中国共产党党员。1950年2月毕业于凌源中学简师班，3月被分配到凌源第五完小工作，之后，在围场城关完小、围场简师、滦平中学等单位工作。1957年2月至1978年12月在平泉县第一中学担任语文教师，1978年12月至1985年1月担任该校副教导主任。1985年1月退休后，他积极要求进步，经过组织培养和考察，于1986年6月按期转为中国共产党正式党员。2001年10月，因病去世。

在过去的年代，他受过一些不应有的待遇，但是他始终相信党的领导，正确对待问题。他一贯严于律己，团结同事，任劳任怨，从不计较个人得失，在师生中有很高的威望。工作上，他勤勤恳恳，钻研教材，所教授的语文学科教学成绩非常优异。他对古汉语有着深厚的造诣，是承德地区德高望重的语文教师。在教育学生上，他循循善诱，春风化雨，善于做细致的思想工作，是学生的贴心人。

1981年，他被河北省人民政府评为河北省“五讲四美三热爱”教育先进个人。1986年9月，河北省人民政府授予他“优秀园丁”荣誉称号。

七、邵龄年

邵龄年（1939—2002），男，汉族，辽宁省朝阳县人。1966年4月加入国共产党，大专学历。1959年8月，他毕业于承德师范专科学校，被分配到平泉县中学（今平泉县第一中学），先后担任教务主任、副校长、校长等职务。1999年9月退休。2002年2月，因病去世。

他热爱教育工作，严谨治学，潜心执教，教学成绩突出，赢得了广大教师的信任和爱戴。自1978年以来，他执行和完善了教学岗位责任制，坚持教学环节“五认真”的要求。深入实际，做到勤讲、勤导、勤查、勤研究，认真落实《教学计划》和《教学大纲》。

通过教学改革，他不断引导教师灵活掌握教

学方法：在教学手段上，讲、议、演、电、做相结合，着重培养学生“潜在因素”；讲课时做到“讲而当讲，启发有序，步步深入；练而当练，练得要领，以少胜多”；课堂上做到“四给”“五结合”，即给学生以看书、观察、思考、动手的机会，把讲、读、练、议、做结合起来。1983年，在承德地区教育局召开的教学经验交流会上，他总结和介绍了教学经验，受到与会领导们的充分肯定。

21世纪80年代，他引导教师组织第二课堂，成立了无线电小组、化学实验小组、生物标本小组、照相小组等兴趣小组，多次组织学生参加地区、省级、国家各项竞赛，获得优胜者称号达23人次。

他重视电化教学工作，大力推行电化教学。1984年，在河北省电教工作联查中，平泉一中被评为河北省先进单位。

他不断总结推广教学经验，组织公开课、观摩课。仅在1984—1985学年度，就举行全校规模公开课7次，接待兄弟校听课2次，撰写教学经验材料3份。

1985年9月，他被河北省人民政府授予“优秀园丁”荣誉称号。

八、吴尧典

吴尧典（1930—2001），男，汉族，1930年3月出生，辽宁省台安县开河乡人，大专学历。1954年8月毕业于东北师范大学生物系专科班，分配到平泉中学（今平泉县第一中学）任教，中学高级教师。1990年在平泉第一中学退休。2001年4月，因病去世。

他长期从事生物教学工作，积累了丰富的教学经验。他的《直观教学在生物课的应用》《黑板画在高中生物课中的应用》分别于1979年、1987年在河北省生物教学经验交流会上交流。他善于运用电教手段，自己设计、自己制作，课堂教学效果突出，所教授的学科成绩显著。他潜心研究教材，编纂了《高中生物电教教材》。至1987年10月，共绘制高中生物投影教材180余框，经省教委审查通过，在全省出版发行。他是承德地区德高望重的生物教师。1986年9月，他被河北省人民政府授予“优秀园丁”称号。

吴尧典擅长书法，隶书功底深厚，得到广泛赞誉。

九、徐淑兰

徐淑兰（1934—2015），女，汉族，群众，北京市通州区人，中师学历。1956年7月，毕业于北京通县女子师范学校。同年8月，在平泉中学（今平泉县第一中学）担任语文教学工作。1989年11月，在平泉县第一中学退休。2015年10月，因病去世。

徐淑兰从教33个春秋，前后担任了26年班主任。她教书育人，诲人不倦，勤奋耕耘，不断创新，为山区教育事业献出了毕生精力。她扎根山区，勤恳工作，严于律己，乐于奉献，深受广大师生和家长的拥戴。1981年，在全校教工会上，她做了班主任经验典型发言。1985年，她被学生评为最满意教师。徐淑兰积极投身教改，在“教活、学深、写好”6个字上做文章，所编印的学生作文选《春笋》被广泛介绍到承德地区。1982年，平泉县教研室专文刊发她的县级公开课《扁鹊见蔡桓公》课堂实录，推广其经验。1983年，在承德地区举行的语文教学公开课上，她所讲授的《芋老人传》，获得好评。她总结的《学习外地经验，搞好作文改革》一文，在全区语文教改经验交流会上交流。1980年和1981年，她所教的学生中考成绩连续两年获全区重点中学第一。

徐淑兰安贫乐道，不计名利，把荣誉让给别人，从不提出个人要求，全身心投入教学，始终安心山区教育。为不影响教学，她连78岁老母亲的最后一面也没能看到。她患有心脏病，但从未请过半天假，给学生少上一节课，少判一本作业，少辅导一个自习。1985年、1987年，她两次被县政府记大功奖励。1986年9月，被河北省人民政府评为“优秀园丁”。1989年9月，国家教委、人事部、全国教育工会联合授予她为“全国优秀教师”荣誉称号。

十、张桂云

张桂云（1941—1996），女 ，汉族，承德市（双桥区）人，高小学历。1956年加入共产主义青年团。1960年加入中国共产党。1996年7月在承德市聋哑学校退休。1996年8月，因病去世。

1956年7月至1958年7月在承德市社会福利砂石厂当工人。1958年8月至1959年1月在市民政局所属八一炼铁厂当工人。1959年2月至1959年3月在北京市聋哑教育训练班学习。1959年4月至1959年6月在市盲哑拔丝厂任教师，开始做特教扫盲工作。1959年7月至1975年4月在市特殊教育学校（原聋哑学校）任教师兼团支部书记。1975年5月至1980年5月任校革委会副主任。1980年6月至1983年3月调至承钢第一职工子弟小学，先后任副校长、党支部书记。1983年4月调回市特殊教育学校任教师。1984年12月任校长职务。1988年5月被聘为小学高级教师。1994年兼任校党支部委员。

1959年12月28日加入市盲聋哑协会成为会员。1984年参加省特教研究会任理事。1987年参加市小学教育研究会任理事。

张桂云在教育岗位工作了35年，她是承德市盲聋哑学校的创始人之一，热爱特殊教育事业，作风正派，严于律己，坚持原则，勤政廉政。业务上虚心好学。特教工作经验丰富，成绩显著。1960年出席了市、省、全国文教系统群英会，被全国总工会命名为优秀儿童工作者，并受到了妇联的奖励。1961年至1965年连年被评为先进工作者。1982年、1990年、1994年3次被评为优秀共产党员。1993年被评为省特教先进工作者和省残疾人工作先进工作者。1994年被市教育工会命名为“三育人”标兵。

十一、郑爱华

郑爱华（1974—2013)，男，中共党员，满族，家住承德市围场满族蒙古族自治县哈里哈乡对亭沟村4组，大专学历，曾任围场满族蒙古族自治县哈里哈小学教师。

1995年7月毕业于河北平泉师范。同年8月，20岁的他满怀激情走上了三尺讲台，成为一名人民教师。1997年被调入围场满族蒙古族自治县哈里哈中学任物理教师，2002年暑假开学后患病，确诊为鼻咽癌。2013年，在郑爱华走向人生终点的时刻，他的眼角膜被移植给两位失去光明的人，使他们重现光明，他的遗体被送往承德医学院用于医学研究。

2012年6月分别被承德市文明委授予“承德市道德模范”称号，被围场县精神文明建设委员会评为“感恩社会道德模范”，被围场县教育体育局授予“师德楷模”称号。2012年9月10日，在由中央电视台和《光明日报》主办的寻找最美乡村教师大型公益活动中被评为特别关注教师。2013年4月5日，河北省红十字会眼库、邢台市眼科医院联合颁发了“感谢郑爱华老师以爱的奉献给他人带来光明，使您的双眼更明亮，人们将永远怀念您”证书。

十二、郭秀英

郭秀英（1937—2013)，女，汉族，河北省承德市承德县老西营村(现归承德市)，高小毕业，中共党员、兴隆二中教师，2013年5月，因病去世。郭秀英从事教育几十年，桃李满天下，但从不居功自傲，退休后，仍以各种方式支持、帮助教育工作，热心于公益事业，被社会各界称颂。1958年，在人民大会堂参加全国群英会。1960年，参加全国劳动模范代表大会，被评为全国劳动模范（收到总理周恩来的请柬)。生前一直享受全国劳动模范奖励津贴。

十三、马占起

马占起（1935—1992）男，汉族，中共党员。生于1935年10月11日，承德县上板城镇上板城村人。1954年2月，毕业于承德师范学校。1992年10月，因胃癌晚期，医治无效去世，享年57 岁。

1955年2月至1963年11月在兴隆县大杖

子中心校先任教师，后任学校负责人，具体任职时间不详。1963 年 11 月至 1968 年 12 月任承德县下板城总校校长。1969 年 1 月至 1972 年 2 月在承德县上板城公社任职。1972 年 3 月至 1973 年 9 月任承德县上板城总校校长。

1973 年 10 月至 1975 年 4 月任承德县上板城高中校长。1975 年 4 月至 1983 年 12 月任承德县上板城总校校长、党支部书记。1983 年 12 月至 1992 年 6 月任承德县上板城高中校长、党支部书记。

1973 年，上级批准筹建承德县上板城高中，初址选在了承德技师学院南校区一带，当时考虑交通不便，远离居民区，校长马占起多方运作，提出“以地皮换厂房”的设想，用获批的地皮换取水泵厂，获得各方支持，1973 年春季开学，把学校迁入承德县水泵厂，即现校址。形成前排房子学生上课，后面几栋厂房工人还在生产水泵的特殊局面。

1974 年春季开学后，师生动手把一栋厂房改造成了教室，两栋厂房改造为男女生宿舍，改建了学生食堂，修建了灯光篮球场，上板城高中有了雏形。

1975 年 4 月，因工作需要，马占起调入上板城总校任校长，下辖 6 个公社，所有中小学 50 多所，他和视导员骑着自行车走遍了所有学校听课、评课，最远坐船去冯营子公社听课，一周才回来。

1983 年年底，马占起重新回到上板城高中任校长兼党支部书记。他重视德育工作，提出“父爱 + 母爱的关照学生”思想，要求老师们时刻把学生当作自己的孩子关爱、培养，他本人资助两名学生，在他的带动下，很多老师把自己的细粮票拿出来给学生买馒头，师生关系融洽。

学校硬件建设是大难题，教室、宿舍、食堂、操场都需要改建，水泵厂搬走后，到处是大搞钢铁留下的存铁水大坑、土炉灶、炼铁失败留下的大铁砣。马占起提出“自力更生建学校”“每天劳动一小时”的口号，全体师生参加义务劳动，他带领男同学整个暑假不休息，啃窝头，嚼咸菜，睡地铺，用铁锨、镐头、手推车等人力工具，硬是在秋季开学前垫出了操场。

“文化大革命”期间，教学受到影响，马占起顶住压力，严谨治学，推门听课，一丝不苟；早来晚走，以校为家，无私奉献，带动老师们加班加点工作，很多老师晚上自觉到校备课辅导，吃住在学校，涌现出语文教学专家李长东等特级教师，多次举办全市观摩课。

1983 年 12 月，马占起任承德县上板城高中校长兼党支部书记。恢复高考后，他一手抓文化课教学，一手抓音体美特长生培养，学校教学质量逐年提高。1984 年学生刘伟被长春航空学院录取，成为第一个特招飞行员。1986 年创下了 23 名学生参加高考，19 人上线的优异成绩；1987 年，学校被市政府授予“办学先进单位”，被市委授予“文明单位”。1988 年被承德县委授予“先进党支部”。1989 年学生陈国栋被评为国家级“三好学生”，现就职于团中央。培养出了朱淑琳等省级优秀教师。

1990 年春，马占起确诊为胃癌，他住院期间仍时时挂念学校工作。马占起政治立场坚定，工作扎实勤恳，业绩突出。1980 年被承德县政府评为“先进工作者”；1987 年被承德市政府授予“先进校长”。1988 年被河北省政府授予“德育工作先进工作者”。

十四、于贵勤

于贵勤（1956— ），女，满族，承德市承德县三家乡高山营村人，大专学历，中共党员，现任承德县三家乡孤山村小学校长。

1990 年，从条件比较优越的学校调到距县城 120 千米，山、老、边、穷、交通不便、信息闭塞与内蒙古宁城交界的北大山脚下——孤山小学。

她对党忠诚，有坚定的信念，任校长 26 年，敬业、爱岗、奉献，战胜生活和工作上重重困难，经过26年不懈努力，硬是将一所全县末位的小学打造成全国知名单位，中央电视台6次进山拍专题片在中央1、4、10台多次滚动播出。

她所带的学校全体教师都注重孩子的基础教育，从小为孩子养成良好的生活与学习好习惯，她在多年的教育教学生涯中总结得出“于氏”链条（即：行为—习惯—品质—命运）备受中国教育部重视。她将自己的教育理念同党的教育方针有机结合在一起，形成了自己学校独特的教学和管理风格。26年任校长为官一任振兴一方，让孤山人民实现每户有自己的大学生的愿望，为农民脱贫致富奔小康，为办好人民满意教育，为农村教育事业做出了突出贡献。

她所带的团队全体教师都爱生如子，为了远道孩子的学习与安全，在全县率先创办了农村寄宿制学校，冬季她带病义务为孩子烧锅炉，在她的带领下全体教师毫无怨言地夜间轮流值班，20来年从没有让孩子出现半点闪失，孩子住得温馨，吃得顺心，家长放心，党和政府省心。

她用自己的工资将3个孤儿供完小学、初中、高中和大学，安排了工作。为大山里的孩子成为祖国的栋梁，她呕心沥血，把爱都洒给了他们，把青春都倾注给山区教育事业。

她为人朴实厚道，作风公道正派，处事谦虚低调，工作任劳任怨，严以律己，宽以待人，社会形象好，群众威信高。她忠诚、实干、干净、担当、善良，处事稳重、教学严谨，工作认真、负责、事业心和责任感强，是难得的德才兼备的好老师、好校长。

她的工作得到承德县委、县政府和县教育局的认可、肯定，曾3次为她延退，现在仍以饱满的工作热情工作在孤山小学校长的岗位上。

于贵勤受省级表彰情况表

表 13—1

授予时间	授予单位	荣誉名称
1993 年 9 月	省教育厅、人事厅	省优秀班主任称号
1994 年 3 月	省总工会	省先进女职工称号
1995 年 4 月	省人民政府	省劳模
1996 年	中共河北省委五次代表大会秘书处	河北省第五次党代会代表
1997 年 8 月	省教育厅、省总工会	省十佳师德标兵称号
2001 年 7 月	中共河北省委	省优秀党员
2001 年 11 月	中共河北省第六次代表大会秘书处	河北省第六次党代会代表
2002 年 3 月	省妇联	河北省三八红旗手称号
2004 年 5 月	省教育厅、省妇联	河北省好家长称号
2005 年 7 月	省委省政府	河北省十大女杰称号、记一等功
2009 年 10 月	省劳模评委会	60 年河北最具影响力劳模
2009 年 12 月	省老区建设促进会	感动老区杰出人物
2011 年 10 月	河北省委组织部、宣传部、统战部、党史研究室、广播电影电视局、总工会、共青团河北省委、省妇联、河北省军区政治部、河北报业集团	燕赵百名优秀女性
2012 年 6 月	中共河北省委	全省创先争优优秀共产党员（大会典型发言人）
2012 年 6 月	省妇联	河北儿童慈善 30 年感动人物
2012 年 10 月	河北师范大学	授予培训理念与师德教育专家
2012 年 12 月	长城网、河北好人网	评为敬业奉献好人
2012 年 12 月	河北省人大常委会	省人大十二届人大代表
2014 年 6 月	河北省妇联儿童部、河北省家庭教育协会	传承好家风的好妈好爸

于贵勤受国家级表彰情况表

表 13—2

授奖时间	授奖单位	荣誉称号
1994 年 3 月	中华全国总工会	全国先进女职工
1996 年 12 月	红旗出版社、中国年鉴编委会	全国中青年新闻人物
1998 年 4 月	中国教育工会	全国师德先进个人
1998 年 12 月	教育部、王丹萍教育基金会	全国优秀教师奖（全国十名）
1999 年 9 月	中华人民共和国国务院	全国民族团结进步模范
2001 年 9 月	中华人民共和国教育部 中华人民共和国人事部	全国模范教师
2002 年 3 月	中华全国妇联	全国三八红旗手
2007 年	中国共产党（十七大）书记处	全国十七大党代表
2009 年 2 月	中华全国妇联	全国十大女杰提名奖
2009 年 12 月	中国老区建设促进会 中国妇联工作委员会	全国老区妇女创业创新标兵
2010 年 4 月	中华人民共和国国务院	全国先进工作者（全国劳模）
2012 年 9 月	中央电视台、《光明日报》寻找最美乡村教师大型公益活动组委员会	全国最美乡村教师（全国十名）

第二节　名录

1989—2015 年承德市教育世家一览表（部分）

表 13—3

姓　名	单　位	授予称号时间	授予称号机关
程　伟	承德市卫校	1994 年	省教育厅、省教育工会
翁士民	宽城进修学校	1994 年	省教育厅、省教育工会
冯钦玉	平泉沙坨子乡教委	1994 年	省教育厅、省教育工会

续表 13—3

姓　名	单　位	授予称号时间	授予称号机关
白光宇	平泉县蒙古族中学	1994 年	省教育厅、省教育工会
王育民	围场克勒沟镇围子小学	1994 年	省教育厅、省教育工会
杨春平	围场县朝阳湾中学	1994 年	省教育厅、省教育工会
高新民	兴隆县洒河南中学	1994 年	省教育厅、省教育工会
刘豫安	承德医学院	2002 年	省教育厅、省教育工会
常启民	承德市	2002 年	省教育厅、省教育工会
洪日东	平泉县一中	2002 年	省教育厅、省教育工会
翁百秋	宽城县二中	2005 年	省教育厅、省教育工会
陈君辉	围场县第一小学	2005 年	省教育厅、省教育工会
王彤辉	围场棋盘山学区中心校	2005 年	省教育厅、省教育工会
庞志敏	承德市	2005 年	省教育厅、省教育工会
孟庆侠	承德市	2005 年	省教育厅、省教育工会
王艳辉	承德市	2005 年	省教育厅、省教育工会
冀革学	承德县六沟学区中心校	2005 年	省教育厅、省教育工会
杨光普	承德县教育局	2005 年	省教育厅、省教育工会
尹继承	承德市	2005 年	省教育厅、省教育工会
李艳秋	承德高新区一中	2005 年	省教育厅、省教育工会
吴宪民	承德石油高等专科学校	2005 年	省教育厅、省教育工会
殷明翰	承德市	2005 年	省教育厅、省教育工会
贾洪波	兴隆县青少年活动中心	2005 年	省教育厅、省教育工会
张雪松	兴隆县教育局	2005 年	省教育厅、省教育工会
张雪梅	兴隆县一小	2005 年	省教育厅、省教育工会
刘建伟	承德市	2005 年	省教育厅、省教育工会

续表 13—3

姓 名	单 位	授予称号时间	授予称号机关
高俊波	兴隆县三道河中学	2005 年	省教育厅、省教育工会
马欣慧	承德市二中	2005 年	省教育厅、省教育工会
白慧明	丰宁县教育局	2005 年	省教育厅、省教育工会
杨宇明	承德县教育局	2007 年	省教育厅、省教育工会
国大光	承德市二中	2007 年	省教育厅、省教育工会
何 宁	承德市	2009 年	省教育厅、省教育工会
杨艺箐	承德市民族中学	2009 年	省教育厅、省教育工会
杨倩音	河北旅游职业学院	2009 年	省教育厅、省教育工会
金淑媛	承德市	2009 年	省教育厅、省教育工会
王 猛	承德市	2009 年	省教育厅、省教育工会
王振纲	承德市	2009 年	省教育厅、省教育工会
王晓艳	承德市	2009 年	省教育厅、省教育工会
孙丽君	承德市	2009 年	省教育厅、省教育工会
焦瑞珊	兴隆县兴隆镇中学	2009 年	省教育厅、省教育工会
焦丽荣	兴隆县蘑菇峪小学	2009 年	省教育厅、省教育工会
焦丽英	兴隆县南天门小学	2009 年	省教育厅、省教育工会
焦丽芳	兴隆县兴隆镇第二小学	2009 年	省教育厅、省教育工会
李海平	承德市	2009 年	省教育厅、省教育工会
王海鹏	承德市工业学校	2009 年	省教育厅、省教育工会
赵振宇	承德石油高等专科学校	2009 年	省教育厅、省教育工会
马秋菊	承德石油高等专科学校	2009 年	省教育厅、省教育工会
冀成义	隆化县韩麻营中学	2009 年	省教育厅、省教育工会
孙志博	隆化县委党校	2009 年	省教育厅、省教育工会

续表13—3

姓　名	单　位	授予称号时间	授予称号机关
臧百香	河北民族师院附中	2012年	省教育厅、省教育工会
王　琳	承德市	2012年	省教育厅、省教育工会
李艳丽	承德市	2012年	省教育厅、省教育工会
李东升	承德市	2012年	省教育厅、省教育工会
武野平	承德市二中	2012年	省教育厅、省教育工会
肖艳平	承德市	2012年	省教育厅、省教育工会
何素清	围场县职教中心	2012年	省教育厅、省教育工会
孙凯悦	承德市实验小学	2013年	省教育厅、省教育工会
张　琪	承德医学院	2013年	省教育厅、省教育工会
代亚南	兴隆县陡子峪明德小学	2013年	省教育厅、省教育工会
潘　嵩	承德护理职业学院	2013年	省教育厅、省教育工会
花　悦	承德县第三幼儿园	2013年	省教育厅、省教育工会
付新蕊	宽城县龙须门小学	2014年	省教育厅、省教育工会
汤美佳	河北民族师范学院	2014年	省教育厅、省教育工会
孙莉莉	承德石油高等专科学校	2014年	省教育厅、省教育工会
李　硕	承德石油高等专科学校	2014年	省教育厅、省教育工会
吴献荣	宽城县第二满族中学	2014年	省教育厅、省教育工会
刘　伟	丰宁县职教中心	2014年	省教育厅、省教育工会

1989—2015年承德市特级教师一览表（部分）

表13—4

特级教师姓名	单 位	授予称号时间	授予称号机关
王凤珍	承德地区滦平县第三小学	1990年	河北省人民政府
李春生	承德地区围场县第一中学	1990年	河北省人民政府
刘志学	承德市	1990年	河北省人民政府
张文娴	承德市	1990年	河北省人民政府
张继先	承德市	1990年	河北省人民政府
李蔚文	承德市	1990年	河北省人民政府
董秀静	承德市实验小学	1990年	河北省人民政府
鄢朝让	承德市	1990年	河北省人民政府
高雅贤	承德市教育局小学教研室	1994年	河北省人民政府
刘凤兰	宽城县第一小学	1994年	河北省人民政府
冯东营	围场县第一中学	1994年	河北省人民政府
胡文善	承德县第一中学	1996年	河北省人民政府
祁翠华	承德民族师专附中	1997年	河北省人民政府
王丽娟	双桥区头道牌楼小学	1997年	河北省人民政府
景秀兰	平泉县城西小学	1997年	河北省人民政府
李东生	承德县第一中学	1999年	河北省人民政府
张玉霞	承德民族师专附中	1999年	河北省人民政府
张升山	承德民族师专	1999年	河北省人民政府
吕秀兰	承德市一中	1999年	河北省人民政府
张建中	承德市教育局小学教研室	1999年	河北省人民政府
马笑冰	宽城县峪耳崖小学	1999年	河北省人民政府

续表 13—4

特级教师姓名	单　位	授予称号时间	授予称号机关
郑国珍	平泉县城东小学	1999 年	河北省人民政府
张可佳	兴隆县二中	1999 年	河北省人民政府
韦风琴	兴隆县第一小学	1999 年	河北省人民政府
叶春舒	承德县青少年活动中心	1999 年	河北省人民政府
吴崇强	双桥区民族中学	1999 年	河北省人民政府
陈小洁	双桥区教育局教研室	1999 年	河北省人民政府
潘国权	承德市一中	2001 年	河北省人民政府
武野平	承德市二中	2001 年	河北省人民政府
李亚军	承德民族师专附中	2001 年	河北省人民政府
李福中	平泉县县城中心校	2001 年	河北省人民政府
马俊东	平泉县南五十家子小学	2001 年	河北省人民政府
李玉春	宽城县二小	2001 年	河北省人民政府
周殿臣	丰宁县教师进修学校	2001 年	河北省人民政府
姚丽敏	承德县第二小学	2001 年	河北省人民政府
赵月珠	双桥区民族中学	2001 年	河北省人民政府
李眉眉	双桥区民族中学	2001 年	河北省人民政府
张艳群	双桥区翠桥小学	2001 年	河北省人民政府
张玉兰	承德市二中	2004 年	河北省人民政府
乌荷郁	承德市教育局中学教研室	2004 年	河北省人民政府
许丽华	承德民族师专附中	2004 年	河北省人民政府
赵　虹	承德民族师专附中	2004 年	河北省人民政府

续表 13—4

特级教师姓名	单　位	授予称号时间	授予称号机关
吴晓华	双桥区南营子小学	2004 年	河北省人民政府
尚继惠	承德县一中	2004 年	河北省人民政府
贾桂清	承德市一中	2004 年	河北省人民政府
李冠军	承德市一中	2004 年	河北省人民政府
付育璋	承德市一中	2004 年	河北省人民政府
董桂云	丰宁县凤山小川小学	2004 年	河北省人民政府
曹建龙	宽城县一中	2004 年	河北省人民政府
孙立侠	滦平县第二小学	2004 年	河北省人民政府
田入欣	滦平县第二中学	2004 年	河北省人民政府
叶海英	平泉县城东小学	2004 年	河北省人民政府
于文华	平泉县第二中学	2004 年	河北省人民政府
杨　福	平泉县一中	2004 年	河北省人民政府
王贵福	双滦区实验中学	2007 年	河北省人民政府
左慧清	围场县一中	2007 年	河北省人民政府
丁勤中	承德县三十家子初中	2007 年	河北省人民政府
苏凤朝	承德市一中	2007 年	河北省人民政府
杨　平	承德市二中	2007 年	河北省人民政府
胡振友	宽城县一中	2007 年	河北省人民政府
姜　成	滦平县一中	2007 年	河北省人民政府
金燕勇	河北民族师专附中	2007 年	河北省人民政府
尹凤芝	丰宁县教育局	2007 年	河北省人民政府

续表 13—4

特级教师姓名	单　位	授予称号时间	授予称号机关
任文田	双桥区教育局	2007 年	河北省人民政府
佟向梅	承德市实验小学	2007 年	河北省人民政府
陈　平	兴隆县教师进修学校	2007 年	河北省人民政府
王　佐	承德市教育局中学教研室	2007 年	河北省人民政府
孟颜军	承德市存瑞中学	2008 年	河北省人民政府
万黎明	双桥区民族中学	2008 年	河北省人民政府
闫久贵	平泉县一中	2008 年	河北省人民政府
朱承东	承德市实验幼儿园	2008 年	河北省人民政府
李　华	承德市二中	2008 年	河北省人民政府
吕振杰	丰宁县三小	2008 年	河北省人民政府
高亚平	承德市二中	2008 年	河北省人民政府
刘宝团	宽城县一中	2008 年	河北省人民政府
张宝童	承德市一中	2008 年	河北省人民政府
金玉香	平泉县县城中心校	2008 年	河北省人民政府
孙剑锋	承德市一中	2008 年	河北省人民政府
张承印	承德市教育局小学教研室	2008 年	河北省人民政府
陆希致	兴隆县第一中学	2008 年	河北省人民政府
石广义	围场县一中	2008 年	河北省人民政府
周建华	承德市存瑞中学	2010 年	河北省人民政府
邢中华	承德市第二中学	2010 年	河北省人民政府
梁胜金	隆化县第二中学	2010 年	河北省人民政府

续表 13—4

特级教师姓名	单 位	授予称号时间	授予称号机关
张绍儒	滦平县第一中学	2010 年	河北省人民政府
钱富奎	承德市教育局中学教研室	2010 年	河北省人民政府
邵 芳	平泉县第一中学	2010 年	河北省人民政府
王秋云	承德市第二幼儿园	2010 年	河北省人民政府
张 镕	围场县第一中学	2010 年	河北省人民政府
韩景瑞	承德市第一中学	2013 年	河北省人民政府
张晓春	承德市教育局中学教研室	2013 年	河北省人民政府
李淑民	兴隆吴正宪小学数学工作站	2013 年	河北省人民政府
董 杰	承德县第一小学	2013 年	河北省人民政府
张国文	宽城县第二中学	2013 年	河北省人民政府
姜桂荣	河北民族师院附属中学	2013 年	河北省人民政府
王立新	承德市第三中学	2013 年	河北省人民政府
刘秋红	承德市第二中学	2013 年	河北省人民政府
乔英萍	承德市第八中学	2013 年	河北省人民政府

1989—2015 年承德市国家、省级模范教师一览表（部分）

表 13—5

教师姓名	单 位	授予称号时间	授予称号机关
王兴国	丰宁教委	1989 年	国家教委、人事部、教育工会
王凤珍	滦平第三小学	1989 年	国家教委、人事部、教育工会
胡东池	平泉榆树林中学	1989 年	国家教委、人事部、教育工会
李 寅	承德双峰寺中学	1989 年	国家教委、人事部、教育工会
吴永泮	平泉县第一中学	1991 年	国家教委、人事部

续表13—5

教师姓名	单　位	授予称号时间	授予称号机关
许景荣	宽城县第二小学	1991年	国家教委、人事部
张广森	平泉党坝中心校	1993年	国家教委、人事部
贾桂清	隆化存瑞中学	1993年	国家教委、人事部
杨春平	围场县围场镇中	1998年	国家教委、人事部
杜玉瑞	双滦西地中心校	1998年	国家教委、人事部
于贵勤	承德县孤山小学	2001年	人事部、教委部
姜　成	滦平县第一中学	2004年	人事部、教育部
张宝童	承德市第一中学	2004年	人事部、教育部
管　余	兴隆三道河学校	2009年	人事部、教育部
王　忠	平泉县第一中学	2009年	人事部、教育部
薄锡春	围场棋盘山学区	2014年	人事部、教育部
孙国福	滦平西沟中心校	2014年	人事部、教育部
曾淑娟	宽城县龙须门镇	2014年	人事部、教育部
张国华	承德市第一中学	2014年	人事部、教育部
李春龙	平泉小寺沟中学	2004年	河北省教育厅、人事厅、教育工会
纪文华	兴隆县第二中学	2004年	河北省教育厅、人事厅、教育工会
刘景安	宽城县第一中学	2004年	河北省教育厅、人事厅、教育工会
戴素兰	双桥头牌楼小学	2004年	河北省教育厅、人事厅、教育工会
李桂英	营子区第七中学	2004年	河北省教育厅、人事厅、教育工会
李春龙	平泉小寺沟中学	2004年	河北省教育厅、人事厅、教育工会
李玉芳	宽城县第一中学	2007年	河北省教育厅、人事厅、教育工会

续表 13—5

教师姓名	单 位	授予称号时间	授予称号机关
秦志学	承德市第八中学	2007 年	河北教育厅、人事厅、教育工会
陆希致	兴隆县第一中学	2007 年	河北教育厅、人事厅、教育工会
魏沧波	承德民族师专	2007 年	河北教育厅、人事厅、教育工会
李淑芹	承德市第二中学	2007 年	河北教育厅、人事厅、教育工会
董彩霞	隆化县第二中学	2007 年	河北教育厅、人事厅、教育工会
王爱纲	双滦区实验中学	2007 年	河北教育厅、人事厅、教育工会
薛久武	滦平县第一中学	2009 年	河北教育厅、人社厅、教育工会
李翠兰	承德市第四中学	2009 年	河北教育厅、人社厅、教育工会
杨文洁	承德县城西学校	2009 年	河北教育厅、人社厅、教育工会
陈延明	平泉县河北蒙中	2009 年	河北教育厅、人社厅、教育工会
李玉红	河北承德医学院	2009 年	河北教育厅、人社厅、教育工会
刘又双	承德市第二中学	2014 年	河北教育厅、人社厅、教育工会
孙艳华	承德南营子小学	2014 年	河北教育厅、人社厅、教育工会
吴素芬	承德市实验小学	2014 年	河北教育厅、人社厅、教育工会
张丽君	承德县第四小学	2014 年	河北教育厅、人社厅、教育工会
尹晓光	河北民族师院	2014 年	河北教育厅、人社厅、教育工会
赵桂福	宽城县峪耳崖镇	2014 年	河北教育厅、人社厅、教育工会
张彦宏	隆化县第一中学	2014 年	河北教育厅、人社厅、教育工会

1989—2015 年承德市国家、省级优秀教师一览表（部分）

表 13—6

教师姓名	单　位	授予称号时间	授予称号机关
吴　唐	双桥区双峰寺中心校	1989 年	国家教委、人事部、教育工会
杜玉民	承德县第三中学	1989 年	国家教委、人事部、教育工会
尹　策	承德市	1989 年	国家教委、人事部、教育工会
李士昌	承德市	1989 年	国家教委、人事部、教育工会
刘桂田	承德市	1989 年	国家教委、人事部、教育工会
任克禄	双桥区牛圈子沟中心校	1989 年	国家教委、人事部、教育工会
林宝珍	双滦区滦河小学	1989 年	国家教委、人事部、教育工会
于占江	承德市第四中学	1989 年	国家教委、人事部、教育工会
禹崇华	承德市	1989 年	国家教委、人事部、教育工会
邢　俊	承德市第七中学	1989 年	国家教委、人事部、教育工会
刘秀芹	承德市第二中学	1989 年	国家教委、人事部、教育工会
马秀文	承德市	1989 年	国家教委、人事部、教育工会
杨仁浦	承德市	1989 年	国家教委、人事部、教育工会
陈志夫	河北旅游职业学院	1989 年	国家教委、人事部、教育工会
冯　林	围场县腰站中学	1989 年	国家教委、人事部、教育工会
何家庚	承德市第二中学	1991 年	国家教委、人事部
张志磊	承德市	1991 年	国家教委、人事部
胡光彩	双滦区双塔山小学	1991 年	国家教委、人事部
陈海顺	承德市	1993 年	国家教委、人事部
王丽娟	双桥区教体局	1993 年	国家教委、人事部
李志香	滦平县第一中学	2001 年	教育部

续表13—6

教师姓名	单　位	授予称号时间	授予称号机关
郝　增	承德县教师进修	2001年	教育部
冼国军	丰宁县第一中学	2001年	教育部
潘桂云	承德旅游学校	2001年	教育部
赵　国	宽城县第一中学	2001年	教育部
贾春华	承德医学院	2001年	教育部
张振宇	围场中小学教研室	2004年	教育部
王佳境	隆化县第一中学	2004年	教育部
李俊英	丰宁县第一中学	2004年	教育部
武晓旻	承德县第一中学	2004年	教育部
马　磊	河北旅游职业学院	2004年	教育部
王春文	丰宁波罗诺镇中学	2007年	教育部
杜玉凤	承德医学院	2007年	教育部
李长林	围场县第一中学	2007年	教育部
李树林	平泉县小寺沟中学	2007年	教育部
杨大顺	滦平县职教中心	2007年	教育部
卜延荣	隆化县湾沟门小学	2009年	教育部
常金华	承德市桥东小学	2009年	教育部
丛艳丽	宽城柳树底下中学	2009年	教育部
张淑敏	围场县第一中学	2009年	教育部
孙明杰	围场县职教中心	2009年	教育部
邹振春	承德石油专科学校	2009年	教育部

续表13—6

教师姓名	单　位	授予称号时间	授予称号机关
于多珠	承德医学院	2009年	教育部
王洪敏	平泉县城西小学	2014年	教育部
程艳丽	兴隆县平安堡中学	2014年	教育部
黄玉生	双滦区实验中学	2014年	教育部
梁　伟	丰宁县第一中学	2014年	教育部
梅彦利	承德石油专科学校	2014年	教育部
赵淑敏	承德医学院	2014年	教育部
何家庚	承德市第二中学	1989年	省教委、人社厅、教育工会
赵世德	承德市	1989年	省教委、人社厅、教育工会
赵丕芳	承德市民族中学	1989年	省教委、人社厅、教育工会
宫玉芹	承德市第五中学	1989年	省教委、人社厅、教育工会
任　莉	双桥区翠桥学校	1989年	省教委、人社厅、教育工会
侯丽华	双桥区避暑山庄小学	1989年	省教委、人社厅、教育工会
刘占国	承德县头沟学区中心校	1989年	省教委、人社厅、教育工会
白公田	承德县头沟学区中心校	1989年	省教委、人社厅、教育工会
孙振兰	承德市	1989年	省教委、人社厅、教育工会
宋慧琴	承德市	1989年	省教委、人社厅、教育工会
王振玉	高新区一中	1989年	省教委、人社厅、教育工会
韩春媛	高新区卸甲营小学	1989年	省教委、人社厅、教育工会
任　友	围场县新拨学区中心校	1989年	省教委、人社厅、教育工会
潘桂筠	围场县腰站小学	1991年	省教委、人社厅、教育工会

续表 13—6

教师姓名	单　位	授予称号时间	授予称号机关
刘淑华	围场县半截塔小学	1991 年	省教委、人社厅、教育工会
张玉兰	围场县第一幼儿园	1991 年	省教委、人社厅、教育工会
李奎兰	围场县第四小学	1991 年	省教委、人社厅、教育工会
李蔚文	承德市第二中学	1991 年	省教委、人社厅、教育工会
齐　虹	双桥区头道牌楼小学	1991 年	省教委、人社厅、教育工会
袁玉兰	承德市	1991 年	省教委、人社厅、教育工会
朱佩芬	承德市第二中学	1991 年	省教委、人社厅、教育工会
谢惠芳	承德市双桥区翠桥小学	1991 年	省教委、人社厅、教育工会
张淑珍	承德市	1991 年	省教委、人社厅、教育工会
陈韵芬	承德市第八中学	1991 年	省教委、人社厅、教育工会
葛素润	双桥区狮子沟中心校	1991 年	省教委、人社厅、教育工会
孔繁友	营子区汪庄中心校	1991 年	省教委、人社厅、教育工会
祁翠华	承德市	1991 年	省教委、人社厅、教育工会
王玉兰	双桥区教体局	1991 年	省教委、人社厅、教育工会
石会芹	承德市桥东小学	1991 年	省教委、人社厅、教育工会
赵玉臣	承德市第八中学	1991 年	省教委、人社厅、教育工会
应秀云	双桥区牛圈子沟中心校	1991 年	省教委、人社厅、教育工会
静士海	承德市	1991 年	省教委、人社厅、教育工会
王顺英	承德市	1991 年	省教委、人社厅、教育工会
阎国明	高新区阎营子小学	1991 年	省教委、人社厅、教育工会
刘豫平	承德市	1991 年	省教委、人社厅、教育工会

续表 13—6

教师姓名	单　位	授予称号时间	授予称号机关
鲁国英	承德市实验小学	1991 年	省教委、人社厅、教育工会
王克敏	高新区上板城初中	1991 年	省教委、人社厅、教育工会
陈海杰	承德县六沟高中	1991 年	省教委、人社厅、教育工会
葛淑贤	承德市实验小学	1991 年	省教委、人社厅、教育工会
黄富荣	承德市	1991 年	省教委、人社厅、教育工会
苑士会	承德市	1991 年	省教委、人社厅、教育工会
李海玉	承德市	1991 年	省教委、人社厅、教育工会
赵桂菊	承德市第四中学	1991 年	省教委、人社厅、教育工会
王以善	承德县第一中学	1991 年	省教委、人社厅、教育工会
陈桂萍	承德市	1991 年	省教委、人社厅、教育工会
曲友信	承德县第二中学	1991 年	省教委、人社厅、教育工会
吴俊廷	承德县第二中学	1991 年	省教委、人社厅、教育工会
朱淑琳	高新区一中	1991 年	省教委、人社厅、教育工会
周震杰	承德市	1991 年	省教委、人社厅、教育工会
徐宗玲	承德市	1991 年	省教委、人社厅、教育工会
杨占宝	双桥区双峰寺中心校	1991 年	省教委、人社厅、教育工会
陈书田	承德县教师发展中心	1991 年	省教委、人社厅、教育工会
宗蚰岩	承德市第七中学	1991 年	省教委、人社厅、教育工会
胡素兰	承德市	1991 年	省教委、人社厅、教育工会
刘志琴	承德市	1991 年	省教委、人社厅、教育工会
董洪伟	承德市	1991 年	省教委、人社厅、教育工会

续表 13—6

教师姓名	单　位	授予称号时间	授予称号机关
石　敏	双滦区滦河民族小学	1991 年	省教委、人社厅、教育工会
张国成	承德县第一中学	1991 年	省教委、人社厅、教育工会
李眉眉	承德市民族中学	1991 年	省教委、人社厅、教育工会
朱柏会	承德市	1991 年	省教委、人社厅、教育工会
崔续昌	承德市	1991 年	省教委、人社厅、教育工会
王丽娟	双桥区教体局	1991 年	省教委、人社厅、教育工会
万桂兰	承德县三沟学区中心校	1991 年	省教委、人社厅、教育工会
李志栋	承德县第一中学	1991 年	省教委、人社厅、教育工会
胡维联	承德县三沟初中	1991 年	省教委、人社厅、教育工会
李　江	承德县三沟初中	1991 年	省教委、人社厅、教育工会
邵清伯	承德县六沟初中	1991 年	省教委、人社厅、教育工会
朱德文	承德市	1991 年	省教委、人社厅、教育工会
宋晓明	承德市	1991 年	省教委、人社厅、教育工会
杨文云	承德市	1991 年	省教委、人社厅、教育工会
高振华	高新区上板城初中	1991 年	省教委、人社厅、教育工会
卜振明	承德县六沟初中	1991 年	省教委、人社厅、教育工会
夏秀荣	承德县第三中学	1991 年	省教委、人社厅、教育工会
肖数显	承德市	1991 年	省教委、人社厅、教育工会
张淑芳	双桥区翠桥学校	1991 年	省教委、人社厅、教育工会
白淑琴	承德市	1991 年	省教委、人社厅、教育工会
乔玉兰	承德市	1991 年	省教委、人社厅、教育工会

续表13—6

教师姓名	单　位	授予称号时间	授予称号机关
李庆廷	承德县孟家院学区中心校	1991年	省教委、人社厅、教育工会
王凤海	承德市	1991年	省教委、人社厅、教育工会
李冬莉	承德县实验小学	1991年	省教委、人社厅、教育工会
周井云	承德市	1991年	省教委、人社厅、教育工会
宋海琴	承德市	1991年	省教委、人社厅、教育工会
刘文军	承德市	1991年	省教委、人社厅、教育工会
阎中昊	双滦区大庙中学	1991年	省教委、人社厅、教育工会
孙彦景	承德市第十二中学	1993年	省教委、人社厅、教育工会
万　青	高新区第一中学	1993年	省教委、人社厅、教育工会
张凤芹	承德市	1993年	省教委、人社厅、教育工会
王　关	承德市	1993年	省教委、人社厅、教育工会
白玉霞	承德市第四中学	1993年	省教委、人社厅、教育工会
宋文红	双滦区教体局	1993年	省教委、人社厅、教育工会
贾汝香	承德市	1993年	省教委、人社厅、教育工会
张学军	营子区教体局	1993年	省教委、人社厅、教育工会
王艳华	承德市特教学校	1993年	省教委、人社厅、教育工会
李建华	兴隆县第二中学	1993年	省教委、人社厅、教育工会
王维平	围场县第一小学	1998年	省教委、人社厅、教育工会
邢淑云	围场县第一小学	2001年	省教委、人社厅、教育工会
陆长江	围场县下伙房中学	2004年	省教委、人社厅、教育工会
朱　丽	围场县龙头山中心校	2004年	省教委、人社厅、教育工会

续表 13—6

教师姓名	单　位	授予称号时间	授予称号机关
刘桂芹	围场县四合永中学	2004 年	省教委、人社厅、教育工会
王东霞	隆化县第二中学	2004 年	省教委、人社厅、教育工会
李淑玉	隆化县回民小学	2004 年	省教委、人社厅、教育工会
王淑华	隆化县汤头沟中心小学	2004 年	省教委、人社厅、教育工会
白瑞峰	丰宁县第一中学	2004 年	省教委、人社厅、教育工会
白广智	丰宁县第一中学	2004 年	省教委、人社厅、教育工会
马忠起	承德市	2004 年	省教委、人社厅、教育工会
万中普	滦平县张百湾中心校	2004 年	省教委、人社厅、教育工会
杨秀春	承德县教师发展中心	2004 年	省教委、人社厅、教育工会
刘云友	承德市	2004 年	省教委、人社厅、教育工会
薛立群	承德县第二中学	2004 年	省教委、人社厅、教育工会
闫久贵	承德市	2004 年	省教委、人社厅、教育工会
陈伯生	河北蒙古族中学	2004 年	省教委、人社厅、教育工会
金利忠	平泉市城区中心校	2004 年	省教委、人社厅、教育工会
孙建霞	平泉市台头山中学	2004 年	省教委、人社厅、教育工会
刘海霞	兴隆县第二中学	2004 年	省教委、人社厅、教育工会
高桂云	承德市	2004 年	省教委、人社厅、教育工会
李雪梅	承德市第十二中学	2004 年	省教委、人社厅、教育工会
王小翠	承德市第四中学	2004 年	省教委、人社厅、教育工会
杨淑芬	河北民族师院附属中学	2004 年	省教委、人社厅、教育工会
唐连舫	承德市	2004 年	省教委、人社厅、教育工会

续表 13—6

教师姓名	单　位	授予称号时间	授予称号机关
高亚平	承德市	2004 年	省教委、人社厅、教育工会
马秀芬	承德市	2004 年	省教委、人社厅、教育工会
刘汉林	承德市	2004 年	省教委、人社厅、教育工会
张凤丽	隆化县七家中心校	2007 年	省教委、人社厅、教育工会
马兴华	承德县安匠中学	2007 年	省教委、人社厅、教育工会
邓玉荣	兴隆陡子峪乡中学	2007 年	省教委、人社厅、教育工会
郭淑萍	兴隆第一中心小学	2007 年	省教委、人社厅、教育工会
张凤山	承德广播电视大学	2007 年	省教委、人社厅、教育工会
孙广军	隆化张三营中心校	2007 年	省教委、人社厅、教育工会
王兴华	平泉台头山中心校	2007 年	省教委、人社厅、教育工会
路　宏	承德市第十六中学	2007 年	省教委、人社厅、教育工会
杨立辉	承德市实验小学	2007 年	省教委、人社厅、教育工会
鲁立森	围场中小学教研室	2007 年	省教委、人社厅、教育工会
王海民	承德县六沟高中	2007 年	省教委、人社厅、教育工会
毕峻峰	丰宁县第三中学	2007 年	省教委、人社厅、教育工会
陈晓丰	丰宁县窄岭中学	2007 年	省教委、人社厅、教育工会
张晶蕊	双滦区滦河中心校	2007 年	省教委、人社厅、教育工会
孙建国	宽城县第一小学	2007 年	省教委、人社厅、教育工会
姜海君	隆化县存瑞小学	2007 年	省教委、人社厅、教育工会
宋玉霞	围场县职教中心	2007 年	省教委、人社厅、教育工会
张艳红	兴隆县第二中学	2007 年	省教委、人社厅、教育工会

续表 13—6

教师姓名	单　位	授予称号时间	授予称号机关
高彩秋	滦平县第三中学	2007 年	省教委、人社厅、教育工会
孟庆丰	滦平县第一中学	2007 年	省教委、人社厅、教育工会
梁中玉	宽城宽城镇中心校	2007 年	省教委、人社厅、教育工会
杨志付	宽城县第二小学	2007 年	省教委、人社厅、教育工会
鲍玉洁	围场县第二中学	2007 年	省教委、人社厅、教育工会
张桂清	平泉县第二中学	2007 年	省教委、人社厅、教育工会
张海茹	平泉县蒙古族高中	2007 年	省教委、人社厅、教育工会
万　宇	承德县上板城高中	2007 年	省教委、人社厅、教育工会
高树森	隆化县第一中学	2007 年	省教委、人社厅、教育工会
辛连志	丰宁县第一中学	2007 年	省教委、人社厅、教育工会
扬　威	承德市第七中学	2007 年	省教委、人社厅、教育工会
周智宏	围场县四合永学区	2007 年	省教委、人社厅、教育工会
高福林	滦平虎什哈中心校	2007 年	省教委、人社厅、教育工会
杨春辉	承德高级技工学校	2008 年	河北省劳动和社会保障厅
丁海龙	承德劳动技工学校	2008 年	河北省劳动和社会保障厅
李秀霞	承德扶贫技工学校	2008 年	河北省劳动和社会保障厅
刘志斌	承德腾飞汽修学校	2008 年	河北省劳动和社会保障厅
高大成	承德振华民办学校	2008 年	河北省劳动和社会保障厅
李志芹	承德志芹民办学校	2008 年	河北省劳动和社会保障厅
马艳年	承德新华美容学校	2008 年	河北省劳动和社会保障厅
刘焕学	承德石油专科学校	2009 年	省教委、人社厅、教育工会

续表 13—6

教师姓名	单　位	授予称号时间	授予称号机关
张国珍	承德市第五幼儿园	2009 年	省教委、人社厅、教育工会
高金珉	兴隆县职教中心	2009 年	省教委、人社厅、教育工会
李秀云	承德民族师专	2009 年	省教委、人社厅、教育工会
庞汉阁	隆化县第一中学	2009 年	省教委、人社厅、教育工会
张艳菊	承德市竹林寺小学	2009 年	省教委、人社厅、教育工会
赵起合	平泉县第四中学	2009 年	省教委、人社厅、教育工会
唐文艳	承德县第二小学	2009 年	省教委、人社厅、教育工会
田凤杰	双滦滦河民族小学	2009 年	省教委、人社厅、教育工会
韩红英	承德市第一中学	2009 年	省教委、人社厅、教育工会
任佩宇	丰宁县第二中学	2009 年	省教委、人社厅、教育工会
王春艳	隆化汤头沟小学	2009 年	省教委、人社厅、教育工会
高凤娟	平泉县洼子店中学	2009 年	省教委、人社厅、教育工会
李素红	营子区逸夫小学	2009 年	省教委、人社厅、教育工会
卢淑笙	双桥区南营子小学	2009 年	省教委、人社厅、教育工会
杨国华	围场县第二中学	2009 年	省教委、人社厅、教育工会
梁翠芹	宽城县第二小学	2009 年	省教委、人社厅、教育工会
李俊华	宽城县第一中学	2009 年	省教委、人社厅、教育工会
李秀平	承德市第八中学	2009 年	省教委、人社厅、教育工会
李金霞	兴隆县兴隆镇二小	2009 年	省教委、人社厅、教育工会
常　民	承德县进修学校	2009 年	省教委、人社厅、教育工会
靳秀娟	平泉县回民小学	2009 年	省教委、人社厅、教育工会

续表 13—6

教师姓名	单 位	授予称号时间	授予称号机关
王艳红	宽城县第二中学	2009 年	省教委、人社厅、教育工会
陈桂莲	围场县围场镇中学	2009 年	省教委、人社厅、教育工会
李 广	围场县棋盘山学区	2009 年	省教委、人社厅、教育工会
王喜平	丰宁县厢黄旗小学	2009 年	省教委、人社厅、教育工会
成文国	隆化县通事营学校	2009 年	省教委、人社厅、教育工会
李咏梅	承德县逸夫学校	2009 年	省教委、人社厅、教育工会
高立瑞	滦平巴克什营学区	2009 年	省教委、人社厅、教育工会
郑建荣	围场县卉原中学	2009 年	省教委、人社厅、教育工会
朱百川	丰宁土城学区总校	2009 年	省教委、人社厅、教育工会
宋国志	平泉黄土梁子初中	2009 年	省教委、人社厅、教育工会
张瑞歆	隆化县存瑞小学	2009 年	省教委、人社厅、教育工会
傅 升	兴隆大水泉中心校	2009 年	省教委、人社厅、教育工会
董克立	承德市第一中学	2014 年	省教委、人社厅、教育工会
王景芸	承德市翠桥学校	2014 年	省教委、人社厅、教育工会
饶永刚	承德市存瑞中学	2014 年	省教委、人社厅、教育工会
邱建国	承德市第三中学	2014 年	省教委、人社厅、教育工会
肖永生	高新区第一中学	2014 年	省教委、人社厅、教育工会
陈 娜	平泉县双桥小学	2014 年	省教委、人社厅、教育工会
米德琰	承德市桥东小学	2014 年	省教委、人社厅、教育工会
任 云	围场县朝阳湾学区	2014 年	省教委、人社厅、教育工会
马艳丽	围场县第四小学	2014 年	省教委、人社厅、教育工会

续表13—6

教师姓名	单　位	授予称号时间	授予称号机关
杜秀云	围场县第二中学	2014年	省教委、人社厅、教育工会
王永华	围场县职教中心	2014年	省教委、人社厅、教育工会
张秀华	营子寿王坟中心校	2014年	省教委、人社厅、教育工会
王雅利	承德县第一幼儿园	2014年	省教委、人社厅、教育工会
杨秀玲	承德县二沟小学	2014年	省教委、人社厅、教育工会
郝宏斌	承德县上谷初中	2014年	省教委、人社厅、教育工会
胡艳春	承德县职教中心	2014年	省教委、人社厅、教育工会
张晓敏	丰宁县第二小学	2014年	省教委、人社厅、教育工会
刘廷慧	丰宁县第三小学	2014年	省教委、人社厅、教育工会
王丽华	丰宁县第三中学	2014年	省教委、人社厅、教育工会
王建华	丰宁县小川小学	2014年	省教委、人社厅、教育工会
王晓燕	丰宁县职教中心	2014年	省教委、人社厅、教育工会
李建峰	河北旅游职业学院	2014年	省教委、人社厅、教育工会
邢　春	河北民族师院附中	2014年	省教委、人社厅、教育工会
刘晓凤	宽城县第二小学	2014年	省教委、人社厅、教育工会
刘桂琴	宽城县第二中学	2014年	省教委、人社厅、教育工会
刘彦军	隆化县第二中学	2014年	省教委、人社厅、教育工会
董海凤	隆化县第三中学	2014年	省教委、人社厅、教育工会
石冬梅	隆化碱房中心小学	2014年	省教委、人社厅、教育工会
刘广茹	隆化大坝中心小学	2014年	省教委、人社厅、教育工会
李淑君	隆化县章吉营中学	2014年	省教委、人社厅、教育工会

续表 13—6

教师姓名	单　位	授予称号时间	授予称号机关
孔英利	滦平县第二小学	2014 年	省教委、人社厅、教育工会
郑红侠	滦平县第三中学	2014 年	省教委、人社厅、教育工会
尤永生	滦平县第一中学	2014 年	省教委、人社厅、教育工会
刘晓芹	平泉县金杖子小学	2014 年	省教委、人社厅、教育工会
李晓丽	平泉黄土梁子小学	2014 年	省教委、人社厅、教育工会
高凤娟	平泉县洼子店中学	2014 年	省教委、人社厅、教育工会
于立新	平泉卧龙明德小学	2014 年	省教委、人社厅、教育工会
王淑敏	平泉榆树林子小学	2014 年	省教委、人社厅、教育工会
王晓忠	围场县第一中学	2014 年	省教委、人社厅、教育工会
于　兵	兴隆县第一中学	2014 年	省教委、人社厅、教育工会
王　飞	兴隆蓝旗开庄小学	2014 年	省教委、人社厅、教育工会
孙海霞	兴隆县小东区中学	2014 年	省教委、人社厅、教育工会
邵盛波	兴隆县职教中心	2014 年	省教委、人社厅、教育工会

1989—2015年承德市省级骨干教师一览表（部分）

表13—7

骨干教师姓名	单　位	授予称号时间	授予称号机关
黄承民	河北承德第一中学	2005年	河北省教育厅
梁淑艳	河北民族师范学校附属中学	2005年	河北省教育厅
周　杰	河北民族师范学院附属中学	2005年	河北省教育厅
权若岩	承德市实验小学	2005年	河北省教育厅
王丽娟	承德市二幼	2005年	河北省教育厅
于九录	承德市教育局中学教研室	2005年	河北省教育厅
张承印	承德市教育局小学教研室	2005年	河北省教育厅
王志伟	承德县二中	2005年	河北省教育厅
郝　增	承德县教育局教研室	2005年	河北省教育厅
李慧民	承德县教育局中学教研室	2005年	河北省教育厅
韩忠祥	承德县教育局中学教研室	2005年	河北省教育厅
滕檄卿	丰宁县一中	2005年	河北省教育厅
李福环	丰宁县三中	2005年	河北省教育厅
胡振友	宽城县一中	2005年	河北省教育厅
耿术华	宽城县汤道河高中	2005年	河北省教育厅
唐仕君	宽城县二中	2005年	河北省教育厅
丁志民	隆化县一中	2005年	河北省教育厅
杜晓平	隆化县一中	2005年	河北省教育厅
姜红梅	隆化县存瑞小学	2005年	河北省教育厅
白淑莲	隆化县第一小学	2005年	河北省教育厅
付光华	滦平县二中	2005年	河北省教育厅

续表 13—7

骨干教师姓名	单　位	授予称号时间	授予称号机关
闫俊红	滦平县二小	2005 年	河北省教育厅
林瑞洁	平泉县一中	2005 年	河北省教育厅
蔡瑞卿	平泉县一中	2005 年	河北省教育厅
刘学瑞	平泉县一中	2005 年	河北省教育厅
王　力	平泉县一中	2005 年	河北省教育厅
康淑春	平泉县小寺沟中学	2005 年	河北省教育厅
石广义	围场县一中	2005 年	河北省教育厅
姜　悦	围场县二中	2005 年	河北省教育厅
尹　玉	围场县广发永小学	2005 年	河北省教育厅
王华炎	兴隆县兴隆镇中学	2005 年	河北省教育厅
王玉国	兴隆县挂兰峪中学	2005 年	河北省教育厅
柴宪荣	兴隆县青少年活动中心	2005 年	河北省教育厅
刘银玲	兴隆县青少年活动中心	2005 年	河北省教育厅
秦志学	承德市八中	2005 年	河北省教育厅
吴淑华	承德市民族中学	2005 年	河北省教育厅
李玉瑶	双桥区竹林寺小学	2005 年	河北省教育厅
冯艳萍	双滦区教育局	2005 年	河北省教育厅
葛树春	双滦区第三小学	2005 年	河北省教育厅
严月平	营子区教育局招办	2005 年	河北省教育厅
张宝童	承德市一中	2007 年	河北省教育厅
孙建峰	承德市一中	2007 年	河北省教育厅

续表13—7

骨干教师姓名	单　位	授予称号时间	授予称号机关
王炳发	承德市一中	2007年	河北省教育厅
王建国	承德市二中	2007年	河北省教育厅
李　华	承德市二中	2007年	河北省教育厅
高跃赛	承德市二中	2007年	河北省教育厅
周建华	承德市存瑞中学	2007年	河北省教育厅
杨晓红	承德市存瑞中学	2007年	河北省教育厅
李敬宜	河北民族师专附中	2007年	河北省教育厅
竹雪梅	河北民族师专附中	2007年	河北省教育厅
范丽梅	河北民族师专附中	2007年	河北省教育厅
李雪松	承德市十六中	2007年	河北省教育厅
闫丽平	承德市实验小学	2007年	河北省教育厅
吴素芬	承德市实验小学	2007年	河北省教育厅
陆学君	承德市教育局中学教研室	2007年	河北省教育厅
吕彦峰	承德市教育局小学教研室	2007年	河北省教育厅
胡丽艳	承德市教育局小学教研室	2007年	河北省教育厅
刘振坤	承德县一中	2007年	河北省教育厅
李　志	承德县一中	2007年	河北省教育厅
宋士杰	承德县二中	2007年	河北省教育厅
王素娟	承德县实验小学	2007年	河北省教育厅
徐晓丰	丰宁县一中	2007年	河北省教育厅
王冠甲	丰宁县实验中学	2007年	河北省教育厅

续表 13—7

骨干教师姓名	单 位	授予称号时间	授予称号机关
袁树堂	丰宁二中	2007 年	河北省教育厅
王丽华	丰宁县三中	2007 年	河北省教育厅
刘宝团	宽城县一中	2007 年	河北省教育厅
张国文	宽城县二中	2007 年	河北省教育厅
张翠荣	宽城县一小	2007 年	河北省教育厅
金丽梅	宽城县一小	2007 年	河北省教育厅
张文玲	宽城县二小	2007 年	河北省教育厅
王玉梅	宽城县二小	2007 年	河北省教育厅
王永利	隆化县二中	2007 年	河北省教育厅
盛桂凤	隆化县存瑞小学	2007 年	河北省教育厅
陈丽洁	隆化县第一小学	2007 年	河北省教育厅
王淑华	隆化县汤头沟中心小学	2007 年	河北省教育厅
李云侠	滦平县一中	2007 年	河北省教育厅
张金满	滦平县三中	2007 年	河北省教育厅
李晓茹	滦平县三中	2007 年	河北省教育厅
尹文利	滦平县县直幼儿园	2007 年	河北省教育厅
张永民	平泉县一中	2007 年	河北省教育厅
王永泉	平泉县一中	2007 年	河北省教育厅
梁 贺	平泉县一中	2007 年	河北省教育厅
李 瑞	平泉县一中	2007 年	河北省教育厅
闫久贵	平泉县一中	2007 年	河北省教育厅

续表13—7

骨干教师姓名	单　位	授予称号时间	授予称号机关
张云志	平泉县一中	2007年	河北省教育厅
秦素丽	平泉县二中	2007年	河北省教育厅
康丽敏	平泉县二幼	2007年	河北省教育厅
李秀江	围场县一中	2007年	河北省教育厅
沈桂华	围场县一中	2007年	河北省教育厅
张宝莲	围场县围场镇中	2007年	河北省教育厅
鲁立森	围场县逸夫小学	2007年	河北省教育厅
朱艳华	围场县教育局教研室	2007年	河北省教育厅
李淑民	兴隆县教师发展中心	2007年	河北省教育厅
王　滢	兴隆县第一中心小学	2007年	河北省教育厅
管友民	兴隆县一中	2007年	河北省教育厅
聂晓娟	兴隆县一中	2007年	河北省教育厅
刘文英	兴隆县半壁山中学	2007年	河北省教育厅
乔英萍	承德市八中	2007年	河北省教育厅
万黎明	承德市民族中学	2007年	河北省教育厅
李　伟	承德市民族中学	2007年	河北省教育厅
刘红莲	承德市民族中学	2007年	河北省教育厅
崔丽丽	双桥区避暑山庄小学	2007年	河北省教育厅
马艳峰	双桥区教育局教研室	2007年	河北省教育厅
王立新	双滦区教育局	2007年	河北省教育厅
张玉满	双滦区第五小学	2007年	河北省教育厅

续表 13—7

骨干教师姓名	单 位	授予称号时间	授予称号机关
何艳丽	承德四中	2007 年	河北省教育厅
文 贺	承德三中	2007 年	河北省教育厅
张秀春	双滦区实验小学	2007 年	河北省教育厅
李建华	承德市一中	2009 年	河北省教育厅
张凤英	承德市一中	2009 年	河北省教育厅
邢中华	承德市二中	2009 年	河北省教育厅
李淑琴	承德市二中	2009 年	河北省教育厅
肖 虹	承德市存瑞中学	2009 年	河北省教育厅
穆怀宇	承德民族师专附中	2009 年	河北省教育厅
赵学一	承德市实验小学	2009 年	河北省教育厅
常 颖	承德市桥东小学	2009 年	河北省教育厅
董 杰	承德县实验小学	2009 年	河北省教育厅
王国金	承德县教育局中教研	2009 年	河北省教育厅
胡旭海	丰宁县二中	2009 年	河北省教育厅
刘廷慧	丰宁县第三小学	2009 年	河北省教育厅
刘晓芹	宽城县一小	2009 年	河北省教育厅
陈桂红	隆化县存瑞小学	2009 年	河北省教育厅
赵宗伟	滦平县教育局小学教研室	2009 年	河北省教育厅
李敬超	平泉县一中	2009 年	河北省教育厅
张丽华	平泉县回民中学	2009 年	河北省教育厅
路 梅	平泉县城西小学	2009 年	河北省教育厅

续表 13—7

骨干教师姓名	单　位	授予称号时间	授予称号机关
李淑云	围场县围场镇中	2009 年	河北省教育厅
于敏信	围场县二中	2009 年	河北省教育厅
张文娟	围场县回民小学	2009 年	河北省教育厅
郭　文	兴隆县教育局	2009 年	河北省教育厅
王　静	承德市八中	2009 年	河北省教育厅
戴素兰	双桥区教育局教研室	2009 年	河北省教育厅
武晓红	双桥区教育局	2009 年	河北省教育厅
李学玲	承德四中	2009 年	河北省教育厅
杨鹏程	承德七中	2009 年	河北省教育厅
冯　岩	承德市二中	2011 年	河北省教育厅
刘秋红	承德市二中	2011 年	河北省教育厅
宫海宏	承德市存瑞中学	2011 年	河北省教育厅
王凤莲	高新区一中	2011 年	河北省教育厅
吕红梅	河北民族师院附中	2011 年	河北省教育厅
姜桂荣	河北民族师院附中	2011 年	河北省教育厅
赵丽媛	承德市十六中	2011 年	河北省教育厅
娄桂芬	承德市桥东小学	2011 年	河北省教育厅
计淑君	承德市实验幼儿园	2011 年	河北省教育厅
胡玉玲	承德市一幼	2011 年	河北省教育厅
惠中华	承德市四幼	2011 年	河北省教育厅
李咏梅	承德县二中	2011 年	河北省教育厅

续表 13—7

骨干教师姓名	单　位	授予称号时间	授予称号机关
张新银	双桥区教育局	2011 年	河北省教育厅
李淑云	双桥区竹林寺小学	2011 年	河北省教育厅
张晶蕊	双滦区第二小学	2011 年	河北省教育厅
苗雅萍	承德县教师进修学校	2011 年	河北省教育厅
张　俊	宽城县一中	2011 年	河北省教育厅
王玉琳	宽城县一小	2011 年	河北省教育厅
荣凤贤	隆化县二中	2011 年	河北省教育厅
白艳华	隆化县回民小学	2011 年	河北省教育厅
于亚文	平泉县一中	2011 年	河北省教育厅
孙连福	平泉县城西小学	2011 年	河北省教育厅
赵丽娟	平泉县双桥小学	2011 年	河北省教育厅
郑淑芬	围场县一中	2011 年	河北省教育厅
王淑芬	围场县一中	2011 年	河北省教育厅
时锦为	围场县围场镇中	2011 年	河北省教育厅
李艳辉	围场县一小	2011 年	河北省教育厅
梁云堂	围场县教育局教研室	2011 年	河北省教育厅
陈依连	兴隆县一中	2011 年	河北省教育厅
蒋玉华	承德市存瑞中学	2013 年	河北省教育厅
李春华	承德市存瑞中学	2013 年	河北省教育厅
张　杰	围场县第一中学	2013 年	河北省教育厅
梅晓冬	平泉县第一中学	2013 年	河北省教育厅

续表13—7

骨干教师姓名	单　位	授予称号时间	授予称号机关
王春明	承德市第八中学	2013年	河北省教育厅
徐海龙	围场县第一中学	2013年	河北省教育厅
任向荣	平泉县第一中学	2013年	河北省教育厅
吕启立	承德市第一中学	2013年	河北省教育厅
刘建生	承德市第一中学	2013年	河北省教育厅
刘俊芹	承德市第二中学	2013年	河北省教育厅
商玉轩	宽城县第一中学	2013年	河北省教育厅
王冬梅	承德市第七中学	2013年	河北省教育厅
于海明	宽城县第二中学	2013年	河北省教育厅
索金丽	承德市第十六中学	2013年	河北省教育厅
鲍玉洁	围场县第二中学	2013年	河北省教育厅
周莺歌	承德市实验小学	2013年	河北省教育厅
李志宏	双桥区山庄小学	2013年	河北省教育厅
贾晓辉	承德市桥东小学	2013年	河北省教育厅
裴庆大	宽城县第一小学	2013年	河北省教育厅
王亚军	双滦区实验小学	2013年	河北省教育厅
李景凤	宽城县第一小学	2013年	河北省教育厅
王艳莉	承德市第二幼儿园	2013年	河北省教育厅
李　楠	兴隆县直属机关幼儿园	2013年	河北省教育厅
才海燕	丰宁县第二幼儿园	2013年	河北省教育厅
冯丽华	承德市第五幼儿园	2013年	河北省教育厅

续表 13—7

骨干教师姓名	单　位	授予称号时间	授予称号机关
陈桂平	承德市教育局中学教研室	2013 年	河北省教育厅
张晓春	承德市教育局中学教研室	2013 年	河北省教育厅
赵安东	承德市三幼	2013 年	河北省教育厅
黄云峰	承德市一幼	2013 年	河北省教育厅
黄玉生	双滦区实验中学	2015 年	河北省教育厅
杨晓煜	承德市第一中学	2015 年	河北省教育厅
刘树臣	滦平县第一中学	2015 年	河北省教育厅
姚俊茹	围场县第一中学	2015 年	河北省教育厅
邱建国	承德市第三中学	2015 年	河北省教育厅
刘文慧	围场县围场镇中	2015 年	河北省教育厅
闫　帅	承德市第七中学	2015 年	河北省教育厅
李红艳	宽城县第二中学	2015 年	河北省教育厅
高淑梅	承德县第二中学	2015 年	河北省教育厅
张　伟	双桥区教育局教育室	2015 年	河北省教育厅
陈　燕	承德市民族中学	2015 年	河北省教育厅
石卫红	承德市十六中学	2015 年	河北省教育厅
唐文艳	承德县第二小学	2015 年	河北省教育厅
贾石勇	承德市实验小学	2015 年	河北省教育厅
付志春	承德市桥东小学	2015 年	河北省教育厅
孙玉双	承德县实验小学	2015 年	河北省教育厅
高小莉	兴隆县教育局教研室	2015 年	河北省教育厅

续表13—7

骨干教师姓名	单　位	授予称号时间	授予称号机关
苗雅梅	丰宁县实验小学	2015年	河北省教育厅
李淑清	承德市第四幼儿园	2015年	河北省教育厅
张丽娟	宽城县特殊教育学校	2015年	河北省教育厅
刘翠红	平泉县第一中学	2015年	河北省教育厅
刘文清	平泉县第二中学	2015年	河北省教育厅
潘玉明	平泉县城西小学	2015年	河北省教育厅

附 录

附一：承德地区教育发展综述

1955年7月，第一届全国人民代表大会决议，从1955年12月31日起，正式撤销热河省建制，承德划归河北省。1956年1月，设立承德专员公署（简称“承德专区”），1978年7月改设为承德地区专员公署（简称“承德地区”）。承德专（地）区与承德市几次分设、合并，所辖县区几次调整划出。1993年6月，承德地区与承德市合并，实行市管县的管理体制，辖八县三区。作为河北省辖下的一级行政区划，承德专（地）区在共和国的历史上存续了37年。

在承德专（地）区存在的37年里，承德地区的教育发展走过了一条不平凡的道路，先后经历了社会主义初期曲折发展的十年（1956—1966年），“文化大革命”中停滞发展的十年（1966—1976年），“文化大革命”后迅猛发展的十七年（1976—1993年）。承德地区教育的发展与社会的发展同呼吸、共命运，为全地区经济和社会的发展及广大人民群众文化水平的提高做出了突出贡献。

曲折发展的十年

一、解放初期的承德教育

1948年11月12日，承德第二次解放，立即成立军管会，成立各级人民政府。新生政府把恢复和发展教育事业放到重要地位，立即接管各类学校，更改校名，革除旧制度，复校开学。在接管学校的同时，即开始对旧教育制度和原有教师队伍进行有步骤、谨慎的改造。改组学校领导班子；取消训导制，建立教导制；实行校长负责制；废除国民党的“党义”“公民”课程和教材，开设马克思主义政治课和时事课；坚持为广大工农兵服务、向工农子女开门的办学方向。突出发展成人教育，举办各种干训班、职工夜校、机关干部中学、工农速成中学，成立扫盲委员会，推广“祁建华速成识字法”，迅速提高干部的政治、文化素质，提高广大工农劳动人民的文化水平。

20世纪50年代初期，热河省开展学习苏联教育经验活动。主要学习凯洛夫的《教育学》和《普希金教育学讲演录》，学习苏联的课程设置、教材、教学原则、教学方法、记分方法以及学校管理的规章、制度等内容。通过学习苏联经验，明确了学校工作要以教学为中心，教学要以教材为主，并注重课外的思想政治教育、健康教育和卫生工作，注意智德体美全面发展。这对克服当时学校管理中的混乱现象、稳定教学秩序、提高教育质量起了重要作用，但也出现了模式僵化的弊病。

二、落实毛主席教育方针

1956年1月，热河省撤销，河北省承德专员公署成立。专署着手更改学校校名，对学校进行调整，新建、撤销、合并了一批学校。1957年，毛泽东提出“应该使受教育者在德育、智育、体育几方面都得到发展，成为有社会主义觉悟、有文化的劳动者”的教育方针。次年，中共中央提出“教育为无产阶级政治服务，教育与生产劳动相结合”的教育工作方针后，各校积极贯彻落实：加强党对教育工作的领导；加强思想政治教育工作；开办校办工厂或农场，开展勤工俭学，加强劳动教育。这对突破前一时期因学习苏联经验而产生的僵化模式，探索适合中国国情的教育制度具有深远意义。

三、“反右”和“大跃进”波及教育

20世纪50年代中后期，随着反“右派”扩大化和“大跃进”运动的开展，承德专区的教育事业受到很大的影响。1957年5月，承德教育界开始整风“反右”斗争，一部分教师被划为“右派”，积极性受到严重挫伤。1958年下半年，全区掀起“教育大跃进”和“教育革命”运动，大力推行两种教育制度：全日制和半工（农）半读制和两种劳动制度（8小时制和4小时制），大搞勤工俭学和教育改革实验。在“大跃进”浪潮中，承德专区教育也刮起浮夸风，出现了冒进、失调的混乱现象，教育发展出现了大的波折。

四、教育调整巩固充实提高

为纠正“左倾”错误带来的影响，1961年1月，中共中央八届九中全会通过了“调整、巩固、充实、提高”的八字方针，承德地区经济和社会随之进入调整时期，按照“缩短战线，放慢速度，控制规模，扭转占用农业劳动力过多现象”的原则，承德专区对“大跃进”造成的教育混乱现象进行纠正。各类虚肿浮夸学校纷纷关停并转，全区教育急剧膨胀现象被制止，虚肿浮夸之风被刹住。随着国民经济的好转，承德专区各级各类教育得到恢复和发展。

专署教育局及时总结了新中国成立以来正反两方面的经验教训，认真贯彻落实《全日制中小学暂行工作条例》，贯彻普及和提高两条腿走路方针，扶持重点中小学，带动普通中小学全面发展，逐渐形成“小宝塔”格局。在办学形式上推广阳原县经验，发展耕读教育，发展复式班教育，农村民办小学得以较快发展。遵照中央要发展两种教育制度和两种劳动制度精神，在全专区创办了一批“半工（农）半读、社来社去”学校，为工商企业和农村培养了一批留得住、用得上的科技人才。至“文革”前，承德专区中小学教育基本形成了国办与民办、全日制与半工（耕）半读的多层次结构、多种形式的中小学教育网，为教育发展奠定了基础，为承德经济和社会发展培养了人才。

停滞发展的十年

1966年5月，“文化大革命”开始。承德地区的教育事业遭受重大挫折，进入停滞发展阶段。学生升学、教师教学、教育环境均受到冲击和严重影响。

一、教师队伍受到严重影响和打击

“文化大革命”后，工农兵宣传队进入学校，开始了对教育战线的全面专政，开展了以“清理阶级队伍、深挖阶级敌人”为中心的“斗、批、改”运动，对教师队伍产生很大冲击。

此后，“侯王建议”和“两个估计”的出笼更对广大教师产生严重的打击。侯王建议：1968年11月14日，《人民日报》发表了山东省的小学教师侯振民、王庆余的一封信——“建议所有（农村）公办小学下放到大队来办，国家不再投资或少投资小学教育经费，教师国家不再发工资，改为大队记工分”“教师都回本大队工作”。两个估计：1971年《全国教育工作会议纪要》提出的“两个估计”—解放后17年“毛主席的无产阶级教育路线基本上没有得到贯彻执行”“资产阶级专了无产阶级的政”；大多数教师和解放后培养的大批学生的“世界观基本上是资产阶级的”。“侯王建议”实施后，全区农村公办教师全部改为民办教师，教学的同时，还要和农村社员一起参加生产劳动。教师没有精力再搞教学工作，教育质量大大降低，教师的积极性受到严重挫伤。“两个估计”则是广大教育工作者精

神上的两座大山。1970 年 2 月，全区教育系统开展“一打三反”（打击现行反革命，反贪污、反盗窃、反投机倒把）运动，一批干部教师被揭发批判，被下放到工厂、农村及“五七”干校参加劳动，接受“再教育”。大量教师被借调出口、下放到农村、被处分关押解职，教师队伍极为短缺，据 1977 年统计，全区教师缺口五千余人。

“文化大革命”伊始，学校机构瘫痪，学校的校舍及设施被大量损坏，教学秩序被彻底打乱，学校陷于无政府状态，一片混乱。

二、发动广大城镇中学毕业生上山下乡

“文化大革命”开始后，工厂不招工、高校不招生，老三届（1966 届、1967 届、1968 届）城镇中学毕业生留在学校，既不能升学，也不能就业。解决城市知识青年就业问题成为一件大事。1968 年 12 月 22 日，毛泽东发出号召——“知识青年到农村去接受贫下中农的再教育，很有必要……”。号召发出后，20 世纪 50 年代中期开始的知识青年上山下乡进入了政治运动阶段。承德地区每年组织知识青年上山下乡，到农村接受锻炼，一直到 1978 年。截至 1976 年 8 月，承德地委向省委的报告提到，从 1968 年到 1976 年，承德全区共安排 38293 名城镇知识青年（包括京津地区）到农村上山下乡。

1976 年后，出现下乡知识青年返城潮。返城后的下乡知青成为城市中经历比较特殊的一个群体，他们中有的生活在社会的底层，有的恢复高考后考上大学、参军、入职机关或企事业单位，干出了一番事业，有的成了国家的栋梁。

三、错误办学体制对教育的伤害

20 世纪 70 年代初期，在“普及初等教育，大力发展中等教育”思想指导下，河北省不顾当时各方面条件的限制，盲目提出“上小学不出片，上初中不出村，上高中不出社”的口号，致使全区出现大量农村民办小学、教学点及教学班，大量发展七年一贯制或九年一贯制学校。中学的恶性膨胀，大量挤占小学校舍，大批优秀的小学教师被拔高到中学任教，其结果，造成中小学两败俱伤的局面。因为批判刘少奇倡导的“两种教育制度”，农职中、技校全部停办，造成中学教育结构的单一化，全区大中专学校基本上被撤并或停止招生，财物损失殆尽。成人学校形同虚设，青壮年文盲逐年增多。十年动乱，全区教育事业元气大伤，造成了无法估量的损失和恶果。

迅猛发展的十七年

中共十一届三中全会以后，全区教育系统拨乱反正。推倒了“两个估计”，从政治上、思想上清理“左”的思想影响，平反冤假错案，落实知识分子政策，恢复因“侯王建议”被下放到农村的公办教师及其直系亲属的城市户口，重新制定学校的规章制度，恢复学校正常的教学秩序，学校面貌焕然一新。

此后，随着改革开放的发展，承德地区的教育事业也开始了改革的进程。承德地委、行署高度重视教育事业的改革和发展。

1979 年 9 月，邓小平提出恢复教育督导制度。1991 年 4 月，国家教委印发了《教育督导暂行规定》，地区教委印发了《承德地区中小学督导评估方案》。1995 年 3 月发布的《中华人民共和国教育法》确定，教育督导与评估制度是我国教育的一项基本制度。

1984 年，承德地委决定在全区农村中小学进行教育改革。农村中小学实行“分级办学，分级管理”，小学由村办，初中由乡镇办，高中由县办。这项改革调动了广大人民群众办学积极性，减轻了国家财政压力，推进了初等教育的普及。但是，因各乡镇、村经济发展水平不均衡，使各地教育发展水平出现了偏差，出现了拖欠教师工资现象。

1985 年 7 月，承德地委、行署联合发出《关于发展全区教育事业的决定》，9 月 10 日在庆祝教师节大会上，地委、行署领导为 245 名教师、教育工作者颁发了奖励。

1985年12月5日，行署建立承德地区行政公署教育委员会，撤销承德地区行政公署教育局。教育委员会为局级单位，原教育局下属机构规格待遇不变。

1987年6月，行署作出《关于发展职业教育的规定》，1988年、1989年，承德地区在丰宁满族自治县先后召开全区教育工作会议、全区职业技术教育经验交流现场会。1992年5月，行署作出《关于深化教育改革，加强基础教育的决定》，提出要充分认识教育在经济工作中的战略地位，增强优先发展基础教育的紧迫感，动员社会力量多渠道增加投入，不断改善办学条件，千方百计提高教育质量，提高劳动者素质，促进教育事业的迅速发展。5月26日，全区教育工作会议召开，行署专员栗战书亲自主持会议并发表讲话。他指出，从加快经济发展的角度出发，进一步解决对教育战略地位的认识问题。树立发展经济必须依靠教育，教育必须适应经济和社会发展需要，必须为经济建设服务的思想。在继续加强教育战线自身建设的同时，进一步动员社会力量办学；在继续抓好职业技术教育和成人教育的同时，进一步重视和强化基础教育；在继续抓好改善办学条件的同时，进一步抓好和提高教育质量，使教育更快更好的为现代化建设输送各类合格人才。

在承德地委、行署的正确领导下，十七年中，随着全区经济社会的发展，经过全区人民和教师的共同努力，承德地区教育得到了迅猛发展。

一、全区初步形成了比较完整的教育体系

1978年以前，全区只有普通中小学和中专中师，到1993年，全区已形成了基础教育、职业教育、高等教育和成人教育高、中、低各层次的完整教育体系。办学渠道上，公办民办共同发展；办学形式上由单一的全日制课堂教学发展为面授、函授、自学、广播和卫星电视教育相结合，系统的学历教育与短期技能培训相结合的多种教育形式，为全区人民提供了更多更实用的受教育机会。

二、不断强化基础教育

基础教育是所有教育的基础，包括学前教育、小学教育、中学教育、特殊教育等。行署教育局（教委）高度重视基础教育工作，不断强化基础教育。

（一）学前教育

1978年，行署组织教育、工会、妇联成立托幼工作领导小组，教育局设立专职幼教干部，加强对全区托幼工作领导。结合全区实际情况，采取多形式、多渠道办园方针，公办和系统、机关、厂矿集体办幼儿园、托儿所共同发展，公办幼儿园发挥示范带动作用，教育部门负责集体办幼儿园保教人员培训工作，承德地区托幼事业走上健康发展道路。

创办学前班，弥补幼儿教育发展不足问题。为解决儿童入园难的问题，1978年，一些小学创办了学前班。1984年，行署教育局制定了《小学学前班教育工作的安排意见》，1988年，又制定了《关于进一步办好幼儿学前班的意见》，使学前班的教育纳入到整个幼儿教育的体系。

探索贫困偏远山区发展学前教育的经验。1987年，滦平县、兴隆县共同参加了荷兰“伯纳德·范·里尔基金会”与中央教科所联合实施的“河北省农村学前教育发展项目”，实验取得了成功，推动了全区学前教育的发展，积累了宝贵的经验。至1992年底，全区6周岁儿童入园入班率达到84%。

（二）小学教育

1977年，全区确定出一批重点中小学。1978年，全区小学开始使用全国统编的新教材和新教学大纲，制订统一的教学计划。加强“双基”（基础知识、基本技能）教学，积极组织教研活动，开展实验课，开展幻灯教学。积极开展“两课、两操、两活动”（体育课和运动训练课、早操和课间操、课外体育活动和运动竞赛活动）。

1978 年，小学入学率达到 80%，巩固率达到 70%，从该年起，全区开始普及初等教育。

1980 年，地区教委下发文件，要求全区各小学要加强以爱国主义和共产主义为核心的理想教育、道德品质教育、劳动教育、法制教育、纪律教育，开展“五讲四美三热爱”“学雷锋，创三好”“创建文明校”、体育达标等多种活动。认真贯彻执行《中小学工作条例》《小学生守则》《小学生日常行为规范》。围绕“加强基础，培养能力，开发智力”的指导思想，推进教育教学改革，开展多种形式课外活动。特别是 1983 年邓小平提出“三个面向”（面向现代化、面向世界、面向未来），为教育事业的发展指明了方向。

1983 年开始，小学由五年制改为六年制。1986 年，根据小学普及教育及教育质量全面提高的实际情况，全区停办了重点中小学。

到 1988 年，全区普及初等教育，小学入学率达到 99.2%。

（三）中学教育

1972 年，各中学相继恢复共青团组织。1978 年，恢复学生会组织，撤销了“红卫兵”组织，对已经具备入团条件的红卫兵，按照入团手续积极发展他们入团。

1978 年春，各中学未予招生，改春季始业为秋季始业。

1981 年，地区教委对全区教育发展规划进行了调整：“以普及小学为重点，调整裁并初中，适当压缩普通高中，发展农职中，办好重点校”。大量带帽初中从小学脱离出来，初中由乡镇来办，一个乡镇办好一所初中；普通高中由社办调整到县办。学制方面，1981 年，部分中学开始招收三年制高中学生，中学“三三”“三二”两种学制并存。1982 年，全区各中学一律采用“三三”制。

更新教学观念。常规教学方面，1980 年，地区教委提出的“教师为主导，学生为主体，训练为主线”的观念逐渐被广大教师接受，新课堂教学结构的探讨风气日渐浓厚，以培养自学能力、开发智力、增强课堂教学效果为目标的教学改革实验蓬勃开展。“吃透两头，抓住两点，加强基础，精讲多练，讲究方法，改进手段，培养尖子，总结经验”的教学基本要求得到实现。抓常规教学的同时，各中学积极开展“第二课堂”活动，培养了学生，锻炼了老师，涌现出一大批优秀课外辅导员。1981 年，地区中学生女子排球队在系列比赛中，获河北省第一名，北京赛区第二名，全国第七名。

至 1992 年底，初中由 1978 年的 615 所调整到 306 所，入学率由 68% 上升到 82%，初中升学率达到 47.2%。中学教学质量稳步提升，高考录取率 1977 年、1978 年不足 2%，1979 年上升到 2.3%，1980 年达到 2.96%，1981 年达到 3.09%，1982 年达到 4.3%，1983 年达到 6.59%，1984 年达到 13.84%，1985 年达到 22.2%，1986 年达到 23.2%。恢复高考后，1977 年至 1992 年，全区普通高中共为高校输送新生 13310 人，为中专输送新生 11252 人。

（四）特殊教育

1978 年全区特殊教育几乎为零，至 1992 年底，全区已有 3 所特教学校，在校生及随班就读学生 106 人，特教教师 14 人。

三、大力发展职业与成人教育

承德地区在发展基础教育的同时，大力发展职业教育和成人教育，特别是职业教育在全省乃至全国都产生重要影响。

（一）职业教育

大力发展职业教育。1981 年，行署调整教育发展规划，大力发展农职中。新建和改建了一批农职中。职业教育的发展原则是：抓重点，上规模，增投入，求发展。至 1989 年，全区职普招生比达到 1 ∶ 1.08，1990 年达到 1 ∶ 1.03，1992 年达到 1.35 ∶ 1，1992 年在校生比例接近 1 ∶ 1。

总结和推广丰宁职业教育经验。1989 年 5 月，省教委在丰宁县召开第十二个“农村教改实验县”

研讨会，充分肯定了丰宁突出实践环节，多渠道投资，办学办厂同步进行等经验。1989年10月，行署在丰宁召开职业教育工作现场经验交流会，副省长王组武、省教委副主任陈狄先到会并给予很高评价。会后，中央电视台对《承德地区把职业技术教育当作脱贫的战略措施来抓》进行了报道，《光明日报》以《承德地区发展职业技术教育有新招》《人才济济看丰宁》为题作连续报道，省电台和《承德日报》也进行了专题报道。行署号召全区各县学习丰宁办好职业教育的经验。

高标准建设职业教育学校。1991年，全区各县以“五个一”标准（百亩校园、百亩山场、千人规模、万平米建筑、年利20万元勤工俭学收入）筹建职教中心。至1992年底，丰宁、隆化、兴隆、围场4县职教中心建成达标。1992年2月，按照地委、行署领导和地直部门联系职业学校制度，行署专员粟战书带领地直、省住承单位和驻承266医院等11个部门负责人到围场第一职业中学进行现场办公。各单位议定为学校办30件实事，无偿解决钱物总折款8.4万元，项目贷款20～30万元。粟战书在听取了学校负责人汇报后，对学校提出的需要帮助解决的问题进行了研究解决，并对发展职业教育工作提出了3点要求和希望：⑴各级领导和广大干部群众要继续提高对职业技术教育的认识，克服轻视职业技术教育的思想，把职业技术教育工作当成发展经济和加快农民脱贫致富的战略任务来抓。发展职业技术教育不仅是实现经济翻番奔小康的需要，也是教育自身发展的需要。必须树立起大力发展职业技术教育的思想，充分重视职教工作。⑵各级政府、各级财政部门、各有关业务主管部门及厂矿企业都要认真贯彻落实国务院《关于大力发展职业技术教育的决定》精神，采取“大家来办”的方针，从财力和政策上支持职业技术教育的发展，增加对职业技术教育的投入，采取多种措施，扩大职业技术教育的经费来源，集中力量办好县域综合职业技术学校。⑶各职业学校要努力提高自我发展能力，要走产教结合、工学结合的办学路子，加强实践教学，提高学生动手能力，使学生学得好、用得上。职业学校要逐步走出一条以生产养教学，以教学促生产，教学结合生产，生产结合教学的科教兴农之路。

（二）成人教育

成人教育系统化、制度化、正规化。成人教育从主要抓扫盲、办零星短训班开始，逐步走向“统一规划，分步实施，协调服务，检查落实”的方向。1984年6月4日，地委、行署制发了《关于多渠道办学的意见》：（1）努力办好职工中学。地、县较大的系统和单位，1984年要建起职工中学，有困难的可联办或委托代办。（2）大力兴办农民业校和农民技校。（3）努力发展电大，组织好函大、刊大学习，鼓励青年自学成才。（4）积极开办职工中专。（5）抓好就业前培训工作。（6）切实解决多渠道办学中的实际困难。至1992年末，全区建有职业学校96所，乡镇成人综合学校234所，农村三普及学校1976所。承德地区被列为全国农科教结合实验区。1983年，全区基本上扫除青壮年文盲（标准是16～40岁青壮年无盲率达到85%），1990年，全区文盲率下降到1%。

办好农广校（中央农业广播电视学校）。1981年，地区公署开办农广校，农广校实行开放型远距离教学模式，涉及面广大，发挥了培养农村科技人才、培训农村基层干部的重要作用，成为解决科技人才缺乏、科技教育落后的重要途径。1984年12月，行署在滦平县召开农广校工作座谈会。1986年12月，行署召开农广校经验交流会，中央农广校副校长庞再东等领导出席会议。1991年3月，行署召开农广校建校10周年与农民技术教育座谈会。到1991年，全区7所农业广播电视分校共开办农学、果树、农技推广、财务会计、农副产品加工等9个专业，先后招收7期学员12000人，毕业3400人，相当于现有农技人员的两倍。

加强对广大农民的科技培训。从3个层次进行技术培训：(1) 以农广校、农民中专为主的中专以上层次教育;(2) 以农函大和“绿色证书”(即农民技术资格证书) 为重点的中级技术教育;(3) 以农业“26推”(推广26种农村实用技术) 为重点的科技大培训。在抓好科技培训的同时，实施“星火计划”“燎原计划”“丰收计划”(“星火计划”是1985年中央政府批准实施的第一个依靠科学技术促进农村经济发展的计划，“燎原计划”是国家教委1988年部署实施的一项旨在推进农村教育改革发展，促进农村经济发展和社会进步的计划，“丰收计划”是1987年农牧渔业部和财政部共同组织的夺取全国农牧渔业丰收的综合性计划)。1988年6月，地委、行署在丰宁县召开“实行三教统筹，深化农村教育改革”现场经验交流会，学习丰宁经验，解决为什么要“三教统筹”(普教、职教、成教统筹协调发展) 和“三教”如何统筹问题。地委、行署号召各县学习丰宁经验。

1990年，承德地区的“绿色证书”工作引起国家、省的重视和支持。1990年11月，全国农民技术教育工作会议上，行署副专员刘爱国代表地委、行署在大会上第一个发言。1990年11月，全省科技培训工作会议召开，省委副书记李炳良对承德地区“绿色证书”工作给予了充分肯定。同期，农业部副部长洪绂曾考察兴隆县“绿色证书”后，称赞兴隆县为“绿证之源”。

1991年，有的县试办“三加一”(三年普通文化课知识学习，加一年职业技术知识学习) 学校，随后，各县都流行开来。“三加一”学校的起初愿望是好的，但是后来走样了，实际是办成了四年制初中，以加强中考的竞争力。因违背教育规律，扰乱了正常的学制，没有达到预想目的，几年后，这种学校均停办，改回三年学制。

四、不断提升高等教育办学水平

承德地区建制期间辖区内共有高等院校4所。1981年，承德地区教师进修学校升格为承德地区教师进修学院。1982年11月，承德医学专科学校改制为本科的承德医学院。1987年，在承德石油学校的基础上成立承德石油高等专科学校。1988年3月，承德地区教师进修学院与承德广播电视大学合并，“一套班子、两块牌子”。1992年12月，承德师专改名为承德民族师范高等专科学校。

提升办学水平，注重思想政治工作。各高校坚持教育为当地经济建设服务，以教学为中心，深化教育教学改革，提高办学的整体效益。在专业建设、师资队伍建设和内部管理上下功夫，采取“双学科、主辅修、专选班”等办学形式，培养“一专多能”师资，办学水平不断提升。

五、不断加强教师队伍建设

承德地区教育事业的发展，离不开教师队伍的建设，为加强教师队伍的建设，承德地区主要采取了以下措施。

稳定和壮大教师队伍。“文化大革命”结束后，针对全区教师队伍短缺的情况，1977年，开始对蒙受冤假错案的教师进行复查，平反昭雪，将借调出的教师、复查后教师、下放到农村教师收口归队，制定新的教师出口政策，修订民办教师记工、补贴办法。1979年，教师可以参加函授学习，通过教材关，将388名民办教师转为公办教师。为扩大合格教师来源，1983年，各县开始试办县级师范。承德师专、2所地级师范(平师、承师)、7所县级师范构成了承德地区师范教育体系，极大地缓解了教师资源的短缺。

加强教师队伍的管理。(1) 专区对民办教师进行整顿。1981年，为解决民办教师使用存在的“超、低、乱”现象，按着“统一领导、统一步骤、统一安排，明确政策、方法对头、保证质量”原则，对全区原有的18830名民办教师进行整顿，辞退3356人，留用15474人，颁发聘用证书5775人。至1992年，小学民办教师占比由1978年的74.3%下降到36.2%；初中民办教师占比由1978年的42%下降到3%，代课教师占比由1978年的10%下降到4.2%。（2）加强教师资格的认证。1987年，全区开始实行中小学职务聘任制，教师需要考取专业合格证书，开始职称评定工作。（3)加强教育行政部门的管理职能，中小学教师的配备、调动、调整，统一归县教育行政部门管理。师范院校毕业生见习期满、工作满五年方可流动。未经县教育行政部门同意和地区主管部门批准，任何机关、单位均不得抽调中小学教师改做其他工作。

实施教师的奖励机制和制约机制。主要采取:（1）落实提高教师工资标准10%的政策;（2）在落实教龄津贴和中小学教师退休享受100%工资的基础上，解决女教师25年教龄退休享受100%工资问题;（3）为边远贫困山区乡镇教师浮动1～2级工资;（4）按照“分级办学、分级管理”原则，谁办学谁筹建教师住房;（5）对在县城以下任教十年以上的现任中小学教师的子女，报考地属中专的，录取时照顾20分，报考中专、中技的，录取时照顾10分;（6）从每年地区下达的1.5%的农转非指标中划出10%，专门用于中小学教师家属农转非;（7）逐步建立中小学教师奖励基金，对优秀教师进行奖励。1984年承德地区在教育系统设立“园丁奖”。1985年第一个教师节隆重召开表彰大会，为获得“园丁奖”的教师颁发荣誉证书。

加强中小学校长培训，不断提高中小学校长的政治素质和业务素质。对新任校长实行“先培训，后上岗”，并有一年的试用期。对办学思想端正，教育质量高，有突出贡献的校长给予重奖，对政治业务素质低，不能胜任工作的校长及时调整。

加强教师培训工作。教师培训的基本方针是：稳定、提高、调整、改革。鼓励教师报考地区教育学院、电大师资班和师范院校函授学习，支持教师参加自学考试（1981年经国务院批准创立，是对自学者进行的以学历考试为主的高等教育考试）。在核定编制时，考虑教师在职培训情况。保证教师培训经费的落实。在中小学开展学历达标活动，对学历不合格教师限期达标，届时不能达标者，逐步调整到下一级学校任教。

1985年设立教师节，于9月10日隆重召开第一个教师节庆祝大会。

到1992年，小学教师学历合格率为79.8%，初中教师学历合格率为42.9%，高中教师学历合格率为35.2%。

六、办学条件逐步改善

承德地区教育事业的发展，离不开办学条件这一基础，在承德地区38年的历史中，全区办学条件不断完善和发展。

教学场所的不断完善。经过全区人民的努力，全区学校办学条件取得很大进步，1983年，实现“一无两有”（无危房，有教室、有课桌凳）。1991年，实现“一无两有八配套”（八配套：院墙、厕所、花坛、旗杆、水井、图书室、活动室、仪器实验室）。中小学危房比例由1978年的7.8%下降到1991年的1.3%。

教育投入不断增加。为解决教育经费不足问题，承德地区多方筹集资金，发展教育事业。（1）教育经费逐年递增。从1980年到1991年，全区财政收入年递增15.9%，财政支出年递增10.9%，教育事业费年递增13.5%。教育事业费占财政支出比重由1978年的19.34%上升到1991年的23.84%. 小学和初中的生均公用经费由1978年的8.15元、10.51元分别增加到9.85元和46.82元。1985—1991年，全区用于改善办学条件总投资达到1.2亿元。其中，群众集资8200万元，占67.6%，省、地、县三级财政拨款2900万元，占24.2%。（2）开展勤工俭学工作。地委、行署历来重视学校勤工俭学工作，多次召开全区勤工俭学工作会议，研究拓宽勤工俭学门路。用于弥补学校经费不足，改善办学条件，提高师生福利待遇。1992年，全区勤工俭学纯收入1914万元，比1991年增长41.5%，其中，用于改善办学条件资金大约937万元。（3）动员社会力量筹集教育资金。为动员社会力量筹集教育资金，

1992年，行署制定《关于动员社会力量多渠道筹集教育资金暂行办法》。（4）征收教育费附加。1986年4月28日，国务院颁布了《征收教育费附加的暂行规定》，并于同年7月1日开征。教育费附加的征收对于改善办学条件起到了重要作用。

1979年，开始普及小学教育。1986年，义务教育法颁布，以国家立法的形式正式确立了普及义务教育制度。1988年，全区基本普及初等教育。1989年，全区开始普及九年义务教育，地教委制定了《实施九年义务教育必备办学条件标准细则》。

1988年，国务院发布《扫除文盲工作条例》。1992年，党的十四大提出20世纪末基本扫除青壮年文盲、基本实现九年义务教育的目标（简称“两基”）。从此，承德大地开始了轰轰烈烈的“两基攻坚”工程，到1998年，基本实现“两基”目标。

改革开放以来，在承德地委、行署的领导下，在全区人民的共同努力下，承德的教育事业取得了巨大成绩。到1993年6月，承德地区共有学校3005所，其中大中专院校22所、普通中学323所、职业中学30所、小学2601所、幼儿园25所、特教学校3所。全区教职工27462人，其中专任教师23032人。专任教师中，具有高级职称119人、中级职称1583人，本科学历651人、专科学历3983人。全区在校学生达447142人。

附二：承德教育行政机关历任领导名录

承德市教育行政机关历任领导名录（1906—1993）

附表1

机关名称	职　务	姓　名	任　期	备　注
承德县劝学所（1906—1925）	所　长	胡家鼐	1906—1925	—
承德县教育局（1925—1933.9）	局　长	胡家鼐	1925—1928	—
		胡之润	1928—?	—
		王兆荣	?—1933.9	—
伪承德县教育局（1933.9—1938）	局　长	李东初	1933.9—1934.7	—
		李毓田	1934.10—1938	—
伪承德县教育科（1938—1946.2）	科　长	李毓田	1938—1945.8	—
市政府教育局（1946.2—1946.8）	局　长	郭耀臣	1946.2—1946.4	—
		王　丰	1946.4—1946.8	—
	副局长	胡　磊	1946.4—1946.8	—

续附表1

机关名称	职　务	姓　名	任　期	备　注
县政府教育科 (1946.8—1948.11)	科　长	宁秉钧	1946.8—1948.11	—
市教育科 (1948.12—1949.3)	科　长	石　耀	1948.12—1949.3	—
市教育局 (1949.3—1950.4)	局　长	石　耀	1949.3—1950.4	1949.6任局长
	副局长	杨　昭	1949.3—1950.4	—
市文教局 (1950.4—1952.7)	局　长	杨　昭	1950.4—1951.2	—
	副局长	贾洪泽	1950.12—1952.7	—
市文教科 (1952.7—1955.5)	科　长	贾洪泽	1952.7—1954.4	1952.9升科长
	副科长	傅友德	1953.3—1955.5	1954.5升科长
		马永禄	1953.3—?	—
市教育科 (1955.5—1958.5)	科　长	傅友德	1955.5—1955.8	—
		高文秀	1955.9—1958.5	1956兼专署教育科长 1956年1月地市合并，市为县级市，由专署管辖
	副科长	侯　贵	1955.5—1955.12	—
市文教局 (1958.5—1960.3)	局　长	高文秀	1958.5—1960.3	—
	副局长	傅友德	1958.5—1960.3	1958.10地、市分设
		李　瑞	1958.5—1960.3	—

续附表 1

机关名称	职　务	姓　名	任　期	备　注
市教育局 (1960.3—1962.4)	局　长	贾洪泽	1960.3—1961.6	1960 年 3 月地市合并为市
		傅友德	1961.6—1962.4	1961 年 5 月地市分设
	副局长	梅建池	1961.6—1962.4	—
市文教局 (1962.4—1968.2)	局　长	张秀涛	1962.4—1965.2	—
		丁庆林	1965.2—1968.2	—
	副局长	傅友德	1962.4—1968.2	—
		彭磊岩	1962.4—1968.2	1963 年地、市合并
		国　璋	1964.12—1965.2	—
		梅建池	1962.4—1968.2	—
市革委会文教组 (1968.2—1969.1)	组　长	梅建池	1968.2—1969.1	—
	副组长	邵志强	1968.2—1969.1	—
市革委会教育组 (1969.1—1971.9)	组　长	梅建池	1969.1—1971.9	—
	副组长	邵志强	1969.1—1970.5	—
		王玉柱	1970.3—1971.9	—
		潘茹岚	1970.9—1971.9	—
市革委会教育处 (1971.9—1973.9)	处　长	沈　雄	1971.9—1973.9	1972.7.1 撤处改局，正处长、副处长，改任正局长、副局长
	副处长	王茂松	1971.9—1973.9	—
		史洪斌	1971.9—1973.4	—

续附表 1

机关名称	职　务	姓　名	任　期	备　注
市教育局（1973.9—1986.3）	局　长	梅建池	1973.12—1978.8	1973.2 以副局长到职
	副局长	史洪斌	1973.4—1982.2	—
		陈玉凤	1974.6—1979.11	女，满族
		权乃一	1974.12—1980.9	满族
	局　长	傅友德	1978.8—1982.2	1984.12 任顾问到 1986 年
	副局长	高发宗	1979.6—1981.1	—
		曲友德	1979.10—1982.6	—
		朱崇明	1979.10—1982.2	—
		李研真	1981.3—1983.9	女
	局　长	朱崇明	1982.2—1983.9	1984.12 任顾问到 1986 年
	副局长	陈之迪	1982.2—1983.9	—
		窦仲林	1982.2—1983.9	—
	局　长	窦仲林	1983.9—1986.3	1983.11 地、市分设，市划省辖
	副局长	李　谭	1983.11—1986.3	—
		李子玉	1983.11—1986.3	—
		孙业臣	1983.11—1986.3	—

续附表 1

机关名称	职　务	姓　名	任　期	备　注
市教育委员会（1986.3—1993.6）	主　任	陈之迪	1986.3—1991.6	以副市长兼
		齐绪春	1991.6—1993.4	满族，以副市长兼
		窦仲林	1993.4—1993.6	—
	副主任	窦仲林	1986.3—1993.4	1986.3—1992.4 任第一副主任
		李子玉	1986.3—1989.4	—
		孙业臣	1986.3—1993.6	—
		王振刚	1989.3—1991.5	—
		马清德	1990.1—1993.6	—
		赵万玉	1991.5—1993.6	—
		任　萍	1993.3—1993.6	女

中共承德市教育行政机关党组织历任领导名录（1956.3—1993.6）

附表 2

党组织名称	职务	姓　名	任　期	备　注
文教分党组（1956.3—1960.3）	书记	杨趾麟	1956.3—1957.3	以市长兼
		李　龙	1957.3—1959.3	以副市长兼
		吴绍光	1959.3—1960.3	以副市长兼

续表附 2

<table>
<tr><th>党组织名称</th><th>职务</th><th>姓 名</th><th>任 期</th><th>备 注</th></tr>
<tr><td rowspan="2">市教育局党组
(1960.3—1963.3)</td><td rowspan="2">书记</td><td>贾洪泽</td><td>1960.3—1961.5</td><td>地市合并</td></tr>
<tr><td>傅友德</td><td>1961.6—1963.3</td><td>地市分设</td></tr>
<tr><td rowspan="2">市文教局分党组
(1963.3—1965.10)</td><td rowspan="2">书记</td><td>张秀涛</td><td>1963.3—1965.2</td><td>—</td></tr>
<tr><td>丁庆林</td><td>1965.2—1965.10</td><td>—</td></tr>
<tr><td>文教科委体委文联临时分党组
(1965.10—1968.5)</td><td>书记</td><td>敬 功</td><td>1965.10—1968.5</td><td>“文化大革命”开始，党组织瘫痪</td></tr>
<tr><td rowspan="4">市教育处（局）党委
(1971.12—1974.12)</td><td>书记</td><td>沈 雄</td><td>1971.12—1974.12</td><td>1972 年教育处改教育局</td></tr>
<tr><td rowspan="3">副书记</td><td>史洪斌</td><td>1971.12—1974.12</td><td>—</td></tr>
<tr><td>王茂松</td><td>1971.12—1974.12</td><td>—</td></tr>
<tr><td>梅建池</td><td>1973.6—1974.12</td><td>—</td></tr>
<tr><td rowspan="7">市教育局党委
(1974.12—1983.9)</td><td>书记</td><td>梅建池</td><td>1974.12—1980.9</td><td>—</td></tr>
<tr><td rowspan="2">副书记</td><td>权乃一</td><td>1974.12—1980.9</td><td>满族</td></tr>
<tr><td>傅友德</td><td>1978.8—1980.9</td><td>—</td></tr>
<tr><td>书记</td><td>朱崇明</td><td>1982.2—1983.9</td><td>—</td></tr>
<tr><td rowspan="3">副书记</td><td>史洪斌</td><td>？—1978.8</td><td>—</td></tr>
<tr><td>权乃一</td><td>1980.9—1983.9</td><td>满族</td></tr>
<tr><td>傅友德</td><td>1980.9—1982.2</td><td>—</td></tr>
</table>

续附表 2

党组织名称	职务	姓 名	任 期	备 注
市教育委员会党组 (1983.9—1990.8)	书记	窦仲林	1983.9—1990.8	—
	成员	李子玉	1986.3—1989.4	—
		孙业臣	1986.3—1990.8	—
		丛树勋	1987.11—1989.2	—
		李 潭	1987.11—1988.7	—
		王振刚	1989.4—1990.8	—
		马清德	1990.2—1990.8	—
	纪检组负责人	丛树勋	1987.11—1989.2	副组长
		白云生	1989.12—1990.8	满族 副组长
市教育委员会党委 (1990.8—2001.12)	书记	窦仲林	1990.8—1993.6	—
	副书记	马清德	1990.8—1993.6	—
	委员	陈玉凤	1990.8—1991.5	女 满族
		王振刚	1990.11—1991.5	—
		孙业臣	1990.11—1993.6	—
		张 谦	1992.6—1993.6	满族
	纪检委书记	陈玉凤	1990.8—1991.5	女 满族
		张 谦	1992.6—1993.6	满族

承德地区行署教育行政机关历任领导名录（1946.5—1993.6）

附表 3

机关名称	职务	姓 名	任 期	备 注
冀热察区热西行政督察专员公署教育科 (1946.5—1947.8)	科 长	周哲民	1946.5—1947.5	—
		马 信	1947.5—1956.1	回族 未到职
承德专员公署教育科 (1956.1—1957.11)	科 长	贾洪泽	1956.1—1957.11	—
	副科长	程金巧	1656.1—1957.11	—
		姜甸青	1956.7—1957.4	—
承德专员公署文教局 (1958.2—1961.5)	局 长	丁 武	1958.2—1961.5	—
	副局长	贾洪泽	1958.3—1961.5	—
承德专员公署教育局 (1961.5—1963.2)	局 长	贾洪泽	1961.5—1962.6	—
		丁 武	1962.6—1963.2	—
	副局长	苏仲田	1961.5—1963.2	—
		贾洪泽	1962.6—1963.2	—
承德专员公署文教局 (1963.2—1966.5)	局 长	丁 武	1963.2—1964.5	—
		李 震	1964.9—1966.5	—
	副局长	苏仲田	1963.2—1966.5	—
承德专员公署文教局 (1966.5—1967.1)	局 长	丁 武	1966.5—1967.1	—
	副局长	苏仲田	1966.5—1967.1	—

续附表 3

机关名称	职务	姓　名	任　期	备　注
承德地区革命委员会文教民政卫生办公室(1972.9—1974.3)	主　任	赵雨霖	1972.9—1974.3	以地革委副主兼
承德地区革命委员会文教民政卫生办公室(1972.9—1974.3)	副主任	汎　奇	—	曹正之
承德地区革命委员会文教民政卫生办公室(1972.9—1974.3)	副主任	王建勋	1972.12—?	解放军
承德地区革命委员会文教民政卫生办公室(1972.9—1974.3)	副主任	刘柱均	1973.6—?	—
承德地区革命委员会文教卫生办公室(1974.3—1974.9)	主　任	赵雨霖	1974.3—1974.9	以专署党组副书记兼
承德地区革命委员会文教卫生办公室(1974.3—1974.9)	副主任	汎　奇	—	—
承德地区革命委员会文教卫生办公室(1974.3—1974.9)	副主任	王建勋	1972.12—?	—
承德地区革命委员会文教卫生办公室(1974.3—1974.9)	副主任	刘柱均	1973.6—?	—
承德地区革命委员会教育局(1974.9—1978.7)	局长	洪　纹	1974.9—1976.10	—
承德地区革命委员会教育局(1974.9—1978.7)	局长	赵雨霖	1976.10—1978.2	—
承德地区革命委员会教育局(1974.9—1978.7)	局长	刘荣盛	1978.2—1978.7	—
承德地区革命委员会教育局(1974.9—1978.7)	副局长	赵国玉	1974.9—1978.7	—
承德地区革命委员会教育局(1974.9—1978.7)	副局长	丛书元	1974.9—1978.7	—
承德地区行政公署教育局(1978.7—1986.1)	局　长	刘荣盛	1978.7—1978.12	—
承德地区行政公署教育局(1978.7—1986.1)	局　长	洪　纹	1978.12—1979.10	又名鲍凤瑞、鲍若夫

续附表 3

机关名称	职务	姓　名	任　期	备　注
承德地区行政公署教育局（1978.7—1986.1）	局　长	张　泽	1979.10—1981.3	—
		赵国玉	1981.3—1986.1	—
	副局长	赵国玉	1978.7—1981.3	—
		丛书元	1978.7—1986.1	—
		谭思源	1978.3—1978.10	—
		李学维	1978.10—1979.10	—
		王志生	1978.10—1979.10	—
		陈广生	1978.10—1979.10	—
		高俊杰	1978.10—1979.10	—
		张　泽	1979.10—?	—
		刘　剑	1979.10—?	—
		黄鹏霄	1980.4—1983.12	—
		王振国	1981.3—?	—
		宋志祥	1984.3—1986.1	—
承德地区行政公署教育委员会（1986.1—1987.11）	主　任	朱贵玉	1986.1—1987.11	以副专员兼
	副主任	于树茂	1986.1—1993.4	常务副主任

续附表 3

机关名称	职务	姓 名	任 期	备 注
承德地区行政公署教育委员会(1986.1—1987.11)	副主任	丛书元	1986.1—1988.3	—
		宋志祥	1986.1—1987.5	—
		王皆赞	1986.9—1987.8	—
		张文汉	1987.3—1992.3	—
承德地区行政公署教育委员会(1987.11—1993.6)	主 任	孙先明	1987.11—1990.6	以副专员兼
		李景华	1990.7—1993.3	以副专员兼
		于树茂	1993.4—1993.6	以副专员兼
	副主任	于树茂	1987.11—1993.3	常务副主任
		张登才	1988.3—1993.6	常务副主任(1993.3—1993.6)
		丛书元	1987.11—1988.3	—
		张文汉	1987.11—1992.3	—
		孙晓光	1990.4—1993.6	—
		李秉中	1992.3—1993.6	—
		张如镜	1993.4—1993.6	女
	督学	孙国昌	1992.12—1993.6	—

续附表3

机关名称	职务	姓　名	任　期	备　注
承德地区行政公署教育委员会（1987.11—1993.6）	调研员	王振国	1987.11—1990.4	—
		布　和	1987.11—1988.3	蒙古族
		黄鹏霄	1987.11—1988.2	—
		李权午	1987.11—1988.12	—
		朱启瑞	1987.11—1988.12	—
		赵国玉	1990.7—1991.11	—
		张文汉	1992.3—1993.6	—

中共承德地区行署教育行政机关党组织历任领导名录（1956.6—1993.6）

附表4

中共党组织名称	职　务	姓　名	任　期	备　注
中共承德专员公署文教卫生分党组（1956.6—1957.8）	书　记	贾洪泽	1956.6—1957.8	—
中共承德专员公署教育局党组（1957.8—1962.6）	书　记	贾洪泽	1957.8—1962.6	—
中共承德地区革命委员会文教卫生办公室委员会（1972.9—1974.9）	书　记	张子明	1972.9—1974.9	又名李全成，以地委第一书记兼
	副书记	汎　奇	—	又名曹正之
		王建勋	—	解放军

续附表 4

<table>
<tr><th>中共党组织名称</th><th>职　务</th><th>姓　名</th><th>任　期</th><th>备　注</th></tr>
<tr><td>中共承德地区革命委员会
教育局党组
(1976.4—1977.5)</td><td>书　记</td><td>洪　纹</td><td>1976.4—1977.5</td><td>—</td></tr>
<tr><td rowspan="4">中共承德地区革命委员会
文教卫生办公室党组
(1977.5—1978.10)</td><td rowspan="2">书　记</td><td>赵雨霖</td><td>1977.5—1978.2</td><td>以地委副书记兼</td></tr>
<tr><td>刘荣盛</td><td>1978.2—1978.10</td><td>—</td></tr>
<tr><td rowspan="2">副书记</td><td>洪　纹</td><td>？—1978.12</td><td>—</td></tr>
<tr><td>李学维</td><td>？—1979.10</td><td>—</td></tr>
<tr><td rowspan="11">中共承德地区行政公署
教育委员会党组
(1986.1—1993.6)</td><td rowspan="4">书　记</td><td>刘荣盛</td><td>1978.10—1978.12</td><td>—</td></tr>
<tr><td>洪　纹</td><td>1978.12—1979.10</td><td>以地委宣传部部长兼</td></tr>
<tr><td>张　泽</td><td>1979.10—1981.3</td><td>—</td></tr>
<tr><td>赵国玉</td><td>1981.3—1986.1</td><td>—</td></tr>
<tr><td rowspan="3">副书记</td><td>丛书元</td><td>1981.3—1986.1</td><td>—</td></tr>
<tr><td>陈广生</td><td>1981.3—?</td><td>—</td></tr>
<tr><td>刘　剑</td><td>1981.9—?</td><td>—</td></tr>
<tr><td>纪检组长</td><td>丛书元</td><td>1981.10—1986.6</td><td>兼</td></tr>
<tr><td rowspan="2">书　记</td><td>于树茂</td><td>1986.1—1993.3</td><td>—</td></tr>
<tr><td>张登才</td><td>1993.3—1993.6</td><td>—</td></tr>
<tr><td>副书记</td><td>丛书元</td><td>1986.1—1988.3</td><td>—</td></tr>
</table>

续附表 4

中共党组织名称	职　务	姓　名	任　期	备　注
中共承德地区行政公署教育委员会党组（1986.1—1993.6）	成　员	张文汉	1987.11—1992.3	—
		徐连文	1986.6—1993.6	—
		张登才	1988.3—1993.3	—
		孙晓光	1990.4—1993.6	—
		赵国玉	1990.8—1991.11	—
		李秉中	1992.3—1993.6	—
		张如镜	1993.3—1993.6	女
	纪检组长	徐连文	1986.6—1993.6	—

承德市（地、市合并后）教育行政机关历任领导名录（1993.7—2020.9）

1. 地、市合并后临时机构（1993.7—1993.10）

附表 5

姓　名	中共承德市教育委员会委员会	承德市教育委员会	备注
窦仲林	书记（1993.7—1993.10）	第一负责人（1993.7—1993.10）	满族
张登才	副书记（1993.7—1993.10）	第二负责人（1993.7—1993.10）	—
马清德	委员（1993.7—1993.10）	负责人（1993.7—1993.10）	—
孙业臣	委员（1993.7—1993.10）	负责人（1993.7—1993.10）	—
李秉中	委员（1993.7—1993.10）	负责人（1993.7—1993.10）	—
张如镜	委员（1993.7—1993.10）	负责人（1993.7—1993.10）	女
张　谦	委员、纪检书记（1993.7—1993.10）	—	—

2.1993.10—1997.8

附表 6

姓　名	中共承德市教育委员会委员会	承德市教育委员会	备注
窦仲林	书记（1993.7—1997.7）	主任（1993.10—1997.8）	满族
张登才	副书记（1993.7—1997.7）	副主任（1993.10—1997.8）	—
马清德	委员（1993.7—1997.7）	副主任（1993.10—1997.8）	—
孙业臣	委员（1993.7—1997.7）	副主任（1993.10—1997.8）	—
李秉中	委员（1993.7—1997.7）	副主任（1993.10—1997.8）	—
张如镜	委员（1993.7—1997.7）	副主任（1993.10—1997.8）	女
张　谦	委员、纪检书记（1993.7—1997.7）	—	满族
孙国昌	—	督学（1993.6—1997.8）	—
徐连文	—	副处级调研员（1993.11—1997.2）	—
邓宝林	—	副处级调研员（1996.10—1997.1）	—
司汉哲	—	副处级调研员（1994.8—1994.11）	—

3.1997.8—2001.12

附表 7

姓　名	中共承德市教育委员会委员会	承德市教育委员会	备注
宁家一	书记（1997.7—2001.12）	主任（1997.8—2001.12）	满族
张登才	副书记（1993.7—2001.12）	副主任（1993.10—2001.12）	—
马清德	委员（1993.7—2000.1）	副主任（1993.10—2000.2）	—
孙业臣	委员（1993.7—2001.12）	副主任（1993.10—2001.12）	—
李秉中	委员（1993.7—1998.9） （2000.8—2001.7）	副主任（1993.10—1998.9） （2000.8—2001.7） 副处级待遇（1998.9—2000.8）	—

续附表 7

姓　名	中共承德市教育委员会委员会	承德市教育委员会	备注
张如镜	委员（1993.7—2001.12）	副主任（1993.10—2001.12）	女
张　谦	委员、纪检书记（1993.7—2001.12）		满族
刘凤云	委员（1997.11—2001.12）	副主任（1997.11—2001.12）	女
纪正军	委员（2000.1—2001.12）	副主任（2000.2—2001.12）	满族
孙国昌	委员（1997.11—2001.12）	督学（1993.6—2001.12）	—
李光中	—	督学（1997.11—1998.11）	—
李　军	—	督学（2001.1—2001.12）	—
窦仲林	—	调研员（1997.8—1998.5）	—
林　芝	—	助理调研员（1999.6—1999.6）	—
马清德	—	助理调研员（2000.2—2000.4）	—
白云生	—	助理调研员（2000.2—2001.12）	满族

4.2002.1—2008.5

附表 8

姓　名	中共承德市委教育工委	中共承德市教育局党组	承德市教育局	备注
徐树清	书记 （2002.11—2007.2）	书记 （2002.6—2008.4）	局长 （2002.2—2008.5）	满族
王素芝	副书记 （2002.11—2003.3）	副书记 （2002.6—2003.3）	副局长 （2002.2—2003.4）	女 满族

续附表 8

姓　名	中共承德市委教育工委	中共承德市教育局党组	承德市教育局	备注
张如镜	副书记（2003.9—2005.9）	成员（2002.6—2003.9）（2005.9—2006.9）副书记（2003.9—2005.9）	副局长（2002.4—2005.10）调研员（2005.10—2008.10）	女
魏宝林	副书记（2003.11 任）	成员（2003.11 任）	副局长（2003.12 任）	满族
张　谦	副书记（2002.11—2003.9）	成员（2002.6 任）	纪检组长（2002.6—2002.11）副局长（2003.9 任）	满族
纪正军		成员（2002.6 任）	副局长（2002.4 任）	满族
李　军	—	成员（2002.6—2004.4）	督学（2002.4—2002.6）副局长（2002.6—2004.4）	—
宋成立	副书记（2003.9—2007.8）	成员（2002.11—2004.4）	督学（2002.12—2003.9）	—
肖振东	—	成员（2004.6 任）	副局长（2004.4 任）	蒙古族
蒋大力	纪工委书（2002.11—2008.4）	成员（2002.11—2008.4）	纪检组（2002.11—2008.4）	—
路本壮	副书记（2007.8 任）	成员（2007.12 任）	—	—
杨玉艳	—	—	副局长（2005.12 任）	女满族
白云生	—	成员（2003.9 任）	助理调研员（2002.4—2003.9）督学（2003.9 任）	满族

续附表 8

姓　名	中共承德市委教育工委	中共承德市教育局党组	承德市教育局	备注
史荣军	副处级组织员 （2004.7 任）	—	—	—
刘　伟		—	督学（2004.8 任）	—
孙国昌	—	成员（2002.6—2003.8）	督学（2002.4—2004.8） 助理调研员 （2004.8—2008.7）	—
宁家一	—	—	调研员 （2002.2—2003.8）	满族
邱爱君	—	—	副调研员（2007.9 任）	—
王淑利	—	—	助理调研员 （2002.8—2006.11）	女
赵润强	—	—	助理调研员 （2003.9—2006.11）	—

中共承德市教育局委员会（2002.1—2002.6）

书　　记　　徐树清（满，2002.1—2002.6）

副 书 记　　王素芝（女，满，2002.1—2002.6）

委　　员　　张如镜（女，2002.1—2002.6）

张　谦（满，2002.1—2002.6）

纪正军（满，2002.1—2002.6）

孙国昌（2002.1—2002.6）

纪委书记　　张　谦（满，2002.1—2002.6）

5.2008.5—2010.5

附表 9

姓　名	中共承德市委教育工委	中共承德市教育局党组	承德市教育局	备注
胡德利	书记（2007.2—2010.5）	书记（2008.4—2010.5）	局长（2008.5—2010.5）	满族
魏宝林	副书记	成员（2010.1 免） 副书记（2010.1 任）	副局长 （2010.5—10 主持工作）	满族
张　谦	—	成员 （2010.1 免）	副局长（2010.1 免） 调研员（2010.2 任）	满族
纪正军	—	成员	副局长	满族
肖振东	—	成员（2009.3 免）	副局长（2009.3 免）	蒙古族
路本壮	纪工委书记 （2008.4—2009.9 代管） 副书记（2010.8 免）	成员（2010.8 免）	纪检组长 （2008.4—2009.9 代管）	—
邱爱君	纪工委书记（2009.9 任）	成员（2009.9 任）	副调研员（2009.11 免） 纪检组长（2009.9 任）	—
杨玉艳	—	—	副局长	女 满族
白云生	—	成员（2009.12 免）	督学（2009.12 免）	满族
史荣军	副处级组织员	—	—	—
刘　伟	—	—	督学	—
梁喜林	—	成员（2010.1 任）	督学（2010.2 任）	满族
屈树彬	—	—	副调研员（2010.1 任）	满族

6.2010.10—2017.4

附表10

姓　名	中共承德市委教育工委	中共承德市教育局党组	承德市教育局	备注
丁　然	书记（2010.10—2017.4）	书记（2010.10—2017.4）	局长（2011.3—2017.4）	满族
魏宝林	副书记（2015.11免）	副书记	副局长	满族
刘科军	—	副书记（2017.1任）	副局长（2017.2.27任）	
张　谦	—	—	调研员（2011.11免）	满族
纪正军	—	成员（2013.11免）	副局长（2013.12免） 调研员（2013.12任）	满族
赵相敏	副书记（2010.10任）	—	—	女
史荣军	副书记（2012.9任）	副处级组织员（2012.9免） 成员（2012.9任）	—	—
邱爱君	纪工委书记（2016.12免）	成员（2016.12免）	纪检组长（2016.12免）	—
凌　龙	—	—	纪检组长（2016.12任）	—
杨玉艳	—	—	副局长	女 满族
刘　伟	—	成员（2015.12任）	督学	—
梁喜林	—	成员（2015.12免）	督学（2016.2免）	满族
肖俊泉	—	成员（2012.9任）	副局长（2012.11任）	满族
樊文广	—	成员（2013.11任）	副局长（2013.12任）	—
屈树彬	—	—	副调研员（2016.9免）	满族
李国凡	—	—	副调研员（2013.5任）	—
贾云峰	—	—	副调研员（2013.12任）	满族
郑　冰	—	—	副调研员（2016.9任）	—

7.2017.4—2019.11

附表 11

姓　名	中共承德市委教育工委	中共承德市教育局党组	承德市教育局	备注
王国维	书记（2017.4.17 任）（2019.11.30 免）	书记（2017.4.17 任）（2019.11.30 免）	局长（2017.4.18 任）（2019.12.26 免）	满族
魏宝林	—	副书记（2019.2.28 免）	副局长（2019.3.22 免）	满族
刘科军	—	副书记	副局长	—
纪正军	—	—	调研员（2019.3.22 免）	满族
赵相敏	副书记	—	—	女
史荣军	副书记	成员	—	—
凌　龙	—	—	纪检组长	—
杨玉艳	—	—	副局长	女 满族
刘　伟	—	成员	督学	—
肖俊泉	—	成员（2017.8.29 免）	副局长（2017.11.10 免） 副处级干部 （2017.11.10 任）	满族
樊文广	—	成员	副局长	—
雒文悦	—	成员（2019.2.28 任）	副局长（2019.3.22 任）	—
李国凡	—	—	副调研员	—
贾云峰	—	—	副调研员	满族
郑　冰	—	—	副调研员	—

8.2019.11—2020.9

附表12

姓　名	中共承德市委教育工委	中共承德市教育局党组	承德市教育局	备注
王成军	书记（兼）（2019.11.30任）	书记（2019.11.30任）	局长（2019.12.26任） 一级调研员（2019.12.31任）	满族
刘科军	—	副书记	副局长	—
赵相敏	副书记	—	三级调研员（2020.6.12任）	女
史荣军	副书记	成员	—	—
凌　龙	—	—	纪检组长	—
杨玉艳	—	—	副局长	女 满族
樊文广	—	成员	副局长	—
雒文悦	—	成员	副局长	—
刘　伟	—	成员（2020.6.24免）	三级调研员（2020.6.12任） （2020.6.24免） 二级调研员（2020.6.24任） 督学（2020.7.27免）	—
贾云峰	—	—	四级调研员	满族
郑　冰	—	—	四级调研员	—
肖俊泉	—	—	副处级干部	—
李国凡	—	—	四级调研员（2020.5.22免）	—

附三：承德市教育事业发展统计

1989年原承德市教育事业发展情况表

附表13　　　　单位：所、人

学校类别	院校	学校数	毕业生数	招生数	在校生数	教职工数	
						总数	专任教师
大专院校	合计	4	1322	1343	3906	1553	593
	承德医学院	1	360	349	1390	550	231
	承德师专	1	441	430	1153	354	148
	承德大学	1	90	59	149	73	35
	承德石油专科学校	1	431	505	1214	576	179
中等专业技术学校	合计	8	1149	1168	3908	937	463
	承德财贸学校	1	—	180	567	137	58
	承德师范学校	1	388	320	917	128	69
	承德农校	1	83	80	603	194	82
	承德地区卫校	1	194	180	648	139	73
	承德市卫校	1	86	75	360	59	25
	承德市经干校	1	68	115	145	85	41
	承德市技工学校	1	191	149	467	142	62
	承德县师范学校	1	139	69	201	53	53
普通中学	总数	85	8996	11104	31715	3096	2372
	其中：高中	3	1654	1527	4510	—	426
职业中学和农业中学	职业中学和农业中学	10	1112	886	2558	324	221
小学	小学	531	10481	15777	91465	4759	4266
聋哑学校	聋哑学校	1	—	—	53	14	11

1989年承德地区教育事业发展情况统计表

普通高等院校和成人高、中等专业学校情况表

附表14　　　　单位：所、人

学校类别	学校名称	学校数	毕业生数	招生数	在校生数	教职工	
						合计	专任教师
普通成人高等学校	合计	3	1027	852	2929	498	215
	承德师范专科学校	1	441	430	1153	354	148
	承德地区教育学院	1	364	220	836	144	67
	中央电大承德地区分校	1	222	202	940		
成人中等专业学校	合计	10	1146	1757	2774	264	131
	承德地区经济管理学校	1	77	74	294	98	44
	滦平农民中专	1	60	27	146	40	7
	围场农民中专	1	—	56	108	26	17
	教师进修学校	7	1009	1600	2226	100	63

普通中等专业学校情况表

附表15　　　　单位：所、人

学校类别	学校名称	学校数	毕业生数	招生数	在校生数	教职工	
						合计	专任教师
	总计	14	1534	1605	4807	1142	558
中等技术学校	合计	5	521	715	2426	649	300
	承德农业学校其中：农民中专班	1	83	80	603	794	82
		—	—	—	39	—	—
	承德财经学校	1	—	180	567	137	58
	承德地区卫生学校其中：职工中专班	1	194	180	648	139	73
		—	41	—	—	—	—
	承德体育运动学校	1	30	30	90	46	33
	丰宁职业中专	1	214	245	518	133	54

续附表 15　　　　　　　　　　　　　　　　　　　　　　　　　　单位：所、人

学校类别	学校名称	学校数	毕业生数	招生数	在校生数	教职工	
						合计	专任教师
中等师范学校	合计	9	1013	890	2381	493	258
	承德师范学校	1	388	320	917	128	69
	平泉师范学校	1	375	320	964	156	80
	宽城师范	1	15	20	40	22	15
	兴隆师范	1	25	30	60	26	14
	平泉师范	1	34	40	80	36	19
	滦平师范	1	30	40	80	32	15
	隆化师范	1	35	80	160	28	18
	围场师范	1	40	—	—	—	—
	丰宁师范	1	70	40	80	65	28

中小学、幼儿园情况表

附表 16　　　　　　　　　　　　　　　　　　　　　单位：所、人、平方米、%

项目	合计	宽城县	兴隆县	平泉县	滦平县	丰宁县	隆化县	围场县	承德一中	存瑞中学
一、学校数	3048	235	350	428	462	359	474	738	1	1
普通中学	346	32	52	60	40	50	47	63	1	1
职业中学	22	1	2	4	50	5	1	4	—	—
小　学	2680	202	296	364	417	304	426	671	—	—
二、招生数	80739	7242	9382	12520	9095	12431	11842	17168	529	500
普通中学	48147	2131	3691	3655	3448	4680	3651	5862	529	500
职业中学	3040	132	207	285	352	1264	366	424	—	—
小　学	49552	5009	5484	8580	5285	6487	7825	10882	—	—

续附表 16　　　　单位：所、人、平方米、%

项目	合计	宽城县	兴隆县	平泉县	滦平县	丰宁县	隆化县	围场县	承德一中	存瑞中学
三、毕业生数	62917	4229	7088	8562	6999	11767	11015	12054	517	686
普通中学	27644	1821	2935	5210	2595	4534	4776	4570	517	686
职业中学	2816	261	261	245	360	1270	174	245	—	—
小　学	32457	2147	3892	3107	4044	5963	6055	7239	—	—
四、在校生数	353683	33695	40766	61612	42574	47871	53720	70171	1561	1713
普通中学	88549	5941	10564	15922	9519	13551	12775	17003	1561	1713
职业中学	6480	246	828	1118	990	1635	485	1178	—	—
小　学	258654	27508	29374	44572	32065	32685	40460	51990	—	—
五、教职工数	21980	1820	2909	3986	2720	3219	3030	3904	183	209
普通中学	8517	632	1158	1687	975	1194	1126	1353	183	209
职业中学	633	46	70	139	98	91	60	129	—	—
小　学	12830	1142	1681	2160	1647	1934	1844	2422	—	—
六、专任教师	19182	1552	2496	3497	2382	2737	2664	3630	91	128
普通中学	6883	517	948	1376	497	934	927	1165	91	128
职业中学	473	26	62	105	80	60	33	107	—	—
小　学	11826	1014	1486	2016	1505	1743	1704	2358	—	—
七、校舍面积	1242267	98280	151327	209305	151610	198542	165853	234750	12800	19800
八、学龄儿童	7—11 岁									
入学率	98.60	99.36	99.87	97.16	98.50	99.05	98.23	98.88	—	—
巩固率	98.37	98.72	98.94	99.42	98.75	98.13	96.98	98.09	—	—
毕业率（14 岁小学）	97.3	95.0	99.1	97.5	98.5	98.1	97.0	96.4	—	—
九、幼儿园数	56	1	5	12	3	10	8	17	—	—
班　数	1807	183	189	317	296	253	245	324	—	—
在园幼儿	42029	4022	4343	6900	6065	5203	6176	9320	—	—
教职工数	1983	192	229	358	339	293	214	358	—	—

1993年承德市（地、市合并后）教育事业发展统计表

大、中专院校基本情况表

附表17　　　　单位：所、人

学校类别	院校	毕业生	招生	在校生	教职工	
					总数	专任教师
高等学校	承德医学院	265	560	1851	645	264
	承德石油高等专科学校	496	704	1552	716	199
	承德师范专科学校	431	490	1303	375	146
	承德教育学院	137	66	447	341	73
	承德大学	86	165	309	84	36
	承德地区电大分校	121	357	1371	—	—
	承德市电大分校	42	133	177	—	—
中技	承德农业学校	81	380	913	196	84
	承德财经学校	175	330	755	134	58
	承德卫生学校	176	505	966	158	70
	承德体育运动学校	28	80	161	47	35
中师	承德师范学校	311	426	1076	164	87
	平泉师范学校	322	395	992	150	76
中师	平泉县师范	90	90	185	42	33
	承德县师范	120	200	400	52	31
	隆化县师范	160	160	315	45	26
中专班	承德经济干部学校	—	100	100	—	—
	承德经济管理学校	—	145	145	—	—
职业中专	建筑中专	158	50	250	—	—
	丰宁职校	174	207	817	—	—
	市卫校	46	81	281	—	—
	职业艺术班	—	—	84	—	—
	商业中专班	—	100	150	—	—

续附表 17

单位：所、人

学校类别	院校	毕业生	招生	在校生	教职工	
					总数	专任教师
成人中专	电视中专	83	26	176	38	32
	市卫校	38	54	149	67	25
	经干校	—	26	91	87	46
	经管校	12	—	—	132	56
	承德农专	—	—	62	22	12
	滦平农专	—	—	49	16	5
	围场农专	—	50	168	18	12
	承德市教师进修学校	24	—	146	40	17
	承德县教师进修学校	62	200	276	6	5
	宽城县教师进修学校	90	120	120	28	14
	兴隆县教师进修学校	170	195	195	16	11
	平泉县教师进修学校	232	—	150	30	14
	滦平县教师进修学校	133	—	150	30	14
	丰宁县教师进修学校	52	—	410	38	20
	隆化县教师进修学校	121	—	70	11	6
	围场县教师进修学校	170	101	101	37	29
职教中心普通中专班	承德县	—	100	100	89	35
	宽城县	—	150	150	99	55
	兴隆县	—	200	245	109	83
	滦平县	—	150	150	38	26
	丰宁县	—	250	285	175	98
	隆化县	—	300	345	78	48
	围场县	—	150	150	45	27
	市　直	—	300	345	158	106

教师职称情况表

附表 18　　单位：人

学校类别	职称	总数	其　中		
			女	少数民族	从非国家干部中选聘
高等院校	教授	32	1	2	—
	讲师	104	37	20	—
	助教	122	65	34	—
中等专业技术学校	高级讲师	101	8	14	—
	讲师	355	117	86	—
	助理讲师、教员	819	357	395	3
高中	高级教师	299	50	67	—
	一级教师	1485	388	480	—
	二、三级教师	7489	2372	3643	8
小学	高级教师	1965	767	685	—
	一、二、三级教师	9956	4350	4654	21

普通中小学、农职中情况表

附表 19

单位：所、人

项目	学校类别	合计	承德县	宽城县	兴隆县	平泉县	滦平县	丰宁县	隆化县	围场县	双桥区	双滦区	营子区	市直
学校所数	合计	3549	478	236	340	380	430	359	476	707	58	37	33	15
	初中	376	56	27	41	56	34	44	41	55	2	6	7	7
	高中	21	4	2	1	4	4	3	2	1	—	—	—	—
	完中	18	—	1	1	—	—	—	5	3	—	2	3	3
	职初	10	1	1	—	2	4	—	1	1	—	—	—	—
	职高	21	2	1	3	2	1	6	1	1	—	1	—	3
	小学	3130	415	204	294	346	387	306	426	646	56	28	23	2
在校学生	合计	525358	78893	43266	45551	64479	49301	51058	63528	72573	18616	12373	9599	16121
	初中	131832	17940	8180	13033	19073	11411	16482	13680	15806	678	3192	2600	9757
	高中	14455	2357	957	1205	1706	1017	1261	2372	1403	—	206	246	1752
	职初	4032	194	324	587	824	1318	—	297	488	—	—	—	—
在校学生	职高	10088	485	698	1356	836	450	2198	1531	601	—	137	—	1796
	小学	364951	57917	33107	29370	42040	35105	31117	45648	54275	17938	8838	6753	2843

续附表 19

单位：所、人

项目	学校类别	合计	承德县	宽城县	兴隆县	平泉县	滦平县	丰宁县	隆化县	围场县	双桥区	双滦区	营子区	市直
毕业生数	合计	97828	12850	7166	9577	13158	7791	10031	10780	13084	4715	2355	1913	4509
	初中	27473	4063	1843	2598	4140	1127	3233	2173	4069	96	874	695	2557
	高中	5501	944	339	478	647	421	475	950	471	—	76	107	593
	职初	690	34	39	118	132	190	—	28	149	—	—	—	—
	职高	3334	169	136	449	261	63	868	523	141	—	70	—	654
	小学	60930	7640	4803	5934	7978	5990	5455	7106	8254	4619	1335	1111	705
招生数	合计	132929	18561	10062	13406	15685	13151	13458	15850	18641	3437	2869	2324	5485
	初中	48787	6931	3374	4812	6617	4249	5200	5528	6024	250	1140	936	3726
	高中	4492	747	286	361	526	286	404	734	442	—	74	57	573
	职初	1460	51	100	310	270	440	—	118	117	—	—	—	—
	职高	5333	232	495	614	505	360	1149	963	350	—	31	—	634
	小学	72857	10600	5807	7309	7765	7816	6705	8507	11654	3187	1624	1331	552

续附表19

单位：所、人

项目	学校类别	合计	承德县	宽城县	兴隆县	平泉县	滦平县	丰宁县	隆化县	围场县	双桥区	双滦区	营子区	市直
教职工	合计	31172	4047	2015	2842	4365	2831	3607	3565	3879	916	839	864	1402
	普通中学	12609	1516	804	1188	1952	1111	1335	1495	1416	48	320	369	1055
	职业中学	1546	116	107	157	205	140	442	105	84	—	20	—	170
	小学	1707	2415	1104	1497	2208	1580	1830	1965	2379	868	499	495	177
专任教师	合计	26509	3544	1697	2324	3772	2401	2835	3139	3535	829	718	707	1008
	初中	8820	1095	553	801	1385	781	925	1048	1090	43	245	237	617
	高中	1349	154	84	110	210	118	136	183	129	—	27	57	141
	职初	263	19	21	27	52	87	—	25	32	—	—	—	—
	职高	705	79	55	92	85	26	155	48	36	—	12	—	117
	小学	15372	2197	984	1294	2040	1389	1619	1835	2248	786	434	413	133
幼儿园	幼儿园数	40	2	1	2	3	4	4	8	4	—	—	4	8
	班数	2998	341	241	332	391	437	303	376	385	—	39	68	49
	在园幼儿	74681	9053	5449	9390	9264	11406	6885	7617	10167	—	1582	2374	1494
	教职工数	3682	350	277	353	533	536	342	409	433	—	6	134	269

各单项数据情况表

附表 20

单位：人、%

小学学龄儿童入学率、毛入学率					小学及格率					
校内外学龄儿童人口数	在校学龄儿童人口数	学龄儿童入学率（%）	在校生	毛入学率（%）	上学年末人数	参加考试人数	全科及格人数	全科及格率	平均及格人数	平均及格率
358838	336850	93.92	364951	101.7	343854	341012	284962	83.56	311439	91.33

小学毕业班毕业率、升学率						普通高中与职业高中比例					
毕业率			升学率			招生数			在校生数		
毕业班学生数	毕业生数	毕业率	毕业生数	招生数	升学率	普通高中	职业高中	职高比重	普通高中	职业高中	职高比重
59253	58895	99.4	58895	50247	85.32	4492	5333	54.28	14455	10088	41.1

小学在校生留级率、辍学率						初中在校生留级率、辍学率					
留级率			辍学率			留级率			辍学率		
在校生	留级生	留级率	在校生	辍学生	辍学率	在校生	留级生	留级率	在校生	辍学生	辍学率
358886	24500	6.83	358886	9297	2.59	121211	3847	3.17	121211	15580	12.85

平均每万人口各级学校在校学生数							平均每一位教师负担学生数			
总人口（万人）	小　学	普通初中	普通高中	职业初中	职业高中	职业中学	小学	普通初中	普通高中	职业高中
340.29	1072.47	387.41	42.48	11.85	29.65	41.49	23.74	14.95	10.72	14.31

中小学专任教师学历合格率									小学、初中民办教师所占比例					
小　学			初　中			高　中			小　学			初　中		
专任教师人数	高中及以上	所占比例	专任教师人数	专科及以上	所占比例	专任教师人数	本科及以上	所占比例	专任教师	民办教师	所占比例	专任教师	民办教师	所占比例
15372	13054	84.92	8820	4497	50.99	1349	604	44.77	15372	4315	28.07	8820	223	2.53

2015年承德市教育事业发展统计表

2015年承德市各级各类学校基本情况表

附表21

单位：人、平方米

学校类型	校数（所）	毕业生数	招生数	在校生数	教职工		校舍情况		
					合计	其中：专任教师	占地面积	建筑面积	危房面积
总　计	1561	156957	180356	609428	46040	37497	16316446.6	6009107.79	0
一、幼儿园、学前班	948	41150	50095	93585	4989	3414	1744475.41	516659.36	0
二、小学	447	37193	47209	272249	18507	17084	6431131.94	1851887.44	0
三、初中	100	31606	37587	109387	10150	8243	2731876.49	1154806.05	0
四、高中	22	20415	17935	55425	5554	3789	1515128.86	876647.2	0
五、特教学校	8	71	90	762	224	183	45418.1	20911.1	0
六、中等职业学校	30	13570	13566	36876	2912	2074	1188640.8	501436.64	0
其中：普通中专学校	14	6186	6785	17604	1023	683	345823.1	205858	0
职业高中	10	6152	5951	16523	1674	1233	775332.2	275721.64	0
成人中专学校	6	1232	830	2749	215	158	67485.5	19857	0
七、普通高等学校	6	12952	13874	41144	3704	2710	2659775	1086760	0
其中：市属高校	4	6891	7461	20149	2051	1478	1180924	648708	0
省属高校	2	6061	6413	20995	1653	1232	1478851	438052	0

附表 22

幼儿园、学前班基本情况表

单位：人 、平方米

县区	园数（所）	班数（个）	入园人数	在园人数	离园人数	教职工数			校舍面积		
						教职工数	园长	专任教师	占地面积	建筑面积	危房面积
总计	948	4356	50095	93585	41150	4989	531	3414	1744475.41	516659.36	0
双桥区	34	147	2025	3186	298	385	50	240	14391.01	19349.3	0
双滦区	22	181	1654	4546	1804	270	40	192	99732	28425	0
营子区	13	57	552	1299	614	141	14	67	27603	16505	0
承德县	82	385	5179	8858	4715	392	65	219	132993.1	37969.9	0
兴隆县	79	332	3983	6678	3231	262	41	179	71270.57	25630.64	0
平泉县	62	622	3975	10655	3989	363	33	238	107406.01	30882.77	0
滦平县	87	386	4011	8407	3669	381	31	278	170273.15	47567.95	0
隆化县	56	482	5655	11022	5630	449	48	299	99497	41579	0
丰宁县	108	436	5971	9263	5762	356	45	236	156786	44300	0
宽城县	80	469	5736	10001	2859	711	58	411	160196.56	63622.9	0
围场县	311	742	9624	15363	7033	854	83	715	661392.01	136205.2	0
市直属	6	66	880	2897	854	395	19	316	33072	21774.7	0
开发区	8	51	850	1410	692	30	4	24	9863	2847	0

附表 23

小学校数、班数、毕业生、招生、在校生及预计毕业生数及其他情况表

单位：人

县区	学校数（所、点）		班数	毕业生数	招生数	在校生数				2016 年预计毕业生数	在校生中的其他情况		
	小计	校点				合计	城区	镇区	农村		寄宿生	进城务工子女	农村留守儿童
总计	447	878	7796	37193	47209	272249	32149	127398	112702	36849	63988	8860	27146
双桥区	17	13	327	3671	3103	17293	16393	—	900	2168	0	3795	59
双滦区	13	16	263	1397	2349	11554	8271	157	3126	1394	1139	2160	191
营子区	5	0	82	466	515	3240	2726	514		482	0	199	8
承德县	53	100	863	3385	4445	27030	—	12207	14823	3483	6391	696	1645
兴隆县	67	66	760	3337	3653	21962	—	10949	11013	3333	4326	314	2888
平泉县	44	141	1032	4835	5176	34571	—	21896	12675	4953	7698	190	4972
滦平县	40	80	729	3270	3858	23141	—	12619	10522	2930	3216	98	1520
隆化县	51	218	1104	4292	5813	33102	—	15650	17452	5030	6480	96	5559
丰宁县	52	130	876	4145	5592	29708	—	17757	11951	3764	6248	513	5829
宽城县	26	77	611	2601	4003	21776	—	14781	6995	2565	5077	80	424
围场县	61	37	922	5794	7122	39882	—	18971	20911	5619	23413	96	3996
市直属	2	0	81	675	785	4759	4759	—	—	648	0	501	0
开发区	16	0	146	479	795	4231	—	1897	2334	480	0	122	55

普通中学校数、班数、毕业生数、招生数、预计毕业生数情况表

附表 24　　　　单位：人

县区	学校所数					班数		毕业人数		招生		预计毕业生	
	合计	初级中学	高级中学	完全中学	九年一贯制	初中	高中	初中	高中	初中	高中	初中	高中
总计	122	86	20	2	14	2174	988	31606	20415	37587	17935	34737	19780
双桥区	8	6	1	0	1	110	22	1753	206	1815	266	1759	245
双滦区	3	2	0	1	0	83	51	1253	1082	1341	885	1386	1239
营子区	2	1	1	0	0	34	24	479	348	451	370	503	339
承德县	12	8	2	0	2	211	90	2900	1977	3653	1717	3239	1968
兴隆县	15	14	1	0	0	212	62	2519	1068	3354	1053	2905	1013
平泉县	14	11	3	0	0	252	122	4540	2799	4814	2606	4814	2525
滦平县	10	8	2	0	0	188	95	2776	1959	3387	1590	2912	1745
隆化县	12	9	1	0	2	236	46	3601	943	3910	968	4109	785
丰宁县	16	12	3	0	1	253	107	3419	2692	4239	1994	3665	2422
宽城县	5	3	1	0	1	148	49	1925	869	2527	824	2177	973
围场县	15	8	1	1	5	315	137	4858	2716	6008	2612	5479	2985
市直属	5	2	3	0	0	97	156	1267	3258	1652	2462	1361	3055
开发区	5	2	1	0	2	35	27	316	498	436	588	428	486

附表 25

普通中学在校学生数及其他情况表

单位：人

县区	合计	在校生								在校生中的其他情况			
		初中				高中				寄宿生		进城务工子女	农村留守儿童
		计	城区	镇区	农村	计	城区	镇区	农村	初中	高中	初中	初中
总计	164812	109387	14874	81574	12939	55425	7950	47475	0	71569	48552	2802	10754
双桥区	6108	5363	5176	—	187	745	745	—	0	—	745	673	4
双滦区	7304	4214	4214	—	—	3090	3090	—	0	1512	3090	459	0
营子区	2659	1550	1550	—	—	1109	1109	—	0	738	1109	38	0
承德县	15635	10109	—	7334	2775	5526	—	5526	0	7779	5526	26	696
兴隆县	13003	9901	—	7995	1906	3102	—	3102	0	7336	2328	68	976
平泉县	21916	14361	—	13788	573	7555	—	7555	0	11492	6368	59	2294
滦平县	14620	9655	—	9303	352	4965	—	4965	0	6471	3523	190	894
隆化县	14496	11940	—	9887	2053	2556	—	2556	0	8269	2184	123	2068
丰宁县	18055	11966	—	10901	1065	6089	—	6089	0	6145	4902	137	2167
宽城县	9765	7118	—	7118	—	2647	—	2647	0	5251	2647	70	91
围场县	25646	17344	—	13350	3994	8302	—	8302	0	14818	8081	219	1546
市直属	12691	4535	3934	601	—	8156	3006	5150	0	701	6519	718	0
开发区	2914	1331	—	1297	34	1583	—	1583	0	1057	1530	22	18

小学教职工及专任教师学历及职称基本情况表

附表 26

单位：人

县区	教职工数				专任教师学历						专任教师职称情况							代课教师	兼任教师
	合计	教育部门办	民办	其他部门办	合计	研究生毕业	本科毕业	专科毕业	高中阶段毕业	高中毕业以下	小计	中学高级	小学高级	小学一级	小学二级	小学三级	未定职级		
总计	18507	18167	340	0	17084	27	8912	6807	1325	13	17084	543	8661	5472	409	54	1945	890	23
双桥区	867	867	0	0	903	5	666	207	24	1	903	29	461	305	14	0	94	0	0
双滦区	672	672	0	0	650	0	437	184	28	1	650	21	371	247	1	0	10	19	0
营子区	327	327	0	0	254	0	178	73	3	0	254	3	123	70	3	0	55	0	0
承德县	1612	1612	0	0	1534	1	757	582	190	4	1534	33	847	490	72	10	82	70	0
兴隆县	1669	1658	11	0	1595	0	830	637	127	1	1595	111	939	361	14	0	170	45	0
平泉县	2746	2746	0	0	2252	1	744	1195	312	0	2252	29	1253	909	4	0	57	70	1
滦平县	1648	1648	0	0	1511	1	857	541	112	0	1511	74	838	331	36	8	224	191	0
隆化县	2316	2276	40	0	2098	1	1079	810	208	0	2098	52	1008	696	25	8	309	212	19
丰宁县	2018	2018	0	0	1917	1	912	942	62	0	1917	34	953	645	15	0	270	162	0
宽城县	1893	1893	0	0	1834	2	1217	464	145	6	1834	109	821	443	13	0	448	0	0
围场县	2305	2016	289	0	2077	0	963	1050	64	0	2077	17	775	854	210	28	193	60	3
市直属	224	224	0	0	217	0	156	55	6	0	217	14	147	55	1	0	0	7	0
开发区	210	210	0	0	242	15	116	67	44	0	242	17	125	66	1	0	33	54	0

说明：九年一贯制学校中的小学教职工计入中学，学历、职称则分中小学统计

附表 27

普通中学教职工基本情况表

单位：人

县区	教职工数				教职工合计中			代课教师	兼任教师
	合计	专任教师			教育部门办	民办	其他部门办		
		合计	初中	高中					
总计	15704	12032	8243	3789	14568	1136	0	122	32
双桥区	895	825	666	159	895	0	0	0	0
双滦区	604	506	308	198	604	0	0	0	0
营子区	277	199	119	80	277	0	0	0	0
承德县	1711	1107	712	395	1529	182	0	14	5
兴隆县	1257	1080	865	215	1257	0	0	0	0
平泉县	1806	1325	884	441	1806	0	0	0	3
滦平县	1242	1067	733	334	1242	0	0	0	0
隆化县	1443	1060	882	178	1443	0	0	10	0
丰宁县	1664	1414	991	423	1582	82	0	0	0
宽城县	1108	840	623	217	1108	0	0	0	0
围场县	2245	1492	1036	456	1373	872	0	33	10
市直属	1055	835	269	566	1055	0	0	61	14
开发区	397	282	155	127	397	0	0	4	0

普通中学专任教师职称情况表

附表 28

单位：人

县区	合计	普通中学专任教师职称情况											
		初中						高中					
		小计	中学高级	中学一级	中学二级	中学三级	未定职级	小计	中学高级	中学一级	中学二级	中学三级	未定职级
总计	12032	8243	1755	4091	1945	46	406	3789	1091	1799	714	79	106
双桥区	825	666	211	352	89	9	5	159	46	79	28	5	1
双滦区	506	308	67	172	68	1	0	198	64	93	41	0	0
营子区	199	119	33	67	7	0	12	80	21	21	38	0	0
承德县	1107	712	108	321	235	1	47	395	88	173	111	0	23
兴隆县	1080	865	207	420	156	0	82	215	76	108	20	0	11
平泉县	1325	884	125	478	281	0	0	441	125	240	63	1	12
滦平县	1067	733	220	344	90	18	61	334	128	120	57	6	23
隆化县	1060	882	171	439	251	8	13	178	41	89	27	12	9
丰宁县	1414	991	155	480	255	0	101	423	99	215	109	0	0
宽城县	840	623	160	333	130	0	0	217	41	90	63	20	3
围场县	1492	1036	180	485	314	0	57	456	89	240	78	35	14
市直属	835	269	94	133	34	4	4	566	246	277	34	0	9
开发区	282	155	24	67	35	5	24	127	27	54	45	0	1

附表 29

普通中学专任教师学历情况表

单位：人

县区	初中						高中					
	合计	研究生毕业	本科毕业	专科毕业	高中阶段毕业	高中毕业以下	合计	研究生毕业	本科毕业	专科毕业	高中阶段毕业	高中毕业以下
总计	8243	64	7250	925	4	0	3789	131	3637	21	0	0
双桥区	666	11	600	54	1	0	159	12	142	5	0	0
双滦区	308	4	292	12	0	0	198	4	194	0	0	0
营子区	119	3	107	9	0	0	80	2	78	0	0	0
承德县	712	4	601	105	2	0	395	19	375	1	0	0
兴隆县	865	6	766	93	0	0	215	18	196	1	0	0
平泉县	884	2	765	117	0	0	441	18	416	7	0	0
滦平县	733	1	673	59	0	0	334	16	318	0	0	0
隆化县	882	2	734	146	0	0	178	1	177	0	0	0
丰宁县	991	3	819	169	0	0	423	1	416	6	0	0
宽城县	623	1	603	18	1	0	217	10	207	0	0	0
围场县	1036	5	922	109	0	0	456	12	443	1	0	0
市直属	269	6	249	14	0	0	566	16	550	0	0	0
开发区	155	16	119	20	0	0	127	2	125	0	0	0

普通中学校舍情况表

附表 30　　　　　　　　　　　　　　　　单位：平方米

县区	小学			初级中学			九年一贯制学校			完全中学				
	占地面积	建筑面积	危房面积	占地面积	建筑面积	危房面积	占地面积	建筑面积	危房面积	占地面积	建筑面积	危房面积	占地面积	建筑面积
总计	6431132	1851887	—	2280599.7	988282	—	451277	166525	—	217655	129185		1297474	747462
双桥区	138387.3	64698.1	—	74080.94	39431.7	—	5637.01	5574	—	—	—	—	65182	22836.1
双滦区	213748.8	84935.2	—	83281.15	28205	—	—	—	—	107322	76428			
营子区	76981	28985	—	42000	26346	—	—	—	—	—	—	—	24000	8002
承德县	586211.6	187267	—	204576.68	102200	—	29855	21469	—	—	—	—	115373	76758
兴隆县	403446.7	140514	—	202951.6	99871.2	—	—	—	—	—	—	—	57295.5	33874
平泉县	1096483	270112	—	348584.77	163505	—	—	—	—	—	—	—	188573	109314
滦平县	599968.6	178186	—	218026.01	97946.5	—	—	—	—	—	—	—	109267	50083
隆化县	930637.5	222886	—	294134.02	91536	—	69719	26683	—	—	—	—	42291	19228
丰宁县	970308	223915	—	316780	117444	—	8100	7136	—	—	—	—	209498	111403
宽城县	476153	156802	—	196665	75882.2	—	65600	15062	—	—	—	—	100000	61164
围场县	819527.1	258485	—	222462.7	85763.1	—	132699	51757.3	—	110333	52757		68700	45679
市直属	25912	20666	—	50375.8	47166	—			—	—	—	—	303256	198871
开发区	93367	14436	—	26681	12985	—	139667	38843.2	—	—	—	—	14038	10250

附表 31

特殊教育学校基本情况表

单位：人、平方米

县区	校数（所）	班数（个）	毕业生	招生	在校生数	教职工数			
						合计	专任教师	占地面积	建筑面积
总计	8	87	71	90	762	224	183	45418.1	20911.1
双桥区	0	0	0	0	0	0	0	0	0
双滦区	0	0	0	0	0	0	0	0	0
营子区	0	0	0	0	0	0	0	0	0
承德县	1	9	19	22	98	35	31	6670	2549
兴隆县	1	7	0	5	59	23	21	2820.1	2125.1
平泉县	1	15	12	15	142	35	26	5000	4983
滦平县	1	8	10	13	62	21	19	9330	3767
隆化县	0	6	0	0	26	0	0	0	0
丰宁县	1	7	0	5	59	24	16	6400	1677
宽城县	1	7	7	8	56	20	13	4500	600
围场县	1	7	0	6	64	20	17	1540	1530
市直属	1	21	23	16	196	46	40	9158	3680
开发区	0	0	0	0	0	0	0	0	0

中等职业学校基本情况表

附表 32　　　　　　　　　　　　　　　　　　　　单位：人、平方米、万元

学校名称 项目	中等职业学校校数（所）					毕业生数（人）	招生数（人）	在校生数（人）	预计毕业生	教职工（人）		校舍情况（平方米）		固定资产（万元）
	小计	中技	成人	职高	附设班					合计	专任教师	占地面积	建筑面积	
总　计	30	14	6	10	1	13570	13566	36876	11735	2912	2074	1188640.8	501436.64	56682.1456
承德通达中等专业学校	1	1	0	0	0	93	267	624	168	31	15	0	0	75
承德工业学校	1	1	0	0	0	2528	1890	5724	2283	409	328	219335.1	121295	6719.53
承德京科计算机中等专业学校	1	1	0	0	0	92	0	0	0	14	0	0	0	180
承德科技管理工程学校	1	1	0	0	0	303	230	672	183	55	41	8349	6029	2574
承德腾飞中等专业学校	1	1	0	0	0	911	915	2281	630	137	72	0	0	1000
承德北方财会中等专业学校	1	1	0	0	0	0	0	0	0	0	0	0	0	0
承德新桥中等专业技术学校	1	1	0	0	0	34	0	17	17	12	10	7050	1696	320
平泉美术职业高级中学	1	0	0	1	0	28	0	0	0	0	0	0	0	0
承德体育运动学校	1	1	0	0	0	38	84	187	29	75	50	20174	20174	1428
承德北辰中等专业学校	1	1	0	0	0	176	356	799	246	66	43	0	0	265
承德市华中管理中等专业学校	1	1	0	0	0	47	0	0	0	0	0	0	0	0

续附表 32

单位：人、平方米、万元

学校名称 项目	中等职业学校校数（所）					毕业生数(人)	招生数(人)	在校生数(人)	预计毕业生	教职工（人）		校舍情况（平方米）		固定资产(万元)
	小计	中技	成人	职高	附设班					合计	专任教师	占地面积	建筑面积	
承德市华中管理中等专业学校	1	1	0	0	0	41	218	583	133	161	85	30934	38656	2665
承德市华中管理中等专业学校	1	1	0	0	0	42	16	41	25	25	17	0	0	160
承德市华中管理中等专业学校	1	1	0	0	0	247	0	139	95	35	22	32000	15492	821
承德市华中管理中等专业学校	1	0	0	0	1	446	1079	2150	406	0	0	0	0	0
承德市华中管理中等专业学校	1	0	0	1	0	841	331	1016	328	80	66	58180.01	24000.01	3896.5
承德市华中管理中等专业学校	1	0	1	0	0	0	0	0		39	34	44179.5	2118	382.2
承德市华中管理中等专业学校	1	0	0	1	0	612	1111	2852	990	155	91	42490	35408	4854.9
承德市华中管理中等专业学校	1	0	1	0	0	0	0	0	0	38	35	900	2866	101
承德市华中管理中等专业学校	1	0	0	1	0	966	1141	3051	1018	181	120	186999.99	19655.93	1693.38
承德市华中管理中等专业学校	1	0	0	1	0	1049	789	2623	1084	201	158	67618	33286	6448.5
承德市华中管理中等专业学校	1	0	1	0	0	0	0	0		40	23	2667	1400	127.2656
承德市华中管理中等专业学校	1	0	0	1	0	925	728	2116	397	188	145	73340	29899	5028

续附表 32

单位：人、平方米、万元

学校名称 项目	中等职业学校校数（所）					毕业生数(人)	招生数（人）	在校生数(人)	预计毕业生	教职工（人）		校舍情况（平方米）		固定资产（万元）
	小计	中技	成人	职高	附设班					合计	专任教师	占地面积	建筑面积	
承德市华中管理中等专业学校	1	0	1	0	0	0	0	0		35	20	7473	2933	204.12
承德市华中管理中等专业学校	1	0	0	1	0	977	1074	3052	824	140	113	73000.2	21324.7	2283.6
承德市华中管理中等专业学校	1	1	0	0	0	0	0	0		3	0	27981	2516	505.6
承德市华中管理中等专业学校	1	0	1	0	0	0	0	0		18	13	4434	8850	1906.4
承德市华中管理中等专业学校	1	0	0	1	0	1100	1197	3558	1127	272	198	149494	36466	5175.95
承德市华中管理中等专业学校	1	0	0	1	0	867	924	1962	660	197	153	42300	44098	1300
承德市华中管理中等专业学校	1	0	1	0	0	0	0	0		45	33	7832	1690	214.6
承德市华中管理中等专业学校	1	0	0	1	0	1207	1216	3429	1092	260	189	81910	31584	6352.6

附表 33

普通高校基本情况表

单位：人、平方米、万元

学校名称	校数	招生数	毕业生数	在校生数	预计毕业数	教职工数	专任教师	占地面积	校舍面积	固定资产
承德医学院	1	2386	2254	9237	2269	937	677	766156	189701	73987.08
其中：1. 专科	—	779	705	2315	742					
2. 本科	—	1400	1422	6418	1384					
3. 研究生	—	207	127	504	143					
承德石油高专	1	4027	3807	11758	3718	716	555	712695	248351	81934.04
河北民族师范学院	1	3675	3322	11238	3366	815	609	650959	277995	56828.62
其中：1. 专科	—	1451	2122	4754	1863					
2. 本科	—	2224	1200	6484	1503					
河北旅游职业学院	1	2154	2363	5552	1744	736	521	308588	234942	30722.07
承德市护理职业学院	1	1632	1206	3359	1119	339	263	190443	97115	18734.00
承德电视大学	1	0	0	0	0	161	85	30934	38656	
合计	6	13874	12952	41144	12216	3704	2710	2659775	1086760	262206

附四：教育重要文件选录

一、承德市中长期教育改革和发展规划（2010—2020 年）

中共承德市委　承德市人民政府
关于印发《承德市中长期教育改革和发展规划（2010—2020 年）》的通知

承发〔2011〕13 号

各县、自治县、区委，人民政府，开发区工委、管委会，市直各单位，各人民团体：

《承德市中长期教育改革和发展规划（2010—2020 年）》（以下简称《教育规划》）已经市委、市政府研究同意，现印发给你们，请结合实际认真贯彻执行。

《教育规划》是 21 世纪承德市第一个中长期教育改革和发展规划，是全市教育改革发展的指导性文件。制定和实施《教育规划》，是深入贯彻落实科学发展观，更好地实施科教兴市和人才强市战略的重大举措，对于进一步动员全党全社会力量推动承德市市教育事业发展，提高教育现代化水平，办好人民满意教育，建设人力资源强市，加快转变经济发展方式，实现承德“科学发展、富民强省”的目标，具有重要意义。

各级党委和政府要切实加强对教育工作的领导，把落实教育优先发展、推动教育事业科学发展作为重要职责，加强对《教育规划》实施的组织领导。要组织广大干部群众特别是各级领导干部认真学习《教育规划》，深刻理解《教育规划》提出的新思想、新理念，深刻理解“优先发展、育人为本、改革创新、促进公平、提高质量”的工作方针，深刻理解“基本实现教育现代化，基本建成学习型社会，进入人力资源强市行列”的战略目标，深刻理解“坚持育人为本，提升发展水平，创新体制机制，提高教育质量，健全保障体系”的总体要求，深刻理解教育改革发展的重点任务和重要举措，进一步增强做好教育工作的紧迫感和自觉性，形成全党全社会推动教育改革发展的强大合力。要加大对教育改革发展的宣传力度，树立正确舆论导向，形成有利于《教育规划》实施的良好氛围，形成尊师重教的良好风尚。各县区要结合实际，制定本县区《教育规划》，各部门要按照承担的职责，制定具体实施意见，采取有力措施，把《教育规划》提出的各项任务落到实处。

中共承德市委
承德市人民政府
2011 年 5 月 5 日

承德市中长期教育改革和发展规划（2010—2020年）

目　录

（二十七）加快教育信息化设施建设

（二十八）提高信息技术应用水平

（二十九）加快教育装备现代化步伐

第十二章 教育交流与合作

（三十）加强国内外交流与合作

第十三章 重大项目

（三十一）实施十项重点工程

第三部分 体制改革

第十四章 人才培养体制改革

（三十二）创新人才培养模式

（三十三）改革教育评价制度

第十五章 学校管理制度改革

（三十四）建设现代学校制度

（三十五）完善高等学校管理制度

（三十六）健全中小学学校管理制度

第十六章 办学体制改革

（三十七）深化办学体制改革

（三十八）大力支持民办教育

（三十九）依法管理民办教育

第十七章 管理体制改革

（四十）明确各级政府教育管理职责

（四十一）优化公共政策和资源配置

（四十二）转变政府教育管理职能

第十八章 考试招生制度改革

（四十三）完善学校考试招生制度

第十九章 改革试点

（四十四）开展十项改革试点

第四部分 保障措施

第二十章 加强队伍建设

（四十五）加强师德建设

（四十六）完善教师培养培训体系

（四十七）建全教师激励保障机制

（四十八）完善教师管理制度

（四十九）加强中小学校长队伍建设

第二十一章 保障经费投入

（五十）加大财政投入力度

（五十一）多渠道筹措教育经费

（五十二）完善保障机制

（五十三）加强经费监管

第二十二章 推进依法治教

（五十四）全面推进依法行政

（五十五）大力推进依法治校

（五十六）完善督导制度和监督机制

第二十三章 加强组织领导

（五十七）加强对教育工作的领导

（五十八）加强和改进教育系统党的建设

（五十九）加强廉政建设和行风建设

（六十）切实维护教育系统安全稳定

实 施

序 言

百年大计，教育为本。教育是民族振兴、社会进步的基石，是提高国民素质、促进人的全面发展的根本途径，寄托着亿万家庭对美好生活的期盼。教育在经济社会发展中的基础性、全局性、先导性、战略性地位与作用日益突出。改革开放以来，特别是“十一五”规划时期以来，各级党委、政府高度重视教育，全社会关心支持教育，广大教育工作者不懈努力，全市教育工作取得了显著成绩。学前教育和特殊教育实现基本普及，义务教育步入均衡健康发展轨道，职业教育基础能力不断增强，高等教育办学水平明显提升，教育质量稳步提高，基本形成了各级各类教育协调发展的格局，为全市经济社会发展提供了有力的人才和智力支撑。同时，必须清醒地认识到，承德市教育事业与经济社会发展还不完全适应；教育投入仍然不足，体制机制不够完善；教育资源配置不尽合理；教育观念相对落后，素质教育推进困难；教育质量还不能满足人民群众日益增长的需求；校长和教师队伍整体素质和专业化水平需进一步提升。

未来十年，是承德市加快转变经济发展方式，实现科学发展、富民强市，建设国际旅游城市的关键时期，优先发展教育，提高教育现代化水平，对于建设富裕、文明、和谐的新承德具有重要意义。全市各级党委和政府要站在战略和全局的高度，认真贯彻科学发展观，进一步增强责任感和使命感，努力在新一轮教育发展中抢占先机，坚持育人为本，深化教育改革，创新体制机制，促进教育公平，全面提高教育质量，为促进承德市经济社会科学发展做出更大贡献。

第一部分　总体战略

第一章　指导思想和总体要求

（一）指导思想。以邓小平理论和“三个代表”重要思想为指导，深入贯彻落实科学发展观，全面贯彻“优先发展、育人为本、改革创新、促进公平、提高质量”工作方针，深入实施科教兴市、人才强市战略，以提高质量为核心，以体制机制改革为动力，以促进学生健康成长和提高公民素质为出发点和落脚点，全面推进承德教育事业科学发展，为全市经济社会发展提供强有力的人才保障和智力支持。

（二）总体要求。紧密结合承德经济社会发展需要和教育改革发展实际，坚持育人为本，提升发展水平，创新体制机制，提高教育质量，健全保障体系，促进各级各类教育的协调可持续发展。

坚持育人为本。要坚持德育为先，立德树人，不断丰富德育内容、创新德育方法，切实加强和改进未成年人思想道德建设和大学生思想政治教育工作。构建大中小学有效衔接的德育体系，不断提高德育工作的吸引力和感染力，增强德育工作的针对性和实效性。要全面推进素质教育。坚持以学生为主体，以教师为主导，充分发挥学生的主动性，着力提高学生的学习能力、实践能力、创新能力，促进学生德、智、体、美全面发展。

提升发展水平。基本普及学前教育，加快发展农村学前教育。高质量巩固提高九年义务教育，努力推进义务教育均衡发展。多种形式发展高中阶段教育，扩大优质普通高中资源，增强职业教育吸引力。优化高等教育层次和专业结构，促进高等教育创新发展、特色发展。加快发展继续教育，构建灵活开放的终身教育体系。

创新体制机制。改革教育管理体制、学校管理体制、干部管理体制、办学体制和考试招生制度，创新人才培养模式，完善现代学校制度，努力构建充满活力、富有效率、更加开放的教育体制机制，为教育持续健康发展提供强大动力。

提高教育质量。树立科学的教育质量观，把促进人的全面发展、适应社会需要作为衡量教育质量的根本标准，树立以提高质量为核心的教育发展观，从注重外延扩张向注重内涵发展，从注重硬件建设向硬件软件并重转变，鼓励学校办出特色、办出水平、出名师、育英才。建立健全以提高教育质量为导向的评价机制，把教育资源配置和学校工作重点集中到提高教育质量上来。

健全保障体系。切实加强对教育工作的领导，建立和完善保障教育发展的各项政策措施，动员全社会形成推动教育发展的强大合力。加强师资队伍建设，健全教育经费投入体制。坚持依法治教，推进依法行政、依法治校。

第二章　战略目标

（三）战略目标。到2015年，全市教育发展主要指标达到全省平均水平。到2020年，达到全省先进水平，基本实现教育现代化，基本形成学习型社会，进入人力资源强市行列。

实现更高水平的普及教育。到2020年，普及学前三年教育，学前三年毛入园率达到85%；高质量普及九年义务教育，巩固率达到97%；普及高中阶段教育，保持普通高中和中等职业学校招生规模大体相当，毛入学率达到92%；新增劳动力平均受教育年限和主要劳动年龄人口平均受教育年限分别提高到13.5年和11.2年，达到全省平均水平。主要劳动年龄人口中受过高等教育的比例达到20%；具有高等教育文化程度的人数比2009年翻一番。

形成惠及全民的公平教育。坚持教育的公益性和普惠性，保障公民依法享有接受良好教育的机会。建成覆盖城乡的基本公共教育服务体系，实现基本公共教育服务均等化，缩小区域差距。努力办好每一所学校，教好每一个学生。全面落实家庭经济困难学生资助政策。保障残疾人受教育权利。

提供更加丰富的优质教育。优质教育资源总量不断扩大，教育现代化水平明显提高，更好满足人民群众接受高质量、多样化的教育需求。教育对经济社会发展的人才支撑能力、知识贡献能力、科技创新能力和文化引领能力明显提高。

构建体系完备的终身教育。学历教育和非学历教育协调发展，职业教育和普通教育相互沟通，职前教育和职后教育有效衔接，全社会教育资源得到充分开发和利用，继续教育参与率大幅提升。终身学习、终身教育理念广泛确立，终身教育体系基本形成。

教育事业发展主要目标情况表

附表 34

指　标	2009 年	2015 年	2020 年
学前教育			
幼儿在园人数（万人）	9.5	12.8	14.2
学前一年毛入园率（%）	85	90	96
学前二年毛入园率（%）	75	80	90
学前三年毛入园率（%）	70	75	85
九年义务教育			
在校生（万人）	35.5	41.2	44.3
初中巩固率（%）	93	95	97
高中阶段教育			
在校生（万人）	10.4	10.7	11.2
毛入学率（%）	82	90	92
职业教育			
中职教育在校生（万人）	4.5	5.3	5.6
高职教育在校生（万人）	2.05	2.2	2.3
高等教育			
在校生（万人）	3.59	3.8	4
继续教育			
从业人员继续教育（万人次）	45	70	90

第二部分 发展任务

第三章 学前教育

（四）普及学前三年教育。坚持政府主导，社会参与，公办民办并举，努力构建覆盖城乡、布局合理的学前教育公共服务体系，保障适龄儿童接受基本的、质量较高的学前教育。加快学前教育发展，普及学前三年教育。重视0—3岁婴幼儿教育。

（五）强化政府职责。各级政府要把发展学前教育纳入城镇、新农村建设规划，将学前教育经费列入财政预算，加大学前教育投入。研究制定公办幼儿园生均经费标准和生均财政拨款标准，解决公办幼儿园的规划、用地、编制和人员工资等问题。新建小区配套幼儿园要与小区同步规划、同步建设、同步交付使用。积极支持街道、农村集体和有条件的行政事业单位、企业举办幼儿园，鼓励社会力量办园。结合国家实施的推进农村学前教育项目，全面改善农村幼儿园办园条件，推动农村幼儿园标准化、规范化建设。

（六）提高幼儿园办园水平。严格执行幼儿园准入制度，制定各类幼儿园办园标准，对幼儿园实行动态监管，杜绝无证办园现象。办好一批公办省、市示范性幼儿园，发挥其示范引领、辐射带动作用。加强学前教育研究，推进幼儿园内涵建设和科学发展。强化对幼儿园保育教育工作的指导，建立幼儿园保教质量评估监管体系。建立完善幼儿教师录用、培养和培训机制，全面提高幼儿教师专业化水平。

第四章 义务教育

（七）高质量巩固提高义务教育。坚持义务教育重中之重战略地位，全面提高普及程度，全面提高教育质量，确保适龄儿童接受良好的义务教育。进一步优化中小学布局，办好必要的教学点，方便学生就近入学。加快标准化学校建设，初中标准化达到百分之百，完全小学办学条件全部达到标准化。坚持以输入地政府管理为主、以全日制公办中小学为主，确保进城务工人员子女与流入地学生平等接受义务教育。建立健全政府主导、社会参与的农村留守儿童关爱服务体系和动态监测机制，努力消除辍学现象。全面落实国家义务教育课程标准，开齐、开足国家课程和地方课程，积极开发校本课程。建立完善义务教育质量监控机制。

（八）推进义务教育均衡发展。优化资源配置。把中小学布局调整纳入经济社会发展总体规划，进一步优化城市中心区和县城中小学布局，继续推进学区和标准化学校建设，完善学校教学和后勤生活设施，优化资源配置。建立城乡一体化义务教育发展机制，在财政拨款、学校建设、教师配置等方面向农村倾斜，缩小城乡差距。制定和实施县（区）域内教师、校长交流制度，加快改造薄弱学校，缩小校际差距，着力解决择校问题。以学校文化建设为平台，促进学校内涵发展、特色发展，提高学校整体办学实力和核心竞争力。到2015年基本实现县（区）域内义务教育均衡发展；到2020年基本实现全市义务教育均衡发展。

（九）切实减轻中小学生课业负担。义务教育阶段学校不设重点校和重点班。严格执行国家和省义务教育课程方案和课时计划，控制学生在校学习时间，减少作业量和考试次数。建立学生课业负担监测、举报、公告和问责制度。完善学校考试评价制度和学校、教师考核评价办法。加强学校与家长沟通配合，规范各种社会补习机构和教辅市场，切实把减负贯穿于教育教学和校内校外各个方面。

第五章　高中阶段教育

（十）提高高中阶段教育普及水平。坚持中等职业学校与普通高中同步发展，总体保持普通高中和中等职业学校招生规模大体相当。到2015年，高中阶段毛入学率达到90%，到2020年，高中阶段毛入学率达到92%。

加强普通高中建设。调整和优化普通高中布局，逐步实现普通高中办学条件标准化。到2015年，全市所有普通高中达到市级以上示范性高中办学标准。到2020年，所有普通高中达到省级示范性普通高中办学标准。

（十一）推动普通高中多样化发展。推进学校办学模式和育人方式多样化、个性化，支持鼓励普通高中建设特色课程，形成自身办学特色。推动普通教育与职业教育互相渗透，加强普通高中学生的职业技能训练。探索普职渗透的综合高中发展模式。鼓励普通高中根据需要适当增加职业教育教学内容，为学生学习提供多元选择机会。支持普通高中发挥传统优势，创建特色学校。建立高质量、多样化、有特色、可选择的普通高中办学模式，满足不同潜质学生的发展需要。

（十二）提高普通高中教育质量。深入推进课程改革，全面落实课程方案，保证学生全面完成国家规定的文理等各门课程的学习。注重基础知识和基本能力培养，创造条件开设丰富多彩的选修课，积极开展研究性学习、社区服务和社会实践。建立学生发展指导制度。以注重学生自主学习和个性发展为基点，鼓励高校、职业学校等向普通高中开放课程和实验室。建立和完善分层教学、走班制、学分制、综合素质评价等教学管理制度。大幅度提高高中教学质量，到2015年，全市高考本科升学率达到全省平均水平，到2020年，达到全省先进水平。

第六章　职业教育

（十三）加快发展职业教育。各级政府要把职业教育纳入经济社会发展和产业发展规划，促使职业教育规模、专业设置与经济社会发展需求相适应。强化市级统筹，理顺管理体制，优化资源配置，提升基础能力，建成以20个特色骨干专业、10个品牌专业为主的专业集群。全面实行“15%教师空编运行”制度。进一步加强实习实训基地建设。到2015年，各县（区）职教中心全部达到国家重点中等职业学校标准，国家级示范性中职学校增加到2所，专业教师学历合格率达到100%，“双师型”教师占专业教师的比例达到55%。到2020年，国家级示范性中职学校增加到4所，全市45%以上中等职业学校达到国家级重点学校标准，“双师型”教师占专业教师的比例达到65%。形成区域布局合理，中等和高等职业教育协调发展的现代职业教育体系。

（十四）发展面向农村的职业教育。统筹城乡和农村教育内部资源，在优化资源配置和综合利用的基础上，健全县域职业教育与培训网络。大力发展农村职业教育，强化涉农专业建设，加大培养农业类专业技术人才力度，促进农业发展方式转变。积极开展新型农民培养、进城务工人员和农村劳动力转移培训工作，满足广大农民接受职业教育与培训的需求，普遍提高农村劳动者素质。

（十五）努力增强职业教育吸引力。落实中等职业教育免学费和资助政策。各级财政足额落实中等职业教育免费和家庭经济困难学生资助配套资金。积极推进学历证书和职业资格证书“双证书”制度。推进职业学校专业课程内容和职业标准相衔接。落实就业准入制度，严格执行“先培训、后就业”“先培训、后上岗”的规定，推行面向行业、企业的定单培养、定向培养模式。到2015年，毕业生就业率达到95%，到2020年，达到97%。

第七章　高等教育

（十六）提高人才培养质量。牢固树立人才培养在高校工作中的中心地位。加大教学投入，严格教学管理，把教学业绩作为教师考核的首要内容。全面推行学分制和弹性学分制，建立高校合作育人机制，促进高校之间资源共享、教师互聘、课程互选、学分互认。进一步优化教学管理，加强精品课程、精品教材和优质特色教学资源库建设，促进优质教育资源共享。加强实践教学，完善以能力培养为主线的实践课程体系，加快实践基地建设。加强就业创业教育，构建就业创业指导服务体系。河北民族师院积极创造条件申办硕士学位授予点，支持承德医学院申办博士学位授予点。

（十七）优化结构突出特色。优化高校学科专业结构，围绕我市建设国际旅游城和构建现代产业结构体系，大力扶持主导产业、高新技术产业、现代服务业相关的学科专业。积极发展高等职业教育。实施高等教育内涵发展工程，促进高等学校特色办学、错位竞争、合作共赢。

（十八）提高科技创新和社会服务能力。增加科研经费，设置市级重点学科建设专项资金，资助重要领域、重点学科以及对承德经济、社会发展具有重大意义的科研项目。围绕承德经济社会发展重点项目，依托高校设立重点项目研究中心，推进产学研用结合，为全市经济社会发展提供人才和技术支撑。建立高校与科研院所、行业企业、高新技术开发区等联合培养人才的机制。开展科学普及工作，提高公众科学素质和人文素质。鼓励高校积极参与政府、行业与企业的决策与咨询工作。

第八章　继续教育

（十九）加快发展继续教育。要把继续教育纳入经济社会发展和精神文明建设规划，更新继续教育观念，以加强人力资源建设为核心，大力发展非学历继续教育，稳步发展学历继续教育。落实国家关于企业要足额提取职工教育培训经费的规定。党政机关、企事业单位逐步实行在职人员带薪学习制度。建立人事、劳资、培训三位一体的人才开发管理机制，把公民终身学习情况作为岗位聘任、职称晋升、转岗择业、职业注册等的重要依据。加快各类学习型组织建设，基本形成全民学习、终身学习的学习型社会。到2020年，全市从业人员继续教育年参与率达到60%以上。

（二十）构建终身教育体系。建立广覆盖、多形式、更便捷的继续教育阵地。扩大公益性教育、文化、体育设施免费开放范围，拓展其教育服务功能;发挥广播电视、数字传媒等技术优势，整合各类高等教育资源，建立开放大学，实施远程教育；推动高等学校、科研机构、大型企业联合组建继续教育基地；由政府、社区、学校和民间组织共同建设“社区教育中心”；支持社会力量举办各类非学历教育培训机构。推进宽门类、多样化、灵活性的社区教育、职工教育、老年教育。

第九章　特殊教育和民族教育

（二十一）加快特殊教育发展。各级政府要把特殊教育事业纳入当地经济社会发展规划。全社会要关心支持特殊教育。加强特殊教育学校建设,实施普及特殊教育巩固提高工程。到2020年,每个县建成1所独立的、达到国家办学标准的特殊教育学校，建立比较完善的基础教育阶段特殊教育体系。完善普通幼儿园、小学和中学残障学生随班就读制度。积极创造条件，提升康复训练水平。加强残疾学生职业技能和就业能力培养。依托市特殊教育学校，建设市特殊教育中心，推进全市特殊教育办学水平全面提升。

（二十二）健全特殊教育保障机制。落实省定特殊教育学校生均公用经费标准，市、县财政安排特殊教育专项资金。各级残疾人就业保证金应安排5%以上用于特殊教育学校开展职业教育与培训。按规定配齐配足特殊教育学校教职工。加大对家庭经济困难残疾学生的资助力度，逐步实施残疾学生高中阶段免试教育。

（二十三）促进民族教育发展。进一步加大对民族教育支持力度。巩固提高民族地区义务教育普及水平，加快民族地区高中阶段教育发展，大力发展民族地区职业教育。加大对自治县、民族县教育事业的扶持力度。在各级各类学校广泛开展民族团结教育。认真组织落实对民族地区教育支援工作。鼓励支持高等学校毕业生到民族地区基层任教。

第十章　素质教育

（二十四）提高德育工作的实效性。加强理想信念教育，引导学生树立正确的世界观、人生观和价值观。加强民族精神、时代精神教育，培养学生爱国主义、改革创新和敢为人先的精神。加强法律意识、公民意识教育，培养社会主义合格公民。从不同学段学生的认知特点和成长规律，各有侧重地开展行为道德认知、情感体验、理想信念等教育。发挥课程主渠道作用，加强和改进中小学德育课、高校思想政治课，进一步完善学科育人体系。

（二十五）促进学生全面健康发展。坚持以学生为主体，以教师为主导，注重学思结合，调整教与学的关系，培养学生的学习、思考、创新的兴趣和能力，教育学生学会学习、学会生活、学会做人做事，乐观向上、自主自立、成长成才。加强学校体育，建立健全适合大中小学生的体育竞赛制度，完善学生体质健康监测和公布制度，增强学校、教师、学生开展体育活动，参与体育锻炼的内在动力。完善美育课程体系，加强学生艺术社团建设，开展经常性学校校园文化艺术活动。加强心理健康教育，提高心理教育水平。

（二十六）深化课程建设和教学改革。创造性实施国家课程，积极建设校本课程，丰富课程内涵，增强课程的选择性，提高课程整合水平。把课程建设和改革的重点集中到教学工作上，建立教学、教研改革的新机制，加快推进基于现代技术和网络环境的教学改革，着力转变教学方式。丰富课堂教学内涵，构建充满教育智慧的创造性课堂，努力拓宽学生的学习空间，激发学生的好奇心和求知欲，引导学生主动参与、积极思考、大胆质疑，切实增强学生学习能力。

第十一章　教育信息化和装备现代化

（二十七）加快教育信息化设施建设。加大投入力度，到2015年，建成以市、县（区）教育信息中心为平台，覆盖全市城乡各级各类学校的数字化教育服务体系。完成城域网建设，形成主干千兆以上的网络体系，全市普通高中、职业中学、标准化中小学、特殊教育学校、县城以上的幼儿园实现光纤上网。加快终端设施普及，到2020年，全部实现校园数字化。

（二十八）提高信息技术应用水平。加强各级各类教育资源库建设，大力开发数字化教育资源，构建全市教育教学资源服务平台，实现优质教育资源共享，促进优质教育资源的普及应用。到2015年，初步建成门类齐全、内容丰富的各级各类教育学科课程资源和学习资源库。强化信息技术应用，提升教师应用信息技术水平，更新教学观念，改进教学方法，增强教学效果；鼓励学生利用信息技术主动学习、自主学习，提高运用信息技术分析解决问题能力。

（二十九）加快教育装备现代化步伐。加大对教育装备的投入力度，市、县（区）财政设立教育技术装备专项经费，推进教育技术装备标准化建设。到2015年，基本实现中小学校实验室、图书馆（室）及各专用教室标准化；到2020年，完成中小学校“探究实验室”建设。加强实验教师、图书馆管理教师岗位培训。推进实验室、图书馆（室）管理科学化、制度化建设。

第十二章　教育交流与合作

（三十）加强国内外交流与合作。市教育局设立教育国际交流合作管理机构。构建对外交流合作平台，开展全方位、多层次、宽领域的教育交流与合作，提升我市教育开放程度和国际化水平。吸引境内外知名学校、科研院所与我市合作建立教学和科研机构。聘请国内外专家学者来承德从事教学、科研和管理工作。支持中外高校间教师互派、学生互换的教学交流。加强中小学、职业学校对外交流与合作。支持和鼓励学校选派优秀教师和管理人员出国进修。办好孔子学院和孔子课堂。

第十三章 重大项目

（三十一）实施十项重点工程。“十二五”规划期间，围绕教育改革发展战略目标，组织实施十项重点工程。

学前教育普及工程。加强城市幼儿园建设，每个县区建成2—3所城市公办省级示范性幼儿园。支持办好现有乡镇中心幼儿园，每个乡镇至少建有1所达到三级标准的中心幼儿园。充分利用中小学布局调整后的富余校舍和社会资源，改扩建503个村级规范化幼儿园，建设园舍60万平方米。

义务教育标准化学校建设工程。以学区建设工程、中小学校舍安全工程和新农村卫生校园建设工程为依托，加快改造薄弱学校，改扩建校舍面积190万平方米，到2015年全部义务教育学校在校园、校舍、教学设备、图书和体育活动设施等方面达到国家基本标准。进一步优化市中心区各级各类学校布局，促进市中心区教育健康协调发展。在标准化初中、小学就读学生比率分别达到100%和80%。

普通高中达标工程。合理规划调整普通高中布局，加快省市级示范性高中建设步伐。不断改善办学条件，使其校园校舍、专用教室、仪器设备和图书配备尽快达到国家和省定标准。全市省级示范性高中达到16所，其他学校全部达到市级示范性高中办学标准。

特殊教育学校建设工程。改扩建特殊教育学校校舍面积8300平方米，添置必需的教学、生活和康复训练设施设备，全市9所特殊教育学校全部达到国家办学标准。市特殊教育学校达到高中阶段办学标准。

中等职业教育基础能力建设工程。投资6.19亿元，完善已建成的6个市级实习实训基地，新建3个市级实习实训基地。实施中等职业学校教师素质提高计划，依托骨干院校建立3个市级中职师资培训基地。

高等教育内涵发展能力提升工程。增强高等教育文化内涵，构建多元化、特色化的办学模式，提升人才培养质量。实施重点学科建设对标升级行动计划，分层次推进强势特色学科、重点学科和重点发展学科建设，着力加强人才培养、科研创新和能力建设。实施创新人才支持和创新团队计划。

教育信息化和教育装备现代化工程。建设覆盖全市城乡各级各类学校的数字化教育服务体系，高标准完成城域网建设，推进基础教育教学装备标准化建设。标准化中小学全部建成校园网，实现“班班多媒体”，所有中小学实验室、图书馆（室）及各专用教室达到国家配备标准。

中小学校长和教师队伍素质提高工程。建设教师和校长研修基地，完善市、县区、学校三级教师培训网络，创新教师终身学习进修机制，实施全员培训，促进教师专业发展。中小学教师学历全部达标，并且小学教师本科以上学历达到50%以上，初中教师本科以上学历达到85%以上。建设一支高素质的骨干教师队伍，培养和造就一批名师、名校长。

农村中小学教师住房建设工程。制定土地、规费减免等优惠政策，建设教师住房10.8万平方米。要按照“政府建设，产权公有，教师使用”的模式，由各级政府安排专项资金，支持农村义务教育阶段学校建设教师周转宿舍，主要为特岗教师、支教和交流教师、离城镇较远的边远艰苦地区教师、寄宿制学校管理教师改善生活条件。鼓励各地优先和充分利用现有校舍资源改扩建周转宿舍。

教育合作与交流工程。支持有条件的优质特色学校开展国内外合作办学。建立各类校长和骨干教师到域外定期培训机制。各高校要积极推进海外高层次人才引进计划，并创造条件吸引台、港、澳地区及海外学生来承德留学。

第三部分　体制改革

第十四章　人才培养体制改革

（三十二）创新人才培养模式。树立全面发展、人人成才、终身学习的理念，创新人才培养模式，构建开放、灵活、互通、多样的人才培养体系。基础教育为学生的终身发展奠基，以优化学生学习方式为重点，构建高效开放的教学体系，培养学生独立思考、自由探索、勇于创新的能力。职业教育以提高学生综合职业能力为目标，推行工学结合的培养模式，实行以学分制、选修制为基础的半工半读、工学交替、弹性学制等培养方式，建立完善适合不同教育对象和教育层次、灵活多样的培养体系。高等教育以培养高素质专门人才和拔尖创新人才为重点，强化通识教育，增强人文和科学素养，推行厚基础、多方向和弹性学制等教学改革，努力培养学生的实践和创新能力。

（三十三）改革教育评价制度。按照科学、多样的教育质量评价标准，建立完善学校、教师、学生评价体系。改变以行政为主的评价方式，开展由政府、学校、家长及社会多方参与的教育质量评价活动。树立科学人才观，建立以岗位职责为基础，以品德、能力和业绩为导向的科学化、社会化人才评价发现机制。

第十五章　学校管理制度改革

（三十四）建设现代学校制度。推进政校分开、管办分离，建设依法办学、自主管理、民主监督、社会参与的现代学校制度，构建政府、学校、社会之间新型关系。明确各级各类学校办学权利和责任，探索建立符合学校特点的管理制度和配套政策，逐步取消实际存在的行政级别和行政化管理模式。健全校务公开制度，保障师生员工对学校的知情权、监督权。依法落实学校办学自主权，减少和规范对学校的行政审批事项。

（三十五）完善高等学校管理制度。坚持和完善公办高等学校党委领导下的校长负责制，健全党委领导、校长负责、教授治学、民主管理的高校管理机制。明确党委、校长职权，健全议事规则与决策程序。充分发挥学术委员会在学科建设、学术评价、学术发展中的重要作用。健全教职工代表大会、学生代表大会制度，发挥群众团体在民主管理、民主监督中的作用。加强高校章程建设。全面实施聘任制，按需设岗、按岗聘任、合同管理。探索建立高校理事会制度。推进高校后勤社会化改革。

（三十六）健全中小学学校管理制度。完善普通中小学和中等职业学校校长负责制和校务会议等管理制度，建立健全教职工代表大会制度，不断完善科学民主决策机制。推行校长公开招聘、竞争上岗制度。建立中小学家长委员会。加强学校后勤保障体系建设，在全市建立起机构健全、职责明确、制度完善的学校后勤服务网络。吸引教师、学生、社区、家长等各方面代表参加校务委员会，参与学校重大决策和管理。

第十六章　办学体制改革

（三十七）深化办学体制改革。坚持教育公益性原则，健全政府主导、社会参与、办学主体多元、办学形式多样、充满生机活力的办学体制，满足人民群众多层次、多样化的教育需求。积极鼓励行业、企业等社会力量参与公办职业学校办学。采取合并、兼并、联合办学、委托管理等多种形式，整合资源，优化配置，探索集团化办学。改进非义务教育公共服务提供方式，完善优惠政策，鼓励公平竞争，引导社会资金以多种方式进入教育领域。

（三十八）大力支持民办教育。贯彻落实促进民办教育发展的各项优惠政策，促进社会力量以独立举办、共同举办等多种形式兴办教育。县级人民政府要设立专项资金，用于资助民办学校重点发展非义务教育和多种形式的职业技能培训。支持民办学校创新体制机制和育人模式，提高质量，办出特色。依法落实民办学校、学生、教师与公办学校平等的法律地位，保障民办学校办学自主权。建立完善民办学校教师社会保险制度。

（三十九）依法管理民办教育。教育行政部门要切实加强民办教育的统筹、规划和管理工作。积极探索营利性和非营利性民办学校分类管理。规范民办学校法人登记，完善民办学校法人治理结构，逐步推进监事制度。落实民办学校教职工参与民主管理、民主监督的权利。依法明确民办学校审批、变更、退出机制。切实落实民办学校法人财产权。依法建立民办学校财务、会计和资产管理制度。建立民办学校办学风险防范机制和信息公开制度。扩大社会参与民办学校的管理与监督。加强对民办教育的督导评估，实施对民办学校办学过程评估。

第十七章　管理体制改革

（四十）明确各级政府教育管理职责。以转变政府职能和简政放权为重点，深化教育管理体制改革，提高公共教育服务水平。明确各级政府责任，促进管办评分离，建立政事分开、权责明确、统筹协调、规范有序的教育管理体制。理顺学校管理体制，逐步实现各类教育的统一归口管理。基础教育实行在市级政府领导下，以县级政府为主组织实施的管理体制，充分发挥乡、村两级在推进义务教育中的作用。职业教育实行以市、县为主、政府统筹、行业指导、企业参与、社会支持的管理体制，完善职业教育联席会议制度。继续教育实行由各级政府统筹指导和协调，行业部门负责规划实施，全社会广泛参与的管理体制。

（四十一）优化公共政策和资源配置。科技、人口、文化、财政、税收、社保等部门公共政策的制定，要有利于教育发展和人力资源开发。规划部门在编制城乡规划时，优先安排教育发展用地。土地资源、交通设施、商业网点、安全保卫、环境保护、医疗卫生等公共资源的配置向教育倾斜。各类图书馆、博物馆、纪念馆、科技馆等文化科技机构，要向儿童、青少年、市民提供科技和文化知识服务。

（四十二）转变政府教育管理职能。各级政府切实履行统筹规划、政策引导、监督管理和提供公共教育服务的职责，综合应用拨款、规划、信息服务、政策指导和必要的行政措施对学校进行管理。完善政府重大教育决策调研论证、社会听证、信息公开等制度。成立教育咨询委员会，为教育改革和发展提供咨询论证。建立和健全科学、多元的教育评价体系，形成政府、学校、家长、社会各方面参与的教育质量评价机制。积极发挥行业协会、专业学会、基金会等各类社会组织在教育公共治理中的作用。

第十八章　考试招生制度改革

（四十三）完善学校考试招生制度。坚持义务教育就近免试入学。改进普通高中学校招生方式，发挥优质高中招生名额合理分配的导向作用。规范特长生录取程序与办法。加强信息公开和社会监督，完善考试招生信息的发布制度，实现中考、高考及其他考试招生信息公开透明。加强专业考试机构建设，完善考务平台建设，建设装备一批标准化考点、考场。坚决防范和严肃查处考试与招生舞弊行为，加强舆论和社会监督，确保教育考试招生安全、公平、公正。

第十九章　改革试点

（四十四）开展十项改革试点。为促进各类教育协调可持续发展，“十二五”规划期间开展十项改革试点。

学前教育办园体制改革试点。深化办园体制改革，坚持政府主导、社会参与、公办园与民办园共同发展的办园体制。开展优质幼儿园承办新园、托管薄弱园、举办分园等改革试验。

义务教育均衡发展改革试点。强化政府在

促进义务教育均衡发展中的统筹协调作用。深入推进农村学区改革，优化资源配置。推行联合校、兼并校、建分校、新建校等模式，扩大城镇优质教育资源覆盖面。推进城乡义务教育一体化改革，建立健全统筹城乡义务教育发展的体制机制。

职业教育办学模式改革试点。进一步完善职业教育体系，促进中高等职业教育、继续教育的沟通与衔接。探索职业教育合作办学、联合办学、公办民营、民办公助的运行机制，完善区域职业教育集团的运行模式。

中小学校长和教师培训改革试点。完善校长和教师研训基地建设，探索新形势下中小学校长、教师培养模式，提高培训工作的实效性。

校长任期制和教师定期交流制改革试点。探索中小学校长任期制的任职条件、任职期限、任期考核等管理办法。探索县域内教师定期交流的管理机制。

中小学教师招聘制度改革试点。建立以县为主、教育行政部门为招聘主体的教师公开招聘机制。探索中小学教师任职资格、任期目标、考核评价及准入退出机制。

普通高中特色多样化发展试点。促进高中特色多样化，培养具有个性特长的合格学生。鼓励高中办出特色，在高中实施创新人才培养实验项目，加强对高中生动手能力和职业技能培养，探索综合高中发展的新机制。

教育评价制度改革试点。市、县区教育行政部门要建立教育评价机构，构建覆盖学校、教师、学生、学科等方面的评价体系，促进各类教育健康协调发展。

办学体制改革试点。探索公共财政资助民办教育具体政策，支持民办学校创新体制机制和育人模式，完善营利性和非营利性民办学校分类管理办法。形成政府办学为主体、全社会积极参与、公办学校和民办学校共同发展的格局。满足人民群众多层次、多样化的教育需求。

学校内部管理体制改革试点。完善学校管理的目标机制、动力机制和制约机制，推进学校年级管理委员会管理模式，优化学校管理机构设置，提高办学效益和教育质量。

第四部分　保障措施

第二十章　加强队伍建设

（四十五）加强师德建设。加强教师职业道德教育和心理健康教育，倡导教师为人师表、关爱学生、严谨笃学、自尊自律，以人格魅力和学识魅力教育感染学生。有效开展多种形式师德教育，增强教师的责任感和使命感。建立完善师德评价体系和教师问责机制，将师德考核结果作为教师资格认定、职称评聘、绩效工资发放、表彰奖励等的重要依据。倡导良好学术道德和学术风气，克服学术浮躁，建立健全以质量为导向，科学、公正的学术评价机制。

（四十六）完善教师培养培训体系。加强市级教师培训中心和县级教师进修学校建设，健全市、县（区）、学区、学校四级教师培训网络，统筹培训资源，创新培训模式，拓宽培训渠道，严格培训管理，落实培训经费，提高培训质量。切实抓好以幼儿教师、农村中小学教师为重点的全员培训，到“十二五”末完成两轮、到2020年完成四轮全员培训。实施名师和骨干教师培养工程，通过研修培训、学术交流、项目资助、设立名师工作室等多种方式，培养教育教学骨干、“双师型”教师、学术带头人和专家型校长。各级政府要将教师培训经费列入预算，到2015年，教师培训经费达到人均500元，以后逐年有所增长。学校公用经费中用于教师岗位培训支出不低于5%。

（四十七）健全教师激励保障机制。改善教师工作、学习和生活条件，落实职称评聘、医疗、养老、绩效工资等政策，依法保证教师平均工资不低于当地公务员的平均工资水平。关心教师的精神生活和物质生活，努力提升教师工作和生活的幸福指数。2015年前，在现有基础上分别提高农村学校教师中、高级职称结构比例10%。市县两级财政要在绩效工资总量外单独设立农村教师专项补贴，使在农村和艰苦边远地区工作的教师工资待遇高于当地城镇教师。

（四十八）完善教师管理制度。严格执行教师资格准入制度，严把教师入口关。建立教师补充机制和面向社会公开招录中小学教师制度。实行城乡统一的中小学编制标准，对农村边远地区实行编制倾斜政策。加强编制的动态管理，科学、合理地核岗定编，严禁使用代课教师。健全义务教育学校教师流动机制。改革和完善教师职称申报和评审办法。县级教育行政部门按规定履行中小学教师的招聘录用、专业技术职务评聘、培养培训和考核等管理职能。

（四十九）加强中小学校长队伍建设。制定校长任职资格标准和任用办法。推行校长任期制和聘任制。建立校长区域内流动机制。完善校长培训体系，加强培训基地建设，保障培训经费，实施承德市名校长培养工程，促进校长专业化成长，提高校长管理水平，实现教育家治校。

第二十一章　保障经费投入

（五十）加大财政投入力度。依法加大政府对教育的经费投入，确保财政性教育经费支出占全市国内生产总值的比例有明显提高。严格按照教育法律法规规定，年初预算和预算执行中的超收收入分配都要体现法定增长要求。各级财政一般预算教育经费拨款的增长要高于本级财政经常性收入增长2个百分点以上，确保按在校学生人数平均的教育费用逐步增长，保证教师工资和学生人均公用经费逐步增长。财政性教育支出占财政支出的比例2012年达到22%，并稳定增长。城市维护建设费收入中提取10%用于中小学校舍维修。按增值税、营业税、消费税的3%和2%足额征收教育费附加和地方教育费附加，专项用于教育事业，不得抵顶一般预算拨款。

（五十一）多渠道筹措教育经费。各地土地出让收入扣除支出后，按余额的10%计提教育资金用于教育设施建设。彩票公益金收入要安排一定比例用于教育。学校校区置换所得收入除扣除转让成本费用外，全部返还教育，用于学校建设。对各级各类学校校舍建设实行行政事业性收费和服务性收费减免。制定鼓励学校开展社会服务的税收优惠政策。新建住宅小区和旧城改造，落实教育布局规划，由开发单位负责按规定同时建设中小学校、幼儿园，产权归属政府，交教育部门管理使用；建设规模较小的，按比例缴纳建设学校资金。完善捐赠教育激励机制，鼓励和引导社会力量捐资、出资办学。鼓励乡（镇）、村支持教育事业。

（五十二）完善保障机制。进一步明确市、县（区）政府提供公共教育服务职责，完善市、县（区）政府教育经费投入机制，保障学校办学经费的稳定来源和增长。建立学前教育经费保障机制，完善高中阶段教育经费、高等教育经费、特殊教育经费、教师培训经费、教育装备经费、教育科研经费保障机制。

义务教育全面纳入公共财政保障范围。按国家农村义务教育经费保障机制规定，足额落实市、县（区）政府应承担部分，提高保障水平。2012年前，完成普及九年义务教育债务化解工作。

非义务教育实行以政府投入为主、受教育者合理分担、其他多种渠道筹措经费的保障机制。学前教育建立政府投入、社会举办者投入、家庭合理负担的保障机制。普通高中实行以财政投入为主，其他渠道筹措经费为辅的保障机制。中等职业教育实行政府、行业、企业及其他社会力量依法筹集经费的保障机制。高等教育实行以举办者投入为主、受教育者合理分担培养成本、学校设立基金接受社会捐赠等筹措经费的保障机制。全面落实国家普通本科、高等职业学校和中等职业学校、普通高中、义务教育、学前教育家庭经济困难学生资助政策。落实高校国家助学贷款和生源地信用助学贷款政策。

（五十三）加强经费监管。严格执行国家财政资金管理制度和财经纪律，科学编制预算，提高预算执行效率。加强县（区）教育集中支付分中心和学校财务会计制度建设，完善经费使用内部稽核和内部控制制度。完善教育经费监管机构职能，建立教育经费拨付和使用定期公告制度。建立并不断完善教育经费基础信息库，提升经费管理信息化水平。加强学校国有资产管理，建立健全学校国有资产配置、使用、处置管理制度，防止国有资产流失，提高使用效益。完善学校收费管理办法，依法规范学校收费行为和收费资金使用管理。坚持勤俭办学，严禁铺张浪费，建设节约型学校。

第二十二章　推进依法治教

（五十四）全面推进依法行政。各级政府及其职能部门要依法履行教育管理职责。健全科学民主决策机制，严格按照程序制定教育改革和发展政策。落实教育行政执法责任，完善行政执法程序，规范教育行政许可、行政监管行为。依法查处教育违法行为，促进教育公平，维护教育秩序。健全教育执法监督检查机制。推进教育信息公开，保证公众对教育的知情权、参与权和监督权。依法健全行政申诉、行政复议、行政调解制度，维护学校、学生、教师的合法权益，促进教育和谐稳定。

（五十五）大力推进依法治校。各级各类学校要建立健全学校章程和制度，逐步形成以学校章程为核心的制度体系。健全依法办学、自主管理、民主监督的体制机制。建立校内申诉、纠纷调解制度。加强普法教育，提高师生员工法律素质，增强公民意识。建立依法治校评估检查制度。

（五十六）完善督导制度和监督机制。贯彻落实国家教育督导条例，建立相对独立的教育督导机构，完善督导工作制度，推进教育督导机构独立行使职能。建立督导评价体系和教育质量评价体系。坚持督政与督学并重，监督与指导并行。强化对政府落实教育法律、法规和政策的督导检查。建立督导检查、评估结果公告制度和限期整改制度。各级政府及其有关部门要主动接受和积极配合人大及其常委会对教育法律法规执行情况的监督检查以及司法机关的司法监督。建立健全层级监督机制。加强监察、审计等专门监督。

第二十三章　加强组织领导

（五十七）加强对教育工作的领导。各级党委政府要切实把教育摆在优先发展的战略地位，加强统筹规划，健全领导体制，提高教育决策科学化水平。建立健全党委、政府教育工作专题会议制度和领导联系学校制度，及时研究解决教育改革发展的重大问题和群众关心的热点难点问题。建立各级党政领导干部教育工作目标责任制和问责制，将教育工作纳入各级党委和政府政绩考核范围，作为干部任用的重要依据。要选派讲政治、懂教育的人担任教育领导干部。教育行政部门主要领导干部的任免，须征求上级党委教育工作部门的意见。各级政府要定期向同级人民代表大会或其常务委员会报告教育工作情况，充分听取政协和各民主党派的意见和建议，协调政府各部门齐心协力支持教育发展，动员和争取社会各方面关心支持教育事业。

（五十八）加强和改进教育系统党的建设。健全各级各类学校党的组织。高等学校党组织要充分发挥在学校改革发展中的领导核心作用，普通中小学和职业学校党组织要充分发挥在学校工作中的政治核心作用。加强民办学校党的建设，建立并完善向民办中职学校、中小学校委派党建指导员制度。理顺学校党组织隶属关系，将乡镇以下中小学党组织关系全部纳入教育部门党委管理。加强学校领导班子和领导干部队伍建设，坚持德才兼备、以德为先的用人标准，选拔任用学校管理干部，推行学校领导干部公开选拔招聘制度，加大学校干部的交流力度。

（五十九）加强廉政建设和行风建设。坚持标本兼治、综合治理、惩防并举、注重预防的方针，完善体现教育系统特点的预防和惩治腐败工作体系，严格落实党风廉政建设责任制。坚持从严治教、规范管理，全面推进政务公开、校务公开。

（六十）切实维护教育系统安全稳定。各级政府要切实加强对学校安全稳定工作的领导，建立健全学校安全稳定工作的管理体系、工作体系和制度体系，加大学校安全设施投入力度，加强人防、物防和技防建设。完善安全隐患排查整改、矛盾纠纷排查化解和学校突发事件应急管理机制。加强师生安全教育和学校安全管理，提高预防灾害、应急避险和自身防范能力。加强校园和周边环境治安综合治理，形成保障学校安全稳定的长效机制，为师生创造安定有序、和谐融洽、充满活力的工作、学习和生活环境。

实 施

《承德市中长期教育改革和发展规划（2010—2020年）》（简称《教育规划》）是指导承德未来十年教育改革和发展的纲领性文件。规划涉及面广、时间跨度大、任务重、要求高，必须周密部署、精心组织、认真实施，扎实有效推进《教育规划》的贯彻落实。

明确任务，落实责任分工。贯彻实施《教育规划》，是各级党委和政府的重要职责。各县区、各部门要在市委、市政府统一领导下，按照《教育规划》部署和要求，对目标任务进行分解，明确责任分工。市教育行政部门负责《教育规划》的实施与协调，有关部门要结合职能，积极配合，密切协作，共同抓好贯彻落实。

制定方案，落实配套政策。各县区政府和教育行政部门、各级各类学校要围绕《教育规划》确定的主要目标、发展任务、体制改革、保障措施和重点项目等内容，从实际出发，提出本县区和本单位实施《教育规划》的具体方案，分阶段、分步骤组织实施。各有关部门要抓紧研究制定切实可行、操作性强的配套政策措施，认真组织实施。《教育规划》实施情况要纳入各级党委、政府综合评价和绩效考核体系。适时开展督导评估，全面分析检查实施效果及各项政策措施落实情况。

广泛宣传，营造良好环境。要充分利用广播电视、报纸、网络等各种媒体广泛宣传党的教育方针政策和《教育规划》的重大意义和主要内容，动员全社会进一步关心支持教育事业的改革和发展，为《教育规划》的实施创造良好社会环境和舆论氛围。

二、承德市贫困地区儿童发展规划（2014—2020年）

承德市人民政府办公室
关于印发承德市贫困地区儿童发展规划（2014—2020年）的通知

承市政办字〔2015〕171号

各县、自治县、区人民政府，承德高新区管委会，市政府各部门：

市教育局等部门制定的《承德市贫困地区儿童发展规划（2014—2020年）》已经市政府同意，现印发给你们，请结合各自实际，认真贯彻落实。

处于燕山一太行山集中连片特殊困难地区的平泉县、承德县、隆化县、丰宁满族自治县、围场满族蒙古族自治县要认真贯彻落实国家、省和市《发展规划》，结合地方实际，制定具体规划或实施方案，于今年年底前报市教育局等部门备案。其他县区也要参照制定本县区的贫困地区儿童发展规划或实施方案，及时报备，推动本地儿童事业发展。

2015年11月10日

承德市贫困地区儿童发展规划（2014—2020年）

市教育局　市发改委市财政局　市人社局　市卫计委　市民政局　市公安局　市工信局
市审计局　市水务局　市编办　市扶贫办　市妇联　团市委　市残联

儿童发展关系国家未来和民族希望。关爱贫困地区儿童健康成长，事关百万家庭幸福和社会公平正义。为进一步促进贫困地区儿童事业健康发展，认真贯彻落实《国家贫困地区儿童发展规划（2014—2020年）》和《河北省贫困地区儿童发展规划（2014—2020年）》，结合我市实际，制定本规划。

一、实施范围

处于燕山一太行山集中连片特殊困难地区（以下简称“片区”）的平泉县、承德县、隆化县、丰宁满族自治县、围场满族蒙古族自治县从出生到义务教育阶段结束的农村儿童。

二、主要目标

到2020年，片区儿童发展整体水平达到或超过全省平均水平。

——保障母婴安全。孕产妇死亡率下降到15/10万，婴儿和5岁以下儿童死亡率分别下降到9‰和10‰，出生人口素质明显提高。

——保障儿童健康。5岁以下儿童生长迟缓率降低到6%以下，低体重率降低到5%以下，贫血患病率降低到12%以下。以乡镇为单位适龄儿童国家免疫规划疫苗接种率达到并保持在90%以上。中小学生体质基本达到《国家学生体质健康标准》，特殊困难儿童的福利、关爱体系更加健全。

——保障儿童教育。学前三年毛入园率达到82%，义务教育巩固率达到96%，教育总体质量、均衡发展水平显著提高，视力、听力、智力残疾儿童少年义务教育入学率达到95%。

三、主要任务

（一）促进新生儿出生健康

1. 加强出生缺陷三级防治。推行一级预防措施，减少出生缺陷的发生。广泛开展出生缺陷防治宣传和健康教育，推广婚姻登记和婚前保健一站式服务模式，开展免费婚前医学检查，提高检查率。规范孕期咨询和孕前、孕早期医疗保健服务，全面实施国家免费孕前优生健康检查项目，推进增补叶酸预防神经管缺陷项目。落实二级防治措施，提高孕期出生缺陷发现率。建立健全产前筛查和产前诊断网络，提高筛查覆盖率和诊断水平，逐步开展相关免费筛查、诊断试点项目，实现怀孕妇女孕28周前在自愿情况下至少接受1次产前筛查。加强三级防治措施，减少先天性残疾的发生。开展新生儿先天性甲状腺功能减低症、苯丙酮尿症、听力障碍等疾病免费筛查试点服务，逐步实现全覆盖。加强儿童残疾筛查与康复的衔接，提高筛查确诊病例救治康复水平。

2. 加强孕产妇和新生儿健康管理。开展孕前、孕产期和哺乳期妇女营养指导，执行国家孕产期妇女营养素补充标准，预防和治疗孕产妇贫血等疾病，减少出生低体重儿。加强高危孕妇的识别与管理、早产儿的预防与干预，提高孕产妇和儿童系统管理率，强化爱婴医院管理，提高产儿科服务质量，降低非医学指征剖宫产率，保障母婴安全。继续实施农村孕产妇住院分娩补助项目，做好与新型农村合作医疗和医疗救助制度的有效衔接，加大贫困地区孕产妇住院分娩保障力度，建立危重孕产妇和新生儿急救绿色通道及网络。

3. 加强优生优育宣传教育。通过广播电视、公益广告、集中教育、墙体喷绘、宣传画报、明白纸等多种方式，深入开展“婚育新风进万家活动”“关爱女孩行动”“新农村新家庭计划”等宣传活动。结合基本公共卫生和计划生育服务，针对贫困地区儿童发展特点，设计开发优生优育方面的出版物和宣传品。教育、卫计部门和团委要联合组织开展残疾预防宣传活动。通过现场专题讲座、远程教育和多媒体辅导等方式，向育龄群众和产妇传授优生优育专业知识，提高优生优育知识知晓率。

（二）促进儿童营养改善

1. 改善婴幼儿营养状况。倡导0～6个月婴儿纯母乳喂养，加强母乳喂养宣传及相关知识培训，普及婴幼儿科学喂养知识与技能。扩大片区困难家庭婴幼儿营养改善试点范围，以低保家庭、低保边缘家庭为重点，逐步覆盖到片区的5个县，预防儿童营养不良和贫血。

2. 完善农村义务教育学生营养改善工作机制。发挥各级政府主导作用，继续实施好农村义务教育阶段学生营养改善计划，落实计划管理责任和配套政策，确保资金使用安全和食品安全。因地制宜新建或改扩建农村义务教育学校伙房或食堂等设施，大力推行学校供餐。加强学生营养监测，为做好营养改善工作提供科学依据。鼓励有条件的地方结合实际，以多种方式做好学前教育阶段儿童营养改善工作。

3. 提高儿童营养改善保障能力。建立儿童营养改善健康状况监测评估制度。加强对各级妇幼保健机构、计划生育服务机构、疾病预防控制机构和基层医疗卫生机构人员的营养改善技能培训，提高预防儿童营养疾病指导能力。加强对托幼机构工作人员和中小学幼儿园教师、食堂从业人员及学生家长的营养知识宣传教育和培训，引导学生及其家庭形成健康饮食习惯。鼓励社会团体和公益组织积极参与儿童营养改善行动。

（三）加强儿童医疗卫生保健

1. 完善儿童健康检查制度。对儿童生理状况、营养状况和常见病进行常规检查，建立儿童体检档案，定期对身高、体重、贫血状况等进行监测分析，广泛开展儿童早期发展工作。将入学前儿童健康体检纳入基本卫生公共服务，由基层卫生医疗机构免费提供。义务教育阶段学生按中小学健康检查基本标准进行体检，所需费用纳入学校公用经费开支范围。

2. 加强儿童疾病预防控制。落实国家免疫规划，为适龄儿童免费提供国家免疫规划疫苗接种服务，开展针对重点地区、重点人群脊髓灰质炎、麻疹等国家免疫疫苗补充免疫或查漏补种工作。落实碘缺乏病、地方性氟中毒、大骨节病防治措施，有效控制地方病对儿童健康的危害。妇幼保健机构要加强新生儿健康和儿童疾病预防服务，加强儿童视力不良、听力和口腔保健工作，预防和控制视力不良、听力损失、龋齿等疾病发生。

3. 提高儿童基本医疗保障水平。完善城乡居民基本医疗保险制度，使制度覆盖全体儿童。在稳步提高基本医疗保险待遇水平的基础上，全面推进城乡居民大病保险，逐步提高儿童大病保障水平。完善城乡医疗救助制度，通过政府购买服务等方式，引入和激发社会力量开展儿童医疗救助，逐步建立“政府支持、社会关注、公益组织实施”的困境儿童医疗救助新机制。加大儿童医疗救助力度，做好与大病保险制度、疾病应急救助制度的有效衔接，进一步提高儿童先天性心脏病、白血病、唇腭裂、尿道下裂、苯丙酮尿症、血友病、恶性肿瘤、重症肌无力等重大疾病和罕见病救治费用保障水平。

4. 加强儿童医疗卫生服务能力建设。加强妇幼保健机构、儿童医院、综合医院妇产科儿科和计划生育服务体系建设，健全服务网络，提高基层医疗卫生机构孕产期保健、儿童保健、儿童常见病诊治、现场急救、危急重症患儿救治及转诊能力。加强助产技术、儿童疾病综合管理、新生儿复苏等适宜技术培训和儿童临床疾病诊治及护理培训，提高妇幼保健人员、计划生育技术人员和医护人员的服务能力和水平。贯彻落实《托儿所幼儿园卫生保健管理办法》（2010 年原卫生部令第 76 号），规范托幼机构医务室或保健室设置，配备必要的卫生保健人员。寄宿制学校或者 600 人以上的非寄宿制学校要设立医务室，配备人员、器材。各县区政府要建立健全学校突发公共卫生事件应急处置和管理机制。

5. 保障学生饮水安全和学校环境卫生。结合国家实施农村饮水安全工程，多渠道加大投入，通过工程配套、改造升级和联网等方式，统筹考虑和优先解决片区农村学校饮水问题，实现供水入校。对无法接入公共供水管网的学校，就近寻找安全水源或实行自备井水供水。定期检测学校饮用水，保障水质达标。加强农村学校卫生厕所、浴室等生活设施建设，为学生提供健康生活环境，从小培养文明生活习惯。

6. 加强体育和心理健康教育。在基层公共体育设施中统筹规划学校体育设施，重点加强片区中小学校体育设施建设和器材配备。加强学校体育工作，严格落实每天锻炼 1 小时的要求，开展符合农村特点的体育活动和群众性体育项目竞赛。完善儿童心理健康教育制度，重点加强对留守儿童和孤儿、残疾儿童、自闭症儿童的心理辅导。加强对中小学生青春期性健康教育，将性健康、性保护、性道德、性法制教育有机结合起来，培养学生良好的心理素质和道德修养。总结推广宽城满族自治县开展中小学青春期性健康教育工作试点经验，推进青春期性教育工作科学化、制度化、规范化建设。切实加强中小学生自身安全和保护，维护中小学生合法权益，促进中小学生身心健康发展。加强心理健康教育教师队伍建设，以班主任、少先队辅导员和专业教师为重点，开展多形式培训，确保每所学校都有专寄宿制学校或者 600 人以上的非寄宿制学校要设立医务室，配备人员、器材。各县区政府要建立健全学校突发公共卫生事件应急处置和管理机制。

7. 保障学生饮水安全和学校环境卫生。结合国家实施农村饮水安全工程，多渠道加大投入，通过工程配套、改造升级和联网等方式，统筹考虑和优先解决片区农村学校饮水问题，实现供水入校。对无法接入公共供水管网的学校，就近寻找安全水源或实行自备井水供水。定期检测学校饮用水，保障水质达标。加强农村学校卫生厕所、浴室等生活设施建设，为学生提供健康生活环境，从小培养文明生活习惯。

8. 加强体育和心理健康教育。在基层公共体育设施中统筹规划学校体育设施，重点加强片区中小学校体育设施建设和器材配备。加强学校体育工作，严格落实每天锻炼 1 小时的要求，开展符合农村特点的体育活动和群众性体育项目竞赛。完善儿童心理健康教育制度，重点加强对留守儿童和孤儿、残疾儿童、自闭症儿童的心理辅导。加强对中小学生青春期性健康教育，将性健康、性保护、性道德、性法制教育有机结合起来，培养学生良好的心理素质和道德修养。总结推广宽城满族自治县开展中小学青春期性健康教育工作试点经验，推进青春期性教育工作科学化、制度化、规范化建设。切实加强中小学生自身安全和保护，维护中小学生合法权益，促进中小学生身心健康发展。加强心理健康教育教师队伍建设，以班主任、少先队辅导员和专业教师为重点，开展多形式培训，确保每所学校都有专职或兼职的心理健康教育教师，不断提高心理健康教育能力。

（四）强化儿童教育保障

1. 开展婴幼儿早期保教。依托幼儿园（托儿所）和支教点，为 3 岁以下儿童及其家庭提供早期保教指导服务。教育、卫计部门密切配合，加强托幼机构卫生保健管理和指导。采取多种形式宣传普及早期保教知识，在电视、广播、网络等媒体开设公益性早教节目或栏目，依托相关机构建立权威的公益性早教网站、微信公众服务平台。建立城乡幼儿园对口帮扶机制，组织专家和有经验的志愿者到边远地区开展早教服务。

2. 大力发展学前教育。坚持政府主导、社会参与、公办民办并举，多种形式扩大片区普惠性学前教育资源。实施第二期学前教育三年行动计划（2014—2016 年）。加大中央和省级财政学前教育发展项目、农村学前教育推进工程对片区的倾斜支持力度。落实《河北省幼儿园收费管理暂行办法实施细则》规定，2015 年 11 月底前出台我市公办园保教费、住宿费标准。继续加大对普惠性民办幼儿园的奖补力度，支持民办学前教育健康发展。完善和落实学前教育资助制度，逐步加大对家庭经济困难幼儿、孤和残疾儿童的资助力度。落实教育部《3 ~ 6 岁儿童学习与发展指南》，规范幼儿园管理，提高科学保教水平。

3. 巩固提高义务教育。总结推广宽城满族自治县产城教融合发展经验，开展产城教一体化建设试点，因地制宜地实施中小学布局调整，确保学生方便、安全就学。加快推进农村义务教育学校标准化建设，改善寄宿条件，关注留守儿童健康成长。实施“全面改薄”工程，加强农村小学、初中校舍及附属设施建设，加强图书、教学仪器设备、数字化多媒体和体育卫生艺术教育器材的配备。办好必要的教学点，改善基本办学条件。综合考虑提高教育质量、物价上涨、信息化教育和学生体检等需要，严格按照上级政策落实好农村义务教育学校生均公用经费标准。完善县级教育行政部门、学区中心校、学校三级管理的县域教育管理体制，加强农村学区建设，均衡配置教育资源，全面提高教育质量。将义务教育控辍保学责任分解到各级政府及有关部门和学校，并作为教育督导的重要内容，依法查处胁迫、诱骗接受义务教育的适龄儿童少年失学、辍学的违法行为。

4. 加强教师队伍建设。落实教育部《幼儿园教职工配备标准（暂行）》规定，按标准补足配齐幼儿园教职工。统一中小学教职工编制标准，在严格执行国家和省关于向农村边远地区倾斜等规定的同时，对学生规模较小的教学点，按照教职工与学生比例和教职工与班级比例相结合的方式核定教职工编制。加大边远贫困地区教师补充力度，以公开招聘、“特岗”计划、农村小学全科教师培养计划相结合的办法，保障教育教学对师资的基本需求。继续实施“三区”教师人才支持计划，逐年扩大支教数量，发挥示范引领作用，加快片区教师整体素质的全面提升。推进中小学教师“省考、县管、校用”制度改革，鼓励和引导免费师范生到片区任教。依法保障并逐步提高片区教师工资待遇，全面落实好片区乡村学校和教学点教师生活补助政策。扎实推进县域内义务教育学校教师校长轮岗交流制度改革，以校长、骨干教师流动为重点，合理配置教师资源，提高农村学校教育质量，促进义务教育均衡发展。

5. 加快农村学校信息化建设。结合“宽带中国”战略在我市的实施和大数据产业的加快发展，积极推进建设“承德教育云”平台，大力推进片区农村学校“三通两平台”基础设施建设。到 2017 年，实现农村学校（含教学点）宽带全覆盖；到 2018 年，完成对全体农村学校一线教师的首轮省级信息技术应用培训；到 2020 年，建成门类齐全、内容丰富的市级教育资源库，并依托省、市级教育资源库实现农村学校信息技术的广泛应用。以信息化手段促进城乡义务教育均衡，实施“1 拖 1”“1 拖 2”工程，使农村学校与城镇优质学校“结对子”，利用“云教室”“空中课堂”实施同步教学，让农村学生与城镇学生同步享受优质教育资源。加大农村学校信息化建设投入，在新建、改扩建和薄弱学校改造等项目中明确信息基础设施的投入。

6. 保障学生安全成长。健全学校安全管理制度，落实安全管理责任，多渠道开展学生安全教育活动。改善安全条件，建设符合安全标准的校舍及围墙、栅栏、厕所等教学和生活附属设施，加强校园人防、物防、技防建设，提高校园安全防护水平。寄宿制学校要完善教师值班制度，配备必要的生活管理教师，加强学生宿舍安全管理。加强学生离校安全教育，健全学生请销假制度，完善进出学校登记制度，按班级逐一建立学生请销假及与家长联系情况的登记台账。强化家长安全监护法定责任意识，构建预防青少年儿童溺水、中毒的社会防护网络，建立学生上下学交通安全服务保障体系，优化校园周边治安综合环境，严防儿童意外伤害。依法从重查处涉及儿童人身伤害的案件。

（五）加强特殊困难儿童教育和关爱

1. 完善特殊困难儿童福利制度。加强儿童福利机构康复和抚养设施建设，完善服务设施。探索适合孤儿身心发育的养育模式，鼓励家庭收养、寄养和社会助养。开展针对社会散居孤儿养育状况的巡查评估，督促监护人依法切实做好孤儿养育工作，对监护人开展必要的技能辅导。落实好为孤儿、艾滋病病毒感染儿童发放基本生活费政策，积极探索其他困境儿童基本生活保障制度。落实国家和省涉及困境儿童权益保障的教育、医疗、康复、住房等一系列政策，及时研究出台我市政策，并适时提高保障标准。为0—6岁残疾儿童提供康复补贴。保障适龄孤儿进入相应的学校就读，将义务教育阶段的家庭经济困难孤儿寄宿生全部纳入生活补助范围。推进残疾人康复和托养设施建设，市级建设1所专业化残疾人康复机构，并配备儿童听力语言康复、智力康复、孤独症康复、脑瘫康复等设施。

2. 保障残疾儿童受教育权利。创造条件扩大普通学校随班就读规模，不断改善特殊教育学校和接受残疾学生随班就读普通学校的办学条件，确保残疾儿童就近接受教育。落实义务教育阶段特殊教育学校生均公用经费标准高于普通学校标准10—15倍政策，保障其正常运转。随班就读、特殊教育班和送教上门的义务教育阶段生均公用经费参照特殊教育学校标准执行。进一步加大对残疾学生的资助力度，对残疾学生实行免学杂费、免费提供教科书、补助家庭经济困难寄宿生生活费等政策。建立普惠和特惠政策相结合的资助体系，保证残疾儿童不因贫困而失学。在提高义务教育普及程度的基础上，促进特殊教育向学前教育、高中教育、职业教育延伸。按实际需求配足配齐特殊教育教师，落实特殊教育教师倾斜政策，逐步提高工资待遇水平。加强特殊教育教师培养培训，提高专业化水平和教学质量。学校和医疗机构要相互配合推进医教结合，实施有针对性的教育、康复和保健。统筹学校、社会、家庭资源，在有条件的地方为不能进校就读的重度残疾儿童提供送教上门服务。支持和指导儿童福利机构特教班建设，落实儿童福利机构特殊教育教师的相应待遇。

3. 完善儿童社会保护服务体系。将未成年人救助保护机构扩展为社会保护转介平台，探索建立儿童社会保护“监测预防、发现报告、帮扶干预”反应机制，推动建立以家庭监护为基础、社会监督为保障、国家监护为补充的监护制度。将儿童保护纳入社区管理和服务职能，动员社区、学校、幼儿园、医院及其他社会组织参与儿童保护工作。结合片区实际，依托城乡社区现有公共服务设施建立儿童活动场所。建立儿童社会保护工作机制和服务网络，面向社会开展儿童权益保护服务，最大限度改善困境儿童生存状况。进一步加大劳动保障监察执法力度，坚持日常巡查、书面审查、专项执法检查和投诉举报专查相结合，努力消除使用童工等违法行为。

4. 健全留守儿童关爱服务体系。加强农村寄宿制学校建设，优先满足留守儿童就学、生活和安全需要。学校对留守儿童受教育实施全程管理。实施好农村留守儿童关爱服务项目，注重留守儿童心理健康教育和亲情关爱，及早发现和纠正个别留守儿童的不良行为。强化父母和其他监护人的监护责任并提高其监护能力，加强家庭教育指导服务，引导外出务工家长以各种方式关心留守儿童。重视农村留守儿童活动阵地建设，加强农村留守儿童之家管护，改善留守儿童的学习生活环境，努力做到留守儿童校内有监管、课外有去处。依托现有机构和设施，健全留守儿童关爱服务体系，动员社会力量发展关爱志愿者队伍，特别是发挥乡村干部和农村党员的作用，对留守儿童进行结对关爱帮扶。开展城乡少年手拉手和留守儿童互帮互助等活动，为农村学校捐助手拉手红领巾书屋，丰富留守儿童精神文化生活。

四、保障措施

（一）加强整体规划，强化资源整合。各地要在现有规划、政策、项目之间充分衔接的基础上，按照“整合资源、集中财力、聚焦重点”的原则，统筹落实贫困地区儿童发展政策，充分利用一般性转移支付、现有项目资金、对口支援项目等，按照规划的主要目标、主要任务集中调配资源，支持贫困地区儿童发展，各有关部门要按照统一部署，把规划的主要任务和重点工程纳入本部门发展规划和年度计划，并给予优先安排。

（二）落实经费投入，加强资金管理。建立健全以财政投入为主、社会力量参与、家庭合理分担的贫困地区儿童发展经费投入机制。在积极争取中央、省资金支持的同时，各级地方财政要进一步加大儿童发展的投入力度。对支持儿童发展的社会公益类项目，各级政府及有关部门要加强协调支持，依法落实税收优惠政策。进一步健全资金管理制度，确保用于贫困地区儿童发展的各项资金使用安全、规范和有效。审计部门要加强对贫困地区儿童发展专项资金和政府购买服务经费的审计，及时发现问题，督促整改到位。财政部门要加强经费监管和绩效考评。加大资金管理使用公开力度，接受社会监督。对管理中出现的问题，要依法追究相关责任人的责任。

（三）创新服务方式，扩大服务供给。明确责任主体，建立健全社会服务购买体系。鼓励采取政府向社会购买服务的方式实施儿童发展项目，对适合市场化方式提供的事项，交由具备条件、信誉良好的群团组织、社会组织和企业等承担，并与社会公益项目有机结合，扩大公共服务供给。坚持公开、公正、公平原则，规范政府购买服务程序，以竞争择优的方式确定承接主体。并通过委托、承包、采购等方式购买儿童健康、教育、福利、安全等领域的公共服务。严格政府购买服务资金管理。

（四）引导社会力量，促进儿童发展。积极引导各类社会组织、企业和公民个人参与支持贫困地区儿童发展。鼓励志愿者到贫困地区开展支教、医疗服务和宣传教育工作。加强政府相关部门、学校、公共卫生和医疗机构与家庭、社区的沟通，鼓励家长参与儿童发展项目的实施。

五、组织实施

（一）落实政府责任。贫困地区儿童发展工作在国务院统一领导下，由省政府统筹组织和实施督导，实行地方为主、分级负责、各部门协同推进的管理体制。为加强统筹协调，市级成立由教育部门牵头的贫困地区儿童发展局级联席会议制度，进一步明确各有关部门的责任分工，细化政策措施，定期召开专题会议，协调解决工作推进中的困难和问题，重大问题及时向市政府报告。片区各县政府要整合资源，落实具体政策和工作任务，创新管理和运行方式，切实提高支持政策和项目的执行效果。

（二）明确职责分工。发改部门要将片区儿童发展规划纳入国民经济和社会发展总体规划，会同相关部门不断加强片区儿童妇幼保健和儿童医疗、教育、福利服务等基础设施建设。财政部门要统筹安排财政资金，加强经费监管。教育、人社、卫计、民政、公安、工信、审计、水务、编办、扶贫等部门要切实履行职责，加强协调和指导。妇联、共青团、残联等单位要积极参与做好促进儿童发展工作。各有关部门和单位要切实把责任和任务细化分解到具体分管领导、具体科室岗位、具体工作人员，确保规划各项目标任务按计划、按步骤有效落实、取得实效；要增强“一盘棋”意识，密切协作，形成工作合力。

（三）开展监测评估。市政府对规划实施进展、质量和成效进行动态监测评估，同时将主要任务落实情况作为政府督查督办的重要事项，并将结果作为对县级政府绩效考核的重要内容。建立健全评估机制，开展第三方评估。充分发挥卫计、教育和社会政策等领域专家作用，开展片区儿童发展重大问题决策咨询。

（四）营造良好氛围。利用各种媒介，广泛宣传促进贫困地区儿童发展的重要性和政策措施，做好政策解读，回应群众关切。宣传先进典型，推广经验做法，动员全社会关心支持贫困地区儿童发展，为规划实施创造良好社会环境。

三、承德市人民政府关于加快发展民族教育的实施意见

承德市人民政府关于加快发展民族教育的实施意见

承市政字〔2016〕25号

各县、自治县、区人民政府、承德高新区管委会，御道口牧场管理区管委会，市直有关部门，普通高等学校：

为贯彻落实《国务院关于加快发展民族教育的决定》（国发〔2015〕46号）和《河北省关于加快发展民族教育的实施意见》（冀政发〔2015〕46号），加快发展全市民族教育事业，推动全市围场满族蒙古族自治县、宽城满族自治县、丰宁满族自治县等3个自治县，平泉县、滦平县、隆化县3个民族县教育事业均衡协调、优质健康发展，制定本实施意见。

一、总体目标

到2020年，自治县、民族县教育逐步实现基本公共教育服务均等化，教育资源配置优质化，学校建设标准化，教师队伍专业化，教育教学质量不断提高，整体发展水平及主要指标达到或高于全省平均水平。学前两年、三年毛入园率分别达到88%、80%以上；实现县域义务教育基本均衡，九年义务教育巩固率达到96%以上；全面普及高中阶段教育，普职比大体相当，中职免费教育基本实现，毛入学率达到92%以上；高等教育入学机会不断增加，高考录取率达到全省平均水平。全市各级各类教育质量显著提高，服务民族地区全面建成小康社会的能力显著增强。

二、大力加强民族团结教育

各级各类学校要坚持不懈开展中国特色社会主义和中国梦宣传教育，大力培育和践行社会主义核心价值观，坚持不懈开展爱国主义教育和民族团结教育，使广大师生自觉维护国家统一和民族团结。要按照国家规定课程计划，开齐开好民族团结教育课，在小学高年级、初中开设民族团结教育专题课，在普通高中思想政治课程中强化民族团结教育内容，在普通高校、高职院校和中等职业学校开设党的民族理论与政策课程，有重点、分层次、有针对性地推进民族团结教育进课堂、入头脑。要继承和弘扬各民族优秀传统文化，在民族地区学校开设民族艺术和民族体育校本课程，建立民族文化研学基地，开展民族优秀传统文化传承活动。

三、全面提升民族教育办学水平

（一）加快普及学前教育。各自治县、民族县要科学规划、合理布局学前教育机构，加快建设一批城镇公办幼儿园，全面改善农村幼儿园办园条件，提供“广覆盖、保基本”的学前教育公共服务。积极引导社会力量兴办幼儿园，大力扶持民办幼儿园，特别是面向大众、收费较低的普

惠性民办幼儿园发展。按照教育部《幼儿园教职工配备标准（暂行）》，合理配置幼儿园保教人员。贯彻落实教育部《3～6岁儿童学习与发展指南》，加强幼儿园所文化建设，开展“城乡对口”帮扶工作，促进城乡学前教育的共同发展、内涵发展。加强对各类学前教育机构保卫、饮食、卫生保健、设施设备、儿童用品等方面的监管，建立全覆盖的幼儿园安全防护体系。

（二）均衡发展义务教育。积极推进“产城教”融合发展规划的实施，积极扩充县城义务教育资源，解决城镇“大班额”“大校额”问题。大力推进自治县、民族县义务教育学校标准化建设，全面改善义务教育薄弱学校基本办学条件，完善生活设施，缩小城乡差距和校际差距。学校校舍要坚固、适用，符合抗震、消防安全要求。教学设备、体音美器材、图书、运动场地等要达到国家和省定办学条件基本标准。因地制宜保留、恢复并办好必要的教学点。依法保障农业转移人口和其他进城务工人员随迁子女平等接受义务教育的权利。依法履行控辍保学职责，降低辍学率。建立健全农村留守儿童关爱服务机制，农村寄宿制学校优先满足农村留守儿童的寄宿学习需求。深化中小学课程和教学改革，严格执行国家和省制定的义务教育课程方案和课程计划，开全课程，开足课时，积极开设、开发具有民族特色的学校课程。推进中小学内涵建设，市教育行政和教研部门要在办学理念、队伍建设、课程改革、科学管理、书香校园、文化建设等方面加强指导，在示范校创建上给予重点支持。

（三）提高普通高中教学质量。积极支持自治县、民族县普通高中建设，稳步推进普通高中向县城或产业园区集中，进一步改善办学条件，扩大优质教学资源。深化普通高中课程改革，落实国家课程方案，加强选修课程建设，推行选课走班。结合民族地区实际，努力开发具有民族区域特色的选修课程，开展研究性学习、社区服务和社会实践，促进学生全面而有个性发展。注重培养学生自主学习、自强自立和适应社会的能力，克服应试教育倾向，全面提高普通高中教育质量。建立学生发展指导制度，加强对学生生涯规划、心理、学业等多方面的指导。鼓励普通高中发挥传统优势，创建特色学校，在全市建成几所外语、艺术、体育、民族教育和职普融合等特色高中，推进培养模式多样化，满足不同潜质学生的发展需要。

（四）加快发展中等职业教育。大力加强县级职教中心建设，依托围场、丰宁、宽城三所县职教中心建设5—6个民族文化传承创新示范专业点。实施新一轮基础能力建设工程，争取“国培”“省培”指标分配、质量提升和改善办学条件中央补助资金等向6所自治县、民族县职教中心倾斜。引导支持6个县职教中心面向本地产业转型升级和京津冀协同发展需要培育新专业，集中力量重点建设2—3个品牌专业或特色专业，打造适应产业发展的主干专业群。努力使全市1—2所中职学校建成省级“精品校”。落实中等职业教育免学费和国家助学金政策。以县职教中心和农村成人教育网络为主阵地，逐步实现职业技术培训全覆盖。鼓励支持省内外优质职业教育资源以及有条件的企业与自治县、民族县职业学校合作办学。

（五）提升高等教育综合实力。支持鼓励高校优化学科专业结构，大力加强普通高等学校、职业院校少数民族毕业生就业创业指导。支持河北民族师范学院向应用技术型高等学校转型，重点办好师范类专业，提升民族特色学科水平，设立北方少数民族文化研究中心，传播民族文化和山庄文化，筹建少数民族科技文化创业园区，争取国家民委民族高校发展专项资金支持，开办民族预科班，争取少数民族免费师范生计划。支持承德医学院设立满药研究所，加快满医满药产、学、研一体化发展。支持承德石油高专与高新区共建创新“苗圃”，建设区域技术服务中心，为区域中小企业提供技术支持，建设企业基层管理者培训中心和企业安全管理培训中心。支持河北旅游学院设立“承德少数民族实用技术人才培训基地”，并提供专项资金，开展少数民族村支部书记、村主任、农村少数民族优秀青年培训和少数民族专业人才培养。支持承德护理学院与中国红十字会总会、国家发改委养老护理项目进行全方位合作，谋划建设国际健康学院（混合所有制本科院校）。

（六）**重视支持特殊教育**。推动市特教学校迁址新建，达到国家规定办学标准。督导隆化县完成特殊教育学校独立建设。全面改善自治县、民族县特殊教育学校办学条件，配齐特教专业教师，扩展招生类别，增加招生数量，扩大服务范围。在残疾儿童少年相对集中的中小学设立特教班，完善残疾学生随班就读支持保障体系，提高随班就读和特教班的教育教学质量。开展面向残疾学生的职业教育和国家通用语言文字教育，支持特殊教育学校与职业院校开展合作办学，培养残疾学生的职业技能，紧密结合经济社会发展需求和残疾学生特殊需要合理设置和调整专业，重点提高残疾学生的生活技能和就业能力。

（七）**科学稳妥推行双语教育**。推行国家通用语言文字教育，确保少数民族学生掌握和使用国家通用语言文字，少数民族高等学校毕业生能够熟练掌握和使用国家通用语言文字，普通话水平达到《河北省实施〈中华人民共和国国家通用语言文字法〉办法》规定的等级要求。扶持河北蒙古族高级中学办好蒙汉双语教学班，专门补充蒙语专业教师，开发完善蒙语校本教材，加强蒙语对等交换招生工作，逐步扩大交换生人数，并提高交换学校和专业的档次，争取高考优惠政策，创建民族教育特色学校。支持平泉、围场、丰宁等县有条件的民族中小学开展蒙汉双语教育，逐步建立健全学前、小学、初中、高中衔接的蒙汉双语教学体系。支持宽城、丰宁、隆化等县的民族小学开设满语校本课程，传承满族语言和文化。对开设民族语言课程的学校，要根据教学实际需要，加强专业师资力量配备，给予外聘民族语言课教师一定的生活补贴。义务教育阶段学校开设少数民族语言课程所需的教材费用，由县级财政支付，纳入免费教材。

四、建立完善教师队伍建设长效机制

（一）**健全教师培养和补充制度**。支持河北民族师范学院实施师范生免费教育试点工作，重点向自治县、民族县倾斜，培养骨干教师，形成教师培养长效补充制度。实施农村小学全科教师免费培养试点工作，强化县级政府培养小学教师主体责任，参照国家、省免费师范生优惠政策，组织实施小学全科教师免费培养工程，全部启动小学全科教师免费培养试点工作，由各级财政解决培养经费，教育部门制定培养需求计划，河北民族师范学院承担培养任务。自治县、民族县机构编制、人力资源社会保障和教育部门，要落实好《承德市乡村教师支持计划（2015—2020）实施办法》，乡村中小学教职工编制按照城市标准统一核定，其中农村初中、村小学、教学点编制按照生师比和班师比相结合的方式核定；按照专任教师“退补相当”的原则，保证有空编的编内足额配备；足额配备后仍不能满足学校教学要求的，按实际需要，特别是新建学校和政策性扩规模学校等特殊情况下，可以采取政府购买服务等方式予以解决；及时确定每年乡村学校教师补充计划，确保基础教育发展需要和素质教育全面实施。各级教育部门要统筹配备好音体美等学科教师，确保村小、教学点开齐、开足各学科课程。加大自治县、民族县国家“特岗教师”的补充，有条件的县要积极探索实施地方“特岗教师”计划，执行国家特岗教师工资性补助标准，缓解师资紧缺问题，优化教师队伍结构。按有关规定严格落实服务期满考核合格特岗教师的定岗、入编、录用等政策。教育脱贫行动计划和边远贫困地区、革命老区人才支持计划要向自治县、民族县倾斜。严禁在有合格教师来源的情况下“有编不补”、长期使用临时聘用人员，严禁任何部门和单位以任何理由、任何形式占用或变相占用乡村中小学教职工编制。对违反编制管理规定的单位和责任人，依法依规严肃处理。

（二）**完善教师培训机制**。按照学校年度公用经费预算总额的5%安排教师培训经费，保证每5年一个周期360学时的全员免费培训。积极推进自治县、民族县率先整合县级教师进修、教育科研、仪器装备等机构，建设县级教师发展中心，发挥教师培训的整体效益，形成促进教师专业发展的合力。大力提升自治县、民族县乡村教师信息技术应用能力，积极利用远程教学、数字化课程等信息技术手段，实现教师培训全覆盖。积极实施教师培训推荐课程与自选课程相结合的学习模式，按照乡村教师的实际需求改进培训方式，采取顶岗置换、网络研修、送教下乡、专家指导、校本研修等多种形式，增强培训的针对性和实效性。进一步扩大优秀教师到民族地区送教规模，充分发挥优质师资的示范、带动作用。全面实施国培计划、省培计划和市级骨干教师培养计划，推进校长教师素质提升工程和教育开放工程，重点向自治县、民族县倾斜。

（三）**落实教师激励政策**。依法依规落实乡村教师工资待遇政策，确保乡村教师平均工资水平不低于当地公务员平均工资水平，并逐步提高。严格按照《河北省人力资源和社会保障厅河北省财政厅关于印发〈河北省乡镇机关事业单位工作人员实行乡镇工作补贴实施办法〉的通知》（冀人社发〔2015〕34号）规定，为符合条件的乡村教师发放乡镇工作补贴。实施乡村教师生活补助制度，为农村义务教育阶段乡村教师发放梯级生活补助，重点向村小学和教学点倾斜，保证在岗享受、离岗取消，鼓励和吸引优秀教师到边远困难地区从教。依法为教师缴纳住房公积金和社会保险费，县域内统一缴费及补助标准。积极实施乡村教师帮扶计划，切实推进乡村教师定期体检工作，大力做好自治县、民族县乡村学校教师住房保障工作。进一步完善中小学教师职称（职务）评聘条件和程序办法，降低乡村中小学教师职称申报评审条件。切实推进教师、校长交流制度改革，到2020年实现县域内教师、校长交流的制度化、常态化。加大乡村教师奖励力度，对长期扎根农村，为农村教育事业做出突出贡献的乡村教师给予奖励。

五、保障措施

（一）**加强组织领导**。各级政府要切实加强对民族教育工作的领导，建立健全工作机制，明确目标任务、改革举措、重大项目和保障措施，优先发展、重点保障民族教育发展。加强规划引领，合理规划布局，自治县、民族县应在符合本县城乡整体规划及有关建设标准的前提下，教育主管部门会同规划部门，组织编制中小学、幼儿园布局等专项规划，保障建设的科学合理。要完善民族教育政策落实情况监督检查机制，市教育行政部门要会同有关部门定期开展专项督导检查。

（二）**进一步加大教育经费投入**。各级政府要切实增加自治县、民族教育投入，加快推进民族地区基本公共教育服务均等化。争取省级财政转移支付对自治县和民族县改善中小学办学条件的倾斜力度，分别按照高于其他县的15%和10%安排补助资金。积极争取“十三五”规划期间省级财政民族教育投入资金，重点支持自治县、民族县和民族乡改善幼儿园、中小学基本办学条件，提高教育教学信息化水平。自治县、民族县也要统筹中央和省级一般性转移支付、教育专项转移支付资金以及本级自有财力，加大教育经费投入，建立合理稳定的财政教育投入增长机制，同时还要管好用好财政教育资金，努力提高资金使用效益。民族乡所属的县级政府，要加大上级专项转移支付和本级教育经费统筹力度，优先支持民族乡改善办学条件，努力提升教育信息化水平，率先达到或超过全县平均水平。鼓励和引导社会力量支持发展民族教育，多渠道增加民族教育投入。

（三）**加强寄宿制学校建设**。自治县、民族县要针对偏远地区实际，科学合理布局寄宿制学校，改建、扩建、新建标准化寄宿制中小学校。按照国家和省定标准配备仪器设备、图书和实验室。寄宿制学校生均公用经费标准应高于一般学校，按照实际需要配置专职生活教师，在核定的编制总额内，本着从严从紧的原则，将编制资源适当向寄宿制学校倾斜。强化安全教育，提高人防、物防、技防能力，确保学校安全。

（四）加快推进教育信息化。加快推进“宽带网络校校通”“优质资源班班通”“网络学习空间人人通”工程，鼓励各级优质教育资源向民族地区开放，积极探索“政府引导、企业参与、学校购买服务”的机制。不断丰富民族地区学校数字教育资源，满足学生的学习需求。鼓励自治县、民族县与发达地区加强教育信息化交流与合作。切实加强对自治县、民族县教育管理干部和教师的信息化素质培训，不断提高广大教师的信息技术应用能力，各级中小学教师信息技术应用能力培训计划向自治县、民族县倾斜。

（五）积极推进京津冀民族教育工作协同发展。抓住京津冀协同发展这一重大机遇，深入落实《京津冀协同发展规划纲要》，把我市民族教育事业发展融入京津冀民族教育事业发展大格局。充分利用我市紧邻京津的区位优势，学习借鉴京津开展民族教育工作的经验做法，依托两地优质教育资源，建立对口支援我市教学、科研和师资队伍建设的长效机制。积极争取吸纳京津两地各级各类学校、科研机构等落户我市民族地区。主动对接京津教育部门，定期组织开展民族教育理论、政策的探讨与交流，全面提升民族教育服务民族地区经济社会发展的能力。

四、承德市人民政府关于加快基础教育发展全面提高教育质量的决定

承德市人民政府关于加快基础教育发展全面提高教育质量的决定

承市政〔2008〕169号

为加快推进我市基础教育由基本普及向全面提高的转变，尽快实现市委、市政府确定的“学有优教”目标，办人民满意的教育，经市政府研究，特作如下决定。

一、重大意义

1. 提高教育质量是实现“学有优教”目标的必然要求。党的十七大提出了“学有所教”的历史任务。市委、市政府立足承德实际，面对我市已经普及九年义务教育，即将普及高中阶段教育的新形势，确定了“学有优教”的工作目标。“学有优教”的基本要求是教育资源优化、师资队伍优化、学校管理优化，核心是全面提高教育质量。教育质量提高体现教育事业的发展水平，反映学生发展的能力需要，是促进学生全面发展的根本保障。各级政府必须充分认识提高教育质量工作的重大意义，牢固树立“百年大计、教育为本，教育大计、质量为本”的思想，牢牢把握教育质量这一教育工作的永恒主题，紧紧抓住教育质量这一教育事业发展的生命线，下大力量把教育质量提高到一个新水平。

2. 提高教育质量是办人民满意教育的必然要求。教育质量关系到千家万户的利益，关系到广大学生的前途和命运。随着义务教育的实施和对家庭经济困难学生资助体系的不断完善，我市基础教育进入到一个新的发展阶段：有学上的问题基本解决，上好学的问题成为突出矛盾；数量和规模的问题基本解决，质量和结构的问题成为主要矛盾。当前，以提高教育质量为标志的教育竞争日趋激烈，各地教育呈现出千帆竞发、百舸争流的发展局面。全面提高我市教育质量，特别是普通高中的教育质量，加快缩小与先进地区的差距，不让承德的孩子输在人生发展的起跑线上，

已成为社会的期盼，家长的期望，学生的期待。

3. 提高教育质量是推进学校进入良性发展的必然要求。教育质量是学校存身立命之本，发展壮大之基。学校担负着培养人、教育人的重任，是教育事业发展的承载体。实践表明，学校的发展壮大，既要靠硬件条件的改善，更要靠内涵能力的提升。只有不断加强内涵建设，全面提高教育质量，学校才能生存、发展和壮大，实现发展的良性循环。近几年我市投入大量资金用于学区建设和标准化学校建设，使大多数中小学办学条件得到明显改善，为全面提高教育质量奠定了基础，创造了条件。在办学条件不断改善的同时，必须把工作重点转移到提高教育质量上来，靠质量立校、强校，打造品牌，谋求发展。

二、规划目标

4. 教育资源优化配置。到2010年，完成72个学区、100所标准化初中、300所标准化小学建设任务，全市在标准化小学、初中就读的学生比例达到80%以上。到2012年，再创建4—6所省级示范性高中，全市在省级示范性高中就读的学生比例达到85%以上。

5. 学校管理达标升级。到2012年，全市所有中小学达到学校管理规范化的标准，20%的中小学达到学校管理特色化的标准，10所中小学创建成教育质量在全省有较大影响的品牌学校。

6. 教育质量明显提高。学生的综合素质明显提升，学生的潜能得到充分开发，德、智、体、美全面发展。到2012年，全市中考及格率达到80%，优秀率达到30%，普通高考上线率超过全省平均水平，力争进入全省先进行列。

三、主要措施

7. 优化教育资源配置。提高教育质量的前提在资源。要继续以学区建设为重点，按照学区规划调整教育布局，整合、优化教育资源，确保2010年完成学区建设任务。加强标准化学校配套设施建设，按照新课程标准配足、配齐实验设备、电教设备和专业器材，完善生活用房等附属设施。扩充优质高中教育资源，按照“稳定规模、发展特色、打造品牌”的原则，做好高中阶段教育发展规划，整合优化高中教育资源，提高办学水平，不断扩大优质普通高中教育资源的供给。

8. 完善教育管理体制。提高教育质量的保障在体制。各级政府要全面落实“以县为主”的管理体制，把基础教育发展和提高教育质量摆在战略地位，统筹规划基础教育发展。要把提高教育质量作为教育工作的核心，贯穿于教育工作的始终，采取强有力的综合性措施，千方百计予以保障。加大教育行政部门统筹管理力度，由县区教育行政部门负责中小学校长的选拔和任用工作。教育行政部门要切实履行对基础教育的管理职能，加强对学校的政策引导，制定完善科学的教育教学管理评价体系，深化招生制度改革，科学有效地保障教育教学水平的提高。完善学区中心校管理体制，落实学区中心校的人员编制和管理经费来源，建立与学区改革配套的保障机制，形成县区教育局、学区、学校三级教育管理网络。

9. 提高学校管理水平。提高教育质量的关键在校长。要进一步加强校长队伍管理，实行校长任职资格制度，完善校长任期目标责任制，逐步推行职级制。树立正确的用人导向，加大校长公开选拔的力度。建立名校长培养机制。采取举办硕士学位研究生班、校长研修班、到先进地区学校挂职等形式，拓宽培训渠道，打造一支专家型名校长队伍。坚持以党的教育方针和社会主义核心价值体系为指导，完善学校常规管理制度，建立与学校文化建设相适应，促进学校管理由经验型向文化型转变的制度文化体系。实施学校管理达标升级工程，以提高教育质量为核心，深化教育教学改革，激发全体教职工的工作积极性，促进学校管理的规范化，创建一批特色学校和品牌学校，全面提升中小学管理水平。

10. 加强教师队伍建设。提高教育质量的基础在教师。建立教师正常补充机制，三年内中小学教师实行“退一补一”的政策，吸引优秀人才从事教育工作，优化教师的年龄结构和专业结构。积极推进竞争上岗、公开招聘、合同管理、解聘辞聘等方面改革，加快实施教师全员聘任制。加强师德师风建设，完善教师职业道德规范和考核管理，实行教师职业道德“一票否决制”，真正做到“学为人师，行为世范”。加强教师培训工作，整合各种培训资源，建立对教师进行有计划、全员参与、以专业培训为主的继续教育制度，用先进的教学理念和现代化教学技术促进教师的专业发展。定期对教师进行教材教法过关考试，督促教师转变教学观念，研究教学方法，不断提高教学水平和专业素质。积极鼓励支持在职教师参加学历教育。增加教师培训经费，从2009年起，财政预算内教师培训经费增加到每人100元。实施教学名师工程，建立教学名师动态管理机制，充分发挥名师的示范和带动作用。市级教学名师享受省级特级教师待遇。

11. 强化教育教学研究。提高教育质量的重点在教研。各级教育行政部门要加强教研机构建设，明确市、县区、学区三级教研机构的工作定位，立足承德实际，研究基础教育发展的中长期规划，深入研究影响基础教育发展的关键问题和提高教育质量的重点、难点问题。加强教研队伍建设，建立一支以教研员、学科带头人和教学名师为主体的专兼职教研员队伍。教研人员要不断学习教育教学理论，把握教育教学改革的正确方向，积极主动开展专业引领、骨干教师培训和区域性教育教学活动，促进教育质量的提高。积极探索教育教学管理模式，在有条件的学校推行年级管理模式，实行“扁平化”管理，减少管理层级，构建高效便捷的教育教学运行机制。深化基础教育课程改革，建立健全校本研训、课堂教学评价和教学常规管理等新机制，研究适应素质教育的课堂教学新模式，改革教学方法，提高课堂教学效益，全面提升教育质量。

四、保障机制

12. 完善督导评价机制。建立并完善对县区政府的督导评价制度，督促和引导县区政府遵循教育规律，抓好基础教育工作，切实担负起全面提高教育质量的责任。建立完善对普通中小学校的督导评价制度，注重对学校办学水平与教育质量的督导评估，督促和引导学校实施素质教育，提高教育质量，促进学生全面发展。充分发挥政府教育督导的职能，定期对县区政府、学校实施素质教育情况，尤其是提高教育质量情况，进行有针对性的督导评估，督导报告要向社会公布，督导评估结果作为评选先进、干部实绩考核的重要依据。

13. 完善投入保障机制。完善义务教育经费保障机制。城乡义务教育经费、中小学公用经费、校舍维修经费，严格按照国家规定标准足额列入财政预算，提高经费保障水平。健全中小学预算制度，强化财务管理，进一步完善县区教育支付分中心的管理运行机制，切实发挥统一监管、集中支付、有效保障的职能作用。继续加大教育费附加征收力度，确保70%用于义务教育阶段学校改善办学条件。适应新课程改革的要求，加大财政对普通高中的投入力度，逐步化解债务，改善学校办学条件。

14. 完善学生资助机制。认真落实国家各项教育免费、资助政策，按国家规定提高义务教育阶段家庭经济困难寄宿生生活费补助标准，资助面达到23%以上。进一步规范普通高中对家庭经济困难学生的收费减免办法，严格“三限”政策，不断扩大资助面。整合各类学生资助资金，形成统一规范的资助办法和渠道，解决重复资助和资助不到位的问题。规范办学行为，严格治理教育乱收费，依法从严治教、从严治校。

15. 完善激励约束机制。市政府设立教育质量提高专项奖励资金，对在提高教育质量工作中做出突出贡献的单位和个人予以奖励。建立招生激励机制，对创建教育质量名校工作突出的普通高中学校，给予一定数量的优秀生源奖励。建立用人激励机制，对优秀教育工作者，在职称评聘、职务晋升等方面优先安排，对碌碌无为、无所作为的坚决予以调整。各县区政府要从实际出发，建立并完善相应的激励约束机制和相关的配套措施。

16. 完善安全工作机制。各级政府、有关部门和学校要牢固树立“安全第一”的意识，以对人民高度负责的态度，严格学校安全管理，维护学校安全稳定。严格实行中小学安全工作责任制和事故责任追究制，强化监督检查，不折不扣地落实好校舍、食品卫生、消防、交通等各项安全措施。加强对师生的安全教育，增强安全防范意识和自我保护能力。加大校园周边环境综合治理力度，努力净化校园周边环境，严厉打击扰乱学校治安的违法犯罪活动，确保师生人身安全和学校教育教学活动的正常进行。

五、承德市人民政府关于扎实推进县域义务教育均衡发展的实施意见

承德市人民政府关于扎实推进县域义务教育均衡发展的实施意见

承市政字〔2014〕17号

各县、自治县、区人民政府，承德高新区管委会，市政府各部门：

近年来，在各级政府高度重视下，全市义务教育得到了长足发展，从根本上解决了“有学上”的问题，全部通过了省政府的“普九”验收，并于2012年获得了国务院“全国两基工作先进地区”表彰。至此，全市九年义务教育工作开始向县域义务教育均衡发展方向迈进，确保2016年底实现县域义务教育基本均衡。如期完成义务教育均衡发展目标，任务艰巨，困难很多。为扎实推进义务教育均衡发展，有效扩大优质教育资源覆盖面，不断优化教育资源，努力推进教育公平，强力实现教育均衡，切实办好人民满意的教育，针对当前义务教育均衡发展最急需、最迫切的问题，现提出如下实施意见：

一、全市义务教育发展的基本估价

（一）义务教育取得了显著的成绩

1. 投入力度持续加大。县区普遍建立了教育集中支付中心，教师工资发放得到很好保障，义务教育经费保障机制基本落实，校舍安全工程全面实施。到2012年底，市县两级用于教育的支出达到了全部财政支出的22%。

2. 办学条件明显改善。中小学办学条件基本实现了标准化，“农村中最好的房子是学校”的目标已经实现。全市在标准化学校就读的学生已经达到82%。

3. 学校布局更加合理。通过实施农村学区建设，资源更加优化，布局更加合理。目前，全市共有65个学区，85所标准化初中，300所标准化小学，800个教学点。

4. 师资水平不断提高。教师培训工作开始加强，骨干教师队伍不断壮大，教师专业化发展的激励机制正在形成。教师学历达标率达到99.5%。

5. 管理经验渐趋丰富。生本教育思想得到认可，教学有效观念得以普及，文化立校理念逐渐形成，“承德学区模式”在全国推广。

6. 学校安全普遍加强。安全第一的意识全面形成，校园安全措施基本落实，学校安全得到基本保障。

7. 教育质量逐年提升。学生思想品德教育、行为习惯教育以及爱祖国、爱人民教育普遍得到落实，学生入学率、巩固率分别达到100%和98%，特别是2013年，全市中高考成绩均大幅度提升，并且实现了高考成绩的“五连增”。

（二）义务教育仍存在急需解决的难点问题

1. 均衡发展意识仍较淡薄。部分县区教育主管部门办好每一所学校的均衡发展意识还比较淡薄，人为设置“重点校”“重点班”，导致“择校热”“大班额”的现象比较突出，有的县区“以建代管”“只建不管”的倾向比较严重。

2. 教育投入仍然不足。中小学公用经费依然短缺，部分学校运转困难，甚至负债运行；随着入学高峰的持续和城镇化进程的加快，个别县区存在“无学可上”的危险；多数县区尚未建立利用信息化手段扩大优质教育资源覆盖面的有效机制。

3. 区域间、城乡间、学校间的教育资源差距依然存在。教育资源不够均衡，资源配置还不够合理，许多学生还不能接受优质资源教育。

4. 教师编制仍欠合理。教师老龄化严重，编制结构性短缺，有的学校不能开足开齐国家规定课程。教师流动交流机制没有得到真正落实。教师编制的动态管理机制未能形成。

义务教育存在的这些问题严重影响着教育质量的进一步提高，影响着完成国家确定的义务教育均衡发展目标的实现，需要抓紧全面解决。

二、义务教育均衡发展的目标、要求与标准

（一）总体目标。到2016年底，全市实现县域义务教育基本均衡发展目标，并全部通过教育部评估验收。2013年，双滦区、围场满族蒙古族自治县实现县域义务教育基本均衡发展；到2014年底，鹰手营子矿区、承德县、丰宁满族自治县、宽城满族自治县实现县域义务教育基本均衡发展；到2015年底，双桥区、平泉县、滦平县实现县域义务教育基本均衡发展；到2016年底，兴隆县、隆化县、市高新技术产业开发区实现县域义务教育基本均衡发展。

（二）基本要求。义务教育均衡发展坚持“城乡一体化、同标准、齐发展”的原则，以硬件均衡为基础，以投入均衡为保障，以师资均衡为根本，以质量均衡为核心，按照“布局科学化、设施标准化、师资优质化、服务均等化、管理规范化、投入经常化”的要求，进一步强化以县为主的管理体制，扩大优质资源覆盖面，提高办学水平，提高普及程度，办好每一所学校，促进每一个学生健康成长，提高教育质量。

（三）基本标准。县级政府切实落实义务教育经费保障责任，建立健全稳定持久的经费投入增长机制；县域义务教育学校布局合理，能够满足学生就学实际需求；县域内义务教育学校完成标准化建设任务；农村学区建设水平进一步提升，城市区实现优质教育资源全覆盖；教师配置科学合理，教师素质全面提高；校长教师定期交流制度全面落实；办学行为规范有序，开足开齐国家课程，消除“重点校”“重点班”“择校”和“大班额”现象；适龄儿童少年平等接受义务教育权利得到有效保障，初中辍学控制在国家规定范围内，保证特殊教育群体享有平等接受义务教育的权利；课程改革健康推进，教育教学质量整体提高。

三、扎实推进县域义务教育均衡发展的主要措施

（一）加强教师队伍建设

1. 加强教师补充和配备。重点加强农村中小学教师的补充，加强音体美教师的补充，加强寄宿制学校宿管、后勤、保安人员的补充。教师配备向农村小学和教学点倾斜。按省规定标准核定编制，在编制总量内实行编制动态管理。对学前教育占用教师编制的数量、结构进行调查摸底，避免混合计编。用足用活用好国家的特岗教师政策。依托河北民族师范学院，为农村教学点定向培养教师。

2. 推进校长教师交流轮岗。重点实行优秀管理干部和骨干教师向农村学校和薄弱学校流动，超编学校教师向空编学校流动。推进校长任期制、聘任制，实现学校去行政化。原则上，校长在同一学校连任六年的、教师在同一学校任教十年的必须流动。在岗位设置、职称晋升、聘用

考核、薪酬待遇、评优评先等方面，实行一系列优惠政策，吸引和鼓励校长教师到农村学校、薄弱学校工作。逐步实现校长和教师由“学校人”向“系统人”转变。力争三年至五年时间，实现县域内义务教育学校校长教师交流制度化、常态化。今后，在县级，没有农村学校三年以上任教经历的义务教育阶段教师，不得评聘高级教师职称，不得评定为特级教师和市级以上骨干教师。

3. 加大教师培训力度。师资质量决定教育质量，而师资质量又取决于培训质量。⑴建立研训“一体化”的管理机制。整合县区教研、师训以及教师进修学校等资源，组建集教育研究、校长与教师培训、教学实践于一体的县级教师研训发展中心，机构归一，职责统一，形成校长与教师专业发展的合力。⑵实现教师培训的系列化。着眼于课程改革和教学实践的需要，既积极参加高端培训，又努力开展校本培训；既注重跟进式培训，体现渐进性和持续性，又强化体验式培训，体现实践性和针对性；既“请进来”讲学，又“走出去”挂职，提高培训的理论层次和实践水平。⑶组建培训师资队伍。从2014年春季开始，在市级，组建几个名师工作室，并组建市内外相结合的、由优秀教育行政干部、管理专家、教学骨干组成的讲师团，设立大讲堂，定期开展培训；在县级，以教师研训发展中心为主体，建立专兼职相结合的培训师资队伍，组建由名优校长、特级教师、骨干教师为主体的培训团队。

4. 提高教师职业道德素养。以“学为人师、行为世范”为准则，落实《中小学教师职业道德规范》和《中小学教师违反职业道德行为处理办法》，严禁收受财物，严禁有偿家教，严禁歧视、体罚、开除学生。造就一支爱岗敬业、师德高尚、业务精湛、富有活力的高素质、专业化、学习型的教师队伍。

（二）科学规划教育格局

1. 扩充城市区和县城教育资源。顺应城镇化进程加快、适龄儿童入学新一轮高峰、进城务工农民工子女不断增加的形势，坚持“合理布局、科学规划、适度超前”的原则，将城市和城镇中小学校建设纳入城市整体规划，确保与城镇新区开发、新建居民小区同步规划、同步建设，并且同步交付使用。不断扩充城市区和县城教育资源，尽快消除“大班额”现象。保持学校适度规模，禁止“巨型”学校建设，严格学校建设标准，禁止“豪华”学校建设。

2. 加强农村初中和完全小学的标准化建设。认真落实《河北省义务教育学校办学基本标准》，确保学校规模、校园校舍、体育场地、安全卫生设施、教学仪器设备和寄宿学校生活设施等全部达到省定办学基本标准，实现城乡办学条件基本均衡。分步推进农村中小学运动场地硬化或塑胶化建设。

3. 加强教学点建设和管理。合理保留或恢复教学点，保证适龄儿童就近入学。加强教学点标准化建设，实现教学点硬件建设统一标准，学校管理统一标准，教学教研统一标准。抓紧解决农村教学点教师年龄严重老化或断层的问题。实行教学点教师固定与流动相结合模式，开足开齐国家规定课程。

4. 积极鼓励支持民办教育。鼓励多元主体、多种形式办学，探索混合所有制学校法人资产结构，允许学校管理者、骨干教师等以知识、技术、管理、资本等各种方式参与举办民办学校；落实民办学校与公办学校的平等地位，坚决消除对民办学校的歧视性政策，抓紧健全政府向民办学校提供养老保险、医疗保险、经费补贴、派驻公办教师等制度，不断提高持续竞争的教育活力。

（三）提高投入保障能力

1. 落实教育投入政策。落实义务教育经费“三个增长”政策，落实新增教育经费主要用于农村义务教育的要求，落实财政教育支出达到财政经费支出的22%以上标准，落实城镇教育费附加征收法规，落实农村税费改革转移支付资金的20%以上用于教育、城建维护建设税10%用于教育、土地出让金净收益10%用于教育和财政超收部分按年初预算同比例用于教育等政策。项目建设实行政府“交钥匙”工程，防止学校出现新的欠账。

2. 提高各县公用经费标准。2016年前，各县小学、初中生均公用经费标准在目前小学645元、初中845元的基础上，分别提高到800元和1000元。农村不满100人的村小、教学点，以100人为基数安排生均公用经费。

3. 提高教师培训经费。落实“承市政字〔2010〕97号”文件提出的逐步提高教师培训经费要求，教师培训经费2014年达到人均400元，2015年达到人均500元，并保证专款专用。

4. 改善农村教师待遇。2016年前，落实教育部、财政部《关于落实2013年中央1号文件要求对在连片特困地区工作的乡村教师给予生活补助的通知》精神，给予村小、教学点（县城及乡镇所在地除外）工作的教师每月500～1000元不等的梯级生活补助（按10个工作月）。建设农村艰苦边远地区教师周转宿舍。提高班主任津贴。2016年前，将义务教育阶段学校的班主任津贴平均提高到每月300元。落实市级教学名师每年3000元的政府特殊津贴待遇。设立专项资金，专门用于对年度优秀教师的专项奖励。

5. 建立奖励机制。市政府将建立义务教育均衡发展的奖励机制，并决定从2014年起每年拿出200万元，专门用于对义务教育均衡发展工作优秀的县区予以奖励。各县区也要建立激励机制，对推进义务教育均衡发展贡献突出的先进单位、优秀校长和教师给予表彰奖励。

6. 提高装备和信息化水平。按照学校规模，加强中小学实验室、图书室及各种功能教室的装备。按照学生人数，加强学校音、体、美等常规器材配置。按照生机比为8∶1的要求，足量装备计算机教室。按照远程教育基本要求，加强教育城域网、学校宽带、网络和多媒体建设，实现优质资源“班班通”。为农村教学点配备远程教育数字化多媒体设施，实现全覆盖。

（四）创新均衡发展模式

1. 联合校模式。即同一行政区域内一所优质学校与其对应的薄弱学校，捆绑成相互对应、相对固定、紧密联系的“共同体”，构建不同法人单位、联校协调管理“共同体式”的新机制。

2. 兼并校模式。即在政府主导下，优质学校异地兼并薄弱学校，成为一个法人。优质学校利用自己的教育教学优势和先进的教育理念彻底转化薄弱校。

3. 建分校模式。即由财政出资，优质学校异地建立分校，做大育强优质学校，扩大优质教育资源覆盖面。

4. 新建校模式。即依据学校布局规划，加大财政投入，抽调优质师资力量，高起点、高标准、高水平建设新学校，短时间内将其打造成优质学校，增加优质学校数量。

5. 托管校模式。即打破行政区划界限，着眼于薄弱校改造，将其委托优质学校、名校托管，明确托管目标、托管责任、托管期限，实现学校间校长、教师相互交流和教育教学工作基本同步。

6. 混合校模式。即淡化公办学校与民办学校概念，公办或民办薄弱校的硬件资源与另外公办或民办优质校的管理优势相融合，建立“非公非民”或“既公又民”的新型体制机制。

7. 集团化模式。即为追求优质教育资源最大化，优质学校跨县区、跨学段新建、兼并一所或几所学校，通过其文化、管理、师资等资源的输出，使新建学校、薄弱学校迅速提升办学水平。

（五）强化学校内涵发展

1. 加强学校文化建设。以文“化”人是学校文化建设的本质要求，是学校内涵的核心标志，也是学校管理的最高境界。以学校文化建设为引领，创建和培养符合本校实际的制度文化、精神文化以及班级文化、宿舍文化、楼道文化和餐厅文化。以制度建设为切入点，打造制度规范行为，行为培育传统，传统积淀文化，文化润泽制度的管理文化链条。

2. 深化课程改革。深化课程改革既是改变人才培养模式的客观要求，也是提高教学质量的必然选择。(1)贯彻生本思想，尊重学生的成长规律、认知规律、心理规律，为每位学生提供适合的教育。(2)打造有效课堂，变教师中心为学生中心，变接受式学习为研究性学习，变苦学为乐学，通过课堂的民主与开放，实现教学的有效和高效。(3)执行国家课程标准，开齐、开足、上好国家课程，积极开发和实施特色鲜明的校本课程。

3. 加快教师的专业成长。完善校本教研制度，以理念得以提升、教材得以把握、课堂得以改进为核心，牢牢把握个人反思、同伴互助、专家引领三个关键，广泛深入开展研讨、交流和观摩活动。创建学习型学校，固化学习载体，搭建学习平台，在学习中反思，在学习中感悟，在学习中成长。积极开展小课题研究，树立问题就是课题的观念，使研究成为重要的教师文化，成为基本的工作方式。

4. 探索素质教育的实现形式。广泛开展国学教育进校园活动，传承优秀历史文化；普遍开设小学综合实践活动课程，培养学生创新思维能力；大力推进阳光体育活动，促进青少年儿童身心健康、体魄强健；积极开展学生社团建设，满足学生多元化发展的需要；创造条件，开展农业劳动和社区活动，形成爱学习、爱劳动、爱祖国的价值观。

（六）加强学校管理

1. 严格招生秩序。严格落实义务教育免试就近入学政策，严禁掠夺性“掐尖”招生；实施学区管理制度，科学合理划片，严禁跨区域招生；严禁选拔生源的“占坑班”；严禁学校“大班额”招生；严禁“择校”现象；严禁各种考试和竞赛成绩作为入学与升学的依据；严禁设立重点校和重点班。实行统一的电子学籍管理系统，“一人一籍”，籍随人走，动态管理，全程跟踪。

2. 切实减轻学生过重的课业负担。各级政府和教育部门不得单纯以升学率对学校进行排名，不得下达升学指标。学校要科学合理安排学生作息时间，规范并严控统考次数，不得单纯以学业成绩对学生进行排名。规范教辅使用方式。严禁学校节假日、双休日集体补课。

3. 强化控辍保学。县区政府牵头，教育部门为主，社会共同参与，有效控制学生辍学，确保适龄儿童少年能够“进得来、留得住、学得好”。

4. 加强安全管理。牢固树立安全第一思想，严格实行学校安全工作责任制和事故责任追究制。落实校舍、食品卫生、消防、交通、传染病预防、自然灾害、重大活动等各项安全措施。加强校园周边环境治理，及时排查和消除各类安全隐患和不稳定因素，为学校创设良好的发展环境。

5. 规范财务管理。切实加强义务教育阶段学校财务监督，确保经费使用安全、合规、高效，确保教师培训等费用专款专用。严格定期审计制度，督促学校建立健全财务管理制度，规范预算编制，严格预算执行，做好财务决算，强化会计核算，加强资产管理，提高资金使用效益。

四、加强义务教育均衡发展的组织领导

（一）强化组织保障。义务教育均衡发展是各级政府的重要职责。县区政府特别是“一把手”，要把县域义务教育均衡发展作为推进城乡一体化建设的重要任务，健全组织，把握方向，完善措施，营造环境，细化方案。要建立由县区政府牵头、有关部门参与的推进义务教育均衡发展工作机制。各级教育、发改、财政、人力资源社会保障、国土资源、编制、公安等部门要各尽职责，互相支持配合，共同形成推进义务教育均衡发展的强大合力。

（二）强化督导力度。市政府教育督导室会同市教育局将县域义务教育均衡发展情况作为对各县区政府教育督导的重要内容，根据国家和省出台的义务教育均衡发展督导评估办法，加强对县区政府义务教育均衡发展的专项评估，实行季度督导、半年通报、年终考核的督导评估办法，并将督导评估结果作为专项拨款、表彰奖励和实施责任追究的重要依据，扎实做好全市义务教育均衡发展督导评估工作。

六、承德市人民政府关于扎实推进现代职业教育发展的实施意见

承德市人民政府关于扎实推进现代职业教育发展的实施意见

承市政字〔2014〕106号

各县、自治县、区人民政府，承德高新区管委会，市政府各部门：

近年来，全市各级各部门高度重视职业教育发展，职业教育得到快速发展，专业布局明显优化，基础能力明显加强，招生规模保持稳定，办学质量和水平不断提高，培养了大批高素质劳动者和技能型人才，为推动全市经济社会发展和促进就业做出了重要贡献。但职业教育还存在不能完全适应经济社会发展需要，职普结构不尽合理，专业师资力量不强，与行业企业结合不紧密等问题。同时必须看到，国家加快发展现代职业教育和京津冀协同发展的重大战略部署，给我市职业教育带来了难得的发展机遇。为贯彻落实《国务院关于加快发展现代职业教育的决定》（国发〔2014〕19号）、《河北省人民政府关于加快发展现代职业教育的实施意见》（冀政〔2014〕77号）和全国、全省职业教育工作会议精神，做大做强职业教育，创造更大人才红利，更好地为经济社会发展服务，现提出如下实施意见。

一、总体要求

（一）指导思想

以科学发展观为指导，坚持以立德树人为根本，以服务发展为宗旨，以促进就业为导向，适应经济社会发展需要，深化体制机制改革，统筹发挥好政府和市场的作用，加快现代职业教育体系建设，深化产教融合、校企合作，为推动经济产业转型升级和社会发展培养更多的高素质劳动者和技术技能人才。

（二）基本原则

政府推动、市场引导。发挥好政府保基本、促公平作用，着力营造制度环境、制定发展规划、改善基本办学条件、加强规范管理和监督指导等。充分发挥市场机制作用，引导社会力量参与办学，扩大优质教育资源，激发学校发展活力，促进职业教育与社会需求紧密对接。

加强统筹、分类指导。牢固确立职业教育在我市人才培养体系中的重要位置，统筹发展各级各类职业教育，坚持学校教育和职业培训并举。强化政府统筹和部门协调配合，加强行业部门对职业教育的指导。推动公办与民办职业教育共同发展。

服务需求、就业导向。服务经济社会发展和人的全面发展，推动专业设置与产业需求对接，课程内容与职业标准对接，教学过程与生产过程对接，毕业证书与职业资格证书对接，职业教育与终身学习对接。

产教融合、特色办学。同步规划职业教育与经济社会发展，协调推进人力资源开发与技术进步，推动教育教学改革与产业转型升级衔接配套。突出职业院校办学特色，强化校企协同育人。

系统培养、多样成才。推进中等和高等职业教育紧密衔接，发挥中等职业教育在发展现代职业教育中的基础性作用，发挥高等职业教育在优化高等教育结构中的重要作用。加强职业教育与普通教育沟通，为学生多样化选择、多路径成才搭建“立交桥”。

（三）目标任务

到2020年，形成适应我市经济社会发展与

京津冀协同发展需要，产教深度融合、中职高职衔接、职业教育与普通教育相互沟通，体现终身教育理念，具有承德特色的现代职业教育体系。

结构规模更加科学合理。到2020年，全市中等职业学校和普通高中招生规模大体相当，总体教育结构更加合理；中等职业教育在校生达到5.5万人，专科层次职业教育在校生达到2.5万人，接受本科层次职业教育的学生达到一定规模；从业人员继续教育达到30万人次。

专业设置更加适应需求。专业随产业发展动态调整机制建立并完善，专业设置科学合理，面向现代农业、先进制造业、现代服务业、清洁能源产业、生态建设、战略性新兴产业等领域的人才培养能力显著提升，不断满足市场需求。

办学水平全面提升。办学定位更加准确，产教融合更加深入，各类专业的人才培养水平大幅提升。办学条件明显改善，实训设备配置水平与技术进步要求更加适应，现代信息技术广泛应用。专兼结合的“双师型”教师队伍建设进展显著，教师师德素养、理论水平和实践能力等综合素质普遍提高，“双师型”教师占专业教师比例达到65%。与本地产业发展和京津冀协同发展相适应、涵盖三次产业的专业体系基本建立，建成一批国内一流的职业院校和骨干专业，具有区域竞争力的人才培养高地基本形成。三分之一的职业院校达到国内同类院校一流办学水平，服务区域经济社会发展能力达到全国先进水平。

发展环境更加优化宽松。现代职业教育发展政策、制度全面有效落实并结合地方实际不断完善。投入保障达到全省先进水平。引导和鼓励社会力量参与的政策更加健全。全社会人才观念显著转变，支持和参与职业教育的氛围更加浓厚。

二、体系建设

（一）巩固提高中等职业教育。统筹中等职业学校布局和专业布点，确保全市中等职业学校与普通高中办学规模、办学条件大体相当。在坚持就业导向、保障学生技术技能培养质量的基础上，加强文化基础教育，实现就业有能力、升学有基础，增强中等职业教育办学吸引力。集中力量办好县级职教中心，建立公益性农民培养培训制度，以县级职教中心和涉农专业学校为主渠道，加强新型职业农民培养。加强校企合作，大力推行引企入校、前校后厂等多样化的校企一体合作办学模式，推进工学结合，扎实稳妥地开展学生顶岗实习、工学交替和订单培养，共同培养适应职业岗位需要的技能型人才。推进技能大赛覆盖所有职业学校和专业，鼓励职业院校参加全国、世界技能大赛。2016年，全市所有中等职业学校达到合格标准，2018年县区职教中心全部达到省级以上示范校标准，全市建成4所在国内具有较强影响力的高水平中等职业学校，建成一批与企业对接紧密的高水平示范性实训基地，教育教学和管理水平显著提升，形成一批具有较大就业优势的品牌专业，打造一批骨干特色专业。

（二）发展提升高等职业教育。支持河北民族师范学院向应用技术类型本科高校转型发展。积极发展本科层次高等职业教育，重点支持3所高职专科学校改革创新。以提高质量为核心，以增强特色为重点，增强高职院校的引领带动能力；以行业、区域重点产业为依托，以专业为纽带，建立中职与高职协调发展的教学联盟。强化高职院校内涵发展，支持技术技能积累、传承与开发，推进产学研密切合作，提升服务区域产业升级改造能力。

（三）推进各级各类教育有机衔接。支持扩大面向中职学校招收“3+2”中职加专科、“3+4”中职加本科等“直通车”招生比例。支持高职院校探索“知识＋技能”的单独招生、自主招生和技能拔尖人才免试等考试评价办法，推进中等和高等职业教育专业设置、培养目标、课程体系、教学过程、质量评价等方面的有机衔接。推进县（区）域内职普融通，搭建职普互相渗透、自由开放、类型转变顺畅的现代职业教育体系的“立交桥”。

（四）积极发展多形式继续教育。建立有利于全体劳动者接受职业教育和培训的灵活学习制度，服务全民学习、终身学习。健全以县级职教中心为龙头的县域职业教育与农村成人教育培训网络，充分发挥各级各类职业院校、职成教培训网络和其他教育资源优势，面向企业职工、未升学的初高中毕业生、农民、新生代农民工、退役军人、残疾人、失业人员等群体，广泛开展职业教育、继续教育和技能培训。

三、主要任务

（一）基础能力建设工程。按照“分级负责”和“职普规模大体相当”的原则，加大公共财政专项投入力度，将高中阶段学校建设增量部分用于发展职业教育，实施新一轮基础能力建设工程。参照国家中等职业教育改革发展示范校的基本要求，通过原址挖潜改造、征地扩建、兼并普通高中学校等形式，以教学、实训及生活附属设施为重点，满足办学规模扩大和人才培养模式改革的整体需要。各县区要紧密结合区域支柱产业、新兴产业和特色产业的发展，支持学校采取多种形式建设具有生产经营功能的重点专业实训基地。

加强学校信息化基础设施建设，构建信息化应用支撑环境，加快职业教育信息化管理平台建设，到2017年，宽带和校园网覆盖所有职业院校，省级以上重点中等职业学校全部建成千兆主干、百兆桌面、无线网络全覆盖的数字化校园。全市中等职业学校通过光纤等各种通信链路构建承德中职城域网，实现校际之间的网络互通、资源共享。

（二）骨干专业建设工程。按照“优势互补、错位发展”的思路，结合经济发展和产业需求，合理规划和科学设置专业，逐步建成一批骨干特色优势专业。重点在加工制造、现代农业、健康养老、涉外护理、旅游服务、学前教育、文化创意等方面打造品牌专业。市、区属中等职业学校重点围绕现代服务业、高端装备制造业和高新技术产业，将旅游、护理、学前教育、文化创意、物流、加工制造、清洁能源等相关专业建成骨干特色专业；各县职教中心立足服务“三农”，围绕新型城镇化建设、生态建设和环境保护、现代农业和农村扶贫开发，结合全市产业园区布局，加强涉农专业建设，错位发展二、三产业中的部分专业。2020年前，创建15个省级骨干特色专业、15个市级骨干特色专业。

（三）师资素质提升工程。健全职业院校多种形式的培养教师机制，提升师资素质。认真组织完成国家和省“校长高级研修”、专业骨干教师培训和专业教师到企业实践项目。加强市级师资培训和到企业实践制度的落实，依托承德石油高等专科学校、河北旅游职业学院、承德工业学校等院校建立市级职业教育师资培训基地，聘请院校、教科研机构、企事业单位的专家和高技能人才任教，实行五年一轮全员培训。依托本地优秀企业建立市级职业教育教师实践基地，每年安排不少于20%的中职学校专业教师到市级基地开展实践活动。鼓励和支持中职学校教师参加职业资格证书考核与专业技能鉴定、在职攻读本专业研究生学历和文化课教师进修第二学历的专业课程。2020年前，重点培养50名专业带头人和100名骨干教师，提高教师的专业化水平，造就一批素质全面、基础扎实、技能娴熟，能够胜任理论和实践一体化教学的全国名师队伍。

（四）职教集团建设工程。研究制定院校、行业、企业、科研机构、社会组织等共同组建职业教育集团的支持政策，以装备制造、旅游服务、护理等专业大类为重点，组建政府主导、行业指导、企业参与、以专业为纽带的地方职业教育集团。发挥职业教育集团在促进教育链和产业链有机融合中的重要作用，以市场为导向优化资源配置，推进职业教育资源跨区域、跨行业共享，促进教育与产业紧密对接，促进职业院校与行业企业深度结合。积极探索多元投资主体共建职业教育集团的改革试点。2014年，组建承德市装备制造职业教育集团；2015年，组建承德市旅游、护理职业教育集团；2016 年，组建汽修职业教育集团。

（五）对外开放合作工程。积极吸引国内知名职业院校、教育机构、科研机构到我市开展教育教学交流与合作办学。加大与京津职业教育交流与合作力度，支持我市优质职业院校与京津优质职业院校共建共享实习实训平台、数字化教学资源等，开展多种形式的合作办学。鼓励我市中等职业学校与京津高等职业院校探索开展中高职衔接试点，开展管理干部挂职交流和专业教师交流互访。支持我市优质特色职业院校赴国外开展教育交流合作。加强与国外知名职业院校和专家合作，开发与国际先进标准对接的专业标准和课程体系，推动我市更多职业院校毕业生进入国际技能人才市场。

四、保障措施

（一）落实政府及部门职责。各县区政府要切实承担主要责任，同步规划职业教育与经济社会发展，推进职业教育发展。要发挥好职业教育工作联席会议制度作用，市、县区每年至少召开一次职业教育工作联席会议成员会议，解决职业教育发展中的难点问题。教育部门负责职业教育的统筹管理和综合协调，对各级各类职业学校教育教学实施指导、管理、监督、检查；人力资源社会保障部门负责支持职业教育师资队伍建设，落实就业准入制度；财政部门负责落实职业教育投入政策，设立专项资金支持职业教育发展；发展改革部门负责落实职业教育项目建设的申报、审批工作；税务部门负责落实发展职业教育相关的税收优惠政策；经济和工业信息化等部门负责推动企校合作、企业实训基地建设，构建企业与院校互动机制；其他部门按照自身职责积极推进职业教育改革发展。

（二）健全经费保障政策。在全面落实国家和省职业教育投入政策、支持职业教育发展税费减免政策的基础上，进一步加大职业教育投入，逐步提高财政性教育经费用于职业教育的比例。严格落实城市教育费附加用于职业教育的比例不低 30%、成人教育费用每人每年 1 元的政策。提高中等职业学校免学费后的经费保障标准，在省出台中等职业学校生均经费标准之前，按照学校隶属关系，各级财政可根据自身财力对中职教育免学费后产生的经费差额进行适当补助，到 2017 年达到或高于全省平均水平。加强对各类培训的统筹，按照“渠道不乱、用途不变、优势互补、各司其职”的原则，整合各部门培训项目，依托职业院校和县区职教中心，统筹安排和实施培训项目，提高资金使用效益和培训效果。

（三）完善教师补充管理机制。比照普通高中和高等学校，根据职业教育特点，核定职业学校编制，按编制标准合理配备教师。扩大职业学校用人自主权，允许学校在编制内自主录用教师，并将 15% 的编制员额按有关规定用于聘请兼职教师，财政按编制内人员经费拨款标准拨付经费。在中等职业学校设置正高级教师职务(职称)。职业院校专业教师可按照相应专业技术职务任职条件，申请评定第二专业技术职务。鼓励支持学校面向事业单位专业技术人员、企业技术业务骨干和社会各类能工巧匠聘请兼职教师，使专业教师队伍结构更加优化。改革职业院校教师准入制度，吸引综合类院校优秀毕业生和具有企业工作经历并具有相应职业资格（执业资格）的专业技术人员从事职业教育。在职业院校专业教师公开招考中，允许没有教师资格证的专业人才参加报名和考试，合格的先按兼职教师聘任，待限期取得教师资格证后，再按有关规定履行审批手续，转为正式教师。

（四）加大督导评估力度。建立职业教育定期督导和专项督导评估制度，加强对各县区政府及有关部门履行发展职业教育职责情况的督导评估，重点围绕职业教育发展的体制机制建设、职普招生比例、经费投入保障、办学条件改善、发展水平提升等方面开展督导。强化督导结果运用，对工作成绩突出的予以表彰，对未按政策要求落实投入的责令其限期整改，对中等职业教育招生低于高中阶段招生总数45%的县区进行重点督查。设立专项奖励基金，每年对职普招生比例合理、办学水平和教育教学质量突出的县区、职业学校给予资金奖励。

（五）营造良好发展环境。按照国家规定，落实职业教育先进表彰奖励制度、职业教育科研和教学成果奖励制度。将每年5月的第2周定为职业教育宣传活动周。大力宣传职业教育政策、典型经验、先进事迹和重要贡献，营造支持职业教育发展、崇尚一技之长、尊重技能人才的良好社会氛围。

2014年12月11日

七、承德市教育局关于加强中小学教师队伍建设和校长队伍建设的意见

承德市人民政府办公室
印发承德市教育局关于加强中小学教师队伍建设和校长队伍建设的意见的通知

承市政办字〔2011〕220号

各县、自治县、区人民政府，开发区管委会，市直有关部门：

承德市教育局《关于加强中小学教师队伍建设的意见》和《关于加强中小学校长队伍建设的意见》已经市政府研究同意，现印发给你们，请结合本地、本部门实际，认真组织实施，确保取得实效。

2011年12月13日

承德市教育局
关于加强中小学教师队伍建设的意见

为进一步加强全市中小学教师队伍建设（中小学指普通中小学、幼儿园、中等职业学校、特教学校，下同），推动承德教育科学发展，根据《中华人民共和国教育法》《中华人民共和国义务教育法》《中华人民共和国教师法》和国家、省《教育改革和发展规划纲要（2010—2020年）》等有关法律法规和政策，按照《承德市中长期教育改革和发展规划（2010—2020年）》的要求，结合我市实际，制定本意见。

一、指导思想

深入贯彻落实科学发展观，以专业发展为核心，以岗位培训为载体，以体制机制建设为保障，以提高广大教师工作的积极性、教师队伍的整体素质和水平为目标，加强统筹规划，深化推进改革，着力优化结构，力争用5年左右的时间，努力打造一支师德高尚、业务精湛、数量充足、结构合理、富有活力的高素质、专业化、学习型中小学教师队伍，进一步推动全市教育教学质量的持续稳定提高。

二、总体目标

（一）师德水平大幅提升。广大教师思想政治、职业素养、专业水平不断增强，涌现出一批教书育人、为人师表、严谨笃学、敬业奉献的典范。

（二）学历层次普遍提高。小学、初中教师岗位学历全部达标，“十二五”末小学教师本科以上学历（含）比例达到50%以上，初中教师基本实现本科化，高中阶段教师本科学历达到100%、研究生学历达5%以上。

（三）专业素养显著增强。教师的教育理念、教学方法与素质教育和新课程改革的需要相适应，驾驭课堂能力显著提高，教育教学效果明显提升。中职学校专业课“双师型”教师比例达到

60%以上。

（四）骨干队伍逐步壮大。基本形成骨干教师梯次结构，“十二五”末各级骨干教师达到5000人，不少于教师总数的15%。其中，县级以上达到3000人，学科名师达到500人，特级教师达到100人。农村教师中特级教师、省市级教学名师和骨干教师所占比例由14%提高到30%。

（五）管理机制不断优化。教师考核评价体系和制度机制更加科学合理，有利于激发工作积极性；教职工编制符合教育教学实际需要，建立起正常补充、流动和退出机制，教师资源配置得到进一步优化。

三、主要任务

（一）健全管理机制，优化教师队伍整体结构

1. 严格教师资格准入。以教育部教师资格考试和注册制度改革试点为突破口，促进教师管理制度创新，建立教师资格证书定期（5年）注册制度．强化教师资格认定中教育教学能力的考察。完善教师培养资格准入制度，开展对中小学（幼儿园）教师培养院校的资质认证工作，大力推进教师教育课程改革，支持师范院校加强学科建设和师范教育类特色专业建设，推进教师培养行为的科学化、规范化，从源头上提升教师队伍素质。

2. 加强编制动态管理。按照“总量控制、城乡统筹、结构调整、有增有减”原则，动态调整使用县域内教师编制。落实城乡统一的中小学编制标准，对农村边远地区实行倾斜政策。充分考虑办学规模扩大、实施新课程改革、寄宿制学校增加等增编因素，科学合理核定中小学教师编制，同时适当增加编制，用于教师离岗进修、病休、产假等临时性顶岗。

3. 健全补充退出机制。逐步建立按教育教学实际需要补充教师的机制。坚持“凡进必考、择优聘用”的原则，从2011年起全面推行中小学新任教师面向社会公开招聘制度，同等条件下优先录用现职特岗教师。积极推进河北民族师范学院开展订单式定向培养农村紧缺学科免费师范生试点工作。制定优惠政策，加大对重点师范院校优秀毕业生和高学历层次人才的引进力度。认真落实“先补后退、临退转岗”政策，对学校临近退休不能顶岗上课的人员可以安排后勤管理工作，不占学校编制，腾出的编制和岗位用于补充新教师。

4. 建立轮岗流动制度。按照“政策引导、因地制宜、城乡互动、稳步推进”原则，制订教师区域、城乡、校际交流实施意见。每年交流人数要达到一定比例。城镇中小学教师在评聘高级职称职务时，原则上要有一年以上在农村学校或薄弱学校任教经历。

5. 完善考核评价体系。积极稳妥推进教师绩效考核，逐步形成科学完善的考核评价体系和操作方案。每学年末对教师的师德修养、专业水平、业务能力、教学效果、工作实绩和培训进修等方面进行学年度考核，考核结果与绩效工资、兑现奖惩、评优选先、职称评审、岗位聘用等直接挂钩，并作为教师资格定期注册的重要依据之一。对考核不合格的教师，采取待岗培训（为期1年）措施，对培训后仍无法胜任教学工作者调离教师岗位。

6. 优化岗位设置结构。按照人事制度改革和岗位设置总体要求，全面实行中小学教师全员聘用制度和岗位管理制度。完善教师职称结构，解决具备资格教师待聘、评聘矛盾突出问题。提高农村中小学校教师中、高级职称结构比例，2015年前在现有基础上分别提高10%。

（二）注重培养培训，提高教师队伍整体素质

1. 加强师德师风建设。强化正面教育引导，培树先进典型。依据《中小学教师职业道德规范》，研究制订《承德市中小学教师师德行为准则》，规范教师从教行为。将师德表现作为绩效考核的重要内容，作为晋职及教师与学校评优选先的前置条件，坚决落实师德“一票否决制”。

2. 完善继续教育制度。建立教师培训管理档案，规范教师培训证书制度，教师继续教育证书由教育行政部门管理。建立教师培训学分管理制度，强化教师培训质量监管和效果反馈，逐步实现教师培训管理信息化、系统化、制度化。将教师参加继续教育情况与绩效考核、职务评聘、教师资格注册有机结合，充分发挥继续教育在教师培养培训和管理使用中的作用。实施“学历提升计划”，加快小学和初中教师学历本科化进程，鼓励支持中青年教师攻读教育硕士。

3. 加强师训能力建设。全面推进市、县区教师培训机构达标创建活动，并实现与电教、仪器装备、教研等部门的资源整合与合作，到2012年底各县区教师培训机构均要达到省定标准。采取依托实体、整合资源、加大投入等措施，加快建设实体型市级教师培训基地，发挥对全市教师培训的领导和协调作用。引入市场竞争机制，选择师资力量雄厚、实践经验丰富的院校委托开展教师培训，激发培训院校活力，提高教师培训质量。依托承德市特教中心，加强特殊教育培训基地建设。加强培训者队伍建设，聘请市内外教育专家、名师和优秀教研员担当培训任务，组建高水平的培训者团队。

4. 加大在职培训力度。继续实施以农村教师为重点的“教师素质提升工程”。新任教师必须通过严格系统的岗前培训，取得上岗资格；以教师专业发展学校为主阵地，以远程网络学习为主要方式，分层、分类、分岗位开展三年一轮的全员培训；围绕落实新课程改革、增强教学有效性、提高教育教学能力、破解教育教学实践中的重点难点问题，加强中小学教师岗位业务培训；完善中职学校教师到企业实践制度，保证专业教师每两年至少到企业或生产服务一线实践两个月以上。将特教、学前教师培训工作纳入中小学教师培训体系，加快特教、学前教师的专业化成长步伐。

5. 发挥骨干引领作用。建立健全市、县区、学校骨干教师培养体系，实施骨干教师选拔、培养、认定和使用计划。实施名师培养工程，完善名师考核与动态管理办法，建立健全考核档案。从学科名师、特级教师、骨干教师中遴选一批具有培养潜力的中青年教师进行重点培养，锻造承德市名师队伍。发挥教育城域网在网上备课、在线教研、资源共享等方面的优势，通过研修培训、学术交流、送教下乡、设立名师工作室等方式，使其充分发挥辐射带动效应。

6. 保障培训经费落实。在严格落实《关于加强农村教师培训提高农村教师素质的意见》（承市政字〔2010〕97号）中有关培训经费规定的基础上，保证学校年度公用经费预算总额的5%用于教师业务培训和学历提升学习。逐步加大市财政对市级教师培训基地的投入力度，保障各项培训工作正常运转。各县区也要根据实际需要，适当增列教师培训机构建设专项经费。

四、保障措施

（一）维护合法权益，保障教师待遇得到落实

1. 保障教师政治权利。进一步健全学校教职工代表大会制度，保障教职工参与学校民主管理、民主监督的权利和对学校重大事项决策的知情权、参与权。

2. 落实各项福利待遇。制定教师住房优惠政策，采取多种方式改善教师住房条件。落实和完善教师医疗、养老等社会保障政策，维护教师合法权益。加快农村教师周转宿舍建设，解决特岗、支教和交流等教师的住宿及生活问题。

3. 建立表彰奖励机制。研究制定教师表彰奖励管理办法，规范荣誉序列和层次。市、县区政府设立专项资金对教育教学成效显著、在教育教学一线做出突出贡献的教师予以奖励，激励广大教师长期扎根教学一线，为承德教育改革发展做出更大贡献。

4. 提高农村教师待遇。依法保证教师平均工资不低于或者高于当地公务员的平均工资水平。在绩效工资总量外单独设立农村教师津贴。县级财政设立专项补贴，保证在农村和艰苦边远地区工作的教师工资待遇高于当地城镇教师。对长期在农村基层和艰苦边远地区工作的教师，在评聘职称职务方面实行倾斜政策，适当提高评优选先的指标比例。

（二）加强组织领导，切实推进教师队伍建设

1. 明确政府职责。各级政府要将教师队伍建设作为教育工作的重中之重，成立教师队伍建设工作领导小组，定期召开教育工作联席会议，专题研究、协调解决教师队伍建设存在的热点难点问题。财政部门要充分发挥公共财政的保障职能，为教师队伍建设提供资金保证。编制部门要在人员编制的调配使用等方面给予必要支持。人力资源和社会保障部门对中小学人事工作要实行宏观管理、指导和监督，并在人才引进、教师流动、人事制度改革等给予政策保障。教育行政部门要统筹制定教师队伍建设规划，组织实施教师队伍建设各项措施，按规定履行中小学教师招聘、录用、职称评聘、培养培训和考核等管理职能。

2. 加大督导力度。建立专项督导评估制度，把教师队伍建设工作纳入市政府对县区政府教育督导评估体系，适当提高权重和分值。定期对师德建设、师资配置、教师待遇、培训经费、培训效果和基地建设等方面进行督查，并将督查结果作为对县区政府教育工作督导评估和领导干部实绩考核的重要依据。

3. 优化社会环境。鼓励和引导社会各界倾心尽力为广大教师办实事、做好事。各级各部门要建立健全定期走访慰问老教师、优秀教师制度并实现常态化，积极支持和鼓励社会各界人士参与慰问教师活动。新闻宣传部门要大力宣传报道教书育人的先进人物和典型事迹，进一步营造尊师重教的舆论氛围和良好风尚。

承德市教育局
关于加强中小学校长队伍建设的意见

为深入贯彻落实国家和省《中长期教育改革和发展规划纲要（2010—2020年）》和《承德市中长期教育改革和发展规划（2010—2020年）》，进一步加强中小学校长队伍建设（中小学校长指普通中小学、幼儿园、中等职业学校、特教学校的正副校长、园长，下同），根据国家和省市关于加强校长队伍建设的有关法规和政策，结合我市实际，制定本意见。

一、总体要求

深入贯彻落实科学发展观，以全面提高教育教学质量为目标，以促进学校内涵发展为抓手，以提高中小学校长队伍素质为目的，以强化内部管理为重点，以深化制度改革为动力，切实加强领导，加大投入，狠抓落实，力争用5年左右时间，建设一支政治素质好、业务能力强、管理水平高的中小学校长队伍，切实将全市教育事业改革发展提高到一个新水平。

二、主要目标

（一）政治素质明显增强。校长队伍政治立场坚定，坚持正确的办学和育人方向；忠诚党的教育事业，具备强烈的事业心、责任感；落实教育方针政策、实施素质教育的自觉性进一步增强；遵循教育规律、改革创新的意识进一步强化；办学理念进一步创新，学校发展目标定位更加符合实际，办学特色更加鲜明。

（二）专业水平显著提升。校长全部实现持证上岗。校长专业发展进程加快，办学理念、素质能力、管理水平与教育改革发展需要相匹配；领导、管理、指导、引领和示范等职能全面发挥；统筹管理、沟通协调、科学决策、知人善任、指导教育教学的能力明显增强，在办学治校、提高教育质量中的作用显著提高。

（三）队伍结构趋于合理。中青年校长比例明显提高，学历水平和高级职称比例大幅提升。

到2015年底，50岁以下校长所占比例达到88%以上；本科以上学历达到80%以上，其中拥有硕士学位的校长达到2%以上；副高级职称所占比例达到55%以上。骨干校长队伍进一步壮大，辐射带动、示范引领效应进一步彰显。到2015年底，培养选拔100名市级骨干校长、50名省级骨干校长和50名市级名校长。

（四）管理体制更加完善。进一步建立健全校长选拔、任命、考核、奖惩等体制机制，研究出台一整套有利于激发队伍活力和创造力的制度办法。校长改革创新、施展才能的条件和环境更加宽松。优化资源配置，建立健全科学合理、符合实际的校长流动机制，使农村学校、薄弱学校享受优质校长资源，促进均衡发展，保证教育公平。到2015年底，80%以上的学校通过公推公选选拔校长，60%以上的农村学校、薄弱学校有城镇学校、优质学校校长援教，70%以上的城镇校长具有到农村学校、薄弱学校工作的经历。

三、主要任务

（一）强化素质培养。加强统筹协调，整合校长培训资源，以办学理念、管理方法、领导能力为重点，强化校长培训提高工作。⑴巩固完善校长培训和持证上岗制度，建立培训与校长任免挂钩机制。将特教学校、幼儿园特别是农村幼儿园园长培训纳入全员培训序列，制定全员培训规划，创新培训模式，增强培训的针对性和实效性，到2015年底全市至少完成一轮全员培训。教育行政部门建立校长成长档案，引导校长加强自身建设；校长要制定个人专业成长规划，努力学习钻研政治和业务理论，提升自身思想和业务素养。把握正确的办学方向，规范言行，廉洁自律，自觉接受监督检查，争做教师的楷模。⑵加强骨干校长队伍建设。按全市校长20%—30%的比例确定骨干校长培训对象。科学制定和实施校长后备干部培养计划，实施校长素质提升工程，市县区教育行政部门每年聘请30名以上外埠优秀中小学校长定期或不定期来承讲学传教，实现大面积普及型培训；每年选派50名校长到市域内、20名校长到市外优质学校挂职锻炼、学习实践，培养自己的骨干。⑶加强校长培训基地建设。积极推动市教育干部培训中心和县级教师进修学校培训基地建设，努力创建省级以上示范培训基地。加强培训者队伍建设，通过组建专家、学者和名校长讲师团或建立教育专家库等形式，加强专业引领，推动校长专业成长和管理水平提升。

（二）明确任职标准。中小学校长要符合国家规定的基本任职条件，具备履职所需的专业知识和较强的管理能力，通晓学校教学和行政管理理论知识，有较强的组织协调和决策能力。具有相应层次教师资格，具有中级（含）以上教师专业技术资格，一般应从事教育教学工作5年以上，身心健康。新任小学校长、幼儿园园长应具备大专及以上学历，中学校长应具备大学本科及以上学历；校长应有不少于2年副校长任职经历，副校长应有不少于3年学校中层任职经历；新任校长年龄一般男不超过50岁，女不超过45岁。德才和业绩十分突出的，可破格聘（任）用。

（三）改革任用机制，全面推行公开选拔、竞争上岗制度。通过公开招聘、民主推举、平等竞争等形式择优聘用校长。部分重点学校校长尝试面向全国公开招聘，制定相应优惠政策，吸引优秀人才。实行校长任期、交流、离任审计和引咎辞职制度，校长每届任期5—6年（含试用期1年），任期内原则上不予变动，教育行政部门与校长签订聘任合同，确定聘期，颁发聘书。校长在同一学校任职一般不得超过两届。任期届满且考核合格的校长，原则上应交流到其他学校。城镇学校副校长提拔为校长，原则上要有一年以上农村学校、薄弱学校副校长工作经历。鼓励优秀校长到薄弱学校、偏远农村学校长期任职。

（四）规范目标考核。实行任期目标管理，通过签订责任书等形式；明确校长任期内工作目标和职责。校长要适当兼课，参加教科研活动。其他校级干部和教育教学管理人员都要承担一定量的教学工作，任课、听课节数达到规定要求。实行校长工作考核制和奖惩制。教育行政部门制定考核具体标准、程序和办法，除考核思想政治素质、组织领导能力、教育理论水平、工作作风、廉洁自律等情况以外，重点考核办学方向、教师队伍建设、实施素质教育、提高教育教学质量等方面的成效。考核分届中（年度）考核和届满考核。考核结果分为优秀、称职、基本称职、不称职四个等级，作为奖惩、续聘或解聘的主要依据。对取得优秀成绩、做出重要贡献的校长，应给予适当的表彰奖励；对确定为基本称职的校长，应对其诫勉谈话；对年度考核被确定为不称职和连续两次确定为基本称职的校长，原则上予以解聘。对在任期内因工作严重失职造成重大安全事故和恶劣影响的，校长要引咎辞职。

（五）加强后备队伍建设。制定各级年轻校级及中层后备干部选拔条件，构建校长后备人才库，形成结构合理的学校干部梯队，按 1∶3 的比例配备校长、副校长和中层干部后备队伍，注重在一线教师中培养选拔中层后备干部，青年教师、女教师、少数民族教师要占一定比例。后备干部由上级教育行政部门批准备案，接受重点培养，与正式干部一同参加年度考核，考核不合格者，取消其后备干部资格。通过安排到高等院校研修深造、先进地区挂职学习、艰苦边远学校锻炼等方式，强化后备干部的培养提高。选拔任用学校管理干部原则上从成熟的后备干部中选拔产生。

（六）理顺管理体制。对全市中小学校长实行归口管理，到 2012 年底，除示范性普通高中（重点中学）、教师进修学校、职教中心的校长，由市、县区级教育行政部门提名、考察或参与考察，按干部管理权限任用或聘用外，其他中小学校长的选拔、任免、培养、培训、考核、奖惩、交流等均由市、县区级教育行政部门负责。积极创造条件，推行校长职级制改革。进一步落实校长负责制，实现校长责、权、利相统一，扩大校长办学自主权。

四、保障措施

（一）加强组织领导。各县区政府、市直有关部门要将校长队伍建设作为推动教育改革发展的有效抓手，结合实际制定具体实施意见，依法保证校长队伍建设各项目标任务真正落到实处。市政府教育督导室要将校长队伍建设工作纳入对县区教育综合督导评估体系，督导评估结果通报全市，并作为考核县区政府发展教育工作和领导干部实绩的重要指标。各级教育行政部门要充分发挥对校长的选拔、任用、交流、培养、培训、考核、管理等职能作用，激发队伍活力和创造力，提升整体素养和办学治校能力。加大资金投入力度，加强校长培训基地建设，在校长进修培训、奖励机制、职级制改革等方面提供经费保障。

（二）建立激励机制。制定《承德市名校长评选管理办法》，定期评选省市级骨干校长、市级名校长，每月享受政府津贴，所需资金由同级财政解决。实行荣誉称号动态管理制度，每五年为一个管理周期，对实绩突出、贡献较大的校长予以隆重表彰。科学合理地确定校长绩效工资标准，按校长的劳动和贡献依法落实校长的各项福利待遇。校长由名校到薄弱学校、由城镇学校到农村学校任职、自愿参加援藏援疆的，在同等条件下优先提拔使用。

（三）优化工作环境。要积极推动和深化教育人事制度和管理体制改革，为发挥校长办学自主权提供良好的政策环境，保证校长独立自主地从事学校日常管理和教育教学等工作。严格控制有关职能部门对学校进行的检查考核，确需进行检查考核的要严格履行审批手续，努力减少外部环境对教育教学工作的干扰。新闻宣传部门要加强正面引导，对爱岗敬业、成绩卓著的校长典型进行大力宣传，创造良好的舆论氛围。

八、承德市乡村教师支持计划（2015—2020 年）实施办法

承德市人民政府办公室
关于印发承德市乡村教师支持计划（2015—2020 年）实施办法的通知

承市政办字〔2016〕153 号

各县、自治县、区人民政府，承德高新区管委会，市政府有关部门：

《承德市乡村教师支持计划（2015—2020 年）实施办法》已经市政府同意，现印发给你们，请结合本地本部门实际，认真贯彻执行。

承德市人民政府办公室

2016 年 8 月 5 日

承德市乡村教师支持计划（2015—2020 年）实施办法

为贯彻落实国家及河北省关于加强教师队伍建设的部署要求，采取切实措施加强边远贫困地区乡村教师队伍建设，促进城乡教育公平，推动全市教育均衡发展。根据《国务院办公厅关于印发乡村教师支持计划（2015—2020 年）的通知》（国办发〔2015〕43 号）以及《河北省乡村教师支持计划（2015—2020）实施办法》（冀政办发〔2015〕30 号）精神，结合我市实际，制定本实施办法。

一、总体目标

以“四个全面”战略要求为指导，深入实施优化乡村教师队伍结构、提高乡村教师待遇、提升乡村教师素质能力工程，解决当前我市乡村教师职业吸引力不强、编制紧缺、补充渠道不畅、优质资源配置不足、结构不尽合理、整体素质不高等突出问题。力争到 2017 年，使我市乡村学校优质教师补充渠道得到扩充，乡村教师资源配置得到改善，教育教学能力水平稳步提升，各方面合理待遇依法得到较好保障，职业吸引力明显增强，逐步形成“下得去、留得住、教得好”的局面。到 2020 年，打造出一支师德高尚、数量充足、素质优良、结构合理的乡村教师队伍，为基本实现教育现代化提供坚强有力的师资保障。

二、基本原则

（一）师德为先，以德化人。着力提升乡村教师思想政治素质和职业道德水平，引导乡村教师带头践行社会主义核心价值观，加强乡村教师对中国特色社会主义的思想认同、理论认同和情感认同。重视发挥乡村教师以德化人、言传身教的作用，教育学生热爱祖国、热爱人民、热爱中国共产党，形成正确的世界观、人生观、价值观，确保乡村教育正确导向。

（二）规模适当，结构合理。按照满足教育教学需求、确保开足开齐国家规定课程原则，统筹考虑城镇化进程和常住人口变化情况，合理规划乡村教师队伍规模。集中人财物资源，实施优惠倾斜政策，以乡村教师培养补充和骨干教师校长交流为重点，加大工作支持力度，加强乡村优质教师资源配置，有效解决乡村教师短缺问题，优化乡村教师队伍结构。

（三）提升质量，提高待遇。立足我市实际，聚焦乡村教师队伍建设最关键领域、最紧迫任务，多措并举、定向施策、精准发力、标本兼治，切实提高乡村教师地位待遇，不断改善乡村教师的工作生活条件，增强乡村教师职业吸引力；加强培养培训，提升乡村教师教育教学能力和基本素

质，提高乡村教育质量。

（四）改革机制，激发活力。坚持问题导向，深化教师校长管理体制改革，建立充满活力的乡村教师使用机制，构建适应乡村教育发展、促进乡村教师成长的培养培训、补充和交流机制，逐步形成“越往基层、越是艰苦，地位待遇越高”的激励机制。通过实施乡村教师支持计划，带动建立相关制度，形成可持续发展的长效机制。

三、主要措施

（一）拓宽教师补充渠道，建立乡村教师长效补充机制

——各级编制、人社和教育部门要按照专任教师“退补相当”的原则，保证有空编的编内足额配备；足额配备后仍不能满足学校教学要求的，按实际需要，特别是新建学校和政策性扩规模学校等特殊情况下可以采取政府购买服务等方式予以解决。及时确定每年乡村学校教师补充计划，确保基础教育发展需要和素质教育全面实施。各级教育部门要统筹配备好音体美等学科教师，确保村小、教学点开齐、开足各学科课程。

——市、县（区）要建立乡村教师公开招聘补充机制，做好教师公开招聘工作。在市、县（区）公开招聘教师工作领导小组统一领导下，由人社部门牵头，教育部门负责具体组织实施，做好编内教师公开招聘及通过政府购买服务等招聘教师工作。严格规范招聘标准条件、笔试面试内容、招聘程序和聘后教师管理，确保为乡村学校持续输送大批优秀高等学校毕业生。

——继续组织实施国家“特岗教师”计划。有条件的地区要积极探索实施地方“特岗教师”计划，执行国家特岗教师工资性补助标准。按有关规定严格落实服务期满考核合格特岗教师的定岗、入编、录用等政策。

——组织实施小学全科教师免费培养计划。强化县（区）政府培养小学教师主体责任，按照省的总体部署，参照国家、省免费师范生优惠政策，组织实施小学全科教师免费培养工程，除完成省的培养计划外，到2020年，各县（区）全部启动小学全科教师免费培养试点工作。由各级财政解决培养经费，教育部门制定培养需求计划，河北民族师范学院承担培养任务。逐步建立健全高等学校毕业生学费和国家助学贷款代偿制度，对到贫困地区乡村学校任教的全日制高等学校毕业生，予以学费和国家助学贷款代偿。

——拓宽教师培养渠道，创新教师培养体系。按照“按需设岗、按岗培养、双向选择、定岗服务”的原则，2020年在河北民族师范学院建立教师教育学院。探索培养卓越中小学教师的途径，初步建成政府统筹培养需求、高等学校实施教育工作、中小学校参与实习的教师培养机制。由河北民族师范学院负责培养工作，加大本土化教师的培养力度。

——实施优秀退休教师乡村支教讲学计划和“三区”人才支教计划。每年招募一定数量的退休特级教师、高级教师、教学名师到乡村学校支教。各级财政比照“三区”人才支持计划教师专项计划给予经费补助。同时建立现职特级教师、名师、骨干教师联系乡村学校制度，每名教师联系1～2个学校、教学点，定期送教下乡。

——妥善解决乡村教师队伍的遗留问题。要采用政府购买服务和列入公用经费支出等方式，争取在两到三年内解决农村教师队伍中的遗留问题。

（二）着力解决乡村中小学教师编制不足问题，统一城乡教职工编制标准

——统一城乡教职工编制标准。教育行政部门会同编制部门要尽快重新核定中小学教职工编制及实际需求数量。通过编制调剂、加强人员配备等方式，进一步向生源稀少的教学点、村小学倾斜，重点解决乡村教师学科全覆盖问题。乡村中小学教职工编制按照城市标准统一核定，其中农村初中、村小学、教学点编制按照生师比和班师比相结合的方式核定。确保乡村中小学教职工编制满足教育教学实际需求，以保证开足开齐国家规定课程。寄宿制学校应按照实际需要配置专职生活教师，本着从严从紧的原则适当增加编制。首先要保证专任教师编制，严禁占用专任教师编制。逐步压缩非教学人员编制。工勤、生活、教辅人员要按照国家非专任教师编制要求严格控制。对现有超编人员，按照待遇不变的原则逐步消化，不再出现临时用工情况。对适合社会力量提供的工勤和教学辅助等服务，采取政府购买服务方式，纳入当地政府购买服务指导目录，所需资金通过合理渠道和方式妥善解决。在核定编制时，要充分考虑到各种增编因素，安排一定比例的机动编制，以解决教师培训、生病、生育等教师顶岗问题按照国家有关中小学教职工配备标准，在核编时分别单独核定专任教师编制和行政、工勤、生活、教辅人员等编制，按需定编设岗。各县（区）空余中小学教师编制，可全市调剂使用，全额事业编制空余的县（区）可以调剂给中小学使用。超编的县（区）、学校可以采取购买服务、列入公用经费支出等方式解决教师编制不足问题。

——全面清理占用教师编制问题。重点开展清理幼儿园等学前教育人员占用中小学教师编制工作，清理出来的人员由各县区采取多种形式予以妥善安置，确保中小学教师编制不被占用。

——实行总量控制，统筹调整，动态管理。市、县编制部门控制辖区内中小学编制总量，教育行政部门在核定的编制总额内，按照班额、生源等情况统筹分配各校教职工编制，并报同级机构编制部门和财政部门备案。进一步完善中小学校职工编制动态管理机制，根据学校布局结构调整、不同学段学生规模变化等情况及时进行调整。原则上每两年调整一次。

——积极探索创新乡村幼儿园用人机制。在国家和省出台幼儿园编制标准前，要按照教育部制定的幼儿园教职工配备标准设岗。县（区）公立幼儿园的教师招聘要严格按照政府集中购买服务、列入公用经费支出等方式面向社会进行集中公开招聘，统一管理，不得私自招聘教师。

——妥善解决部分教师占编不在岗问题。各县（区）要根据实际，逐步稳妥解决年龄大及因病等不能胜任教学工作但长期占用专任教师编制的问题。在编制内实施“临退转岗”政策。

——严禁在有合格教师来源的情况下“有编不补”、长期使用临时聘用人员，严禁任何部门和单位以任何理由、任何形式占用或变相占用乡村中小学教职工编制。对违反编制管理规定的单位和责任人，依法依规严肃处理。

（三）深化教师管理体制改革，推动城镇优秀教师向乡村学校流动

——按照河北省教育厅等五部门《关于推进县域内义务教育学校教师校长交流工作的指导意见（试行）》要求，切实推进教师校长交流改革，抓好县区试点工作，到2017年在我市全面推开教师校长交流制度的实施。到2020年实现县域内教师校长交流的制度化、常态化。

——加强县域内义务教育教师的统筹管理，建立县（区）教育行政部门集中统一管理，学校聘任使用的教师“县管校聘”管理体制改革。实行教师、校长归口管理，各县区辖区内，市直教育系统内校长、教师的交流、调整由教育行政部门负责提出具体调整方案，同级编制、组织、人社、财政部门要积极支持，及时启动相关程序，优先办理有关手续。

（四）提高乡村教师生活待遇

——实施乡镇工作补贴制度。各级政府要严格按照《河北省人力资源和社会保障厅河北省财政厅关于印发〈河北省乡镇机关事业单位工作人员实行乡镇工作补贴实施办法〉的通知》（冀人社发〔2015〕34号）规定，为符合条件的乡村教师发放乡镇工作补贴。

——实施乡村教师生活补助制度。集中连片特困地区乡村教师生活补助政策仍按《河北省教育厅河北省财政厅关于落实连片特困地区乡村教师生活补助政策的实施意见》（冀教财〔2014〕

37号）执行，省定补助标准由省级财政负担。其他县（区）参照实施，补助标准可根据本地实际确定，所需资金由同级财政负担。并积极落实省级财政的奖补政策。各县（区）依据学校艰苦边远程度实行差别化的补助标准，按照市政府办公室《转发市教育局市财政局关于为乡村教师发放生活补助意见的通知》（承市政办字〔2014〕108号）执行，2015年非连片困难县（区）、连片困难县分别按照每人400、500元标准发放农村教师生活补助，2016年分别提高到500、600元。全年按照10个月发放。重点向村小学和教学点倾斜，保证在岗享受、离岗取消，鼓励和吸引优秀教师到边远困难地区从教。部分县（区）已实行的其它补助政策要继续实施。按照市政府《关于扎实推进县域义务教育均衡发展实施意见》（承市政字〔2014〕17号）要求，将义务教育阶段学校的班主任津贴提高到300元。妥善解决农村寄宿制学校超工作量教师待遇问题。

——全面落实教师工资待遇政策。各县（区）要依法依规落实乡村教师工资待遇政策，确保我市乡村教师平均工资水平不低于当地公务员平均工资水平，并逐步提高。完善绩效考核分配办法，进一步落实事业单位绩效工资政策。依法为教师缴纳住房公积金和社会保险费，县域内统一缴费和补助标准。

——要积极实施乡村教师帮扶计划。对因遭遇突发事故或突患重大疾病，造成家庭生活特别困难的乡村教师进行救助帮扶。鼓励企业和社会力量积极为学校捐助资金，用于教师帮扶。切实推进乡村教师定期体检工作，每年组织一次体检。各地医疗机构要加强与教育部门合作，积极制定适合乡村教师需求的体检方案，并加强对体检教师的跟踪指导。

——切实改善乡村教师的住宿等生活条件。依托农村教师周转宿舍建设工程，积极推进农村教师周转宿舍建设，按期完成规划项目，切实解决农村义务教育阶段学校特岗教师、支教交流教师、免费师范生教师、顶岗实习教师和民族地区、山区、寄宿制学校的管理教师住宿问题。县（区）政府要将乡村学校教师住房纳入保障性住房建设规划，由县（区）政府统筹规划，在乡（镇）政府所在地修建，并享受中央和省保障性住房优惠政策和资金补助。将符合条件的农村义务教育阶段学校教师纳入住房保障范畴，同等条件下优先轮候、优先分配。

（五）加强中小学教师职称评聘制度改革，落实职称（职务）评聘向乡村学校倾斜政策

——全面落实国家改革委今年发布的《关于深化人才发展体制机制改革的意见》、人力资源和社会保障部、教育部《关于深化中小学教师职称制度改革的指导意见》和《河北省深化中小学教师职称制度改革工作方案》，市政府成立深化中小学教师职称制度改革领导小组，建立有效工作机制，切实加强对改革的组织领导。市、县人社部门、教育部门要按照职能分工密切配合，做好相关工作。

——进一步完善我市中小学教师职称（职务）评聘条件和程序办法，坚持育人为本、德育为先，注重师德素养、教育教学工作业绩、教育教学方法和教育教学一线实践经历。降低乡村中小学教师职称申报评审条件。取得中心校（学区）级别优质课或专业（业务）奖励即可申报中级专业技术资格，对论文、研究课题等不作要求，提供相应教案即可。

——提高乡村中小学校中、高级职称岗位设置比例，在规定的比例上限内上浮2个百分点。

——以学区为单位，统一进行管理、专业技术、工勤技能岗位设置和管理。根据工作需要，县级教育行政部门应及时调整变更相应的岗位设置方案，以适应和满足教师交流到农村和薄弱学校岗位聘用的需要。积极探索以县为单位统筹调剂使用中高级职称指标的管理体制。

——实行向长期坚守乡村学校教师职称聘用倾斜政策，凡在乡村学校任教累计满25年且仍在乡村学校任教的，可不受岗位职数限制，直接聘用到与其现有专业资格相对应的岗位。城市中小学教师晋升高级教师职称（职务），应具有在乡村学校或薄弱学校任教一年以上的经历。

（六）建立乡村教师荣誉制度，加大对乡村教师的奖励力度

——除国家、省的相关奖励外，市政府、各县（区）对在乡村学校从教15年以上、为我市农村教育事业做出突出贡献的在职乡村教师和教育工作者要给予奖励。市政府每两年组织开展一次申报工作，每次奖励400人左右，每人奖励6000元，所需资金由同级财政负担。各县（区）也要制定相应的奖励办法。

——逐步扩大政府支持力度，积极鼓励引导企业、社会团体、非政府组织和有关国际组织捐资助学，对长期在乡村学校任教的优秀教师给予奖励，并适时提高奖励标准。

——国家对在乡村学校从教30年以上的教师颁发荣誉证书，省、县（区）分别对在乡村学校从教20年以上、10年以上的教师颁发荣誉证书予以鼓励。各县（区）举办的各类评优评先，要切实向乡村教师倾斜。

（七）全面提高乡村教师思想政治素质和师德水平

——加强乡村教师思想政治修养，培养其良好的思想政治素质。深入开展马克思列宁主义、毛泽东思想、邓小平理论、“三个代表”重要思想、科学发展观和习近平总书记系列重要讲话精神的学习教育活动。加强理想信念教育，特别是党的基本理论、基本路线、基本纲领、基本经验、基本要求，自觉践行社会主义核心价值观。坚持正确政治方向，围绕立德树人根本任务，明确和强化责任感，提升工作的科学性。健全乡村教师政治理论学习制度，坚持报告会、座谈会、研讨会、培训班、读书班等行之有效的学习方式，建设信息化学习平台，增强政治理论学习的吸引力感染力。努力探索乡村教师思想政治工作的新方法、新途径、新载体，确保政治理论学习的经常性、规范性、针对性、创新性。

——加强师德师风教育。强化正面教育引导，培树先进典型。深入学习贯彻《中小学教师职业道德规范》和教育部《中小学幼儿园教师专业标准》，认真执行承德市教育局制定下发的《承德市中小学教师师德考核办法》，进一步建立以宣传、教育、考核、监督与惩治相结合的以校本为核心的师德体系。加强乡村教师职业道德教育和心理健康教育，培养其良好的思想政治素质，规范乡村教师从教行为，建立完善师德过程性考评和奖惩制度。实施50学时师德教育全员培训。

（八）全面提升乡村教师能力素质

——完善继续教育制度。建立教师培训管理档案，规范教师培训证书制度，实行教师继续教育证书由教育部门管理。建立严格的教师培训学分管理制度，强化教师培训质量监管和效果反馈制度，逐步实现教师培训管理信息化、系统化、制度化。

——加强教师培训能力建设。依法实行教师培训归口管理，统一由教育部门负责。县（区）政府要全面推进教师发展中心建设，整合教师培训、教育科研、仪器装备等机构，形成促进教师发展的合力，发挥教师的培训整体效益。到2020年各县区基本完成实质整合。

——加大乡村在职教师岗位培训力度。继续实施以农村教师为重点的“教师素质提升工程”。新任教师必须通过严格、系统的岗前培训，取得上岗资格。以教师专业发展学校为主阵地，以远程网络学习为主要方式，分层、分类、分岗位开展三年一轮的全员培训。围绕落实新课改、增强教学有效性、提高教育教学能力、破解教育教学实践中的重点难点问题，加强中小学教师岗位业务培训。将乡村教师培训纳入法制建设范围，将其纳入基本公共服务体系。在严格落实《关于加强农村教师培训提高农村教师素质的意见》（承市政字〔2010〕97号）文件关于培训经费的规定的同时，保证学校公用经费预算总额的5%用于教师培训经费。

——加强乡村教师名师梯队的建设。建立健全名师梯队教师培养体系，实施名师梯队教师选拔、培养、认定和使用计划。加强农村教师市级教学能手、骨干教师、学科带头人和名师各梯次的培养，到2020年，选拔培养农村各梯次名师2000名。从学科名师、特级教师、骨干教师中遴选一批具有培养潜力的中青年教师，重点培养，锻造承德市名师队伍，发挥教育城域网在网上备课、在线教研、资源共享等方面的优势，通过研修培训、学术交流、送教下乡、设立名师工作室等方式，使之充分发挥对乡村教师辐射带动作用。

四、组织实施

（一）加强组织领导。各级政府是实施乡村教师支持计划的责任主体。市政府成立我市乡村教师支持计划实施工作领导小组，负责全市乡村教师支持工作的组织实施。各县区政府要把实施工作列入重要议事日程，实行一把手负责制。要结合本县（区）实际，制定具体的实施细则，同时报市教育局备案，并向社会公布，接受监督。教育部门要加强对乡村教师队伍建设的统筹管理、规划和指导。发改、财政、编制、人社、住建等部门要按照职责分工主动履职，切实承担责任。有关部门要密切配合，建立联动机制，形成工作合力。

（二）加强经费保障。各县（区）政府要进一步调整财政支出结构，加大投入力度，形成稳定的投入机制，集中力量支持乡村教师队伍建设，确保各项乡村教师支持政策落实到位。落实“承市政〔2010〕97号”文件提出的逐步提高教师培训经费要求，年度教师培训经费达到人均500元。落实市政府《关于扎实推进县域义务教育均衡发展实施意见》（承市政字〔2014〕17号）要求，不足100人的教学点按100人核定公用经费。要把资金和投入用在乡村教师队伍建设最薄弱、最迫切需要的领域，切实用好每一笔经费，提高资金使用效益，促进教育资源均衡配置。加强经费监管，规范经费使用，强化监督检查，坚决杜绝截留、克扣、虚报、冒领等违法违规行为的发生。鼓励和引导社会力量参与支持乡村教师队伍建设。

（三）加强宣传引导。要坚持正确的舆论导向，通过多种形式广泛宣传乡村教师支持计划的重大意义。要把支持政策讲透彻，把工作要求讲具体，增进广大乡村教师和社会各界对我市实施办法的理解、认同和支持。要大力宣传乡村教师坚守岗位、默默奉献的崇高精神，在全社会营造关心支持乡村教师和乡村教育的浓厚氛围。

（四）加强督导检查。市教育局要定期会同相关部门，对实施情况进行专项督导，及时通报督导结果并适时公布。对在乡村教师队伍建设工作方面改革创新、积极推进、成绩突出的基层教育部门，及时推广经验做法并按照国家有关规定予以表扬。对实施不到位、成效不明显的，要追究相关负责人的领导责任。

九、关于建立中小学校教师超课时酬金制度和提高普通高中班主任津贴标准的实施办法

承德市教育局　承德市财政局　承德市审计局　承德市人力资源和社会保障局
关于建立中小学校教师超课时酬金制度和提高普通高中班主任津贴标准的实施办法
承教基〔2015〕1号

各县、自治县、区教育（教体）局、财政局、审计局、人力资源和社会保障局，市直属学校：

为规范中小学教师超课时酬金的拨补与发放，保证普通高中正常秩序和安全管理，从源头上制止教育乱收费，依据人社部、教育部、财政部《关于提高中小学班主任津贴标准和建立中小学教师超课时酬金制度的实施办法》（人薪发〔1988〕23号）和国家、省有关政策规定，结合市监察局“建议由财政部门对市内高中经费保障情况进行调研，加大对市内高中经费的保障力度，最大限度地减少因经费不足而产生乱收费的问题”，及“由财政、物价等部门适时出台相应的早晚自习和节假日补课费政策措施，严格按照政策规定，明确补贴范围和补贴标准，防止出现补贴范围过大、补贴标准不一引发相互攀比、以补课为名变相发放福利等问题”的意见，现由承德市教育局、承德市财政局、承德市审计局、承德市人力资源和社会保障局就制定中小学超课时酬金制度和提高普通高中班主任津贴标准联合出台实施办法，具体如下：

一、发放范围

1. 普通高中教师因节假日上课、早晚自习产生的超课时酬金；

2. 普通高中承担学科课程并担任班主任工作的教师产生的超工作量酬金（班主任费）。

二、发放标准

统一普通高中超课时酬金的发放标准，超课时上课每课时40元，早晚自习每课时20元。各校依此对2014年所定标准核实。

提高普通高中班主任津贴标准，将目前现行的18元标准，提高到400元标准，超过50人的班级可再适当增加。

超课时酬金和班主任津贴纳入绩效工资，进入绩效考核。

三、资金保障

普通高中教师超课时酬金和提高班主任津贴所需资金，按照“分级办学，分级承担”的原则，分别由各级财政予以保障。超课时酬金和提高普通高中班主任津贴所发生的金额，纳入同级财政预算。

四、发放办法

1. 各校要严格执行国家关于补课和减轻学生课业负担的相关规定，建立科学规范的绩效考核制度。在按政策核定的绩效工资总量外，将教师超课时酬金和新增加部分的班主任津贴纳入学校绩效考核中。认真核准教师的基本工作量，在教师保证完成基本教学任务和保证教学质量的前提下，按照规定标准，超课时教师享受超课时酬金，发挥激励导向作用，多劳多得，优绩优酬。各学校制定的绩效考核制度，报教育局、人社局备案。

2. 严格执行超课时酬金发放范围和发放标准。严禁“搭车”扩大发放范围，严禁擅自提高发放标准，严禁变相乱发津补贴。

3. 坚决杜绝教育乱收费。严禁以任何借口再向学生家长收取相关费用，严禁教师任何形式的有偿家教。市教育局将按照监察局提出的“教育系统要建立常态化监督检查机制，要加大对教育收费情况的监督检查力度，对教育乱收费问题坚持从严从快从重查处，并予以公开曝光”的要求，建立制止乱收费、制止乱发津补贴的长效机制。

4. 各校一律不准私自制定出台相关的其他政策。

5. 2014 年度普通高中超课时酬金和班主任津贴欠发部分可参照本办法予以补发。

承德市教育局　承德市财政局

承德市审计局　承德市人力资源和社会保障局

2015 年 1 月 15 日

十、承德市教育局关于推进中小学内涵发展的指导意见

承德市教育局关于推进中小学内涵发展的指导意见

承教基〔2016〕1 号

学校内涵发展是以挖掘学校内部潜力、促进学生全面发展为基础的，学校教育质量和办学效益的全面进步，主要表现在质量发展、精细发展、特色发展、创新发展等四个方面。近年来，随着国家和地方政策性教育投入的加大，我市义务教育均衡发展得到深入推进，中小学校布局更加科学，办学规模更加合理，办学条件有效改善，经费保障不断提升，学校内涵建设不断加强。但与教育发达地区相比，在教学理念、课程建设、师资培养、教学改革、学校特色建设等诸多方面仍存在着差距，教育发展重心由基础建设向内涵建设转移成为必然趋势。为贯彻十八届五中全会精神，落实《“十三五”规划纲要》，进一步推进基础教育学校全面健康快速发展，促进我市教育由初步均衡、基本均衡向高位均衡迈进，打造特色学校和品牌学校，提升全市中小学整体办学水平和教育质量，现制定推进学校内涵发展工作指导意见。

一、指导思想

以党的十八大和十八届三中、四中、五中全会精神为指导，坚持育人为本、全面发展的办学宗旨，以促进教育公平，提高教育质量为根本，以促进“学校发展、教师提升、学生成长”为目标，努力推动学校向管理科学化、教育现代化方向发展，使我市基础教育硬件和内涵得到同步发展，通过三年至五年的时间，实现全市中小学教育质量和办学水平整体提升。

二、基本原则

1. 紧扣主题，把握主线。内涵发展是追求更高层次质量的发展，是实现教育可持续发展的必然选择，必须继续紧扣“提高教育质量、促进学生全面成长”这一主题，把握“走承德教育特色发展之路”主线，并以此为出发点和落脚点，运用科学的途径和方法，逐步实现学校管理的优化、质量的提升和综合实力的增强。

2. 以人为本，遵循规律。坚持以人为本，尊重学生主体地位，学校、教师应掌握学生的认知特点和心理发展规律，小学注重养成教育，培养学习兴趣和习惯；初中注重指导学生掌握科学的学习方法，掌握开启知识之门的钥匙；高中注重学习效益，体现方法的运用，千方百计夯实“基础”；构建好小学、初中、高中有机衔接的人才培养体系，为每个学生提供适合的教育。

3. 循序渐进，务求实效。学校的内涵发展必须结合本地、本校实际，坚持“深处着眼，浅处着手，由浅入深，由表及里”的工作方针。从

发展基础较好的方面做起，脚踏实地的逐项抓好落实，将推动教育质量提升作为检验内涵建设的重要标准，确保取得实实在在的效果，从而达到以点带面、分层推进、全面开花的目标。

4．继承创新，突出特色。把握好继承传统与改革创新的关系，将突出特色放在推进学校内涵发展的重要地位。在推进实施的过程中，要结合本校实际，尊重历史、尊重规律、符合形势，注重科学性，在巩固已有的办学优势和成效的基础上，积极探索创新，选准突破口，确定特色项目，不断培育、充实和发展，实现“一校一品，百花齐放”的发展态势，着力破解办学模式单一，培养模式趋同的问题。

三、发展要素及实施途径

1．确立先进的办学理念

先进的办学理念是推进学校内涵发展的引领。学校办学理念要在学校的传承和发展中确立，在师生中形成共识，体现在学校教育教学的各个方面。

要树立以生为本、全面发展的思想，注意变传统的被动管理为主动服务，注重研究教育的发展规律，研究学校的发展需求，尊重每个学生的个性差异、各自特长和自身发展的需求，促进学生个性发展。要将办学理念融入“一训三风”（校训、校风、教风、学风）、融入制度建设、融入教育教学、融入学校管理、融入评价机制、融入学校生活的方方面面，逐步建立起“一切为了学生、高度尊重学生、全面发展学生”的生本核心理念，实现学校教育的优质发展。

2．加强校长教师队伍建设

校长、教师的成长与发展是推进学校内涵发展的基础。要着力培养三项素质。思想素质，具有正确的政治方向、崇高的职业理想、优良的职业道德；业务素质，具有坚实的理论基础、广博的知识阅历、高度的专业水平；身心素质，具有充沛的体力精力、良好的心理素质、高尚的审美情趣。着力发展三种能力。管理能力，要求校长具有科学的决策能力、依法行政能力和管理水平；教学能力，要求教师树立正确的育人观念，掌握科学的育人方法；研究能力，要求校长具有教育探索与研究的胆略、作风和能力，教师具有较强的教育、教学和科研能力。

（1）加强师德建设。引导广大校长教师学为人师、行为世范，增强教书育人的荣誉感和责任感，做学生健康成长的指导者和引路人。建立健全校长领导作风、教师师德师风建设长效机制，作为工作考核、质量评估的重要指标，完善师德考评制度，实行师德表现一票否决制。关心教师生活和身心健康，提升教师从事教育事业的事业心和幸福感。

（2）建立规范成熟的校本研修制度。定时开展集体备课、听课、说课、评课、课题研究等校本研修，研究教材、研究学生、研究教法，提高队伍的专业水平和教学能力。

(3)完善校长教师培训制度。定期组织校长、教师到教育发达地区、先进学校挂职研修，开阔眼界，更新理念，学习先进的教育教学和管理经验。与教育主管部门组织的培训结合，科学规划教师每学年的培训内容和渠道，通过校内专题培训、外请专家培训、教师外派培训等形式，形成教师培训的系列化、系统化。对教师进行全员信息技术培训，推进信息技术与学科教学的深度融合，保证优质教育资源在所有学校（特别是农村学校）、每一位教师的教学中充分利用。让“互联网＋教育”走入校园，用现代技术增强学与教，达到更加高效的学与教，实现对原常态教学的改进和超越。

（4）发挥骨干带动作用。建立健全名师、骨干教师选拔、培养、考核、评价机制，发挥名师、骨干教师的辐射作用。建立校内名师、骨干教师与年轻教师的结对帮扶机制，推进年轻教师的快速成长。指导教师制定专业发展计划，建立教师专业发展档案。

3．促进学生素质全面发展

学生的全面发展是推进学校内涵发展、实施素质教育的根本目的。要尊重学生的天性，尊重学生的独立性，尊重每个学生的个性差异、各自特长和自身发展的需求，促进学生的个性发展，满足社会对人才的基本要求。

（1）**提升学生品德发展水平**。坚持立德树人的根本任务。把培育和践行社会主义核心价值观融入课堂教学、融入学校文化建设、融入社会实践、融入媒体传播、融入家庭教育、融入学校管理、融入教师队伍建设，贯穿学校教育教学全过程，推动社会主义核心价值观本土化、具体化。以系统的家乡文化教育、中华优秀传统文化教育和文明礼仪教育为载体，引导学生传承和谐共处、合作共赢的主流价值观，践行“承传文明、德行天下”承德精神，推进社会主义核心价值观落细落小落实，提高学校德育工作的质量和内涵，促进学生逐步形成正确的世界观、人生观、价值观。

（2）**提升学生学业发展水平**。进一步深化学生学业水平评价改革，树立全面、公正、发展、激励的评价观念，构建涵盖知识技能、思想方法、实践能力、创新意识等内容的多元化学生学业水平综合评价体系，为学生打好终身学习和发展的基础。

（3）**提升学生身心发展水平**。增进学生体质健康和心理健康，大力推进阳光体育运动，保证“中小学生每天一小时校园体育活动”的时间和质量，引导学生养成良好体育锻炼习惯和健康生活方式，促进学生形成健康的体魄。以中小学心理健康教育特色学校争创计划为抓手，改善心理健康教育硬件条件和师资队伍建设，系统组织心理健康教育教学和科研活动，进一步加强中小学心理健康教育，增强学生的行为情绪调控能力、人际沟通能力和良好的心理适应能力，培养学生健全的人格和符合社会规范的行为习惯。

（4）**学生兴趣特长养成**。深入推进体育艺术“2+1”项目，通过组织课内外体育、艺术教育的教学和活动，以必选和自选的方式，构建课堂教学与社团相结合的培养模式，让每个学生至少学习掌握两项体育运动技能和一项艺术特长，促进学生个性发展和可持续发展。

4. 推进课程建设和教学改革

课程体系和有效课堂的建立是推进学校内涵发展的关键。要树立正确的学生观，整体构建课程目标、课程内容、课程实施和课程评价，建立起适合学生发展的课程体系，真正确立学生在教育教学中的主体地位。

（1）**构建课程体系**。严格执行国家课程标准，保证开足开齐，实施好综合实践活动课程，坚决避免主课与次课、考与不考课之分。要切实实施地方课程，开好安全教育、国防教育、环保教育等地方课程。开发实施校本课程，依据本地本校实际、历史渊源、学校文化、办学目标等因素，利用本校或校外师资，开发特色分明、学生喜闻乐见的校本课程，为每一位学生提供适合的、多元的选修课程，形成多样化、可选择、有特色的课程体系，推行选择课程、走班上课。

（2）**全面实施有效课堂**。遵循教育规律和学生成长规律，全面发挥课程标准的统领作用，研究学生的认知规律、学习规律，研究学生的需求和期待，帮助学生掌握科学的学习方法，养成良好的学习习惯。积极学习引进名校的先进教学经验，结合本校实际和学科特点，创设科学、有效的教学模式，不断推广自主、合作、探究的学习方式与启发、讨论、参与的教学方式，建立平等、民主、和谐的课堂氛围，引导学生独立思考和主动探究，实施有效教学，追求高效课堂。完善学校课堂教学评价考核机制，切实加强对课堂教学全过程的有效指导与监控，切实减轻学生的课业负担。

5. 建立规范科学的管理机制

学校治理能力现代化是推进学校内涵发展的保证。要以依法治校为根本，以建立现代学校制度，推进教育治理体系和治理能力现代化为目标，积极探索制度管理、民主管理和人文管理的方式方法，大力提升学校治理法治化、规范化、精细化水平。

（1）**强化制度管理**。要完善管理制度，加强学校章程、制度建设，实现学校常规管理的制度化、规范化和科学化。制度内容要全面，要涉及学校管理的各个要素，突出教学工作的中心地位，明确各部门、各类工作人员的岗位职责和量化考核细则，形成制度管理体系；制定要科学，要充分发扬民主，广泛听取教职工的意见和建议，要因地制宜，突出实用性，突出效能性，突出学生的中心地位，突出科学的全面的质量意识，体现以人为本，遵循教育教学规律、师生身心发展规律和认知规律；执行要严格，规范和制约管理权力运行，做到制度面前人人平等、事事平等，维护制度的权威性、公平性、公正性。

（2）**加强民主法治建设**。要健全教代会、家长委员会、学生会、校务委员会、校务公开和校长接待日制度，完善民主管理和监督机制。建立权利保障和救济机制，依法保障师生合法权益。增强学校领导干部运用法治思维和法律手段解决学校改革发展中突出矛盾和问题的能力，全面提高学校依法管理的能力和水平，积极建设民主校园、和谐校园、平安校园。

6.推进学校文化建设

丰富的学校文化建设是推进学校内涵发展的重要载体。学校文化是一个学校的“魂”，也是特色学校的标志，是历史的、传承的、积淀的、创新的。学校文化要达到营造校园、学园、乐园为一体的校园环境，形成和谐友善、团队互助、文明上进的校园氛围，使广大师生产生在学校工作、学习的自豪感和团队归属感，成为学校持续发展的动力。

（1）**学校物质文化建设**。应总体谋划、科学布局，力求内涵丰富、寓意深刻。要突出本校文化特色，追求“一草一木都说话、一砖一瓦皆育人”的效果。

（2）**学校精神文化建设**。依托学校历史积淀、文化传承，渗透到学校的“一训三风”，提升学校办学目标，成为师生共有的思想和追求，形成传统，形成团队精神，形成强大的凝聚力和感召力，成为学校发展的动力源泉。积极推进书香校园建设、国学教育、篆刻艺术教育、书法教育、科技创新等活动，鼓励创建学校自己的特色教育。

（3）**学校制度文化建设**。以学校章程为基础，建立科学管理、精细管理的规章制度，通过入学教育、班会教育、校会教育、活动教育、毕业教育等多种形式，达到人人共知、人人遵守的效果。

（4）**学校行为文化建设**。形成建立在正确的人生观、价值观的基础上，学校多年共同活动交往中形成的、涉及师生学习生活方方面面的行为准则，真正融进师生的思想、生活、言行举止的各个层面，成为师生自觉的行为。

四、保障措施

1.强化组织领导。各县区要结合工作实际，精心部署，周密安排，制定本县区实施方案和发展规划，建立本县区级的示范校，并逐渐扩大范围。各学校要结合文件精神，抓紧制定本校5年内涵发展行动规划，明确目标任务、保障措施和责任要求，并认真组织实施。各县区教育行政部门和各学校主要领导要认真履行第一责任人的责任，负总责，亲自抓，一级抓一级，层层抓落实。要充分发挥教职工的集体智慧和主力军作用，使每个干部职工充分认识推进内涵发展的重要性和必要性，形成人人主动参与的良好氛围。

2.强化资源配置。要按照设施齐全、功能完备、运转顺畅、服务便捷、使用高效的原则，建立学校资源配置、管理、应用、开发的科学机制。根据学校规模和学生数量，装备配套的数字化教育资源，保证优质教育资源的实际应用，实现学科教学与现代教育技术的深度融合；装备标准的实验室、图书阅览室、微机室等功能齐全的专用教室，并充分利用，为学生研究实践、丰富阅读和能力培养提供平台；配备齐全的体育、艺术、社团活动器材，为正常教学、课程开发、社团活动提供充足的场地设施，使资源成为学校内涵发展的动力和保障。

3. 强化指导考核。在实施过程中，市教育局组建学校内涵发展指导团队，加强对学校内涵发展的研究，指导各县区、各学校扎实开展好每项工作，力争学校管理不断优化，课程改革深入推进，办学特色效果明显，教育质量大幅提高。开展学校内涵发展达标评比活动，每学年由各县区对辖区各学校落实内涵发展的各项措施情况进行考核评价，评选县区级示范校，市教育局进行综合评价，评选出市级示范县区、示范校。同时将推进学校内涵发展工作纳入县区综合督导评估，加强对全市中小学内涵发展的督导，推动全市中小学办学效益和办学水平全面提升。

2016 年 1 月 5 日

十一、承德市教育督导规定

承德市人民政府办公室关于印发《承德市教育督导规定》的通知

承市政办〔2003〕181 号

各县(自治县)、区人民政府，市直有关部门：

根据国家《教育法》“国家实行教育督导制度”和国家《教育督导暂行规定》有关要求，结合我市实际，制定了《承德市教育督导规定》，现发给你们，请认真贯彻执行。

2003 年 10 月 14 日

承德市教育督导规定

第一条　为了加强政府对教育工作的行政监督，确保教育法律、法规、方针、政策的贯彻执行和教育目标的实现，促进教育事业的发展，根据《中华人民共和国教育法》和其他法律、法规的有关规定，结合我市实际，制定本规定。

第二条　在本市行政区域内实施教育督导适用本规定。

本规定所称教育督导，是指市和县（区）人民政府依法对本辖区内的教育工作进行的监督、检查、评估、指导。

第三条　教育督导的对象是本级人民政府有关部门、下级人民政府及其教育行政等有关部门、本级及其下级人民政府管辖的各级各类学校和其他教育教学机构。

第四条　教育督导必须依法进行，坚持实事求是、客观公正的原则。

第五条　市、县（区）人民政府教育督导机构，代表本级人民政府行驶教育督导职权，业务上接受上级教育督导机构的指导。

第六条　市、县（区）人民政府教育督导机构的职责：

（一）统筹安排、组织实施本辖区的教育督导工作，建立和完善教育督导工作制度，制定或实施全市教育督导工作规划和教育督导评估方案；

（二）对本级人民政府的有关部门、下级人民政府及其教育行政等有关部门履行教育职责的情况进行监督、检查、评估、指导；

（三）对本级及下级人民政府管辖的各级各类学校和其他教育机构贯彻教育法律、法规、方针、政策及办学方向、办学水平、办学质量、办学效益情况进行监督、检查、评估和指导；

（四）对辖区范围内的其他教育教学机构实施督导；

（五）对教育工作中的重大问题和重点、热点、难点问题进行调查研究和督导，向本级人民政府报告，提出意见和建议；

（六）参与审定教育先进集体 和先进个人，向有关部门反映提供教育督导对象及其主要负责人履行教育工作职责的情况；

（七）受理与教育督导工作有关的举报、投诉；

（八）对下级教育督导机构的工作进行指导，开展教育督导工作研究，总结推广教育督导工作经验，组织教育督导人员业务培训；

（九）承办本级人民政府和上级教育督导机构交办的其他工作事项。

第七条 市、县（区）人民政府教育督导机构实行督学负责制。主任督学、副主任督学由本级人民政府任免。其他教育督导工作人员由教育部门任免。

根据工作需要，市、县（区）人民政府可聘任一定数量的兼职督学，聘任期为三年，也可以连续聘任。兼职督学享有与专职督学同等的权利。

各级专职督学和兼职督学均按要求由本级人民政府颁发《督学证书》。

第八条 专、兼职督学是执行教育督导任务、履行教育督导职权的人员，应具备下列条件：

（一）坚持党的基本路线，热爱社会主义事业；

（二）熟悉教育方面的法律、法规和方针、政策，有较高的政策水平；

（三）具有大学本科（县、区具有大专）或同等学力，有七年以上教育工作经验，熟悉教育教学工作业务，有相应的工作能力和写作能力；

（四）深入实际，遵纪守法，坚持原则，作风正派，办事公道，敢说真话；

（五）身体健康。

第九条 教育督导机构和专、兼职督学在教育督导工作中行使以下职权：

（一）将被督导单位及其主要负责人的教育工作情况向其主管部门反映，提出奖惩建议，必要时可向有关部门提出干部任免或调整建议；

（二）对被督导单位违反有关教育法律、法规和方针、政策的行为提出改正建议；

（三）发现危机师生人身安全，侵犯师生合法权益，干扰正常教学秩序等行为，有权予以制止，并责成有关部门认真处理；

（四）向本级人民政府、教育行政部门和上级教育督导机构反映情况，提出意见和建议；

（五）法律、法规规定的其他职权。

第十条 教育督导分为综合督导、专项督导和随访督导。综合督导指按照督导计划，对一个地区或者一所学校的教育工作进行全面督导、检查、评估、指导。

专项督导指按专项督导计划对一个地区、一所学校或一件事进行局部的专项监督、检查、指导。

随访督导指不定期到被督导单位了解情况，检查工作。

第十一条 综合督导和专项督导按照下列程序进行：

（一）教育督导机构按照督导计划确定督导方案，在实施督导30日前，向被督导单位发出督导通知书；

（二）被督导单位自接到督导通知书之日起30日内，进行自查自评，并向教育督导机构书面报告自查自评情况；

（三）教育督导机构自接到被督导单位自查自评报告之日起3日内，向被督导单位派出督导人员实施督导；

（四）督导人员实施督导完毕后5日内，向教育督导机构提出督导报告。教育督导机构自接到督导报告书之日起10日内，应向被督导单位做出书面督导结论决定。

第十二条 教育督导结论应作为被督导单位及其主要负责人考核、奖惩的主要依据之一。

第十三条 教育督导机构或督学可采取下列方式对被督导单位进行督导：

（一）听取有关情况汇报；

（二）查阅有关文件、资料；

（三）参加有关会议和教育教学活动；

（四）召开座谈会进行调查和个别访问。

第十四条　教育督导机构应当建立教育督导评估、通报制度，定期或不定期向社会公布。

教育督导机构可以于每年底之前对下级政府的教育工作、下级教育行政部门教育工作进行全面评估，通报评估结果，并向本级人民政府和教育行政部门提出奖惩建议；

教育督导机构可以于每年度内，根据管辖及分工范围，对各级各类学校进行综合评估，通报评估结果，并向本级人民政府或教育行政部门提出奖惩建议；

教育督导机构可以根据工作需要，不定期向被督导单位下达《教育督导书》，限期改正教育工作中存在的主要问题。

第十五条　被督导单位应当按照教育督导要求认真进行自评，主动配合教育督导机构或督学依法开展督导工作。收到督导结论决定书后，要认真进行整改，并在15日内将整改情况书面报告教育督导机构。

被督导单位对督导决定书有异议的，可以自收到督导结论决定书之日起15日内向作出督导结论决定书的教育督导机构书面申请复查。教育督导机构应当从收到申请复查报告之日起15日内作出答复。

第十六条　被督导单位及有关人员有下列情形之一的，由市、县（区）人民政府或教育督导机构给予通报批评，并可建议有关部门对其主要负责人和直接责任人给予相应的行政处分，涉嫌犯罪的交由司法机关处理：

（一）拒绝向教育督导机构或督学提供有关情况、文件和资料的；

（二）阻挠有关人员向教育督导机构或督学反映情况的；

（三）弄虚作假，不如实提供情况，蒙骗检查的；

（四）不申请复查，又拒不执行督导结果通报意见的；

（五）打击报复专兼职督学或有关人员的；

（六）其他妨碍教育督导工作的。

第十七条　专职督学和兼职督学在教育督导公务中，应当主动出示“督学证”，自觉遵守国家督学行为准则。

第十八条　专职督学和兼职督学在教育督导中与被督导对象有利害关系的，应当回避。专兼职督学应当接受规定的业务培训，认真履行职责，办事公道合理。

第十九条　督学有下列情形之一的，由其所在单位给予批评教育或者行政处分；情节严重的由本级人民政府撤销其督学职务，涉嫌犯罪的由司法机关处理：

（一）因渎职贻误工作的；

（二）利用职权谋取私利的；

（三）利用职权包庇他人或打击报复的；

（四）其他滥用职权的。

第二十条　教育督导机构应当每年向本级人民政府提交教育督导工作报告。

各级人民政府、教育行政和财政部门应当为教育督导机构和督学开展工作提供必要的办公条件和办公经费，确保教育督导工作的开展。

第二十一条　本规定自发布之日起施行。

附五：省以上主流媒体对承德教育宣传报道选录

燕山深处的教育变革

——河北省承德市以学区建设推进农村义务教育优质均衡发展纪实

丙戌年冬，“大雪”时节。3年前带着孩子到城里求学的王艳芹夫妇又带着孩子回来了，她拉着孩子的小手，走进家乡的小学—承德围场县木兰实验小学，深情地说：“没想到，咱山里的孩子也有今天！不用再抛家舍业，这儿的老师教得比城里还好！”其实，比城里还好的学校，已遍及承德的山岭沟壑。因为这里发生着一场空前的教育革命—随着国家教育投入体制的变化，他们大胆革新教育管理体制，打破传统的行政区划，绘出一幅教育区划蓝图，全力推动着一场波澜壮阔的学区建设热潮。

引子：祖孙三代求学的地方

平泉县石拉哈沟大庙村，地处冀、蒙、辽三省区交界处。记者赶到这里时，已是傍晚。映入眼帘的景象如同一幅水墨画：寒冬的夕阳下，几十户人家错落着挤在山沟里，小村的一头，是一座显眼的小院，两排红砖房中间夹着一排七歪八扭的土坯房。小村的另一头，是一座更显眼、更宽敞的院落，矗立着一栋漂亮的四层楼房，楼前高高飘扬着一面五星红旗。那是一所小学。

50来岁的村支书安秉民，指着那排摇摇欲坠的土坯房告诉记者，那是20世纪50年代的村小，他自己就是在这里上的小学。那两排红砖房是20世纪90年代全民“普九”时修建的，是他们村“扒裤子卖袄”换来的。他的儿子就是在那里读的小学。另一头的小楼是实行“以县为主”的农村义务教育管理体制后，国家出钱兴建的，目前有5个村的近千名孩子在这里读书。他的孙子就在小楼里念书。

一排土坯房、两排红砖房、四层小洋楼，三代人的求学经历，恰似一部中国农村义务教育发展历史的缩影。

上篇：历史的必然 时代的呐喊

承德之所以出名，是因为这里有避暑山庄、有木兰围场。但是与避暑山庄的富丽堂皇形成鲜明对比的，是生活在山庄那金砖碧瓦围墙之外人民的贫穷。在承德市所辖的8县3区中，有6个国家重点帮扶的贫困县，1个省级扶贫县。2005年，承德市农民人均收入只有2582元。

不同的责任 共同的求索

2002年以前，国家对农村义务教育的投入还很薄弱。承德市农村义务教育的发展也曾上演过“砸锅卖铁办教育”的悲壮一幕，全市虽然于1999年实现了“普九”，但那是全市人民节衣缩食换来的。

“普九”虽然使每个农村孩子都有学上，但那是怎样的学校啊！记者案头摆着这样一幅照片：一个黑黑的小煤炉，两排破旧的小桌子，坐着四五个稚气未脱的孩子……股股寒气仿佛从照片中透出来。这是承德市主管教育的副市长于素伟前些年在丰宁县一所深山沟里的小学拍摄的。于市长把照片交给记者时，脸上仍写满了愧疚和沉重。她说：“当时心里特别难过，炉子燃着，担心孩子被煤气熏着；炉子灭了，担心孩子被冻着。”

随着国家政策方针发生改变，靠农民集资改变农村教育面貌已经成为历史。而2002年，国家投入承德除教师工资之外的资金仅有1600多万元，想用这些钱使全市300来所初中、2000多所小学实现优质均衡发展，是不可能的事。怎样才能让农村的孩子同城市孩子一样享受优质教育呢？

靳宝栓，这位生于农村、长在农村的河北省教育厅党组书记、厅长，上任伊始，便面临着一场巨大挑战。20世纪末河北省已经实现了基本“普九”，而“普九”后怎么让农村义务教育从“普及”转向“巩固提高”，广大农村的孩子怎样从“有学上”到“上好学”？“以县为主”的管理体制确定后，农村义务教育投入体制从“人民教育人民办”到“义务教育政府办，办好教育为人民”，而农村义务教育的管理体制怎样才能跟上这种投入体制的变化？这的确是每一位教育行政官员特别要关注的两个重大问题。难怪这两个问题常常让他陷入深思……

封志虎，2002年通过竞聘，从围场县一中校长走上县教育局局长的岗位。木兰围场—这个在作家笔下发生了许多美丽动人故事的地方，多少年来发生的教育故事却没有一件是美丽动人的。历年中考，围场县农村考生占考生总人数的七成，但考入一中的却只占三成！“可见城乡教育的差距，可见不提高农村义务教育的质量，就没有全围场县教育质量的提高”，他说。可要迅速改变围场这个国家级贫困县农村教育的落后面貌谈何容易！封志虎无时无刻不在琢磨着，探求着。

王艳芹，围场县小拨村一位普通的农家妇女。2003年，她的儿子到了该上小学的年龄。看着心爱的儿子，她知道，要让孩子在本村读书，走出大山是不可能的。难道咱农村孩子天生就比城里的笨？她打起行李与丈夫、孩子一起背井离乡，来到毗邻北京的三河县段甲岭，一边打工，一边供儿子念书。

教育的不均衡就像一把难以打开的锁链，锁住了贫困农村教育发展的脚步；锁住了农民脱贫致富、走向文明的期冀；也锁住了通向和谐社会的大门。

美丽动人的木兰新神话

2003年，一个偶然的契机，使像靳宝栓、于素伟、封志虎、王艳芹一样的政府官员、教育官员、农民兄弟姐妹们，找到了打开这条锁链的金钥匙。

当年5月，财政部为了研究“普九”后基础教育的投资方向，准备在城市和农村分别建立一所寄宿制小学作为研究基地，每所小学投资1300万元。农村小学的试点就选在了围场县的朝阳湾镇小拨小学。

1300万元，对围场来说，无疑是个天文数字。1300万元按常规可以改造20所小学。尽管许多人心中勾画了更多的教育蓝本，但最终还是建起了这所小学，因为专款必须专用。人们给她起了一个很有诗意的名字—木兰实验小学。

2003年秋，占地40亩、可容纳在校生1500人的木兰实验小学拔地而起，赫然矗立在崇山峻岭中。各种教学仪器、文体器材、计算机教室、多媒体教室、专业教室、图书室、学生宿舍、食堂等，都按国家一类小学标准一次性配齐。

学校建成后，按设计规模测算，周围9个村的小学生都来这里上学。9所小学合并后，办学优势一下子显现出来！

校长—张立，是从原有9位村小校长中竞聘产生的。过去，他所在的小拨村小学，仅有6个班，连他只有6位老师。尽管他有先进的教育理念，但在1人包1班的情况下根本无法实现。现在这位和农民站在一起没什么两样的小学校长，已带领教师们在校本教研中研发了40个“草根课题”。

教师—学校从原有的72名教师中优选了45人，并且实现了专任化。山村教师前所未有地感受到崇高的职业感和责任感，人人搞教改，个个搞科研。

学区—按照招生规模，县里把木兰实验小学所在的朝阳湾镇20公里以内的8所村级小学全部划归进来，仍不能达到1500人的设计规模。县教育局与相邻的另一个乡—杨家湾协调，把该乡离木兰小学最近的郜家湾小学也合并到木兰实验小学。第一次合并跨乡的村小，标志前所未有的教育区划的萌芽！

为什么一定要坚持实现1500人的小学建设规模？因为只有形成如此规模，才能保证新课改的实施。不得已而为之打破行政区划制定的教育区划，归根结底，只为拥有按教育规律办事的条件！

课程—除语文、数学、科学外，学校还开齐了音、体、美等全部课程。一年级开了英语，中年级开了计算机，教育教学水平迅速提高。

新课改—由于实现了教师专任化，由“一人多科”到“多人一科”，使新课改的核心理念—“专业引领、同伴互助、自我反思”在这里落地生根、开花结果。

“木兰小学教得好！”渐渐地在十里八乡传开了，甚至传到外省，也传到了带孩子他乡求学的王艳芹耳朵里。她，领着孩子回来了……

木兰小学是全围场县、全承德市甚至全河北省第一个辐射范围达40千米，不但打破了村办界限，而且打破了乡镇行政区划的教育学区。这就是承德市的第一个学区。从此，承德市的农村义务教育翻开了划时代的一页。

中篇：管理的创新 教育的壮举

木兰实验小学的成功，给苦苦寻觅贫困地区农村义务教育出路的人们一个深刻启示：农村义务教育要想实现优质均衡发展的跨越，就必须按照教育自身的规律，打破乡村行政区划，科学地规划一个教育行政区划。

教育的“生产力”与“生产关系”

带着这样一个启示，承德市的教育决策者们开始重新审视目前的教育管理体制。承德市教育局长徐树清分析道：现行的教育管理体系，是在“分级办学，分级管理”“人民教育人民办”的大背景下建立起来的，那时候，学校建设的资金甚至连教师的工资都得靠乡村自筹，因此，农村学校的发展也就离不开乡村两级的参与，教育的管理体系也就必然要依附于行政管理体系。这种体制在“普九”过程中发挥了巨大作用，推动农村义务教育实现了历史性的发展。

教育依附于行政，是造成县域内教育发展不均衡的根本原因。由于各乡镇经济实力不同，以及各乡村行政领导对教育重视程度的差异，必然导致农村义务教育发展的不平衡。说白了，就是谁出钱办学谁说了算，有钱也不能实现义务教育的均衡发展。农村义务教育要想实现“普九”后的第二次历史性跨越，就必须打破行政管理体系的束缚，建立一套完全符合教育自身规律的行政管理体系，即建立区域内的教育行政区划。

国家实行“以县为主”的管理体制后，农村义务教育的投入主要由国家承担起来，对乡村两级的依赖大大弱化。这就为在县域内打破乡村行政区划建立学区、为农村义务教育的优质均衡发展提供了前提和保障。

徐树清用政治经济学中的“生产力与生产关系”的原理来比喻教育管理体制的变化，他说：“普九”的时候，需要乡村筹资参与，那么这种教育依附行政的体制（生产关系）就适应了教育（生产力）的普及和发展；而“以县为主”之后，乡村筹资参与大大减少，教育投入主要由国家承担，如果还依附乡村，教育就会受到束缚，就会阻碍教育的发展。

于是，2004年承德市委、市政府在围场县开始了彻底打破乡村区划、建立县域内教育学区的试点。他们按照交通相对便利、区域位置相对集中、教育资源相对均衡的原则，以人口出生率为依据，将全县划分为12个学区，在学区内建设标准化初中14所、小学67所。并且成熟一个，建立一个，不搞“一刀切”，不搞“大跃进”。目前，已建成8个学区，标准化初中7所，标准化小学15所。

紧接着，承德市委、市政府在围场召开了学区建设现场会，在全市推广围场县学区建设的做法，并提出用3年至5年时间在全市建设72

个学区的宏伟规划。目前全市已建成41个学区，并形成了县教育局、学区中心校、学校三级教育行政管理体系。到2008年，全市72个学区将全部建成。

2005年，河北省教育厅在围场县召开现场会，推广围场学区建设的经验。不到一年，省教育厅又在承德市召开全省推进农村义务教育均衡发展现场经验交流会，推广承德市的经验，决定从次年开始，在全省其他所有设区市的22个县开展学区建设试点。与以往不同的是，这次现场会虽然以省教育厅的名义召开，但出席会议的，不但有各设区市、各县（市、区）的教育局长、基教科（股）长、计财科（股）长，还有全省11个设区市政府主管教育的副市长。省政府主管教育的副省长龙庄伟亲自到会并作了部署。

在承德市教育局会议室的墙壁上，挂着一张全市72个学区的区划分布图，图上一条条红线标出的是行政区划，而一条条粗重的黑线，标出的是教育区划。条条黑线自由伸曲，完全冲破了红线的束缚—这是中国历史上第一张教育学区地图，是教育按专业需要，按教育自身发展规律编制的地图。

与时俱进的新项目理论

在这张地图的诞生过程中，承德冲破的不仅是行政体制的限制，还有教育自身固有模式的束缚。

学区建设的主要资金是国家下拨的各种专项资金，包括农村中小学危房改造项目资金、布局结构调整专项资金、寄宿制学校建设项目资金、义务教育巩固提高项目资金、义务教育工程项目资金等，还有就是市县与这些项目配套的资金。国家对每项专项资金的使用有严格的规定和限制。2001年，教育部、财政部下发通知，要求各地在一个月内完成布局调整规划，并给每一所在布局调整中保留下来的学校编了一个代码。从这以后，国家再拨付布局调整等专项资金时，“只认代码不认人”，业内人士把这一规定叫作“资金跟着项目走”。这就是国家通用的“项目理论”。

而2001年承德在作全市布局规划时，新的学区教育理念还没树立，完全是按“县、乡（镇）、村三级办学体制”确定的，等到要按学区体制对农村中小学进行重新布局时，教育局发现一些项目学校需要撤销。而撤销了学校，也就撤销了项目；撤销了项目也就放弃了资金；没有资金，学区建设就成了无米之炊。

承德人陷入了一个进退两难的境地。如何把国家的各项政策，统一到承德市学区建设的需要上来，是承德人必须面对、必须解决的问题。而要以一个小小承德市的需要去改变国家的政策，用承德人自己当时的话说，叫“难于上青天！”

但是再难，承德人打破行政区划的束缚、按教育规律办教育的决心不会改变。2003年，时任省教育厅副厅长的韩清林来到承德围场县实地考察，看完木兰小学的建设后他非常兴奋。当承德市教育局主管基础教育工作的肖振东副局长把这个难题讲给韩厅长听的时候，韩清林说：“学校没了，学生还在；项目资金就是解决学生上学问题的，学生在，项目就应该在。学生走了，项目也应该跟着一起走。”

于是，承德人就有了自己的一套“项目理论”：“资金跟着项目走，项目跟着学生走，把各种项目资金‘打捆’使用！”他们带着这样的理论去上级部门“游说”，很快得到了国家、省各有关部门的理解和支持。肖振东说：“原以为不可能的事，没想到竟这么快得到了解决！”

按照这种“项目理论”，承德市把国家、省所给的各种项目资金，加上市、县（市、区）的配套资金捆绑起来，开展了大规模的学区建设。

黄土梁子学区是平泉县正在建设中的第一个学区，学区覆盖6个乡镇、70个行政村，服务人口10万人。黄土梁子中学是该学区内保留的唯一一所初中，是由区内7所初中合并而成。建设这所中学，需要投入1400万元，在目前已实际投入的1050万元资金中，有600多万元来自上级拨付的各种项目资金，有300万元是该县的教育费附加，150万元是各乡镇政府的财政垫支。在整个工程建设中，没有让老百姓集资一分钱，县乡财政也没有增加过多的负担。钱还是那些钱，老师还是原来那些老师，但农民的孩子所受的教育却发生了质变。

一个与百分之百

承德贫困山区的农民人均收入只有2500多元，新的学区建成后，大部分学生必须寄宿，而寄宿需要一定费用。在承德，记者听得最多的一句话，就是“如果有一个学生因为经济困难而失学，那就是学区建设百分之百的失败”。为不给农民增加负担，承德市目前所有的寄宿小学和初中的贫困生都免收住宿费，但伙食费还不能全免。据黄土梁子中学的调查，学生寄宿后，每年的基本生活费用在千元左右，而年承担1000元生活费确有困难的家庭大约占20%，承担600元仍有困难的家庭约占5%。在这些贫困家庭学生中，有3/4的每年补助400元，即可保证学生不因贫困失学，而其余1/4则必须每年补助600元至1000元，才能保证他们的求学。

据此，平泉县出台了自己的“两免一补”政策，除国家免除的书本费、杂费外，县财政每年为20%至30%家庭困难的学生补助生活费400元。5%的特困生除享受财政的补贴外，靠发动社会捐助来解决。在县委、县政府的倡议下，全县688名副科级以上干部，每人与一名特困生结对帮扶。学校还成立了爱心组织，发动教师和家庭条件富裕的学生帮助特困生，还利用中华教育基金、中华慈善基金会等多渠道资金帮助贫困生，使他们的生活费来源基本得到保证。据统计，2006年，黄土梁子中学共补助学生生活费37万余元，平均每名贫困生960余元，没有一名学生因家庭经济负担的增加而失学。

县四大班子的领导也非常关心贫困生。2006年入冬前，县政协副主席钱福春专程来到黄土梁子中学。当来到特困生姜鑫玲的床铺前抖开被褥时，钱主席的眼泪一下子流了出来：一条只有不到一米长的小褥子，竟有20多块补丁；一条被子提起来，能看到被子那边的人影。20天后，钱主席亲自送来200多套被褥，并对校长说：“都是特制的，褥子2.5公斤（棉花），被子3公斤，绝不缺斤短两！”

学区建设带来的另一个重大问题是安全。学生离家远了，大部分实行寄宿，星期六得回家，暂不寄宿的学生每天都要有车接送。校车、交通安全成为一个必须保证的问题。对此，承德市专门建立了由教育和交警部门共同参与的校车管理机制，定期对校车排查。

记者手中有一张2006年12月6日的一次排查结果：排查中小学校1780所，乘车者人数约1.5万人，检查校车119辆。从2005年开始，承德市就建立了校车准入制度，与交通管理部门一起，对校车交通安全实行了严格的管理。通过交警与教育部门的共同努力，几年来，承德市未出现一起学生交通伤亡事故。

下篇　优质的均衡

奇迹的发生

尽管承德市学区建设从试点到推广仅仅3年的时间，而且在承德市整体规划的72个学区中，真正建立起来的也只有41个，甚至在已建起的学区中，学校整合、资源整合、教师整合的任务还没有完全到位，离承德市那张教育地图所描绘的美景还有很长的距离，但是，这一创举所显现的对县域内义务教育优质均衡发展所产生的巨大推动力和成效却令人吃惊。

背井离乡的孩子们回来了

承德市近3年中考成绩迅速提高，高分率由2.58%提高到12.84%，及格率由37.41%提高到58.69%。承德第一个进行学区建设试点的围场县，中考从2004年全市排名倒数第一，到2006年跃居全市正数第一，3年时间可谓“一步登天”。

让我们来看围场县中考高分数学生城乡分布情况的变化数据：

围场县中卷高分数学生城乡分布情况表

附表 35　　　　单位：人

年度	中考人数	城乡分布		500 分以上人数	城乡分布	
		县城	农村		县城	农村
2004	5061	1283	3778	110	68	42
2005	4835	1506	3329	341	179	162
2006	4812	1695	3231	858	365	493

从数字中我们不难看到，推动全县教育教学质量全面提高的最主要因素，在于农村教育教学水平的迅速提高。

一位哲学家说过："偶然之中有必然"。如果说以上数字都是偶然，那么一个个偶然加到一起，得出的结论就是必然：学区建设极大地提高了承德市农村义务教育的教学水平。而提高最迅速的是在原来最薄弱的农村。城乡之间义务教育存在的巨大差异被迅速缩小，义务教育在县域内不但迅速实现了均衡，而且迅速实现了优质。

另一种现象也从侧面说明了这一判断：平泉县 2004 年至 2006 年 3 年间，县城两所初中平均班额分别为 69 人、62 人、58 人，而地处农村的黄土梁子中学在校生从最初的 1400 多人增加到 1900 多人,其中有约 300 人是从县城初中回流的。正是城乡教育实现了均衡，农村教育资源实现了同城里一样甚至比城里还高的优质，这些人才会自愿放弃城市的资源而去享受农村的资源，才会使一大批"王艳芹们"领着孩子回来。

承德市这些活生生的事实，使不少教育"内行"的教育发展观发生了根本转变。前不久，在省教育厅召开的河北省推进义务教育均衡发展现场会期间，一位县教育局长在参观完承德市学区建设之后，意味深长地说："原来以为要实现城乡之间教育均衡发展会是一件相当艰难、相当漫长的路，看来我错了！"

用在刀刃上的资金效益彰显了

学区建设首先是使学校达到了一个合理的办学规模。在农村特别是像承德市这样地广人稀的农村，不打破行政区划，摆脱乡村的束缚，学校就无法达到一个合理的办学规模。2002 年，承德市共有初中近 300 所，平均每校在校生 670 人，其中 300 人以下的初中占 33%。如果不进行学区建设，2006 年该市初中校均规模就降为 440 人。全市有小学 2000 多所，平均在校生 117 人，其中 60 人以下的小学占 35%,假如没有学区建设，2006 年平均每校只能有 107 人。经河北省专家测算，规模效益最合理的农村初中应在 1200 人，小学应为 1000 人。也就是说，承德如果不进行学区建设，就不能发挥教育资源的最大效益，甚至是在浪费有限的教育资源。

办学规模的合理化是教育资源优化配置的前提。承德为何出现了条件最好的初中在深山，条件最好的小学也在深山这样的"怪"现象，其秘诀就是打破了行政区划而使学校的办学规模扩大，教育的物质资源迅速集中。虽然学生平均占有的资源并没有增加，国家、省、市、县也没有多投入，老百姓也没有集资，但农村孩子所享受的资源总量却比原来多得多。木兰实验小学是 9 所小学合并的，如果合并前让每个农村孩子都能享受多媒体教学，就要建 9 个多媒体教室，每个多媒体教室投入 10 万就要 90 万元，而那是多大的投入啊，而合并后让每个孩子都享受多媒体教学只需10万元。

学区建设使农村在办学条件上赶上甚至超过城市，实现了城乡之间物质资源的高水平均衡。

教育管理体制理顺了

学区建设使教育的管理体制得到了优化。在围场县采访时，记者听承德人讲了这样一段发人深省的故事。在“分级办学，分级管理”的时候，乡镇中心校归乡管，中心校长由乡党委任命，村小学的校长也是由乡、村两级任命。在这样的体制下，发生了许多令人啼笑皆非的故事。有一年，某县教育局安排一名公办教师到村小教书，而村里偏偏弃之不用，却宁愿用一个初中没毕业的代课教师，因为那是乡长的小姨子。

学区建设使教育管理体制理顺了，使城乡间、校际间的管理水平达到了均衡。

学区建设还使管理模式和管理队伍得到优化。围场县教育局领导说，过去学校分散，最远的离县城有200多千米，最长时，全县5年没有开过一次校长会。如今，全县每年都能开一两次校长会。行政管理人员也大量减少。仅围场县乡镇中心校管理人员就由178人减少到98人，四合永学区从原来的10名初中校长中竞争优选了1名校长、两名副校长，从原来的6名乡中心校长中优选出1名学区中心校长、1名副校长。“这样的校长能不比过去的校长管理水平高吗？”封志虎局长说。

农村教师的专任化实现了

学区建设还使教师队伍得到了优化。平泉县黄土梁子中学，由原6个乡7所初中合并，现有的114名教师，是通过专业知识考试、讲课和平时的教学成绩考核，从原来224名教师中选聘的，平均年龄由原来的40多岁下降到32.7岁，学历达标率也从原来的80%迅速提高到100%，其中，县级骨干教师50名，市级骨干8名，这样一支教师队伍就是在城里的初中也很难找到。长期以来偏远农村初中教师学历不达标问题得到了彻底解决。

学区建设使农村教师实现了专任化，从而把教师从繁重的低效劳动中解放出来。

王旭，原围场县杨树湾乡大局子村小学教师。她是这样描述过去“包班”情景的：“一天上6节课，学生打架了找我，丢东西了找我，从早到晚忙得就像陀螺，哪有时间认真备课，批改作业？有时明明知道学生学习上有困难，思想上有了毛病，心里着急，可有什么办法，教师毕竟也是血肉之躯啊！”学区建成后，王旭专教语文，每天两节课，同科的还有4名老师，学校还专门把她送到北京第二实验小学见习，培训了一个月。王旭说，这时她才知道什么是新课改，才知道教学要反思。

教师专任化以后，开齐了国家规定的每门课程，而教师数量不仅没有增加，反而大大减少，农村教师超编的问题得到了彻底解决。教师的专任化从根本上改变了教师的教育思想和理念，使农村教育教学质量迅速提高，城乡之间实现了优质前提下的均衡。

县以下专业教研队伍形成了

学区建设为县以下开展教研提供了人员、编制、体制上的保证。学区建立前，各县只有县级教研室，约20名教研员。建立学区后，每个学区都成立了承担教研和教师培训双重任务的研训室，设教研员3名至4名，形成了县教研室—学区研训室—校本教研的三级研训网络，专职教研人员一下子比原来增加了一倍还多，使教师全员培训得以经常化、制度化。目前，在承德已建成的41个学区中，全部建立了研训室。县以下建立研训室，据说全国尚属首例。

学区研训室的设立，扭转了过去教研人员远离教学的局面，使教研真正植根于教学。

闫海波，原围场县黄土坎乡中学校长，学区建设中，他所在的初中被并入四合永中学。闫海波到学区竞聘当了一位教研员。他发现老师们对新课标中的“综合性学习”非常茫然，于是就把如何进行综合性学习作为课题进行研究。前不久，他组织学区内语文教师搞了一次“课本剧会演”，在他的指导下，师生们不再像过去那样简单地把课本分角色，而是对课本内容进行再创作。在《字典公公》中，孩子们把舞蹈、唱歌、英语等与课本内容融为一体，表演得绘声绘色，不但学会了课本内容，同时还学会了不少舞蹈、音乐知识，学会了创作表演。这就是综合性学习，闫海波说，教学研究如此深入教学、深入课堂，这在过去是无法实现的。

学区建设还为校本教研搭建了一个宽阔的平台。在木兰小学现有教师中，过去总共有 4 人次得过县级以下的业务奖项，而建校 3 年来，有 97 人次获教学成果、论文奖，其中省级 15 项、市级 35 项、县级 47 项。

尾声：一花引来万花开

忽如一夜春风来，千树万树梨花开。学区建设不仅在教育的城内结出“红杏”，而且在城外也开出了“梨花”。

学区建设使许多农村的小学校舍闲置出来，老师也富余不少。承德按照“改造初中，发展小学；改造小学，发展学前”的思路，把学区建设中富余的教师充实到幼儿教师中，把闲置下来的村级小学改建成幼儿园，使贫困农村迅速普及了学前三年教育。仅 2006 年一年，围场县一下子就建起了 130 多所幼儿园。目前承德市已建成的 41 个学区中，学前 3 年的幼儿的入园率均达到 90% 以上。

围场县苇子沟村原支部书记杨键发告诉记者，过去孩子在村里上学，每家必须有一个大人每天负责接送孩子，给孩子做饭。孩子到木兰小学寄宿后，解放了家长，村民有的出外打工，有的做起小买卖，一年下来，这个才 800 多人的小村子，就增加收入 30 多万元。

孩子寄宿后，脱离了家庭娇生惯养的环境，过上了集体生活。学区建设，使长期困扰人们的独生子女教育问题得到一定程度的解决。学生家长刘树梅说：“过去孩子在家时，又任性、脾气又不好，特别不听话。上了寄宿学校后，就像变了一个人似的，又听话、又知道孝顺父母。2006 年中秋节，学校给每个学生发了两块月饼，他没舍得吃，放假时带回了家，爷爷奶奶拿着月饼，掉下了眼泪。”

山还是那座山，人还是那些人，但教育已不是过去的教育。这一切，给记者以心灵的震撼。也许，我们对学区建设的经验挖掘得还远远不够；也许，我们对学区建设作用的认识还不够充分。它在我国农村义务教育发展史上到底具有怎样的意义呢？这些，就只有留给历史来回答了。

来源：《中国教育报》
2007 年 1 月 5 日
记者：安俊芷　杨占苍

农村学校的蝶变新生

编者按：2010年9月10日，国务院总理温家宝赴河北省承德市兴隆县六道河中学与广大师生共度教师节。在与这所山村学校的师生亲切交流后，他提出，“加强农村教育，关系到教育事业现代化，关系到农村的长远发展，关系到国民素质的提高。”2011年教师节前夕，温家宝总理又在张家口市张北县第三中学为广大农村教师作题为《一定要把农村教育办得更好》的报告，强调要重视和改善农村办学条件，提高农村教师待遇。要让广大农村教师留得住、有发展、受尊重。为了温总理的嘱托，承德市加快了农村教育改革发展的步伐。2011年教师节后，记者一行驱车700多千米，深入承德市兴隆县、滦平县、丰宁满族自治县的多所农村学校，我们惊喜地发现，这方土地上正经历着一场——

“温爷爷，请您再来看一看”

初秋的兴隆山清水秀，空气里弥散着果实的清香。在群山环抱之中的六道河中学，距县城有近20千米的蜿蜒山路，一乡一镇27个行政村的600多名农村孩子在这里读书。

010年教师节，温总理视察学校，听了王海燕老师的一节语文课外阅读课。“当时该校刚刚实施课改，方向对不对、效果如何，谁心里也没底！”时隔一年，提起那天的情形，王海燕仍然激动不已，然而，艰难起步两个月的课改得到了总理肯定：“老师讲得好，同学们也学得好。”

温总理的肯定给学校课改以极大的鼓舞和动力，师生备受激励。谈到学校一年来的可喜变化，王海燕如数家珍：在专家的指导引领下，市、县教研室，学区研训室以学科基地校为阵地，通过区片教研、同课异构等形式，推动高效课堂改革逐步深入，探索出“四段七步三查”课堂教学模式，创建了高效课堂“三六一”管理框架、评价体系，教学和课堂管理模式不断完善，教师越来越“摸着门”了。

“教师写教案，写一辈子也不一定成为名师，但是如果教师写反思，写三年可能就能成为名师。”校长贾利民告诉记者，现在学校教师的业务学习和培训已经实现常态化。2010年11月，他把自己坚持多年的教学反思从纸上搬到网上，开通了工作博客。在学校倡导反思文化，要求所有教师也开通工作博客，除了每天早晨全体教师参加的早反思外，每天教师还要写一篇课堂反思，每周教师在反思板上写上一周的反思和下周计划，每周写一篇博客，每月开展一次读书报告会，每周每个学科组都评选一篇优秀反思……独有的学校反思文化，使得教师快速成长起来。2011年5月，学校选派的5名教师参加全县高效课堂优质课评选活动，包揽了5个学科的全部第一，创造了全县评优课“大满贯”的奇迹。

学生的变化也令人兴奋。2011年中考，六道河中学147名考生有53名升入兴隆县一中，比往年高出近20%，所有学生全部毕业，实现了“一个都不能少”的目标。2010年教师节与温总理共进午餐的9年级3班学生高云飞兴奋地告诉记者，现在自己越来越喜欢学校，因为周围的同学都变得非常“好学”，学校的学习氛围特别浓厚。

目前，总投资3000多万元的新六道河中学正在建设，2011年11月，六道河中学将告别简陋的平房教室，“变身”为一所现代化的农村中学。看到学校一年来翻天覆地的变化，想到一年来同学们日新月异的进步，2011年7月20日，六道河中学全体学生满怀深情地给他们敬爱的温爷爷写了一封信，信心满满地邀请温爷爷在百忙之中再来六道河中学“走一走，看一看”，想用六道河中学的新校园、用自己崭新的精神状态赢得温总理的赞许。

学校：有好马还要配雕鞍

六道河中学是承德1266所农村学校（含教学点）中的普通一所，从硬件上档提质，到软件配套提升，六道河中学的变化清晰地折射出该市农村教育的成长轨迹。

“农村教育是承德教育的重点，也是难点。如何在经济欠发达地区办出高水平的农村教育，是这几年我们一直在认真思考的问题。”承德市教育局局长丁然说：“我们的目标是让农村孩子留得住、学得好、生活舒适，让农村孩子享受城市孩子一样的优质教育，到2015年，基本实现市域内农村教育的基本均衡。”

农村教育的均衡，应该以资源的优化配置为前提。2007年1月，本报曾以《燕山深处的教育变革》为题，报道过承德以学区建设为平台，推动县域教育均衡发展的改革经验。经过几年努力，目前该市已建成65个学区，300所标准化小学、100所标准化初中，在标准化小学、初中就读的学生比例分别达到72%、81.5%。

为了不断改善农村学校的办学条件，针对可用财力不足、农民年人均收入在全省落后的现实，承德各级党委、政府一方面积极为广大农村学校争取项目资金，同时调整财政支出结构，足额落实配套资金。另一方面加强资金监管，将有限资金用于最薄弱的环节、最需要的地方。2010年以来，以校舍安全工程整合农村学校的工程项目411个，建筑面积67.9万平方米，总投资9.5亿元，其中市县两级财政投入5.4亿元。以滦平县为例，县委、县政府把大部分资金用在办教育上，2010年财政可支配资金6亿元，仅用于学校建设的资金就达6000万元。滦平县教体局局长汤振兴介绍说，该县早谋篇早布局，2005年提前实行农村义务教育阶段免费教育后，又于2007年在全省率先实行了高中阶段免费教育，政府该花在教育上的钱一分也不含糊。

在学区初具规模，校舍基本满足需要，农村学校规模化办学问题得到基本解决后，教学仪器和现代教育技术装备短缺、生活附属设施不配套问题日益凸显，“有马缺鞍子”的难题现实地摆在市教育行政部门决策者的面前。从2010年起，承德按照国家标准每年建设20所初中、50所小学标准化实验室，到2015年，全市所有标准化农村中小学都将达到国家规定的办学标准。目前，按照“千兆进校园、百兆上桌面”的标准，承德正在筹建覆盖农村学校的承德教育城域网。

学生：有学上还要学得好

9月16日，记者一行来到丰宁五道营博拓小学，花团锦簇的学校充满生机，学校教师精心布置的小菜园、满架的葫芦带给人丰收的喜悦。校长杨柏森说，四年前他刚来到学校时可不是这样，贫瘠的砂石土并不适合植物生长，校园里除了房子还是房子。2011年，学校响应全市学校文化建设的号召，师生齐心协力上山取土，不但精心设计了大大小小十几个花坛，还在学校的空地开出8亩多的小菜园作为学校的劳动实践基地，学校的面貌大为改观。

五道营博拓小学有77名学生住校，为了解决寄宿生年龄小、对集体生活不适应的问题，学校除了把高年级和低年级孩子安排在一起“大带小”住，还根据相同或相近兴趣分宿舍，在每个宿舍都设置了读书角，每天晚上让孩子们在睡前和大家分享一段读书心得，让寄宿的孩子们学在一起、玩在一起、乐在一起。

作为河北省首批省级示范性青少年活动中心，丰宁青少年活动中心还把触角延伸到农村，五道营博拓小学成为在农村开设的流动少年宫，每周丰宁县青少年活动中心都要派专业老师到学校来给孩子们上课，书法、绘画、戏曲，农村的孩子也能像县城孩子一样上他们喜欢的兴趣课了。

在丰宁白塔明德小学，一本装订成册的《写话》吸引了记者的注意，里面是二年级学生的看图作文作品集，流畅的表达、工整的笔迹让人眼前一亮。校长张玉琴介绍，2007年以来，该校依托北京师范大学现代教育研究所的课题研究优势，在提高学生语文素养上下功夫，每年北京的专家都要来学校手把手地教农村教师转变观念、改革教法。《写话》集正是开展这项实验研究的成果之一，家长看到孩子们的成长更是赞不绝口。

农村孩子上好学的标志应该是标准化的办学条件、先进的办学理念、高水平的师资、现代化的管理。在硬件建设不断完善的同时，如何练好“内功”，提升学校内涵发展能力成为关键。承德教育人把目光投向更远、更深处，开始关注和破解办学理念滞后、内涵发展能力不足、农村孩子亲情缺失等“承德后农村学校建设”时期的一系列新课题。先后出台了一系列文件，对学校文化建设、内涵发展能力提升提出了指导性意见，按规范校、特色校、品牌校等三个层次开展管理考核评估，目前该市标准化中小学全部达到管理水平规范校，并涌现出56所学校文化建设先进学校。

教师：留人还要留心

2009年9月，当父母用私家车把付日玥送到滦平县巴克什营镇中心小学时，尽管对农村学校艰苦的生活条件做了充分估计，这位来自河北省会石家庄的80后女孩还是很不适应。作为首批特岗教师，她与另外9名老师挤住在十几人一间的学生宿舍，生活很不方便。一到周末，其他路途稍近的特岗教师纷纷回家团聚，而老家远在省城的付日玥只能守着空荡荡的校园，孤独又恐惧。

2010年金秋时节，随着巴克什营学区教师周转宿舍试点工程项目的竣工，付日玥欢天喜地地搬进了新居。在两位女教师居住的一套周转宿舍里，记者看到，除有两间卧室外，县政府还统一配备了独立的厨房和卫生间，烟机灶具、电热水器、彩电、衣柜等电器和家具也一应俱全。家在唐山的特岗教师张文明高兴地说：“在这样的环境里，可以安心备课、看书、上网，一般周末也不往家跑了。”

“我们要千方百计地提升广大农村教师的幸福指数，让他们在政治上受尊重、专业上有发展、生活上有保障。”市教育局局长丁然说，承德已投资5145万元，建设了1310套教师周转宿舍，其中726套已正式建成并投入使用。60%在农村任教的特岗教师、支教教师、艰苦边远地区教师和寄宿制管理教师都住上了周转宿舍。

住得舒心还要出行便利。2009年8月，丰宁窄岭学区率先为教师购置了通勤车，一举解决了绝大部分教师“交通难”的问题。针对更为偏远、分散的校点，学区还为教师配备了电动车。特岗教师崔杰告诉记者，现如今她不但不再为交通发愁，还可以骑电动车“走教”，为周边3所学校上英语课。目前，丰宁共配备教师通勤车11台，丰宁满族自治县教体局局长盛玉海说：“下一步，还要争取资金，为老师提供免费午餐。”

尽可能为农村教师提供生活上的便利，留住了教师的人，更留住了教师的心。巴克什营学区中心校校长王久吉说：“以往自己所在的学校每年至少有七、八名教师调到县城，而2011年只有一位老师申请调离，队伍稳定了，教师钻研业务的劲头更足了。”

“给老师最好的奖励是让他们有发展、能成长。”丁然局长说，承德为加强农村教师培训，规定从2010年开始将教师培训经费由原来的年人均30元增加到100元，之后每年增加100元，到2015年达到500元。规划从2010年开始对农村教师进行三年一轮、六年两轮的全员培训。农村学校把老师送出去开阔眼界，市、县教育局把全国知名的教育专家学者请进来，设立名师教学工作室，和农村老师面对面交流，加速他们的专业成长。同时，承德市还规定，评选教学名师向农村一线教师倾斜，每位教学名师要面向农村结对跟踪帮扶2名教师，形成教师成长的良性循环。

来源《中国教育报》

2011年09月27日

记者：叶莎莎　通讯员：刘杰 张良

发现教育之美

——承德市德育“风景”绚丽多彩

承德，一座因山庄而兴的城市。公元1703年，康熙皇帝始建避暑山庄，原本鲜有人知的塞北小村落走进历史，成为清帝的“夏都”、清王朝的第二个政治中心。后来，雍正将此地赐名为“承德”。几年前，承德开展城市精神口号的征集评选活动，“承传文明、德行天下”毫无争议地当选，承德人对于家乡深厚历史文脉和崇德向善精神的高度认同感蕴含其中。

在这样的背景下，承德的中小学德育工作始终承载着厚重的历史文化内涵，每一位教育工作者都努力将“承德精神”渗透到教育实践中，坚持“文化立校、文化兴教”，使得德育“风景”犹如这里的自然景观一般绚丽多彩。

探寻本土文化“育德点”

“积善成德，而神明自得”，此语出自《荀子·劝学》，意为，积累善行养成高尚的品德，精神和智慧自然就会得到提升。承德人巧妙利用谐音，提出“积善承德”主题。这既体现出承德人的智慧，更彰显出这座城市厚重的历史文化底蕴。

“丰厚的历史积淀和人文资源是我市开展德育工作得天独厚的巨大优势。如何挖掘这座‘金矿’、发挥其最大效益，是我们一直在深度思考的课题。”主管德育工作的承德市教育局副调研员屈树彬这样说。为此，他指导学校积极探寻本土文化的“育德点”，以真、善、美的精神食粮滋养学生。

“冯父康是滦平县第一小学的学生。在她还不满两周岁时，父亲出车祸高位截瘫。冯父康无微不至地照顾爸爸，成了‘爸爸的腿’。”

“冯父康原名叫冯宝，她盼望父亲早日康复，自己改名叫冯父康……”

在承德市实验小学的一间教室里，三年级六班的学生们就《十佳少年冯父康》一课各抒己见，畅谈感受。品学兼优的冯父康与自己年龄相仿，却早早地挑起了生活的重担，成为父亲的精神支柱—真实的人和事震撼着孩子们的心灵。据执教这节课的张丽娟老师介绍，其内容出自该校自编的校本教材《承德传统文化》。

谈起校本教材的开发，承德市实验小学校长佟向梅掩饰不住骄傲的神情。早在2006年，针对少年儿童传统文化素养缺失的状况，学校便决定编写一部传统文化方面的校本教材。然而，中华优秀传统文化浩如烟海，究竟撷取哪些内容呢？大家一时间陷入迷茫。“学生只有先学会爱自己，才会逐渐爱父母、爱老师、爱他人、爱自然万物；也只有从爱家乡开始，才能拓展到爱祖国。”佟向梅表示，正是基于这一认识，学校决定将校本教材内容牢牢锁定家乡承德的传统文化。

回顾整个教材编写过程，可谓是“累并快乐着”。编写组成员广泛搜集资料，到市委宣传部、报社等相关部门调查走访；召开专题座谈会，邀请文化界知名人士“把脉诊断”。前后历时三年多，他们都无法统计中间经历了多少次研讨、论证、修改、完善。2009年夏天，《承德传统文化》教材正式出版。整套教材共12册，根据学生的年龄特点，分成家乡风光、美德故事、乡土文学和民俗风情4个板块，内涵丰富，匠心独运，可读性和趣味性很强。看了这套教材，学生家长夏丽明反馈道：“说起来非常惭愧，作为土生土长的承德人，我对家乡的许多历史文化居然是一知半解。这套书成了我和孩子共同的教材。”

如果用两个词来概括承德传统文化的核心

和精髓，当属“和谐”与“包容”—人与自然、汉族与少数民族、中原农耕文明与草原游牧文明等皆囊括在内。承德三中校长王德书更是从中得到了学校文化建设的灵感。三中由三所学校合并而成，来自不同学校的教师、学生以及领导干部之间难免存在着一定的分歧和隔膜。作为一校之长，王德书首先想到的是聚合人心，于是他从校情实际出发，强调“成功之道和而不同”，提出并大力构建“和合文化”，打造共同的精神家园。如今，“和合文化”已凝聚起师生强大的精神力量。

“客人好！我是避暑山庄小学一年级一班的何璇。下面由我来带领大家参观学校的楼廊设计……大家现在看到的是避暑山庄的正门—丽正门。正上方的匾额上是乾隆皇帝的御笔，用满、藏、汉、维、蒙五种文字题写，象征着民族团结和国家统一……”

这是避暑山庄小学自开展“我当山庄小导游”活动以来，校园里经常可见的一幕。该校与世界文化遗产、世界现存规模最大的皇家园林—避暑山庄仅一墙之隔，学校也因毗邻山庄而得名。小何璇尽管声音还有几分稚气，但已颇有专业导游“范儿”。校长杨淑莲说，学校始终坚持做好、做足山庄文章。除开发出一套《避暑山庄文化》校本教材以外，他们还利用节假日时间，组织学生深入避暑山庄，实地为中外游客提供义务讲解。

“万里长城，金山独秀”，这是万里长城精粹—金山岭长城的美誉。滦平县巴克什营中心小学就坐落在金山岭长城脚下。几年来，学校在德育领域努力打好“长城牌”，校园里“长城”元素随处可见，创编了《金山岭长城传说》等四本图文并茂的校本教材，经常举行以“长城”为主题的绘画、摄影、演讲、讲故事比赛。校长王久吉介绍，围绕“长城”文化主题开展的综合实践活动是最受学生欢迎的，活动中既有与“长城守望者”周万萍的亲密接触，让学生们近距离了解这位身残志坚、执着摄影、蜚声中外的农民摄影家的成长历程，又有与“长城”历史文化相关的考察研究，还有身体力行拣拾垃圾保护长城的实际行动……

实现德育和智育的“同频共振”

与很多学校不同，承德二中副校长刘守杰既主管德育，又负责教学。对此，校长胡志鹏的解释是，德育工作和教学工作由不同领导分管，往往会导致德育与教学相互掣肘、效果打折；由一位领导统筹负责，则能够更好地实现德育在学科教学中的融入和渗透。

胡志鹏谈起一个事例时感慨万千：一次他巡查课堂，当时距离下课还有很长一段时间，他却看到有个男生的课桌上早已收拾得干干净净。胡志鹏非常疑惑，那个男生告诉他：“我在等下课。”“你从什么时间开始等的？”“从上课开始。”显然，这个学生与其他同学分属“两个世界”。这件事引发了胡志鹏的反思：“德育是学生成长和发展的原动力。只抓学科成绩、忽视德育工作是舍本逐末的做法，也是对学生的极端不负责任。”

“以往我们最常用的德育手段是说教，最省事的是说教，学生最讨厌的是说教，最无效的还是说教。”胡志鹏提倡教师们在教育实践中杜绝说教，努力营造德育“场”，实现德育和智育的“同频共振”。实际效果如何？从毕业班学生为教师颁发的“奖状”上就可以读出：

“您坚守原则却又不苛刻，使得我们的集体拧成一股绳；您善良、和蔼，您真诚、大度，您的人格魅力使得我们对您无比的崇敬。老师，您用人类最崇高的感情—爱，播种春天，播种理想，播种力量，把阳光撒在我们脸上、心中，并照耀我们的未来！”

——高三年级十九班

“真诚不需装饰，您保留本色，用最真的心育人，执着进取，努力耕耘……百千严密不松懈，个十精准如人生。恪守严谨，宽而不纵。以诚待人，以俭养德……谢谢您，生哥。”

——高三年级⒁班

……

每年的6月9日，是二中为高三年级学生举行毕业典礼的日子。每一位毕业班的老师在学生代表的簇拥下登台，接受颁奖、献花。“奖状”上写满全班学生的亲笔签名。学生代表深情地朗诵精心撰写的颁奖词，表达共同的心声。当学生们异口同声地喊出“老师，我们爱您”时，在场的师生无不热泪盈眶、感同身受，师生情、感恩情在这一刻得到升华。刘秋红老师评价道：“毕业典礼不仅对学生是一次精神的洗礼、品格的教育，而且对教师也是一次心灵的净化、境界的提升。”

承德四中地处城乡接合部，生源质量参差不齐，其前身是一所企业子弟学校。学校发展面临着如何“突围”的难题和考验。校长袁福海坚信，每一个学生都是独一无二的，都有着发展的无限可能性。因此，学校确立了“多元发展”办学理念，针对学生的不同潜质和个性特长，将武术、象棋、京剧等体育、艺术特色项目一一引进校园，不拘一格育人才。

特色项目引进来了，专业师资从哪里来？袁校长另辟蹊径，将校外资源有效转化为校内资源。

张瑞龙，承德有名的京剧票友，虽然他是以卖鱼为生的个体户，但其艺德在承德艺术圈内外有口皆碑。袁校长积极争取政府和有关部门支持，以公益岗形式聘请张瑞龙为京剧辅导教师。每周四的下午，张瑞龙就准时出现在学校的专业教室里，为喜爱京剧艺术的学生讲解、示范、指导。尤其可喜的是，不但张瑞龙雷打不动、风雨无阻，一起跟他“票戏”的票友们也会一同前来帮衬、出力，志愿成为“编外教师”。在名票的亲身示范和专业引领下，学生们学习京剧的兴趣更加浓厚，进步也更快了。

在学校里，当学生听到“抓住你了”这句话时，唯恐避之不及，因为这常常意味着“犯了错误”，甚至会遭到惩戒。而在丰宁县第二小学的校园里，“抓住你了”完全是另一番内涵。学生们日常点滴的良好表现，或被老师“抓住”，发一张“安静卡”“清洁卡”之类的卡片，或被老师用纸笔记录下来，投入“亮点箱”中，并定期汇总，兑现奖励，以此来激励学生。学校还注重“随机德育”，一段被折断的楼梯扶手钢管、一个被损坏的凳腿，转换一下角度，就能赋予其教育的价值，成为引导学生认知危险、爱护公物的正向教育资源。

好习惯为幸福人生奠基

一场别开生面的比赛正在南营子小学如火如荼地进行。比赛不是知识的比拼，也不是体育的竞技，而是生活自理能力的较量—穿衣服、缝衣服、系鞋带、系红领巾、梳头、整理书包，等等。

“这些日常生活中的小事看似微不足道，实际上却不可小视。所谓‘细节决定成败’，小事做不好，基础打不牢，做成大事也就无从谈起了。”校长王会山说。基于此，南营子小学在培养学生良好生活习惯、行为习惯、学习习惯上狠下功夫：坚持开设习惯养成校本课，并列入正式课表；举办生活自理能力系列竞赛活动；制定《习惯养成教育工程60条》《师生习惯养成教育量化细则》和《低中高年级学生习惯标准》等一系列制度规范。

朱永新说过，一个人的精神发育史，就是一个人的阅读史；一所没有阅读的学校，永远不可能有真正的教育。从小培养学生良好的阅读习惯，其重要性不言而喻。置身于丰宁县实验小学，人们立即会被浓浓的书香氛围所感染。学校结合实际，提出并践行“书香德育”，引导学生读经典书，做智慧人，打造书香班级、书香校园、书香家庭，唱响“快乐读书三部曲”——师生同读、同伴互读、亲子共读。

与许多学校的图书“养在深闺”不同，这所学校在教学楼的每层拐角处和教室墙外，都设立了开放式的书吧。书架上不仅有图书馆的书，还有学生带来的“漂流图书”。每到课余时间，孩子们就坐在书吧的小板凳上，沉浸在图书的世界里。

“勇士，你在荒岛上生活了二十八年。那里荒无人烟，没有一个亲人，没有一个朋友。但是你仍然坚守信念，最终重获自由。你用智慧打败了困难，你用意志战胜了灾难。你是一个不倒的英雄！”

——四年级三班学生佟彤

“在困难中，你无怨无悔。面对死亡的阶梯，你一级级地踏上。最终见到了阳光，见到了鲜花。让风来抚摸你的面孔。让雨来洗涤你的心灵。你胜利了！”

——四年级三班学生刘凯

……

这是学生们读完《鲁滨孙漂流记》后，在一节阅读汇报交流课上为鲁滨孙撰写的“18世纪感动人物”颁奖词。

为了让学生“想读、会读、爱读、常读”，学校创设了好书推介、方法指导、阅读欣赏、成果展示、汇报交流等多种课型，设计并实行阅读评价卡，经常性地举行形式多样的读书竞赛，开展“读书节”活动，等等。

在学校的多功能厅，一本本装订成册的读书评价卡片，一册册封面精美的学生个人文集，一幅幅学生和家长共同创作的“文配画”……展示着学校深入持久开展读书活动结出的累累硕果。

河北民族师范学院附属中学则把“培养有爱心、有责任感的儒雅学子”作为德育工作目标，以“两行一静”教育为核心，推行“雅行文化”“孝行文化”和“静文化”教育，力求从“制约性德育”向“主体性德育”转变。

破解“五加二小于五，甚至等于零”的难题

在孩子的成长过程中，家庭教育和社会教育对于学校教育的能量消解，令教育工作者和社会有识之士深感忧虑。如何破解“五加二小于五，甚至等于零”的难题，承德在这方面进行了有益的探索。

“家庭教育不只是办几次家长培训班，‘雨过地皮湿’这样的简单工作，而是关系到现代教育制度和现代学校制度建设的大事。家长素质参差不齐，有的家长自身有强烈的参与意识，就要发挥他们的特长，而有的家长根本不知道怎样教育孩子，我们就必须把提升这部分家长的素质作为德育工作的重要一环，抓实，抓好。”市教育局关工委副主任白云生说。

几年来，承德推行了建立家长学校，组建市、县级家庭教育专家讲师团，成立中小学、幼儿园家长委员会等举措，不断更新家长的教育观念，提高其家庭教育水平，引导家长参与学校管理，进一步增强家校教育的合力。

聆听了市级专家讲师团成员周民的讲座之后，丰宁县第一小学的学生家长李海军感慨颇多：“作为家长，我们的确需要‘补课’。我们一直在责备孩子这不对、那不对，其实问题真正的根源在于我们家长。”

肖荣让，滦平县青少年活动中心主任，几乎将全部精力和心血都投入到校外教育事业上。“社会上一些负面的东西无时不在与我们争夺学生，我们的想法就是尽可能占领学生的课余阵地，用正能量去影响学生。”该中心不仅为学生学习艺术体育技能、发展兴趣爱好提供便利条件，而且统筹组织全县中小学文艺活动，为孩子们张扬个性搭建平台。

电子琴、架子鼓、跆拳道……在地处山区农村的丰宁县五道营小学，学生们正在专业教师的精心辅导下学习。在这里，农村的孩子不出校园，就与城里的孩子一样享受到优质教育资源。原来，这是丰宁县青少年活动中心在该校设立的流动少年宫。中心主任魏延春介绍，中心在服务县城学生的基础上，不断向农村延伸触角，建立流动少年宫或分中心。“中心的专业教师对各流动少年宫（或分中心）开展巡回指导，每周到各处进行半天时间的授课，解决农村学生缺少专业师资的瓶颈。"

负责相关工作的承德市教育局副调研员李国凡说，全市八县三区基本实现了青少年活动中心的全面覆盖，特别是青少年活动中心不断整合资源、拓展服务、强化功能、提升效益，充分发挥了联系沟通学校、家庭和社会三方的桥梁纽带作用。

来源：《中国德育杂志》
2013 年 6 月 17 日
通讯员：刘　杰　张　良

标准化教学点建在村民身边
——河北省丰宁县加强农村教学点学校建设采访纪行

驱车从河北丰宁县城出发，沿着一条山边的公路行驶大约半小时，山脚下一处敞亮的院子就是距离县城最近的农村教学点—四道河小学。走进这个农村教学点，记者亲身感受到了什么是标准化的农村教学点。

院子里的校舍是一排崭新的平房，淡蓝色的人字形房顶、浅粉色的外墙、清一色的塑钢窗、教室里洁净的瓷砖地板，墙上配有推拉式黑板和一块大大的电视屏幕，学生用的桌椅都是可以升降的；小小的食堂里，干净整洁，操作间里摆着蒸饭机和不锈钢用具。

站在四道河小学的场院里，丰宁县教体局局长盛玉海自信地说："从 2012 年 5 月丰宁农村教学点标准化工程启动到现在，全县已经分两期完成了 110 处农村教学点改造或新建工程，每一处的硬件设施都不低于眼前的这个教学点。"

逼出来的标准化建设思路

丰宁满族自治县是国家级贫困县，全县 8765 平方公里辖区内 40% 是蒙古高原南缘的草原，60% 是燕山山脉余脉的山地。因财政紧张，地广人稀，农村教学点管理常遇到的资金与地理分布难题，在这里显得尤为突出。

县教体局教育股长张维明告诉我们，丰宁县从 1998 年至今学龄人口持续下降，在此背景下，丰宁县开始进行教育布局调整，兴办了一批寄宿制规模校，规定小学三年级以上学生集中到规模校就读，而三年级以下则就近在教学点就读。

不过，由于投入不足，农村教学点渐渐成为全县教育最薄弱的环节，绝大部分教学点使用的是原村小撤并留下的陈旧校舍，安全问题让教育部门心里没底。盛玉海说："这些教学点随时可能出问题，这让我整天提心吊胆，睡不好觉，我们一直在想一个治本的办法。"于是，在深入调研的基础上，一个对全县农村教学点进行标准化建设的设想逐渐成形。

2012 年初，丰宁县委、县政府出台《丰宁县农村教学点（幼儿园）标准化工程实施方案》，同时专门成立领导小组，并将此项工作列入对各乡镇年度目标考核中，形成了乡镇和村逐级落实、有关部门协调配合、教体局检查指导的责任机制。

2012 年 5 月，县教体局出台了有关农村教学点标准化建设的配套标准，其中包括《村级幼儿园基本配备和保教标准》《教学点（村级幼儿园）管理标准》《农村教学点（村级幼儿园）建设标准》《教学点教学管理标准》。同时，首批距离县城最远、基础设施情况最差的 72 个村教学点改造或新建工程启动。

截至 2013 年 10 月，丰宁县农村教学点标准化工程已经进入第二期收尾阶段，共有 110 个农村教学点完成标准化改造。盛玉海说："预计再过 1 年，丰宁县所有 146 个农村教学点的标准化工程将全部完成。"

在丰宁采访期间，我们看到无论是改造还是新建成的农村标准化教学点，校舍外观都借用了万里长城的城墙样式，坚固而又安全。在云雾山教学点，盛玉海一边拍着35厘米厚的校舍墙壁，一边笑着对记者说：“我现在终于能睡踏实觉了。”

政府补贴多方筹资建教学点

盛玉海给记者算了笔账：根据县里下发的改造标准，新建一处教学点需要资金30万元左右，改造一处教学点需要资金5万元至10万元不等，两年完成110处农村教学点的标准化建设大约需要1300万元。

这些钱从哪儿来？事实上，这也是丰宁教学点标准化建设要解决的首要难题。为此，丰宁县设立了专项资金，从紧张的县财政硬是挤出482万元用于教学点建设。但资金的缺口仍然很大。怎么办？“政府主导，多方筹资”是丰宁县应对标准化教学点建设资金不足的主要举措，通过协调动员各乡镇、村出资建设教学点。但是，乡镇与村集体出资不允许向村民摊派。

坐在自家炕头，胡麻营乡前营村教学点的学生家长蔡金丰回忆起当初村里开代表大会表决建教学点的情景时说：“2012年春节刚过，村里召集所有自然村的村代表开会，一共去了18个人，没有一个反对的。”

村里另一位学生家长苏凤玉跟记者算了一笔账：“我们村人均年收入也就万儿八千的，过去孩子要去5千米外别的村子上学，每年接送的路费就要花2000多块，建了教学点，孩子就在跟前上学，还省了路费，这种事谁会反对啊？”

而投入40多万元新建了教学点的前营村村主任李明山对记者说：“如果不建教学点，我们村的50多个孩子，一年光路费就要花10万多块钱。而建一个教学点，只要花几十万块钱，三四年省出来的路费就够了！”

在一些经济发达乡镇的带动下，一批村主任把建好教学点当作为村民办的最重要的实事：凤山镇花盆村村支书张屹然，将自家闲置的房屋和院落改造成教学点；下庙村支部书记彭玉文个人出资193万元，新建村里的教学点；元宝山沟村村主任崔玉臣，投入3万元把原村委会改建成教学点；五道营村投资150万元，新建1所高标准的幼儿园，等等。

此外，丰宁县还采取财政资金“以奖代补”的做法，每处教学点新建改造完成经验收合格后，县政府视情况给予5000元至2万元不等的补贴。

据统计，一期工程计划改造72处教学点，实际建成75处。截至2013年，丰宁已经新建改造教学点110处，总投资达到1300万元，其中县财政投入466万元，乡镇出资833万元。

硬件上去了教育质量不能软

丰宁县的农村教学点规模与生源差异很大，一些规模较大的教学点在校生近百人，而规模最小的教学点在校生只有不到10人。如何把好教学质量关，成为必须解决的问题。

盛玉海说：“提高教学点教育质量，当前面临的最大问题是师资，以退休教师和特岗大学生组成的农村教学点师资队伍，目前不够稳定。”

面对现实，丰宁县一方面坚持在名师评选、职称晋级、评模评先等教师管理领域向农村教师特别是教学点教师倾斜，吸引教师长期扎根教学点；另一方面，县里还开展了农村教学点教师合同管理试点，面向幼师毕业生招聘教学点教师，签订劳动合同，并给予高于最低工资标准并上养老保险的待遇。盛玉海说：“这项试点目前看能够在教学点就近招聘到稳定的教师，如果效果好的话，未来可能进一步在全县推广。”

在我们到过的4处教学点，记者意外发现了高科技产品—42英寸触控电视电脑一体机。通过USB接口，教师可通过大屏幕使用各种教学课件。张维明说：“这是县里利用省里拨专项配的，目前已经配了100台，未来可实现农村教学点全覆盖。”除触控一体机外，县里还为所有教学点安装了教学光盘播放设备，并配备了不低于700

元的教学光盘资源，以弥补师资的不足。

张维明说，2013年县教体局从运行经费中抽出100万元，加上县财政挤出的200万元，专门用于基层学校的软件建设。这些建设工作包括消除教学点的管理盲点，建立健全教学点各项规章制度。

县教体局还对教学点的作息时间、课程安排、教育管理、教师考评等提出制度性要求，同时加强监督，学区总校、中心校实行分包教学点制度，管理人员定期深入教学点蹲点指导和巡回检查；当地村委会或相关学生家长组成的委员会，发挥监督职能。

针对课程开不齐的实际，在课程教学上，丰宁采取“小学区一体化”做法，音、美、体、英语等学科教师巡回教学。县青少年活动中心还成立了艺术教育大篷车，定期到山区教学点辅导孩子们的书画、二胡等。

盛玉海说：“丰宁有重视教育的传统，我们感觉只要把群众对教育的关心转变为教育发展的动力，我们就充满信心。”

来源：《中国教育报》

2013年11月20日

记者：施剑松　周红松　蔡继乐

河北宽城：“三集中一覆盖”促进教育均衡发展

宽城进行“三集中一覆盖”为原则的城乡中小学校布局调整和资源整合，即：高中向园区集中，初中向县城集中，小学高年级向乡镇集中，小学低年级和幼儿园（教学点）向自然村覆盖，教育教学质量一步步赶了上来。

“过去在化皮中学上学离家远，尤其是冬天，天没亮就得从家出发，摸黑走山路一个多小时才能到校。现在再也不用起早贪黑奔波了，学校条件也比过去好多了。”搬进新校园，河北省宽城满族自治县第三中学九年级（1）班学生张笑颖对自己如今的学习生活很满意。

近年来，宽城进行了“三集中一覆盖”为原则的城乡中小学校布局调整和资源整合，即：高中向园区集中，初中向县城集中，小学高年级向乡镇集中，小学低年级和幼儿园（教学点）向自然村覆盖。如今，随着布局调整基本完成，该县城乡教育日趋均衡，全县教育资源得到整合、办学条件得以改善、教学质量稳步提升，当地百姓纷纷称赞。

“被逼出来的发展模式”

宽城地处山区，是承德市最小的一个县，总人口只有25.1万人，2006年后，随着人口增长低谷的到来，农村学校生源少、教育资源分散等问题愈发突出。

与此同时，许多富裕起来的农村家庭学生迫切想进城就读，给县城学校带来巨大压力。据统计，当时县城唯一一所初中的班容量达到70人以上，而有的乡镇中学全校学生不足100人，城乡教育不均衡的问题日益凸显。

如何用县里有限的财力改变这一局面？通过走访调研，县里确定了“三集中一覆盖”发展模式。

“县里花大力气就教育问题进行调研，反馈意见集中表现在家长对孩子接受优质教育的渴求上。可以说，我们这种发展模式是被逼出来的。”县教育局局长王子文说。

2010年5月，占地450亩、建筑面积15万平方米，总投资5亿多元的宽城教育园区开工。龙须门、安达石、黄崖子、化皮、大字沟、亮甲台等农村寄宿制小学的建设同期开工。

“这几年布局调整建学校，县里累计投入了10亿元，占近年来全县公共财政收入的一半，成为全县民生事业投入最大的一笔。”王子文自豪地说。

“师资队伍建设是关键”

汤道河中心小学是宽城最北边的一所小学，记者来到该校时，看到教室里的电子白板等多媒体设施均已配备齐全，仅隔一条马路的南院是三层楼的青少年宫，楼内美术室、舞蹈室、器乐室、图书室、棋类活动室等一应俱全。

“2013年学校改建竣工后，现在的条件一点儿都不比城里学校差。”该校校长孙建超说。

“如今，宽城各个校点的硬件设施已经达到了相当水准，我们把目光投向了教师素质提高上。实现城乡义务教育均衡，师资是关键。”县教育局副局长闫守伟说。

对于校长队伍，宽城实行了公开选拔竞聘校长制度，使“能者上，平者让，庸者下”。在教师队伍补充上，为90%以上的特岗教师解决编制，公开招录重点大学毕业生106名。同时，职称评定、待遇提高向农村教师倾斜，并大力开展农村教师周转房建设，进一步稳定了农村教师队伍。

“如今教学点的特岗老师，每月工资比其他县多出近千元。”上板城教学点教师王国彦说。

近3年来，该县中小学校长轮岗交流28人、教师轮岗交流341人，先后选派52名县城校优秀教师到农村校支教，还选派22名农村薄弱校校长、教师到天津、山东等地学校挂职锻炼。

“几年来，我们已培养出全国优秀教师6人、省特级教师4人、省市优秀教师40人、学科带头人53人。他们成为我县教育的楷模与中坚。”闫守伟说。

“让老百姓满意是目标”

经过几年建设，宽城将县内3所高中合并为1所，迁入教育园区。将全县28所初中合并为4所，全部设在县城，实现了初中向县城集中。将全县18个乡镇学校划分为宽城、峪耳崖、板城、汤道河四大学区，把原有的乡镇中学校舍改为寄宿制小学，实现了小学高年级向乡镇集中。

同时，宽城县新建改建农村标准化小学26所。为保证低龄儿童有学上和就近入学，该县又把原有的村小学改建为教学点和幼儿园，实现了小学低年级和幼儿园向自然村覆盖。据统计，全县共改建教学点78个，农村独立幼儿园31所，小学辐射幼儿园65所，基本满足了幼儿就近入园的要求。

“过去许多农村校一所学校同年级同学科的教师只有一两人，根本无法进行集体备课和教学研讨，教学质量肯定会受到影响。如今学校有200多名教师，一个学科至少也有十几人，这样相互学习、共同提高的氛围就增强了。教师教学水平提高了，学生成绩自然也就上去了。”曾长期在乡镇中学执教的宽城三中校长马俊军说。

由过去一所初中改扩建的板城小学如今成了当地名校，周边9个行政村的912个孩子在此寄宿上学。该校教学楼里由3个实验室改建的图书馆里藏书达到2.6万册。

家长张丽娟对自己孩子刘思源近两年来的变化喜出望外：“我在镇上打工，经常顾不上管孩子。孩子从三年级开始搬进板城小学寄宿上学，明显看出，孩子性格开朗了，成绩提高了。”

“办好教育是最大的民生工程。努力促进城乡教育均衡、实现教育教学质量提升，让老百姓满意，是我们最大的目标。”王子文说。

来源：《中国教育报》
2014年10月15日
记者： 周洪松

“独手园丁”马笑冰：当一辈子教师也不后悔

他，19 岁时失去左手，从此放下锄头，拿起粉笔，开始当一名乡村教师；

他，爱护学生就像爱护自己的孩子，因为忙于工作痛失女儿，却将更多的情感注入三尺讲台；

他，以校为家，以家为校，在贫困落后的山沟里，建成了全省知名的乡村小学……

他就是河北省承德市宽城满族自治县峪耳崖小学校长马笑冰。

“我是一名教师，学校就是我的阵地，这块阵地一定要守住、守好。”

初夏时节，走进宽城满族自治县峪耳崖小学，三栋齐整的教学楼依次排列，图书室、实验室、多媒体室、语音室等标准多功能教室一应俱全。一间教室里传出的讲课声音，严肃而又生动。正在讲课的，就是被人们称为“独手园丁”的马笑冰。他用右手熟练地写粉笔字、翻动课本、变换各种手势向学生传递知识，而“左手”却深深地插在裤兜里，一直不露出来。

说起马笑冰的手，那是发生在 1976 年的事。那一年，他 19 岁，在一次生产劳动中，意外地被铡草机铡碎了左手。灾难并没有把他打倒：“没有左手我还有右手，不能干活我就教书！”倔强的马笑冰拿起粉笔，从此一头扎进了家乡的教育事业。

1990 年，峪耳崖小学有 27 间教室，18 间都是危房。为了改善学校的教学环境，马笑冰四处奔波，年内集资 20 万元盖起了第一栋教学楼。两年后，又集资 25 万元盖起了第二栋教学楼。1993 年，又筹资 32 万元建起了第三座教学实验楼。

为了改善办学条件，他拿出自己的积蓄，又向亲友借款 40 余万元，建起了 12 个标准多功能室，按省颁一类标准配齐了各种教学仪器。

峪耳崖有了现代化农村小学！这在承德市引起了不小的轰动。可学校的建成并不是一帆风顺的。跟上级要钱受过拒绝，向企业伸手遭过白眼，拿家里的钱也跟老伴吵过架，为了教课他累倒在讲台上，为了工程他吃住在工地上……

多少人不解地问，“马笑冰，你傻啊？你当老师犯瘾吗？”而他总是淡淡一笑：“我是一名教师，学校就是我的阵地，这块阵地一定要守住、守好。”

“我失去了一个女儿，却得到了更多的孩子，我盼望一个满园花开的春天。”

咚咚咚，轻轻的敲门声让马笑冰的视线从教案上移到门口，门口站着一个 20 多岁的年轻人。“你是……”马笑冰有些诧异。“马老师，我是小军，您的孩子刘小军啊！”年轻人边说边把马笑冰紧紧地抱住了，顿时，两个人的记忆都回到十多年前……

那时刘小军 14 岁，父亲早亡，母亲改嫁，与 70 多岁的奶奶相依为命，生活艰难，多次退学。为了让他能够顺利完成学业，马笑冰把小军接到自己家里，把他当成了自己的孩子。

马笑冰把每一个学生都当成了自己的孩子，但也正是为了这些孩子，他失去了自己心爱的女儿。

1985 年，不满周岁的女儿身体出现异常，忙于工作的马笑冰无暇照顾，直到孩子不能进食被送到医院，却已经错过了最佳治疗时机……

幼女的离去成了马笑冰心中永远的痛，他将更多的情感注入三尺讲台。“我失去了一个女儿，却得到了更多的孩子，我盼望一个满园花开的春天。”

“一支铅笔、一片药、一句贴心的话，再

加上那么多不眠的夜晚，谁也算不清马老师在我们身上花了多少心血、多少钱。”孩子们一句理解的话，如同催化剂一般，让他心底所有的辛劳都化成甘甜。

这些年来，马笑冰从微薄的工资中挤出10万余元，帮助60多名贫困学生顺利完成了小学学业。胡东月的父亲双目失明，家中没有生活来源，马笑冰负担了他小学六年的全部生活费；李冬兰得了白血病，马笑冰两次为她捐款3000元，连续6年为她上保险，让她顺利升上了初中……

“当教师挣不了太多的钱，也没有太高的地位，但当一辈子教师我不后悔。”

全国师德标兵、全国教育系统劳动模范、河北省特级教师、河北省优秀共产党员……在记者的一再要求下，马笑冰终于答应让我们看看他的荣誉证书和奖状。

厚厚的几十个证书和奖状，锁在马笑冰的橱柜里，上面已经盖满了一层尘土。他说：“与这些相比，我更喜欢看孩子们的满分考卷。”

30多年的教学生涯，马笑冰付出了，也收获了，付出的是汗水和心血，收获的是认可和荣誉。多少次，上海、大连、广东等地的学校高薪聘请他，他都拒绝了。

他舍不得学校，舍不得那些孩子。“当教师挣不了太多的钱，也没有太高的地位，但当一辈子教师我不后悔。”与记者告别时，他这样说。

来源：《光明日报》

2013年5月30日

记者：耿建扩　通讯员：咸立冬 刘金劼

扎根山村育“幼苗”

——记河北省围场县哈里哈乡莫里莫村幼儿园教师李广

57岁的李广，是河北省围场县哈里哈乡莫里莫村幼儿园唯一的教师。从参加工作至今，他在贫瘠的山沟里坚守了38年。李广说：“人活一世，能做自己热爱的工作并得到人们肯定，自己这辈子过得值！”

“李老师好！”新学期伊始，坐落在坝上山沟里的河北省围场县哈里哈乡莫里莫村幼儿园，又迎来了几个孩子。初秋时节，山风清爽，听到孩子们的问候，李广老师的脸上乐开了花。

已经57岁的李广，是这所幼儿园唯一的教师。从参加工作开始，他已经在这个贫瘠的山沟里整整坚守了38年。38年的沧桑岁月已在他的脸上留下了深深印记，站在自己一手建造的幼儿园里，李广自豪地说：“人活一世，能做自己热爱的工作并得到人们肯定，自己这辈子过得值！”

志不渝，坚守深山38年

莫里莫村幼儿园地处塞罕坝，全村11个居民组分散居住在方圆20多里的3条深山沟里，只有一条蜿蜒的村路与山外相连。就在这个交通闭塞、环境恶劣的小山村，李广开始担任民办教师。这一干，就是38年。其间因为工作出色，虽然转为公办教师，但他依然选择扎根山村。

“俺们这里条件艰苦，很多老师待不了几个月就找门路想办法调走了。一拨拨地走，也就是李老师一直待在这里。”十里八沟的乡亲们对李广十分敬佩。

“我也曾有机会调走，但山沟里几个村的孩子怎么办，总得有人教、有人管。”李广平静地说。

莫里莫村幼儿园由原村小学改建而成。当时校园里仅有顺着一溜山坡建起来的几间校舍，院里高低不平，沙石遍地，一到刮风天就尘灰扑面，一到下雨天就泥泞不堪、难以下脚。

那些日子，李广把幼儿园当成了自己的家，

自己动手垒院墙、修操场、建植物园。

没有报酬、没有帮工，李广总会挤时间，赶进度。年复一年，日复一日，身材瘦小的他始终不停地在幼儿园里忙碌……

家里人看到他疲惫不堪的样子，都心疼地说："该歇你就歇歇吧，你都多大年龄了，不要逞能了。"他虽然觉得家里人说得有理，但就是怎么也停不下来。

山里缺水，多年来，幼儿园饮用水十分困难，要到距学校100多米远的水井担水，井水还经常是浑浊的。于是，李广开始琢磨为幼儿园打井的事儿。

劳心费力，连打三眼。前两个因无水失败，第三次打的这眼井每年只在夏季有水，其他季节干涸。直到2011年，李广在县水务局争取了一个打井项目，10月末钻井队到校开始施工。

当时正是秋忙时节，雇不到打井的小工，李广主动承担起组织小工的任务，安装打井设施，人少干不了，他凭着在村民和家长中的威望，向家长做工作，取得了他们的支持，按黑白两班倒，每名家长义务出工一班，编了10天班。

但由于井深岩石硬，按预定时间没有完工，结果延期了5天。不好再向家长开口，没办法，李广只好白天一边当老师照顾孩子上课，一边当小工。夜班他一人顶着，持续半个月，没睡过一个囫囵觉，每天和泥浆、换钻杆、清泥沙，忙得团团转，浑身累得散了架。井终于打成了。看到孩子们能用上清澈干净的井水，李广脸上露出了微笑。

像这样的事儿，在李广38年的工作中还有很多。

李广多年的努力也让山里乡亲们看在眼里、记在心里，每逢家里有喜事儿，都会把李广请来当座上宾。

倾心血，营造"世外桃源"

李广始终把改善办园条件当作一件大事。

生活中，李广有一手漂亮的木工、泥瓦工手艺。一有时间，他就取出自己的工具，为学校砌围墙、垒月台、砌台阶、平整院落、硬化活动场地、做橱柜、改制桌凳、焊制安全护栏和大型体育活动器材，整天忙得不亦乐乎。

莫里莫村幼儿园地处山区，李广又产生了新想法：把幼儿园建成孩子们喜欢的乐园。于是，他着手对幼儿园进行设计，循院就势，随高就低，建绿地、植物园、花园、果园。

李广又一次当起了师傅，雇了一个小工当帮手，他既怕耽误孩子上课，又担心天气变冷泥水不和，每天刚一放亮他就出现在工地上，饿了他就吃口从家带来的干粮，困了他就喝口凉水提提神。就这样，7天时间，他完成了180延长米牙子砖围花园、镶甬路、绿地边角的工作，又用独轮车取土垫花园、绿地、果园近400平方米。

有了地方，还得有瓜果树木，"得让幼儿园春有绿、夏有花、秋有果"。为此，李广利用节假日，用废旧轮胎巧妙造型，建成立体移动花坛，还在果园、花园、植物园、院内四周、甬路边角，栽植了五角枫、龙爪榆、樱桃、杏树，还种植了油葵、瓜菜豆及各类花草。

春种、夏管、秋收，都是他一人劳作；整地、栽种、施肥浇水、除草、树木花草的修剪，都靠他自己来完成。

李广从中摸索出一套种植管理技术。因幼儿园绿地面积近1500平方米，一到夏天，杂草丛生，为了不耽误常规教育教学工作，他只能牺牲休息时间除草、松土。每到暑假，他隔几天就会到校除草、浇水，将这些花草像照顾学生一样对待。

功夫不负有心人，由于他多年的付出，莫里莫村幼儿园真正成了生态校园：春天绿树成荫，夏天花草飘香，秋天硕果累累。院内四季常青，瓜果蔬菜、树木花卉间混套种，立体种植，错落有致，色彩协调，无处不给人以美的享受。"放假在家了，小孩子还吵着要上学校玩。"村里乡亲们说。

铸师魂，做“最美山区教师”

20世纪80年代初，李广与村干部协商，把100亩荒山划归村里小学作为校山，并种上了松树。30多年，他一直义务担任护林员，无论寒暑，踏坑、除草、修枝、打杈，常年管护。如今，这百亩校山成为幼儿园的财富。

2007年，李广采伐了其中一部分树木，收入了3.6万元，当时对那个小山村来说是一个天文数字。这些钱全部用于翻新校舍、改善饮水设施、安装暖气、焊制安全护栏和室外大型玩具，并添置了幼儿休息用床，购买了电脑、打印机、电视机、饮水机以及各类儿童玩具、图书。

平时，李广四处搜集各类废旧物品和板材的下脚料，自己动手制作各种玩具、学具。他做出的会飞的鸽子、多功能积木、活动的小人等各类活动玩具、教具让孩子们爱不释手。

由于居住分散，最远的孩子距离学校10里路。为了照顾好这些山里娃，李广每天早出晚归。冬季，他早早把学校锅炉烧暖，遇到下雪天，就把院落的积雪清理干净；夏季中午，他用大锅给幼儿做午饭、烧水，精心照顾他们的起居。家长农活儿太忙没时间接孩子，他亲自把孩子送到家长面前，再踏上回家的路；孩子生病了，他就用自行车带着孩子到十几里路以外的村卫生所治病。

在教学中，李广注重孩子们的养成教育，用可亲可敬的行为感染孩子；在生活中，他教孩子们洗手、洗脸，帮他们梳头、剪指甲，告诉他们怎样讲卫生、懂礼仪，爱整洁、能自理、克服不良习惯；在活动中，他和孩子们一起学知识、画画、唱歌、跳舞、做游戏、讲故事，做幼儿喜欢做的活动。

“活到老，学到老。”为了教好孩子，李广平时抓紧点滴时间学习美术、舞蹈、音乐等业务知识，主动参加各类学习培训，刻苦钻研幼儿教育方法理论。在保教实践过程中，李广创造性地实施了“学科同上”“室内外交替”“大带小”“助手帮教”等独特的“幼儿复式班”教学活动方式，取得了明显成效。

如今，在李广的精心教育和管理下，莫里莫幼儿园保教质量不断提高，而且从未发生过安全事故，赢得了村民的信赖和好评。

38年寒来暑往，李广在深山里倾情教育播智慧，培桃育李绽芬芳。他曾先后40多次受到各级表彰和奖励，2009年被授予“河北省优秀教师”称号。2014年教师节，他更是被评为2014年度全国教书育人楷模。

“让这些山里娃在自己的乐园快乐成长，是我的目标。从中我也找到了属于自己的快乐。”李广说。

来源：《中国教育报》

2014年10月08日

记者：周洪松　　通讯员：刘 杰

山里的孩子需要我

——记丰宁马家窝铺教学点教师朱百川

2015年9月7日，承德市中小学开学第一天。丰宁满族自治县土城中心校马家窝铺教学点教师朱百川早早来到学校，收拾院子、打扫教室，眼睛不时望一眼校门，盼着孩子们早点到来。

39年了，虽然有多次机会离开这个偏僻的小山村，但他却选择了坚守。

“朱老师好！”看着整整一个暑假未见的学生们，朱百川心里一下子踏实了。在他看来，那么多的辛苦，那么多的舍弃，有孩子们这一句再平常不过的问候，什么都值了！

我不能让一个孩子辍学

马家窝铺村位于海拔1500米的深山里，是个典型的小山村。1976年，高中毕业的朱百川通过考试，成为马家窝铺小学的一名民办教师。那一年，他18岁。39年过去了，朱百川对他第一天上班时的情景仍记忆犹新。那天，正值新学期开学，他接手的一个有29名学生的五年级毕业班，只到了19名学生，其余的都因家庭贫困辍学了。

被现实浇了一盆凉水的朱百川有些泄气了。虽然是高中毕业，可在那个年月，那是绝对的高学历，想换个工作非常容易。看着空了一半的教室，他甚至想卷起铺盖走人。

梦想不能这么轻易让现实打败！第二天一大早，朱百川开始一个村一个村地找学生。山里人家，稀稀拉拉住在深山旮旯里，他就翻山越岭、起早贪黑地去找，走了一家再去一家，一次不行下次再去，两次不行就去第三次……

那时，有个叫张林的学生。当朱百川翻过两个土梁来到他们家时，父亲正准备带他上山砍柴，朱百川摸着小张林的头问：“想上学吗？”他点点头却眼泪汪汪：“想上，可是我家里没有钱！”“你明天尽管去学校，钱我想办法给你出！”就这样整整一个星期，朱百川把学生一个不落地找了回来。

看着孩子们重新坐在教室里上课，朱百川笑了，他在那些稚嫩的脸上看到了希望，同时也感觉到了肩上沉重的责任。后来，有些孩子跟着家长到企业矿山打工挣钱，朱桂斌就是其中一个。朱百川听说后，五次去矿山劝说，直到把他拉回了学校，之后，朱桂斌考上了军校，现在是一名军医。

“我的理想，就是不能让一个孩子中途辍学。”30多年里，朱百川教过的学生有近千人，其中300多人考上各类学校并在京津石等地就业。当初被他找回来的张林坚持读完大学，现在某银行工作。

1995年，朱百川被调到张百万中学担任会计兼后勤主任，此后他又举家搬到土城镇居住。本来，他可以一直这样“安居乐业”。

山里的孩子需要我，我得留在这里

2000年，全县学校布局调整。由于三年级以上全部合并到其他学校，马家窝铺小学变成了一个只有十几名学生的教学点，而原来的3名教师没人愿意继续任教，先后调走了。

眼看秋季开学时间日渐临近，怎么办？正当中心校为解决教师问题发愁之时，远在土城镇的朱百川知道了此事。他主动要求回马家窝铺任教。中心校校长拍了拍他的肩膀，眼圈湿润了。

当时，知道的人都说：“他才傻呢，别人从穷山沟里调还调不走，他还回来！”而朱百川想的是：如果自己不回去，这个教学点很可能就会被撤掉，那些只有六七岁的孩子就只能离开父母，离开村子，到10里以外的小学过寄宿生活。“对于这个年龄段的孩子来说，儿时亲情的缺失是难以用学校教育弥补的。”

朱百川心里有学校，有学生，唯独没有自己。放下所有，只身一人回到原来的地方，朱百川知道，为了这些孩子，他必须要舍弃很多。

从学校到镇上，有40多里山路，他只能平时在学校吃住，周末骑摩托车回家。2008年4月，朱百川骑着摩托车去加油，回来的路上被一辆农用车撞倒，手、腿、脸上都是伤。送到医院后，医生要求他必须住院治疗。可躺在床上的他放不下学生们，只输了一天液，第二天一大早趁医生还没有查房就偷偷坐班车回学校去了。班上的学生见满身是伤的老师来上课，很是心疼，劝他回家休息。朱百川摇摇头说，“看见你们，哪儿都不疼了！”一天的课坚持下来，朱百川受伤的腿已经动弹不得。

“你这是图啥呀？”妻子看着年过半百的老伴还这么拼死拼活地工作，十分不解。朱百川回答，“图的就是让他们不能没有知识。”妻子抹着眼泪，默默地给他敷药，不再说话。

冬天天冷，学校的自来水管冻住了不能用，夏季干旱水位下降没有水，一年得挑半年多水。从学校到老井泉往返是2千米，有一次打水，由于井口有冰他滑倒了，当时由于工作忙，也没在意，过半年后到医院拍了片子，发现尾椎受损伤……

朱百川说，他有时也感到孤独。“谁不愿意在家里的热炕头上吃吃饭、说说话啊，可是，山里的孩子需要我，我得留在这里。”看着孩子们来到学校坐到教室，听到孩子们无忧无虑的笑声，他的精神头又来了……

只要孩子们出息了，我付出多少也值得

“我是朱老师的学生，儿子、闺女也是。如今小孙女4周岁了，又交给了朱老师。”52岁的马家窝铺村村民于明荣说，在周边几个村子里，到处都是朱百川的学生，像她这样祖孙三代的也不在少数。

“教学点虽小，但五脏俱全。就跟过去守边关一样，必须把它坚守好。”一个教室里22个学生，有学前班、一年级、二年级三个年级段，教起来非常困难。经过不断摸索，朱百川总结出来一套有效的方法。“要在每个年级段选一个好学生做助手，当给其他年级讲课时，由他维持秩序；安排好座位，形成互学小组；午休或放学时间，再对一些学生个别辅导……”谈起这些，他有说不完的话。

虽然年过半百，但朱百川却是个“不落伍，注重知识更新”的老师。这几年课改变化大，参加新课程培训等他比年轻老师还积极，还自己买了电脑，查找资料、制作课件。在教学上，他一丝不苟，教案、学生作业是教学点里最好的，教学成绩始终在中心校名列前茅，并多次获第一名。

由于是单人独校，他在管学生学习之外，还要管学生的吃喝拉撒睡。平时，孩子们在学校渴了饿了生病了，都是他自己照顾；岁数小的，尿裤子了也得换。这些年来，路远的孩子中午不回家，下了课他就给孩子们做饭、安排午休；赶上农忙，或者家里有事，乡亲们送孩子就送得早，9点上课，有的7点就给送到了，朱百川没有一句怨言。

每逢下雨下雪天，朱百川还要把路远的孩子送回家。有一年夏天下大雨，放学都好长时间了，一年级学生刘嘉阔的家长也没有来接。刘嘉阔家住小苇子沟村，路上要翻过一道山梁，还要蹚过一条小河。朱百川就去送孩子，等他回来再过河时，天色已渐渐暗了，上游到来的洪峰伴着黄黑泥浆向他冲来，一下子把他冲出好几米远……那一次，他用尽全身力气才爬上了河对岸。

长年奔波劳碌，朱百川落下了风湿骨病、腰椎间盘突出。厉害时，给孩子们生炉子一蹲下就站不起来，有时他甚至跪在椅子上给孩子们上课……说到这里，朱百川声音一下子哽咽了。停了好久，他才说，只要孩子们出息了，付出多少也值得。

在朱百川的坚守下，马家窝铺教学点不但保留了下来，而且办得越来越好。朱百川也因此获得许多荣誉，省优秀教师、承德市师德标兵、县政府嘉奖、模范班主任等证书摞起来将近一尺高。“但在我心里，孩子们最重要！”朱百川说。

来源：《河北日报》

2015 年 9 月 9 日

记者：王敬照　通讯员：张彦娟 刘 杰

用爱和生命去坚守

——记河北省承德县三家乡孤山小学校长于贵勤

个人档案

● 出生年月：1956 年 3 月

● 任教学科：语文

● 毕业学校：河北师范大学自考大专班

● 任教经历：1980 年，在承德县邓上乡东三十家子村小学任教。1990 年，到承德县孤山小学任教。1991 年，担任该学校校长并坚持任教至今。

于贵勤人生箴言：当老百姓的官儿，就得给老百姓多办点事儿。尽管校长不是啥官，可是我能做到的必须都得为这个学校、学生们一点点实现了，心才能安。

同事评价：对于学校，她是家长；对于学生，她是母亲；对于老师，她是老大姐。当时，面对破旧不堪的学校，她没有选择放弃，而是付出自己的全部心血来打造它，甚至忽视了家庭。没有她，就没有孤山小学的今天。

孤山小学后勤处处长 李炳忠

学生的评价：在我童年的记忆里，雷锋只是个影子。但在我有限的生命里，于校长却让我感受到了雷锋精神是什么概念，她就像雷锋一样活在我们的身边。

于贵勤曾经资助的三个学生：　李德福、李德民、李德新

2012 年 7 月 12 日。黄昏。

筋疲力尽的于贵勤缓缓地锁上学校的大门。几天前，学生们早已放假，作为一校之长的她却仍留在学校，她要整理好这个学期的教学档案。

56 岁的她已经退休了，却仍被特批留任，继续担任着这个学校的校长。

她是最合适的人选。因为是她，使这个原本没人知道的山村学校走出了大山；是她，带来了这所学校的每一步改变。没有她，就没有现在的孤山小学。

更重要的是，没有人能代替她对这所学校的爱；没有任何东西，能坚固得过她对这片土地的坚守。

随着一声清脆的声响，大门锁上了。于贵勤环视着校园，笑了。几天前，学校刚刚通过了审计署的审计。

这时候，于贵勤的脑海里有两个影像在播放，一个是眼前这个校园，另一个，则是 22 年前那个破旧的院子。

“好好干吧，干好了再走。”

1990 年，34 岁的于贵勤从县重点小学分配到承德县三家乡孤山小学。

现实比于贵勤的想象要残酷得多。

12 间破旧不堪的平房，没有院墙，没有窗户。穿着几乎露屁股的衣服的三四个孩子挤在一个桌子前，仅有的几把凳子只能作为摆设，根本无法坐人。

而自己的小家，一个约 18 平方米常年没人居住过的小黑屋，锅台上长着蘑菇，另一端则连着根本住不下一家四口人的土炕。地上有几处明

显的耗子洞，黑漆漆的像挑衅的眼睛。

于贵勤哭了。这是什么地方啊，她就像一个被抛弃在荒郊野外的无助的孩子。作为老师，她看不到事业的希望。作为女人，她也看不到生活的希望。

那一夜，她失眠了，辗转反侧。

看着黎明悄悄扯开夜色露出头角，听着昨日还哭闹的孩子在身边已经发出均匀的呼吸。于贵勤心里也渐渐亮堂了：希望是自己给的，不是摆在那儿的。就像这黎明，需要冲破黑暗。

“好好干吧，干好了再走。”于贵勤对自己说。

心安定了，一切便稳当下来。

然而，现实的残酷才是个开头。

于贵勤带的是毕业班，通过上课她才发现，学生们的文化水平仅仅相当于三年级。

“怎么办？”这是于贵勤必须要攻克的第一个难题。

在取得校长的同意后，她利用放假时间给孩子们补课。

那个冬天太冷了。于贵勤把24个孩子领到自己的家里上课。没有黑板，她拿出了家里的面板；没有板擦，她便用毛巾代替；没有凳子，她跑到外边找到木头自己做……

一年后，这个历年来都顶着全县倒数第一帽子的学校，愣是以合格率100%的成绩把孩子们送进了初中。

也是这一年，于贵勤成为孤山小学的校长。

“我是他们的校长，我有责任管他们！”

不管到什么时候，于贵勤都忘不了1973年那一个普通的一天。

母亲在磨坊里费力地压着玉米面，一圈又一圈。旁边站着的是17岁的她，这个九口之家里唯一的一个读书的孩子。

碾子上是金黄的玉米面，是她一周的干粮，而这些干粮，是母亲靠着面子借来的储备粮。

“你先把这些端回去，可千万别撒了，这是你一个礼拜的干粮。”

母亲把装着玉米面的簸箕递给于贵勤。盘算着这个星期该如何省着吃这些干粮的于贵勤低头走着，脚却被一块突起的石头绊倒了，玉米面洒了一地。

“完了！”于贵勤手足无措地看着由远及近的母亲。并没有责骂。母亲的眼泪一滴滴地掉在地上，瘦骨嶙峋的手细心地一点点捧起洒在地上的玉米面，缓缓地放到簸箕里。

“你要记着，将来有一天你要是当了官，要想着老百姓有多不容易，多给他们办点事儿。”

母亲的眼泪掉到地上，也掉进了于贵勤的心里。那个场景，让她刻骨铭心。那句话，更让她永生难忘。

从此，一个信念，就这样筑在了她的心底，融入了她的每一个细胞。

夏天，孩子们在没有院墙的学校里玩耍，经常看见从附近山上爬下来的蛇趴在操场上。冬天，没有窗户的教室四面透风，孩子们穿着拖鞋和单薄的衣服站着上课。山里的孩子就是苦啊。

站在黑板前的于贵勤心里很疼。

她想让那些纯洁的求知的山里孩子，不受动物的侵扰，坐着上课。然而，就是这样最基本的要求，这个贫困的学校也无力承担。

没有钱买，于贵勤就想到了“化缘”。

1993年的腊月，她准备到承德市寻求帮助。在这个距离县城120多千米的偏僻山村，每天只有一趟班车通往市区，乘车的地点还在8里之外。

清晨4点钟，于贵勤便起床往村外走。黑漆漆的村子，只有幽幽的路边的树影。寒风吹着树枝哗哗作响。于贵勤顶着内心的恐惧，一路小跑。前日下的一层小雪，路面湿滑，等到于贵勤跌跌撞撞地跑到地方，棉袄全都湿透了，可是班车却已经开走了，地面上只剩下两道车辙印……

她站在寒风中瑟瑟发抖，泪水顺着脸颊流下来，冰凉冰凉。

“我为什么要到这个地方受这个罪？孩子们冷了暖了跟我有啥关系……”天大亮后，有赶集的村民看见蹲在路边的这个女人，手和嘴唇都冻得发紫，眼角的泪水也凝成了冰花。好心的人赶紧把玉米秸点着了给她烤火取暖。

僵硬的身体暖和过来了，于贵勤也给自己找到了答案："我是他们的校长，我有责任管他们！"

1995年，于贵勤作为最年轻的代表参加河北省劳模大会。在这么一个聚集了各路人才的会上，她抓住了"化缘"的良机。在大会之后的学习讨论会上，她说出了学校的困难。

3000元、5000元、一车水泥、几吨钢材……劳模们纷纷伸出热心之手，帮助这个把学校看得比自己家还重要的校长。

"谢谢！谢谢！"于贵勤再一次流出眼泪，为的是劳模们的这份支持，为了这几年里她的一次次付出。

就是在她这样一次次的"化缘"之下，学校的院墙有了，学生们的旧衣服有了，学校的教学楼也有了。而于贵勤有的，除了高兴，就是一根根早生的白发。

"孩子们上学的钱我出了！"

对于学校来说，说她是校长，不如说她更像是个勤杂工。

学校的楼房盖起来后，问题又来了。数九寒天，要保证教室的温度，必须24小时里每隔40分钟便得添一次煤，这又累又脏又得精心的活儿没人愿意干。看着老师们为难的表情，于贵勤说："我干！"

一边上课，一边实施学校的管理，一边给学校烧锅炉，于贵勤把自己分成八个人用。每个冬天，她都住在学校里，晚上，每隔40分钟就起来添一次煤。学生们的教室和宿舍暖和了，可锅炉房的偏房里却冷得要命，她需要盖6个被子才能勉强暖和手脚。

被窝、锅炉房；凉被窝、锅炉房；冰冷的被窝、锅炉房。

反反复复，来来回回。有好多次，于贵勤都拄着两米多长的火炉钩子在锅炉房里睡着了。发现这一幕的老师吓得够呛，她却拍拍身上的炉灰，笑着说："屋子暖和就睡着了，没事儿。"

对于学生来说，说她是老师，倒不如说她是母亲。

村里李德福、李德民、李德新一家三兄弟，父亲去世，母亲改嫁，三个孩子跟着70多岁的爷爷奶奶生活。

面对着三个即将失学的孩子，于贵勤咬咬牙："上学的钱我出了！"

本就不富裕的家庭再加上另外三个孩子的开销，生活捉襟见肘。开学后，于贵勤交完三个孩子和自己两个孩子的学费后，手头只剩下5毛钱。她紧紧地握着这5毛钱，生怕被人抢去，似乎这是全家人生活下去的希望。

丈夫张立民忘不了。看着妻子每次穿着破旧的衣服去参加各种劳模会，他心疼啊，用大半个月的工资给她买了一双皮鞋，却被穿在了她资助的孩子的脚上。

儿子张继伟忘不了。"六一"儿童节别的孩子都有新衣服和礼物拿，妈妈却用奖金给李德民三兄弟每人买了一身衣服，自己和妹妹躲在屋角里哭。

而于贵勤也忘不了，李德民在上大学的那一天，哭着喊她"妈妈"。在孤山小学的22年里，200多名贫困生在她的资助下重返课堂，并相继走出大山。

有人说于贵勤傻。她说："如果我的傻能让这些孩子都通过文化知识走出大山去，我就傻一辈子吧。"

来源：《光明日报》
2012年7月20日
记者： 耿建扩 本报
通讯员： 袁雪梅 汪瑞华

附六：承德市各级各类学校校歌、校训选录

一、大中专院校

1．承德石油高等专科学校

校训：道艺兼修　敬业乐群

校风：严　细　实　新

教风：循理致用　厚德爱生

学风：勤学　敏行　向上

校歌：《托起太阳》

渤海之滨诞生，塞外长空翱翔，

向着未来，满怀理想，我们在祖国的怀抱中成长。

攻学理，重实践，基石在这里铺垫；

道艺兼修乐奉献，精神在这里铸炼。

我们要做民族崛起的栋梁，用双手托起了太阳！

觉醒的岁月扬帆，复兴的年代远航，

向着未来，满怀理想，我们在祖国的怀抱中成长。

攻学理，重实践，基石在这里铺垫；

敬业乐群意志坚，精神在这里铸炼。

我们从这里奔向四面八方，再创造新的辉煌！

2．河北民族师范学院

校训：修德砺能　博学致远

校风：至诚至善　求是求新

教风：敬业爱生　长善救失

学风：勤勉睿思　善学致用

校歌：面魁星，负离宫，

民族师范建其中。

沐春风，桃李荣，

远方学子争来从。

智德体美，俭毅精诚，

既知需励行。

师道昌，教育隆，

紫云丹日放光明；

面凤凰，负山庄，

百年学府续辉煌。

历沧桑，谱新章，

志存高远当自强。

修德砺能，教学相长，

满园桃李芳。

担道义，育栋梁，

乘风破浪再远航。

3．河北旅游职业学院

校训：知行并举　德艺兼修

校风：严谨　求实　和谐　创新

教风：启智求真　弘道树人

学风：厚德　笃学　善思　砺能

院歌：凤凰升紫气，

双河映朝阳，

莘莘学子，汇聚一堂，

三载同窗，不负韶光。

今日，我们知行并举，德艺兼修；

明朝，我们学以致用，业有专长。

啊，旅游学院，旅游学院，

春风化雨，弘道树人，

天道酬勤，厚德自强！

凤凰升紫气，

双河映朝阳，

莘莘学子，汇聚一堂，

三载同窗，不负韶光。

今日，我们风华正茂，笃学砺能；

明朝，我们春华秋实，桃李芬芳。
啊，旅游学院，旅游学院，
启智求真，事业兴旺，
薪火相传，永铸辉煌！

4. 承德护理职业学院

校训：尚德　笃学　慎行　奉献
校风：求实　团结　文明　奋进
校歌：僧冠峰下魁星映照，
武烈河畔紫塞天骄。
这里是神圣的医学殿堂，
圣洁美丽的地方。
菁菁校园谱写着文明奋进的乐章，
莘莘学子追逐着护卫生命的理想。
尚德笃学，
慎行奉献，
和谐的校园春风荡漾。
播种勤奋，
收获梦想，
放眼五洲桃李芬芳。
灿烂年华蓬勃着探索求知的渴望，
辛勤园丁丰满着天使翱翔的翅膀。
健康所系，
性命相托，
神圣的使命纯洁高尚。
播种勤奋，
收获梦想，
放眼五洲桃李芬芳。
我们共同创造着走向世界的辉煌。

5. 承德技师学院（承德工业学校）

校训：厚德励能 成才报国
校风（学院精神）：艰苦创业　勤奋进取
勇于担当　追求卓越
教风：关爱每一名学生　上好每一节课
学风：勤学苦练　精益求精

6. 承德体育运动学校
校　　训：学训并重　德艺兼修
办学理念：冠军的摇篮　升本的捷径

二、普通高中

1. 河北承德第一中学

校训：勤行精进
校风：文明　朴实　勤学　守纪
学风：全面发展　学有特长　求索攻坚
超越自我

2. 承德市第二中学

校训：明德　博学　善思　敏行
校风：规范　有序　和谐　向上
教风：修身　乐业　求真　立言
学风：勤学　乐学　至诚　至善

3. 河北省隆化存瑞中学

校训：顶天立地　继往开来
校风：文明　刻苦　真诚　奉献
教风：学而不厌　诲人不倦
学风：博学　慎思　明辨　笃学
校歌：一尊英武的雕像，
铸就了一个永恒的青春，
一个擎天的壮举，
勾画出一个气壮山河的灵魂。
啊……董存瑞，
义薄云天，
勇破顽敌的无畏者。
啊……存中人，
意气风发英雄精神的继承人。
啊，奋斗吧，奋斗吧！
振兴存中高唱拼搏的旋律，
啊，前进吧，前进吧！
一路欢歌成功和自豪属于存中人。
一个崇高的信念，

燃起了山里学子火热的青春，
不畏险阻的攀登，
敲开了知识殿堂神圣的大门。
啊……努力吧，
孩儿自强，
勇绽开母亲的笑脸。
啊……存中人，
追求卓越让亲爱的祖国放心。
啊，奋斗吧，奋斗吧！
振兴存中高唱拼搏的旋律，
啊，前进吧，前进吧！
一路欢歌成功和自豪属于存中人，
属于存中人。

4．承德市高新区第一中学

校训：团结 谨严 求实 创新
校风：整洁 安静 文明 有序
教风：严而有爱　博而乐道
学风：学而勤笃　行而恒毅

5．承德市第八中学

校训：博学笃志　切问近思
校风：诚信友爱　勤奋进取
教风：因材施教　务实创新
学风：学有所长　和谐发展
校歌：文庙沧桑走向辉煌，
百年学府桃李芬芳，
自信、好学、扬长、自强，执着向上。
因材施教，发展特长，开发潜能，个性张扬。
书声琅琅，翰墨飘香，
书声琅琅，翰墨飘香，
今天莘莘学子，明天国家栋梁。
博学笃志，放飞希望，
切问近思，奋发图强，
继承，更要发扬，
拼搏，成就理想。
古今中外，博采众长，
和谐发展，教学相长，
书声琅琅，翰墨飘香，
书声琅琅，翰墨飘香，
今天莘莘学子，明天国家栋梁。
明天国家栋梁。

6．双滦区实验中学

校训：积仁德　增智能　强体魄　壮民族
校风：团结协作　励志进取
教风：以学定教　授之以渔
学风：自主合作　教学相长
校歌：《追逐梦想》

追逐梦想，我们投身双滦。

在这美丽的沃土，我们展翅蓝天，风雨无悔。

我们用青春擦亮求知的星索，日夜兼程。

我们用生命抻长岁月的织线。

啊，谱写华章；啊，迎接挑战，让我们的心彼此相牵！

啊，谱写华章；啊，迎接挑战，让我们的心彼此相连！

我们托起太阳，拥抱明天。

啊，谱写华章，啊，迎接挑战。

让我们的心彼此相连，我们托起太阳拥抱明天。

怀揣希望，我们相聚实验。

在这美丽的校园，我们搏击蓝天，团结友爱。

我们用激情点燃年轻的渴望，奋发图强。

我们用拼搏鼓起理想的风帆。

啊，谱写华章，啊，迎接挑战，让我们的心彼此相牵！

啊，谱写华章，啊，迎接挑战，让我们的心彼此相连！

我们托起太阳，拥抱明天。

啊，谱写华章，啊，迎接挑战。

让我们的心彼此相连，我们托起太阳拥抱明天。

7．围场满族蒙古族自治县第一中学

校训：自强不息　止于至善

校风：知本求真　慎思日新

教风：厚德严谨　精业爱生

学风：笃学勤行　正知正觉

校歌：在锥峰脚下，
有一个美丽的地方，
她鲜花盛开，
桃李芬芳，
这就是我们的学校围场一中，
围场一中！
为振兴木兰围场，
培育四化栋梁，
同学们，
在这里要刻苦学习，
锻炼身体，
在党的教育方针指引下，
又红又专，
茁壮成长！
在伊逊河畔，
有一个可爱的地方，
她歌声阵阵，
书声琅琅，
这就是我们的学校围场一中，
围场一中！
为建设塞北山乡，
造就一代闯将，
同学们，
在这里要努力拼搏，
奋发向上，
在党的温暖阳光照耀下，
立志成才，
百炼成钢！

8．丰宁满族自治县第一中学

校训：严谨 求实 开拓 创新

校风：文明 自主 乐学 感恩

教风：尚德 敬业 严谨 博爱

学风：励志 笃学 合作 求真

校歌：搬一架彩虹做那登天的梯，
摘一捧星星点亮探索的灯，
理想的脚步迎着太阳走，
让阳光灿烂每一个甜蜜的憧憬。
啊……理想，理想！
我们是新时代主人，
耳边回响先辈的嘱托，
为了理想而努力拼搏！
啊……理想，理想！
我们是未来的接班人，
创造明天是我们光荣的使命，
理想的光芒演绎成耀眼的星座。

9．宽城满族自治县第一中学

校训：自强不息　天天向上

校风：尚誉厚德　勤业求真

教风：传道授业　长善救失

学风：教师乐学　慎思悟道

校歌：紫塞夜明珠，湖秀蟠龙入。
博施善导，精研究训，
鲤跃龙门日，心花绽彩虹
传道授业，长善救失，
雨润禾苗绣，桃李沐春风。
传道授业，长善救失
雨润禾苗绣，桃李沐春风
雕刻好时光，永不负家邦。
都山望海志，宽和满乡情
尚誉厚德，勤业求真，
青春应无悔，誓不负此生。
自强不息，天天向上，
雕刻好时光，永不复家邦。
自强不息，天天向上，
雕刻好时光，永不负家邦。

10．围场卉原中学

校训：艰苦创业　自强不息　追求卓越

校风：求实　奋进　开拓　创新

教风：尚德　严谨　团结　仁爱

学风：文明　守纪　乐学　超越

11．承德市鹰手营子矿区第一中学

校训：有梦想　知荣辱　敢担当

校风：重礼义　守规则　思进取

教风：有智慧　肯尊严　勇创新

学风：乐学习　善思考　求卓越

三、中等职业学校

1．承德市双滦区职业技术教育中心

校训：诚实求真　德技大成

校风：团结友善　笃学创新

教风：仁爱笃行　博采善教

学风：勤学慎思　健康活泼

2．围场满族蒙古族自治县职业技术教育中心

校训：德技双馨　知能兼隆

校风：尚能　践行　强技　创新

学风：善思　乐学　进取　合作

教风：博学　善诱　敬业　爱生

校歌：锥峰山下，伊逊河旁，

围场职教，哺育我们成长。

我们是花朵，含苞待放，

我们是未来，扬帆起航。

走进校园，为了理想，

建设家乡，承载希望。

高考升学走捷径，

实训就业路宽广。

继往开来，茁壮成长，

共谱华章，铸就辉煌。

锥峰山下，伊逊河旁，

围场职教，哺育我们成长。

这里是海洋，凭其游跃，

这里是天空，任尔翱翔。

校企合作，成就事业，

师生携手，放飞希望。

崇德尚美勇拼搏，

博学精技素质强。

继往开来，茁壮成长，

共谱华章，铸就辉煌。

3．丰宁满族自治县职业技术教育中心

校训：崇德　尚文　砺志　笃行

校风：至诚　简朴　和谐　共进

教风：交流　合作　务实　高效

学风：勤学　善思　严谨　求实

4．滦平县职业技术教育中心

校训：修德　求知　健体　强技

校风：和谐　进取　敬业　创新

教风：一专多能　精心育人

校歌：《托起彩虹　书写豪迈》

带着泥土的芬芳，

田野中我们走来。

怀着少年的梦想，

我们为青春喝彩。

蓝天下我们孜孜以求把梦想播撒，

春风中我们厚德乐业把希望采摘。

我们是职业教育成长的英才，

我们是长城脚下追梦的一代。

重知识崇技能心存中国梦，

服务社会托起彩虹。

报效祖国书写豪迈！

报效祖国书写豪迈！

不忘父母的嘱托，

迷蒙中我们醒来。

牢记着老师的教诲，

我们把明天期待。

课堂上我们勤奋探索看桃李争春，

实训中我们学以致用展无限风采。
我们是职业教育成长的英才，
我们是长城脚下追梦的一代。
重知识崇技能心存中国梦，
服务社会托起彩虹。
报效祖国 书写豪迈！
报效祖国 书写豪迈！
报效祖国 书写豪迈！

5．隆化县职业技术教育中心

校训：砺能尚技 勤奋务实

校歌：《飞翔的心》

太阳把光芒给予了月亮，
星星虽小也凝聚无穷的能量。
让激情点燃不灭的梦想，
向上的心依然自信坚强。
飞翔飞翔，我心飞翔！
隆化职中给予我温暖和力量。
掌握技能，收获希望，
未来人生的路上洒满阳光。
小草也有自己生长的土壤，
花儿盛开释放醉人的芳香。
让理想插上智慧的翅膀，
飞翔的心依然自信坚强。
飞翔飞翔，我心飞翔！
隆化职中阔步前进，赢得辉煌。
相信科技，鉴定信念，
让勤劳的双手实现理想。

6．宽城满族自治县职业技术教育中心

校训：厚德 敏行 精工 立业

校风：善教 乐学 文明 和谐

教风：为人师表 教书育人

学风：知行合一 德技双馨

校歌：《放飞梦想》

迎着早晨灿烂的阳光，我们走在求知的路上，
为了建设美丽的家园，学好本领自立自强。
带着报效祖国的梦想，我们走在探索的路上，
为了祖国美好的明天，勤于探索实干兴邦。
春风习习，那是恩师不倦的教诲，
铃儿声声，那是亲人殷切的希望。
啊——宽城职教，啊——亲爱的母校，
青春的梦想在这里放飞，为我们插上腾飞的翅膀。
迎着早晨灿烂的阳光，我们走在求知的路上，
为了建设强大的祖国，努力学习奋发向上。
带着报效祖国的梦想，我们走在探索的路上，
为了中华民族的复兴，继往开来续写辉煌。
知行合一，莘莘学子不懈的追求，
德艺双修，祖国建设坚实的栋梁。
啊——宽城职教，啊——美丽的母校，
今天我们在这里起步，明天我们从这里远航。

四、初中

1．河北民族师范学院附属中学

校训：诚信 笃学 健体 尚美

校风：弘毅 立善 博学 创新

教风：修身 乐业 求真 立言

学风：明德 敦学 勤思 敏行

校歌：避暑山庄，
热河泉边，
美丽的校园风华少年。
自主学习，
增长才干，
珍惜时光，
把握今天。
万紫千红群芳艳，
师院附中春满园。
啊 啊 啊 啊
园丁辛勤呕心血，
英才辈出星光灿，
名校风采名校风采名校风采万里传。
万里传。

避暑山庄，
热河泉边，
美丽的校园风华少年。
开拓创新，
勇于实践，
发扬个性，
畅想明天。
中华民族宏图展，
历史重任担在肩。
啊 啊 啊 啊
园丁辛勤呕心血，
英才辈出星光灿，
名校风采名校风采名校风采万里传。
万里传。

2. 承德市民族中学

校训：为人正 为学勤 为业精
校风：和谐 修身 求实 创新
教风：德业齐修 乐教 善教
学风：学会认知 学会做人 学会生存
学会协作
校歌：温馨的校园书声琅琅，
理想的风帆从这里远航。
巧手绘出锦绣前程，
妙曲谱写动人华章。
园丁伴我书山漫步，
快乐随你学海荡漾。
全面发展健康成长，
社会需要这样栋梁。
民中！
托起明天的太阳。
民中！
师生携手共祝永久辉煌！

3. 北京师范大学承德附属学校

校训：坚 净 博 专
校风：和合凝华 其乐融融
教风：正心宣志 美施慎齐
学风：安学亲师 信道乐友

4. 承德市第十六中学

校训：文明 勤奋 认真 进取
校风：和谐 团结 文明 守纪
教风：敬业 严谨 博学 善导
学风：明德 尚礼 乐学 善思

5. 承德市第七中学

校训：学而不厌 诲人不倦
校风：博学 笃行 合作 进取
教风：爱生 敬业 务实 创新
学风：砺志 尚礼 勤学 善思
校歌：我是雾灵山觉醒的一条龙
绿野万里，山色青葱，
给我力量，让我腾冲。
人生砺志当作龙，
潜伏在云雾朦胧中，
有朝风云起，
更是祖国栋梁才，人间雄！
校门前淌过孕育我的柳河，
叮咚清澈，岁月如歌，
给我智慧，使智明彻。
老师博爱如柳河，
浸润我智慧的干涸，
走进校园里，处处关怀伴欢歌，几多乐！
啊！燕山，柳河，
我是营子人，
永远，铭记，
七中的母爱，
等我荣归来建设！
当你容颜更盛，
莫要忘记我献给你的歌。

6. 宽城满族自治县第二满族中学

校训：崇尚文明 追求卓越

校风：弘扬主体　彰显个性
教风：学而不厌　诲人不倦
学风：惜时求真　善思力行
校歌：巍巍都山秀，浩浩瀑河水，
　　灼灼木兰沁芳香，映我花与蕊！
　　学教相与长，德智尚文明，
　　豆蔻年华效鲲鹏，求学在梓里！
　　巍巍都山秀，浩浩瀑河美，
　　文笔雄峰高千丈，伴我花与蕾！
　　知行求卓越，志与家国随，
　　翩翩少年多彩梦，梦从满乡飞！

五、小学

1. 承德市实验小学

校训：仁爱　乐学　健美　奉献
校风：和谐　文明　进取　创新
教风：敬业　爱生　严谨　博学
学风：乐学　善思　自主　合作
校歌：鲜花映衬着我们笑脸，
　　绿树怀抱着美丽校园，
　　优秀的传统和深厚积淀，
　　培育栋梁走天下桃李开遍。
　　啊……承德实验小学，
　　是我们健康成长的摇篮。
　　啊……承德实验小学，
　　是到处欢声笑语的乐园。
　　啦啦啦，自主快乐，
　　啦啦啦，和谐发展，
　　我们是祖国的好少年。
　　啦啦啦，仁学乐学，
　　啦啦啦，健美奉献，
　　党的教导润心田。
　　老师为教学孜孜不倦，
　　爱的关怀荡漾心间，
　　同学们努力在奋发进取，
　　从小立志要攀登科学之巅。
　　啊……承德实验小学，
　　是我们健康成长的摇篮。
　　啊……承德实验小学，
　　是到处欢声笑语的乐园。
　　啦啦啦，自主快乐，
　　啦啦啦，和谐发展，
　　我们是祖国的好少年。
　　啦啦啦，仁学乐学，
　　啦啦啦，健美奉献，
　　党的教导润心田。

2. 南营子小学

校训：崇德　博学　力行　求真
校风：明道　进德　勤奋　好学
教风：严谨　扎实　超越　创新
学风：勤奋　认真　乐学　善思
校歌：金色的太阳升起在东方，
　　美丽的校园沐浴霞光。
　　南小历史悠久的学校，
　　园丁辛勤桃李芬芳，
　　像绚丽的花园希望在闪光。
　　人才的摇篮栋梁在成长。
　　啊！师生携手谱写着新篇章，
　　努力学习为祖国更富强！

3. 宽城满族自治县第一小学

核心理念：塑快乐品质　启智慧人生
办学愿景：师生快乐　家长满意
培养目标：感恩宽容　情趣高雅
校训：自由表达　个性发展
校风：机敏诚恳　热情活泼
教风：仁爱赏识　诲人不倦
学风：乐学善思　审问笃行
校歌：巍巍都山，彰显着我们的笑脸，
　　滚滚瀑河，洋溢着我们的情怀。
　　自由表达，彰显活力，培养特长，
　　让人生更加多姿多彩。

让人生更加多姿多彩。
胸怀祖国，放眼五湖四海，追求卓越，
展现豪迈气概。
塑造快乐文化品位，
百年学校向名校走来。
啊快乐的宽城一小，
这里充满了生命的关爱。
感恩赏识，启迪智慧，与时俱进，
让生命更加精彩。
让生命，更加精彩。
快乐文化，塑造特色品牌，
愉悦创新，展现办学风采。
百年树人风雨兼程，
携快乐品质奔向未来。
啊温馨的宽城一小，
这里是梦想的舞台。

4．兴隆县第一中心小学

校训：尚德正行

校风：勤奋　友爱　健美　创新

教风：敬业　爱生　严谨　高效

学风：踏实　勤奋　进取　守纪

校歌：雾灵山下最美的校园，
是我们成长的摇篮，
柳河旁边最美的校园，
有我们灿烂的童年。
啊，兴隆一小，
啊，兴隆一小，
你是我们生活的乐土，
你是知识的源泉。
勤奋朴实友爱创新，
是我们信守的诺言，
好好学习天天向上，
让我们阔步向前。
啊，兴隆一小，
啊，兴隆一小，
为了心中五彩的理想，
我们努力开创！
为了祖国美好的明天，
我们托起太阳！

六、特殊教育学校

承德市特殊教育学校

校训：自尊　自信　自立　自强

校风：团结　奋进　求实　创新

教风：敬业　爱生　教书　育人

学风：尊师　乐学　合作　励志

附七：承德市教育重大工程建设简介

承德市中小学校舍安全工程

2008年之前，全国一些地区中小学校舍有相当部分达不到抗震设防和其他防灾要求，C级和D级危房仍较多存在；尤其是20世纪90年代以前和“普九”早期建设的校舍，问题更为突出；已经修缮改造的校舍，仍有一部分不符合抗震设防等防灾标准和设计规范。2008年汶川大地震，学校师生生命安全受到重创，学校财产损失惨重。根据这种情况，国务院痛下决心，在全国范围实施校舍安全工程（简称“校安工程”），把学校建设成最安全的地方。全面改善中小学校舍安全状况，直接关系到广大师生的生命安全，关系到社会和谐稳定，关系到党和政府形象。实施这项工程，是体现党和政府以人为本、执政为民理念的重大举措，是坚持教育优先发展、办人民满意教育的战略部署；是贯彻落实《中华人民共和国防震减灾法》、依法履行政府责任的具体行动。

校安工程的覆盖范围是全国城市和农村、公立和民办、教育系统和非教育系统的所有中小学。校舍安全工程的目标是，在全国中小学校开展抗震加固、提高综合防灾能力建设，使学校校舍达到重点设防类抗震设防标准，并符合对山体滑坡、崩塌、泥石流、地面塌陷和洪水、台风、火灾、雷击等灾害的防灾避险安全要求。校安工程从2009年开始实施，原计划3年完成，后根据实际进展情况，又延期2年，一共5年，于2013年结束。

承德市根据上级要求，到2009年8月4日开始实施校安工程。全市规划加固新建校舍建筑面积147.4万平方米，占中小学校舍总面积的43.5%。按照“执行标准、把握重点、分步实施、确保进度”的总体要求，强措施，抢进度，严监管，重督导，质量保，全校安工程稳步推进。截至2013年10月，全市校安工程开工率109.38%，竣工率99.37%，年底全部完成，全部为合格工程。

一、统一领导，健全组织，切实加强工程控制

（一）加强领导，健全组织机构

实施校安工程，加强领导是关键。首先，主要领导重视。市委、市政府主要领导专门听取情况汇报，召开相关会议，研究部署工程的实施，明确提出“四个必须”：⑴必须高度重视。各县区必须将中小学校舍安全工作作为改善民生的重中之重，下大决心、下死力量解决好；⑵必须搞清底数。摸清全市中小学校舍安全情况底数，特别是D级危房底数，一平方米都不能放过，一点都不能含糊；⑶必须确保投入。一方面积极向上争取支持；另一方面加强内部挖潜，增列预算，保证投入；⑷必须加强调度。与各县区政府签订目标责任书，提出明确要求，确保按时完成。其二，分管领导负责。校安工程涉及面广、任务重，是教育工程中最为复杂的工程，为让全市校安工程顺利实施，根据校安工程的实施需要，成立了由常务副市长和主管市长为正副组长的领导小组，成员由发改、财政、教育、国土、住建、水务、公安（消防）、科技（地震）、气象、安监、审计、监察等部门组成，统一协调解决过程实施中的重大问题。各县区也成立了相应的组织机构，由县区长任组长，常务副县区长、分管城建和教育的副县区长任副组长，对本辖区校安工程实施负总责。其三充实机构成员，选拔有责任心、工作能力强的负责校安办工作。校安工作任务繁重，责任重大，为了抢时间、赶进度、保质量，市、县校安工作者放弃假日。不畏困难、顽强拼搏、敢打硬仗、确保阶段任务按时保质保量完成。

（二）落实责任，健全各项制度

为有效推进校安工程建设，落实政府责任，2009年8月，市政府研究下发了《承德市中小学校舍安全工程实施方案》，市政府与各县区政府签订了目标责任书。为提高办事效率，市校安办下发了《承德市中小学校舍安全工程领导小组办公室工作规则》，对校安办工作进行了细化，进一步明确了职责分工。

1. 成立了“一办三组”，即：校安办，日常办公在教育局；下设规划协调组，由教育牵头，发改、财政等部门配合。技术指导组，由建设牵头，教育、公安（消防）、国土、水务、气象、科技（地震）等部门配合，监督检查组，由监察牵头，教育、审计、安监有关部门配合。相关部门根据自身的工作职责开展工作，为校安工程开辟“绿色通道”。

2. 制定了四项制度：(1)会议制度，领导小组专题会议，负责研究解决校舍安全工程实施中的重大问题；成员单位会议负责解决部门间沟通协调问题；办公室一般会议负责解决工程实施中的具体问题。(2)信息制度。不定期制发《教育信息》《工程简报》，及时推广工程中好的经验和做法。定期制发校安工作《通报》，《通报》除上报省校安办外，同时报市委、市政府主要领导和常务副市长、主管市长，抄送县区委主要负责及常务副县区长、主管县区长，发至市中小学校舍安全工程领导小组成员单位及各县（区）校安办，让有关领导及时了解工程进展，督促工作落实。(3)专报制度。各县区在工程实施中遇到的涉及规划调整等重大问题和重要事项，立即向市校安办报告，以便及时处理。市校安办重大事项直接专报给市委、市政府主要领导。为领导决策提供参重要的参考数据。(4)督办制度。工程实施中，需有关部门和县（区）办理的事项，由市校安办代市领导小组向任务承担县区或单位下发交办单，限定任务完成时限；交办任务逾期5个工作日未完成，由市校安办向任务承担单位下发催办单；交办任务完成后，由任务承办单位向市校安办报告完成情况。

二、统一安排，精心部署，切实做好校舍排查

实施校舍安全工程，排查工作是前提。在校舍排查鉴定工作中，本着“既要坚持标准，又要从实际出发，既要认真搞好鉴定，又要面对现实，要体现科学，把握尺度，实事求是”的基本原则开展排查鉴定工作。

（一）精心部署，全面排查。2009年7月初，按照《河北省中小学校舍安全排查实施细则》要求，由教育、建设、国土等部门111人组成21个排查组，对全市中小学校舍进行实地排查，共排查学校1419所，单体建筑物7130栋，建筑面积339万平方米，排查比例100%。

（二）强调资质，落实标准。为及时做好相关校舍的鉴定工作，根据国家有关技术标准要求，结合本地实际，制定了《承德市中小学校舍安全鉴定实施方案》，该《方案》对鉴定范围、鉴定要求做出规定，并将八县四区和直属学校的全部鉴定任务分解到7个具有乙级以上资质的鉴定单位，通过鉴定出具具有法律效力的鉴定报告，同时提出校舍加固改造方案，为下一步校舍加固改造提供了技术依据。

（三）积极协调，减免费用。面对此次校舍安全大规模鉴定来说，按照现行鉴定费标准（每平方米20元）计算，全市所需鉴定费用就达4320万元，费用偏高。针对这种情况，为节约开支，减轻市、县财政压力，市校安办积极协调本市现有的鉴定机构，从支持教育，支持校安工程建设出发，大幅度减免鉴定费用，市政府规定，鉴定费以单体建筑的建筑面积为计费单位，鉴定费控制在2—3元之间，按照此标准，全市鉴定费总额为540万元，减免3780万元，减免幅度达87.5%。鉴定完成后，鉴定费按学校隶属关系由同级财政承担，民办学校由学校举办人承担。

（四）加班加点，按期完成。按照全市制定的鉴定工作路线图和时间表要求，市、县区校安办与鉴定单位紧密配合，2009年8月31日，由48名技术人员组成9个鉴定组分赴各县（区）和直属学校，开展校舍鉴定工作。所有参与鉴定的工作人员发扬“五加二”“白加黑”的工作精神，克服身体和路途不便等诸多困难，同年9月底，全部完成我市中小学校舍鉴定工作。

三、统一规划，分步实施，切实保证建设标准

实施校舍安全工程，统一规划是基础。依据排查鉴定结果，结合优化中小学布局的工作要求，市校安办制定了校舍安全工作总体规划、年度实施计划和具体改造、加固方案。2009年至2013年，全市五年规划加固新建校舍学校499所，单体项目1254个、面积147.4万平方米，其中加固303个、面积42.5万平方米，新建951个、面积104.9万平方米。规划投资概算14.2亿元。

（一）分步分类，综合防灾。通过维修加固可以达到抗震设防要求和标准的校舍，按照重点设防类抗震设防标准进行加固；对经鉴定需要重建的校舍，按重点设防类抗震设防标准和建设工程强制性标准重建；对严重地质灾害易发地区的校舍进行地质灾害危险性评估并实行避险迁移；对根据学校布局规划确应废弃的危房校舍必须确保拆除，不再使用；严格执行校舍防火、防雷等综合防灾标准，提高综合防灾能力。

（二）统一规划，执行标准。新建校舍必须按照重点设防类抗震设防标准进行建设，校址选择应符合工程建设强制性标准和国家有关部门发布的《汶川地震灾后重建学校规划建筑设计导则》规定，并避开有隐患的淤地坝、蓄水池、尾矿库、储灰库等建筑物下游易致灾区。

（三）考虑当前，兼顾长远。考虑城镇化趋势、教育事业发展、布局调整后的学校分布，服务人口状况等因素，按照学校建设标准测算占地面积和建设面积。制定校园建设整体规划，集中建设，不但兼顾眼前，还考虑长远需求。整体规划方案由校舍加固改造、新建重建方案汇总形成。

四、统一渠道，多方筹措，切实保障工程投入

实施校舍安全工程，资金筹措是保障。落实资金是确保工程实施的关键环节，也是工程实施的有效保障。为此，承德市采取了四条融资措施：

（一）年初加大财政预算额度，增加政府投入，确保中小学校舍安全工程所需资金足额列入年度财政预算。兴隆县结合自身实际，在积极争取上级资金支持的同时，通过采取县政府出资、乡镇筹资等多种形式，拓宽资金投入渠道，广泛筹集资金支持项目建设。该县规定，上级安排的建设项目，由所在乡镇、村负责配套设施建设和前后期费用，工程验收合格后，县政府将按实际支出的30%予以奖励；自筹资金完成的建设项目，工程验收合格后，县政府将按实际支出的60%予以奖励，有力地促进了校安工程的顺利实施。

（二）加大宣传力度，积极吸引和争取社会捐资助教，多渠道筹措资金。校安工程作为民心工程和民生工程，始终得到媒体的关注。2009年10月，在实施校安工程之初，市校安办在《承德日报》上用整版的篇幅刊登了市校安办负责人答记者问，就实施校安工程意义、任务、措施、费用减免、确保质量等方面进行了阐述，让全市公众、企业以及相关各部门充分了解校安工程，赢得对校安工程的理解和支持。仅2012年，《河北日报》《承德日报》《承德晚报》先后8次报道了全市校安工程实施情况，扩大了影响，形成了工程实施的良好氛围。几年来，企业捐助校安工程建设资金1755万元。

（三）严格按照10%的比例从土地出让收益中提取教育资金，重点用于中小学校舍安全工程建设。

（四）严格落实工程减免政策，按照《河北省教育厅、河北省财政厅、河北省物价局关于中小学校舍安全工程规费减免有关事宜的通知》精

神，在工程实施过程中，最大限度地降低工程成本，前期费用控制在工程造价的10%左右。

五、统一标准，加强管理，切实保证工程质量

实施校舍安全工程，质量安全是重点。在工程实施过程中，承德市注重从项目管理和资金管理两方面入手，确保工程质量。

（一）**严格项目遴选程序**。项目的确定由县级本着轻重缓急原则从项目库中初选，报市校安办审核，市审合格后，集中到省校安办对接项目，经省审核合格后再下达项目计划，避免了项目安排的随意性，增强了项目实施的可操作性。

（二）**及时办理前期手续**。项目确定后，在严把资质的基础上，按照有关规定办理前期手续，主要包括：规划、勘察、设计、审图、环评、预算编制及评审、立项、招标核准、招标等。特别是在学校勘察、选址方面严格把关，坚持“先勘察、后设计、再施工”的基本原则，坚决杜绝“三边”工程。建设方案结合本地实际，即注重抗震设防，又注重综合防灾。

（三）**狠抓施工关键环节**。首先落实责任制度，施行项目法人责任制、招标投标制、工程监理制、合同管理制、竣工验收制。明确监管责任，加强对项目建设、工程质量的指导监管，除相关管理部门外，项目学校也选派责任心强、作风正派的领导直接参与项目的日常管理。同时，加大监理力度，严把建材进场、工序工艺、报验送验、分部验收和竣工验收等“五关”，重点落实对项目工程“放线阶段、基槽阶段、层板浇筑前、屋面板浇筑前、竣工验收阶段”的“五检”，填报阶段性验收单，确保工程质量。为确保施工安全，建设方、施工方、监理方成立建设工程安全管理工作机构，加强施工现场的安全管理，树立“安全第一、质量为本”的意识，坚持“质量、安全、进度”并举，以抓措施、保安全，抓监管、保质量，抓督促、保进度的“三抓三保”为核心，项目学校教学与建设合理分区，设置安全防护栏、防护网和醒目的警示标志，要求建筑工地全封闭施工，严禁师生进入施工场地，强化对施工方和师生的安全教育培训，形成项目学校、施工企业、监理单位、建设主管部门齐抓共管的良好格局。丰宁县聘请有经验懂技术会管理的建筑专业人员作为甲方代表，常驻工地监督施工；建立工程质量监督保证机制，质检站、工程监理、设计单位和建设单位齐心协力把住材料关，对重点施工部位现场进行监督检查验收，确保工程达到合格标准

（四）**严格资金管理程序**。工程项目接受财政、审计、监察等部门全程监督。工程资金实行专户管理，专账核算，集中支付，封闭运行，严防项目资金被截留、挤占和挪用，做到专款专用，确保校安工程建成阳光工程、廉政工程。严格资金拨付程序，工程资金由专户直接拨付到施工企业，减少中间环节，且按照工程进度拨款。开工后，按照中标合同价预拨30%的启动资金，工程竣工验收合格后再拨付40%。校安工程作为国有固定资产投资项目，工程审计工作由所辖区审计部门承担，审计结束后，预留一定数额的质保金，再行拨付剩余款项，在确保建设质量的同时，让资金发挥最大的效益。

（五）**健全完善工程档案管理**。在工程实施的同时，依托中小学校舍安全工程管理系统，及时录入了全市中小学校舍的基本信息和建设管理信息，内容涵盖排查鉴定、总体规划和年度实施计划、工程进展等，为校舍日常安全监控、项目遴选决策、项目实施后期管理奠定了坚实基础。宽城县根据排查和鉴定所采集的信息，建立了全县87所学校的校舍档案，并对每栋建筑的维修、加固、改建过程及新建校舍进行跟踪调查、重点监测，对所有项目进行验收、拍照、摄影、建立电子档案，建立了统一的信息平台，各种数据准确、齐全，系统使用方便，为校舍安全工程管理提供良好服务。

六、统一思想，强化督导，切实保证工程进度

实施校舍安全工程，强化督导是手段。全市占地3.95万平方千米，总人口347万人，人口平均密度88人/平方千米，地广人稀，2009年全市财政收入100.1亿元，在河北省属经济欠发达地区。要破解工程资金不足问题和推进工程进展，强化督导是行之有效的手段。

（一）政府督导。为全力推进校安工程进展，将校安工程纳入市政府重点督查事项，督查工作由市政府督查室牵头，教育、财政等部门参与，加强对所属县区工程进展、资金到位和存在问题等情况的督导检查，有关情况直接报告市委、市政府主要领导，通报县区党委、政府主要领导，全力推动工作落实，确保工程任务如期完成。

（二）专项督导。解决D级危房，是校安工程工作的重点。承德市规定，中小学所有D级危房校舍必须无条件立即停止使用，确需改造的年度内优先安排资金予以解决。对发生因学校危房倒塌和其他因防范不力、改造后的校舍因选址不当或建筑质量问题造成安全事故导致师生伤亡的县区，严格依法追究当地政府相关负责人的责任。市县区每年针对消除D级危房问题都组织专项督导，2009年全市中小学有D级危房7.56万平方米，后新增D级危房0.62万平方米，到2012年底，这些D级危房已全部消除，确保了师生生命安全。

（三）过程督导。作为日常性工作，对阶段性工作完成情况及时进行检查，从市到各县区逐校逐项目进行梳理，发现问题，及时整改。对没有达到进度要求的，逐一列表、分析原因、落实责任，加强项目管理，全力组织推进，确保校舍安全。仅2012年一年，全市为推动校安工程工作，就下发内部通报3期，编发半月通报19期，简报3期，召开督办落实调度会议4次，专项检查2次，有力促进了校安工程进展，到2013年10月底，全市已累计开工学校454所，开工项目1051个，开工面积161.27万平方米，开工率为109.38%。已竣工学校404所，竣工项目910个，竣工面积146.50万平方米，竣工率为99.37%。有10个县区开工率在100%以上，有6个县区竣工率在100%以上。在各级政府的大力支持下，年底前确保目标的实现。

七、工程实施，效果明显，切实保障学校安全

五年来，实施中小学校舍安全工程，效果明显。

（一）建立健全了学校校舍信息系统。目前，要找任何一所中小学的基本信息，立即可以在管理系统中查到，既有数据说明，又有图片展示，为学校管理和发展规划提供了重要的技术支撑。

（二）及时消除了重大安全隐患校舍。2009年，通过教育、安监部门对尾矿库下学校进行联合实地排查，研究确认了2所学校存在这方面安全隐患，为及时治理提供了重要的技术依据，到2011年，相关学校通过采取治理和迁移避险等措施，安全隐患得到彻底消除；通过安全鉴定确定了D级危房数量，为及时消除校舍重大安全隐患奠定了基础，四年来，全市累计消除D级危房8.17万平方米。到2012年10月底，全市已全部消除辖区内中小学D级危房。实现了又一次历史性跨越。

（三）明确规范了中小学校建设标准。需要加固或新建校舍区别不同区域、按照“抗六防七”和“抗七防八”的标准进行加固和建设，兼顾防洪、防火、环保、防雷等强制性标准，综合防灾意识得到增强。

（四）充实锻炼了教育基建管理队伍。四年来，通过实施校安工程，市、县（区）校安办培养了一批懂业务、肯吃苦、善协调、扎实工作的校安工作者，他们冒严寒、顶酷暑，不辞辛苦，不计得失，牺牲节假日奋斗在校安工程一线，表现出高度的责任意识和崇高的奉献精神，为保证工程的顺利实施发挥了重要作用。

八、正视问题，常抓不懈，健全校安长效机制

校安工程的实施，今后应建立长效机制。通过实施校安工程，D级危房基本消除，存在较大安全隐患的校舍得到改造，一些建设年代较早的校舍被拆除重建，一些不具备抗震设防要求的校舍得到加固。全市在组织领导、工程规划、资金筹措和项目管理等方面积累了一定的经验，但是，因为种种客观原因，还会出现新的D级危房，需要率先解决；1989年以后建设的校舍随着时间的推移还需要重建和加固，因此，校舍安全“无假期”，需常抓不懈。

（一）建立校舍安全工程长效机制。国家、省参照义务教育经费保障的做法，建立健全校舍安全工程长效机制，即建立国家、省、市、县（区）政府承担机制，把校舍安全长期抓下去。

（二）完善校安工程规划覆盖范围。为确保建一所成一所，工程规划时不能仅考虑土建投资，其相应的前期规费、附属工程支出也应考虑在内（这部分支出一般多达土建投资部分的三分之一），否则直接影响项目如期投入使用。

（三）扩大规费减免政策适用范围。校安工程是教育工程的一个重要组成部分，有一整套规费减免政策。作为公益事业，在未来的其他教育工程建设中，希望有关部门能够出台更加统一，更加规范的减免政策，让国家有限的资金全部用在工程建设上，发挥最大的经济效益和社会效益。

农村教师周转宿舍建设工程

一、工程实施的背景

2007年9月，河北省教师住房现场会在我市丰宁县召开，此后在当地政府的大力支持下，我市多渠道筹措资金、多形式建设教师住房，使教师居住条件得到较大改善。2008年—2010年，通过委托开发商建教师商品房、集体底价团购和建设公转房等形式共建设11.87万平方米的教师住宅，解决教师住房1175户；新建、改建、修建教师周转房903套2.6万平方米，其中，解决周转房322户，解决周转宿舍581人。

在国家取消集资建房政策后，为解决农村义务教育阶段学校特岗教师、支教交流教师、免费师范生教师、顶岗实习教师和民族地区、山区、寄宿制学校的管理教师住宿问题，2009年—2010年，国家、省在承德市滦平县率先实施农村教师周转宿舍试点工程建设，累计安排3个项目，中央资金1710万元，建设周转宿舍290套，面积10170平方米，试点项目于2011年全部竣工并投入使用，受益教师580名。

二、工程实施的意义

（一）建设教师周转宿舍，是促进农村义务教育均衡发展的重要途径。农村义务教育均衡发展，不仅需要硬件方面的均衡，更需要教师资源的均衡。而教师资源的均衡，则要靠城乡之间、校际之间教师交流的力度。实现城乡之间、校际之间教师的有效交流，必须要有一定的住宿条件作支撑。由于学区建设过程中对分散的农村中小学校进行了大力度的整合，随之出现了大量需要住校、租房的教师。学校的整合，使得各保留学校辐射范围增大，经整合后的教师对周转宿舍的需求非常迫切。

（二）建设教师周转宿舍，是以人为本、关爱教师、激发教师工作积极性的重要举措。一些县教育系统近几年先后招录了较大数量的本科生、特岗教师，每年还有一定数量的支教交流教师，再加上离城镇较远的艰苦地区教师和寄宿制学校管理教师，这些教师，在农村中小学住宿条件很差，给他们的生活带来了很多不便。为他们建设周转宿舍，有利于他们安心边远山区的教育教学工作。

（三）建设教师周转宿舍，是落实国家领导来滦调研时指示精神的重要体现。2010年1月30日，时任国务院总理温家宝到我市滦平县偏桥村调研时强调，要进一步加大对农村中小学教师的培训力度，建设教师周转宿舍，切实解决教师的生活困难，为他们安下心来工作创造条件。

这不仅针对偏桥村小学，而且针对全国广大农村学校。我们实施农村偏远地区教师周转宿舍建设工程，旨在更好地落实温总理指示精神，在教师周转宿舍建设方面积极探索和实践。

三、工程规划的执行

在试点的基础上，2010 年 7 月，按照教育部、省教育厅的统一部署，我市对全市义务教育阶段教师周转宿舍建设规划情况进行了摸底，制定了全市农村教师周转宿舍建设规划。自 2011 年开始，我市全面实施农村教师周转宿舍建设工程，共规划项目 191 个，资金 24403 万元，规划新建周转宿舍 3566 套，面积 124816 平方米，预计 7132 名农村教师受益。该工程于“十二五”期间在全国相关省（市、区）铺开。

到 2014 年底，下达投资计划 75 个项目（承德县 6 个，兴隆县 9 个，平泉县 12 个，宽城县 5 个，滦平县 4 个，隆化县 11 个，丰宁县 14 个，围场 14 个），中央资金 12440 万元，计划新建农村教师周转宿舍 1860 套，面积 65128 平方米，解决 3720 名教师住宿问题。目前已下达投资计划的项目已全部开工建设，开工面积 65128 平方米，开工率 100%；其中，已竣工 1617 套，面积 56612 平方米，竣工率 87%，3234 名农村教师受益。

编后记

2016 年 3 月，市教育局启动编纂《承德市志·教育志（1989—2015）》工作，聘请退休教育工作者焦廷勤和孙国昌负责编纂工作。

至 2018 年年底，完成了《承德市志•教育志》初稿。初稿完成后，提交市教育局局领导，科室负责人，教育界老领导、老教育工作者广泛征求意见，根据征求上来的意见对志稿进行了修改，形成修改稿。由市教育局咸枫、张良、代兵、钱志勇、田丽丽 5 人对修改稿进行了两次细致的审校，形成送审稿。2019 年 11 月 14 日，市教育局召开《承德市志·教育志（1989—2015）》志稿评审会，邀请有关领导、专家和学者对志稿进行评审。会后，编辑人员会同相关科室，根据评审会上专家的意见对志稿进行了认真修改，形成定稿，于 2020 年 6 月交与方志出版社审核、出版。

《承德市志·教育志（1989—2015）》共设 13 章，卷首图片 76 幅，市学校分布图 1 幅。序、凡例、编纂机构、目录、概述、大事记、编后记齐全，述、记、志、传、图、表、录完整。编者本着“叙事必详、修辞必严、考究必真”的原则，力求使全书达到历史性、客观性、科学性、资料性和思想性的统一，较全面、系统、客观地记录和反映 1989—2015 年 27 年承德市教育事业的发展变化。

编纂《承德市志·教育志（1989—2015）》是一项繁重的系统工程。编者遵循“不偏、不漏、不伪”的原则，收集了大量的历史资料，从中提炼出可信、可用的反映承德市教育发展真实面貌的资料逐一编纂。编者利用几个月时间，到市教育局档案室、市档案局、市统计局、市委组织部、市委党史研究室、市政府办查阅档案，拍照了 5000 余张照片资料，搜集了 300 余万字文字资料。向各县区教育局、市直各学校、驻市大中专院校征集了相关资料。走访了十几位教育界老领导、老同事，收集到了一些宝贵的文字资料、口碑资料和图片资料。

《承德市志·教育志（1989—2015）》的编纂人员都是长期从事教育工作的老同志，他们热爱教育事业，熟悉承德教育。本着对历史负责、对当代和后代负责的态度，兢兢业业，埋头苦干，不辞辛劳，不计报酬，竭尽全力，终于在较短时间内完成了志书的编纂，为承德的教育事业做出了应有的贡献。

由于《承德市志·教育志（1989—2015）》所要记述的内容多，时间跨度较长，历史变迁多，资料残缺不全，加之修志人员水平有限，难免挂一漏万，存在缺陷、错误之处，敬请读者批评指正。

《承德市志·教育志》编纂委员会

2020 年 9 月